U0879579

“十三五”江苏省高等学校重点教材

航空航天器供电系统

(第二版)

主　编　王　莉

副主编　杨善水　张卓然

　　　　魏佳丹　于　立

主　审　严仰光

科学出版社

北　京

内 容 简 介

本书介绍了航空航天器供电系统的基本概念、类型、特性、工作状态、基本要求与发展方向；详细介绍了化学电源、特种电源和飞机二次电源的基本原理、建模方法及发展应用情况；讨论了航天器供电系统的应用和分类、航天器固态配电技术及其发展；分别详细阐述了低压直流、恒频交流、变频交流、高压直流四种飞机主电源系统的结构及特点、基本工作原理、控制及保护等；从配电系统基本概念、分布式配电、固态功率控制器、机载设备总线、电气综合管理等方面介绍了飞机配电系统，并以 A380 和 B787 为例介绍了民用客机的电气系统。

本书可作为高等学校电气工程学科本科生、硕士生和博士生的教材或参考书，也可供从事航空航天电气工程领域研究、设计、开发和生产制造等的工程技术人员使用。

图书在版编目(CIP)数据

航空航天器供电系统 / 王莉主编. --2 版. --北京 : 科学出版社, 2024. 12. --(“十三五”江苏省高等学校重点教材). -- ISBN 978-7-03-080795-3

Ⅰ. V242.2

中国国家版本馆 CIP 数据核字第 2024JY6702 号

责任编辑：余　江 / 责任校对：王　瑞
责任印制：师艳茹 / 封面设计：马晓敏

科学出版社 出版
北京东黄城根北街 16 号
邮政编码：100717
http://www.sciencep.com
三河市骏杰印刷有限公司印刷
科学出版社发行　各地新华书店经销
*
2018 年 9 月第 一 版　开本：787×1092　1/16
2024 年 12 月第 二 版　印张：22 1/2
2024 年 12 月第六次印刷　字数：548 000

定价：89.00 元

（如有印装质量问题，我社负责调换）

前　　言

随着电力电子技术与计算机技术的迅猛发展，我国航空航天领域迎来了一场“质量变革”，这既是契机，亦是挑战。教材是国家意志与社会主义核心价值观的集中体现，是学校教育教学、落实立德树人及培育爱国情怀、职业道德与创新精神的载体。教材建设须夯实理论基础、反映科技前沿、契合教学规律，以提升质量，并服务于国家建设。面对科技进步与高等教育改革，为兼顾课程思政与工程教育，本书以党的二十大精神为指引，坚持政治与学术标准，紧扣“教与学、学与用”三维关系，对教材进行完善及优化。

党的二十大强调：“必须坚持科技是第一生产力、人才是第一资源、创新是第一动力，深入实施科教兴国战略、人才强国战略、创新驱动发展战略，开辟发展新领域新赛道，不断塑造发展新动能新优势。”自党的十九大以来，党中央统筹中华民族伟大复兴战略全局和世界百年未有之大变局，为应对新型经济与工业发展的浪潮，实施了一系列战略性举措与变革性实践。北斗全球卫星导航系统的建成、嫦娥四号的成功着陆、长征五号运载火箭的顺利发射、大型客机 C919 的正式投入商业运营、中国空间站的全面建成，均展示了我国在航空航天技术上的巨大成就。

南京航空航天大学严仰光教授于 1995 年出版的《航空航天器供电系统》，为新时期的课程教学及人才培养提供了有力支撑。南京航空航天大学电气工程系航空航天器供电系统课程组秉承严仰光教授“精于传道授业解惑，严谨治学、潜心科研”的钻研精神，结合团队长期积累的经验和科研总结，以及教材的实际运用情况，积极开展了本书的编写工作。本书的指导理念为：立足于适应我国国民经济发展需求以及世界科技发展综合化、高新化趋势的需要，突出强化基础知识，拓宽专业口径；注重能力的培养和综合素质的提升，力图深入浅出、循序渐进，培养学生思考及解决问题的能力；倡导启发式学习，让学生带着问题学习，激发学生思考的积极性与学习的主动性，提高学生的自主学习能力，为培养学生的创新能力奠定基础。

本书第二版列入了南京航空航天大学“十四五”规划教材。第二版针对新知识、新技术、新成果进行了补充完善，并结合思政教育、拓展资源、实验资源、教辅资源等内容，形成了纸质教材与数字资源深度融合的新形态教材，同时结合校企共建进行了产教融合。本书共 9 章。第 1 章概述，介绍航空航天器电气系统的基本概念与工作条件，飞机供电系统的类型、参数、特性、工作状态、容量、基本要求，以及航空航天供电系统的发展方向；第 2 章化学电源和特种电源，主要介绍铅蓄电池、镉镍蓄电池、锌银电池、锂电池、燃料电池、太阳能电池和空间核电源的基本原理、建模方法和发展应用情况；第 3 章飞机二次电源，介绍飞机各类二次电源的拓扑及控制方式，对应用二次电源的新型器件、封装技术、模块结构及 EMI 技术作了详细介绍；第 4 章航天器供电系统，主要介绍航天器供电系统的应用和分类、航天器固态配电技术及其发展；第 5 章飞机低压直流电源，以低压直流发电机为主，介绍发电机电压调节、电源控制与保护、并联运行和直流起动发电等相关技术；第 6 章飞机恒频交流电源，以无刷交流发电机为主，介绍恒速恒频、变速恒频电源，交流电源的并联、控制、故障和保护技术；第 7 章飞机变频交流电源，主要介绍飞机变频交流系统，从发电机起动发电原理、电压调节、过压故障以及余度保护等方面进行分析；第 8 章飞机高压直流电源，对比分析高压直流电源系统与交流电源系统，重点分析各类高压直流系统的构成以及起动发电机工作原理；第 9 章飞机配电系统，从配电系统基本概念、分布式配电、固态功率控制器、机载设备总线、电气综合管理等方面进行介绍，并以 A380、B787 为例介绍先进客机的电气系统。

本书由王莉担任主编，其中第 1、4 章由杨善水编写，第 2、3 章由王莉编写，第 5 章由魏佳丹编写，第 6、7 章由张卓然编写，第 8 章由魏佳丹和于立共同编写，第 9 章由王莉和杨善水共同编写。南京航空航天大学严仰光教授审阅了全书并提出极为宝贵的修改意见。在本书编写过程中还得到了航空航天相关研究所、企业以及高校的专家的帮助。在此一并表示感谢。

南京航空航天大学和中国商飞上海飞机设计研究院围绕产教融合与教学改革开展了卓有成效的共建工作，推动了本书的内容创新与资源建设。中国商飞上海飞机设计研究院在工程实践与技术应用方面的深厚积累，为书中多个前沿案例和虚实融合教学模块的开发提供了保障。特别感谢中国商飞上海飞机设计研究院王帮亭、杨溢伟等专家在本书编写过程中提供的帮助。

研究生郑聪、王瑜琳、殷子涵、吴昱含、高杨等做了大量的辅助工作，在此向他们表示感谢。

由于编者水平有限，书中难免存在疏漏之处，恳请广大同行和读者批评指正。意见请寄南京航空航天大学自动化学院，也可发送至主编邮箱 liwang@nuaa.edu.cn。

编　者

2024 年 6 月于南京航空航天大学

主要符号说明

基本符号	名称	基本符号	名称
C	电容	K_C	放大系数
C_M	马达结构常数	K_d	调压器电压放大系数
d	柱塞直径	K_{dI}	调压器工作特性斜率
d_M	马达柱塞越径	K_S	饱和系数
D	分布圆直径；占空比	L	电感
D_M	马达柱塞分布圆直径	M	力矩
D_C	导通比	M_C	马达负载力矩
DLB	短路比	N	匝数
E	交流电势有效值	n	转速
e	电势瞬时值	n_s	变压/整流滤波系数
E_0	空载电势	P	有功功率；压力
F	力	p	极对数；损耗功率
f	频率	P_g	高压油压力
G	传递函数	P_d	低压油压力
H	反馈通道传递函数；磁场强度	Q	每分钟油量
I	交流电流有效值	$R(r)$	电阻
i	电流瞬时值	R_g	稳压管动态电阻
I_0	空载电流	r_0	零序电阻
I_a	A 相电枢电流	r_1	正序电阻
I_d	短路电流；电流直轴分量	r_2	逆序电阻
I_j	励磁电流	r_a	电枢绕组电阻
I_L	负载电流	r_j	励磁绕组电阻
I_N	额定电流	T	周期
I_q	电流交轴分量	T_a	电枢绕组直流分量衰减常数
j	虚数单位	T_d'	励磁绕组直流分量衰减常数

续表

基本符号	名称	基本符号	名称
T''_d	阻尼绕组直流分量衰减常数	Z_1	正序阻抗
U	交流电压有效值	Z_2	逆序阻抗
u	电压瞬时值	ΔU	电压变化率
U_N	额定电压	ΔU_C	使用偏差
U_r	移相控制电压	ΔU_{CF}	静态偏差
U_{sm}	同步电压最大值	ΔU_T	温度偏差
U_{zp}	整流电压平均值	α、β、γ	角度
U_{zpo}	理想整流电压平均值	γ_B	泵斜盘倾斜角
X	电抗	γ_M	马达斜盘倾斜角
X_0	零序电抗	φ	相角；功率因数角
X_1	正序电抗	η	效率
X_2	逆序电抗	θ	角度；功率角
X_d	直轴同步电抗	τ	时间常数
X'_d	暂态直轴同步电抗	Φ	磁通量
X''_d	次暂态直轴同步电抗	ϕ	磁通瞬时值
X_{dB}	直轴同步电抗饱和值	Ψ	磁链
X_q	交轴通电抗	ψ	相角；磁链瞬时值
X_s	绕组漏抗	Ω	机械角速度
Z	齿轮数；阻抗	ω	角频率
Z_0	零序阻抗		

目　　录

第 1 章　概　　述

航空航天杰出人物介绍

课程介绍

1.1　航空航天器电气系统基本概念

1.1.1　航空航天器的能源

飞行器是指在地球大气层内外飞行的器械。通常按照飞行环境和工作方式把飞行器分为四类：航空器、航天器、火箭和导弹。

航空器是指在大气层内飞行的飞行器。航空器根据飞行原理分为空气静力飞行器（又称为轻于空气的航空器）和空气动力飞行器（又称为重于空气的航空器）。空气静力飞行器依靠空气的静浮力升空飞行，包括气球和飞艇；空气动力飞行器依靠本身与空气相对运动产生的空气动力升空飞行，包括飞机、直升机、滑翔机、旋翼机和地效飞行器等。

航天器是指主要在大气层外空间飞行的飞行器。航天器的飞行原理是：在运载火箭的推动下获得必要的速度进入大气层以外的空间，然后在引力作用下完成类似于天体的轨道运动。如人造地球卫星、空间探测器、载人飞船、空间站和航天飞机等。

火箭和导弹都属于一次性使用的飞行器。火箭是以火箭发动机为动力升空，可以在大气层内或大气层外飞行的飞行器，按用途可分为无控火箭弹、探空火箭和运载火箭；导弹是一种带有战斗部的弹体，依靠自身动力装置推进，由制导系统控制其飞行轨迹，导向目标并摧毁目标的飞行器，按作战使命可以分为战术导弹和战略导弹。

航空发动机是飞机上产生推力、拉力或升力并使飞机飞行的动力装置，称为飞机的一次能源。航空发动机以燃气涡轮发动机为主，包括涡轮喷气发动机、涡轮风扇发动机、涡轮螺旋桨发动机和涡轮轴发动机等多种类型。飞机的二次能源是指飞机或发动机的设备工作所需的能源。现代飞机的二次能源有液压能源、气压能源和电能源。飞机起落架的收放、舱门的启闭以及飞机操纵面的控制，目前均采用液压作动机构。液压作动机构具有出力大、响应快、体积小和工作平稳等优点。液压作动机构工作需要高压液压源、蓄压器及相应的输液管路和控制保护阀，即需要液压能源系统。机轮的制动、弹药的传输则多用气压能。机翼的防冰、座舱的温度调节在不少飞机中靠提取发动机压气机增压后的空气来实现。此外，飞机上还有大量设备是靠电能工作的。现代飞机上出现了三种二次能源并存的情况，使飞机内部管路与电路纵横交叉、错综复杂，飞机的工艺性、维护性和可靠性降低。常规飞机上二次能源的作用如表 1.1.1 所示。

自 20 世纪 70 年代以来，电工技术有了突破性的发展，主要表现在新的电工材料、电工器件和微型计算机等方面，这就使得诸如机电作动器（EMA）、电静液作动器（EHA）等新型作动机构能够取代液压和气压作动机构，从而使得电能能够取代中央液压能和气压能，为飞机上三种二次能源向电能的统一打下了基础，促进了多电/全电飞机的发展。

表 1.1.1　常规飞机上二次能源的作用

二次能源	应用	优点	缺点
液压能	起落架收放，舱门启闭，飞机操纵面控制，主要是一些作动机构	出力大，响应快体积小，工作平稳	维护困难，可修性差
气压能	机轮制动，弹药传输，机上的环境控制系统，防冰，除冰，温度调节	简便(从发动机引气)	影响发动机的特性
电能	通信，导航，照明，防冰，除冰	安全，传送方便，易变换	大功率电机体积重量比较大

多电飞机是指飞机上用电能部分地取代液压能、气压能等二次能源的飞机；全电飞机是指飞机上全部用电能取代液压能和气压能等二次能源的飞机。

多电/全电飞机简化了发动机和飞机内部结构，除去了机内集中式液压源和液压管路，删去了部分气压管路，显著提高了飞机可靠性，改善了维修性，降低了燃油消耗和污染物的排放，简化了地面支持设备，是飞机的全局性优化技术。多电/全电飞机的发展是电工科技对航空科技的重要贡献，20 世纪下半叶电工科技有了迅速的发展，新型软磁材料、高磁能积永磁材料、高温度强度绝缘材料，集成电路和微型计算机，固态电力电子器件等相继诞生，于是无刷电机、固态无触点电器和电力电子变换器相继问世，飞机电气系统也得到了大的发展，为多电飞机的诞生创造了条件。多电飞机的诞生和发展反过来又对电工科技提出了新的要求，这就要求进一步提高电机和电能变换装置的功率密度，提高电能转换效率，提高电气设备的可靠性和环境适应性。

多电/全电飞机的关键技术有：

(1) 大功率发电和起动发电技术；

(2) 高效的电能变换技术；

(3) 分布式固态配电技术；

(4) 大力矩、快响应的机电作动器技术；

(5) 高效的电动机技术；

(6) 高速通信总线技术。

现代航天器均由运载火箭送入预定轨道，运载火箭就是航天器的一次能源系统。航天器绕轨道运行时必须有专门的二次能源，航天器常用的二次能源为电能源。较早发射的人造地球卫星采用化学电源(原电池或蓄电池)，后来应用太阳能电池电源；飞船和航天飞机中用的是燃料电池和蓄电池；宇宙探测器和某些军用卫星用的则是核电源。

1.1.2　航空航天器供电系统的组成和功用

飞机电气系统的组成如图 1.1.1 所示，包括供电系统和用电设备两部分。

供电系统是航空航天器上电能产生、变换、输送与分配部分的总称，包含从电源到用电设备输入端的全部，通常分为电源系统和输配电系统两部分。电源系统是电源到电源汇流条间的部分，输配电系统是从电源汇流条到用电设备输入端的部分。

飞机电源系统由主电源、辅助电源、应急电源、二次电源及地面电源插座等构成。现代飞机主电源是直接或间接由航空发动机传动的发电系统，通常一台发动机传动一台或两台发电机，在多发动机飞机上各发动机传动的发电机数量是相同的。飞机发电机由航空发动机传动，既可靠又经济，由多台发电机构成的飞机主电源则更为可靠。

主电源不工作时，飞机用电设备所需电能可由辅助电源或机场电源通过机上的地面电源插座供给。辅助电源有航空蓄电池和辅助动力装置两种，小飞机大多用航空蓄电池，大型飞机用辅助动力装置居多。辅助动力装置由小型机载发动机、发电机或液压泵或空气压缩机等构成，主电源不工作时，起动辅助动力装置工作，使发电机发电或使液压泵提供增压油，向用电设备和液压气压设备供电、供油或供气。该发动机常用电动机起动。辅助动力装置既可在地面工作，也可在空中工作。

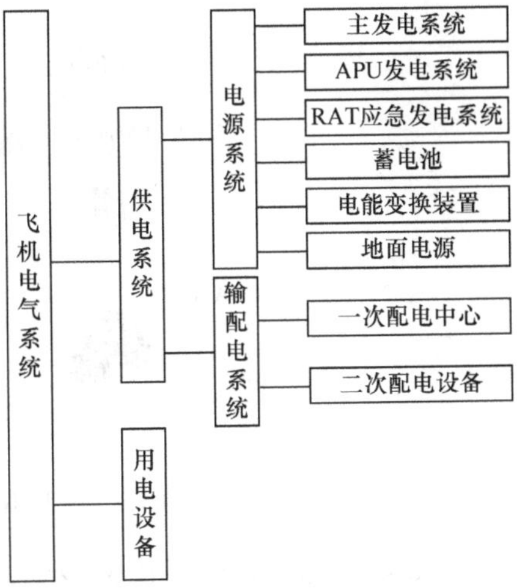

图 1.1.1　飞机电气系统的组成

飞行中一旦主电源产生故障，则由应急电源供电。常用的应急电源有航空蓄电池和冲压空气涡轮发电机。主电源正常时，冲压空气涡轮发电机收在飞机机体或机翼内，发生故障后才放出来，靠迎面气流吹动涡轮，带动发电机或应急液压泵。由于应急蓄电池和冲压空气涡轮发电机的容量均较小，因而只能向飞机上的重要用电设备供电，以保证飞机紧急返回基地或紧急着陆。

飞机在机场进行地面检查或起动航空发动机时，常由机场地面电源向机上供电。通常地面电源供电时，机上电源不允许投入飞机电网。

二次电源用于将主电源的电能转变为另一种或多种电能，向飞机上的一些用电设备供电。按供电方式分，二次电源有集中供电与分散供电两种。集中供电的二次电源是指一台或两台二次电源给飞机上采用这种电能的用电设备供电，其中一台为主二次电源，另一台为备份二次电源。分散供电是指每个用电设备自己带有所需的二次电源。有时将此二次电源放置于设备内部，称为设备内部电源或机内电源。

飞机电源这种构成方式的目的在于：①保证在各种条件下向用电设备连续和可靠地供电；②保证主电源正常时向用电设备提供高质量的电能，主电源故障时保证飞机能应急安全着陆；③使飞机能不依赖于地面设备的支持自行起飞和着陆，即具备自足能力，这对军用飞机尤为重要。有的飞机有备份电源，以增加电源裕度。

飞机配电系统的控制方式有常规式、遥控式、自动式和固态配电四种。常规配电系统的配电线引入座舱内的配电中心，小型飞机采用这种方式。遥控配电的配电汇流条靠近用电设备，座舱内只引入控制线，飞行员通过接触器控制用电设备。现代大中型飞机采用这种配电方式，以减轻电网重量。自动配电系统由计算机通过多路数据总线传输控制信息和状态信号，经接触器或继电器对用电设备进行控制。这种配电方式电网重量轻、工作可靠、自动化程度高。以固态功率控制器取代接触器或继电器的自动配电系统称为固态配电系统。

一种双发电通道飞机上供电系统的布局示意图如图 1.1.2 所示。

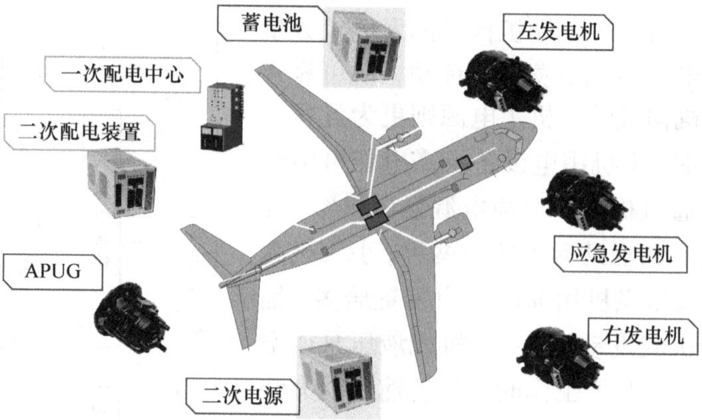

图 1.1.2　一种双发电通道飞机上供电系统的布局示意图

多数航天器工作时间较长，要求电源容量较大，电源重量占整个航天器重量的 15%～25%。大多数航天器是无人的，而它们的工作完全依赖于电源及配电系统，因而要求航天器供电系统具有长寿命、高可靠性和免维修等特点。

1.1.3　用电设备

现代航空和航天器内有大量设备，靠液压能工作的设备称为液压设备，靠气压能工作的设备称为气压设备，靠电能工作的设备称为用电设备。

1. 飞机用电设备

飞机上的用电设备按其功用可分为：①发动机和飞机的操纵控制设备。例如，发动机的起动、喷油、点火设备；发动机的推力或转速控制设备；飞机仪表、飞行控制、导航、通信和燃油供给设备；起落架收放和舱门启闭设备等。②机上人员生活和工作所需设备。如座舱环境控制系统、照明与加温设备、氧气设备、安全与救生设备等。③完成飞行任务所需的设备。这与飞机的类型、用途有关，如军用机有火力控制设备、投弹瞄准设备、照明侦察设备等；民用机有客舱照明设备和厨房设备等。

飞机上的用电设备按用电种类可分为：①直流用电设备，如直流电动机。②交流用电设备，如异步电动机。交流用电设备又可分为与频率无关或关系不大的设备、要求电源频率稳定的设备。有的设备(如电动陀螺仪和某些电动仪表)要求频率十分稳定、波形为正弦的三相交流电。交流用电设备还可以按交流电压相数分为单相交流电设备和三相交流电设备。③交直流两用设备。有的用电设备(如白炽灯)既可在直流电源供电时工作，也可由交流电源供电，且对电源频率没有严格要求。

按用电设备接通电源后对电源带来的影响将用电设备分成以下几类：①具有线性特性的用电设备。例如，加温设备和白炽照明灯等，其特性符合欧姆定律，且电阻或阻抗不因电压或电流大小而变。白炽灯刚通电时，由于灯丝电阻较小，有较大的接通电流，但此电流持续时间很短。②电动机负载。电动机负载直接投入电网时有很大的起动电流。电网电压突然下降时，以及调速电动机制动工作时，运行中的电动机会成为发电机，其能量也可能回馈电网。③恒功率特性负载。现代电子或仪器设备内有专用开关电源，它们的输出电压稳定性很高，因而输出功率基本上不变。若该电源损耗也不变，则输入功率恒定，这就使该类用电设备对于电源来说有恒功率性质，给系统特性带来较大影响。④产生谐波电流的设备。电力电子装置的广泛应用给电源带来污染，因为电力电子装置内的电力电子器件均为非线性器件，使交流电源电流波形畸变，从而导致电压波形畸变；使直流电源电流脉动加大，导致电压脉动增大，因此必须予以重视。⑤有电流和功率冲击的设备。用电设备的接通与断开或用电设备内部用电功率的急剧变化，会导致电源电压的变化(常称瞬态浪涌电压)，或者会引起持续时间为数微秒的电压尖峰。电源电压的尖峰和浪涌反过来又影响电网上各种用电设备的工作。

用电设备按其重要程度可分成三类：关键设备、重要设备和通用设备。关键设备如飞行控制系统和座舱显示器等，重要设备如防冰/除冰设备、环境控制系统和用于完成飞行任务的电子设备等，通用设备如厨房加温与娱乐设备等。用电设备对飞机供电系统的电能质量要求也各不相同，对直流电压脉动大小、交流电频率稳定度、波形失真度、三相电压对称性等有明确要求，目的在于使设备具有预定的性能，但是这种要求也不能过高。

反过来，供电电源对用电设备也有一定要求。例如，用电设备的电源电压选取应符合标准要求，不宜提出特殊的电压要求，以免使供电设备复杂化。一般来说，交流用电设备耗电量大于 500V · A 时应由三相供电。

总之，航空器上的用电设备要求供给一定种类和质量的电能，但电能的种类和质量应有一定限制，满足标准化要求。用电设备类型很多，它们反过来会使电源电能质量发生变化，从而使设备工作特性发生变化。因此，认清电源和用电设备的特性以及它们之间的相互影响是十分重要的。

2. 航天器用电设备

航天器负载的分类较多，主要分类方法如下。

根据能量来源的不同可以将负载分为：直接母线负载和间接母线负载。多数用电负载一般从母线直接获得电能，也有一些用电负载为获得高效率的大功率能量直接从发电装置获取，还有一些负载为减小对母线的冲击，如某些脉冲负载，直接从储能装置获取能量。间接母线负载是指母线经过二次电能变换，再供给用户负载。

根据飞行任务和安全的不同可以将负载分为：飞行关键负载、任务关键负载和一般负载。飞行关键负载一般指航天器为了维持姿态和通信等必需的负载；任务关键负载一般指航天器为了完成某一特定任务的负载；一般负载一般指航天器辅助用电负载。

根据负载本身特性的不同可以将负载分为：阻性负载、容性负载、感性负载、阻容感性负载、脉冲负载、频率性负载等。

根据负载的用途不同可以将负载分为：指令负载、遥测负载和功率负载等。指令负载一般为继电器线包等；遥测负载一般为航天器提供遥测的阻容性负载；功率负载一般为完成航天器功能的负载。

1.2　航空航天器电气系统工作条件

航空航天器中的电气设备从投入使用起就受到复杂和恶劣环境的影响，要精确地确定影响程度是十分困难的，但正确地估计到可能产生的影响是很有必要的，而且产品在研制与生产过程中必须通过严格的环境试验。

影响航空与航天器的环境因素有三个方面：气候因素、机械因素、化学和核因素。

1.2.1 气候因素

气候因素包括温度、高度、湿度、淋雨、霉菌、盐雾和沙尘等。航空航天器电气设备的工作气候不仅变化范围大，而且变化速度相当快。飞机停于寒带或在高空飞行，气温低到−60℃，夏天机场的气温则在 50℃左右。在 11km 以下的对流层内，随着高度增加，气温降低。在 11km 至近 30km 的高空，温度为−55℃。继续升高到 40km 的高空，气温为 0℃，该层称为平流层。50～80km 的高空为中间层，气温低于 0℃。在航空发动机附近工作的电气设备，环境温度比大气温度高。温度不同，直接影响电气设备的工作，例如，使发电机允许最大输出功率变化，使控制电器工作准确度变差，甚至使它误动作。

大气压力、密度、含水量、氧气成分均随高度的变化而变化。高空飞行时，由于气体密度降低，风冷发电机散热条件变差，允许输出功率显著降低。高空大气中水蒸气含量的下降，是造成直流电机电刷迅速磨损的主要因素。温度和大气压力的急剧变化是密封继电器漏气的主要原因。潮湿空气可经曲折的路径进入设备内部，导致绝缘性能变差。淋雨和潮湿有类似的影响。霉变使绝缘材料性能显著降低，甚至失去绝缘能力。盐雾使海军用飞机电气设备严重腐蚀，因此不仅应防止盐雾进入电气设备内部，而且电气设备的外壳材料及表面处理方法均应严格控制。沙尘进入电机内部会使其绝缘性能降低，加速轴承磨损，应该使用紧密配合的外壳结构和密封等办法防止沙尘侵入，必须开孔的设备要注意到沙尘侵入可能产生的影响。

航天器在外层空间飞行时的环境叫空间飞行环境，在太阳系内可分为行星际空间环境、地球空间环境和其他行星空间环境。行星际空间环境是一个极高真空的环境，有连续的太阳电磁辐射、爆发性的高能粒子辐射、稳定的太阳风(等离子体流)和行星际磁场，它们主要受太阳活动的影响；此外还有来自宇宙空间的高能带电粒子和微流星体。地球空间环境包括高层大气、电离层和磁层。高层大气密度随高度上升而降低，并和大气温度有关，而温度又随季节、地点和太阳活动而变化。从距地面 60km 开始，由于太阳的电磁辐射和粒子辐射，大气分子电离，构成电离层，其电子浓度也随时在变化。地球磁场近似于偶极子磁场，太阳风将地磁场屏蔽在地球周围的一定空间内，形成地球磁层。太阳风的扰动会引起磁层暴和磁层亚暴。磁层亚暴会出现 3～200keV 的高能等离子体，向地球注入时可达到地球静止卫星的轨道高度。磁层中相对密度较大的高能带电粒子区称为范艾伦辐射带。其他行星空间环境，如水星上大气极稀，昼夜温差极大，白天达 427℃，晚间为−173℃；金星表面大气压是地球的 90 倍，主要成分为二氧化碳，表面温度达 465～485℃。空间环境对航天器材料和器件均有影响，如高能带电粒子会使太阳电池、光学表面、有机材料和半导体器件损伤。紫外线辐照使太阳电池转换效率降低。在真空环境下，各种材料会失去内部的溶解气体和表面的吸附气体，造成材料出气现象，从而使材料重量逐渐减小。低气压环境会使电路产生气体放电击穿，造成损伤。高真空条件下固体表面相互接触发生黏着和冷焊现象，造成航天器上活动部件出现故障，从而加速轴承磨损，导致电气触点卡住和太阳电池翼板伸展困难等现象的发生。微流星体对航天器表面的沙蚀作用也对光学表面和太阳电池产生影响。

1.2.2　机械因素

振动、冲击和加速度是影响设备工作的主要机械因素。航空发动机工作产生的振动频带相当宽，活塞发动机为 5～500Hz，喷气发动机则高达 2000Hz。火炮的发射、飞机的起飞与着陆、特技飞行等会引起很大的加速度。机械因素造成零件变形，材料疲劳而损坏，使导线折断、旋转电机电刷发生跳动、继电器产生误动作等。电气设备必须有好的抗振强度和抗振稳定性，以确保不会发生机械谐振。必要时应采取减振与隔振措施。航天器电气设备的失重工作环境和航空航天器允许任意位置工作的要求，也给电气设备结构设计带来复杂性。

1.2.3　化学和核因素

电气设备遇到的化学和核因素有：有害气体、有害液体、电磁辐射和高能粒子辐射等。有害气体如蓄电池气体、燃油蒸气和臭氧等。有害液体如燃油、液压油和润滑油等。电磁辐射包括红外线、紫外线、X 射线和 γ 射线。高能粒子辐射如 α 射线、β 射线、质子和中子等。要防止电火花和易爆气体接触，以免导致火灾。设备自身不应爆炸，而外部的爆炸也应不会导致设备损坏。应防止有害液体滴入设备内部引起腐蚀。要充分考虑到电磁辐射和高能粒子流对无线电电子设备造成的干扰与损害。

1.3　飞机供电系统的类型、参数和特性

1.3.1　基本类型

航空航天器供电系统的基本类型主要是按照其主电源电能的形式与特性来划分的。由于电能形式分为直流和交流两种基本类型，航空航天器供电系统主要有直流供电系统、交流供电系统和混合供电系统三种类型。

目前对飞机而言，直流供电系统按照供电系统电压参数的不同，分为额定电压为 28V 的低压直流供电系统和额定电压为 270V 及 540V 的高压直流供电系统。交流供电系统按照电压参数的不同分为 115/200V 交流供电系统和 230/400V 交流供电系统；交流供电系统按照频率的不同还分为恒频交流供电系统和变频交流供电系统等类型。恒频交流供电系统还分为恒速恒频交流供电系统和变速恒频交流供电系统。

在某些飞机上，同时存在直流和交流两种形式的主电源，供电系统同时提供交流和直流两种形式的电能，称为混合供电系统。

1.3.2　飞机供电系统的基本参数

飞机供电系统的基本参数是指系统的电气参数、结构及其连接方式等技术指标与形式，与供电系统及用电设备的体积、重量、大小和性能等密切相关。供电系统基本参数的选择与技术、经济和历史继承性等因素有关。

直流供电系统的基本参数有电压、系统的额定容量和相应的额定电流。交流供电系统的基本电气参数有额定电压、频率、相数和波形。

1. 电压

早期的飞机直流电源借用汽车电源，电压为 12V，但随着飞机设备的增多，在飞机上采

用了 27.5V 直流电。第二次世界大战期间，某些大型飞机曾采用 120V 电压的直流电，但由于开关电弧和电机换向的困难，没有进一步推广。115/200V 400Hz 恒频交流电诞生后，得到了广泛的应用。在额定容量、馈电线长度和电流密度相同时，115/200V 交流配电网重量约为 28.5V 低压直流电网重量的 30%。提高电压可以进一步减小电网导线截面，从而减轻重量。但是飞机导线的最小截面积受导线机械强度的限制，通常最小值为 $0.2mm^2$，而飞机上大多数为小功率用电设备，采用小截面导线，故过高地提高电网电压不一定能显著降低电网重量，反而对人员安全不利。进入 21 世纪，随着电力电子技术和计算机技术的发展，更高的电压等级的电源系统开始发展和应用。例如，270V 高压直流电源系统在美国的 F22 和 F35 飞机上得到应用，230/400V 三相交流电源系统在 B787 飞机上得到应用。

电源功率大小和电网重量是确定电网电压的主要因素。在考虑电网额定电压时，人员的安全性、高空工作可靠性、短路电流的大小等因素也十分重要，同时要涉及历史继承性和国际通用性等。

2. *频率*

频率和电磁元件的重量、性能、材料与成件的技术水平等因素有关。

变压器、滤波器的体积重量随频率的升高而减小。发电机的转速、极对数和产生的交流电频率间有明确关系，它的转速主要受轴承寿命和转动部分结构强度的限制，目前为 10000～20000r/min，从电机结构来看，以 2～3 对极为好，故宜用 400Hz 左右的频率。在某些导弹中，采用火药燃气涡轮发电机，且发电机容量较小，工作时间短，转速可达数万 r/min，故频率可达 800Hz 左右。电动机的转速限定后，增加电源频率必须加大电机极对数，或者使输出减速器的减速比加大，这是不利的。如果要求电动机转速在 40000r/min 左右，则 400Hz 电源就不适用了。频率太高，馈电线的压降及损耗加大。从有触点的开关电器及继电器来看，电源频率为 400～600Hz 时断开电路，电弧燃烧时间最短，且熄弧后触点间电压增长率比电弧间空气介电强度的恢复率慢，第一次电压过零后，就不会再有电弧。由此可见，飞机上采用 400Hz 频率是比较合理的。早在 20 世纪 40 年代，一些飞机交流发电机产生的就是 115V/400Hz 交流电。

但是由于产生 400Hz 恒频交流电对发电机的转速或者电能变换器有严格的要求，20 世纪 60 年代开始出现变频交流电源系统，发电机的频率由发动机的转速来确定。但最早出现的变频交流电源的频率范围比较窄，21 世纪发展起来的宽变频交流电源系统电源频率范围在 360～800Hz。

3. *相数及波形*

400Hz 交流电常用三相四线制，其原因是：①三相发电机和电动机结构效率高，体积、重量相同时三相电机的功率大；②三相电动机易于起动且起动力矩大；③三相四线制输配电，可得到两种电压——线电压和相电压，以飞机金属机体为中线，输电线重量轻；④中线接地的三相电动机其中一相导线断开时仍能旋转，但是三相开关、继电器与接触器比单相的复杂。

飞机交流电均采用正弦交流，这样电磁元件的损耗小，且电磁干扰电平低。

1.3.3 飞机供电系统的特性

国家军用标准、美国军用标准、国际标准等相关标准，对飞机供电系统的特性作了相关规定。

1. 直流供电系统的特性

直流供电系统的特性主要有稳态电压极限、电压脉动和电压瞬变三个指标衡量。

稳态直流电压是指不超过 1s 的时间间隔内瞬时直流电压的平均值。稳态电压极限是指稳态时用电设备端电压的最大变化范围，它决定于电源的调压精度和馈线压降大小。电源的调压精度与它的电压调节器性能密切相关。

电压脉动是指直流供电系统在稳态工作期间，电压围绕稳态直流电压做周期性或随机的变化。电压脉动通常由传动装置转速脉动、有刷发电机换向和电压调节、用电设备的负载变化等因素导致。脉动幅值是指稳态直流电压和瞬态直流电压最大差值的绝对值，电压脉动幅值也必须限定在允许范围内。

直流电压瞬变是指电压超出稳态极限，并在一定时间内回到稳态极限的状态。有些瞬变是由瞬时的供电中断或故障排出的非正常扰动引起的。常用电压最大变化量和恢复时间表示。电压瞬变有两类：一类为电压浪涌，另一类为电压尖峰。电压浪涌是供电系统在外干扰作用下引起，并通过内部调节作用抑制的电压变化，其持续时间较长，一般自数毫秒至数十毫秒。电压尖峰是持续时间小于 50μs 的瞬变，通常由电路转换引起。电压尖峰在其时间域内可用电压与其持续时间、上升时间和能量等参数来表示，也可以用傅里叶分量来等效表示。

2. 交流供电系统的特性

交流供电系统的特性包括电压和频率两个方面。

电压指标有稳态电压极限、电压波形、三相电压对称性、电压调制和电压瞬变 5 个方面。

稳态交流电压是指在不超过 1s 的时间间隔内交流电压有效值的时间平均值。

交流电压波形应为正弦波，但实际上有所偏离，常用波峰系数(相电压波形峰值与有效值之比)、总谐波含量(交流电压波形除基波之外的方均根值)、单次谐波含量或偏离系数(电压波形与其基波波形相应点的偏差)来衡量。电压调制是交流供电系统稳态工作期间交流电压在其峰值的平均值附近周期性或随机的变化或两者兼有的变化，常用调制幅值和调制频率来衡量。引起电压调制的因素包括交流电源电压调节、发电机转速的变化和用电设备中负载的变化等。畸变频谱是指交流或直流畸变通过每一频率分量幅值的量化表示，畸变频率包括电压调制和频率调制产生的分量以及波形中的谐波和非谐波含量。

频率指标有稳态频率极限、频率漂移、频率调制和频率瞬变 4 个方面。频率指标的一些定义与电压指标类似。

稳态频率是指在不超过 1s 的时间间隔内频率的时间平均值。频率调制是指交流供电系统在稳态工作期间电源频率的变化，频率调制是衡量交流电源频率调节稳定度的指标。

1.4 飞机供电系统的工作状态、容量和基本要求

1.4.1 飞机供电系统的工作状态

飞机供电系统有三种工作状态：正常工作状态、非正常工作状态和应急工作状态。在飞机飞行或其他任务工作期间，供电系统执行预定任务而未发生故障的状态为正常工作状态，

此时传动主发电机的发动机转速可能变化，发电机并联或汇流条之间可能转换，也可能发生负载的加/卸等。供电系统的非正常工作状态是一种短暂的失控状态，引起汇流条电压或频率发生较大的变化。例如，配电线或馈电线对机体短路，从而引起短路保护的状态，保护器跳闸后系统又恢复到正常工作状态。应急工作状态是主电源全部故障，不能供电，必须由应急电源供电的状态，在这种状态下飞机必须尽快返航与降落。

正常供电时的电能质量较高，非正常或应急时供电质量较低。

非正常工作状态与应急工作状态除稳态电压和频率范围不同外，瞬态电压峰值及恢复时间等指标也有较大差异。例如，美国军标 MIL-STD-704 规定，交流电源正常供电时稳态电压范围为 108～118V，瞬态电压最小与最大值为 80V 与 180V，电压持续时间小于 0.01s；不正常供电时稳态电压范围为 100～125V，瞬态电压最大值 180V 持续时间 50ms，最小瞬态电压为 0V，持续时间 7s。美国航空无线电技术委员会关于民用飞机的标准 RTCA DO-160 中规定，交流电源正常状态的稳态电压范围为 104～122V，中断供电时间小于 200ms，电压浪涌为 160V（最大）和 60V（最小），持续时间为 30ms；不正常供电电压为 97～134V，欠压 60V（可持续时间为 7s），过压浪涌 180V（可持续时间 100ms），148V（可持续时间 1s）。在非正常工作状态时不仅电能质量显著降低，而且会出现中断供电的现象。

在采用低压直流电源的单发飞机上，往往只有一台由发动机传动的发电机构成主电源，此时若主电源故障，则只能进入由应急电源（航空蓄电池）供电的应急状态。在多发动机飞机上，一般主电源的数量与发动机数相同。这种情况下，一旦有一台发电机发生故障，不会立即转入应急电源供电状态，而是转为主电源系统应急程序，故障电源退出电网，负载由余下的无故障电源供电。如果正常工作电源容量足够，则飞机能继续执行飞行任务。如果一台或两台发电机退出后，剩余容量不足，则应由飞行员或自动卸去一些次要的负载，这就是负载的监控。采用主电源应急程序的主要原因是，现代飞机主电源十分可靠和安全。仅当全部主电源和辅助电源（不少辅助电源也允许在飞机飞行时工作）故障时才由应急电源供电。必须指出的是，非并联运行的主电源转换时一般有一段供电中断时间，此时系统进入非正常工作状态。

飞行控制系统的失效意味着飞机的失控，必须采用余度技术以保证高的可靠性。余度技术要求余度电源。通常飞控系统采用四余度电源，即两套独立的主电源，一套备用电源，一套应急电源。若应急电源是蓄电池，则必须保证电池正常情况下工作在电量充足状态，以便应急时有足够的电容量。

重要用电设备通常采用三余度供电方式，由两套主电源和一套备用电源供电，用电设备可有选择地工作。

通用用电设备通常由主电源供电，一套主电源故障时可转到另一套电源。

供电系统正常工作期间，一般用电设备应有完全的技术性能并保证安全。在汇流条转换时出现供电中断期间，对用电设备性能不作要求，但供电系统恢复正常后，用电设备的特性应能全部恢复。

在供电系统非正常工作期间，一般对用电设备的性能不作要求，甚至允许失去功能，但必须保证安全，并在供电特性恢复正常后恢复用电设备的全部特性。

在应急供电时，对于需要执行任务的设备应能提供规定的技术性能和保证安全可靠。供电特性恢复后应恢复全部特性。

有的用电设备要求不中断供电。通常，飞机直流电源系统易于实现不中断供电，因为多个直流电源易于并联工作，在电源采用反向保护二极管接入电源汇流条时，电源本身故障不会导致用电设备供电中断。交流电源不中断供电技术则比较复杂。

1.4.2 飞机供电系统的容量及其选择

飞机电源系统的容量是指它的主电源容量，等于该机上主发电机台数(对变速恒频电源为发电通道数)与电机(或电源)额定容量的乘积。直流电源容量单位为千瓦(kW)，交流电源容量单位为千伏安(kV · A)。发电系统的额定容量是指在一定环境条件下，电能质量符合技术指标要求，长期连续工作时的最大输出容量。

发电机或发电通道的实际容量不一定等于它的额定容量。例如，由外界气流冷却的发电机在地面时，只能靠它自带的风扇冷却，冷却空气量远小于要求值，发电机的容量也就相应减小。由于通风冷却的效果与进气温度和质量流量有关，故与飞机飞行的高度和速度有关。飞行高度增加，进气温度降低，但大气密度也降低，电机散热效果变差。超声速飞行时，进入电机的冷却空气温度迅速升高，也使发电机容量降低。变速运行的飞机直流发电机的容量还受转速限制，低转速工作受电机励磁绕组过热限制，高速工作受电机换向的限制。《飞机电气负载和电源容量分析》(GJB 860A—2006)规定的交流与直流电源容量修正曲线，表明了电机实际容量与冷却空气温度与飞行高度的关系。

多台发电机并联运行时还需涉及并联负荷分配不均衡导致的容量减小。电源系统的容量不仅与发电机容量有关，还与电机和电源汇流条间的馈电线容量有关。通常馈电线应能承受电源满容量输出。

航空电源都有短时过载的要求。例如，交流发电机应能在 150%额定负载下工作 2min，在 200%额定负载下工作 5s。直流发电机一般要求能在 125%～150%额定负载下工作 2min，在 150%～200%额定负载下工作 30s。过载要求是在发电机满载下工作达到额定温度后给出的，故过载时电机温度会超过安全极限，但因过载持续时间短，不会导致电机损坏。对于工作于较大转速范围的直流发电机，并不要求在整个工作转速范围内都能过载运行。

飞机上有一类短时工作的大负载，如起落架收放、襟翼收放电动机构及旋转炮塔传动电动机等，它们工作时间不长，一般在 2min 以内，利用发电机过载能力及其热容能力向这些负载供电可减小发电机的重量。在多发电机并联的系统中，一台发电机故障退出电网后，不应卸掉电网上的设备。但当两台或更多的发电机故障退出后，必须卸去次要负载，在没有负载自动监控系统的情况下，会造成正常发电机的短时过载，因为飞行员不可能随时监视电源系统的工作情况。

5s 的过载要求是为了满足电动机大的起动电流要求和排除配电网中出现的导线短路故障。现代飞机电网保护器多为热保护器，借助于过流发热跳闸而切除短路故障。因为恒速恒频电源系统的发电机还有三相稳态短路电流不小于额定电流三倍的要求，变频交流发电机短路电流应不小于 250%额定值。同时规定恒速恒频电源应在 70ms 内达到短路电流的稳态值，以使热保护器快速动作。直流发电机通常不规定短路电流值，因为直流发电机常与蓄电池并联，短路时可由蓄电池提供大的电流。

固态功率控制器是由半导体功率器件和检测控制元件构成的新型开关保护电器，通过直接检测电流进行过流及短路保护，从而有快的响应特性，可以在μs级内实现短路保护。固态功率控制器的应用改变了对电源系统的短路要求。

飞机电源功率的选择取决于飞行方案中所用设备对电功率的要求，以得到最大的可靠性、安全性和轻的电源重量。因此负载(即用电设备)分析是选择电源的基础。飞机上负载工作情况与以下因素有关：①飞行任务的不同。从电源考虑应选择用电量最大的飞行任务，如战斗机夜间作战、轰炸机在敌境夜间飞机和执行轰炸任务等。②飞机工作状态不同。根据GJB 860A—2006，飞机飞行阶段一般包括以下10种工作状态：G1，地面维护；G2，仪器校正；G3，装载与准备；G4，起动和预热；G5，滑行；G6，起飞和爬升；G7，巡航；G8，巡航与战斗；G9，着陆；G10，应急。③电源工作情况。电源正常供电时，应能满足同时工作的负载要求。在多发电机电源系统中，1台或2台电源故障退出电网后，应能满足关键和重要用电设备的电能要求。应急状态时，应急电源应满足关键用电设备的要求，即根据电源工作情况实现对负载的监控。

按飞行阶段统计负载时，应考虑用电设备的功率(有功功率、无功功率、视在功率)、参差系数(某种用电设备同时工作的个数与该种设备总数之比)和工作持续时间。对大功率电动机，不仅要给出额定功率，还必须考虑它的起动功率。

负载统计后应画出负载图，负载图有三种：正常工作负载图、应急工作负载图和地面供电负载图。正常工作负载图是选择主电源容量的依据，应急工作负载图是选择应急电源的依据，地面供电负载图是选用地面电源特别是选择飞机辅助电源的依据。如果需要起动发电机，则必须对起动工作状态进行校核，以保证发动机的顺利起动。对于发动机电起动，不仅是选择起动发电机容量的问题，还必须有相应容量的起动电源。对于要求具备自足能力的飞机，机上的辅助动力装置电源应满足航空发动机电起动的要求。

1.4.3 飞机供电系统的基本要求

对航空、航天供电系统的基本要求是相同的，仅某些方面不同，例如，航天供电系统一般是免维护的，因为很难对在轨道上运行的航天器内的供电系统进行维修。

对供电系统的基本要求是：可靠性、设备费用、维修性、重量和供电质量。若全部满足上述要求的供电系统以100分计，则其中各项要求所占份额为：可靠性30分，设备费用24分，维修性20分，重量20分，供电质量6分。由此可见可靠性要求最重要。在这些基本要求的基础上还衍生出测试性、保障性、安全性、适航性等要求。

可靠性是衡量成功率的尺度，通常以平均故障间隔时间(MTBF)来表示，以工作小时为单位。有时也用它的倒数——故障率，即每千工作小时的故障次数来表示。飞机或航天器上的每个电源应能独立于机上任何其他电源而工作，一个电源的故障不应使另一电源也失去供电能力，并且每个电源应能自身起动和供电。同时电源故障不应导致它所接用电设备的故障，电气系统任一部件的故障或故障组合不应导致不安全状态，不会使故障扩大或引起火灾等严重事故。高的可靠性来自良好的设计、认真的制造、全面的检查、合理的使用、准确的安装和正确的维护。

设备费用是必须考虑的重要因素。由于航空航天器电气系统大量采用高新技术，材料、器件、结构和试验费用十分昂贵，因而减少设备费用是该设备或部件应用的重要前提。

维修性和飞机的战术技术性能密切相关。由于机载设备日益复杂，故障率相应增加，因而快速而有效地实现故障诊断和故障排除，使装备恢复良好状态，可提高民航飞机的出勤率，提高军用飞机的战斗力。现代航空航天电气系统都有内部自动测试(BIT)功能，对系统或部件进行初始自检和运行自检，随时发现和隔离故障，以提高维修性。

减小航空航天电气系统和装置的重量不仅会使航空航天器性能提高，而且有利于提高其经济性，在讨论重量时不仅要考虑设备本身的重量，而且必须考虑它的附加重量，如设备安装结构重量和在座舱或空调舱内派生出的重量。对发电机或电能变换器应考虑它内部消耗(损耗)引起的燃油重量的增加等因素。精心的设计与制造可使发电系统的重量减小，以使材料和部件的电、磁、绝缘和力学性能充分发挥。除此之外，还必须注意到电能质量对用电设备重量的影响。

电能质量(power quality)，从严格意义上讲，主要以电压、频率和波形等指标来衡量。从普遍意义上讲是指优质供电，包括电压质量、电流质量、供电质量和用电质量。其可以定义为：导致用电设备故障或不能正常工作的电压、电流或频率的偏差，其内容是相关标准中定义的供电系统特性，包括稳态和瞬态特性，电压、频率和波形特性。

电磁兼容性是系统及其部件在总的电磁环境下按规定要求完成其功能的能力。必须防止供电系统中的干扰信号影响用电设备的运行，同时要抑制用电设备产生的干扰影响供电系统的工作。

对供电系统的要求是在航空航天器恶劣工作条件下提出的。由此可见，航空航天供电系统和普通工业交通运输部门的供电系统有较大的差异，从事航空航天电气事业的人员肩负着更大的责任。

1.5 航空主电源系统的发展

现代飞机主电源有低压直流电源、恒频交流电源和变频交流电源、高压直流电源以及混合电源等，其发展年代和过程如图 1.5.1 所示。

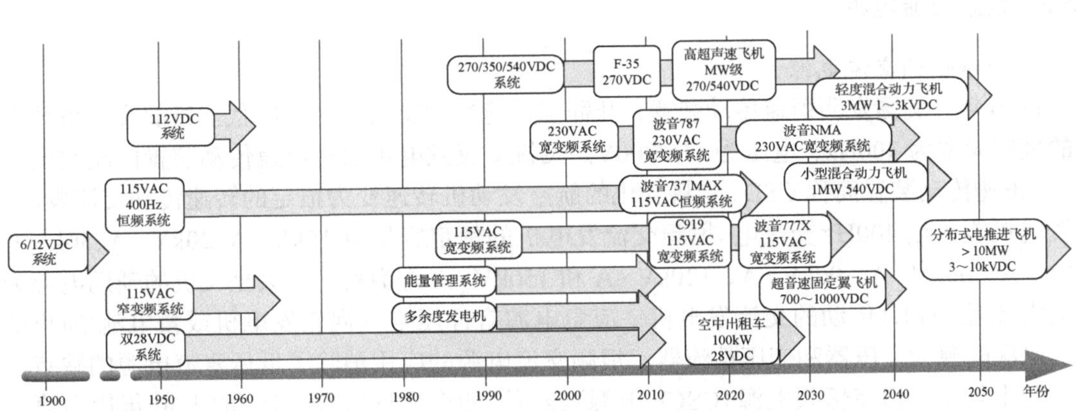

图 1.5.1 飞机主电源系统的发展沿革

1.5.1 低压直流电源

低压直流电源是飞机最早采用的电源，第二次世界大战期间趋于成熟。现代飞机低压直流电源调节点电压为28.5V。主电源由航空发动机直接传动的发电机和控制保护器构成。主发电机额定容量有3kW、6kW、9kW和12kW等数种，相应的额定电流为100A、200A、300A和400A。辅助和应急电源为航空蓄电池。发电机与蓄电池或发电机与发电机并联工作。在大型飞机上有辅助动力装置传动的直流发电机作辅助或备用电源。二次电源为旋转变流机或静止变流器，它将低压直流电转变为400Hz三相或单相交流电，供飞机上的仪表和其他设备使用。

航空发动机的转速随它工作状态的改变而改变，最高工作转速与最低工作转速之比为2。为了使发电机输出电压不变，必须设电压调节器，靠调节发电机的励磁电流使调节点电压不因转速和负载的变化而变化。发电机与蓄电池并联工作时，为了防止蓄电池的电流在发电机不工作时流入发电机，还有专门的反流保护器，过电压保护器也在大容量飞机直流电源中应用。目前飞机直流电源系统中已应用具有微处理器的发电机控制器，它兼有控制、保护、自检、通信、故障记忆与隔离报警等多种功能，既提高了电源供电质量，又改善了维修性与可靠性。

起动发电机是喷气式飞机诞生后发展起来的双功能电机，发动机工作前，它作为电动机工作，带动发动机转子旋转，达一定转速后喷油点火，使发动机进入能自行工作的状态。此后，发动机反过来传动电机，使其成为发电机，向用电设备供电。一台电机两个用途，减轻了总重量，是直流电源的重要发展。

低压直流电源的主要优点是简单可靠，用蓄电池作备用及应急电源很方便。但是随着飞机的发展，用电设备特别是交流用电设备增多，低压直流电源的弱点也日益暴露。这就是：①直流发电机的电刷与换向器限制了电机转速，从而限制了电机的最大容量，直流发电机的最大容量为12kW；②电源容量加大后飞机直流电网的重量显著增加；③二次电源的效率低，重量大。

电力电子技术的发展，为低压直流电源的发展提供了新的条件，无刷直流发电机、静止变流器等是其重要标志。低压直流电源仍在中小型飞机和直升机上广泛应用。

1.5.2 恒频交流电源

1. 恒速恒频交流电源

1946年，美国发明恒速传动装置，开辟了恒速恒频交流电源的时代。目前飞机恒频交流电的额定频率为400Hz，电压为115/200V。飞机交流发电机通过恒速传动装置由航空发动机传动。恒速传动装置简称CSD，它将变化的航空发动机转速变为恒定的转速传动交流发电机，故发电机能输出400Hz交流电。恒频交流发电机的额定容量有15kV·A、20kV·A、30kV·A、40kV·A、60kV·A、90kV·A、120kV·A和150kV·A等数种。中大型飞机的辅助电源为辅助动力装置(APU)传动的交流发电机。应急电源有冲压空气涡轮发电机或蓄电池/静止变流器。二次电源为变压器和变压整流器。恒频交流电源的应用消除了低压直流电源的缺点。

几十年来，恒速恒频电源(CSCF电源)经历了四个发展阶段。20世纪50年代为第一阶段，采用差动液压恒速传动装置、有刷交流发电机和电磁机械式调节保护器。60年代为第二阶段，采用齿轮差动液压恒速传动装置、无刷交流发电机和电磁式控制保护器。70年代进入第三阶段，发展了组合传动发电机(IDG)，其特点是：①恒速传动装置与发电机一体化设计，简化了零部件；②发电机采用喷油冷却，用高性能铁钴钒软磁材料，转速升高到12000r/min或24000r/min。这种电源的功率重量比显著增大，过载能力增强，可靠性进一步提高。80年代进入第四阶段，交流电源设计思想由以降低重量为主转变为以提高维修性和降低全周期费用为主，于是微型计算机的控制器居主导地位，标准化、模块化、智能化成为重要的考虑因素。

CSCF电源的优点是：工作环境温度高，过载能力强。它的主要缺点是：①CSD生产制造、使用维护困难；②电能变换效率较低，主电源效率约为70%；③电能质量难于进一步提高；④难于实现起动发电。

2. 变速恒频交流电源

电力电子技术的发展为变速恒频电源(VSCF电源)奠定了基础。1972年美国通用电气公司研制的20kV · A VSCF电源首次装机(A-4飞机)使用，数十年来VSCF电源有了迅速的发展。VSCF电源的优点是：①电能质量高；②电能转换效率高；③旋转部件少，工作可靠；④结构灵活性大；⑤能实现无刷起动发电；⑥生产使用维修方便。这种电源的缺点是：①允许工作环境温度较低；②承受过载和短路能力较差。

VSCF电源与CSCF电源不同之处仅在于主电源，CSCF电源的主电源由恒速传动装置、交流发电机和发电机控制器构成，VSCF电源则由交流发电机、功率变换器和控制器构成。功率变换器有两种类型：交交型变换器和交直交型变换器。前者由晶闸管构成，后者由功率晶体管构成。由于功率晶体管允许结温比晶闸管高，且晶体管功率变换器所用功率器件少，故可靠性高。

1.5.3 变频交流电源

飞机变频交流电源系统是另一种不采用恒速传动装置的方法，即发动机直接驱动发电机产生变频交流电供负载使用。表1.5.1列出了一些采用变频交流电源系统的飞机。

表1.5.1 采用变频交流电源系统的飞机举例

飞机名称	贝尔法斯特	SF-340支线	ATP支线运输	全球快车	新舟-60	B787	A380
生产国家	英国	瑞典	英国	加拿大	中国	美国	欧洲
生产年份	1966	1984	1987	1994	1997	2009	2008
主发电机容量/(kV · A)	8×50	2×26	2×30	4×40	2×20	4×250	4×150
频率范围/Hz	334～485			324～596	325～528	360～800	360～800

目前，恒速恒频交流电源系统最大装机容量为150kV · A，作为一种替代恒速恒频交流电源系统的电源，变频交流电源系统在大功率交流电源系统中具有明显的应用优势。变频电源系统与恒速恒频电源系统相比的主要优点是：变频发电机体积小、重量轻、可靠性高、效率高，易于实现交流起动/发电。

变频电源系统确定的目标是在整个变频范围内提供与目前的恒频系统相同的、符合

MIL-STD-704E/F 和 DO-160C/D/E 等标准要求的电源质量，包括除频率范围以外的所有技术参数（电压瞬变等）。我国也根据 ISO 1540 制定了相应的国标《飞机电气系统特性》（GB/T 30203—2013），变频电源的电能质量也应符合我国的相关标准规定，可靠性、适航性也应符合相关标准。

因此，变频电源系统与恒频电源系统之间的差别将只是变频电源系统的工作频率范围更宽。这样做的目的是最大限度地减小系统对用电设备的影响。

变频电源的最大和最小频率极限如下：

（1）最低频率被确定为 360Hz，因为该频率包括了外接电源的最低频率，也是当前的 DO-160D 用电设备要求文件规定的最低非正常工作频率。因此用电设备将不需要增加过多的电磁铁心材料，最大频率被限制在 800Hz。

（2）变频电源有两类：①窄变频电源，频率范围为 360～650Hz；②宽变频电源，频率范围为 360～800Hz，适合于所有目前和未来可预见的涡轮风扇发动机飞机使用。

1.5.4 高压直流电源

高压直流电源系统是另一种替代恒速恒频电源系统的可选方案。

270V 高压直流电源系统具有结构简单、工作可靠、效率高、重量轻、费用低、易实现不中断供电以及使用安全等优点，因而将是今后飞机电源的发展方向。美国的 F-14A 战斗机、S-3A 和 P-3C 反潜机等局部采用了高压直流供电技术，而 F-22 战斗机上已采用了 65kW 的 270V 高压直流电源系统，F-35 战斗机也采用了 270V 高压直流起动发电系统。

飞机电气系统采用直流供电体制，在以下几个方面优于交流供电体制：

（1）电力线不存在电抗压降。

（2）直流电通过导线也不存在趋肤效应。

（3）直流输配电系统的功率因数为 1。

（4）直流电的电晕起始电压比交流的高。

（5）在同样电压值时，从人身安全来讲直流电比交流电更安全。

（6）直流发电机并联容易。

（7）直流电源系统易实现不中断供电。

随着高压无刷直流发电机的发展，高空换向问题得到解决。并且，采用电力电子技术解决了开关电器的高空灭弧问题。固态配电技术的不断发展，使得高压直流供电系统比交流供电系统具有明显的优越性。

1.5.5 混合电源

飞机上装有两种或两种以上主电源的电源，称为混合电源。苏联的不少飞机上使用低压直流电源，但因供电量不足，又装了交流电源，构成了混合电源。低压直流电源大多采用起动发电机。交流电源有两种，一种是变频交流电源，交流发电机直接由发动机驱动，由于交流电频率变化范围较大，只适用于照明加温等对频率没有要求的负载。有的飞机发动机（如涡轮螺旋桨发动机）工作转速范围较窄，一般仅变化 5%左右，发电机产生接近恒频的交流电。也有的飞机发动机上装有由恒速传动装置驱动的发电机，输出恒频交流电。这类混合电源比较复杂，体积、重量大，电能质量较差，是一种过渡性飞机电源。

新一代混合电源每台飞机发动机传动一台变频无刷交流发电机，然后通过电力电子变换器得到270V高压直流电，115/200V 400Hz恒频交流电，甚至还有28.5V的低压直流电，未经变换的部分变频交流电可供照明、加温等对频率没有要求的设备。20世纪80年代投入运行的湾流型公务机(G-3、G-4)采用这种方案，其发电机容量约30kV · A，通过变换器获得22.5kV · A 400Hz恒频交流电和28.5V低压直流电(7.5kW)。新一代混合电源的特点是：①发电装置运动部件少，所需发动机上的安装空间小；②电能质量高；③效率高、损耗小；④使用维修简单。

1.6 飞机输配电系统概述

飞机输配电系统实现电能到用电设备的输送、分配和控制保护。输配电系统简称配电系统，又称为飞机电网，由导线或电缆、配电装置、保护装置及检测仪表等构成。

1.6.1 飞机配电系统的构成

飞机配电系统可分为供电网和配电网两部分。供电网是从飞机电源、电源汇流条到用电设备汇流条间的部分。配电网是从用电设备汇流条到用电设备间的部分，用电设备汇流条也称为负载汇流条。

飞机导线由线芯和外包绝缘层构成。线芯由多股细铜丝绞合而成，为了提高强度，较细的导线也有用多股细铜合金丝绞合的。铜丝外涂有锡、银或镍保护层。外包的绝缘材料决定了导线的型别，如FVN型聚氯乙烯绝缘尼龙护套导线使用温度为−60～80℃，AF-250氟塑料绝缘线、TFBL-2聚四氟乙烯绝缘线使用温度为−60～250℃。某些用电量大的飞机上，用铝排作为供电网主干线，以减轻重量。飞机上单根导线必须有保护套管，多根导线往往包成线束，以提高电气和机械强度，并易于安装。

电网配电装置按功用分为三类。第一类用于直接接通、断开或转换电路，如按钮、开关、转换开关等。第二类用于远距离接通、断开和转换电路，如继电器和接触器等。第三类是终点式或凸轮式开关，后者广泛应用于飞机操纵机构中。

接线板、插头座等是导线或电缆间连接元件，以便于安装、拆卸和检查电路。

电网保护装置有保险丝和自动开关(断路器)等，用于保护电网，防止故障扩大并消除故障。

飞机配电系统中还有滤波和屏蔽、搭接电路等。

1.6.2 飞机配电系统的线制

在以金属材料为飞机机体结构情况下，飞机直流电网可用单线制，利用机体作为负回路。单线制的优点是：仅正极用导线，电网重量轻；负线为金属机体，电压损失小；减少了连接次数、导线和开关尺寸，安装、使用和维护方便，消除了导线与金属机体间静电感应。它的缺点是易于发生对地短路。

对于采用复合材料的部分机体，由于机体不导电，只能采用双线制。双线制电网中导线的对地(机体)短路不会引起过大短路电流和电网短路故障。若正负导线一起布线，或用双绞线，则可减少电磁干扰。在某些无人驾驶飞机上，为了提高电气系统可靠性和生命力，采用双线制电网。

交流电网三相四线制结构，一般以机体作为中线。

在高压直流供电系统中使用双线制。

1.6.3 飞机配电系统的要求

飞机配电系统的分布取决于飞机用电设备的分布位置，几乎分布于飞机全身。因此飞机配电系统十分复杂，且易于发生故障。为了保证安全飞行和完成飞行任务，对它提出以下要求：

(1)飞机配电系统必须有高的可靠性和强的生命力。要求在正常和各种故障状态下保证用电设备不间断供电，特别要保证安全返航用设备的连续供电。发生短路故障时，应有排除故障的能力，或限制故障的范围，避免故障扩大，防止导致火灾等事故。

(2)保证用电设备端电能的质量。电能质量高低直接影响到用电设备的性能和仪器的精确度。不仅在正常供电时要保证供电质量，而且要保证在各种故障情况下仍有较高的供电质量。

(3)电网重量要轻。对于低压直流电网，电压低，电流大，导线粗，减轻电网重量很必要。

(4)易于安装、检查、维修和改装。

(5)减少对电子和通信设备的电磁干扰。金属机体应有低的电阻，电网中要有滤波和屏蔽设施。

1.7 航天器供电系统概述

航天器是在地球大气层以外，基本上按天体力学规律运行的各类飞行器，又称空间飞行器。航天器可分为无人航天器和载人航天器两大类。无人航天器包括人造地球卫星和空间探测器。人造地球卫星环绕地球运动，其数量占航天器的90%以上，分为科学卫星、应用卫星和技术试验卫星三类。应用卫星是直接为国民经济和军事服务的卫星，如通信卫星、广播卫星、气象卫星、导航卫星、地球资源卫星和侦察卫星等。空间探测器分为月球探测器、行星与行星际探测器等。载人航天器包括载人飞船、空间站和航天飞机等。

绕地球运行的航天器称为地球轨道航天器，是数量最多的航天器，如人造地球卫星、空间站、飞船等。地球轨道包括：地球同步轨道，距地面 35786km；中地球轨道，距地面 2000～20000km；低地球轨道，距地面 200～2000km；以及大椭圆轨道等。

航天器在大气层内的飞行阶段，其供电系统的工作环境条件与飞机供电系统类似，而其飞行速度极快，机械环境因素中的加速度很大，气候环境条件的变化极快。航天器电气设备在失重工作环境和任意位置条件下能保证正常工作的这种要求，为航天器电气设备的结构设计带来了复杂性。

供电系统是航天器中用于产生、储存和分配电能的系统。多数航天器工作时间较长，要求电源的容量较大，电源重量占整个航天器重量的 15%～25%。这些电源按能源不同分为：

化学电源、太阳电池电源和核电源三类，其输出电流经过变换器、稳压器实现电压/电流变换、稳压，实现对地电绝缘和电源母线保护，同时消除来自电源母线的瞬态变化和电噪声对用电设备的影响。配电器完成供电的分配。

航天器电源系统的选择取决于用电系统的工作寿命、负载特性和负载要求(平均负载和峰值负载)、太阳辐照情况、工作环境、重量、体积和结构等。

早期发射的卫星多用化学电源，如锌汞电池、锌银电池、镉镍电池。锌汞电池放电电流小，工作电压不平稳。镉镍电池能输出较大的功率，但比能量略低。20 世纪 50～60 年代的科学试验卫星、空间探测器和返回型卫星多采用锌银电池，它的放电电流和比能量都很大，是短期飞行航天器的主要电源。载人飞船和航天飞机多采用氢氧燃料电池，这种电源每组电池峰值功率高达 12kW，无维护工作时间可达 2500h，并具有多次起动和停机功能。镉镍电池、镉银电池和镍氢电池常用作太阳电池阵的蓄能器。

在地球外层空间，太阳辐射强度(1360W/m^2)为地面的 1.3～1.7 倍。采用太阳电池可减轻航天器重量，但必须与蓄电池一起组成太阳电池阵-蓄电池组电源系统才能解决航天器进入阴影区时的供电问题。这种电源系统的工作寿命可长达 10 年，是地球轨道航天器最常用的电源。世界上已发射的航天器中用这种电源的约有 60%。在空间探测器的飞行过程中，太阳光强会发生明显的变化，影响太阳电池阵发电，在没有阳光或光强极弱的场合不能使用这种电源。

航天器所用的核电源有放射性同位素温差发电器、核反应堆温差发电器和热离子发电器，它们都是利用原子核的突变(裂变或衰变)所释放的能量来发电的。这些能量以热的形式输出，由热电转换器转换成电能。这种核电源寿命长、工作可靠、对核辐射、强带电粒子场和微流星轰击等的承受能力较强，常用于行星际探测器和部分军用卫星。核电源价格昂贵且不安全。苏联的“宇宙”954 号卫星和“宇宙”1402 号卫星载入大气层后分别于 1978 年、1982 年发生故障造成了放射性污染。美、俄等国仍在继续研制千瓦和数百千瓦级的核电源，以满足功率消耗日益增长的需要。高效太阳电池、聚光太阳电池和反应堆核电源正在发展中。

我国自 1970 年 4 月 24 日以第一枚 CZ-1(长征-1 号)运载火箭成功发射第一颗人造地球卫星 DFH-1(东方红 1 号)，到 2016 年 6 月 25 日以 CZ-7 运载火箭成功发射 6 类新型载荷；自 1964 年 6 月 29 日第一枚近程导弹试飞、1966 年 10 月首次两弹结合飞行、1980 年 5 月向太平洋发射远程火箭、1982 年 9 月发射水下导弹成功至今，我国已拥有多种系列的地地、地空、岸舰、空空导弹。所有的箭上、星上和弹上电源全由我国自行研制。其中，箭上和弹上电源主要为锌银电池，星上电源有锌银电池、太阳电池、镉镍电池等。

地球轨道航天器供电系统的工作状态有正常与应急状态。以太阳能电池作为主电源的航天器，其供电系统的正常工作有光照和阴影两种状态。当航天器由光照区转入阴影区或由阴影区转入光照区时，其工作状态将发生转换，转换前后其供电系统中的设备及其用电负载的工作状况不同。

母线电压是航天器供电系统的重要参数。航天器典型的一次电源母线电压有 3 种，即 28V 低电压、42V 中电压和 100V 高电压，也有采用 50V、70V 及 160V 电压的航天器。

选择母线电压等级主要考虑的因素有：①航天器功率需求水平。通常用航天器的负载(特性)曲线来表述功率需求水平。②航天器供电电网的质量和损耗。③系统中使用的部件的耐压水平。④航天器表面在空间等离子环境下的不均匀充电，引起静电击穿的危险性和太阳电池阵等离子漏电情况。⑤航天器负载(特别是大型航天器有效载荷)内各种 DC-DC 变换器工作的输入电压要求。⑥对二次电源(DC-DC 变换器)的转换效率与可靠性的影响。

一般来讲，当航天器电功率需求在 2kW 以下时，采用 28V 母线电压；在 3～5kW 时，采用 42V(或 50V、70V)母线电压；超过 6kW 时，采用 100V 或稍高母线电压。我国东方红 4 号卫星和未来的空间实验室的功耗达到 10kW，采用 100V 母线电压，其余的航天器大多采用 42V 或 28V 供电电压。100V 以上的供电电压还会引起太阳电池阵的诸多问题，必须逐一加以防范。例如，轨道运行期间，太阳电池阵表面高绝缘盖片不均匀充电(有时高达上万伏)，会产生静电放电和激发等离子通道。当相邻太阳电池串存在 100V 电压和电池串有 1.5A 以上的电流时，会使弧光放电持续下去，产生高热，烧毁基板上的聚酰亚胺层，使太阳电池电路和太阳电池基板表面敷设的碳纤维网导通，对卫星“地”短路，太阳电池阵部分或全部功率丧失。对此，应采取相应的防范措施。

未来的航天器向着大型化和长期工作方向发展，因此用电功率将进一步增大，发展高效太阳能电池、聚光太阳能电池、太阳能热动力电源、可再生燃料电池和数百千瓦的空间核电源十分迫切。同时，电源的控制、切换、保护和故障后自恢复等技术也要有相应的发展。

空间电源领域的工程技术研究人员正在积极开发新型空间电源，其中以热电循环理论为依据的热电转换装置是受关注的一个方向，它与太阳辐射能或核能相匹配可组成新型的太阳热动力电源供电系统或核反应堆动力电源供电系统，其能量的转换效率高；同时，能量的储存也改变着传统的化学电池方法，转而采用相变材料(如氟化锂)的热能储存形式。

总之，新技术的不断开发和应用，航天器电源及其供电也将会不断地发展与提高，进而促进航天器和整个空间技术的发展。

1.8 小　结

本章介绍了航空航天器供电系统的基本概念。

航空航天器工作环境具有特殊性，始终处于运动状态，承受着振动、冲击和加速度，海上飞行还有盐雾侵袭，太空飞行有空间辐照的影响。飞机供电系统必须能在恶劣的环境下正常工作。随着飞机技术的发展，飞机的功能越来越强大，对飞机供电系统的要求越来越高，飞机供电系统的容量也越来越大，新技术、新工艺也越来越多地应用在飞机供电系统中。飞机供电系统由低压直流向变频交流和高压直流方向发展，飞机的二次能源也由多种二次能源并存向单一电能作为二次能源的方向发展，形成了多电飞机和全电飞机。多电和全电技术已经成为引领未来飞机发展的方向。

思考练习题

1-1　试列出几种对电源频率有不同要求的用电设备，并说明对电源频率有不同要求的原因。

1-2　试说明电源电压变化对白炽灯、计算机和直流电动机工作的影响。

1-3　阐述现代飞机二次能源（液压能源、气压能源和电能源）的应用及各自的优缺点，并简述电能在飞机上替代中央液压能和气压能的优势。

1-4　说明供电系统、电源系统和配电系统的意义。

1-5　一架飞机的电源系统由哪几个分电源系统构成？什么是该飞机的主电源？

1-6 飞机供电系统的基本参数有哪些？它的特性如何？

1-7 低压直流电源的飞机，其主电源由哪几部分组成？各部分的功能是什么？

1-8 减轻飞机供电电网重量的基本方法以及存在的问题是什么？

1-9 飞机供电系统的工作状态有几种？分别在这几种工作状态下，不同设备的供电方式有何区别？

1-10 飞机供电系统容量选择方法有哪些？包括考虑的因素和计算步骤。

1-11 航空航天器电源可靠供电的意义何在？怎样才能获得高的可靠性？

1-12 航空航天器电气设备的工作条件与普通工业电气设备的工作条件有何不同？航空航天电气设备的技术要求与普通工业电气设备有哪些相同和不同之处？

1-13 为了减小变压器的体积、重量又不降低其效率，可采用哪些措施？其中主要措施有哪些？

1-14 低压直流电源、恒频交流电源、变频交流电源、高压直流电源、混合电源各自的优缺点是什么？

1-15 飞机低压直流电源电压为 28V，高压直流电源电压为 270V，要解决哪些问题后高压直流电源才能在飞机上全面使用？

1-16 飞机配电系统中单线制电网和双线制电网有什么不同？

1-17 通过查阅国内外相关文献、专利、技术报告等，明确多电/全电飞机供电系统中相关技术的研究现状及发展趋势，选择其中一个研究方向进行详细调研（不限于下列研究方向，可根据教材内容自主制定），编写一份包括调研背景、目标、方法、结果及分析、总结与展望的调研报告。为确保调研报告中引用的文献来源可靠，必须在报告末尾列出详细的参考文献列表。

可供选择的研究方向如下：

(1) 智能状态监测技术；

(2) 大功率发电与起动技术；

(3) 高效电能变换技术；

(4) 分布式固态配电技术；

(5) 高效能量管理技术。

结果提交：形成文献调研报告(5000 字)。

第2章 化学电源和特种电源

2.1 概　　述

化学电源是将化学能直接转换为电能的装置，有原电池（又称一次电池）、蓄电池（又称二次电池）、储备电池（又称激活电池）和燃料电池四类。只能将化学能转为电能的电池为原电池，如锌锰干电池、锌汞电池、锌银电池等。既能将化学能转为电能，又能将电能转为化学能的电池为蓄电池，常用的有铅蓄电池、镉镍蓄电池和锂离子电池等。装配好的电池在干态储存，使用时靠气体压力将电解液通过分配系统均匀送入电池单体，使电池激活工作，这类电池称储备电池，如镁银电池、锌银储备电池、锂-二硫化铁热电池等。燃料电池是以氢为燃料、氧为氧化剂的电池。再生式氢氧燃料电池能将电池反应生成物（H_2O）通过电解，转变为反应物（H_2和O_2），再重复使用以产生电能。

航天器用特种电源是指太阳能电池和核电池。太阳能电池是将太阳光能直接转为电能的半导体电池，有单晶硅电池和单晶砷化镓电池等。航天用的核电池有放射性同位素温差发电器、核反应堆温差发电器和核反应堆热离子发电器等。

对化学电源的主要要求是：

（1）工作可靠。

（2）使用维护方便。

（3）比功率大，比功率指单位体积或重量的输出功率，体积用升（L）、重量用千克（kg）、功率用瓦（W）计量。

（4）比能量大，参与电极反应的单位质量的电极材料放出电能的大小称为该电池的比能量，能量以瓦特小时（W · h）计量。

（5）工作电压平稳，内电阻小。

（6）原电池和储备电池的干荷电储存期长，湿荷电搁置时间长。蓄电池的自放电小，允许充放电循环次数多，储备电池激活时间短。

（7）能够承受恶劣的气象条件和工作环境，工作时或故障时对环境的污染小。

对特种电源的主要要求是：

（1）足够的机械强度。

（2）良好的密封性。

（3）良好的电绝缘性能。

（4）工作寿命长。

航空领域大多应用蓄电池，如机场电源用蓄电池车，机上备用电源或应急电源也用蓄电池。航天飞机常用燃料电池。地球轨道航天器常用太阳能电池和蓄电池。宇宙探测器有的用核电池，某些军用卫星也用核电池。

2.2 化学电池的特性参数

化学电池的特性参数包括电压、内阻、容量、充放电特性以及自放电率等。

1. 电池内阻(Ω)

电流流过电池内部所受到的阻力称为电池内阻。由于电池内阻的作用，电池放电时端电压低于电动势和开路电压。充电时端电压高于电动势和开路电压。电池内阻大，会产生大量焦耳热使电池温度升高，从而导致电池放电工作电压降低，放电时间缩短，对电池性能、寿命等造成严重的影响。电池内阻大小的精确计算相当复杂，而且在电池使用过程中会不断变化。一般采用离线辨识方法或基于等效模型的在线辨识方法进行精确求解。

2. 电压(V)

(1)电动势——空载时电池正极负极之间的电位差 E。

(2)额定电压——电池在标准规定放电条件下工作时应达到的电压。

(3)工作电压(负载电压、放电电压)——在电池两端接上负载 R 后，在放电过程中显示出的电压，等于电池的电动势减去放电电流 i 在电池内阻 r 上的电压降，$U=E-ir$。

(4)终止电压——电池在一定条件下放电时，电池的电压将逐渐降低，终止电压指的是电压下降到电池不宜再继续放电的最低工作电压值。当电池的电压下降到终止电压后，若继续使电池放电，化学活性物质将遭到破坏，电池寿命将减少。

3. 电池容量(A · h)

(1)理论容量——假定电极上的活性物质全部参加成流反应，按照法拉第电解定律计算，电极应能放出的安时电量称为电极的理论容量。为了比较不同系列电池理论容量上的差异，常用“比容量”的概念，即单位体积或单位质量电池能放出的理论电量，单位为 A · h/kg 或 A · h/L。

(2)实际容量——放电容量，电池在一定工作条件下所能输出的电量，等于放电电流与放电时间的乘积。指在一定的放电模式下(放电速率、电流密度、终止电压)，电池所给出的电量。受到放电率、工作温度、充放电次数、老化、损耗等因素的影响。

(3)额定容量——公称容量，在规定的放电条件下，电池放电至终止电压时放出的电量，单位为 A · h、mA · h(1A · h=1000mA · h)。国际电工委员会(International Electrotechnical Commission, IEC)标准规定：镍镉和镍氢电池在(20±5)℃环境下，以 0.1C 充电 16h 后以 0.2C 放电至 1.0V 时所放出的电量为电池的额定容量；而锂离子电池则规定在常温下，以恒流(1C)恒压(4.2V)充电 3h，再以 0.2C 放电至 2.75V，所放出的电量为额定容量(C：用来表示电池充放电电流大小的比率，即倍率。如 1200mA · h 的电池，0.2C 表示 240mA 即 1200mA · h 的 0.2 倍率，1C 表示 1200mA)。

(4)荷电状态(state of charge，SOC)——电池在一定放电倍率下，剩余电量与额定容量的比值。反映电池容量的变化。通常以百分比来表示，估计 SOC 的常见方法有电流积分法、电压法以及卡尔曼滤波法，受到电池老化、温度、测量误差等方面的影响。

在充放电过程中，较低的 SOC 意味着其中储存的电能较少，电池的供电能力可能会受到限制，导致输出电能波动或不稳定。这是因为电池的输出功率取决于其荷电状态和内部化学反应的速率，因此低 SOC 可能无法提供稳定的输出功率。相反，当电池的 SOC 处于高水平时，电池可以提供更稳定的输出功率，但在持续使用后可能会导致电池寿命缩短。

4. 能量（W · h 或 kW · h）

（1）标称能量——在规定的放电条件下，电池所输出的能量，电池的标称能量是电池额定容量与额定电压的乘积。

（2）实际能量——在一定条件下电池所能输出的能量，电池的实际能量是电池的实际容量与平均电压的乘积。

（3）比能量（W · h/kg）——电池组单位质量所能输出的能量。

（4）能量密度（W · h/L）——电池组单位体积所能输出的能量。

5. 功率（W 或 kW）

在一定的放电制度下，电池在单位时间内所输出的能量。

（1）比功率（W/kg）——电池组单位质量具有的电功率。

（2）功率密度（W/L）——电池组单位体积能输出的电功率。

6. 放电速率（放电率）

一般用电池放电时间或放电电流与额定电流的比例来表示。

（1）时率（时间率）——电池以某种电流强度放电，放完额定容量的电量所经过的放电时间。

（2）倍率（电流率）——电池以某种电流强度放电的电流数值，用额定容量放电条件下电流的倍数表示。例如，放电电流为 $0.1C_{20}$，对于 120A · h（C_{20}）的电池，即以（120/20）×0.1=0.6A 的电流放电。C 的下标表示放电时率，常用的有 C_{20} 和 C_{10}，分别表示电池容量以 20 小时率和 10 小时率放电（即放完额定容量所经过的放电时间为 20h 或 10h）。

7. 放电深度

放电深度（depth of discharge，DOD）定义为电池的放电容量与其额定容量的百分比。当电池被放电至较深的深度时，即放出大部分储存的电能，正极和负极材料会发生更加剧烈的化学反应。这些反应可能导致电极材料的颗粒剥落、电解液成分的改变，以及固体电解质界面的损伤，从而加速电池内部材料的老化和损耗。随着循环次数的增加，若始终保持较深的放电深度，产生的损耗会导致电池容量下降和内阻增加，最终缩短电池的寿命。因此，为了延长电池的寿命，建议在实际使用中尽量避免将电池充放电到极限深度，可以控制充放电深度在较浅的范围内。

8. 自放电速率与循环寿命

储存过程中电池容量下降的主要原因是两个电极的自放电所致。自放电速率常用单位时间内容量下降的百分数表示，也可用存储容量下降至规定容量时的时间表示。

电池以充放电的循环次数或使用年限来定义电池寿命。

（1）循环次数：循环次数指的是电池完成一次完整的充放电循环的次数。在每个充放电循环中，电池从充满到放空再回到充满的过程称为一次循环。通常情况下，电池的循环寿命是指在特定条件下（特定温度、充电电流和放电电流等）能够完成的预期循环次数。随着充放电次数的增加，化学活性物质老化变质，电池充放电效率降低，最终丧失功能，电池报废。电池的循环次数与很多因素有关，如电池充放电形式、电池温度、放电深度、电池组均衡性、电池安装等。循环次数是衡量电池寿命的指标。

（2）健康状态（state of health，SOH）：SOH 是衡量电池相对于其原始状态的整体健康程度的指标，电池在使用过程中经历的充电、放电、存储等环节都会影响电池的健康状态，因此可以根据多种电池参数和特性对电池的健康状态进行评估。反映电池的预期寿命。

9. 温度范围

温度范围是指电池能够正常工作的温度范围。不同类型的电池具有不同的温度范围，超出该范围可能会影响电池的性能和寿命。以下是一些典型的电池温度范围。

(1) 铅酸电池（铅蓄电池）：一般的工作温度范围为–20～50℃。在高温下，铅酸电池的容量和循环寿命可能会减少。

(2) 镍镉电池（镍镉蓄电池）：一般的工作温度范围为–20～45℃。在高温下，镍镉电池的容量和寿命可能会受到影响。

(3) 锌银电池：工作温度范围通常为 0～60℃。在超出此范围时，锌银电池的性能可能会降低。

(4) 锂电池（包括锂离子电池和锂金属电池）：一般的工作温度范围为–20～60℃。在低于–20℃或高于 60℃时，锂电池的性能和安全性可能受到影响。

(5) 燃料电池：燃料电池的工作温度范围取决于具体的类型和设计，但一般为 65～120℃。燃料电池在较高温度下可以获得更好的性能。

(6) 太阳能电池（光伏电池）：太阳能电池对温度的敏感程度较大，一般的工作温度范围为–40～85℃。在高温下，太阳能电池的输出电压可能会下降。

(7) 空间核电源：空间核电源的工作温度范围取决于具体的设计和使用环境，通常需要在极端的温度条件下正常工作，例如在宇宙空间中。

2.3 铅蓄电池

航空用铅蓄电池由 12 个单格蓄电池串联而成。例如，型号为 12HK-28 的铅蓄电池，HK 表示航空用；12 表示串联单格电池个数，因每个单格电池的额定电压为 2V，故电池组的额定电压为 24V；28 表示电池的额定容量，单位为 A · h。

单格蓄电池由容器、正极板、负极板、隔板和电解液构成，如图 2.3.1 所示。

铅蓄电池的正极板由二氧化铅 PbO_2 组成，负极板为海绵状铅 Pb，正负极板间的隔板由多孔橡胶或木板制成，电解液为稀硫酸，充足电时电解液的密度为 1.26～1.285g/cm^3。二氧化铅和铅是参与化学反应的有效材料，称为活性物质。极板都为疏松多孔状，以便电解液渗入。极板的活性物质涂在铅锌锑合金制成的栅架上，栅架用来提高极板机械强度和改善导电性。容器由耐酸橡胶制成。容器上方有专门的工作螺塞，它可以排出电池内的气体，但不会使电解液在飞机飞行时溅出。

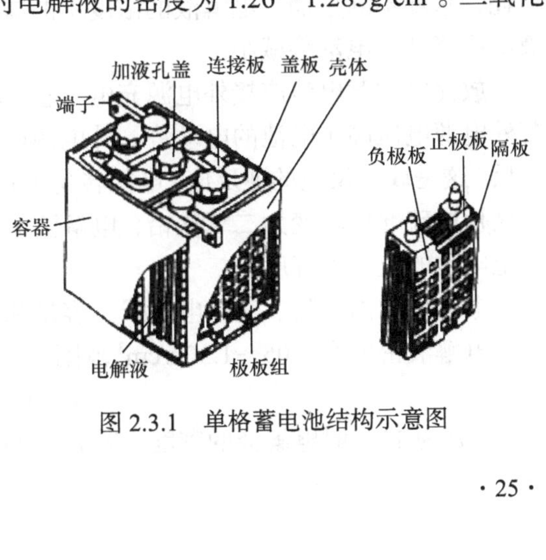

图 2.3.1　单格蓄电池结构示意图

电解质在水中电离成正负离子，正负离子有等量而异性的电荷，故电解液呈中性。硫酸在水中电离成 H^+ 和 SO_4^{2-}。这些离子在水中不断运动，两异极性的离子相碰又成为分子，这是复合过程。动态平稳时，分子的电离和复合速度相等。

铅电极置于硫酸中，铅的正离子 Pb^{2+}受水极性分子吸引而溶解，与 SO_4^{2-} 化合成为硫酸铅 $PbSO_4$，使电解液带正电、铅电极带负电。铅电极吸引电解液中的正离子，使它们紧靠于电极表面，形成了双电层。双电层一方面阻止金属离子进入电解液，另一方面使电解液中的金属离子 Pb^{2+}回到电极。电极溶解速度和离子回到电极的速度相等时，达到动态平衡。于是在电极和电解液间形成一定的电位差，即电极电位。铅电池的负极电位为−1.3V。正极板的二氧化铅 PbO_2 溶于电解液与 H_2SO_4 作用生成高价硫酸铅 $Pb(SO_4)_2$。$Pb(SO_4)_2$ 电离为高价铅离子 Pb^{4+}和 SO_4^{2-} 。Pb^{4+}离子沉积于正极板，SO_4^{2-} 留于电解液，也形成双电层。正极板的电极电位为 2.0V。故铅蓄电池正负极板间电位差(电动势)为 2−(−0.13)=2.13(V)。

气体和电解液接触也会产生电极电位，称为气体电极电位。充足电的铅蓄电池继续充电，引起水的电解，在正极板上附有氢气，负极板上有氧气，形成气体电极电位，使电池电动势增加。

铅电池与用电设备接通后，电路中通过电流。电子由电池的负极板通过负载流到正极板。电解液中正离子向正极运动，负离子移向负极，形成离子流。电子离开负极板后，双电层减弱，电液中的硫酸根离子与极板上的铅离子化合，生成硫酸铅分子，沉积在极板表面，负电极反应方程为

$$Pb+ SO_4^{2-} \longrightarrow PbSO_4+2e^- \tag{2-3-1}$$

在正电极，外电路来的电子与高价铅离子作用生成二价铅离子，也削弱了双电层。二阶铅离子立即溶于电解液，与硫酸根离子化合，生成硫酸铅分子，沉积于极板表面。正电极的反应方程为

$$4H^+ +PbO_2+SO_4^{2-} + 2e^- \longrightarrow PbSO_4+2H_2O \tag{2-3-2}$$

电子的流动，使电极附近双电层减弱，因而负极板的铅可以不断电离，正极板的二氧化铅分子也不断溶解，形成动态平衡，放电持续进行。铅蓄电池充放电过程的总反应方程式为

$$Pb+2H_2SO_4+PbO_2 \underset{充电}{\overset{放电}{\rightleftharpoons}} 2PbSO_4+2H_2O \tag{2-3-3}$$

可见，放电时化学能不断转化为电能，正负极板均逐渐转化为硫酸铅 $PbSO_4$，硫酸不断消耗，水却不断增加，电解液的浓度不断减小。铅蓄电池的电动势与电解液浓度相关，电解液浓度降低，电动势减小。

放完电的蓄电池应接外电源充电。充电时，电池正极接外电源正极，负极接外电源负极。若外电源电压高于电池的电动势，外电源电流将流入电池，故充电电流方向与放电电流方向相反。这是放电反应的逆反应，电能转化为化学能储于电池，负极板的硫酸铅转为海绵状铅，正极板的硫酸铅转变为二氧化铅，电解液 H_2SO_4 的浓度不断增加，可通过测量电解液的浓度判定电池的充放电程度。

电动势、内电阻、充放电曲线、容量和自放电是表征蓄电池电气性能的主要参数。

电解液密度在 1.05～1.30g/cm³ 范围内变化时，铅蓄电池的电动势可用以下经验公式表示

$$E = 0.84 + d \quad (V) \tag{2-3-4}$$

式中，d 为 15℃时电解液的密度。若 d=1.25g/cm³，则 E=2.09V。

铅蓄电池内阻由极板电阻、电解液电阻、隔板电阻和电解液与电极间过渡电阻组成，其中主要是过渡电阻和电解液电阻。电解液电阻与浓度有关，浓度高，则流动性差，电阻大；浓度低，则离子少，电阻也大，密度为 1.20g/cm^3 的电解液电阻率最小。过渡电阻是电解液与极板间接触电阻，接触面大则电阻小。加大极板面积、增多极板片数和改善极板疏松度，可减小电池内阻。电池的化学反应不仅应在极板表面而且应在极板内部进行。极板疏松，则电解液渗透得深，反应深度也深，电池内阻小，但极板强度变差。铅蓄电池的内阻还和充放电程度有关。放电反应生成的硫酸铅附着在极板上，其内阻大而密度小。随着放电程度的增加，$PbSO_4$ 增多，堵死了极板微孔，降低了电化学反应深度，使内阻加大。放电电流大，电解液来不及渗透到极板内部，减小了有效作用面积，也会增加内阻。工作温度低，电解液流动性差，内阻也会加大。因此，铅蓄电池内阻不仅和电池构造有关，也和它的使用情况有关。航空用铅蓄电池的内阻为千分之几至百分之几欧。

放电特性曲线是指以一定电流放电时，电池端电压与时间关系的曲线，同样，充电时电池端电压与时间关系曲线称为充电特性曲线，见图 2.3.2。图 2.3.2(a) 中曲线 2 是铅蓄电池端电压与时间关系曲线，曲线 1 是电动势与时间关系曲线。刚放电时电动势下降速度较快，此后逐渐减慢，放电完毕的特征之一是电动势下降速度再次加大，若此时将外电路切断，电动势又稍许回升。放电初期极板附近及其孔隙中的电解液密度迅速下降，造成电动势的快速下降。孔隙中的硫酸与容器中的浓度差加大后，电解液的渗透作用也增强。放电电流一定时，硫酸的消耗速度与电解液的渗透速度相等，达到动态平衡，电动势下降速度减慢，放电特性趋于平坦。此时电动势的缓慢下降是由于容器中的电解液密度下降。放电完毕时，极板表面硫酸铅增多，极板孔隙堵塞，反应区电解液密度迅速降低，电动势快速下降，必须中止放电。电池端电压的下降速度比电动势下降速度更快，因为电池内阻随放电时间的增长而加大。放电到 D 点的电压称为终止电压，铅蓄电池的终止电压为 1.7V。

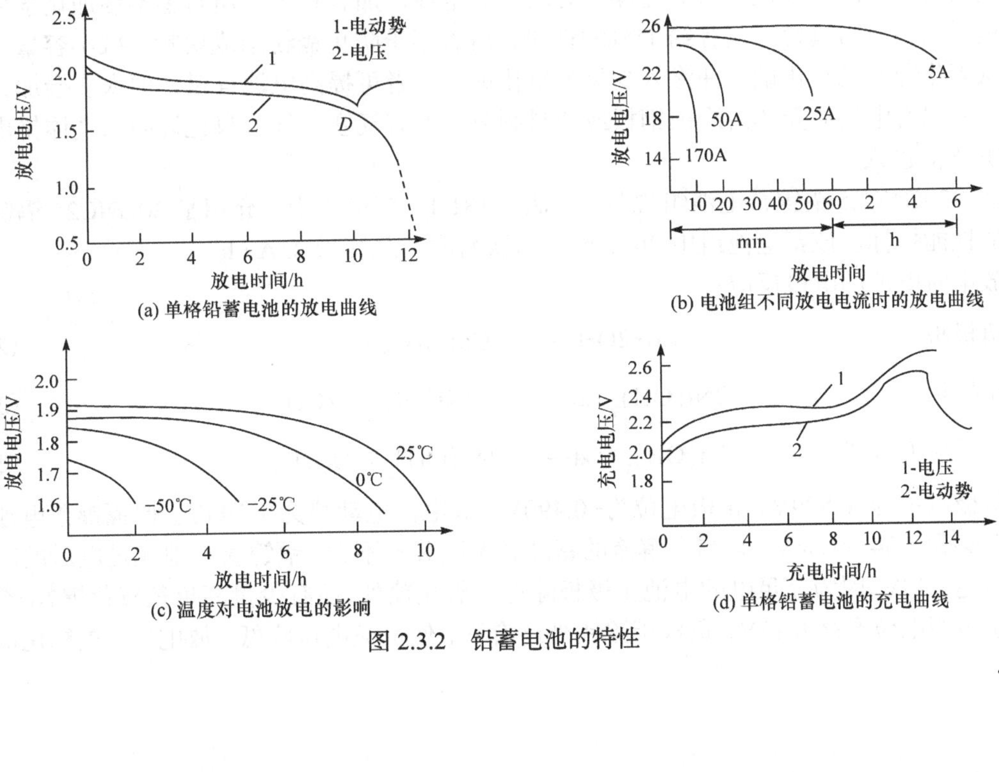

图 2.3.2　铅蓄电池的特性

图 2.3.2(d)中曲线 1 是铅蓄电池的恒流充电特性曲线，曲线 2 是充电过程中电动势的变化规律。充电结束时，极板上活性物质几乎全部还原，电池电压达 2.3V。若此后继续通电，电解液的浓度则不再增加，充电电流只用于水的电解，负极板逸出氢气，正极板逸出氧气，电极电位增加，电势升高，单格电池电压达 2.6V，表示充电过程结束。

铅蓄电池的放电特性和放电电流、电池温度的关系如图 2.3.2(b)和(c)所示。放电电流小，则放电时间长，电池电压高，终止电压也较高。反之，放电电流大，则放电时间短，电池电压低，终止电压也低。电解液温度高，内阻小，放电电压高，但温度太高，会缩短极板的寿命。

铅蓄电池一个 PbO_2 分子、一个 Pb 分子和两个 H_2SO_4 分子间发生化学反应时，外电路内有两个电子通过，故蓄电池容量决定于参加化学反应的活性物质的多少。增加活性物质数量和提高活性物质利用率可以加大电池容量。减小极板厚度，增加极板面积，提高极板疏松度是结构上提高活性物质利用率的措施。

通常在电解液温度为 25℃，以额定电流连续放电，放到终止电压的时间(以 h 计)与放电电流(以 A 计)的积为电池的额定容量。例如，12HK-30 航空铅蓄电池以 3A 电流放电 10h，终止电压为 1.7V，故额定容量为 30A · h。实际电池容量一般比额定容量大些。但是，放电电流大小和电解液温度高低会影响活性物质利用率。在低温大电流放电时，电池容量会显著减小。

铅蓄电池的极板和电解液中往往含有金属杂质，它们与极板有效材料构成微型电池，并由电解液短路。即使外电路未接通，也存在内部电化学反应，消耗有效材料，这就是自放电现象。因此长期存储的铅蓄电池必须定期充电。

2.4 镉镍蓄电池

镉镍蓄电池的正极板为氢氧化镍，为改善导电性，加有石墨，但石墨不参加化学反应。负极板活性物质为镉粉，还有约 15%的铁粉，后者用于防止镉粉结成块状，减小容量。电解液为氢氧化钾或氢氧化钠，并渗入少量氢氧化锂。后者可提高电池容量，但太多会加大电池内阻。镉镍蓄电池的壳体由涂镍钢板或塑料制成，上有气塞。气塞只允许内部气体排出，外部 CO_2 不能进入。

在《20GNC25 镉镍蓄电池组规范》(GJB 2181/1—1999)中，介绍了 20GNC25 镉镍蓄电池组的性能指标。该蓄电池组由 20 个单体串联而成，总容量 25A · h。

放电时电池的电极反应：

负极板
$$Cd+2OH^- \longrightarrow Cd(OH)_2+2e^- \tag{2-4-1}$$

正极板
$$2Ni(OH)_3+2e^- \longrightarrow 2Ni(OH)_2+2OH^- \tag{2-4-2}$$

总反应方程式
$$2Ni(OH)_3+Cd \longrightarrow 2Ni(OH)_2+Cd(OH)_2 \tag{2-4-3}$$

负极电位为−0.809V，正极电位为+0.490V，故电池电动势为 1.299V。但镉镍蓄电池的实际电动势为 1.34～1.36V，且与电解液的密度和温度关系不大。镉镍蓄电池充足电后的起始放电电压达1.48V。因为充足电的电池正极板除有氢氧化镍外，还有少量高价氢氧化镍 $Ni(OH)_4$，它使正极板电位升高 0.12V，负极板除镉外还有铁，使负极电位降低。放电后，氢氧化镉和铁先消耗掉，电压降到 1.3V。镉镍蓄电池的放电曲线见图 2.4.1(a)，放电过程中电压变化较小。蓄电池的终止放电电压和放电电流大小有关，10h 放电的终止电压为 1.1V，1h 放电为 0.5V，见图 2.4.1(b)。

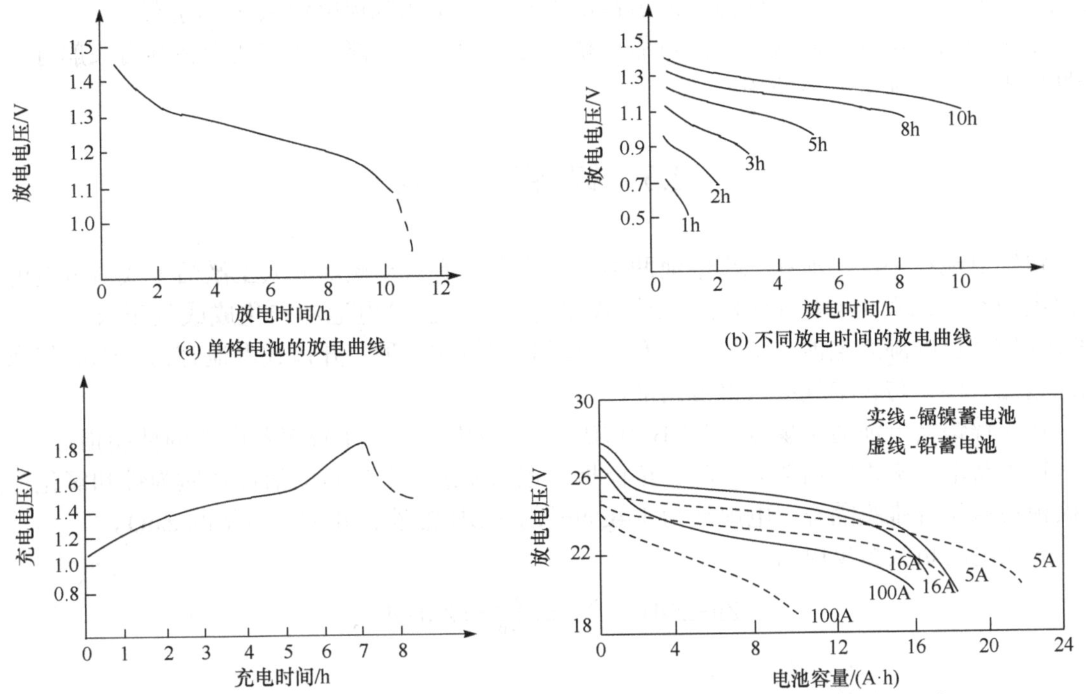

(a) 单格电池的放电曲线　(b) 不同放电时间的放电曲线　(c) 单格电池的充电曲线　(d) 电池容量与放电电压的关系

图 2.4.1　镉镍蓄电池的电气特性

图 2.4.1(c)是电池的充电特性。在充电的第一阶段，极板上恢复的活性物质为氢氧化镍和镉，充电电压在 1.5V 左右。第二阶段生成高价氢氧化镍和铁，电压达 1.8V。此后继续充电会导致水的电解，形成附加气体电极电位。切断电源后，电动势为 1.48V。故这种电池充电时可能有气体逸出。

$$\frac{1}{2}H_2+OH^- \underset{充电}{\overset{放电}{\rightleftharpoons}} H_2O+e^- \tag{2-4-4}$$

图 2.4.1(d)是镉镍蓄电池与铅蓄电池的放电曲线，由图可见镉镍蓄电池放电电压平稳，下降量少，特别是大电流放电特性平坦。

镉镍蓄电池有开口式和密封式两种。负极板 Cd 在 KOH 中的标准电极电势为−0.809V，H_2 在 KOH 中的标准电极电势为−0.828V，两者相差很小。若在 Cd 电极制备时加入其他成分，可使 H_2 在 Cd 电极上的析出电势达−1.3V，充电时，只要控制好负极极化程度，就可避免析出氢气。充电后期正极析出氧气是不可避免的，但 70%的 O_2 由化学反应消耗掉，30%由电化学反应消耗掉，因为负电极消耗的电流用于还原氧和生成 $Cd(OH)_2$，形成氧循环，此时充电效率为零，故密封镉镍蓄电池可以承受过充电。开口式镉镍蓄电池电解液 KOH 的密度为 1.20～1.30g/cm^3，密封式的为 1.25～1.35g/cm^3。

镉镍蓄电池在生产中有镉污染，引起镉中毒。同时，镉镍蓄电池有记忆效应，记忆效应是由于电池重复的部分充电与放电不完全而使电池内容物产生结晶的一种效应，会使电池暂时性的容量减少，使用时间缩短。目前趋于用氢镍电池取代。

充电过程中产生的H_2储存于钛镍电极上，这种电极吸收H_2的能力特别大，H_2的存储密度是液氢的1.2～1.4倍。同样体积的氢镍电池额定容量比镉镍电池大30%左右。

由于镉镍蓄电池的高安全、高可靠、耐过充与耐过放性能，非常适合在神舟飞船等高安全性要求的航空航天领域使用。

2.5 锌银电池

锌银电池有一次电池和二次电池两类。一次电池有自动激活或人工激活干式荷电电池。二次电池有干式荷电（使用时激活）或干式非荷电（未化成）电池和未化成或处于放电态存储（使用时充电）的湿态电池。结构上也有开口式和密封式两种，开口式电池容器上部的气塞与镉镍电池一样，防止空气进入电池内部。

在《锌银蓄电池通用规范》（GJB 919B—2017）中，介绍了锌银蓄电池的性能指标。

锌银蓄电池极板的栅架为银丝，正极板由银粉制成，负极板的活性物质为锌和氧化锌，两极板用再生纤维膜隔开，电解液为1.4g/cm^{3}的KOH溶液，并加入适量的ZnO。

充放电时负极板反应为

$$Zn+2OH^- - 2e^- \underset{\text{充电}}{\overset{\text{放电}}{\rightleftharpoons}} Zn(OH)_2$$

或

$$Zn+2OH^- - 2e^- \underset{\text{充电}}{\overset{\text{放电}}{\rightleftharpoons}} ZnO+H_2O \tag{2-5-1}$$

正极板反应为

$$Ag_2O_2+H_2O+2e^- \underset{\text{充电}}{\overset{\text{放电}}{\rightleftharpoons}} Ag_2O+2OH^-$$

或

$$Ag_2O+H_2O+2e^- \underset{\text{充电}}{\overset{\text{放电}}{\rightleftharpoons}} 2Ag+2OH^- \tag{2-5-2}$$

总反应为

$$Zn+Ag_2O_2+H_2O \underset{\text{充电}}{\overset{\text{放电}}{\rightleftharpoons}} Zn(OH)_2+Ag_2O$$

$$Zn+Ag_2O \underset{\text{充电}}{\overset{\text{放电}}{\rightleftharpoons}} ZnO+2Ag$$

或

$$Zn+Ag_2O_2 \underset{\text{充电}}{\overset{\text{放电}}{\rightleftharpoons}} ZnO+Ag_2O$$

$$Zn+Ag_2O \underset{\text{充电}}{\overset{\text{放电}}{\rightleftharpoons}} ZnO+2Ag \tag{2-5-3}$$

锌银电池负极产物为$Zn(OH)_2$时的电极电位为−1.249V，电极产物为ZnO时的电极电位为−1.260V。正电极的Ag_2O_2还原为Ag_2O时的电极电位为0.607V，Ag_2O还原为Ag时为0.345V。故负极产物为$Zn(OH)_2$时电池电动势为

$$E_1=0.607-(-1.249)=1.856(\text{V}) \tag{2-5-4}$$

$$E_2=0.345-(-1.249)=1.594(\text{V}) \tag{2-5-5}$$

负极产物为 ZnO 时的电动势为

$$E_1=0.607-(-1.260)=1.867(\text{V}) \tag{2-5-6}$$

$$E_2=0.345-(-1.260)=1.605(\text{V}) \tag{2-5-7}$$

因此锌银电池的放电特性分为两个阶段，第一阶段，正极由过氧化银 Ag_2O_2 转变为氧化银 Ag_2O，电动势为 1.82～1.86V，此时因 Ag_2O 电阻较大，故电池内阻也较大。第二阶段，正极板由氧化银变银，电动势较低，为 1.54～1.61V，由于正极板含银增多，内阻更小些。图 2.5.1(a)是锌银电池(额定容量为 45A·h)4.5A 和 9A 放电特性曲线，有明显的两个阶段，第一阶段电压较高，电压下降较快，但时间较短，第二阶段电压低些，但在一段相当长时间内电压变化较小。与铅蓄电池不同，锌银电池不能通过检测端电压来判断放电程度，而应用安时表来确定放电情况。

图 2.5.1(b)是大电流放电特性，放电曲线的阶段性不明显。由图可见，电池的内阻很小，大电流放电时电压下降量不大。

图 2.5.1(c)是放电电流为 9A 时不同温度下的放电特性。在−20℃放电时间为 5.3h，放电电压只有 1.44V，而在+20℃放电时间为 7.3h，电压为 1.54V。因此低温时电池容量减小，内阻却增大了。

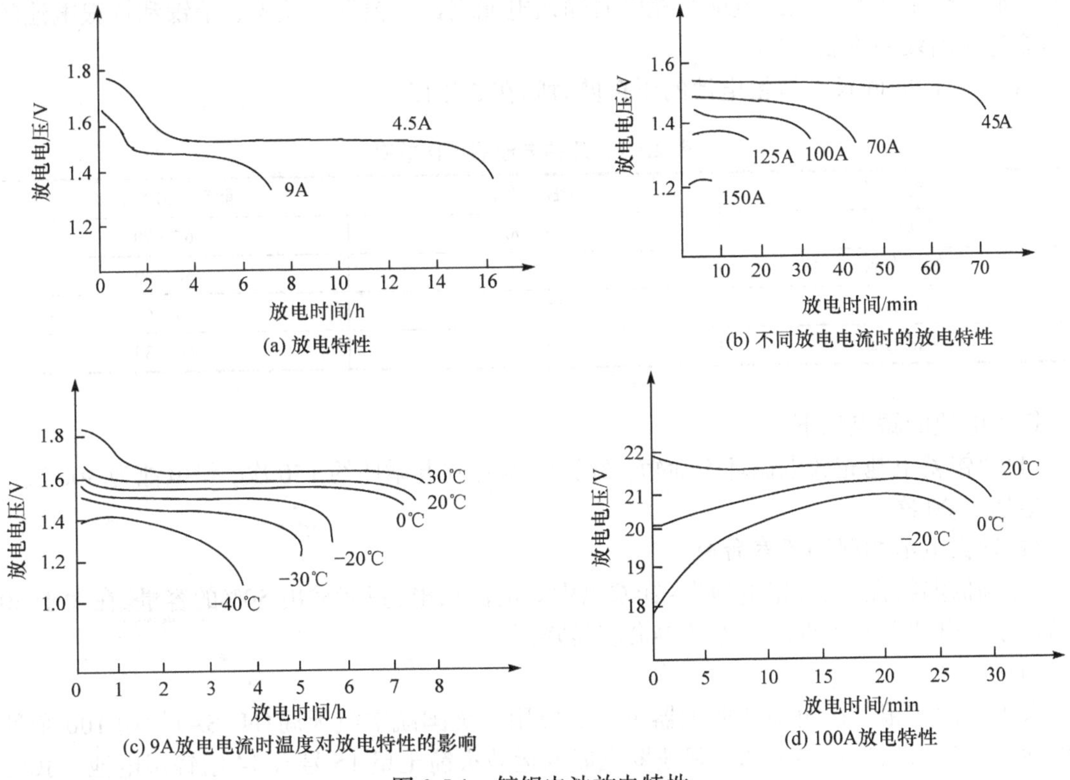

图 2.5.1 锌银电池放电特性

图 2.5.1(d)是大电流(100A)放电时的特性，这时即使在低温下，大的放电电流也使电解液温度很快升高，初始放电电压为20.4V(单格电池电压为1.36V)，11min后电压增加到21V。

锌银电池的容量也随放电电流加大和温度的降低而减小。锌银蓄电池的充电特性也有明显的阶段性，第一阶段电压为1.62～1.64V，第二阶段为1.92V左右。

与其他电池比较，锌银电池的优点如下。

(1)比能量高。铅酸、镉镍、镉银和锌银四种电池的比能量和比功率的比较见表 2.5.1。可见锌银电池的比能量和比功率均较大。

表 2.5.1　几种电池主要性能比较

电池种类	电动势/V	平均工作电压/V	比能量/(W · h/kg)	比功率/(W/kg)	荷电湿搁置性能
铅酸电池	2.1～2.2	2.0	10～50	5～50	1 个月，容量降 30%
镉镍电池	1.35	1.0	15～40	5～30	6 个月，容量降 25%～40%
镉银电池	1.16	1.0	40～100	20～160	6 个月，容量降 10%～15%
锌银电池	1.6～1.8	1.4	60～160	30～400	6 个月，容量降 15%～25%

(2)内阻小，大电流放电特性平坦，放电时间只受电池发热限制。

(3)充电效率和能量输出效率高。容量输出效率是蓄电池输出容量与充电时输入电容量之比，能量输出效率是放出电能与充电时输入电能之比。铅酸、铁镍、镉镍和锌银电池的容量和能量输出效率见表 2.5.2。

(4)干存储时间长。锌银电池的干存储时间在 5 年以上。

表 2.5.2　几种电池的工作效率

电池类型	容量输出效率/%	能量输出效率/%
铅酸电池	80～90	65～70
铁镍电池	70～80	50～60
镉镍电池	75～85	55～65
锌银电池	>95	80～85

锌银电池的缺点如下。

(1)锌银蓄电池充放电循环寿命短。锌银电池充放电循环约 150 次，铅电池为 300 次，镉镍电池达 1000 次。

(2)锌银电池的湿搁置寿命短。

(3)高低温特性差。锌银电池在−20℃以中等电流放电，只能输出 50%的容量。在大于 60℃高温存放，电池湿搁置性能和循环寿命明显降低。

(4)价格贵。

人工激活锌银二次电池在航天器中广泛应用。美国航空航天局(NASA)使用 100 余种该种电池，容量为 0.3～755A · h。阿波罗飞船的运载火箭土星 15 号有 14 组锌银电池。我国第一代战略导弹和运载火箭也用锌银二次电池。

自动激活锌银一次电池广泛用于各种战术导弹。一些行星际航天器内装有遥控激活的一次电池。

2.6 锂 电 池

2.6.1 锂电池概述

电源系统的重量占卫星重量的15%～25%，随着航空航天技术的发展，迫切需要降低电源系统的重量。研制开发输出功率高、重量轻的储能电源是一直追求的目标。新型锂电池具有更高的比能量、低的自放电等突出优点，其比能量是氢镍的2倍、是镉镍电池的4倍。这就意味着，与氢镍电池和镉镍电池相比，在相同重量的条件下锂电池可以提供2～4倍的能量。

因此，锂电池从20世纪90年代推出以来就得到了迅速发展和应用。目前，锂电池已在微小卫星、高轨道卫星、深空探测领域应用，正成为继镉镍电池、氢镍电池之后的第三代航天用储能电源。锂电池的广泛应用，具体基于以下优点。

(1) 能量密度高，其体积能量密度和质量能量密度分别可达450W · h/dm^{3}和150W · h/kg，而且还在不断提高。

(2) 平均输出电压高（约3.6V），为Ni-Cd、Ni-MH电池的3倍。

(3) 自放电小，每月10%以下，不到镉镍电池的一半。

(4) 没有镉镍电池一样的记忆效应，循环性能优越。

(5) 可快速充放电，1C（一倍电池容量）充电时容量可达标称容量的80%以上。

(6) 使用寿命长，100% DOD充放电可达900次以上，当采用浅深度（30%DOD）充放电时，循环次数已经超过了5000次。

然而，锂电池也有如下缺点。

(1) 安全性问题，必须有特殊的保护电路，以防止过充或过放。在严重过充电、过放电、电池内部短路、局部温度过高等滥用条件下，锂电池可能放出锂蒸气或火焰，会发生起火、爆炸等事故。

(2) 与普通电池的相容性差，因为一般要在用3节普通电池（1.2V/节）的情况下才能用锂电池进行替代。

(3) 有限的寿命，锂电池具有一定的循环寿命和使用寿命。循环寿命指的是电池可以进行多少次充放电循环，而使用寿命则是指电池在实际使用过程中的寿命。随着时间的推移，锂电池的容量和性能会逐渐衰减，需要更频繁地进行充电。

(4) 锂电池对温度敏感，在极端高温或低温下，锂电池的性能和寿命可能会受到影响。高温可以加速电池的容量衰减和老化，而低温则会降低锂电池的可用容量。

就动力型锂电池的发展现状而言，日本和韩国近几年主要开发以改性锰酸锂和镍钴锰酸锂三元材料为正极材料的动力型锂电池，例如，丰田和松下合资成立的Panasonic EV能源公司、日立、索尼、新神户电机、NEC、三洋电机、三星以及LG等。美国主要开发以磷酸铁锂为正极材料的动力型锂电池，如A123系统公司、Valence公司，但美国的主要汽车厂家在其PHEV与EV中却选择锰基正极材料体系动力型锂电池，美国A123公司在考虑进军锰酸锂材料领域，而德国等欧洲国家主要采取和其他国家电池公司合作的方式发展电动汽车，如戴姆勒奔驰和法国 Saft 联盟、德国大众与日本三洋协议合作等。目前德国的大众汽车和法国的雷诺汽车也正在研发和生产动力型锂电池。

锂电池是采用含有锂元素的材料作为电极的电池。锂电池大致可分为两类：锂离子电池和锂金属电池。其中，锂金属电池是使用金属锂或其合金为负极材料、使用非水电解质溶液的电池，主要可分为五类：锂-氟化石墨电池、锂-二氧化锰电池、锂-亚硫酰氯电池、锂-硫化铁电池和锂-氧化铜电池。而航空航天领域应用最多的锂离子电池则一般是使用锂合金金属氧化物为正极材料，石墨为负极材料，使用非水电解质的电池。目前，$LiCoO_2$、$LiNiO_2$、$LiMn_2O_4$、$Li_3V_2(PO_4)_3$、$LiFePO_4$ 以及 $LiNi_xCo_yMn_{1-x-y}O_2$ 等正极材料已得到实际应用。

2.6.2 典型锂离子电池的结构和工作原理

1. 锂离子电池结构

按照外形分类，锂离子电池可以分为方形锂离子电池和圆柱形锂离子电池。锂离子电池由正极、负极、隔板、电解液和安全阀等组成。圆柱形锂离子电池的结构如图 2.6.1 所示。

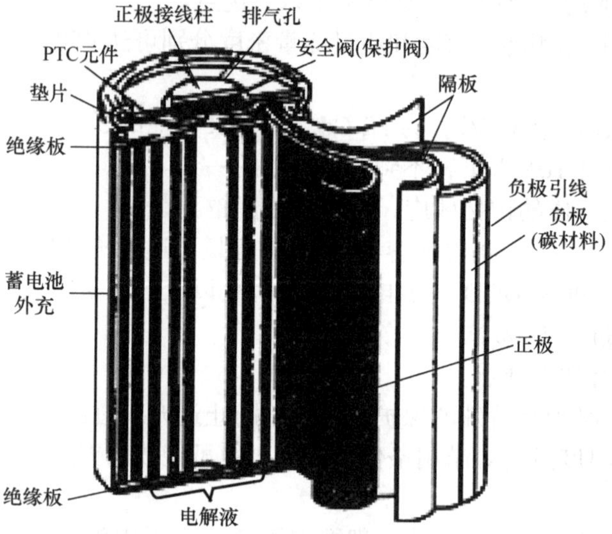

图 2.6.1　圆柱形锂离子电池

(1) 正极：正极物质在锰酸锂离子电池中以锰酸锂为主要原料，在磷酸铁锂离子电池中以磷酸铁锂为主要原料，在以钴酸锂离子电池中以钴酸锂为主要材料。在正极活性物质中再加入导电剂、树脂黏合剂，并涂覆在铝基体上，呈细薄层分布。

(2) 负极：负极活性物质是由碳材料与黏合剂的混合物再加上有机溶剂调和成糊状，并涂覆在铜基上，呈薄膜状分布。

(3) 隔板：起关闭或阻断通道的作用，一般使用聚乙烯或聚丙烯材料的微多孔膜。所谓的关闭或阻断功能是电池出现异常温度上升，阻塞或阻断作为离子通道的细孔，使蓄电池停止充放电反应。隔板可以有效防止因外部短路等引起的过大电流而使电池产生异常发热现象。这种现象只要产生一次，电池就不能正常使用。

(4) 电解液：以混合溶剂为主体的有机电解液，电解液对于活性物质具有化学稳定性，必须良好适应充放电反应过程中发生的剧烈的氧化还原反应。

(5)安全阀：为了保证锂离子电池的使用安全性，一般通过对外部电池的控制或者在蓄电池内部设有异常电流切断的安全装置。即使这样，在使用过程中也有可能因其他原因引起蓄电池内压异常上升，这样，安全阀释放气体，以防止蓄电池破裂。安全阀实际上是一次性非修复式的破裂膜，一旦进入工作状态，就会保护蓄电池使其停止工作，是蓄电池的最后保护手段。

2. 钴酸锂($LiCoO_2$)电池

$LiCoO_2$是最早的锂离子电池正极材料，它在商业中得到广泛应用，典型产品参数规格如表 2.6.1 所示。

表 2.6.1　Panasonic NCR18650 钴酸锂电池参数规格

参数	规格	参数	规格
额定容量(20℃)	最小值：2700mA · h	重量(最大值)	46.5g
容量(25℃)	最小值：2750mA · h 标称值：2900mA · h	温度	充电：0～45℃ 放电：−20～60℃ 存储：−20～50℃
标称电压	3.6V	能量密度	577W · h/L，214W · h/kg
充电过程	1925mA，4.20V，3.0h		

其工作原理如下：充电正极上发生的反应

$$LiCoO_2 \longrightarrow Li_{(1-x)}CoO_2 + xLi^+ + xe^- \tag{2-6-1}$$

充电负极上发生的反应

$$6C + xLi^+ + xe^- \longrightarrow Li_xC_6 \tag{2-6-2}$$

电池充放电总反应

$$LiCoQ_2 + 6C \underset{放电}{\overset{充电}{\rightleftharpoons}} Li_{(1-x)}CoO_2 + Li_xC_6 \tag{2-6-3}$$

在锂离子电池的研制初期是采用具有层状结构的嵌锂化合物为电极的活性物质，这种物质可以让锂离子自由进出而不致破坏结构。锂离子电池的充放电示意图见图 2.6.2。电池在充电时，锂离子从正极材料的晶格中脱出，通过电解液和隔膜，嵌入到负极中；放电时，锂离子从负极脱出，通过电解液和隔膜，嵌入到正极材料晶格中。在整个充放电过程

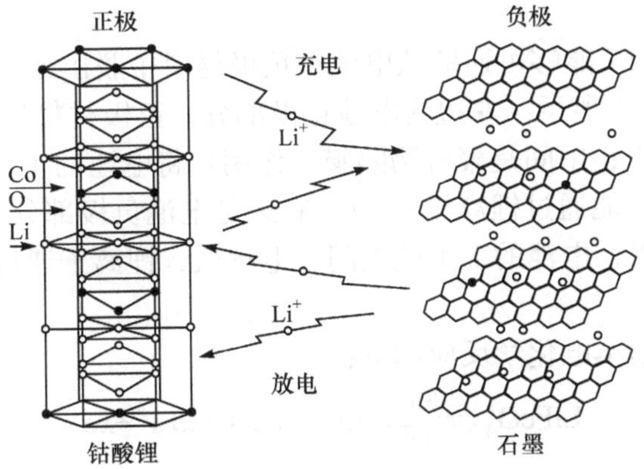

图 2.6.2　$LiCoO_2$电池原理示意图

中，锂离子往返于正负极之间，又被称为“摇椅电池”。锂离子电池实际上是一种锂离子浓差电池。由于锂离子电池只涉及锂离子而不涉及金属锂的充放电过程，从根本上解决了由于锂枝晶的产生而带来的电池循环性和安全性问题。这也是金属锂电池应用不甚广泛的主要原因。

钴酸锂电池与其他锂离子电池相比：结构稳定，比容量高，综合性能突出，但是其安全性能差，成本高。有实验证明，钴酸锂电池在正常充电结束后(充电至截止电压 4.2V 左右)，钴酸锂正极材料中的 Li 还有剩余，此时若发生过充电等异常情况，$LiCoO_2$ 正极材料中的 Li^+ 会脱嵌，游向负极，而此时负极材料中能容纳 Li^+ 的位置已被填满，故 Li^+ 只能以金属的形式在其表面析出，聚结成锂枝晶，埋下了使电池内部短路的安全隐患，所以不能过充电。

3. 磷酸铁锂($LiFePO_4$)电池

$LiFePO_4$ 电池的标称电压是 3.2V、终止充电电压是 3.6V、终止放电电压是 2.0V。由于各个生产厂家采用的正、负极材料、电解质材料的质量及工艺不同，其性能上会有些差异。磷酸铁锂电池的正极为磷酸铁锂材料，其安全性能与循环寿命有较大优势，这些也正是动力电池最重要的技术指标之一。1*C* 充放循环寿命可做到 2000 次，穿刺不爆炸，过充时不容易燃烧和爆炸。磷酸铁锂正极材料做出大容量锂离子电池更易并串联使用。典型产品参数规格如表 2.6.2 所示。

表 2.6.2　SHKS 磷酸铁锂电池规格参数

参数	规格	参数	规格
标称容量	6000mA · h	终止放电电压	2.0V
内阻	≤25mΩ	放电温度	−20～60℃
额定电压	3.2V	充电温度	0～60℃
额定功率	19.2W	重量	140g
最大充电电流	1.0*C*	尺寸	32×65mm
最大放电电流	3.0*C*	储存温度	−20～40℃
瞬间放电电流	5.0*C*	循环寿命	2000 次，80%DOD
终止充电电压	3.6V		

磷酸铁锂电池利用 Li^+ 能够可逆的从电池正负极材料中脱出或嵌入的特性实现循环充放电，其内部结构如图 2.6.3 所示。左边为电池正极部分，正极材料是橄榄石结构的 $LiFePO_4$，通过铝箔连接到电池正极；中间是聚合物隔膜，作用是将电池的正、负极隔开，使电子(e^-)不能通过电池内电路，但能通过锂离子(Li^+)；右边是电池负极部分，负极材料是碳(石墨)，通过铜箔连接到电池负极；电池的上下端之间是电解质，锂离子通过它才能在电池正、负极之间自由传递。

磷酸铁锂电池内部基本电化学反应如下：

正极
$$LiFeO_4 \underset{\text{放电}}{\overset{\text{充电}}{\rightleftharpoons}} Li_{(1-x)}FeO_4 + xLi^+ + xe^- \tag{2-6-4}$$

负极
$$6C + xLi^+ + xe^- \underset{\text{放电}}{\overset{\text{充电}}{\rightleftharpoons}} Li_xC_6 \tag{2-6-5}$$

电池总反应 $$LiFeO_4+6C \xrightleftharpoons[\text{放电}]{\text{充电}} Li_{(1-x)}FeO_4+Li_xC_6 \tag{2-6-6}$$

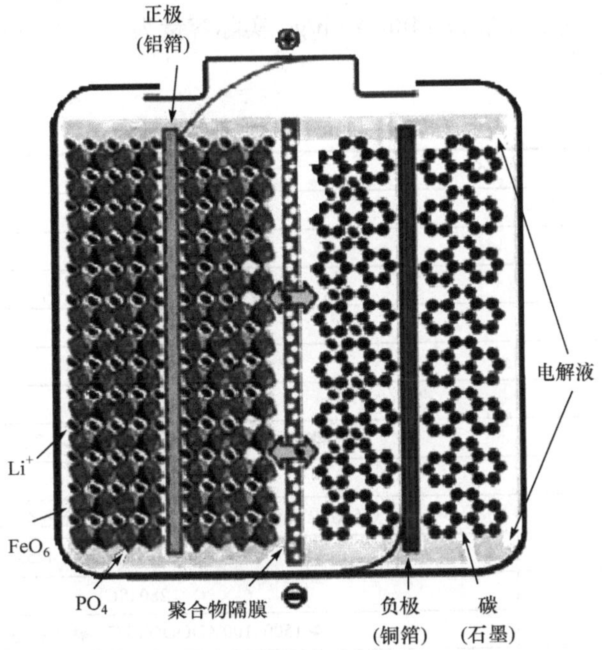

图 2.6.3 磷酸铁锂电池原理示意图

铅蓄电池、镉镍电池、磷酸铁锂电池三种典型电池的特性分析对比如表 2.6.3 所示。

表 2.6.3 三种典型电池特性分析对比

特性	电池类型		
	铅蓄电池	镉镍电池	磷酸铁锂电池
正极材料	PbO_2	$Ni(OH)_2$	$LiFePO_4$
负极材料	Pb	Cd	$Li_4Ti_5O_{12}$
电解液	H_2SO_4 溶液	KOH 溶液	$LiPF_6$ 溶液
标称电压/V	2.0	1.2	2.3
能量密度/(W · h/kg)	20～25	35	70
温度范围/℃	−30～40	充电：−40～45 放电：−40～50	充电：−20～45 放电：−30～60
自放电率/月	4%～6%	7%～10%	5%～10%
电池结构	密封阀控式	排气式	密封式
使用寿命	3～6 年	15～20 年 (能承受过充过放)	使用维护得当 8～10 年，高温容量不可逆衰减
优势	电池常温放电性能平稳、一次采购成本低	充放电特性平稳、大电流放电性能优异、工作温度范围宽	电池绿色环保、能量密度较高、可大电流充放电、自放电率低、无记忆效应
运用存在问题	亏电情况下会导致电池失效；高温下充电容易发生过热膨胀“热失控”现象；电池硫化及漏液严重，寿命短；存在重金属污染	存在记忆效应：在使用过程中，个别电池液位低时可造成干烧；存在重金属污染	运用经验不足，撞击、针刺易诱发内部短路，电池对过充、过压敏感，不当使用可能导致燃烧或爆炸

4. 锰酸锂($LiMn_2O_4$)电池

锰酸锂电池是指正极使用$LiMn_2O_4$材料的电池，工作电压范围为3～4V，因成本低、安全性好被广泛使用。其理论容量为148mA · h/g，实际容量为90～120mA · h/g，锰酸锂电池的基本参数如表2.6.4所示。

表 2.6.4　$LiMn_2O_4$电池基本参数表

参数	规格
额定容量/(A · h)	35
标称电压/V	3.6
交流内阻/Ω	1.12
重量/g	1004
比能量/(W · h/kg)	135
能量密度/(W · h/L)	225
外形尺寸/mm	厚度=13.8±0.2；长度=245±1；宽度=192±1
充电截止电压/V	4.2
标准充电方式	1*C*(35A)恒流充电至4.2V，然后恒压充电至电流≤0.1*C*(3.5A)
快速充电方式	4*C*(140A)恒流充电至425A
最大持续放电电流/A	280(8*C*)
循环寿命/次	≥1500(100%DOD*@1*C*，剩余容量≥70%)
工作温度/℃	−22～55
储存温度/℃	−30～60

锰酸锂电池的工作原理如图2.6.4所示。电极反应如下：

正极　$$Li_{(1-x)}Mn_2O_4+xLi^++xe^- \longrightarrow LiMn_2O_4 \quad (2\text{-}6\text{-}7)$$

负极　$$Li_xC \longrightarrow C+xLi^++xe^- \quad (2\text{-}6\text{-}8)$$

总反应　$$Li_{(1-x)}Mn_2O_4+Li_xC \longrightarrow LiMn_2O_4+C \quad (2\text{-}6\text{-}9)$$

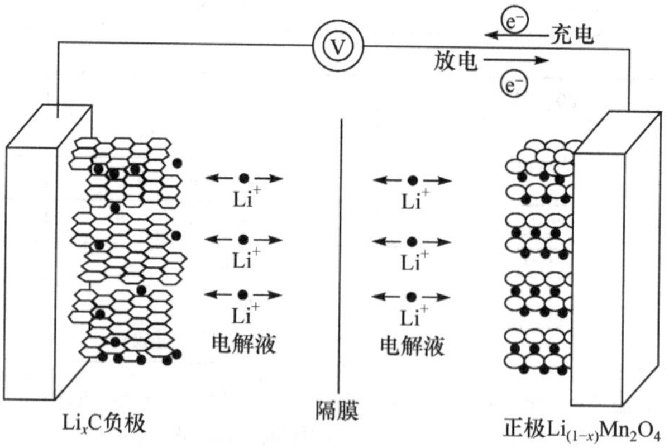

图 2.6.4　锰酸锂电池的工作原理

锰酸锂电池的优点有：安全性略好于镍钴酸锂三元材料；电压平台高，1*C*放电中值电压为3.8V左右，10*C*放电平台在3.5V左右；电池低温性能优越；对环境友好；成本低。缺点有：电池高温循环性能差；极片压实密度低于三元材料，只能达到 3.0g/cm^3 左右；锰酸锂比容量低，一般只有 105mA · h/g 左右；循环性能比三元材料差。

2.6.3 锂电池的特性

锂电池的特性包括电池充放电特性、温度特性、循环寿命、自放电特性、安全性等。锂离子电池的电性能具体包含常温放电性能、不同温度下的放电性能、常温荷电保持能力和容量恢复能力、循环寿命和初始内阻。安全性能主要是通过过充电试验、过放电试验、短路试验、针刺试验、挤压试验和跌落试验来检验其是否符合技术要求。

以 US18650 型 $LiCoO_2$ 锂离子电池为例，其特性如图 2.6.5 所示。US18650 型锂离子电池标准充电电压为 4.20±0.05V，充电电流为 1000mA，在 23℃下充 2.5h。放电条件恒流 700mA，放电到终止电压 2.5V。

图 2.6.5(a) 为锂离子电池充电特性曲线，对比了不同充电电流 800mA 与 1600mA 的情况下的充电特性。左图为电池电动势和电流的变化，左纵坐标对应电压，右纵坐标对应电流，曲线边有两个箭头，靠上的向左指表示电压，靠下的向右指表示电流。充电采用恒流恒压充电方式，先恒流(分别为 800mA 与 1600mA)，再恒压 4.2V 充电。右图描述了电池容量随充

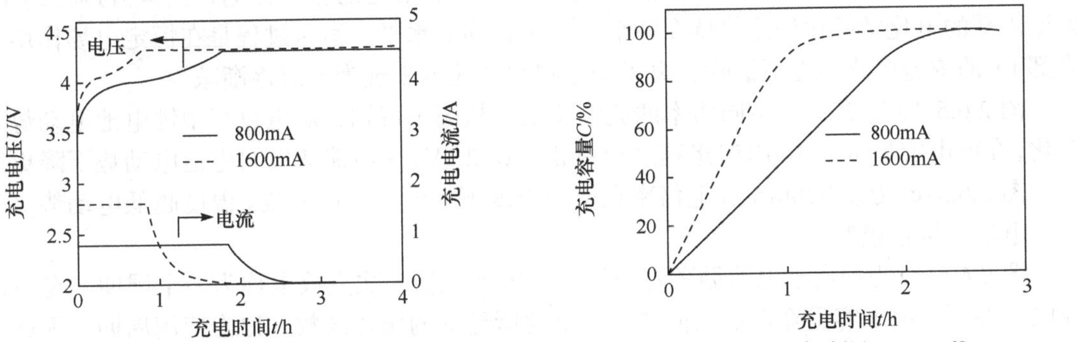

充电：恒流，恒压，4.2V，20℃　　充电：恒流，恒压，4.2V，20℃

(a) 不同充电倍率下的充电特性曲线

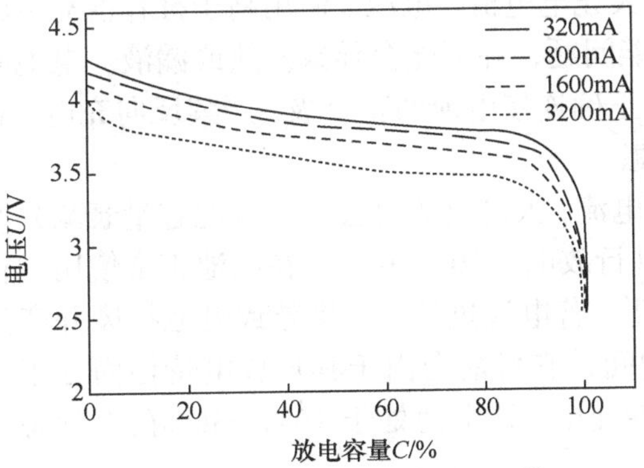

充电：1600mA，4.2V，2.5h，20℃

放电：恒流，20℃，电流1350mA，终止电压2.5V

(b) 不同放电倍率下的放电特性曲线

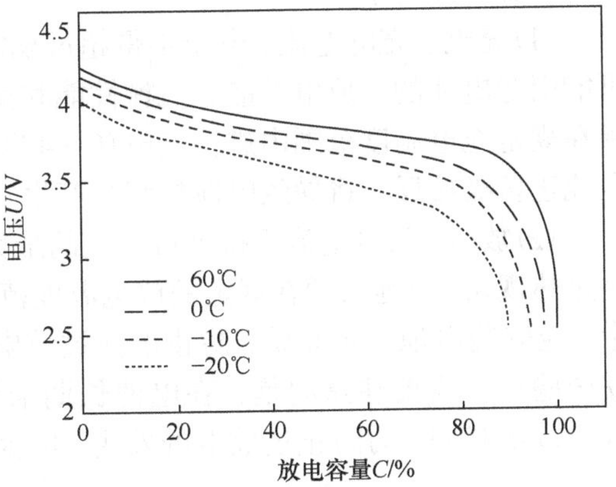

充电：1600mA，4.2V，2.5h，20℃

放电：320mA，终止电压2.5V，20℃

(c) 不同温度下的放电特性曲线

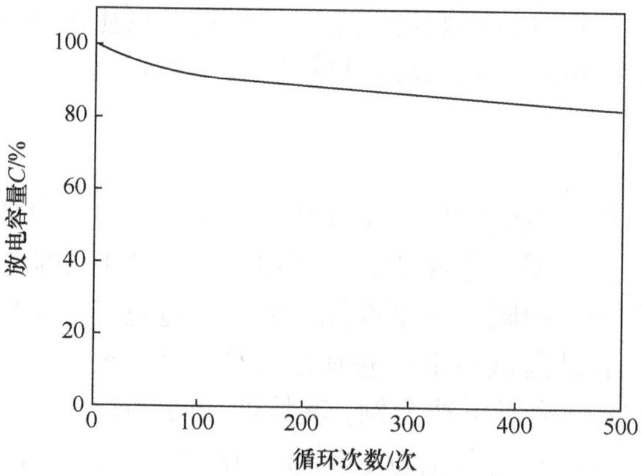

充电：1600mA, 4.2V, 2.5h, 静置30min
放电：1600mA, 终止电压3.0V, 静置30min, 20℃
(d) 循环寿命特性

图 2.6.5　$LiCoO_2$锂离子电池的特性

电时间的变化。充电时首先用允许的最大电流进行恒流充电以减小充电时间，当恒流充电至电池电动势接近 4.2V 时转入恒压充电。恒压充电的目的是防止过充电，当恒流过程终止时，电池内部的电化学极化仍然保持在整个恒流中相同的水平，恒压过程是在恒定电场作用下，内部 Li^+的浓差极化在逐渐消除，离子的迁移数和速度表现为电流逐渐减少。

图 2.6.5(b)为 20℃下不同倍率的放电曲线。从图中可知，放电过程中锂电池电动势平稳变化，在放电容量接近 100%时迅速降至终止电压 2.5V；大电流放电时电池电动势下降更快。

图 2.6.5(c)为以 320mA 放电倍率在不同温度下放电的特性曲线。温度越低电动势变化越快，电池容量也越低。

图 2.6.5(d)为锂离子电池循环寿命特性。电池经历一次充放电称为一个周期。在一定的放电条件下，电池容量降至规定值之前，电池所经受的循环次数，称为使用周期。锂离子电池循环寿命一般为 500～1000 次。根据锂离子电池的充放电特性，可以发现锂离子电池在使用时有如下注意事项。

(1)充电。充电电流、电压不得超过规定的最大充电电流、电压。使用高于推荐值充电将可能引起电池的充放电性能、机械性能和安全性能问题，并可能会导致发热或漏液。电池必须在规定充电温度范围内进行充电(0～45℃)。应正确连接电池的正负极，严禁反向充电。若电池正负极接反，将导致电池报废并产生安全隐患。

(2)放电。放电电流不得超过规定的最大放电电流，大电流放电会导致电池容量衰减并产生过热现象。电池必须在规定的放电温度范围内进行放电(–20～50℃)。在电池正常使用过程中，应安装电池管理系统，防止电池过放电的发生，若电池过放电，将导致电池报废并产生安全隐患。需要注意的是，在电池长期未使用期间，它可能会由于其自放电特性而处于某种过放电状态。为防止过放电的发生，电池应定期充电，让电池处于 10%～30%荷电状态。

2.6.4　锂电池等效电路模型

目前锂电池的建模方法和模型比较丰富，包括电化学模型、热模型、耦合模型、性能模型这四种类型，体现电池电压、电流、功率、容量、内阻和 SOC 等特性和拟合充放电曲线的优势各异。其中，电化学模型主要以电化学理论为基础，并采用数学方法描述电池内部的化学反应过程；热模型主要描述电池的生热、传热以及散热过程；耦合模型则考虑了电化学反应与电池生热的相互影响。这三种模型侧重于研究在各种状态下电池内部的反应过程，主要用于改进电池设计。性能模型则主要描述电池工作时的外特性，与以上三种类型模型相比更适合应用于航空电池管理系统。

电池的性能模型又可细分为等效电路模型、简化的电化学模型、神经网络模型和特定因素模型等，其中简化的电化学模型公式简单、方便使用，但精度较差；神经网络模型具有非线性和自学习能力，适应电池的非线性特性，但需要大量实验数据来预测电池性能，对电池历史数据依赖较大；特定因素模型一般只是针对某个特殊因素分析，难以全面反映电池的特性。而等效电路模型能够考虑电压、电流、温度、SOC、极化等多种因素的影响，使用基本电路元件构成电路描述电池的工作特性，因而物理意义清晰明确，容易用数学公式表达。

等效电路模型主要有下面这几种典型的模型：Rint 模型、Thevenin 模型、PNGV 模型、Massimo Ceraolo 动态模型等。图 2.6.6 所示为电池等效电路模型常用的几种典型模型。

如图 2.6.6(a)所示，Rint 模型是最简单的等效电路，模型中 Rint 模型结构简单，但没有考虑电池内阻会随着温度、SOC 以及电解液浓度等动态变化，因此这种模型只适合某些简单电路的仿真。

如图 2.6.6(b)所示，Thevenin 模型考虑了电池内部化学反应中的极化现象，能较好地体现电池动静态特性。电阻 R_1 和电容 C_1 构成一个 RC 并联环节用来描述电池的极化现象。当电池有电流通过时，端电压的变化既有突变性又有渐变性，突变性是主要受到欧姆内阻 R_0 的影响，渐变性则体现了极化电容 C_1 的影响。由于 Thevenin 模型考虑了内阻受温度、电流和充放电状态的影响，能够较精确地模拟电池充放电行为，而且结构不是很复杂，因此在动力电池的建模与仿真使用较广泛。

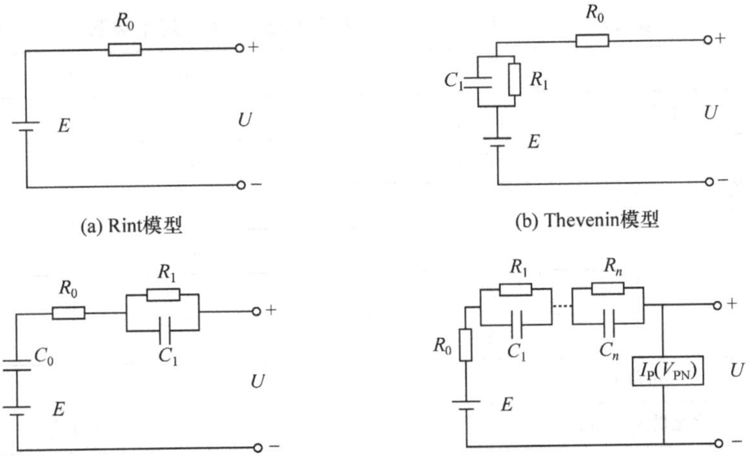

图 2.6.6　电池常用的几种典型等效电路模型

E 为理想电压源，R_0 为恒定的等效内阻，U 为电池的端电压

如图 2.6.6(c)所示，PNGV 模型是《PNGV 电池试验手册》和《FreedomCAR 电池试验手册》中均采用的标准电池等效电路模型，与 Thevenin 模型相比，PNGV 模型的特点在于用电

容 C_0 来描述开路电压随着负载电流的时间累积而产生的变化量，C_0 值的大小反映了电池容量的高低。

虽然 Thevenin 模型能够较好地体现电池的动静态特性，但只是较简单的一阶 *RC* 模型，因此若想更精确地模拟电池特性则需要提高电池等效电路模型的阶数。如图 2.6.6(d)所示，Massimo Ceraolo 等效电路模型由主反应支路和寄生反应支路两部分构成。主反应支路主要考虑了电池内部的极化反应、欧姆效应和能量散发等；电流 IP 的流向为寄生反应支路，该支路主要考虑充放电过程中电池的寄生反应。Massimo Ceraolo 模型中 *RC* 并联环节串联得越多，电池模型的阶数越高，越能真实模拟电池的特性，但模型参数的辨识也会更复杂，因此在实际使用中需要综合考虑模型阶数和精度，选择合适的 *RC* 并联环节个数。

2.6.5 锂电池在航空航天领域的应用

1. 航空领域的应用

锂电池拥有较高的比能量和能量密度，其不仅广泛应用于笔记本电脑、数码相机及其他商业用途，还应用在航空领域，最早应用于公务机上，但由于其性能的限制并未广泛采用。

2011 年波音 787 采用锂电池技术并投入运营，成为了其在航空航天领域应用的里程碑。B787 又称为“梦想客机”(Dreamliner)，是世界上第一款在主要电力系统中使用可充电锂电池的机型。其安装的由日本电池制造商 GS YUASA 生产的航空用锂离子电池，由 8 个额定电压为 3.2V，容量为 75A · h 的 LVP65 锂离子电池串联而成。GS YUASA 航空用钴酸锂蓄电池的规格参数如表 2.6.5 所示。主电池安装在前电子设备舱，地面维护时用。包括加油、牵引过程中的刹车电源、牵引过程中的导航灯电源以及备用电源。辅助动力装置电池安装在后电子设备舱，飞行前充当地面电源，飞行中充当备用电源。锂电池的充放电必须采用专门的设备，电池本身的监控组件输出也必须与充电设备相连，以保证电池的安全。

表 2.6.5 GS YUASA 航空用钴酸锂蓄电池的规格参数

型号		LVP10	LVP65
标称电压/V		3.7	
容量/(A · h)	标称容量	10	65
	实际容量	11.5	75
尺寸/mm	宽度	130	132
	厚度	21	50
	高度	80	178
重量/kg		0.49	2.75
比能量/(W · h/kg)		87	101
能量密度/(W · h/L)		195	232
最大充电倍率/*CA*		1.0	
最大放电倍率/*CA*		5.0	
有效环温范围/℃		−18～65	
生命起始 BOL 最大交流阻抗(1kHz, 25℃)/mΩ		1.4	0.3

锂电池采用恒流恒压充电方式，先恒流 50A 再恒压 32.2VDC 充电；或恒压限流充电方式，即用 32.2VDC、限流 50A 充电，直到充电电流下降至 5A。锂电池采用恒电阻放电（电流约为 50A），放电至电瓶电压为 22V 为止。

阿富汗战争和伊拉克战争曾使用小型无人侦察机，其动力电源为锂离子电池。其中最有名的是航空环境公司研制的“龙眼”（Dragoneye）无人机。该无人机重 2.3kg，升限 90～150m，以 76km/h 速度飞行，可飞行 60min。具有全自动、可返回和手持发射等特点。继小型无人机后，已有微型无人侦察机试飞成功，如航空环境公司研制的“黄蜂”无人机，桑德斯公司研制的“微星”无人机。这些微型无人机均使用锂离子电池作为动力源。

2. 航天领域的应用

因锂离子电池具有循环寿命长、比能量高、无记忆效应等优点，近几年被越来越多的国家应用于航天器领域，美国航天局（NASA）、Eagle Picher 电池公司、欧洲太空局（ESA）、法国的 SAFT 公司及日本的 JAXA 都在致力于研究把锂离子电池技术用于星级登陆器、低轨道/地球同步轨道飞行器及其他航天设备等。

国际上，锂离子电池在空间电源领域的应用早已进入工程化应用阶段，由于航天器需要进行长距离飞行，锂离子电池的高比能量、低自放电的优势尤为突出，在近几年开展的深空探测计划中，目前已有几十颗航天器采用了锂离子电池作为储能电源。锂离子电池在航天领域的发展势头非常强劲。ESA 从 1996 年就开始评估锂离子电池在 STENTOR 高轨卫星平台上应用的可行性；ESA 在 2003 年发射的火星快车项目的储能电源采用了锂离子电池，电池组比能量为 115W · h/kg；2003 年 NASA 发射的勇气号和机遇号火星探测器也采用了锂离子电池。

锂离子电池的质量只是同等容量镉镍电池、氢镍电池的一半，体积也比后者分别小 40%～50%和 20%～30%。若能以大容量锂离子电池作为小卫星的储能电源，预计可使小卫星电源系统的质量减少 50%，体积减小 30%，不但满足了小卫星对电源系统越来越高的要求，同时达到了提高有效载荷、减轻卫星发射质量的目的，从而可以产生明显的技术经济效益。我国第一颗以锂离子电池为储能电源的小卫星（神舟七号释放的伴随卫星）已于 2008 年实现在轨成功运行。该电池组质量仅为 3kg，而传统电池至少是 9kg。

2.7 燃料电池

燃料电池（fuel cell，FC）是一种能量转换装置。它以电化学反应的方式，等温地把贮存在燃料和氧化剂中的化学能直接转化为电能。只要给它供给燃料，它就源源不断地输出电能。以氢气或富氢气体为燃料的燃料电池即为氢燃料电池，有人将其称为燃气蓄电池，典型的燃气就是氢气或富含氢气的混合物。与蓄电池不同的地方在于，燃料电池是不需要更换电极或电解质就能通过化学反应产生电能的静态电化学装置，燃料电池没有电能储存能力，必须对其工作过程源源不断地供给反应物，并将生成物转移走。

2.7.1 燃料电池的工作原理

1839 年 William Grove 发表了首个关于“氢燃料电池”研究的报告。William Grove 通过如图 2.7.1(a)所示的实验装置发现，当向外电路中施加一定的电压，水可以被分解为氢气和氧气；而通过图 2.7.1(b)所示的实验装置可在外接电路的电流计中检测到一定的电流，该过程是电解水的逆过程，氢气和氧气再重新组合，并在外电路中产生了电流。

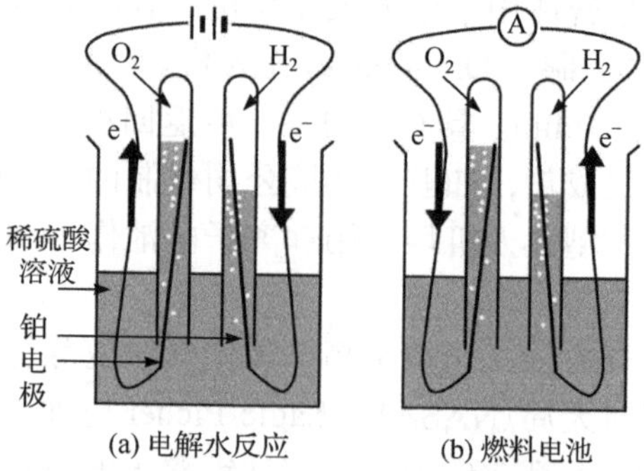

图 2.7.1　实验装置示意图

燃料电池的这一过程总反应为

$$H_2+\frac{1}{2}O_2 \longrightarrow H_2O$$

虽然上述过程与氢气“燃烧”的产物相同，但与真正的氢气燃烧过程不同之处在于，燃料电池中的电化学反应不经过热机过程而直接产生电能，而无“燃烧”的特征——“火焰”。

燃料电池是由阴极(正极)和阳极(负极)，加在两极之间的电解质隔板以及集流板 4 个主要部件构成。其中氢燃料电池为例的反应为

阳极反应
$$H_2 \longrightarrow 2H^+ + 2e^- \tag{2-7-1}$$

阴极反应
$$\frac{1}{2}O_2 + 2H^+ + 2e^- \longrightarrow H_2O \tag{2-7-2}$$

总反应
$$H_2+\frac{1}{2}O_2 \longrightarrow H_2O \tag{2-7-3}$$

氢氧燃料电池工作原理如图 2.7.2(a)所示，氢离子在用于分隔阳极氧化、阴极还原这两个半反应的电解质体系内部发生迁移，电子通过外电路定向流动、做功，形成总的电回路。氧化剂发生还原反应的电极为阴极,其反应过程为阴极过程,对外电路依原电池定义为正极。还原剂或燃料发生氧化反应的电极为阳极，其反应过程为阳极过程，对外电路为负极。

燃料电池工作时需要不间断地向电池内送入燃料和氧化剂，所以燃料电池所使用的燃料和氧化剂均为流体（即气体或液体）。最常用的燃料为纯氢、各种富氢气体（如重整气），或某些液体（如甲醇水溶液）。最常用的氧化剂为纯氧、净化空气等气体，或某些液体（如过氧化氢和硝酸的水溶液）。

为实现燃料电池的正常供电，燃料电池系统必须保证燃料和氧化剂的输入以及生成水的处理，其系统构成如图 2.7.2(b)所示，燃料电池系统包括电堆和辅助系统，电堆是核心，而辅助系统则是维持电堆持续稳定安全运行的关键，主要由供气、水热管理、电能调配和控制等分系统组成。

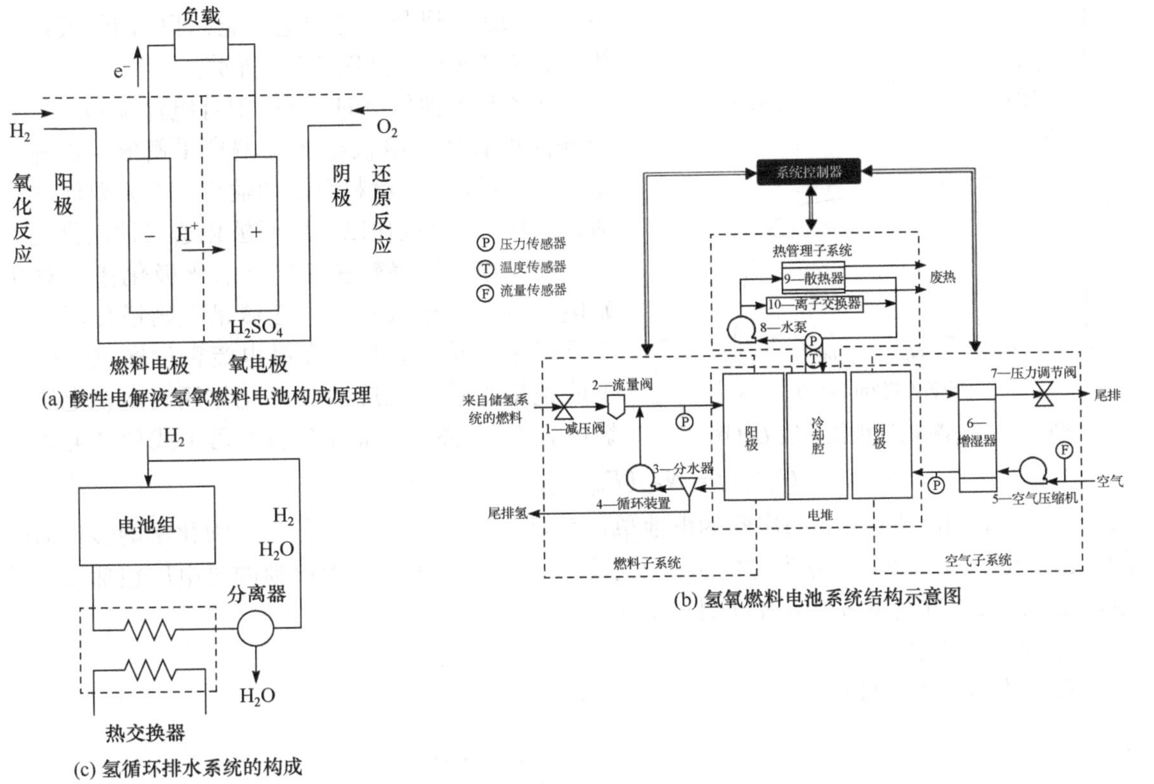

(a) 酸性电解液氢氧燃料电池构成原理

(b) 氢氧燃料电池系统结构示意图

(c) 氢循环排水系统的构成

图 2.7.2　氢氧燃料电池构成及原理

(1) 电池堆。它是整个电池系统的心脏，承担将化学能转化为电能的任务。电池堆由正极、负极、电解质、催化剂以及集流板等组成。正极为氧气和电解质提供接触面，催化氧气的还原反应，导入外部电路电子；负极为燃料和电解质提供接触面，催化燃料氧化反应，将电子从反应区导向外部电路；电解质传递燃料和氧化剂与电极反应的某类(H^+或 OH^-)离子，阻止电子直接连通形成短路。

(2) 燃料与氧化剂供给分系统。系统包括燃料储箱、气阀、压气机等。

(3) 水、热管理分系统。电池化学反应生成的水必须及时排出，其排水速度应与水的生成速度相等。常用的排水方法有氢气循环法和灯芯排水法。氢气循环法如图 2.7.2(c) 所示，通过在电池中送入过量氢气以带走水蒸气，并送入冷凝器，水蒸气冷凝后成为液态水，利用分离器将液态水排出，气态的氢和水蒸气又回到电池组，如此不断循环将水排出。

(4) 电能调理分系统。该分系统通过变换器实现稳定直流电压、过载保护、逆变等功能。

(5) 自动控制分系统。该分系统对上述各分系统的关键控制参数进行检测、调整和控制，以确保电池系统稳定、可靠地运行。此外，该分系统还能够提供电池系统的起动、停车程序以及故障措施。

2.7.2　燃料电池的特性

燃料电池本质上是一个具有内阻的电压源，与普通单体蓄电池一样，使用石墨板将燃料进行串并联组合可以满足要求的输出电压和电流。通常用电极电压与电极表面电流之间的关

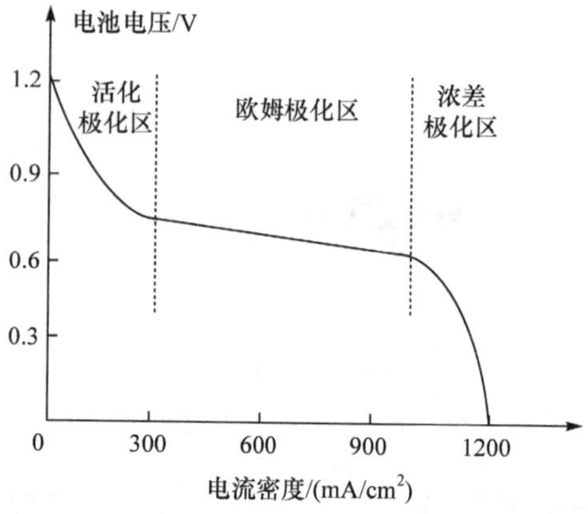

图 2.7.3　燃料电池极化曲线 *U-I* 图

系曲线来表征燃料电池的电性能，即所谓的极化曲线或者 *U-I* 曲线，如图 2.7.3 所示。

在燃料电池放电时，电极中有电流流过，则平衡条件被破坏，电极电势会偏离平衡值，这种现象称为电极极化。燃料电池的输出特性主要体现在活化极化、浓差极化以及欧姆极化这三种极化现象上。初始电压下降较快是由于活化极化作用对初始电压的影响较大；中间区域是欧姆极化区，电压下降平缓接近线性；在高电流密度区域，电流下降速度加快，反应浓度极化作用对电池电压的影响较大。其总体稳态工作特性可由式(2-7-4)表示：

$$U_{\mathrm{STACK}} = N_{\mathrm{FC}}\left(E_{\mathrm{th}} - \eta_{\mathrm{act}} - \eta_{\mathrm{diff}} - R_{\mathrm{mem}}I\right) \tag{2-7-4}$$

式中，I 为平均电流；N_{FC} 为串联的电池单体数目；E_{th} 为理论热力势，反映化学能转化为电能，由温度和气压决定；η 为过电压，表示燃料电池的损耗。燃料电池的过电压包括活化过电压 η_{act}、浓差过电压 η_{diff} 以及欧姆过电压 $R_{\mathrm{mem}}I$ 。

1. 理论热力势

理论热力势 E_{th} 可以使用能斯特(Nernst)方程表示为

$$E_{\mathrm{th}} = E^0 + \frac{RT}{nF}\ln\frac{\left(\dfrac{P_{\mathrm{O_2}}}{P_{\mathrm{st}}}\right)^{\frac{1}{2}}\dfrac{P_{\mathrm{H_2}}}{P_{\mathrm{st}}}}{\dfrac{P_{\mathrm{H_2O}}}{P_{\mathrm{st}}}} \tag{2-7-5}$$

式中，E^0 为标准电极电势；n 为发生转移的电子摩尔数；F 为法拉第常数(96485C/mol)；R 为气体常数(8.314J/(mol · K))；T 为开尔文温度；P_i 为各自气体的分压(燃料和氧化剂其纯度往往并非 100%，因此设阳极进入的氢气分压为 $P_{\mathrm{H_2}}$ ，阳极进入的氧气分压为 $P_{\mathrm{O_2}}$)；P_{st} 为气体标准压强。

燃料电池的理论热力势与介质无关。若反应产物水为液态，氢-氧燃料电池的标准电池电动势 E^0 为 1.229V。若反应产物水为气态，则 E^0 为 1.18V。保持燃料和氧化剂的供给速度和压强不变，各类燃料电池在不同工作温度下的理论热力势如表 2.7.1 和图 2.7.4 所示。

表 2.7.1　氢-氧燃料电池理论热力势随温度变化(产物水为气态)

温度/℃	25	80	205	650	1100
燃料电池		PEMFC	PAFC	MCFC	SOFC
理论电压/V	1.18	1.17	1.14	1.03	0.91

2. 活化过电压

活化过电压是由于电极表面的电化学反应需要克服反应的活化能而产生的，其表现为，在电池中通以一定电流时，电池电位偏离平衡电位。活化损失在阴极和阳极都会发生，所以

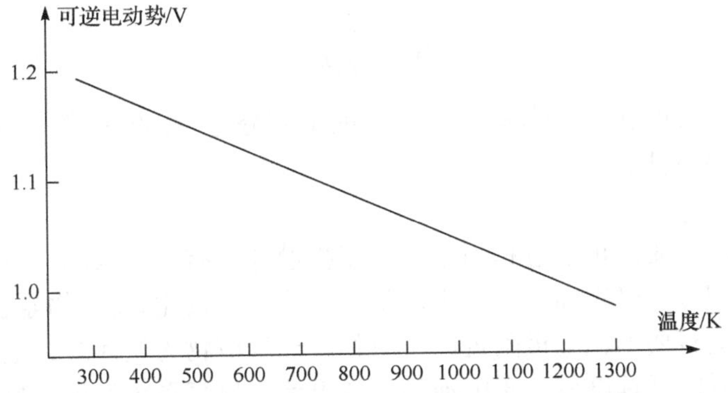

图 2.7.4　氢-氧燃料电池理论热力势与温度的关系

活化过电压包括阳极过电压和阴极过电压两部分。早在 1905 年，塔费尔(Tafel)就发现，工作电流处于一定范围时，电极活化过电压η_{act}与电流密度J之间呈现半对数关系，即 Tafel 半经验公式，如式(2-7-6)所示：

$$\eta_{act} = a + b\lg J \tag{2-7-6}$$

式中，a为电流密度为 $1mA/cm^2$ 时的过电压值，它与电极材料、电极表面状态、溶液组成及温度等都有关系；b为 Tafel 斜率，反映了活化极化程度，其值越大，表明活化极化越明显，其数值在各种金属上的变化不大，常温下接近 0.12。

Tafel 半经验公式不能描述电流密度较小的区域中活化过电压随电流密度变化的情况。而基于过渡态理论的巴特勒-福尔默(Butler-Volmer)方程可以很好地描述电极过程的电化学极化活化，其简化形式为

$$\eta_{act}(J) = \frac{RT}{nF\alpha}\ln\left(\frac{J}{J_0}\right) \tag{2-7-7}$$

式中，$\frac{RT}{nF\alpha} = A$为 Tafel 斜率，α为整个电化学反应的等效传输系数，它与电极反应和电极材料有关，为 0～1，对于多数电极材料，氢电极的α约为 0.5，氧电极α则为 0.1～0.5；J_0为等效交换电流密度，代表处于平衡状态时电极反应的氧化还原的可逆电流密度，其大小表明电极反应进行的难易程度，交换电流密度越小，电极反应越容易受到电化学极化控制。

图 2.7.5 描述了活化极化过电压与电流密度的对数的曲线关系。A 点和 B 点分别对应反应 1 和反应 2 的交换电流密度。

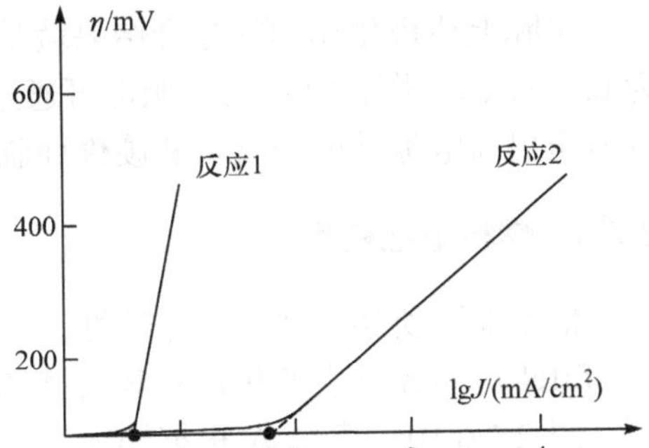

图 2.7.5　Tafel 曲线实例

可以看出，交换电流密度 J_0 越高，过电压越低，电极电势降低得越少。交换电流密度会随着温度的提高而增大。

$$\begin{cases} a = -\dfrac{2.3RT\lg J_0}{nF\alpha} \\ b = \dfrac{2.3RT}{nF\alpha} \end{cases} \tag{2-7-8}$$

当电流密度很小时，过电压小于 0.1V，η_{act}与J成正比。

$$\eta_{act} = \frac{RT}{J_0 F} J \tag{2-7-9}$$

由于氧电极（阴极）的 J_0 仅为氢电极（阳极）的十万分之一，在氢-氧燃料电池中，阴极的交换电流密度可以忽略不计。

3. 浓差过电压

浓差极化由反应物质的扩散过程引起。由于扩散速度有一定限制，电极反应物（或产物）不能及时到达（或离开）电极表面，电极表面附近的反应物贫化（或产物累积），使得反应难以进行。燃料电池的运行要消耗电极附近的反应物。当反应物为气体时，电极附近的气体浓度和分压都要降低，其降低幅度取决于电池的工作电流和供气系统的设计特征。这种由分压或浓度的降低产生的电压降即浓差过电压 η_{diff}。

当电池反应物的消耗速率与最大供应速率相等时，电池产生的电流密度将是最大的，即极限电流密度 J_{lim}。在极限电流密度下，电极表面反应物的浓度或分压为零。

$$\eta_{diff}(J) = \frac{RT}{n\beta F} \ln\left(1 - \frac{J}{J_{lim}}\right) \tag{2-7-10}$$

式中，J_{lim} 为电流密度最大值；β 为引入的系数。当燃料电池的工作电流密度接近一个电极的极限电流密度时，无论另一个电极的极限电流密度为何值，该电极电势急剧降低为零。

4. 欧姆过电压

欧姆过电压是由电极、集流板等电池组件的电阻以及电解质的电阻引起的电压降。大多数燃料电池的欧姆过电压都主要是由电解质的电阻引起的，所以可以近似认为欧姆过电压 η_{mem} 描述的是燃料电池膜的膜传导损失。

燃料电池膜电阻 R_{mem} 为

$$R_{mem} = \sigma \frac{l}{S} \tag{2-7-11}$$

式中，l 为交换膜厚度；S 为燃料电池表面积。则

$$\eta_{mem} = IR_{mem} = I\rho \frac{l}{S} = Jr \tag{2-7-12}$$

式中，r 为面积电阻率（$k\Omega \cdot cm^2$）。

实际上述极化作用的综合结果就是，燃料电池的电流密度为 100～900mA/cm^2，直流电压为 0.5～1.0V。燃料电池的性能也可通过电池升温或增加反应物的部分压力来改善。通过升温或增压提高电池性能与材料和硬件面临的苛刻工作环境之间存在某种平衡。

2.7.3 燃料电池模型

根据前面所述电池堆工作特性，考虑温度、气流速度和压强，热力学电势 E_{th}、活化电流 i_0、Tafel 斜率 A 发生变化建立其模型如图 2.7.6 所示。

图 2.7.6 中，模块 A 根据输入氢气和氧气的压强、温度、流速和纯度以及实际燃料电池放电所消耗的原料，计算燃料氧化剂的利用率 U_{fH_2} 和 U_{fO_2}，如式（2-7-13）所示：

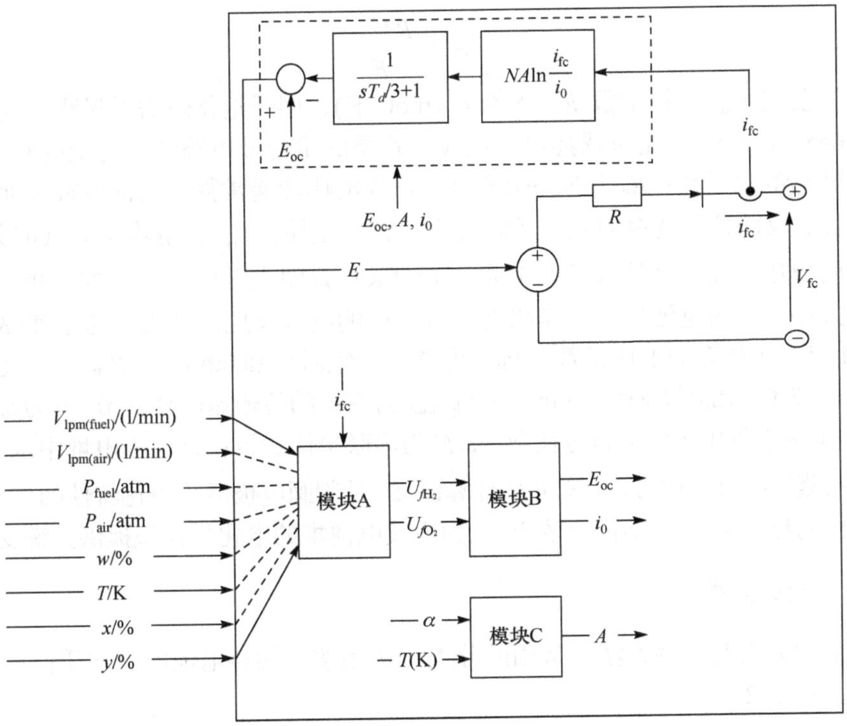

图 2.7.6 电池堆模型

$$
\begin{cases}
U_{fH_2} = \dfrac{n_{H_2}^r}{n_{H_2}^{in}} = \dfrac{60000RTNi_{fc}}{zFP_{fuel}V_{lpm(fuel)}x} \\
U_{fO_2} = \dfrac{n_{O_2}^r}{n_{O_2}^{in}} = \dfrac{60000RTNi_{fc}}{2zFP_{air}V_{lpm(air)}y}
\end{cases}
\tag{2-7-13}
$$

图 2.7.6 中，T_d 用于模拟双层电荷效应，模块 B 计算输入电池堆氢气、氧气以及水蒸气的分压，并结合 Nernst 热力学方程，获取开路电压 E_{oc} 和临界电流 i_0。

$$
\begin{cases}
P_{H_2} = \left(1 - U_{fH_2}\right) x P_{fuel} \\
P_{H_2O} = \left(w + 2yU_{fO_2}\right) P_{air} \\
P_{O_2} = \left(1 - U_{fO_2}\right) y P_{air}
\end{cases}
\tag{2-7-14}
$$

$$
E_n = \begin{cases}
1.229 + (T - 298)\dfrac{-44.43}{zF} + \dfrac{RT}{zF}\ln\left(P_{H_2}P_{O_2}^{1/2}\right) & T < 100℃ \\
1.229 + (T - 298)\dfrac{-44.43}{zF} + \dfrac{RT}{zF}\ln\left(\dfrac{P_{H_2}P_{O_2}^{1/2}}{P_{H_2O}}\right) & T \geqslant 100℃
\end{cases}
\tag{2-7-15}
$$

$$
\begin{cases}
E_{oc} = K_C E_n \\
i_0 = \dfrac{zFk\left(P_{H_2} + P_{O_2}\right)}{Rh} e^{-\frac{\Delta G}{RT}}
\end{cases}
\tag{2-7-16}
$$

图 2.7.6 中，模块 C 为

$$A = \frac{RT}{z\alpha F} \tag{2-7-17}$$

上述计算公式中，气体常数 $R=8.314\text{J/(mol}\cdot\text{K)}$，用于量化热力学过程中能量与温度的关联；$F=96485\text{A}\cdot\text{s/mol}$，定量描述电极反应中物质的量与外电路转移电量的对应关系；z 为电极反应中转移的电子数；E_n 为 Nernst 电压；α 为电荷传递常数，表征电极表面电荷转移过程的不对称性，反映活化能垒对正、逆向反应的影响差异；P_{H_2} 为电堆中氢气的分压；P_{O_2} 为电堆中氧气的分压；玻尔兹曼常量 $k=1.38\times10^{-23}\text{J/K}$；普朗克常量 $h=6.626\times10^{-34}\text{J}\cdot\text{s}$；$\Delta G$ 为活化壁障的大小；T 为电池堆的工作温度，直接影响电极反应的动力学速率和热力学平衡状态；K_C 为额定工作状态的电压常数；P_{fuel} 为燃料的绝对压强（atm①）；P_{air} 为空气的绝对压强（atm）；$V_{\text{lpm(fuel)}}$为燃料的传输速度（l/min）；$V_{\text{lpm(air)}}$为空气的传输速度（l/min）；x 为燃料中氢气的百分比（%）；y 为空气中氧气的百分比（%）；N 为串联单体数目；P_{H_2O} 为电堆中水蒸气的分压；w 为氧气中水蒸气的百分比（%）。模块 C 计算的 A，是刻画电极活化极化特性的核心参数（关联电荷传递过程的热力学-动力学耦合效应），为后续电池堆的电化学模型提供关键支撑。

2.7.4 燃料电池的分类

燃料电池的分类有多种方法。常用的分类方法是按照燃料电池的电解质性能和工作温度不同来分类，见表 2.7.2。

表 2.7.2 常见燃料电池基本特性的比较

燃料电池名称	温度	电解质	导电离子	燃料	氧化剂	催化剂	电效率	技术状态	应用
PEMFC	低	全氟磺酸型固体聚合物	H^+	氢或净化重整气	空气或纯氧	Pt/C 或 Pt-Ru	43%～58%	高度发展，需降低成本	电动汽车，潜艇推动，可移动动力源
AFC	低	氢氧化钾溶液	OH^-	A 型：纯氢 B 型：N_2H_4 分解气	A 型：纯氧 B 型：空气	多种	60%～90%	高度发展，高效	航天，特殊地面应用
PAFC	中	浸有浓 H_3PO_4 的 SiC 微孔膜	H^+	天然气重整气体	空气	Pt/C	37%～42%	高度发展，成本高，余热利用价值低	特殊需求，区域性供电
MCFC	高	浸有（K、Li）的 $LiAlO_2$ 隔膜	CO_3^{2-}	净化煤气或天然气	空气	雷尼镍和氧化镍	>50%	需延长寿命	区域性供电
SOFC	高	氧化钇，稳定的氧化锆	O_2^-	净化煤气或天然气	空气		50%～65%	电池结构选择，开发廉价制备技术	区域性供电，联合循环发电
DMFC	低	全氟磺酸型固体聚合（实际为EMFC 的变种）	H^+	甲醇	空气	Pt/C	40%	发展早期	移动电话，笔记本电脑
RFC	低	水	—	—	—	—	50%～60%	高度发展，寿命需达到实用要求	月球基地，通信站，移动电源等

① atm 表示标准大气压。

常用的不同电解质的燃料电池有碱性燃料电池(AFC)、质子交换膜燃料电池(PEMFC)、磷酸燃料电池(PAFC)、熔融碳酸盐燃料电池(MCFC)、固体氧化物燃料电池(SOFC)、直接甲醇燃料电池(DMFC)等六种；若按照其工作温度范围的不同来区分，一般将 AFC、PEMFC、DMFC 归为低温燃料电池，PAFC 为中温燃料电池，而 MCFC 和 SOFC 则属于高温燃料电池。若按开发时间的顺序一般将 PAFC 称为第一代燃料电池，MCFC 称为第二代燃料电池，而将 SOFC 称为第三代燃料电池。AFC 主要用于太空飞行，PEMFC 主要用于航空和军用领域、电动车(如电动汽车和电动摩托车)以及固定式供电系统和可携式电子产品小电源，PAFC、MCFC 和 SOFC 则主要用于静置式发电站。

1. 质子交换膜燃料电池(PEMFC)

在质子交换膜燃料电池中，电解质是一片薄的聚合物膜，质子能够渗透但不导电，而电极基本由碳组成。每个电池能产生约 0.7V 电压。PEMFC 是适用性最广的燃料电池，它的适用范围包括三方面：航天与军事动力电源、车辆用动力电源、固定式供电系统和可携式电子产品小电源，但不适用于大容量集中型电厂。PEMFC 具有起动时间短的特性，与 PAFC 和 MCFC 相比，具有寿命长、运行可靠的特点。PEMFC 必须在水的产生速率高于其蒸发速率状态下工作，以使薄膜保持充分含水状态。由于水平衡因素，该燃料电池的工作温度必须限制在 200℃以下，其余热利用价值低。

2. 碱性燃料电池(AFC)

AFC 是起步最早、发展最成熟的燃料电池。AFC 以石棉网作为电解质的载体，氢氧化钾(KOH)溶液为电解质，工作温度在 70～200℃，与其他燃料电池相比，AFC 功率密度较高，性能较为可靠，起动快，但电池寿命短。使用燃料的限制非常严格，必须以纯氢作为阴极燃料气体，以纯氧作为正极氧化剂。从开发至今，仅成功地应用于航天或军事应用，而不适合于地面商业民用。

3. 磷酸燃料电池(PAFC)

PAFC 的工作温度在 160～220℃，使用的电解质浓度为 100%的磷酸。磷酸电解质可以容许燃料气体和空气中的 CO^{2-}的存在，这也是使得 PAFC 最早成为地面应用或民用燃料电池的原因之一。其产生的直流电可经直交变换以交流形式供给用户。PAFC 的特点之一是起动时间长。

4. 熔融碳酸盐燃料电池(MCFC)

MCFC 电池的导电离子为 CO_3^{2-}。此电池与其他类型燃料电池的区别是，在阴极 CO_2 为反应物，在阳极 CO_2 为产物。因此，电池工作过程中 CO_2 在循环。为确保电池稳定、连续地工作，必须使阳极产生的 CO_2 返回到阴极。

5. 固体氧化物燃料电池(SOFC)

从原理上讲，SOFC 是最理想的燃料电池类型之一。其具备以下优点：①全固体的电池结构，避免了因使用液态电解质所带来的腐蚀和电解液流失等问题；②电池在高温下工作，电极反应过程相当迅速，无须采用贵金属电极，因而电池成本大大降低，高质量余热也可充分利用；③燃料适用范围广。

6. 直接甲醇燃料电池(DMFC)

直接甲醇燃料电池的期望工作温度比标准的 PEMFC 略高，其效率大约是 40%。其缺点是当甲醇低温转换为氢和二氧化碳时要比常规的质子交换膜燃料电池需要更多的白金催化剂。

7. 再生型燃料电池(RFC)

再生型燃料电池的概念相对较新，这一技术与普通燃料电池的相同之处在于它也用氢和氧来生成电、热和水。其不同的地方是它还进行逆反应，也就是电解。RFC 在周期长、功率大的月球或火星载人探测任务中会发挥它的作用。它可以利用太阳能为独立电解装置提供电力，电解水产生氢气和氧气。这种优势不仅表现在存储能量上，也表现在生命支持和辅助推力上。

2.7.5 燃料电池在航空航天领域的应用

燃料电池的比能量可达 100～1000W · h/kg，而航天电源中使用较多的镍电池，比能量仅为 25～40W · h/kg。对质量要求非常严格的高空长航时太阳能飞行器，要求储能装置的比能量在 400W · h/kg 以上，目前只有燃料电池可满足要求。燃料电池系统中储存的氧气和氢气，还可用于生命支持系统和姿态调整。从再生燃料电池中排出的废热温度为 50～70℃，可用于航天器的热管理。

燃料电池一般用作空间任务中的过渡电源，最早应用于月球车。现在它作为常规电源，装备在 NASA 的航天飞机机群上，用于向国际空间站(international space station，ISS)运送人员和物资，执行其他航天服务任务。配有电解液装置的可再生燃料电池，对于需要存储大能量的近地轨道卫星来讲，在节约质量方面表现出巨大的吸引力。它也是 ISS 上替代蓄电池组的最有力的候选者。

1. 三项太空计划用燃料电池

目前为止，在航天电源中，实际应用的燃料电池类型有两种，分别为 PEMFC 和 AFC，共发展有三代，均由美国的 NASA 主持。

表 2.7.3 是三种航天飞行用燃料电池的主要技术规格的比较。

表 2.7.3 三种航天飞行用燃料电池的主要技术规格的比较

太空计划	双子星座飞船	阿波罗飞船	美国航天飞机
电池类型	质子交换膜型	碱性培根型	碱性石棉膜型
输出功率/kW	0.25	0.60	7.0
最大输出功率/kW	1.05	1.42	12.0
工作电压/V	23.3～26.5	27～31	27.5～32.5
电流密度/(mA/cm^2)	50～100	—	66.7～450
工作温度/℃	38～82	230	85～105
氢气工作压力/bar	—	3.5	4.2
体积/cm^3	直径 30.48 高 60.96	直径 57 高 112	101×35×38
重量/kg	30	110	91
寿命/h	400	1000	2000
KOH 浓度/%	—	75～85	30～50
排水方式	—	动态	静态

双子星座飞船(Gemini)采用美国通用电气公司研制的 PEMFC。双子星座飞船是美国1965 年 3 月～1966 年 10 月发射的载人飞船系列，共 10 艘，主要目的是在轨道上进行机动飞行、交会、对接和宇航员作舱外活动用，为阿波罗飞船(Apollo)载人登月作技术准备。飞船装两台电池，电池外壳为钛，内有 3 个电池组，每个电池组内有 32 个单格电池。单格电池电压约为 0.8V，电池组电压为 23.3～26.5V，功率约 1kW，电能转换效率为 50%，电流密度为 100～150mA/cm^2。每台电池重 31kg，直径 35cm，高 61cm。单格电池的极板为涂有铂黑的金属网。电介质为有吸水性的联乙烯苯交联的聚苯乙烯/磺酸脂薄膜。氢离子通过薄膜导电。排水系统采用灯芯，故该排水系统可在失重条件下工作。这种电池结构简单，体积小，耐振动和冲击，并且比功率较高，为 44W/kg 或 71W/L。但由于膜的电阻大，电池内阻大，电流较小，功率也较小。

阿波罗飞船采用美国普拉特-惠特尼公司的改进培根型氢氧燃料电池。飞船装 3 台电池组，一般只要 2 台工作就能保证飞船正常工作。电池组功率为 563～1420W，电压为 27～31V，由 31 个单格电池构成，单格电池电压为 0.9V。电池的负极板为双层多孔烧结镍，正极板是锂盐和镍盐处理的烧结镍，电介质为 75%～80%浓度的氢氧化钾 KOH。采用氢循环排水系统。电池工作温度达 200～250℃，故用镍作为结构材料，重量较大，电池比功率较低，为 22～23W/kg 或 35W/L；工作温度高也使电极寿命缩短，电池寿命约一个月，这对短时工作的载人航天器已足够。

美国爱立斯-查默尔斯公司研制的石棉膜氢氧燃料电池的电极为有铂催化剂的多孔金属箔，电介质为浓度 30%的氢氧化钾，它固着于多孔石棉膜内，在美国航天飞机(Orbiter)的主电源竞争中顺利地击败了用于阿波罗飞行的培根型中温燃料电池和用于双子星飞行的 PEMFC，其单部 AFC 系统的正常输出功率已经达到 12kW，最大输出功率为 16kW，电池的输出电压为 28V，而效率可以高达 70%，每一部 AFC 系统的重量约为 117kg；截至 2004 年，航天飞机用的石棉膜型碱性燃料电池的飞行次数已经超过了 113 次，而工作时间则已超过了 9000h，这已充分证明了碱性燃料电池系统应用于航天飞行上的可靠性。

2. 空间移民基地用可再生燃料电池

当人类对空间开发不断深入，开始向月球或者火星上移民时，就需要能持续数十年的发电系统。小型核电系统可以为星际任务和空间移民提供长期电源。然而若采用大型核电站为空间生命支持系统提供所需的大量电力，亟待解决相关系统问题。其主要表现为系统的安全问题和各种居住功能的系统集成问题。这种情况下，RFC(再生型燃料电池)就表现出它的优越性，它恰好在紧急情况或不可预测情况发生时，能够提供生命所需的氧气和水。

RFC 从功能上看类似于二次电池。当外界需要电能时，RFC 将储存在氢气和氧气中的化学能转换为电能；当能量富余时，RFC 利用外界提供的电能将水电解为氢气和氧气。在航天领域中，同传统的蓄电池相比，RFC 的能量密度要高很多。RFC 通常要与太阳电池阵列联合使用，其重要应用前景是月球基地、近地轨道卫星、空间站及高空长航时无人机。采用电力驱动的高空长航时无人机的电源，能量密度应大于 400W · h/kg，目前，可以满足该要求的化学电源只有 RFC。用于一架无人机的一体式 RFC，功率密度可达 791W · h/kg。电解装置通常与燃料电池组分开布置，它们不能同时工作。短期空间任务的储能用氢氧 RFC 被应用在空间实验室“天宫一号”。RFC 曾因其再生效率不佳而被 NiH_2 蓄电池取代。然而，RFC 适用于周期长、功率大的月球或火星载人探测任务。它可以利用太阳能为独立电解装置提供电力，产生氢气和氧气。这种优势不仅表现在存储能量上，也表现在生命支持和辅助推力上。

RFC 通常要与太阳电池阵列联合使用，在月球基地、近地轨道卫星、空间站及高空长航时无人机中具有重大前景。图 2.7.7 简单描绘了一种可再生燃料电池电源系统结构，包括太阳电池阵系统和可再生燃料电池系统。光照时间内，系统由太阳电池阵供电；同时，太阳电池阵会通过电解器将存储在水箱中的水分解为氢气和氧气，存储到氢罐和氧罐。阴影时间内，燃料电池堆将氢气和氧气转变成电和水，再释放少量热量。

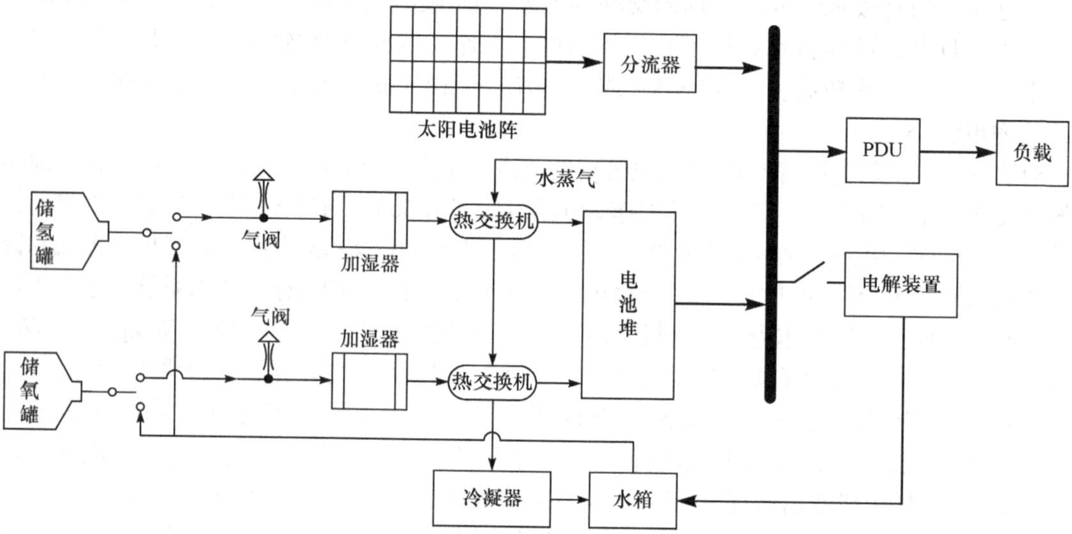

图 2.7.7　人类空间移民电力系统结构

尽管 RFC 的能量密度比其他化学电源高得多，但由于在月球上的电源功率和供电周期都很长，其质量仍很大。据 NASA 的研究结果，用于月球基地的电源系统质量约为 9000kg，其中储存系统的比例很高。NASA 高压气态储存和液态储存这两种储存系统进行了研究。高压气态储存的缺点是储存罐的质量很大；液态储存系统中，气体液化系统是不可缺少的，要额外消耗一部分能量，这就要求更多的太阳电池阵列，且气体液化系统的质量也不小，虽然在气体储存上可以减轻，但整个系统的质量并没有减少，气体液化系统中运动部件多，维护困难，安全性差。循环充放电效率低是 RFC 的一个缺点。由于蓄电池充满电有浮充阶段，即恒压充电，太阳电池阵列产生的电能无法被充分利用；RFC 没有浮充的问题，这在一定程度上弥补了不足。

RFC 的发展受各种技术因素的制约，目前可靠性还不高，循环工作时间较短。NASA 对 RFC 研究的投入较多，在 1999 年报道的高空无人飞行器的实验中采用的电堆，比能量为 0.79kW · h/kg，总重 53.06kg，电效率为 53.4%；在 2005 年的报告中，RFC 的循环工作时间最长的仅维持了 149h，太阳能电解池耗功 15kW，输出功率为 4.8kW，电效率为 32%。

3. 国外航空燃料电池的研究情况

相较于目前普遍使用的航空发动机，燃料电池系统具有低噪声、零排放、高效率的优点，因此国外很多机构对燃料电池在飞行器中应用的可行性进行了研究分析。

燃料电池航空动力飞机分为纯燃料电池动力飞机和混合燃料电池动力飞机。对于纯燃料电池动力飞机来说，燃料电池是唯一的推进动力来源。该系统燃料电池动力装置由燃料电池堆、热管理、空气管理和氢存储与管理子系统组成。纯燃料电池动力系统的主要问题是相对较低的比功率的限制。这个问题的解决方案之一是将燃料电池与锂离子电池混合提供混合动力，既利用了锂电池和燃料电池的优势，创建了一个具有高比功率的高度响应的混合系统，同时保持了高能量密度的显著优势。该系统因在整个能量转化过程中输出有用功率均为电功，因此称为纯电动推进系统。

无人机在实际飞行过程中，复杂的作业环境会导致无人机频繁地拉升、降落和姿态变换，因此无人机的需求功率将出现较大程度的变化。目前，燃料电池无人机采用的混合电源系统通常有三种结构：燃料电池+锂电池、燃料电池+超级电容、燃料电池+锂电池+超级电容，如图 2.7.8 所示。多电源混合符合无人机复杂运行工况对电源系统的需求，在无人机变载时提供波动能量，使燃料电池工作在稳定输出的工作区间，从而提高系统的能源利用率。

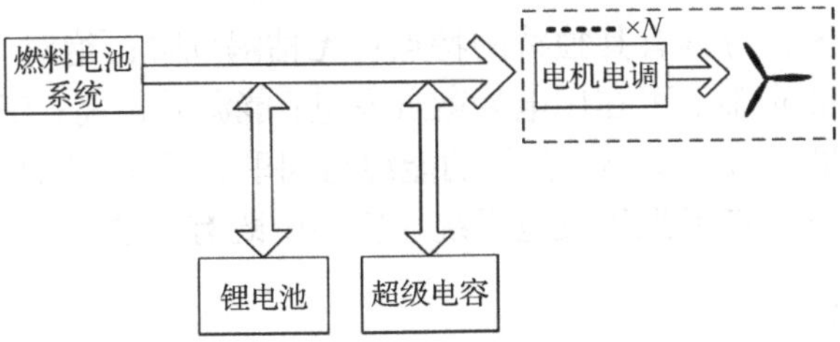

图 2.7.8　燃料电池混合电源系统结构图

由于无人机对于电源系统重量的限制，蓄电池既具有超强的瞬时放电能力，又可以在无人机降落制动时为锂电池充电，因此在三种混合电源系统结构设计中，应用最为广泛的也是燃料电池+蓄电池的拓扑结构。Ballar 公司所设计的搭载在大疆 M600 无人机上的燃料电池电源系统和韩国斗山公司的燃料电池系统 DP20、DP30 等都采用这种设计结构。

在载人燃料电池飞机方面，以波音、空客、DLR 为首的研究单位首先展开相关研究。2008 年，波音公司成功完成了载人燃料电池飞机的飞行测试，将质子交换膜燃料电池和锂电池组成混合动力系统配置进飞机，通过驱动电动机，继而带动螺旋桨实现飞机飞行。燃料电池系统输出的最大功率为 24kW，锂离子电池可以输出 50~75kW 的电功率，飞机飞行过程中仅产生水蒸气，且比传统飞机安静得多。除此之外，德国宇航中心（DLR）牵头研制的燃料电池飞机 DLR-H，于 2009 年试飞成功，其中质子交换膜燃料电池可以发出 25kW 的电功率，燃料电池的工作效率可以达到 52%。这架燃料电池飞机可连续飞行 5h，航程可达 750km。

燃料电池推进系统原理如图 2.7.9 所示，系统主要包括燃料电池堆、DC/DC 变换器、DC/AC 变换器、蓄电池、电机及控制单元等部件，各模块通过能量管理实现功率协同。飞机在起飞和高速飞行时需要动力系统有大功率输出，此时采用锂电池供电；在巡航阶段改由燃料电池供电。

航空业要求燃料电池电堆尽可能轻且功率高。低温质子交换膜燃料电池电堆功率质量比实现了重大发展。高温质子交换膜燃料电池堆不容易受杂质影响，并能使用较低纯度的燃料，但目前工业化的高温质子交换膜燃料电池堆技术成熟度还较低，因此可实现能力存在较大的不确定性，随着相关材料技术的研发，预测功率质量比达标应为 2030 年之后。

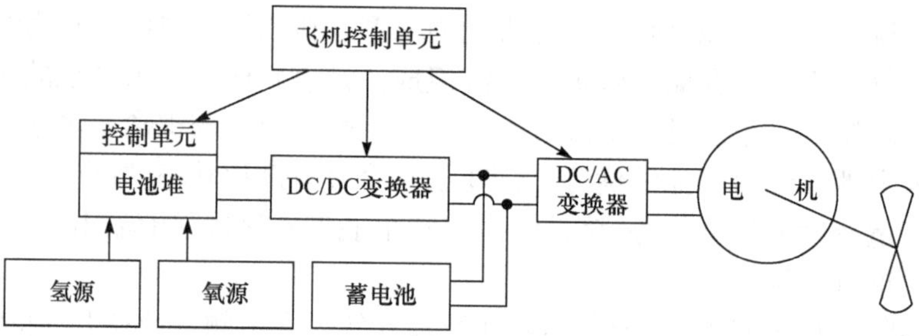

图 2.7.9　燃料电池推进系统结构

2.8　太阳能电池

太阳能光伏发电系统自身具有其独特的特点：无枯竭危险；绝对干净(无污染，除蓄电池外)；不受资源分布地域的限制；可在用电处就近发电；能源质量高；获取能源花费的时间短；不足之处是：照射的能量分布密度小；获得的能源与四季、昼夜及阴晴等气象条件有关；造价比较高。以上的这些特点决定了光伏发电系统在应用中既有着独有的优势又存在着制约因素。

2.8.1　太阳能电池概述

太阳能电池是一种利用光生伏特效应把光能转换成电能的器件，又称光伏器件。从 1839 年发现光伏效应至今，太阳能电池材料的发展历程可以分为 3 个阶段。

第一阶段：晶体硅电池。由于硅是一种性能稳定、无毒的半导体材料，且储量丰富，是地球上储存量第二大的元素，因此成为太阳能电池研究开发、生产和应用中的主要原材料。晶体硅太阳能电池包括单晶硅和多晶硅太阳能电池。1954 年美国贝尔实验室研制出了第一块晶体硅太阳能电池，开始了利用太阳能发电的新纪元，不久后用于人造卫星。多晶硅太阳能电池一般采用低等级的半导体多晶硅，或者专门为太阳能电池使用而生产的铸造多晶硅等材料。与单晶硅太阳能电池相比，多晶硅太阳能电池成本较低，且转换效率略低于单晶硅太阳能电池，它是太阳能电池的主要产品之一。随着长晶技术和多晶硅太阳能电池制备技术的不断改进，近年来多晶硅太阳能电池的转换效率得到了大幅提高。

单晶硅的内部硅原子都按一定的周期排列，晶面均一、电性能稳定，如图 2.8.1 所示。谨慎和缓慢的制造过程导致这种类型的硅料很昂贵，所以人们开始使用相对便宜的多晶硅或无

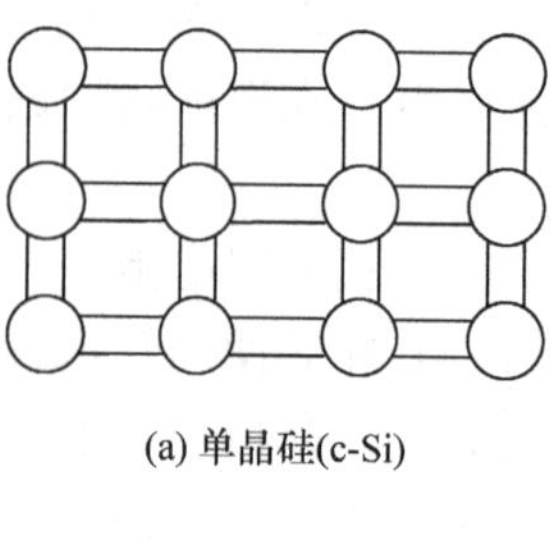

(a) 单晶硅(c-Si)

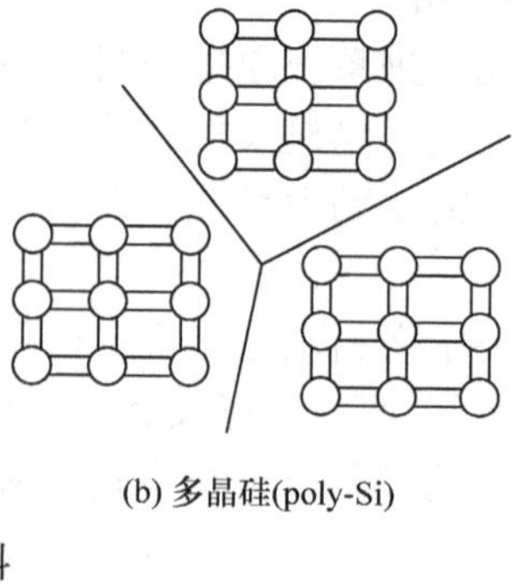

(b) 多晶硅(poly-Si)

图 2.8.1　硅半导体材料

结晶状硅材料制造太阳能电池。由于多晶硅晶粒间界的存在阻止部分电子的移动而降低了电池的性能，多晶硅材料相比于单晶硅材料要便宜并且制造难度较低。

第二阶段：各种薄膜电池。包括非晶硅薄膜电池(a-Si)、碲化镉太阳能电池(CdTe)、铜铟镓硒太阳能电池(CIGS)、砷化镓太阳能电池、纳米二氧化钛染料敏化太阳能电池等；其核心是一种可黏接的薄膜。这种薄膜的优势：一是可以大批量、低成本地生产；二是能更好地利用太阳能。薄膜太阳能电池材料主要有多晶硅、非晶硅，其中，多晶硅薄膜太阳能电池技术较为成熟。

第三阶段：各种新概念太阳能电池。超叠层太阳能电池、热光伏电池(TPV)、量子阱及量子点超晶格太阳能电池、热载流子太阳能电池等。虽然太阳能电池材料的研究已到了第三阶段，光电转换效率已经有了大幅度提高，以叠层太阳能电池为例，其理论转换效率可以达到 50%，但是，其技术成熟度还无法和晶体硅电池相比较。

2.8.2 太阳能电池的发电原理

在 1905 年，爱因斯坦提出光是由离散的粒子流或者量子能量组成的，并且用这种理论解释了光电效应。光的这种本性现在完全被接受了。光被认为具有波粒二象性，用公式可以表达如下：

$$E = hf = hc/\lambda \tag{2-8-1}$$

式中，f 为光束的频率；λ为光束的波长；E 为光子的能量；h 为普朗克常量，其值为 $6.626\times10^{-34}\text{J}\cdot\text{s}$；$c$ 为光速，$3.00\times10^{8}\text{m/s}$。在定义光伏电池或太阳能电池的过程中，光有时候被看作波，有时候被看作粒子或是光子。

太阳能电磁辐射覆盖由紫外光到红外光(0.2～3μm)的波长范围，太阳光的能量是以光子来辐射的，只有光子能量 hf 大于半导体能隙 E_g(或者波长λ小于半导体光吸收的波长)的光才能被半导体吸收。$hf<E_g$ 的光子只能透射过去浪费掉了，Si 具有较小的能隙，所以可以吸收波长更长的光；但是，$hf>E_g$ 的光子只能取出能量与 E_g 相当的部分，而 $hf-E_g$ 的能量通过放出光子进而与晶格碰撞转换成热能损失掉了。因而 GaAs 等能隙较大的半导体比硅半导体更具有优势，能够吸收更多的能量。综合来看有一个最佳的 E_g 使得能量的转换的效率最高。据分析表明 E_g 的最佳值为 1.4eV，这个值与 GaAs 的带隙接近，GaAs 已经实现转换效率高于 25%的太阳能电池，而目前最好的硅电池的性能也已经接近这个水平。Ⅲ-Ⅴ族化合物及其合金可以提供许多禁带宽度不同但晶格常数十分接近的材料，非常适合制作串联结构的太阳能电池，例如，AlAs/GaAs、GaInP/GaAs、InP/GaInAs 类的叠成电池已经广泛应用于空间飞行器供电，这些电池的效率较高而且抗宇宙辐射损伤的能力强，但是成本较高，二者相互补偿。

硅是太阳能电池中最重要的半导体材料，它无毒而且是地壳中含量仅次于氧的元素，即使大量的使用也不会造成环境污染或是资源衰竭的危险；而且硅已广泛应用于微电子工业，已经有了完备的技术基础。制作硅太阳能电池的硅片的电阻率、厚度、制作 PN 结的掺杂浓度、温度和时间等对光谱响应有很大的影响，也对太阳能电池的转换效率有很大影响。大约入射光能量的 40%可有效地用于产生在晶格中运动的自由电子和空穴。

太阳能电池工作时必须具备下述条件：①必须有光的照射，可以是单色光、太阳光或模拟太阳光等；②光子注入到半导体内后，激发出电子空穴对，这些电子和空穴应该有足够长的寿命，在分离之前不会复合消失；③必须有一个静电场，电子空穴在静电场的作用下分离，电子集中在一边，空穴集中在另一边；④被分离的电子和空穴由电极收集，输出到太阳能电池外，形成电流。太阳能电池最常见的就是单晶硅太阳能电池，图 2.8.2 所示就是其典型结构，其核心部分是一个 N 区很薄的 PN 结，衬底用 P 型材料，因为 P 型硅中的少数载流（电子）子的扩散长度比 N 型硅中的扩散长度长。在表面增加抗反射涂层作用为减少太阳光的反射，使入射光透射到硅半导体中的比例大大提高（达到 80%～90%），常用的材料有 Si_3N_4、TiO_2、Ta_2O_5 等涂层厚度约为光在其中的 1/4 波长。正电极用指状条形欧姆接触，由于金属反射光，所以表面电极占据的面积越大，太阳能电池的效率低，但是当表面电极面积较小时，因为电流流动的电阻大，效率也会下降，所以应当把电极宽度和电极间距设计成最佳值。

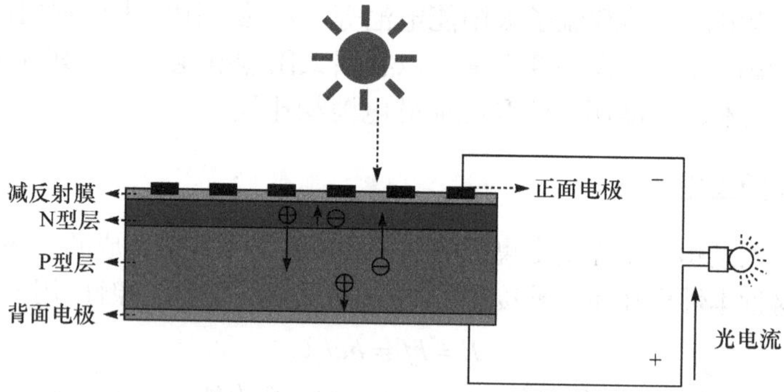

图 2.8.2　太阳能电池工作原理

2.8.3　太阳能电池的工作原理

由太阳能电池的发电原理可知，太阳能电池能够产生电能离不开具有一定特质的物理材料，即由 P 型材料以及 N 型材料所构成的 PN 结。PN 结是在一块半导体单晶片中用掺杂的办法做成两个导电类型不同的部分，掺杂后的其他一些原子可能会打破硅晶格内电子和空穴原有的平衡。N 型半导体形成：当杂质原子（如磷，属Ⅴ族元素）与硅形成共价键时，因自身最外层含 5 个价电子，形成 4 个共价键后会空余 1 个电子。该电子受原子核束缚极弱，室温下即可脱离成为自由电子，使半导体呈现电子主导的导电特性。P 型半导体形成：当杂质原子（如硼，属Ⅲ族元素）与硅形成共价键时，因自身最外层仅 3 个价电子，形成 4 个共价键时会缺少 1 个电子，进而产生空穴，使半导体呈现空穴主导的导电特性。

如图 2.8.3 所示，左侧晶格中，黑色原子代表Ⅴ族杂质（如磷），其周围空余的电子 e^-直观体现 N 型半导体的载流子特征；右侧晶格中，灰色原子代表Ⅲ族杂质（如硼），其附近的空穴 e^+对应 P 型半导体的载流子行为。

一般 PN 结的两侧是用同一种材料做成（如 Ge、Si、GaAs 等），称为同质结。如果把两种不同的材料做成一块单晶称为异质结，结的两侧导电类型由掺杂来控制。异质结最重要的是晶格常数的匹配，否则会出现缺陷：因组成异质结的两种材料的晶格常数不同，生成单晶时，晶格周期性在界面处畸变，形成位错与缺陷，这些缺陷会成为少数载流子的复合中心。

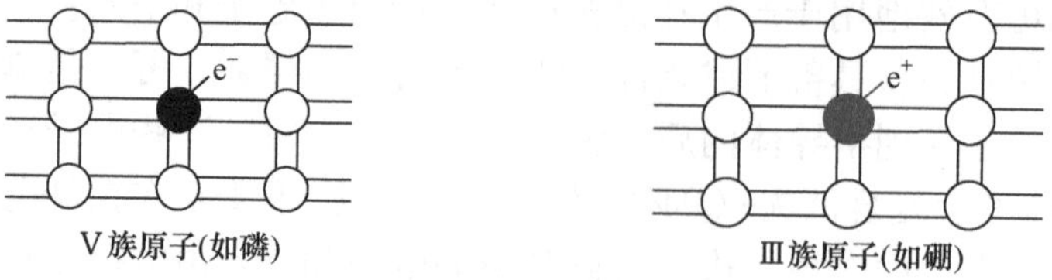

图 2.8.3　单晶硅掺杂后成为 N 型和 P 型示意图

PN 结的制作方法主要有合金法、扩散法、离子注入法和薄膜生长法，其中最常用的方法就是扩散法。通过杂质的扩散，在基质材料上形成一层与基质材料导电类型相反的材料层；就构成了一个 PN 结。单独存在的 N 型半导体和 P 型半导体是电中性的。起初两边载流子浓度是不同的，P 区多子为空穴，N 区多子为电子，存在浓度梯度，N 区的多子电子向 P 区扩散，P 区的多子空穴向 N 区扩散，其结果是在 N 区留下了不可移动的带正电的电离施主，在 P 区留下了不可移动的带负电的电离受主，形成一个电荷存在的区域，称为空间电荷区。而这些电离施主和电离受主所带的电荷称为空间电荷。空间电荷区中的空间电荷产生了从正电荷到负电荷，即从 N 区指向 P 区的电场，称为内建电场，如图 2.8.4 所示。

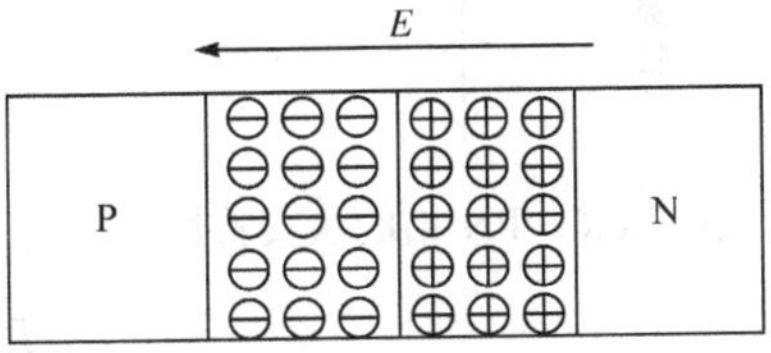

图 2.8.4　PN 结示意图

在内建电场的作用下，载流子做漂移运动。显然，载流子扩散的趋势和漂移的趋势是相反的。随着扩散的进行，空间电荷数量会增多，空间电荷区扩展，内建电场增大，载流子漂移趋势增强。若半导体没有受到外界作用，载流子扩散的趋势和漂移的趋势最终会相互抵消，空间电荷的数量一定，空间电荷区保持一定的宽度，其中存在一定的内建电场。一般称这种情况为热平衡状态下的 PN 结。正因为空间电荷区内不存在任何可以移动的电荷，所以该区又称为耗尽区。而空间电荷区两端由于不带电荷而称为中性区。

2.8.4　太阳能电池的等效电路模型及特性曲线

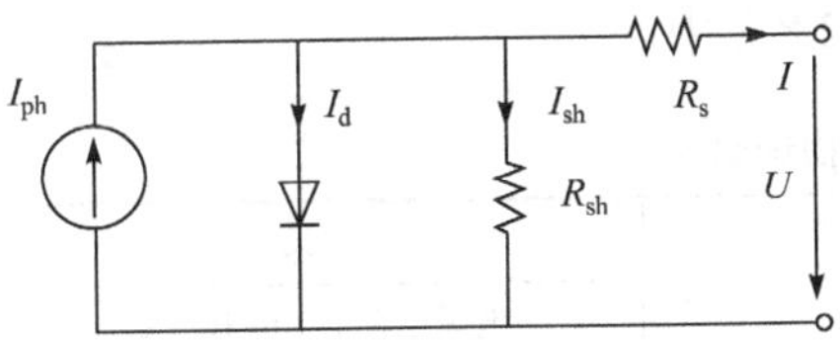

图 2.8.5　硅太阳能电池等效电路

图 2.8.5 是硅太阳能电池的等效电路，I_{ph} 是在太阳光作用下，自 N 型区向 P 型区流动的单向电流，即光生电流。当光子能量 hf 大于半导体能隙 E_g 时激发出电子空穴对，这些电子和空穴在分离前不复合，并在半导体内部静电场的作用下分离，电子被吸入 N 层，空穴被吸入 P 层，并被电极收集输出到太阳能电池外形成自 N 型区向 P 型区流动的单向电流，即太阳能电池光生电流 I_{ph}。

光照越强，光子越多，激发的电子空穴对越多，光生电流 I_{ph} 越大。

$$I_{ph} = I_{ph0}\frac{S}{S_0} \tag{2-8-2}$$

式中，I_{ph0} 为标准光照强度下太阳能电池产生的短路电流，为一恒定值，与半导体材料特性相关，一些不同材料的光伏电池的 I_{ph0} 大致的值如表 2.8.1 所示；S_0 为标准光照强度 1000W/m^2；S 为当前光照强度。

表 2.8.1　光伏电池的 I_{ph0} 值

类型	I_{ph0}/A	类型	I_{ph0}/A
晶体 Si	4.22	a-Si	1.94
晶体 GaAs	2.82	CuInGaSe2	3.57
多晶 Si	3.81	CdTe	2.59

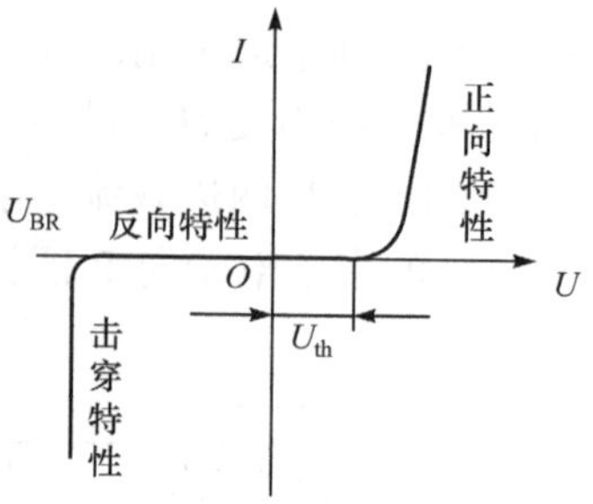

图 2.8.6　PN 结的伏安特性

在无光照时，外电压加在 PN 结上，PN 结导通，其伏安特性如图 2.8.6 所示。外电压作用下有自 P 区到 N 区流动的单向电流 I_d，称暗电流。

等效电路图中外加电压为 $U+IR_s$，因此流过的电流为暗电流 I_d 为

$$I_d = I_{sat}\left\{\exp\left[\frac{q(U+IR_s)}{AkT}\right]-1\right\} \tag{2-8-3}$$

电池工作时光生电流 I_{ph} 和暗电流 I_d 同时存在。串联电阻 R_s 由上下极的接触电阻、硅材料体电阻和扩散层的薄层电阻等构成，一般小于 1Ω。并联电阻 R_{sh} 由 PN 结泄漏电阻、电池边缘泄漏电阻等组成，达千欧以上。流过 R_{sh} 的电流为

$$I_{sh} = \frac{U+IR_s}{R_{sh}} \tag{2-8-4}$$

因此，若设电池负载电流为 I，则有

$$I = I_{ph} - I_d - I_{sh} = I_{ph} - I_{sat}\left\{\exp\left[\frac{q(U+IR_s)}{AkT}\right]-1\right\} - \frac{U+IR_s}{R_{sh}} \tag{2-8-5}$$

式(2-8-5)是基于固体物理理论的太阳能电池的基本解析表达式，可以对一般工作状态下的太阳能电池 I-U 输出特性进行较为精确的描述，已被广泛地运用在太阳能电池的理论分析场合。

式(2-8-5)等效电路模型中各物理量含义详细列于表 2.8.2 中。

表 2.8.2　太阳能电池模型各参数物理含义

物理量	含义	物理量	含义
I_{ph}	太阳能电池光生电流(A)	q	电子电荷，1.6×10^{-19}C
I_{sat}	二极管反向饱和电流(A)	R_s	串联等效电阻(Ω)
A	曲线拟合系数，取值范围[1～2]	R_{sh}	并联等效电阻(Ω)
k	玻尔兹曼常数，1.38×10^{-23}J/K	I	太阳能电池输出电流(A)
T	太阳能电池的绝对温度(K)	U	太阳能电池输出电压(V)

在不同的工作环境中，太阳能电池的输出特性并不是一成不变的。环境温度的不同以及太阳辐照条件是影响太阳能电池输出特性的重要参量。

太阳能电池不同光照下的外特性曲线如图 2.8.7 所示，太阳能电池接受的光照辐照越强，太阳能电池的光生电流越大，伏安特性曲线对应短路电流及开路电压值越高。伏安特性内接的最大矩形面积 U_mI_m 对应于最大光生电功率，它与太阳光照射该电池的功率之比就是电池最大转换效率。太阳能电池输出外特性曲线如图 2.8.8 所示，该曲线描绘了电池输出电压与输出电流间的关系，外特性上与纵坐标轴和横坐标轴的两个的交点分别为短路电流 I_{sc} 和开路电压 U_{oc}，太阳能电池的功率特性曲线如图 2.8.9 所示，该曲线描绘了电池输出功率与输出电压间的关系，在 U_m 点对应最大光生电功率。

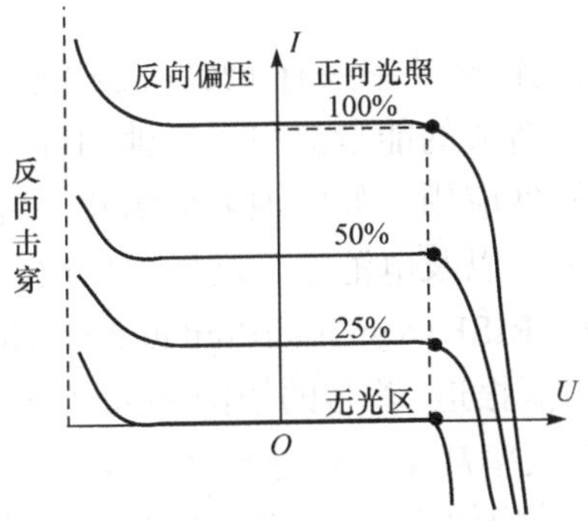

图 2.8.7　不同光照下的特性曲线

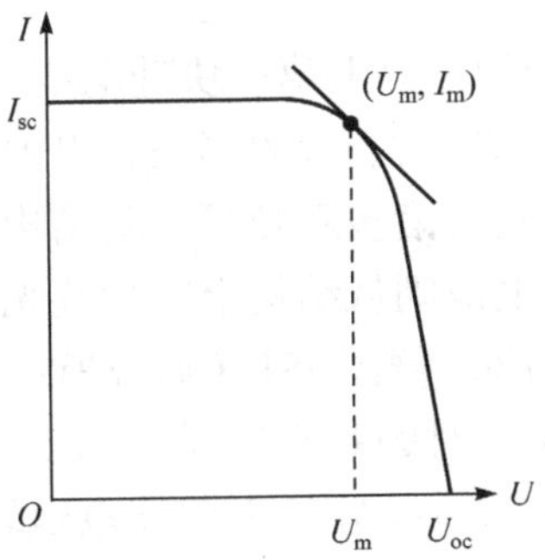

图 2.8.8　输出外特性曲线

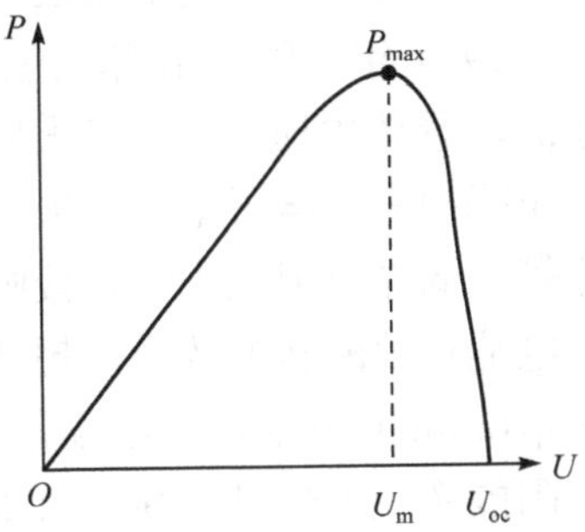

图 2.8.9　功率特性曲线

2.8.5　太阳能电池在航空航天领域的应用

1. 航空领域

太阳能飞机的动力装置由太阳能电池组、直流电动机、减速器、螺旋桨和控制装置组成。由于太阳辐射的能量密度小，为了获得足够的能量，飞机上应有较大的摄取阳光的表面积，以便铺设太阳能电池，因此太阳能飞机的机翼面积较大。著名的太阳能飞机有太阳能挑战者号、太阳神号、天空使者号、西风号、太阳脉动号、阳光动力号等。

其中，阳光动力号 HB-SIA（Solar Impulse HB-SIA）的设计理念是成为首架不使用燃料的零碳排放昼夜飞行飞机，它展示了新技术在节能及可再生能源生产方面的巨大潜力。由一支 70 人团队和 80 个合作伙伴历时七年紧张艰苦的工作、运算及测试，才诞生了这架具有革命性的碳纤维飞机。该飞机有着空客 A340 飞机的翼展（63.4m）和普通家用汽车的重量（1600kg）。此前，世界上从未建造过如此庞大的轻体飞机。12000 个太阳能电池被集成到机翼当中，为 4 个电动机（每个电动机最大功率为 10 马力（1hp=745.7W）提供飞机推力。白天，这些太阳能电池也会为锂聚合物电池（400kg）充电，以保证飞机能够进行夜间飞行。

2. 航天领域

太阳能电池可将太阳光能直接转化为电能，是人造卫星以及空间站等航天飞行器的最常用电源。在太阳照射不到的阴影区，为了保证航天飞行器的连续正常工作，一般太阳电池阵列都需要与储能装置如蓄电池组以及电源控制器等共同构成航天飞行器的电源系统。

太阳能电池的第一次使用是在 1958 年美国发射的先锋 1 号 Vanguard 卫星上。在实际应用中的光电转换效率一般在 6%～25%，单位面积功率可达到 150W/m^2，单位质量功率密度则可达到 200W/kg。太阳能电池无须自带燃料，为飞行器释放了较大的空间和负载，在功率需求相对较小、使用寿命相对较短的绕地轨道飞行器上的应用优势明显。随着航天科技的不断发展，太阳电池阵的需求日益增加。经过多方面的尝试，越来越多的新型太阳电池阵被开发出来。新型的太阳电池阵离不开新型材料的发展。如今的航天器所采用的电池阵，多数为单晶硅太阳能电池、单结砷化镓太阳能电池以及在单结砷化镓太阳能电池基础上发展出的三结砷化镓太阳能电池。硅太阳能电池、砷化镓太阳能电池是两种常见的空间太阳能电池，为了节约成本及增大电池面积，目前这两种电池热门研究领域是薄膜型（thin film）太阳能电池。

1) 硅太阳能电池的发展

1954 年美国贝尔实验室发明的世界上第一块硅电池的能量转换效率只有 6%。太阳能电池的能量转化损失主要是太阳光的反射、吸收损失，电池温升造成的能量流失，电池内部的电压降损失，电子集流损失等。随着诸多新技术、新结构的发展应用，如电池表面绒化、钝化等减弱光反射损失，背接触式电池则从结构上减少遮光损失，以及电池温升问题的解决，硅电池目前的转换效率已超过 20%。德国 ISFH 研究所制作的 RISE (rear interdigitated single evap oration) 电池在采用硼背场结构时的效率达到了 21.5%。另据报道，著名的德国 Fraunhofer 太阳能系统研究所 2009 年公布的单晶硅的太阳能电池转换效率甚至已经达到了 23.4%。2017 年 3 月在线发表在《自然-能源》上的研究报告了首个光转换效率 (将光能转化为电能的效率) 超过 26%的硅太阳能电池。经认证，这种电池实现了 26.3%的转换效率，表明硅太阳能电池的效率达到了历史新高，更多效率更高的硅太阳能电池板也将在未来问世。

目前硅电池的主要技术发展趋势有两个：一个是寻求提高电池的光电转换效率的技术途径，另一个就是薄膜型电池的研究开发。目前薄膜型硅电池常见的有多晶硅薄膜电池和非晶硅薄膜电池。薄膜型电池在技术上的问题在于非硅衬底上硅晶粒的长大比较困难，制作时晶粒的连续性不好。美国空军研究实验室 (AFRL) 研究出一种采用非晶硅和多晶体铜铟镓硒 (CIGS) 的薄膜太阳能电池。这种太阳能电池有着柔软和轻质的特点，可以用于厚度只有千分之一英寸的聚合物上。AFRL 认为，若将用于空间飞行器的薄膜太阳电池阵贴在轻质支撑表面，那么与当前最新的晶体硅多结刚性支撑太阳电池阵相比，其成本只有后者的 20%，单位功率比后者高 7 倍，可装载体积比后者高 10 倍，并具有更好的抗辐射能力，而且新型薄膜阵在效费比和产品体积方面都更有优势。

2) 砷化镓太阳能电池的发展

砷化镓 (GaAs) 太阳能电池是ⅢⅤ族系化合物材料太阳能电池的代表。ⅢⅤ族太阳能电池的种类有很多种，主要的有两系，即 GaAs 系和 InP 系。GaAs 太阳能电池具有高于硅太阳能电池的转换效率，在较高的电池温度下仍能有较好的工作性能，因此目前在航天器主电源上的应用比例增加很快。单结砷化镓电池的转化效率较低，对太阳光能的吸收存在较多的浪费，近年来已经发展出了三结以及更高结的砷化镓电池。三结或多结电池是指采用叠层技术将对太阳光波吸收能力不同的半导体材料制作成多个 PN 结结构的电池。三结砷化镓电池在 2002 年已经应用于轨道飞行器上，最大转化效率达到 26.5%。四结砷化镓电池的转化效率已达 35%，相对成本大为降低，单位面积功率密度和单位质量功率密度分别在 375W/m^2 和 145W/kg。

2.9 空间核电源

航天器用的核电源由热源、热电转换器和散热器构成。热源有放射性同位素和核反应堆两种。热电转换器有半导体温差发电器和热离子发电器两种。常用的空间核电源有放射性同位素温差发电器、核反应堆温差发电器和核反应堆热离子发电器三种。

2.9.1 放射性同位素温差发电器

同位素是化学性质相同，原子量不同的元素，即元素的质子数相同而中子数不同。在衰变过程中辐射出粒子和射线的同位素为放射性同位素，如钋 Po^{210}、钚 Pu^{238} 和锔 Cm^{244} 辐射α射线，铈 Ce^{144} 和锶 Sr^{90} 辐射β射线。放射性元素原子量减少一半所需的时间为半衰期，如镭 Ra 半衰期为 22 年，碘 I^{129} 为 16×10^6 年。放射性同位素作为热源用的基本要求是：①比功率应高；②半衰期要长。表 2.9.1 列出了三种放射性元素的基本特性。航天器用同位素常为钚 Pu^{238} 或它的氧化物，衰变时产生 α 粒子，不需厚的屏蔽物。为防止发电器再入大气层时烧毁造成污染，热源外盒由特种石墨材料制成。

表 2.9.1 三种放射性元素的特性

元素	半衰期/年	比功率/(W/g)	比功率/(W/cm³)	射线类型
锔 Cm^{244}	18	2.3	22.4	α
钚 Pu^{238}	90	0.48	9.3	α
锶 Sr^{90}	28	0.2	0.7	β

两种不同的金属棒一头接在一起，另一头开路，当棒两端温度不同时(有温度差)，在两棒的开路端就有电动势，称为温差电动势。为提高热电转换效率，常用半导体温差电偶。图 2.9.1 (a) 是由 N 型和 P 型半导体构成的温差发电器，高温端温度为 T_H，低温端为 T_L，在低温端有温差电势，若外电路接通，则负载电阻 R_L 中有电流 I 流通，电流方向如图所示。对 P 型半导体，温度升高，空穴增多，并向冷端扩散，故冷端带正电，热端带负电，从而形成空间电场，其方向自冷端指向热端，阻止空穴的进一步扩散，达到动态平衡，形成温差电动势。N 型半导体与 P 型正相反，电场方向自热端指向冷端。因此由 P 型和 N 型半导体组成的温差发电器的温差电势是两种半导体温差电势的和。为了增加发电器的电势或电流，多根温差电偶可以串联或并联，图 2.9.1 (b) 是由 3 根温差电偶串联构成的发电器。

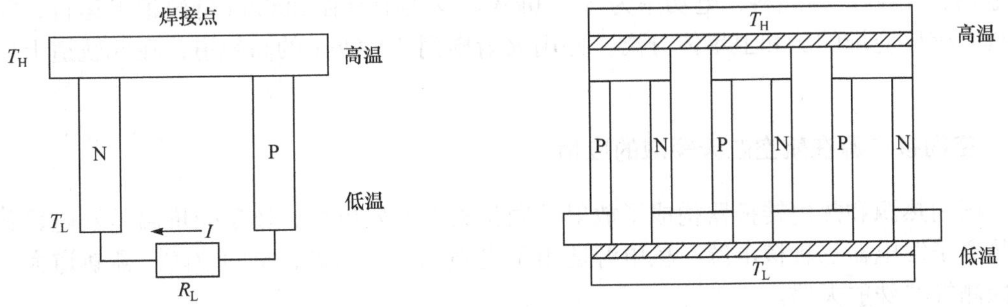

(a) 由P型和N型半导体构成的热电偶　　(b) 温差发电器示意图

图 2.9.1 半导体热电发生器

应用半导体温差电偶材料的优点是：①温差电势大；②体电阻小；③导热差，可降低势损失。锗化硅、碲化铅或碲锑锗银四元合金是常用热电偶材料。锗化硅导热率大，800K 时电阻率小于 $4\times10^3\Omega\cdot cm$，最大热端工作温度达 978.8℃，不易氧化，可在不密封环境下工作，机械性能好。碲化铅导热率较低，为 1.5×10^{2}W/(cm · K)，800K 时电阻率较大，为 $5\times10^{3}\Omega\cdot$cm，最高工作温度为 593.3℃，要求在惰性气体保护下工作。

散热器由导热良好的金属制成，以降低冷端温度。发电器总的热电转换效率为 4.2%～6.6%，比功率为 1.3～4.2W/kg。以钚 Pu^{238} 构成的同位素温差发电器曾用于子午仪导航卫星和云雨号等卫星。1964 年 4 月，美国发射子午仪号卫星时，因发射失败，同位素温差发电器烧毁，导致钚 Pu^{238} 散布于大气中。后改用特种石墨作同位素源外壳。

2.9.2 核反应堆温差发电器

核反应堆温差发电器的热源为铀的同位素 U^{235}，衰变产生的热用钠钼热管传导到温差发电器的热端。由 16 只碲化铅温差电偶构成热电发生器。U^{235} 衰变产生的大量快中子和 γ 射线，会严重干扰电子设备的工作，故应用厚铅层屏蔽。美国 1965 年发射的 SNAP-10A 卫星上使用这种电源，功率 560W，燃料 11kg，工作 43 天。

2.9.3 核反应堆热离子发电器

加热到一定温度的金属表面会发射出有一定动能的热电子，因此用两块间隔一定的金属可构成热离子发电器。将其中一块金属板加热，它即发射电子，称为阳极，又称发射极。另一块处于散热条件下，为冷电极，可俘获阳极过来的电子，为集电极，即阴极。热离子发电器有两种，真空型和充铯型。真空型因两极板间间距必须很小（一般为 10μm），热耗很大，不能实用。铯的作用是产生正离子，消除阻碍转换器正常运动的空间电荷；降低电极材料的逸出功，提高输出功率密度；降低电极间等离子体的电阻率，提高输出电压。故充铯型热离子发电器得到了应用。核反应堆热离子发电器有两种结构形式：堆内式和堆外式。前者核燃料与热离子发电器的阳极直接接触，故结构简单紧凑，效率较高，但发射极易受核燃料的作用而损坏，寿命短。堆外式是在反应堆与热离子发电器的发射极间加专门的传热回路，循环传热回路的载热剂有惰性气体氦或钠锂等液态金属。惰性气体稳定性好，液体金属传热性好，热容量大，但稳定性较差。苏联自 1967 年起发射的海洋监视卫星采用核反应堆热离子发电器，用 U^{235} 为燃料，电功率为 5～10kW。这类卫星在 200km 低轨道上运行，完成任务后具有核反应堆的舱和卫星体分离，并用火箭推到 1000km 的高轨道，在此轨道上可运行 600 年。

2.9.4 空间核电源在航空航天领域的应用

不同的热源和热电转换器构成了放射性同位素温差发电器、核反应堆温差发电器和核反应堆热离子发电器三种核电源。核电源适用于光强低、核辐射、空间攻防、需轨道大机动和深空探测等特殊航天器。

放射性同位素温差电池（RTG）是核电源中最简单、核污染最易防护、可靠性最高、应用最多的核电源。RTG 是将放射性同位素的衰变产生的射线动能转变成热能，利用塞贝克效应直接把热能转换成电能的电池。

2.10 小　　结

本章主要分析飞机供电系统中的化学电源和特种电源。化学电源部分举例介绍了原电池、蓄电池、储备电池和燃料电池的工作原理。详细介绍了锂电池和燃料电池的特性、等效模型以及在航空航天领域的应用。太阳能源的无枯竭危险、干净不受资源分布地域的限制、获取能源花费时间短、质量高等特点决定了光伏发电系统在应用中有着独有的优势，因此本章航天器用特种电源部分着重介绍了太阳能电池的发电原理与工作原理。另外，本章简要介绍了3种常用的空间核电源，为航空航天电源系统的深入学习奠定了良好的基础。

思考练习题

2-1　电池的理论容量、实际容量、额定容量之间有何关系？哪些因素会影响电池实际容量的大小？并简要分析如何降低对电池容量的影响。

2-2　铅蓄电池、镉镍电池、锌银电池内部的活性物质和电解液分别是什么？化学反应过程如何？

2-3　简要阐述铅蓄电池、镉镍电池、锌银电池、锂电池的充放电特性，并分析其不同点。

2-4　什么是电池的自放电？怎样才能减小电池的自放电？

2-5　电池的等效电路模型分别有哪些？简述每种模型的特点及其适用情况。

2-6　锂离子电池的优缺点是什么？它采用何种充电方式？为何采用此种方式？

2-7　燃料电池是否属于化学电源？它与蓄电池、镉镍电池、锌银电池有何不同？

2-8　为何燃料电池适用于航天领域？它能否用作通信卫星的电源？为什么？

2-9　太阳能电池工作时需要具备哪些条件？影响太阳能电池输出特性的重要参量是什么？

2-10　简述硅太阳能电池的构成及原理。光电势是怎样形成的？

2-11　请绘出硅太阳能电池的外特性曲线。怎样决定负载时电池工作点？试分析太阳电池内阻与输出电流间关系。

2-12　提高硅太阳能电池光电转换效率的基本方法有哪些？

2-13　航天器用核电源的构成是什么？有哪几种类型？哪些航天器上宜采用核电源？

2-14　核电源为什么要用半导体热电偶，不用金属热电偶？

2-15　根据本章内容的学习，掌握储能装置的原理及特性，选择一种或多种储能装置，基于 MATLAB 或其他主流仿真软件对其数学模型进行建模，在不同工作状态下（工作环境温度为 25℃）对其充放电特性、电压电流特性等进行仿真实验，并结合数字资源部分的相关模型库进行仿真结果的对比验证。

结果提交：形成仿真模型、仿真分析报告。

第 3 章　飞机二次电源

3.1　概　　述

飞机发电机、辅助动力装置发电机、航空蓄电池和机场电源为飞机一次电源。飞机二次电源用于将飞机一次电源的电能转换成另一种或多种电能供飞机上的用电设备使用。飞机二次电源由电能变换器、输入输出滤波器、散热或冷却部件、检测控制和保护电路以及机箱等部件构成。

在采用低压直流电源供电的飞机上，静止变流器根据用电设备的需求，将 28V 直流电转换为不同规格的交流电，包括 400Hz、115V 的单相或三相交流电，以及 36V 的三相交流电。高压直流供电系统的二次电源主要有两类：一类是直流变换器，实现 270V 和 28V 直流电的双向或者单向变换；另一类是直交变换器，将 270V 直流电转变为 400Hz、115V 单相及三相交流电。

采用交流电源作为主电源的飞机上，其二次电源包括变压器、自耦变压器(ATU)、变压整流器(TRU)、自耦变压整流器(ATRU)和蓄电池充电器。其中变压器、自耦变压器用于改变交流电压，变压整流器、自耦变压整流器和蓄电池充电器用于将 115/200V、400Hz 或者变频交流电转变为 28V 直流或 270V 直流电。飞机交流电源系统中还有将一种形式的交流电转化成另一种形式的交流电的二次电源，主要类型有循环变换器和矩阵变换器。

二次电源大都是电力电子变换器。为了保持电力电子变换器的输出电压稳定，采用的调节方式有相控方式、占空比控制方式和谐振变换方式等。相控方式用于晶闸管变换电路，占空比控制方式又分脉宽调制(pulse width modulation，PWM)方式和脉频调制方式(谐振变换方式是利用电感电容等元件构成谐振电路来实现能量变换)。按照检测信号的不同来分类，控制方式可以分为单环控制和双环控制。单环控制主要是电压型控制，双环控制则有电流型、V^2 型等几种控制方式。电压型控制方式只检测输出电压一个变量，因而设计和分析相对比较简单，但变换器动态响应速度比较慢。由于电压型控制对负载电流没有限制，因而需要额外的电路来限制输出电流。电流型控制有更快的负载或输入瞬态响应速度，减小了输出电压的纹波，且由于其自身具有限流的功能，易于实现变换器的过流保护。随着控制理论的发展，现代的人工智能控制方式，如模糊控制、神经网络控制、基因控制等，也逐步引入电力电子系统中。

多电飞机上的二次电源应用更为广泛，如 B787 飞机，主电源容量为 4×250kV · A，二次电源有:4 台 ATRU 的总功率为 4×150kW,4 台 28V 240A TRU 的功率达 4×7.2kW,2 台 90kV · A 变压器用于 230/115V 交流电压的变换，故二次电源的总容量达 808.8kW，占主电源容量的 80.8%。

多电和全电飞机的发展要求二次电源具有模块化、高功率密度、高效率、高可靠性及实现冗余和容错供电等性能。这些要求也推动了宽禁带电力电子器件和集成电力电子模块封装技术等新型器件和技术在航空二次电源上的应用。

3.2 直流-直流变换器

直流-直流变换器是将一种直流电转变为另一种或多种直流电的电子变换器，常称直流变换器。

直流变换器有两种基本类型：非隔离直接变换和隔离变换。非隔离直接变换主要采用单管电路结构，如降压式 Buck 和升压式 Boost 电路。隔离变换类主要采用单管反激式和正激式结构。

直流-直流变换器的基本控制框架如图 3.2.1 所示，由 DC-DC 变换器主电路和控制电路组成。采用电压电流双闭环控制方式，可实现总体性能的准确性、稳定性和快速性。当输入电压或者负载发生变化，或系统受到其他因素干扰使输出电压发生波动时，通过负反馈回路可以调节 DC-DC 变换器中开关在一个周期内的导通时间，达到稳定输出电压的目的。

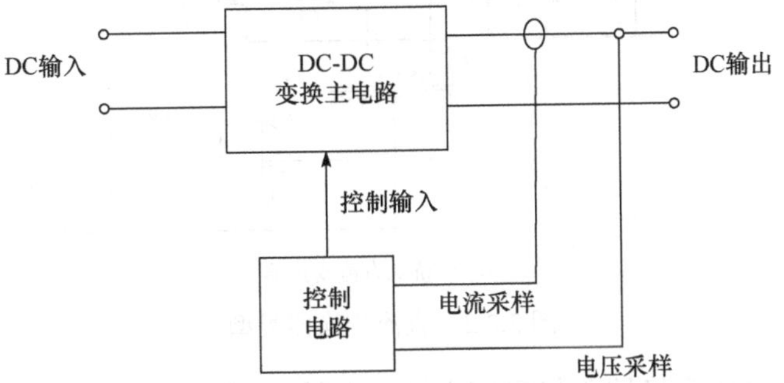

图 3.2.1 直流-直流变换器结构框图

3.2.1 单向直流变换器

图 3.2.2(a)为推挽式直流变换器主电路结构，由两个对称的单端正激式直流变换器构成，采用具有中心抽头的变压器绕组。直流变换器的输出电压 U_o 为

$$U_o = 2\frac{W_2}{W_1}U_i D_c \tag{3-2-1}$$

式中，D_c 为开关管导通比，调节 D_c 即可以调节输出电压 U_o。

图 3.2.2(b)为半桥式直流变换器主电路结构，直流变换器方式工作时，其输出电压 U_o 为

$$U_o = \frac{1}{2}\frac{W_2}{W_1}U_i D_c \tag{3-2-2}$$

图 3.2.2(c)为全桥式直流变换器主电路结构，直流变换器工作在 PWM 控制方式时，其输出电压 U_o 为

$$U_o = \frac{W_2}{W_1}U_i D_c \tag{3-2-3}$$

全桥直流变换器所用可控功率电子器件多，在相同器件定额时，能变换的功率也越大。因此全桥直流变换器的额定功率比半桥或推挽的大。

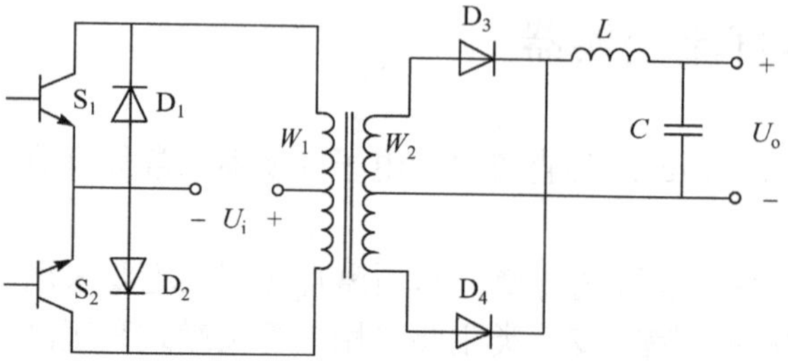

(a) 推挽式直流变换器

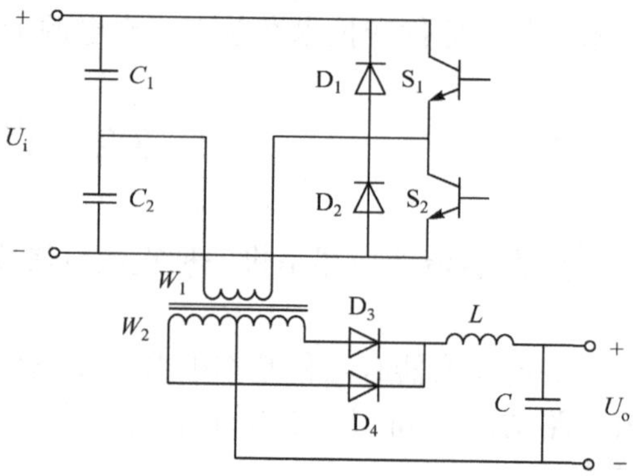

(b) 半桥式直流变换器

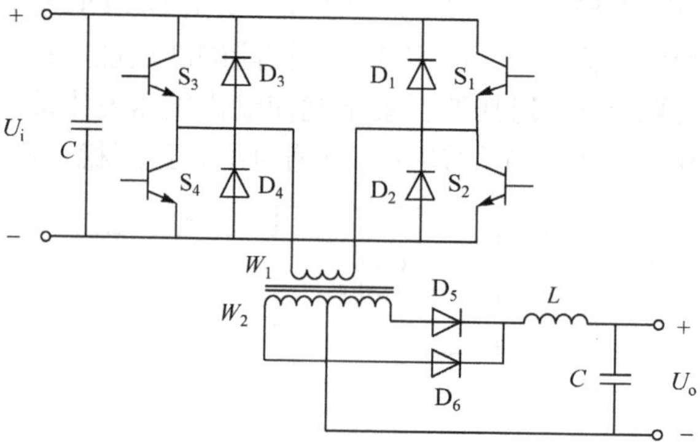

(c) 全桥式直流变换器

图 3.2.2　直流变换器类型

具有隔离变压的直流变换器不仅可实现输入与输出间的电气绝缘，而且可实现电压变换。由于变压器只能传递交流能量，故这种变换器实际上不是直流电的直接变换，而是直交直变换，即输入直流电先变为交流电，再转为另一种直流电输出。由于变压器副绕组可有多个，故可实现多路隔离的输出。又由于变压器的工作频率可以取得较高，因此可减小变换器的体积重量。通常用单位重量（或体积）的输出功率大小（功率密度）表征变换器的技术水平。由于工作频率高，故该类变换器的功率密度（W/kg 或 W/cm^3）较高。

3.2.2　双向直流变换器

在飞机高压直流系统中，为减轻系统的体积重量，双向变换器将是主要变换单元。单向直流变换器只能将能量从一个方向传到另一个方向，双向直流变换器则可以实现能量的双向传输。

与单向直流变换器一样，双向直流变换器也可分成不隔离型和隔离型两类。不隔离型主要有 Buck/Boost 双向变换器、Cuk 双向变换器、Sepic/Zeta 双向变换器等。隔离型主要有反激式双向直流变换器、正激式双向直流变换器、双管半桥直流变换器、推挽直流变换器和桥式双向直流变换器等。

Buck/Boost 双向直流变换器是把 Buck 变换器或 Boost 变换器的功率二极管换成双向开关后构成，图 3.2.3 为 Buck/Boost 双向直流变换器的拓扑结构。

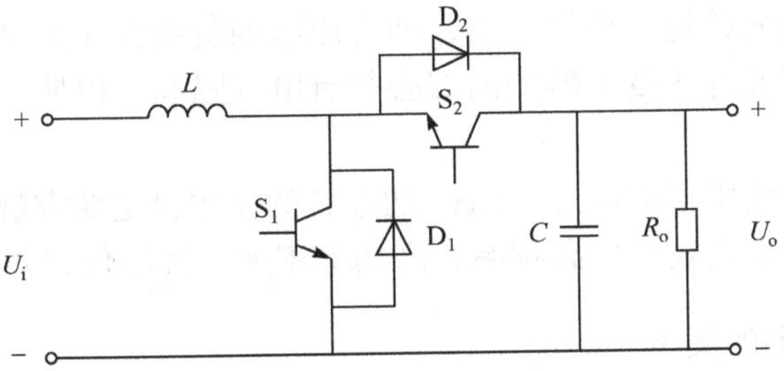

图 3.2.3　Buck/Boost 双向直流变换器的拓扑结构

图 3.2.4(a)为隔离型双向直流变换器的基本形式。其中高频整流/逆变单元和高频逆变/整流单元可以由全桥、半桥、推挽等电路拓扑构成。图 3.2.4(b)的整流/逆变器单元为全桥电路。

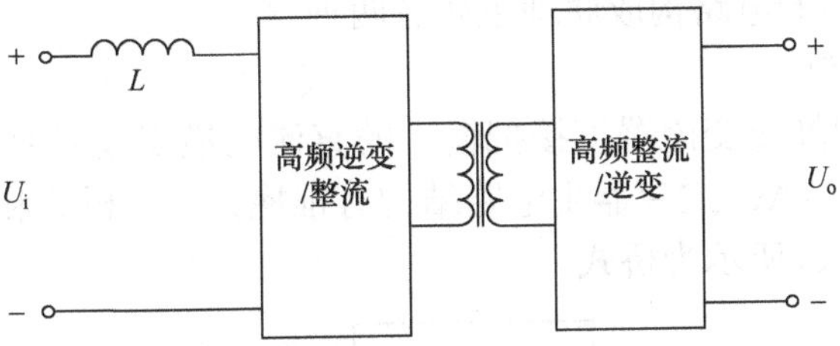

(a) 隔离型Buck/Boost双向直流变换器基本拓扑

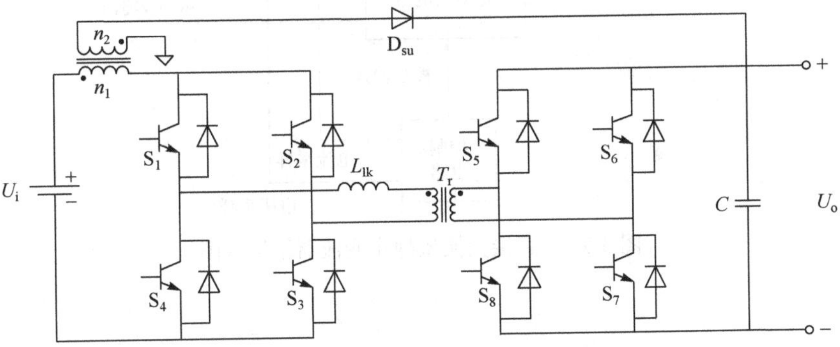

(b) 全桥隔离型Buck/Boost双向直流变换器(带有复位绕组)

图 3.2.4　隔离型双向直流变换器

3.3　直流-交流变换器

直流-交流变换器又称为逆变器，是将直流电转换成交流电的变换器型。

航空静止变流器(aeronautical static inverter，ASI)是以固态元件为基础的换流技术，将飞机上的直流 28V 电压转变为 400Hz 或其他频率的单相或三相恒压交流电，用作飞机上的二次电源，供飞机上的交流用电设备使用。静止变流器效率高、功率密度高且噪声小。

对静止变流器的基本技术要求有两个方面：一是使用要求，二是电能质量要求。使用要求的具体内涵是体积小、质量轻、使用维护方便、工作可靠、价格便宜。电能质量的具体要求有：输出频率稳定，输出电压稳定，负载突变时电压恢复快，输出波形失真度小，效率高，对设备电磁干扰小等。

现代飞机大多为金属结构，单线配电，即直流电的负线和交流电的中线都连接机体上，借助机体构成回路。因此静止变流器的内部必须有电气隔离，以便它的输入和输出端的地线都能接机体。

新一代功率器件的使用，如 SiC 二极管、功率管的使用也是航空静止变流器发展的趋势。因此，静止变流器正朝着高效率、高频率、高功率密度、模块化方向发展。

3.3.1 直流-交流变换器的类型

随着飞机电源系统的不断发展，航空静止变流器在拓扑结构及控制策略上也得到了飞速发展。核心的逆变技术经历了由低频隔离逆变到高频隔离逆变，以及由采用硬开关技术到采用软开关技术的发展历程。

常用飞机静止变流器的电路构成原理主要有两种。

1. DC-AC 直接变换型

DC-AC 直接变换型静止变流器直接把输入的直流电逆变成所要求的电压和频率的交流电，如图 3.3.1 所示。DC-AC 逆变器主电路结构有推挽式、半桥式和全桥式等。图 3.3.2(a)所示为推挽式，图 3.3.2(b)所示为桥式。

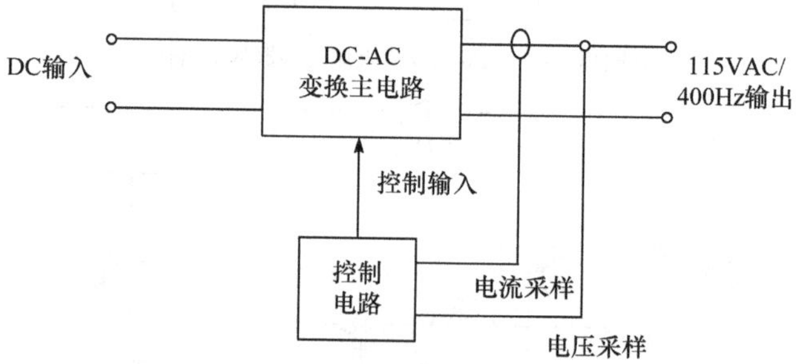

图 3.3.1　直接变换型静止变流器结构框图

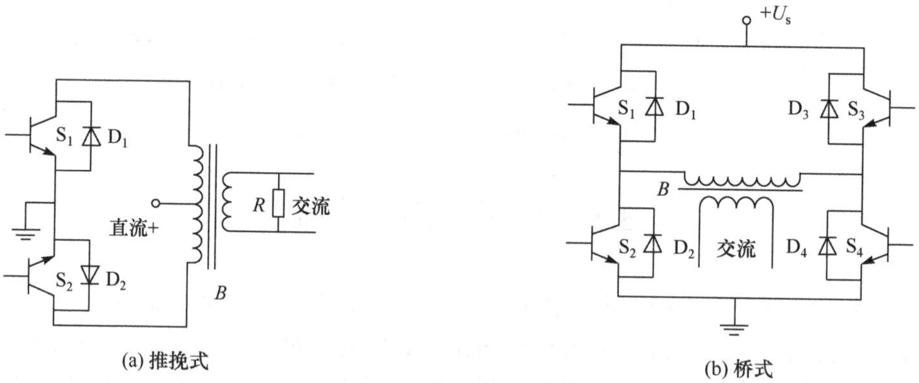

图 3.3.2　DC-AC 直接变换型静止变流器主电路

逆变器将 28V 直流电直接转变为方波交流电，经输出变压器将电压升高到所需值，输出电压值靠调节方波的宽度来实现。为了得到正弦输出，输出侧需要比较大的滤波器，其体积质量较大。

这种构型需要在输出端加设输出变压器，一是实现输入输出端的电气隔离，二是将输出电压升高到所需的大小。

这种结构的特点是：只含有一级逆变环节，具有结构简单、电力电子元器件少等优点，但输出侧有中频变压器，导致设备体积、重量偏大，噪声也较大。

2. 直流变换器和直交逆变器组合型

图 3.3.3 为两级变换式静止变流器控制系统结构框图。该种变流器前级升压直流变换电路将输入的 28V 直流电升压变换到后级逆变器所需要的直流电压值并实现电气隔离，后级逆变器将高压直流电变换成所需的交流电，经滤波后直接输出。

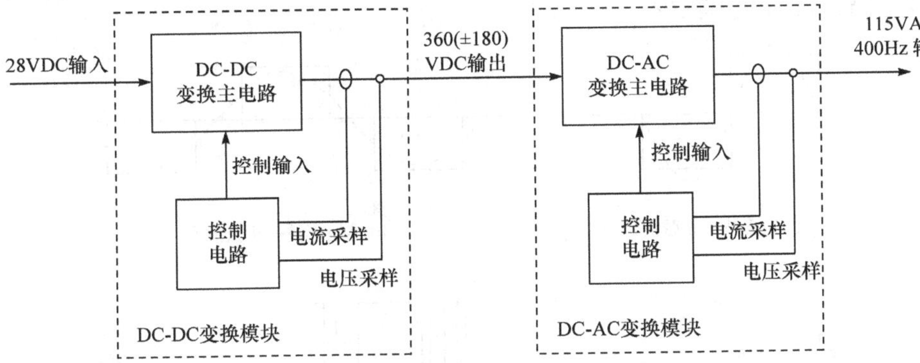

图 3.3.3　两级变换式静止变流器控制系统结构框图

主电路由 DC-DC 变换和 DC-AC 变换两部分构成，另有控制电路、机内电源、驱动电路和保护电路。各部分分别构成相对独立的模块形式，体现了系列化和模块化(组合化)。模块化组合的思路在航空静止变流器的设计中越来越多地被采用。它将 DC-DC 变换器和 DC-AC 变换器做成具有通用性的基础模块，通过基础模块之间的组合和并联就可以实现功率的扩容，能够缩短产品的研发周期，减少开发成本，同时便于后期的维护。

这种构型的特点是：由于增加了前级 DC-DC 变换装置，成本变高。但是，利用高频变压器取代了笨重的中频变压器后，克服了低频环节逆变技术的缺点，降低了逆变器的重量。

前级的直流-直流变换电路为了提高 ASI 的可靠性，通常选择功率器件少，控制简单的拓扑，可采用单端反激式、单端正激或推挽式方案。如图 3.3.4(a)所示，为单相静止变流器的主

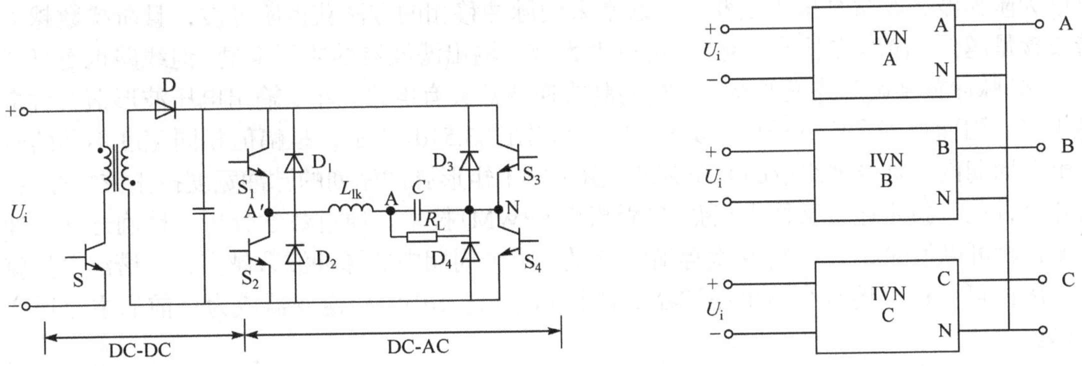

(a) 单相静止变流器构成

(b) 三个单相静止变流器构成的三相变流器

图 3.3.4　单相和三相静止变流器的构成

电路图的一种，其中直流变换器为单端反激式，逆变器为单相桥式。直流变换器由输入滤波器、变换器及控制保护电路构成。逆变器的输出交流滤波器由电感与电容构成。若逆变器输出电压中的低次谐波含量较大，如 3、5、7 和 9 次谐波含量较大，则滤波器的谐振频率也必较低，从而使滤波器的体积和重量加大。为此，必须改善逆变桥输出电压波形。

后级直交逆变部分按照逆变器控制方式及输出电压波形的不同，逆变器还可以分为以下几种形式。

(1)矩形波逆变器。其输出波形如图 3.3.5(a)所示，由于输出波谐波含量大，需采用复杂结构的滤波电路，目前应用较少。

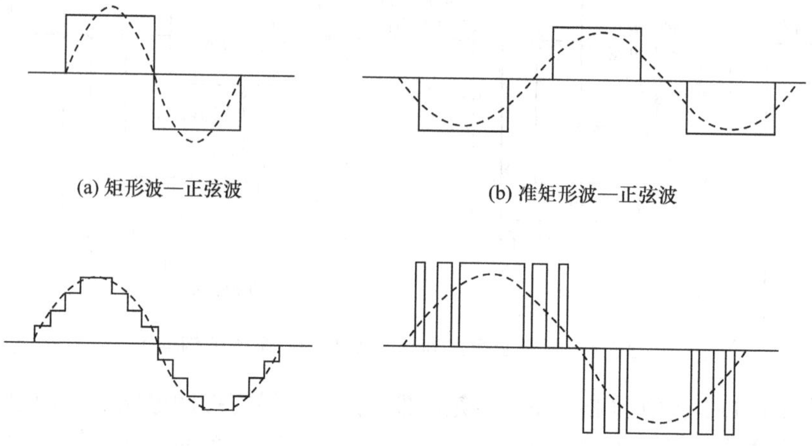

(a) 矩形波—正弦波

(b) 准矩形波—正弦波

(c) 阶梯波—正弦波

(d) 脉宽调制波—正弦波

图 3.3.5　逆变器输出波形

(2)准矩形波逆变器。其输出波形如图 3.3.5(b)所示。通过数学分析可知，与方波形逆变器相比，准矩形波的基波和各次谐波分量的幅值均有所减小，且可以通过选择准矩形波的宽度，消除某次及其倍数次谐波分量，如 3 次及 3 的倍数次谐波，可以减小输出滤波器的体积重量。

(3)阶梯波逆变器。其输出波形如图 3.3.5(c)所示。可以看出，阶梯波合成逆变器的输出波形为阶梯波，其阶高按正弦变化。通常采用脉冲移相的方法获得阶梯波，且阶梯数越多，谐波含量越低，输出波形质量越好，可以大大减小输出滤波器的体积重量，但线路也更复杂。

(4)脉冲宽度调制式逆变器。脉宽调制式逆变器具有电路简单、输出电压波形谐波含量小等优点，因而得到了广泛应用。其输出波形如图 3.3.5(d)所示，是幅值相同宽度不同的脉冲在半个周期内对称排列组成的非正弦波。由于输出矩形脉冲序列的脉冲宽度按正弦规律变化，因此这种调制技术通常又称为正弦脉宽调制(SPWM)技术。通过数学分析，精确选择脉冲的宽度，就可以消除 3、5、7、9 次等谐波分量。半个周期中的脉冲波数越多，总谐波含量就越少，因此可以极大地减小输出滤波器的体积和重量。SPWM 逆变器成为目前的主流逆变器结构。

由三个相位差 120°电角度的单相静止变流器组合也可构成三相静止变流器，图 3.3.4(b)是它的构成方块图，三个单相静止变流器的中点 N 互相连接，形成星形连接，参见图 3.3.4(a)中的符号 A′、A 和 N。这种结构能承受大的三相不对称负载。

静止变流器内部应设置有具有故障保护、故障记忆和故障诊断电路，以免故障的扩大，同时可以改善维护性能。

飞机静止变流器目前多采用集中供电方式，即一台二次电源向所有使用该种电能的用电设备供电。为了提高供电可靠性，常采用主备用方式工作，即正常时使用主变流器，主变流器故障时将主变流器断开，接入备用变流器。

3.3.2 阶梯波合成逆变器

阶梯波合成逆变器是由多个 180°导通型逆变器组合而成。

晶体管三相逆变器的主电路如图 3.3.6(a)所示，由 6 只晶体管及与晶体管反并联的 6 只二极管构成。假设负载为对称星形连接三相电阻，负载中点为 N，直流电源中点为 O。晶体管的导通规律见图 3.3.6(b)，同一支路上的上下晶体管互补导通，各导通半个周期，即 180°，故称 180°导通型，相邻支路的同一侧晶体管导通时间差 180°电角。

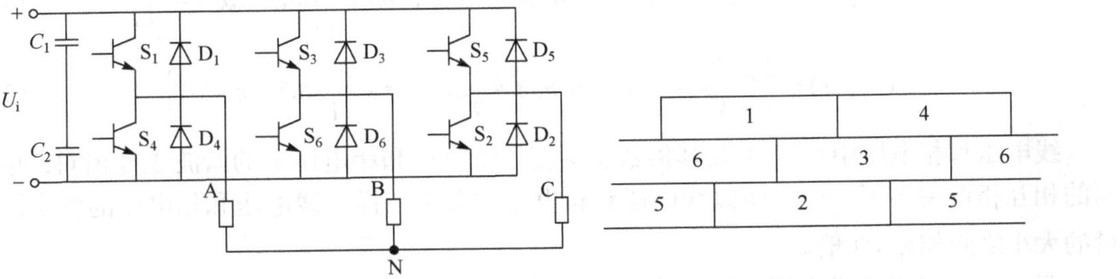

(a) 三相逆变器主电路　　(b) 晶体管导通规律

图 3.3.6　三相逆变器电路拓扑及其导通规律

晶体管 S_1 和 S_6 导通时，U_{AB} 两端电压等于电源电压 U_i，即 $U_{AB}=U_i$，而 S_3 和 S_4 导通时，$U_{AB}=-U_i$，所以 U_{AB} 为宽 120°电角度的方波交流电压。同样 U_{BC} 和 U_{CA} 也为宽 120°电角度的方波交流电压，且三个线电压相位差互为 120°，见图 3.3.7。图 3.3.7(b)为负载上的相电压波形，为六阶梯波，该波形中间宽 60°电角，电压幅值为 $2/3U_i$，两边各宽 60°电角，电压幅值为 $1/3U_i$。

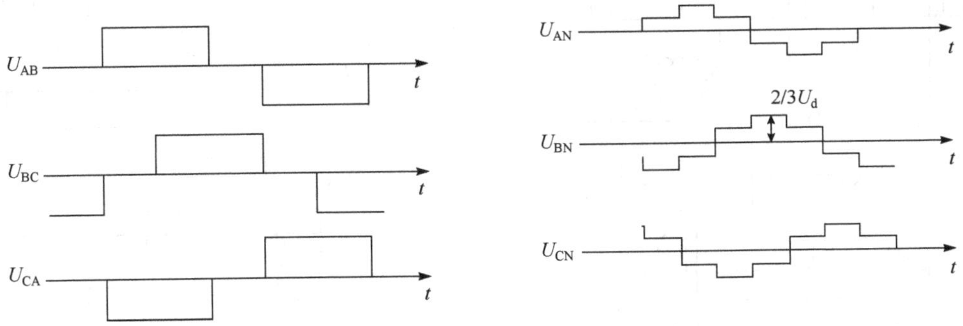

(a) 线电压波形　　(b) 相电压波形

图 3.3.7　三相逆变器线/相电压波形图

由图 3.3.6(b)的晶体管导通规律可见，任意时刻都有三只晶体管导通，这三只晶体管是在三条不同的支路上，故在直流电源中点 O 和负载中点 N 之间有电位差。U_{NO} 为一方波电压，它的频率为逆变器输出电压频率的 3 倍，幅值为 $1/6U_i$。电阻负载时，电流与电压同相，故相电流也为 6 阶梯波。二极管中没有电流，如果负载是感性，则每一阶梯中的电流将按指数规律变化，电流的基波与电压基波间将存在相位差，二极管起续流作用。

逆变器输出线电压有效值与直流电源电压 U_i 间的关系为

$$U_{AB}=U_{BC}=U_{CA}=\sqrt{\frac{2}{3}}U_i \tag{3-3-1}$$

相电压有效值为

$$U_{AN}=U_{BN}=U_{CN}=\frac{\sqrt{2}}{3}U_i \tag{3-3-2}$$

线电压与相电压的傅里叶级数表达式为

$$U_{AB}(t)=\frac{2\sqrt{3}}{\pi}U_i\left(\sin\omega t-\frac{1}{5}\sin 5\omega t-\frac{1}{7}\sin 7\omega t+\frac{1}{11}\sin 11\omega t+\cdots\right) \tag{3-3-3}$$

$$U_{AN}(t)=\frac{2}{\pi}U_i\left(\sin\omega t+\frac{1}{5}\sin 5\omega t+\frac{1}{7}\sin 7\omega t+\frac{1}{11}\sin 11\omega t+\cdots\right) \tag{3-3-4}$$

线电压和相电压中没有 3 及其倍数次谐波。线电压和相电压中的谐波成分相同，但谐波间的相互相位关系不一样，所以线电压和相电压波形不一样。线电压和相电压的各次谐波含量的大小之间相差 $\sqrt{3}$ 倍。

两台 180°导通型逆变器和相应的三相变压器可构成双通道阶梯波合成逆变器，如图 3.3.8 所示。利用第一台逆变器的相电压和第二台逆变器的线电压叠加得到输出电压。如果将第二台逆变器的控制信号滞后第一台逆变器的控制信号π/6，第二台变压器原副边变比为第一台变压器原副边变比的 $\sqrt{3}$ 倍，则可以得到图 3.3.8(b)所示的合成输出电压，每一相合成输出电压为 12 阶梯波。

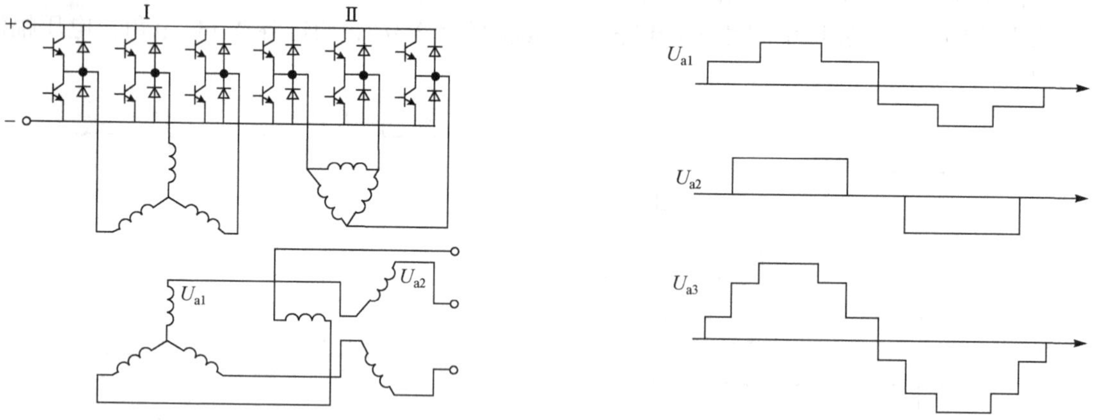

(a) 双通道阶梯波合成逆变器主电路拓扑图　　(b) 输出电压合成波形

图 3.3.8　双通道阶梯波合成逆变器

由式(3-3-3)和式(3-3-4)可知，如果采用前述的晶体管控制规律和变压器变比关系，两台变压器副边的 $12k\pm5$ 和 $12k\pm7$ (k=1, 2, 3, …)次谐波将相互抵消，输出电压中将只含有基波和

$12k\pm1$ 次谐波，其傅里叶级数表达式为(设第一台变压器原副边匝比为 1 : 1)

$$U_{AN}(t)=U_{a1}(t)+U_{a2}(t)=\frac{4}{\pi}U_{i}\left(\sin\omega t+\frac{1}{11}\sin 11\omega t+\frac{1}{13}\sin 13\omega t+\cdots\right) \tag{3-3-5}$$

两台逆变器的输出叠加，输出电压的谐波分量减小，且仅为高次谐波，可使输出滤波器显著减小。同时，合成逆变器的输出功率比单台逆变器大一倍，且每台逆变器的输出功率相同。

两台双通道逆变器的级联构成四通道逆变器，输出功率为单台逆变器的 4 倍。当两台双通道逆变器的晶体管导通信号间相位差为π/12 时，四通道逆变器内部的 $12k\pm11$ 和 $12k\pm13$(k=1, 2, 3, …)次谐波将相互抵消，输出电压中将只含有基波和幅值为基波幅值 $1/(24k\pm1)$的 $12k\pm1$ 次谐波。实际上，由于控制信号的不一致和功率器件的离散性，逆变器输出电压中谐波稍大于理论值。四通道逆变器的总谐波含量为 7%，即使不加输出滤波器，也可为一般用电设备所接受。

四通道阶梯波合成逆变器常用于阶梯波合成型交直交变速恒频电源，将直流变换为三相四线 400Hz 交流，再经滤波得到失真度小于 4%的正弦交流电输出。四通道逆变器的控制由逻辑控制电路完成。输出电压电流调节电路实现输出电压稳定和电流限制功能。

四通道阶梯波合成逆变器有 24 只功率晶体管，共需 24 个控制信号。每个晶体管按 180°导通工作，同一桥臂的晶体管按互补方式工作，同一三相逆变器的三个桥臂的晶体管信号互差 120°电角。两个通道的控制信号互差 30°电角，两个双通道间的控制信号互差 15°电角。由此可归纳出，四通道阶梯波合成逆变器的控制信号是一组相位互差 15°电角、宽度 180°的 24 个逻辑信号，每个信号的频率均为 400Hz。逻辑信号由逻辑电路产生，时钟信号由晶体振荡器产生，因此频率稳定度很高。

逻辑信号通过驱动电路实现逆变器功率晶体管的开通与关断控制。由于逆变器每支路两功率晶体管的发射极是分离的，24 只功率晶体管的驱动电路最少有 13 组互相隔离的正负电源供电。阶梯波合成逆变器本身没有输出电压调节功能，输出电压通过调节发电机的励磁电流来实现。

3.3.3 三相脉宽调制逆变器

脉宽调制逆变器常用于脉宽调制(PWM)型交直交变速恒频电源中。

1. 三相脉宽调制逆变器的构成

脉宽调制逆变器由直流滤波电容 C_{DC}、直流过压吸收电路 R_{OV}、S_{OV}、逆变桥主电路 S_1～S_6、输出滤波器 L_fC_f、中点形成变压器 NFT 和电磁干扰抑制电路等构成，如图 3.3.9 所示。直流过压吸收电路防止逆变桥卸载瞬间发电机负载突然消失引起的过电压。脉宽调制逆变器将直流电变换为接近于正弦波的三相交流电输出。输出滤波器进一步降低高次谐波，使输出交流电的失真系数小于允许值，它由电感 L_f 和电容 C_f 构成。中点形成变压器将逆变桥输出的三相三线制交流电转变为三和四线制，即形成中点。电磁干扰抑制电路用于降低变换器输出电压的干扰电平。

2. 最优脉宽调制信号

变速恒频电源的逆变器按最优脉宽调制方式工作。选择最优脉宽调制波的依据是减小低

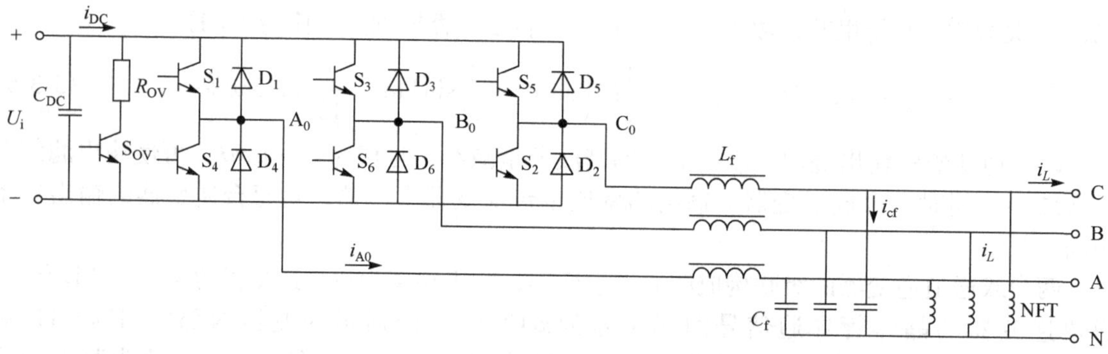

图 3.3.9　脉宽调制逆变器的主电路

次谐波或减小总谐波含量和尽量提高基波含量。最优脉宽调制波调制频率与开关点的选取、逆变器损耗、输出波形失真度和滤波器重量密切相关。

图 3.3.10 是最优脉宽调制波的一种方案，调制频率为 3.6kHz，它的开关点用θ_1、θ_2、θ_3、θ_4表示。该调制波以直流电压中点为参考点，其 n 次谐波电压幅值 U_n 为

$$U_n = \frac{4E}{n\pi}\left[\sum_{t=1}^{m}(-1)^t \cos n\theta_i + 0.5\right],\quad m\text{为偶数} \tag{3-3-6}$$

$$U_n = \frac{4E}{n\pi}\left[\sum_{t=1}^{m}(-1)^{t+1} \cos n\theta_i - 0.5\right],\quad m\text{为奇数} \tag{3-3-7}$$

式中，m 为输出电压波 1/4 周期内的开关点数。若 m 为偶数则偶次谐波为零，m 为奇数则奇次谐波为零。对于图 3.3.10 所示的 PWM 波，按减小低次谐波的原则优化，即消除 5、7、11 和 13 次谐波，得到的开关点为

$$\begin{cases}\theta_1 = 0.1840549707\text{rad}\\ \theta_2 = 0.2808660863\text{rad}\\ \theta_3 = 0.5393829942\text{rad}\\ \theta_4 = 0.5736328363\text{rad}\end{cases} \tag{3-3-8}$$

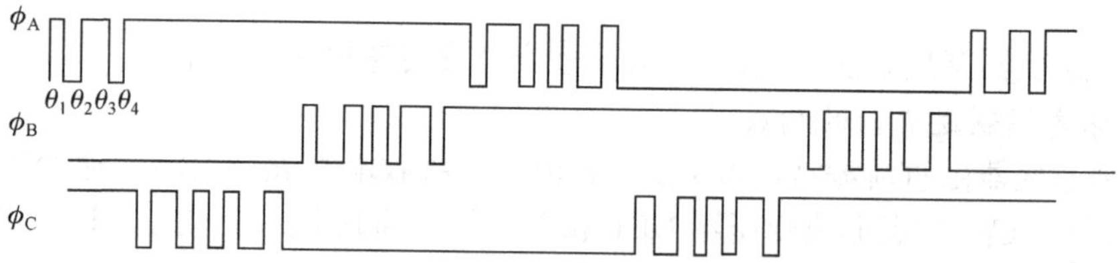

图 3.3.10　最优 SPWM 波形

若按总谐波含量最小，而基波含量最大的原则优化，得到的开关点为

$$\begin{cases}\theta_1 = 0.0893290192\text{rad}\\ \theta_2 = 0.1745290756\text{rad}\\ \theta_3 = 0.3757063237\text{rad}\\ \theta_4 = 0.4291663256\text{rad}\end{cases} \tag{3-3-9}$$

逆变器的输出经滤波器滤波后即为变速恒频电源的输出，由于逆变器输出为三相三线制，输出电压中不含 3 及 3 的倍数次谐波。输出电压中的谐波含量与滤波器的参数和负载情况有关。

为了防止逆变桥同一桥臂中上下两功率晶体管直通，上下两管间的开关信号需要设置死区时间。

3. PWM 逆变器的主电路输出电压、电流

PWM 逆变器的主电路原理图如图 3.3.9 所示，功率晶体管的控制信号为图 3.3.10 所示的最优 PWM 波，逆变器三相桥臂功率晶体管的控制信号互差 120°。图 3.3.11 为逆变器各点波形，其中 U_{A0} 为 A_0 点对直流母线负端电压，U_{A0N} 为 A_0 点对输出中点 N 的电压，U_{A0B0} 为 A_0 点对 B_0 点的电压。U_{A0} 的波形与最优 PWM 波形一致，U_{A0N} 的频率为 U_{A0} 的一倍，U_{A0B0} 的频率为 U_{A0} 的三倍。U_{A0N} 的傅里叶展开式为

$$U_{A0N}=\sum_{n=1}^{\infty} b_n \sin n\theta, \quad n=1,5,7,\cdots,6k\pm 1\,(k=N) \tag{3-3-10}$$

$$b_n=\frac{4E}{n\pi}\left(-\cos n\theta_1+\cos n\theta_2-\cos n\theta_3+\cos n\theta_4+\cdots+0.5\right) \tag{3-3-11}$$

式中，k=1, 2, 3, …。式(3-3-10)与式 U_{A0} 的区别是 U_{A0N} 中不含直流分量 $E/2$，同时 3 及 3 的倍数次谐波为零，其余各次谐波完全一致。

逆变器的支路输出电流 i_{A0} 为

$$i_{A0}=i_{cf}+i_{NFT}+i_L \tag{3-3-12}$$

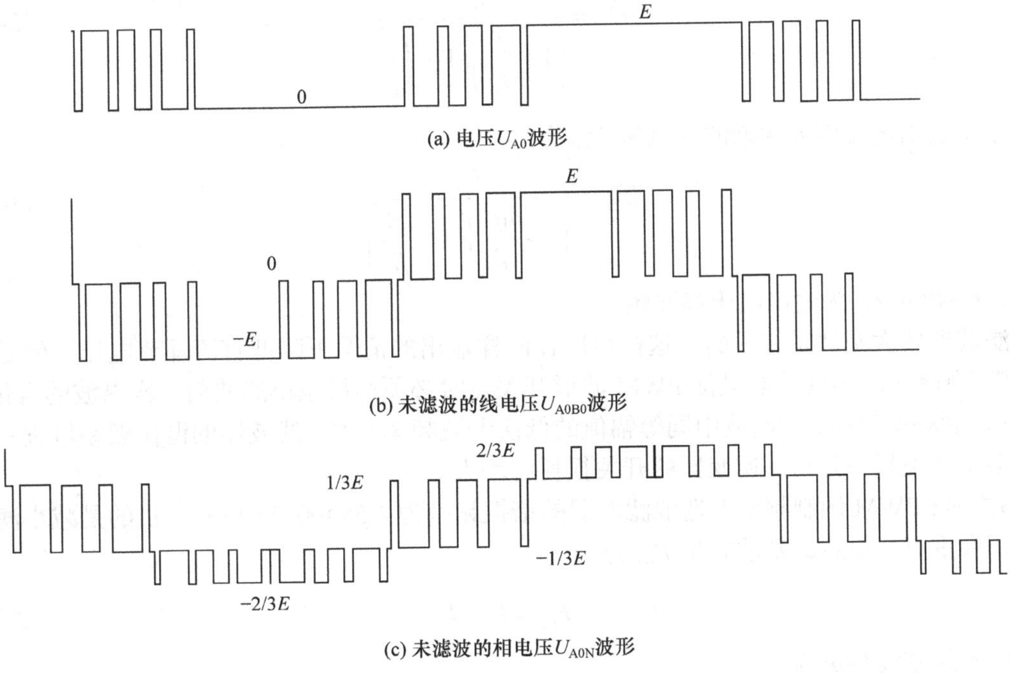

图 3.3.11　逆变器的电压波形

式中，i_{cf}为电容电流；i_{NFT}为中点形成变压器 NFT 的励磁电流；i_L为负载电流。

由于 U_{A0N}是脉动的，i_{A0}中除基波分量外还有较大的谐波分量。

4. 输出滤波器的特性

脉宽调制逆变器的输出滤波器如图 3.3.9 中的 L_fC_f所示。

空载时，逆变器输出电压(即滤波器输入电压)U_i与滤波电感电压 U_L和电容电压 U_C间关系为

$$\dot{U}_i = \dot{U}_L + \dot{U}_C \tag{3-3-13}$$

$$\dot{U}_L = \mathrm{j}\dot{I}\omega L_f \tag{3-3-14}$$

$$\dot{U}_C = -\mathrm{j}\dot{I}\frac{1}{\omega C_f} \tag{3-3-15}$$

式中，$\omega = 2\pi f$ 为角频率，f为频率；L_f为电感量；C_f为电容量；$\dot{I}$ 为支路电流。

$$\frac{U_L}{U_C} = -\left(\frac{f}{f_0}\right)^2 \tag{3-3-16}$$

式中，$f_0 = \dfrac{1}{2\pi\sqrt{LC}}$，为滤波器的谐振频率。

滤波器输出电压 U_o即为电源的输出电压：

$$\dot{U}_o = \dot{U}_C = \dot{U}_i - \dot{U}_L \tag{3-3-17}$$

$$\dot{U}_o = \frac{\dot{U}_i}{\left(1+\dfrac{f}{f_0}\right)\left(1-\dfrac{f}{f_0}\right)} \tag{3-3-18}$$

于是输出电压中 n 次谐波的电压 U_{on}为

$$U_{on} = \frac{U_i}{\left(1+\dfrac{nf_1}{f_0}\right)\left(1-\dfrac{nf_1}{f_0}\right)} \tag{3-3-19}$$

式中，f_1=400Hz，为输出电压基波频率。

滤波器放大基波是有利的，这样可以在同样输出的情况下降低直流环节电压。但是放大 5 次谐波则不利，为此选取最优 PWM 波形开关点时必须尽量减小滤波前 5 次谐波的含量。若 PWM 调制频率升高，调制波中同等幅值的低次谐波频率升高，滤波器的谐振频率可进一步提高。但是开关频率升高，逆变器的开关损耗将增大。

3.6kHz PWM 调制频率下选取滤波器的谐振频率为 4.5×400=1800Hz，目的是减小滤波器的体积和重量。电感的基波容量 P_{L1}为

$$P_{L1} = I^2\omega_1 L \tag{3-3-20}$$

电容的基波容量为

$$P_{C1} = U^2\omega_1 C \tag{3-3-21}$$

式中，U 和 I 是逆变器输出电压和电流，对于一定容量的逆变器，U 和 I 不变，因此减小 L 和 C 才能减小滤波电感与电容的体积、重量。谐振频率 $f_z=\dfrac{1}{2\pi\sqrt{LC}}$ 较高时，L、C 小，滤波电感与电容的容量 P_{L1} 和 P_{C1} 减小，电感 L_f 和电容 C_f 的体积、重量也减小。

图 3.3.12(a)、(b)和(c)是滤波器空载、电阻性负载和电阻电感性负载时逆变器支路输出电流 $\dot{I}$、电容电流 $\dot{I}_C$、电感电压 $\dot{U}_L$、滤波器输入电压 $\dot{U}_i$ 和输出电压 $\dot{U}_o$ 之间的矢量关系。由于滤波电路的作用，空载时滤波器的输出电压 U_o 比输入电压 U_i 高。负载后，滤波电感上压降增大，$\dot{U}_L$ 矢量顺时针旋转，为了使输出电压保持 115/200V 不变，必须增加滤波器的输入电压 U_i，即增加逆变器的直流电源电压，如图 3.3.12 所示。负载越大，所需直流环节电压越高。在同样负载电流时，负载功率因数越低，所需直流电压也越高。

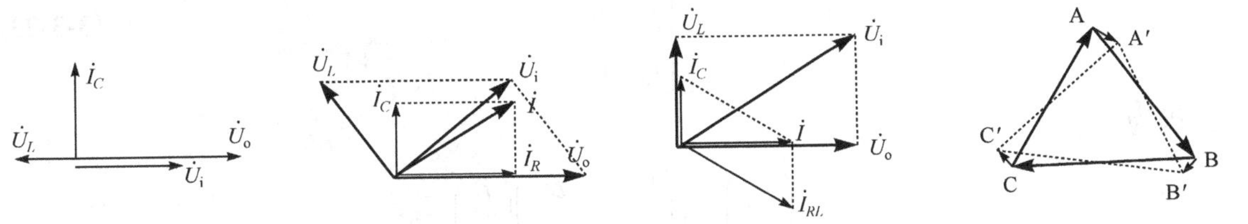

(a) 逆变器空载矢量图　(b) 电阻性负载矢量图　(c) 电感性负载矢量图　(d) 逆变器空载与不对称负载时线电压三角形

图 3.3.12　滤波器矢量关系图

从图 3.3.12 还可以看出，输出滤波器加大了逆变器的电流负担。逆变器空载时，若不接滤波器，流过晶体管的电流为零。接滤波器后支路输出电流等于电容电流，故滤波电容大(谐振频率不变，电感小)，支路电流也大。接入负载后，支路输出电流与负载电流的差随负载增加而逐渐减小。

可见，输出功率不变时，滤波器使逆变器的容量加大，而提高滤波器的谐振频率可减小此增量。

若不计晶体管通态压降和开关时间的不一致性，逆变器输出的线电压是对称的，输出线电压三角形为等边三角形，见图 3.3.12(d)。若有单相负载，则三个支路电流不相等，其中加载相的电流约为另两相电流之和。因三相滤波电感数值相同，故电感压降不同，导致滤波器输出电压三角形不等边，即三相电压不平衡。滤波电感越大，造成的电压不平衡也越大。

输出端短路时，滤波电感是抑制瞬态短路电流的主要因素。电感大，瞬态短路电流小。通常限制稳态短路电流为额定电流的三倍。电感小，稳态短路时所需直流电压低，功率管的电压应力也低。

电阻负载时，输出滤波器为振荡环节，即滤波器输出电压 U_o 和输入电压 U_i 的拉氏变换之比为

$$\frac{U_o(s)}{U_i(s)}=\frac{{\omega_n}^2}{s^2+2\xi\omega_n s+{\omega_n}^2} \tag{3-3-22}$$

式中，$\omega_n=\dfrac{1}{\sqrt{LC}}$，$\xi=\dfrac{\sqrt{L/C}}{2R}$。

空载时，$R\to\infty$，$\xi=0$；负载加大，ξ 相应增大，在额定电阻负载时，ξ 小于 0.5。因此逆

变器作为调节对象时固有的阻尼特性较差。

5. 中点形成变压器

三相桥式逆变器输出电压为三相三线制，用中点形成变压器(neutral forming transformer，NFT)形成中点，使电源系统成为三相四线制。

NFT 可用普通双绕组结构，也可用自耦变压器结构。对称负载下，自耦变压器绕组中只有磁化电流，仅在不对称负载时绕组中才有负载电流分量通过。如果限定不对称负载的大小，则自耦变压器的体积重量比双绕组变压器的小得多。

三相系统在不对称负载时常用对称分量法分析。若有单相负载接于 a 相，则 $I_a=I_{Ld}$，I_{Ld} 为负载电流，即

$$\begin{cases}\dot{I}_a=\dot{I}_{Ld}\\ \dot{I}_b=0\\ \dot{I}_c=0\end{cases} \tag{3-3-23}$$

因为

$$\begin{pmatrix}\dot{I}_{a1}\\ \dot{I}_{a2}\\ \dot{I}_{a0}\end{pmatrix}=\frac{1}{3}\begin{pmatrix}1 & \alpha & \alpha^2\\ 1 & \alpha^2 & \alpha\\ 1 & 1 & 1\end{pmatrix}\begin{pmatrix}\dot{I}_a\\ \dot{I}_b\\ \dot{I}_c\end{pmatrix} \tag{3-3-24}$$

式中，$\dot{I}_{a1}$、$\dot{I}_{a2}$、$\dot{I}_{a0}$ 为 $\dot{I}_a$ 的正序、逆序、零序分量；$\alpha=\mathrm{j}\frac{2}{3}\pi$。所以

$$\begin{cases}\dot{I}_{a1}=\frac{1}{3}\dot{I}_{Ld}\\ \dot{I}_{a2}=\frac{1}{3}\dot{I}_{Ld}\\ \dot{I}_{a0}=\frac{1}{3}\dot{I}_{Ld}\end{cases} \tag{3-3-25}$$

即单相电流 I_{Ld} 可分成正序、逆序和零序三个电流分量，此电流分量的值为负载电流 I_{Ld} 的 1/3，如图 3.3.13(a)所示。正序分量和逆序分量均为对称三相系统，三个零序分量则同相。

NFT 的输入边没有中线，零序电流无法流通，故输入边电流 $\dot{I}_A$、$\dot{I}_B$、$\dot{I}_C$ 和为

$$\begin{cases}\dot{I}_A=\dot{I}_{A1}+\dot{I}_{A2}=\dot{I}_{a1}+\dot{I}_{a2}=\frac{2}{3}\dot{I}_{Ld}\\ \dot{I}_B=\dot{I}_{B1}+\dot{I}_{B2}=\alpha^2\dot{I}_{a1}+\alpha^2\dot{I}_{a2}=-\frac{1}{3}\dot{I}_{Ld}\\ \dot{I}_C=\dot{I}_{C1}+\dot{I}_{C2}=\alpha\dot{I}_{a1}+\alpha^2\dot{I}_{a2}=-\frac{1}{3}\dot{I}_{Ld}\end{cases} \tag{3-3-26}$$

NFT 中电流如图 3.3.13(b)所示。

零序电流在三相变压器中产生零序磁通，从而感应出三个大小相同、相位也相同的零序电势 $\dot{E}_0$，它叠加于变压器原有的三个对称电势上。

$$\begin{cases} \dot{E}_0 = Z_0\dot{I}_0 \\ Z_0 = r_0 + jX_0 \\ r_0 = r_{0Cu} + r_{0Fe} \end{cases} \tag{3-3-27}$$

式中，Z_0为零序阻抗；r_0为零序电阻，它由变压器绕组电阻r_{0Cu}与铁心损耗电阻r_{0Fe}两部分构成；X_0为零序电抗。

图 3.3.13(c)表示了零序电流形成的零序磁通路径，对于心式三相变压器，零序磁通只能走漏磁回路，数值较小。对于三相变压器组，因零序磁通走主磁路，数值很大，故X_0大。

图 3.3.13(d)是零序阻抗在不对称负载时引起的中点移动示意图。空载时逆变器输出电压三角形 ABC 如图中虚线所示。不对称负载的零序电流产生的零序压降使电压三角形变成A′B′C′，如图中实线所示。由此可见中点移动量 OO′与零序阻抗压降E_0成正比。

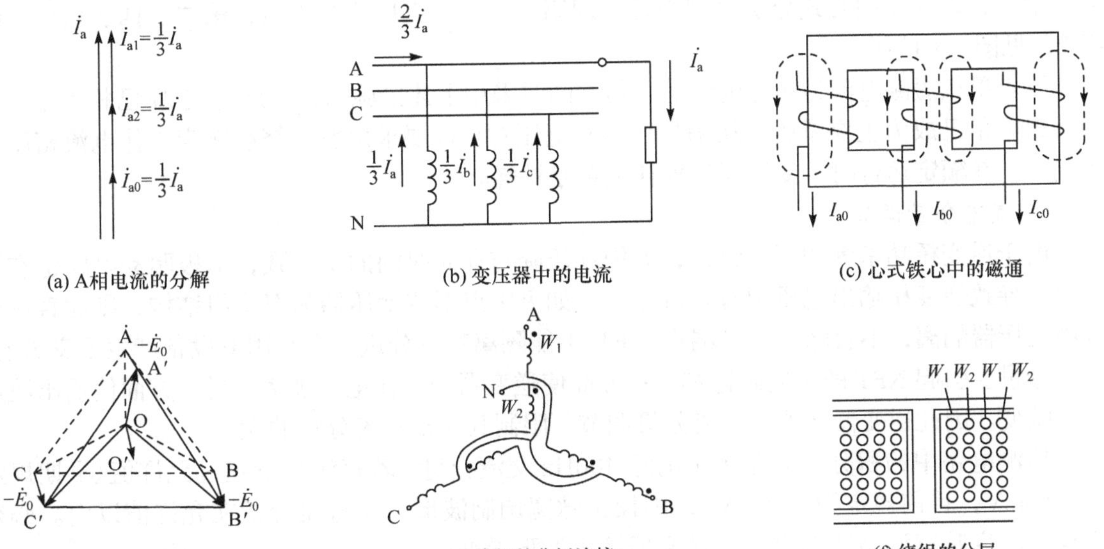

(a) A相电流的分解　(b) 变压器中的电流　(c) 心式铁心中的磁通

(d) 中点的移动　(e) 绕组的曲折连接　(f) 绕组的分层

图 3.3.13　自耦式中点形成变压器

中点移动使三相电压不对称。三相电压不对称常用电压幅值偏差 ΔU 和相位偏差 $\Delta\theta$ 来表示：

$$\Delta U = \frac{\text{最高相电压} - \text{三相电压平均值}}{\text{三相电压平均值}} \times 100\% \tag{3-3-28}$$

某 15kV · A 变速恒频电源允许的电压不对称为

$\Delta U\% < 1.5\%$，$\Delta\theta < \pm 1.5°$，单相电阻负载 4.8A；

$\Delta U\% < 3.0\%$，$\Delta\theta < \pm 2.5°$，单相电阻负载 9.7A。

在规定的不对称负载下，为减小电压不对称，必须限制逆变器输出滤波电感量，控制馈电线的阻抗和限制 NFT 的零序阻抗 Z_0。

为了减小零序阻抗，NFT 在结构上有以下特点。

不采用三相变压器组，采用心式铁心，以使变压器的零序磁路为漏磁路，减小 X_0。

采用富铁贫铜结构和低损耗铁心材料。工作磁感应一定时，增加铁心截面积可减少每相绕组匝数，减小漏抗，同时减小了绕组电阻 r_{0Cu}。应用低铁耗材料可降低铁耗电阻 r_{0Fe}。

绕组采用曲折连接，不采用常规连接，如图 3.3.13(e)所示。曲折连接法在理论上零序电抗为零，因为同一铁心柱上两绕组的合成零序磁势为零。但曲折连接使每组匝数增加 15.5%。表 3.3.1 列出了同一变压器两种接法的零序电抗 X_0 的差异。

表 3.3.1　NFT 两种接法的 X_0(绕组为串列式)

连接方式	零序阻抗/Ω	零序电阻/Ω	零序电抗/Ω
顺序连接	0.554	0.13	0.553
曲折连接	0.166	0.13	0.090

曲折连接时，同一铁心柱上的两个绕组最好为双线并绕，使之紧耦合。从改善相间绝缘强度来看，以采用同心式分层绕制为好，即第一、三、五层为绕组 1，第二、四、六层为绕组 2，见图 3.3.13(f)。

要求单相短路电流为额定电流的三倍。同时采用上述措施后，零序电抗 X_0 已相当小，减小绕组电阻已成为主要矛盾；从满足短路和电压对称性要求出发，绕组额定工作电流密度应相当小。在额定运行时，变压器的损耗主要是铁耗。

6. *直流分量调节*

由于逆变桥功率管的不一致性，如饱和压降与存储时间的不一致，基极驱动电路也有不一致，导致逆变桥输出电压中有直流分量。如果中点形成变压器为双绕组结构，则此直流分量由变压器隔离，不会输出。自耦式 NFT 不能隔离直流分量，会对用电设备产生不良影响。直流分量会引起 NFT 的单向磁饱和，一方面使逆变器的工作电流加大，另一方面使输出波形发生畸变。因此逆变器必须有直流分量调节，限制其输出直流分量的大小。

检测电路中的积分滤波器用于消除 400Hz 交流分量。若直流分量超过允许值(早期规定为±50mV，目前规定为±10mV)，则校正脉宽调制波形，使直流分量在允许值以内。必须注意，改变脉宽调制波形应防止逆变器输出波形畸变。

7. *逆变器过流限制*

逆变器过载或输出端短路时，功率晶体管电流将超过允许值，从而损坏器件。因此，逆变器必须对瞬间的过电流快速限制。逆变器过流限制电路用串接于滤波电感电路中的电流互感器检测，当某相电流超过允许值时，高速比较器发出信号，关断过流晶体管，限制该相支路电流。由于是单支路保护，因而一条支路过流保护电路的工作不会影响另两条支路的正常工作。

3.4　交流-直流变换器

3.4.1　交流-直流变换器概述

交流-直流变换器主要有变压整流器、自耦式变压整流器、电子变压整流器、蓄电池充电器等多种类型。

交流-直流变换器将飞机上的交流电转变为直流电，为飞机的直流负载提供电源，如某些控制与保护设备、继电器和接触器的工作线圈、无线电通信、雷达、自动驾驶仪及直流电动机等，还可以为机载蓄电池充电。输入可以是 115V 交流电或者 230V 交流电，输出为 28V 低压直流。

在以交流电源为主电源的飞机电源系统中，机载低压直流用电设备的容量一般只占总电能的 5%左右，但直流用电设备的数量较多，对某些设备或系统的工作可靠性起着重要作用。随着多电飞机的发展，高压直流用电设备增多，高压直流所占的比重也在增加，例如，B787 飞机上的高压直流电约占到发电量的 50%。

交流-直流变换器在额定状态工作时，其效率应在 80%以上，功率因数应在 0.95 以上。变压整流器应具有一定的过载能力，例如，在 150%额定负载时，应能工作 5min；在 250%额定负载时应能工作 1min；5 倍额定负载时，应能安全工作 1s。

为了获得最大的输出功率，机载交流-直流变换器一般采用风扇或空气调节系统强迫风冷，大功率的变换器需要液体冷却。有的变换器还装有热控开关，当变换器过热时，热控开关动作，发出过热警告或自动断开输入电源。

交流-直流变换器的主要性能指标如下。

1. 电压变化率ΔU

目前飞机上一般都采用输出电压不可调节的变压整流器。电压变化率表示变压整流器输出电压随负载的变化程度，它可以用图 3.4.1 所示的外特性来表示。设 U_{do} 为变压整流器空载时输出的直流电压，U_{dN} 为额定负载时输出的直流电压，则电压变化率为

$$\Delta U=\frac{U_{do}-U_{dN}}{U_{dN}}\times 100\% \tag{3-4-1}$$

电压变化率越小，说明负载电流变化对输出电压的影响越小，供电质量越高。

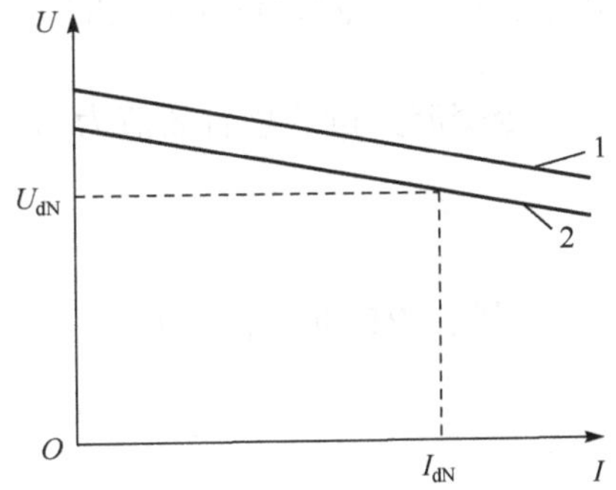

图 3.4.1　变压整流器的外特性
1-输入电压最大时外特性；
2-输入电压最小时外特性

变压整流器中的电压损失主要发生在变压器绕组漏电抗、整流二极管以及滤波器上，设计电路时，可以采用增大铁心截面积、减小绕组匝数的方法减小漏电抗，从而提高外特性的硬度。

2. 整流电压的纹波系数 RF

变压整流器整流的目的是要在负载上得到平稳的直流电压或电流，但实际上整流后的电压是脉动的，其中包含有交流成分。通常用纹波系数(ripple factor，RF)或畸变系数(distortion factor，DF)表示整流电压的脉动程度。

RF 是输出电压中的交流分量有效值和输出直流电压平均值的比值，即

$$\mathrm{RF}=\frac{U_a}{U_d}\times 100\% \tag{3-4-2}$$

式中，U_a 为输出电压中交流分量的有效值；U_d 为输出电压的平均值。

整流器的输出电压是包含有谐波成分的非正弦周期波，将其分解为傅里叶级数后，可以得到其一般表达式为

$$u(t)=U_{\mathrm{d}}+\sum_{k=1}^{\infty}U_{k\mathrm{m}}\cos(k\omega_1 t+\varphi_k) \tag{3-4-3}$$

式中，ω_1 为基波分量的角频率，其大小与原周期函数 $u(t)$ 的脉动频率相同，各项称为高次谐波；$U_{k\mathrm{m}}$ 为基波和各次谐波的幅值，k=1, 2, 3, …。其中直流分量的计算公式为

$$U_{\mathrm{d}}=\frac{1}{T}\int_0^T u(t)\mathrm{d}t \tag{3-4-4}$$

可见，傅里叶级数中的直流分量就是输出脉动电压 $u(t)$ 在一个周期内的平均值，两者指的是同一个量。根据有效值的定义，可以求得该非正弦周期电压的总有效值 U 为

$$U=\sqrt{\frac{1}{T}\int_0^T u^2(t)}=\sqrt{\frac{1}{T}\int_0^T\left(U_{\mathrm{d}}+\sum_{k=1}^{\infty}U_{k\mathrm{m}}\cos(k\omega_1 t+\varphi_k)\right)^2\mathrm{d}t} \tag{3-4-5}$$

通过计算，可以得出整流电压的总有效值 U 与直流分量 U_{d} 及各次谐波电压有效值的关系为

$$U=\sqrt{U_{\mathrm{d}}^2+U_1^2+U_2^2+U_3^2+\cdots}=\sqrt{U_{\mathrm{d}}^2+\sum_{k=1}^{\infty}U_k^2} \tag{3-4-6}$$

式中，U_k 是基波和高次谐波的有效值，k=1, 2, 3, …。

令交流分量的总有效值为 U_{a}，即 $U_{\mathrm{a}}=\sqrt{\sum_{k=1}^{\infty}U_k^2}$，则有

$$U_{\mathrm{a}}=\sqrt{U^2-U_{\mathrm{d}}^2} \tag{3-4-7}$$

因此，RF 可以表示为

$$\mathrm{RF}=\frac{\sqrt{U^2-U_{\mathrm{d}}^2}}{U_{\mathrm{d}}}=\sqrt{\left(\frac{U}{U_{\mathrm{d}}}\right)-1} \tag{3-4-8}$$

式中，U 为输出脉动电压的总有效值；U_{d} 为输出电压的平均值或直流分量。

3. 整流系数 K_{d}

整流系数是指输出电压的平均值 U_{d} 与变压器副边相电压有效值 E_2 的比值，即

$$K_{\mathrm{d}}=\frac{U_{\mathrm{d}}}{E_2} \tag{3-4-9}$$

几种典型整流电路的整流系数 K_{d} 如表 3.4.1 所示。

表 3.4.1　几种典型整流电路的整流系数

电路型式	单相全波整流	三相半波整流	三相全波整流
整流系数 K_{d}	0.9	1.17	2.34

4. 变压整流器效率 η

变压整流器的总效率是其直流输出功率 P_{d} 与交流输入总功率之比，即

$$\eta=\frac{P_{\mathrm{d}}}{P_{\mathrm{d}}+P_{\mathrm{T}}+P_{\mathrm{D}}+P_{\mathrm{F}}} \tag{3-4-10}$$

式中，P_T为变压器损耗；P_D为整流二极管损耗；P_F为滤波器损耗。

当滤波效果不好时，在负载中将有交流电流流过，因而在负载中产生交流功率，这是不希望出现的，在计算中将其当作损耗来处理。若将这部分功率也计算在分母中，则效率将更低。效率低意味着变压整流器损耗大，发热严重，会影响其可靠性和部件寿命。一般来说，变压整流器的总效率都在 80%以上。

5. 整流电压的脉动幅值 RA（ripple amplitude）

该指标指的是电压脉动的幅值，是直流输出脉动电压的最大峰值和最小峰值之差，即

$$RA = U_{max} - U_{min} \tag{3-4-11}$$

根据国际标准 ISO 1540—2006 中对机载直流电源稳态特性的要求可知，28VDC 变压整流器输出电压的脉动幅值应小于 4V。

以上是变压整流器的主要性能指标，除此之外，还有输入功率因数（power factor，PF）、输入电流谐波因数（harmonic factor，HF）等指标。

3.4.2 磁隔离型变压整流器

1. 磁隔离型变压整流器的基本组成

变压整流器是指将机上交流电转换成 28V 直流电的交流-直流变换器。

变压整流器主要包括主变压器、整流元件、滤波器、冷却风扇等，如图 3.4.2 所示。主变压器的作用是将三相交流电变换为适合于整流电路的交流电压。主变压器的原边绕组可以连接成星形（Y）或三角形（△），其副边绕组可连接成 Y、△等多种形式。主变压器的重量一般约占整个变压整流器重量的一半，因此应设法减轻主变压器的重量。一般可以通过正确选择铁心形状、适当提高最大磁感应强度等措施实现。

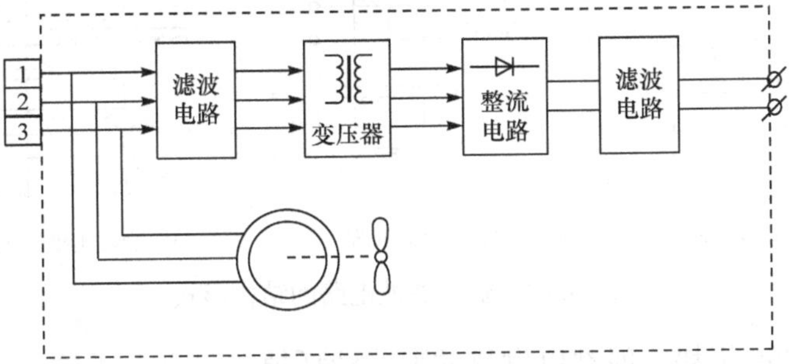

图 3.4.2　变压整流器组成框图

常用的航空变压器铁心有卷环 E 形和卷环 Y 形，其结构如图 3.4.3 示。一般小容量变压器使用 Y 形截面的铁心，大容量变压器使用 E 形截面的铁心。Y 形铁心的利用率高，结构紧凑，磁路对称，但采用强迫风冷时，冷却效果较差。大容量航空变压整流器一般都采用 E 形铁心。

在相同的铁心形状下，提高最大磁通密度，可以减少材料用量，从而减轻重量。但磁通密度的增大，将引起磁噪声的增大和性能的降低。

此外，还可以从绝缘材料、绕组材料（如用铝导线代替铜导线）和加工方法来减轻绕组的重量。

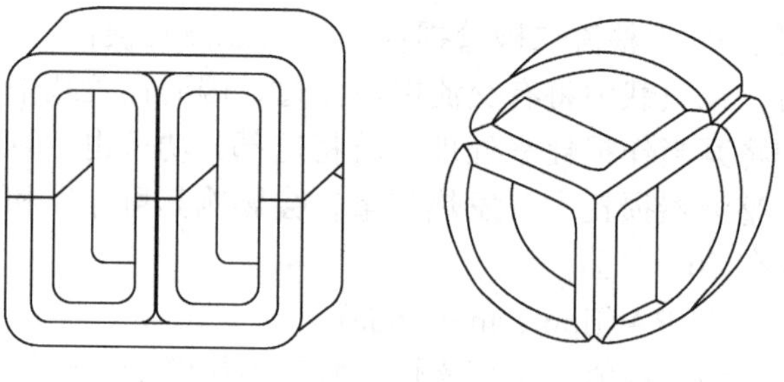

(a) E形截面铁心　　(b) Y形截面铁心

图 3.4.3　铁心截面形状

整流元件的作用是将主变压器输出的交流电变换为直流电。整流元件一般采用硅整流二极管。整流元件是变压整流器中的关键元件，其好坏决定着整个变压整流器的性能和可靠性，因此整流元件必须经过严格筛选。有些变压整流器中，为了保护整流元件，可以在二极管两端并联一个电容器或电阻，作为过电压保护之用。

滤波器包括输入滤波器和输出滤波器。输入滤波器的作用是减小变压整流器对电网电压波形的影响，滤除高频干扰；输出滤波器的作用是滤除整流后的脉动成分，使直流输出更加平滑。两者都是低通滤波器，一般由电感和电容组成，其结构形式有 Γ 形和 Π 形滤波电路、一级 Γ 形滤波电路和二级 Γ 形滤波电路等，如图 3.4.4 所示。

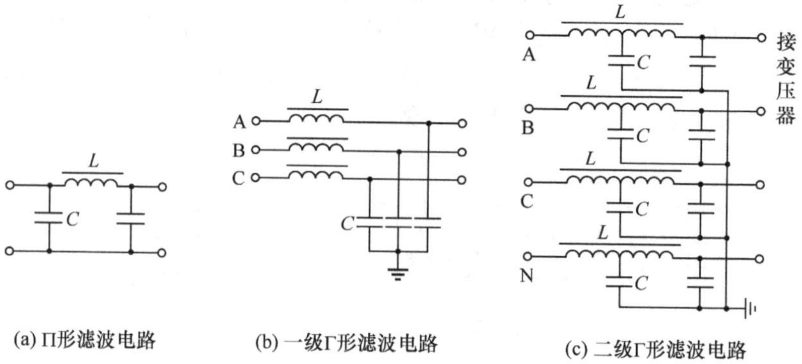

(a) Π形滤波电路　　(b) 一级Γ形滤波电路　　(c) 二级Γ形滤波电路

图 3.4.4　低通滤波电路的结构形式

变压整流器的功率损耗一般都以发热的形式消耗掉。飞机上通常采用自带风扇通风进行冷却。冷却风扇由主电源供电的交流电动机驱动，它是变压整流器中唯一的旋转运动部件，维护时应注意检查其工作可靠性。若变压整流器过载或冷却效果差，则可能导致其过热，这时热控开关动作，断开变压整流器的输入电源，使其停止工作。

航空 28V 输出的变压整流器额定输出电流有 25A、50A、75A、100A、120A、150A、200A、500A 等几种，其大小取决于机载直流负载的总容量。

2. 磁隔离型变压整流器的基本电路和结构类型

变压器和整流器的连接线路对整流电压的脉动幅值、波形及频率都有影响，因此直接影响着变压整流器的质量。

根据主变压器和整流电路接法的不同，变压整流器可以分成三相半波整流、三相全波整流、六相半波整流以及六相全波整流等基本类型。主变压器的原边绕组可以接成星形(Y)或三角形(△)，副边绕组可以接成三相整流电路或六相整流电路。由于全波整流效率高，输出电压脉动小，飞机上的变压整流器大多采用全波整流。

1) 主变压器按 Y/Y 连接的三相半波整流电路

主变压器按 Y/Y 连接的三相半波整流电路及其输出电压波形如图 3.4.5 所示。当主电源频率为 400Hz 时，整流后输出电压每秒脉动 1200 次，脉动幅值和脉动系数都比较大。由于主变压器的副边绕组仅在 1/3 周期内导电，因此副边绕组利用系数很低。为了平滑输出电压的脉动，需要使用很强的滤波电路。由于交流分量的最低次谐波频率较低，因此输出端滤波器的体积、重量也较大。

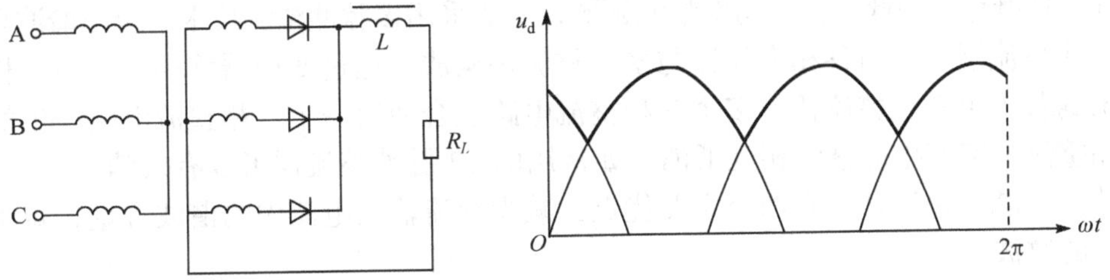

(a) 电路　　(b) 输出电压波形

图 3.4.5　主变压器按 Y/Y 连接的三相半波整流电路及输出电压波形

根据图 3.4.5(b)所示的波形图，三相半波整流电路输出电压的脉动幅值可以计算如下：

$$RA = U_{\max} - U_{\min} = \sqrt{2}U_2(1-\sin 30°) = \frac{\sqrt{2}}{2}U_2 \approx 0.707U_2 \tag{3-4-12}$$

式中，U_2 为变压器的副边相电压有效值，其大小需要根据整流电压平均值的计算公式选取。需要注意的是，上述脉动幅值是在没有加输出滤波器的情况下得出的，当加了输出滤波器后，电压的脉动幅值将下降。

2) 主变压器按 Y/Y 连接的三相全波整流电路

这种电路又称为三相桥式整流电路，其电路及其输出电压波形如图 3.4.6 所示。由图可见，整流后输出电压的交流分量幅度比三相半波整流电路显著减小，所以其纹波系数也显著减小，整流系数提高。交流分量的最低次谐波频率为 400Hz，比三相半波整流电路提高一倍，因此可以减轻滤波器的负担，从而使滤波器体积、重量减小。

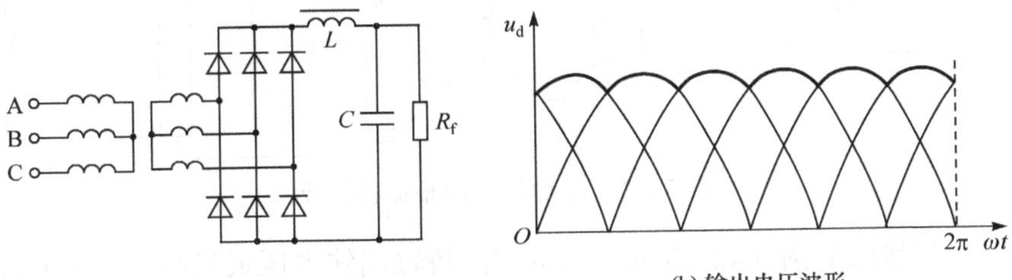

(a) 电路　　(b) 输出电压波形

图 3.4.6　主变压器按 Y/Y 连接的三相全波整流电路及其输出电压波形

同理，也可以求出三相全波整流电路的脉动幅值为

$$\mathrm{RA}=U_{\max}-U_{\min}=\sqrt{2}U_2\left(1-\sin 60^{\circ}\right)=\frac{2\sqrt{2}-\sqrt{6}}{2}U_2\approx 0.189U_2 \tag{3-4-13}$$

与三相半波整流电路的脉动幅值相比，全波整流电路的脉动幅值下降了很多，可以使滤波电容的容量减小。

3）多脉冲变压整流器

前置输入部分采用二极管整流的不控整流环节，由于其本身的非线性特性，会使网侧输入电流严重畸变，谐波含量大，降低了设备的电磁兼容性能，给电网及其它用电设备带来危害。随着开关电源设备功率的增大，这种不控整流装置产生的谐波更加严重。而输入电流也会对公共电网注入丰富的电流谐波，对公共电网造成污染。整流装置功率越大，谐波也越严重，对电网的干扰也越严重。因此，在大功率整流领域，一般采用多脉冲整流技术来减小谐波含量。

多脉冲整流器通常由移相变压器与多个整流桥构成。通过变压器移相，实现三相输入，多相输出到若干个三相整流桥，多个三相整流电路组合使得一个三相整流电路产生的谐波与其他三相整流电路产生的谐波相互抵消。如常用的 12 脉冲整流器可以有效消除 5、7 次输入电流谐波。多脉冲整流器具有两个主要优点：减少交流输入电流中的谐波含量；减小直流输出电压中的纹波。

按整流的脉冲数可以分为 12、18、24、30 等脉冲整流器。脉冲数越多，整流器的输入电流及输出电压特性越好，但是整流器的系统越复杂。目前被广泛采用的为 12、18 脉冲整流器。

图 3.4.7 就是通过变压器的不同连接构成的 12 脉冲变压整流器。这种电路利用一个三相三绕组变压器，其一次侧绕组星形连接，两个二次侧绕组分别采用三角形和星形连接，分别给两组整流桥供电。一、二次侧绕组匝比为 1 : 1 : $\sqrt{3}$，所以一、二次侧相电压有效值相等，二次侧三角形连接的绕组产生的相电压超前星形连接绕组产生的相电压 30°。

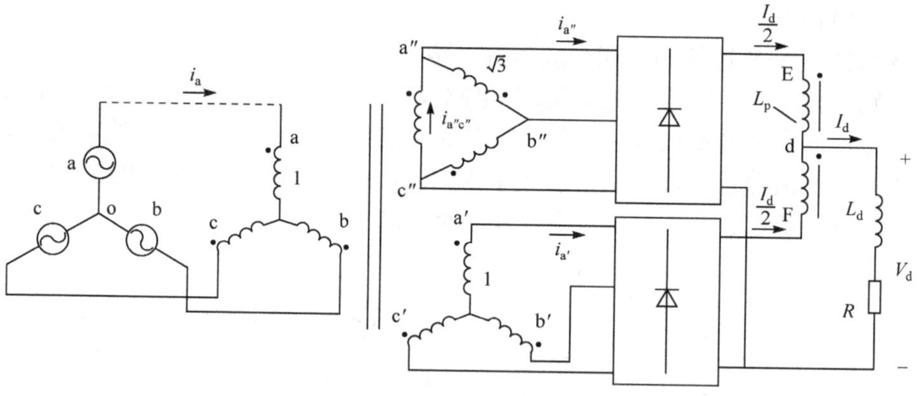

图 3.4.7　12 脉冲变压整流器构成

变压器电压矢量图如图 3.4.8 所示，两组整流桥输出线电压矢量相位依次相差 30°。由于两组整流桥输入线电压相等，所以整流输出平均电压也相等，从而可以并联向负载供电。但是两组桥整流电压瞬时值不相等，所以为了保证两组整流桥达到真正的并联运行，需要加入平衡电抗器 L_p。平衡电抗器平衡了两组桥输出瞬时电压差，维持两组桥同时处于正常整流状态，共同向负载供电，每组整流桥承担 1/2 的负载电流。所以这种输出并联的方式比较适合在输出大电流的场合。

整流器输出等值电路如图 3.4.9 所示。v_{d1}、v_{d2} 为两组整流桥输出电压，平衡电抗绕组两端的电压 v_{Lp} 为整流电压 v_{d1}、v_{d2} 之差。平衡电抗器 L_p 的两部分绕组 Ed、Fd 匝数相同，绕在同一个铁心上，与同一个主磁通交链，所以两个绕组两端的电压相等，即 $v_{Ed}=v_{dF}=v_{Lp}/2$。图 3.4.10 所示为整流器整流电压，v_{d1}、v_{d2} 在一个周期内有 6 个波头，相位相差 30°，所以它们的瞬时值是不相等的。由于平衡电抗器的存在，当 $v_{d1}>v_{d2}$ 时，$v_{Lp}=v_{d1}-v_{d2}>0$，$v_{Ed}=v_{Lp}/2>0$，使 v_{d1} 降低 $v_{Lp}/2$ 后接到负载；$v_{dF}=v_{Lp}/2>0$，使 v_{d2} 升高 $v_{Lp}/2$ 后接到负载。同理当 $v_{d1}<v_{d2}$ 时，$v_{Lp}=v_{d1}-v_{d2}<0$，$v_{Ed}=v_{Lp}/2<0$，使得 v_{d2} 降低$-v_{Lp}/2$ 后接到负载。所以平衡电抗器 L_p 使两组整流桥输出到负载的电压达到平衡，故称为平衡电抗器。任何时候两组整流桥独立工作，同时向负载供电，共同分担负载电流 I_d。

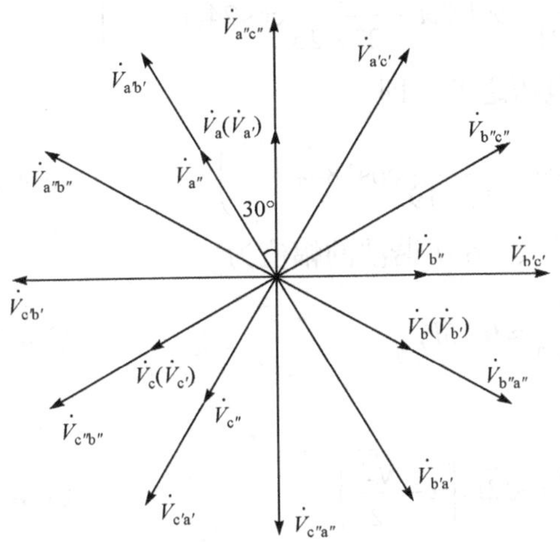

图 3.4.8　12 脉冲变压整流器中变压器的电压矢量图

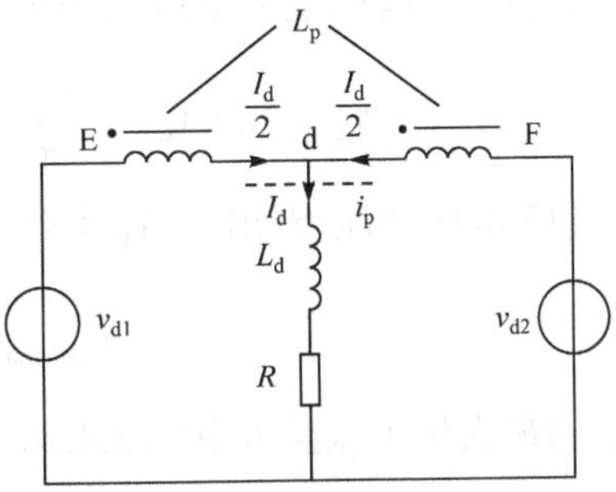

图 3.4.9　12 脉冲变压整流器输出等值电路

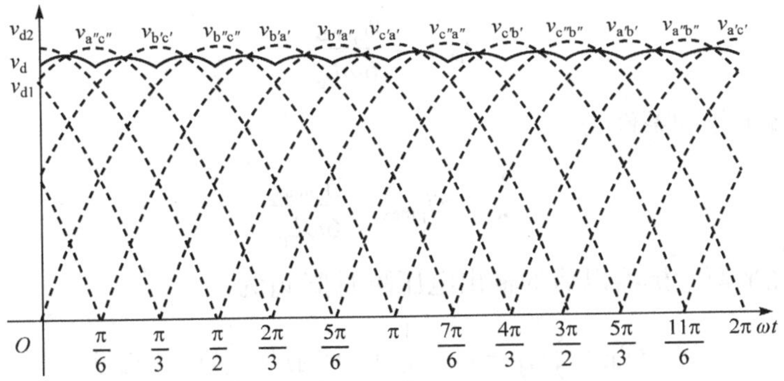

图 3.4.10　12 脉冲变压整流器整流电压波形图

如果将纵坐标选在整流电压 v_{d1} 的峰值处，则在[$-\pi/6\sim\pi/6$]的区间内，v_{d1} 可表示为 $v_{d1}=\sqrt{2}V_l\cos\omega t$，其中 V_l 为整流桥输入线电压有效值。

对 v_{d1} 用傅里叶级数展开可以得到

$$v_{d1}=\sqrt{2}V_l\frac{\pi}{6}\sin\frac{\pi}{6}\left(1-\sum_{\substack{n=6k\\k=1,2,3,\cdots}}^{\infty}\frac{2(-1)^k}{n^2-1}\cos n\omega t\right)$$

$$=\frac{3\sqrt{2}}{\pi}V_l\left(1+\frac{2}{5\times7}\cos6\omega t-\frac{2}{11\times13}\cos12\omega t+\frac{2}{17\times19}\cos18\omega t-\frac{2}{23\times25}\cos24\omega t+\cdots\right) \tag{3-4-14}$$

第二组整流桥输出电压 v_{d2} 与 v_{d1} 波形相同，只是相位滞后 30°，所以 v_{d2} 可以表示为

$$v_{d2}=\sqrt{2}V_l\frac{\pi}{6}\sin\frac{\pi}{6}\left(1-\sum_{\substack{n=6k\\k=1,2,3,\cdots}}^{\infty}\frac{2(-1)^k}{n^2-1}\cos n\left(\omega t-30^\circ\right)\right)$$

$$=\frac{3\sqrt{2}}{\pi}V_l\left(1-\frac{2}{5\times7}\cos6\omega t-\frac{2}{11\times13}\cos12\omega t-\frac{2}{17\times19}\cos18\omega t-\frac{2}{23\times25}\cos24\omega t-\cdots\right) \tag{3-4-15}$$

平衡电抗器 L_p 两端的电压为两组整流桥输出电压之差，即

$$v_{Lp}=v_{d1}-v_{d2}=\frac{3\sqrt{2}}{\pi}V_l\left(\frac{4}{5\times7}\cos6\omega t+\frac{4}{17\times19}\cos18\omega t+\cdots\right) \tag{3-4-16}$$

由式(3-4-16)可以看出，V_{Lp} 主要成分为 6 次谐波，6 次谐波的幅值为

$$v_{Lp6\max}=\frac{3\sqrt{2}}{\pi}V_l\frac{4}{5\times7}\approx0.15V_l \tag{3-4-17}$$

V_{Lp} 的最大值 $V_{Lp\max}$ 可由图 3.4.10 求得

$$v_{Lp\max}=\sqrt{2}V_l-\sqrt{2}V_l\sin\frac{\pi}{3}=\sqrt{2}V_l\left(1-\frac{\sqrt{3}}{2}\right) \tag{3-4-18}$$

v_{d1} 与 v_{d2} 之间的电压差在两组整流桥之间会产生平衡电流 i_p，当 $v_{d1}>v_{d2}$ 时，平衡电流 i_p 的流动回路如图 3.4.10 中虚线所示。环流的最大值为

$$i_{p\max}=\frac{v_{Lp\max}}{6\omega L_p} \tag{3-4-19}$$

整流电路连续工作的条件为

$$\frac{1}{2}I_d>i_{p\max}=\frac{v_{Lp\max}}{6\omega L_p} \tag{3-4-20}$$

两组整流桥经平衡电抗器以后的输出电压瞬时值 v_d 为

$$v_d=v_{d1}-\frac{1}{2}v_{Lp}=v_{d1}-\frac{1}{2}\left(v_{d1}-v_{d2}\right)=\frac{1}{2}\left(v_{d1}+v_{d2}\right) \tag{3-4-21}$$

由式(3-4-21)可以看出，整流桥经平衡电抗器以后的输出电压瞬时值为两组整流桥输出电压 v_{d1} 与 v_{d2} 的平均值。

将式(3-4-14)、式(3-4-15)代入式(3-4-21)，可得 12 脉冲变压整流器的输出电压为

$$v_d=\frac{1}{2}\left(v_{d1}+v_{d2}\right)=\frac{3\sqrt{2}}{\pi}V_l\left(1-\frac{2}{11\times13}\cos12\omega t-\frac{2}{23\times25}\cos24\omega t+\cdots\right) \tag{3-4-22}$$

由式(3-4-22)可以看出，v_{d1}、v_{d2}中的 6 次谐波电压互相抵消，整流器输出最低次谐波电压为 12 次。直流输出电压平均值 v_d 为

$$v_{\mathrm{d}}=\frac{3\sqrt{2}}{\pi}V_l=1.35V_l \tag{3-4-23}$$

12 次谐波电压幅值为

$$2\sqrt{2}V_{\mathrm{s}}\frac{3}{\pi}\sin\frac{\pi}{3}\times\frac{2}{12^2-1}=0.014v_{\mathrm{d}} \tag{3-4-24}$$

12 次谐波电压幅值仅为直流输出电压平均值的 1.4%。而三相桥式不控整流中 6 次谐波的相对值达 5.7%，因此这种传统的 12 脉冲变压整流器的输出电压特性要优于三相桥式不控整流器。

12 脉冲变压整流器各点电流参考方向如图 3.4.9 所示。由于每组整流桥仍然独立工作，所以整流桥输入电流仍为正、负 120°的方波。两组整流桥输入相电压相位相差 30°，它们的输入电流相位也相差 30°。整流器电流波形如图 3.4.11 所示，根据变压器磁势平衡原理以及基尔霍夫电流定律，可得输入电流 i_a 的表达式为

$$i_{\mathrm{a}}=\sqrt{3}i_{\mathrm{a''c''}}+i_{\mathrm{a'}} \tag{3-4-25}$$

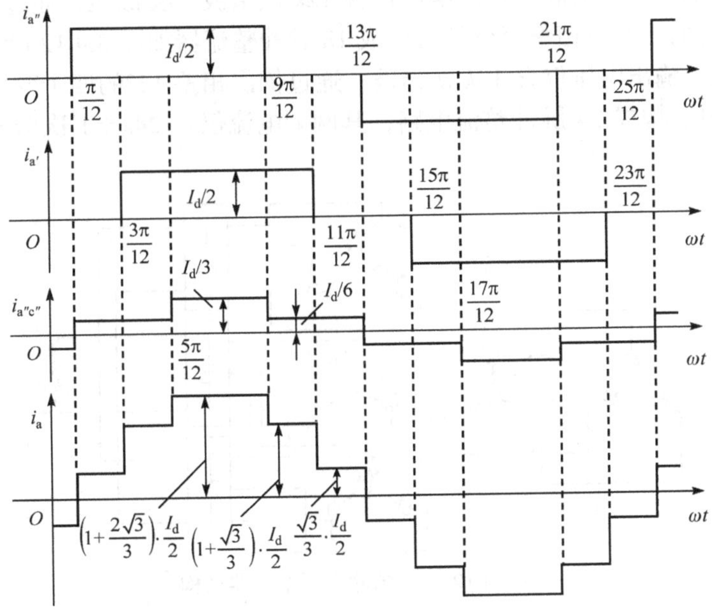

图 3.4.11　12 脉冲变压整流器输入电流波形图

将电流 $i_{a'}$正、负半波之间的中点作为时间零点，对 i_a进行傅里叶分解可得

$$i_{\mathrm{a'}}=\frac{2\sqrt{3}}{\pi}\frac{I_{\mathrm{d}}}{2}\left(\sin\omega t-\frac{1}{5}\sin5\omega t-\frac{1}{7}\sin7\omega t+\frac{1}{11}\sin11\omega t+\frac{1}{13}\sin13\omega t-\frac{1}{17}\sin17\omega t-\frac{1}{19}\sin19\omega t+\cdots\right) \tag{3-4-26}$$

同理，对 $i_{a''c''}$ 进行傅里叶分解可得

$$i_{a''c''}=\frac{2}{\pi}\frac{I_d}{2}\left(\sin\omega t+\frac{1}{5}\sin 5\omega t+\frac{1}{7}\sin 7\omega t+\frac{1}{11}\sin 11\omega t+\frac{1}{13}\sin 13\omega t+\frac{1}{17}\sin 17\omega t+\frac{1}{19}\sin 19\omega t+\cdots\right) \tag{3-4-27}$$

综上可得输入电流 i_a 为

$$i_a=\frac{2\sqrt{3}}{\pi}I_d\left(\sin\omega t+\frac{1}{11}\sin 11\omega t+\frac{1}{13}\sin 13\omega t+\cdots\right) \tag{3-4-28}$$

由式(3-4-28)可以看出，两组整流桥产生的 5, 7, 17, 19, …次谐波互相抵消，注入电网的只有 $12k\pm1$(k 为正整数)次谐波，且其有效值与基波有效值的比值为谐波次数的倒数，分析可得到输入电流总畸变率THD为15.22%，而三相桥式不控整流的输入电流总畸变率为31.08%。所以无论输入电流总畸变率还是输出电压脉动系数，这种 12 脉冲变压整流器的性能均优于三相桥式不控整流器。

通过以上分析可知，通过整流电路的叠加，12 脉冲变压整流器不仅可以减小交流输入电流中的谐波含量，还可以减小直流输出电压中的谐波幅值并提高纹波频率，有利于减小平波电抗器。而且每个整流器件承担一半的负载电流，提高了整流器件承受负载的能力。

既然通过两个相位相差 30°的变压器分别供电的两个三相整流桥可构成 12 脉冲整流器，其网侧电流仅含 $12k\pm1$ 次谐波，输出电压仅含 $12k$ 次谐波。类似地，通过依次相差 20°的三个变压器分别供电的三个三相整流桥就可构成 18 脉冲整流器如图 3.4.12 所示，其网侧电流仅含 $18k\pm1$ 次谐波，输出电压仅含 $18k$ 次谐波；通过依次相差 15°的四个变压器分别供电的四个三相整流桥就可以构成 24 脉冲整流电路，其网侧电流仅含 $24k\pm1$ 次谐波，输出电压仅含 $24k$ 次谐波。

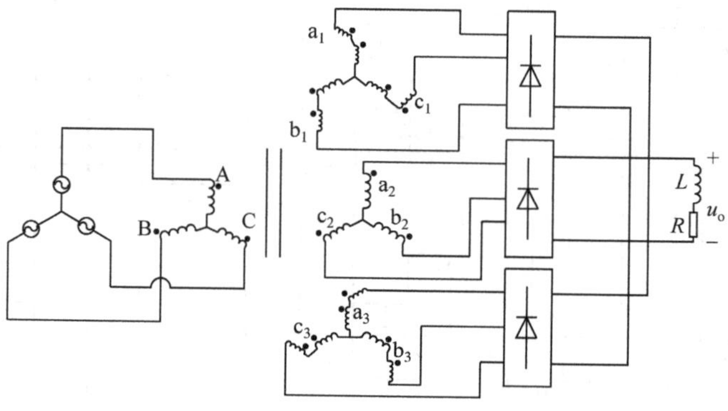

图 3.4.12　18 脉冲变压整流器结构

18 脉冲变压整流器变压器二次侧输出线电压依次移位 20°，其整流输出波形如图 3.4.13 所示。

综上所述，作为一般规律，则以 m 个相位相差 $\pi/3m$ 的变压器分别供电的 m 个三相桥式电路可以构成 $6m$ 脉冲整流器，其网侧电流仅含 $6mk\pm1$(其中 k 为正整数)次谐波，而且各次谐波的有效值与其次数成反比，而与基波有效值的比值是谐波次数的倒数，而输出电压仅含 $6mk$ 次电压谐波。而且，无论输出端采用什么方式，对输入电流来说效果还是一样的，即增加整流的脉冲数，可以有效减小输入电流中的谐波含量。以上介绍的多脉冲变压整流器都有一个共同特点，即每组整流桥传输的负载能量均相等，所以把它们归类为对称式多脉冲变压整流器。

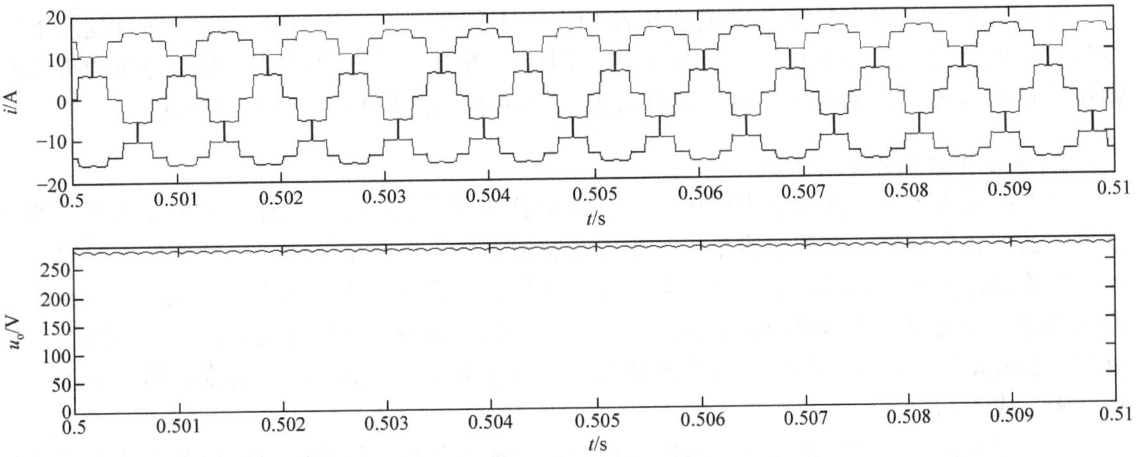

图 3.4.13　18 脉冲变压整流器波形图

变压整流器的基本特性为外特性，即输出直流电压与输出电流间关系。电源电压一定时，负载加大，输出直流电压降低。这主要由两个原因引起，一是变压器、滤波器和整流管的电压降，二是整流电路的换相重叠随输出电流的增加而加大，故它的外特性斜率较大。对于有平衡电抗器的变压整流器，在轻载时电压变化量比没有电抗器的大。变压整流器的输出电压直接与输入交流电压有关，故交流电压不同，有不同的外特性曲线。为了减小变压器交流电压的变化，变压整流器一般接在主交流汇流条上。

变压整流器有以下缺点：①靠 400Hz 变压器将 115/200V 交流电降低电压，变压器体积重量较大。②内部没有调节环节，故输出直流电压受电源电压和负载变化的影响。③能量转换效率低，由于这种变压整流器电压变化大，一般不采用并联工作。在需要并联时，变压整流器的输出端应接有反流保护器。

3.4.3　自耦变压整流器

1. 自耦变压器的基本原理及组成

自耦变压整流器主要由自耦变压器（ATU）和整流器组成。

ATU 的作用是将 230/400V 三相交流电变换成 115/200V 同频率三相交流电，降压比为 2∶1，输出不调压。也可以将 115/200V 三相交流电变换成 230/400V 同频率三相交流电，升压比为 1∶2，输出不调压。

自耦变压器是输出和输入共用一组线圈的特殊变压器，原理图如图 3.4.14 所示。其原理和普通变压器是一样的，只不过自耦变压器的原线圈就是它的副线圈。当自耦变压器作为降压变压器使用时，从绕组中抽出一部分线匝作为二次绕组；当作为升压变压器使用时，外施电压只加在绕组的一部分线匝上。通常把同时属于一次和二次的那部分绕组称为公共绕组，自耦变压器的其余部分称为串联绕组。图 3.4.14 中，A、B、C 为高压端，X、Y、Z 为低压端，该变压器为双向变压器。

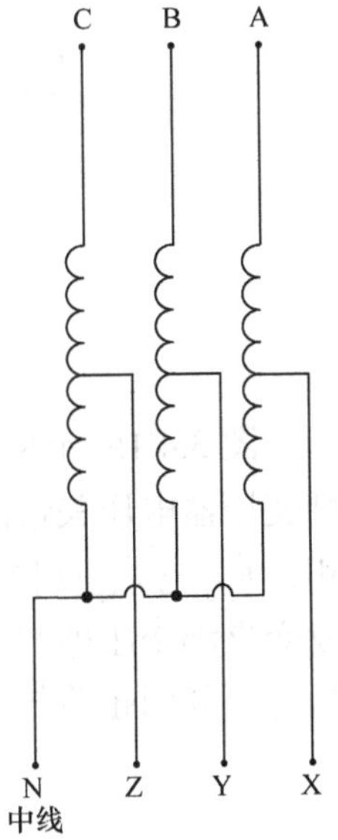

图 3.4.14　自耦变压器原理图

相同容量的自耦变压器与普通变压器相比，不但尺寸小，而且效率高，并且变压器容量越大，电压越高，这个优点就越加突出。因此随着电力系统的发展、电压等级的提高和输送容量的增大，自耦变压器由于其容量大、损耗小、造价低而得到广泛应用。

2. 多脉冲自耦变压整流器

良好的输入电流特性及输出电压特性是衡量整流器性能优劣的指标，但是作为变压整流器核心的移相变压器，其等效容量的大小也是整流器的一个重要方面。小的变压器等效容量使得整流器体积小，同时成本也会降低。而从前面分析的 6、12 脉冲变压整流器来看，由于输入能量完全通过变压器磁耦合到输出端，所以变压器的等效容量比较大，而变压器的有效材料，如硅钢片和铜线的用量，与变压器的等效容量有关，因此采用普通变压器的整流器体积庞大，成本高。

在不要求电气隔离的情况下，可以利用自耦变压器代替传统的隔离变压器来减小变压器的等效容量。由于自耦变压器不仅有磁路上的耦合而且还有电路上的连接，这样使得通过磁场耦合传输的能量只占输出功率的一部分，可以有效减小变压器的等效容量。自耦变压器等效容量小，所用的材料也少，可以降低成本，相应的重量及外形尺寸也都比较小。在相同输出功率的情况下，效率也会比普通变压器高，所以采用自耦变压器还可以提高整流器的效率。

一种典型 12 脉冲自耦变压整流器，如图 3.4.15 所示。自耦变压器绕组多边形连接，通过绕组移相，由输入三相电压(V_a,V_b,V_c)产生的两组三相电压($V_{a''},V_{b''},V_{c''}$)、($V_{a'},V_{b'},V_{c'}$)分别超前与滞后于输入三相电压(V_a,V_b,V_c)15°，从而使得两组三相电压($V_{a''},V_{b''},V_{c''}$)、($V_{a'},V_{b'},V_{c'}$)相位相差 30°。两组三相电压分别连接到两组整流桥，整流桥输出通过平衡电抗器并联连接到负载。

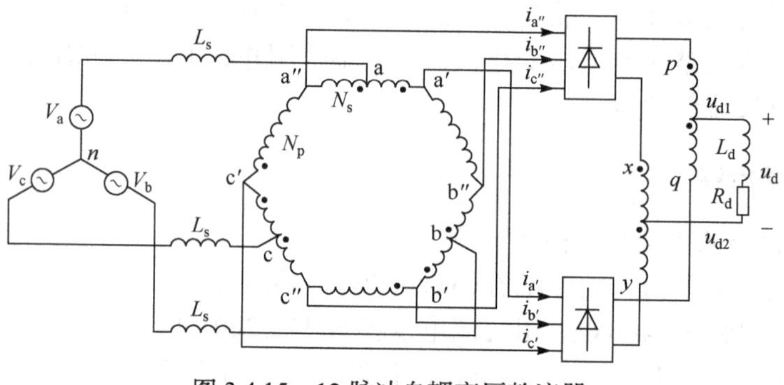

图 3.4.15 12 脉冲自耦变压整流器

如图 3.4.15 所示，自耦变压器绕组多边形连接，每相有三个绕组，绕组同名端如图所示。自耦变压器电压矢量图如图 3.4.16 所示，以 b 相为例，短绕组两端的电压 $\dot{V}_{a'a}$ 与输入线电压 $\dot{V}_{bc}$ 同相，$\dot{V}_{a''a}$ 与 $\dot{V}_{bc}$ 反相。长绕组与短绕组匝数分别为 N_p、N_s，改变短绕组与长绕组的匝数比可以改变自耦变压器产生的两组相电压的移相角度。如图 3.4.16 所示输入三相电压产生的两组三相电压分别超前与滞后于输入三相电压 15°，根据电压矢量图有

$$V_{a'}=\frac{V_a}{\cos 15°} \tag{3-4-29}$$

式中，V_a、$V_{a'}$分别为输入三相相电压有效值与超前三相电压的相电压有效值，并定义有效值分别为 V_{in}、V_s，则有

$$V_{a'}=V_{a''}=\frac{V_a}{\cos15°}=\frac{V_{in}}{\cos15°}=V_s \qquad (3\text{-}4\text{-}30)$$

由式(3-4-30)可以看出，自耦变压器移相产生的三相电压幅值略大于输入三相电压幅值。短绕组与长绕组两端的电压有效值分别为V_{N_p}、V_{N_s}。根据电压矢量图可得

$$V_{N_p}=\sqrt{2}V_{a'}=\frac{\sqrt{2}V_{in}}{\cos15°}=\left(2\sqrt{3}-2\right)V_{in} \qquad (3\text{-}4\text{-}31)$$

$$V_{N_s}=V_a\tan15°=\left(2-\sqrt{3}\right)V_{in} \qquad (3\text{-}4\text{-}32)$$

$$V_{N_p}:V_{N_s}=\left(2\sqrt{3}-2\right):\left(2-\sqrt{3}\right) \qquad (3\text{-}4\text{-}33)$$

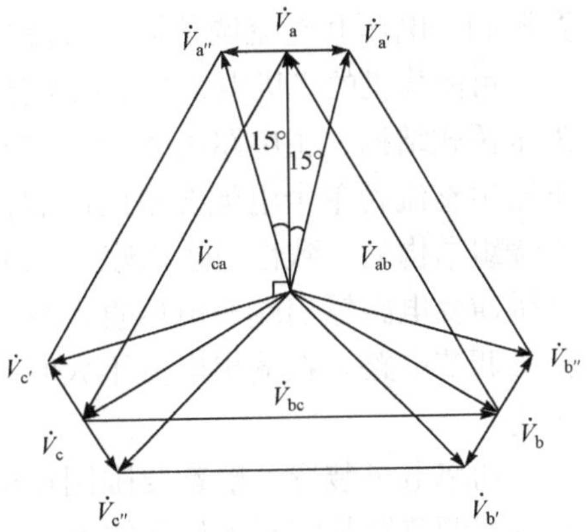

图 3.4.16　脉冲自耦变压整流器用变压器电压矢量图

自耦变压器为理想变压器，根据电磁感应定律，同一磁路上的绕组产生的感应电动势之比等于绕组匝数之比。所以长绕组与短绕组的匝数之比为

$$N_p:N_s=\left(2\sqrt{3}-2\right):\left(2-\sqrt{3}\right) \qquad (3\text{-}4\text{-}34)$$

长绕组与短绕组的匝数比满足式(3-4-34)，可以由自耦变压器产生两组相位相差30°的三相电压，满足12脉冲整流的要求。

同样，自耦变压整流器也有18脉冲和24脉冲自耦变压整流器。图3.4.17是18脉冲自耦变压整流器，其结构的分析方法和12脉冲相同。

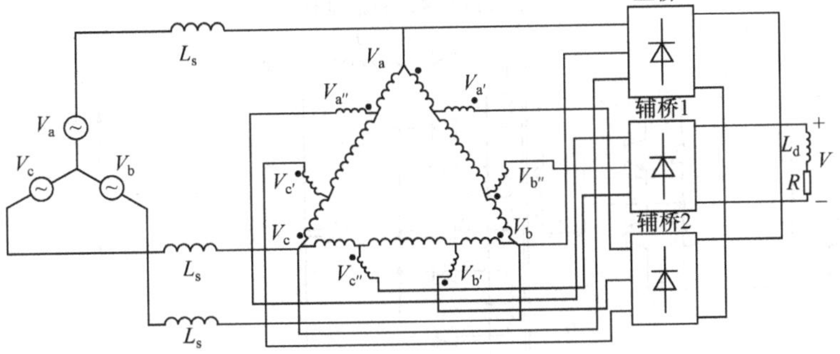

图 3.4.17　18脉冲自耦变压整流器

3.4.4　电子式高频变压整流器

电子式高频变压整流器(HTRU)由输入LC滤波器、输入桥式整流电路、直流滤波电路、高频逆变器、降压变压器和输出整流滤波电路及控制保护电路等构成。它将交流电先转为高压直流电，再逆变为高频交流电，通过高频变压器降压后经整流滤波输出低压直流电。由于逆变器输出频率高，如为20kHz，故变压器体积、重量小。又因逆变器可调节输出电压，故输出电压不受负载和交流电源电压的影响。

图3.4.18(a)是电子式变压整流器原理框图，其控制保护电路由内部电源、基极驱动、脉

宽调制、电压和电流调节器、直流分量限制和温度检测电路及保护电路等构成。

目前装机的飞机电子式变压整流器的逆变器结构有两种类型：半桥式和全桥式。图 3.4.18(b)为全桥式结构，主电路由 4 只晶体管及 4 只二极管构成，一般用于输出电流较大的场合。由于输出整流管单个电流容量的限制，采用三个输出整流电路并联的方式。由于变压器三个副边绕组结构的一致性，能实现三个整流桥电流的均衡分配。由于功率晶体管特性的不一致性，全桥逆变电路输出端有电压直流分量，导致变压器直流磁化。为了防止直流磁化，应设直流分量调节电路。在输出电流不大时，也可在变压器原边绕组电路中串入隔直电容，防止直流磁化。

功率电子装置一般都要限制输出的最大电流，以防功率电子器件过载而损坏。采用电压和电流调节器是实现该目标的重要手段。图 3.4.18(c)是该变压整流器的外特性曲线，在 400A 电流以内，电压调节器工作，使输出电压不因负载电流和电源电压的变化而改变，保持在 28V。电流超过 400A 后，电流与电压调节器同时工作，使输出电压降低，到 600A 时输出电压为 0，从而防止了输出电流的进一步增大。

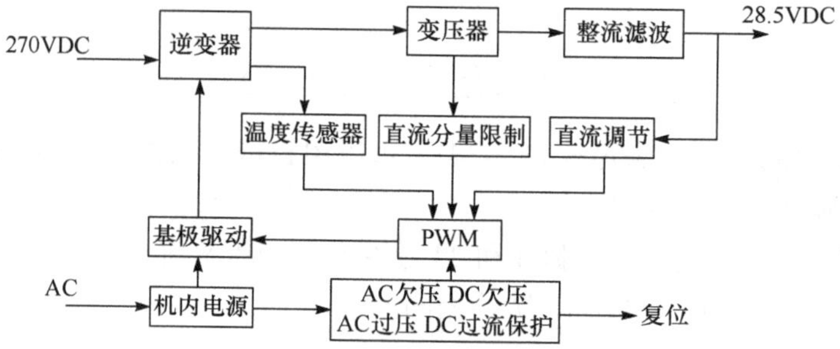

(a) 直流变换部分原理框图

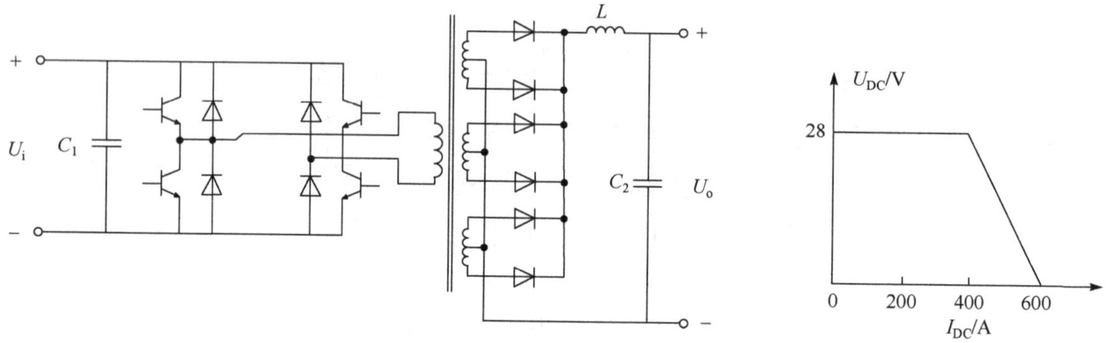

(b) 直流变换器的主电路

(c) 外特性曲线

图 3.4.18　电子式变压整流器直流变换器部分

电子式变压整流器的保护项目有输入交流电压过压保护，欠压及缺相保护，输出过压和过流保护。过流保护是后备保护，在电流调节器失效后工作。

3.4.5　蓄电池充电器

蓄电池充电器的构成和工作原理与电子变压整流器基本相同，不同的地方有：①充电器的容量一般较小，在 1kW 左右，故逆变桥可用半桥式结构；②控制方式主要为恒流工作控制，故输出电压决定于蓄电池充电程度。

飞机蓄电池除需地面定期容量检测和维护外，飞行中还需持续充电以保证始终处于满电状态。在早期的以低压直流电源为主电源的飞机上，大都采用铅酸蓄电池，并将蓄电池直接连接在直流汇流条上给蓄电池充电，即采用恒压充电方式充电。在以交流电源为主电源的现代飞机上，一般都采用碱性蓄电池，且都装有专用蓄电池充电器。蓄电池充电器有两种基本形式，一种是充电器只有恒压充电模式，另一种充电器具有恒流和恒压两种充电模式。

恒压式蓄电池充电器在整个充电过程中电压都保持恒定，但碱性蓄电池长期进行恒压充电时，容易造成蓄电池热击穿和容量失效，这也是碱性蓄电池(主要指镍镉蓄电池)的固有特性。当碱性蓄电池长期进行恒压充电时，有时会出现蓄电池电压不上升反而下降的情况，使充电电流不断上升，蓄电池产生过热而烧坏，甚至发生火灾。因此，这种充电器必须具有良好的蓄电池超温保护功能和限流功能。目前，现代飞机上采用的蓄电池充电器一般具有恒流和恒压两种充电模式，有些充电器还具有变压整流器工作模式，TR 模式的输出电压也是 27.75V，可代替 TRU 向直流汇流条供电。下面重点介绍这种充电器。

例如，一种 38A 蓄电池充电器的主要技术数据为：输入三相 400Hz、105～122VAC，满载相电流为 7.5A；恒流充电工作模式，充电电流(38±2)A，充电电压 20～36VDC；恒压充电工作模式，充电电压(27.75±0.3)VDC，充电电流 0～(38±2)A；变压整流器工作模式，输出电压(27.75±0.3)VDC，电流 0～(64±1)A。正常过充电时间等于基本充电时间的 5%，大容量过充电时间为基本充电时间的 10%。变换效率不小于 82%。三种模式之间可以自动或人工转换。

图 3.4.19 为蓄电池充电器内部框图。

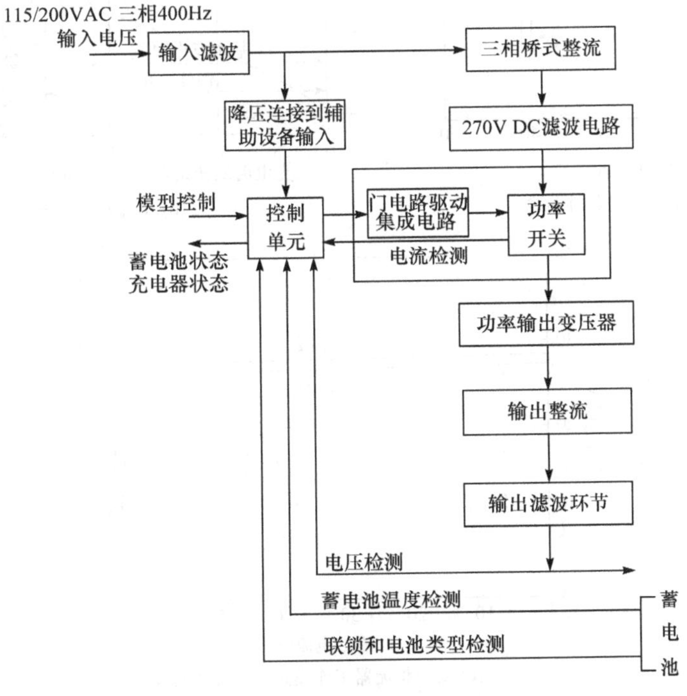

图 3.4.19　蓄电池充电器内部框图

图 3.4.20 是充电器的特性曲线。图 3.4.20(a)是恒流充电特性，充电电压变化时电流基本上不变，左边特性对应于交流电源电压较高时，右边特性对应于较低的电源电压；图 3.4.20(b)是恒压充电特性，即充电电压与充电时间的曲线，随着充电时间的增长，充电电压升高。在基本充电时间的后期，电池已接近充满电，故充电电压急剧升高。电压达 31V 时，转入过充电工作区段，此时充电电压进一步升高，此段时间较短，然后转入恒压工作区间；图 3.4.20(c)是变压整流器工作模式时的外特性曲线，此曲线分为两段，即恒压工作段和限流工作段。在限流工作段，输出电压随电流的增加而迅速减小，以免功率电子器件损坏。

由以上分析可知，充电器刚起动充电模式时，先采用恒流充电方式，当蓄电池电压达到转折电压时，充电器自动转换到恒压充电模式。恒压充电模式主要用于给蓄电池浮充电(top charging)，向热蓄电池汇流条供电。

当符合下列情况之一时，蓄电池充电器自动进入恒流充电模式。

(1)蓄电池电压低于 23V 时；

(2)蓄电池充电器刚通电时；

(3)蓄电池充电器输入电源中断 0.5s 以上时。

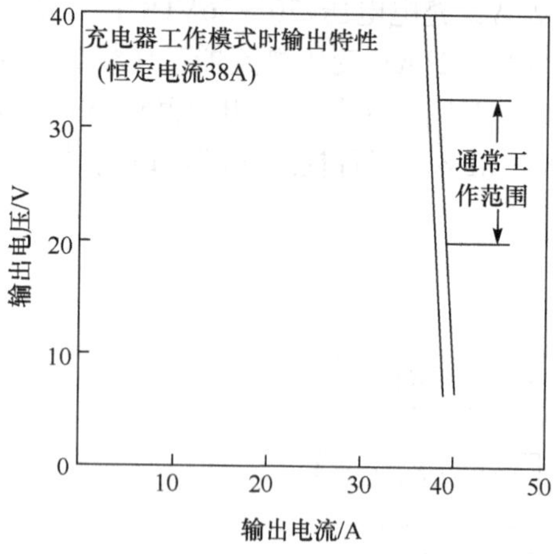

(a) 恒流充电时外特性曲线

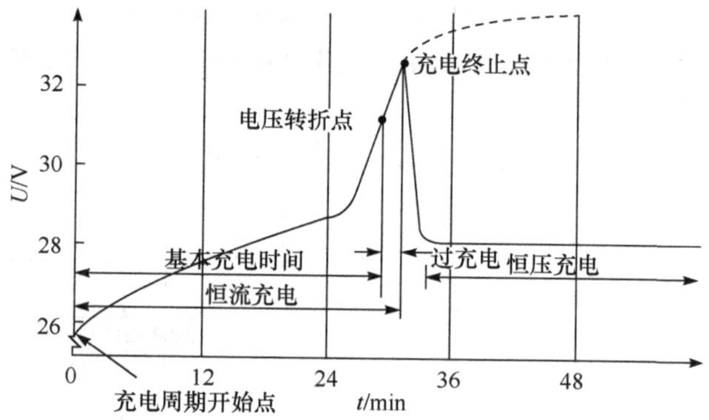

(b) 恒流和恒压充电电压曲线

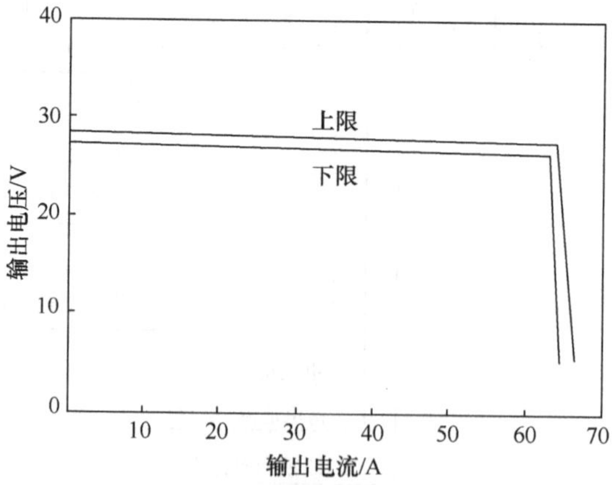

(c) 变压整流器工作模式时外特性曲线

图 3.4.20　蓄电池充电器工作特性

充电转折电压值随蓄电池型号和温度的不同而不同，一般在室温下的转折值为 31.4V，当温度降低时，转折电压值升高。转折电压值由蓄电池充电器根据蓄电池温度计算得出。

在下列情况下，充电器将直接转换到变压整流模式给飞机直流电网供电(这时的飞机电网有电，如由地面电源供电，因此蓄电池充电器有交流输入)。

(1) APU 起动；

(2) 备用汇流条选择开关置蓄电池位；

(3) 飞机处于自动着陆模式。

在下列情况下，充电器将停止向蓄电池充电，其控制示意图如图 3.4.21 所示。

(1) 蓄电池温度过高；

(2) 充电器过载；

(3) 在 APU 起动时。

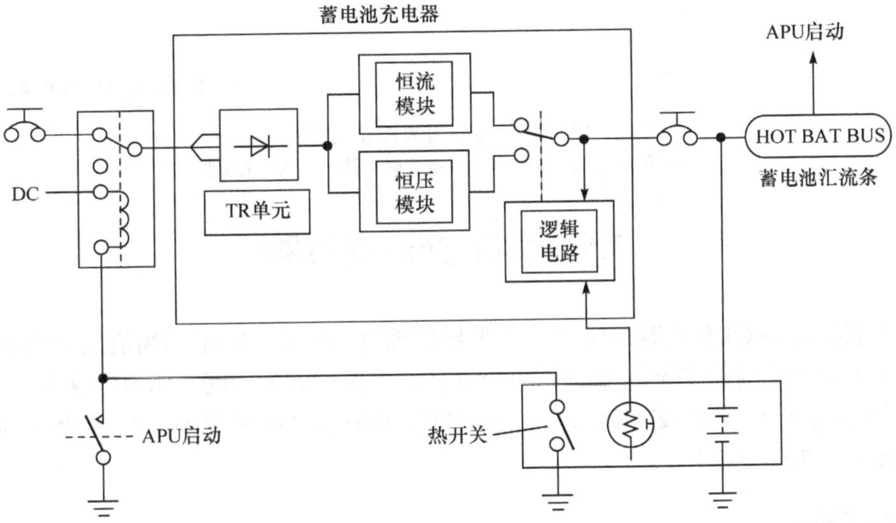

图 3.4.21　蓄电池充电器控制示意图

3.4.6　具有功率因数校正的整流电源

不少机载设备内部电源用于将 400Hz 交流电转化为直流电，并经稳压后供设备使用。它的基本构成为输入电源变压器、整流桥、直流滤波和输出稳压电路。直流滤波电路常为电容滤波电路。这种整流滤波方式的主要缺点是：①电源功率因数低，一般仅 0.65；②电流中谐波含量大，使输入电源波形失真；③通过整流管的电流峰值大，使整流管和滤波电容负担加重。

图 3.4.22(a)是具有功率因数校正的整流电路原理图，它由主电路和检测控制电路两部分构成。主电路由单相整流桥和升压式直流变换器电路构成。检测控制电路包括 3 个检测电路、2 个调节器和 1 个乘法器。3 个检测电路为整流后脉动直流电压检测、输出直流电压检测和电感电流检测。电压调节器、乘法器和电流调节器组成电流电压双闭环调节系统。该电路的功用为：①使整流桥前的电源电流波形为正弦波；②使电源电流与电源电压同相，电源功率因数接近于 1；③使输出直流电压恒定，基本上与负载变化及电源电压波动无关。

如果电流调节器的给定信号波形和整流后直流电压波形一致(此波形是未经滤波的)，则电感电流波形也必与整流后直流电压一样，为半个正弦波。对交流侧而言，就是正弦电流，且电流相位和电压一致。乘法器的作用就是将电压调节器输出的电流给定信号和整流电压信号相乘，得到幅值由电压调节器输出决定的正弦电流给定信号。

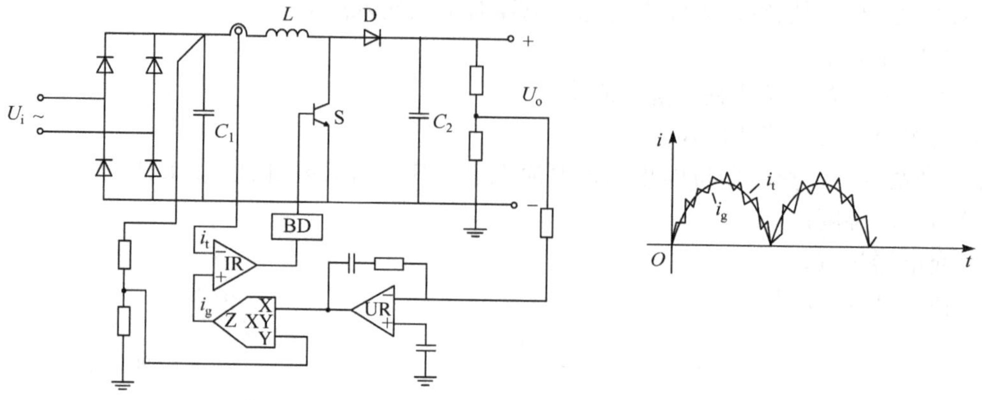

(a) 电路原理图　　(b) 电流给定i_g和反馈电流i_t

图 3.4.22　具有功率因数校正的整流电路

BD-驱动电路；IR、UR-电流电压调节器；Z = XY-乘法器

3.5　交流-交流变换器

交流-交流（AC-AC）变换器是应用功率半导体器件，将某一频率和幅值的交流电能转换成同一或另一频率和幅值的交流电能的一种变流装置。按照有无中间直流环节来分，AC-AC 变换器可分为交-直-交型和交-交型两大类。交-交型变速恒频电源系统中的交-交型变换器主要采用循环变换器和矩阵变换器。

3.5.1　循环变换器

图 3.5.1 为采用 6 相发电机时循环变换器一相的主电路，变换器由四组三相半波整流电路、相间电抗器 IPT 和电感电容滤波器等组成。晶闸管 TH_1、TH_2、TH_3 构成正一组 P_1，TH_7、TH_8、TH_9 构成负一组 N_1，这两组形成一个反并联电路。同样，TH_4、TH_5、TH_6 为正二组 P_2，TH_{10}、TH_{11}、TH_{12} 为负二组 N_2，两者也接成反并联。两正组与两负组间由相间变压器 IPT_1 与 IPT_2 隔开，每组为一零式可控整流电路，四组构成一相，输出滤波器由电机、相间变压器的漏抗和电容组成。三个相同的单相电路构成三相四线制输出。故 6 相系统主电路中有 36 只晶闸管，6 只相间变压器和 3 组滤波电容。如果用 9 相发电机，则三相输出需要 54 只晶闸管。

因各可控整流组有输出电压调节功能，故可对每组输出相电压进行单独调节，从而使调压精度和三相电压对称性较好。

反并联电路有两种工作方式：无环流和有环流。无环流工作时，只触发通过负载电流的那组晶闸管，正向电流时触发正组、反向电流时触发负组，任何时刻仅一组晶闸管工作。无环流工作不能保证电流在任何情况下连续。电流断续情况下，输出电压与控制电压不再为线性关系，输出电压畸变加大，因此交-交型变速恒频电源的变换器一般不用这种工作方式。

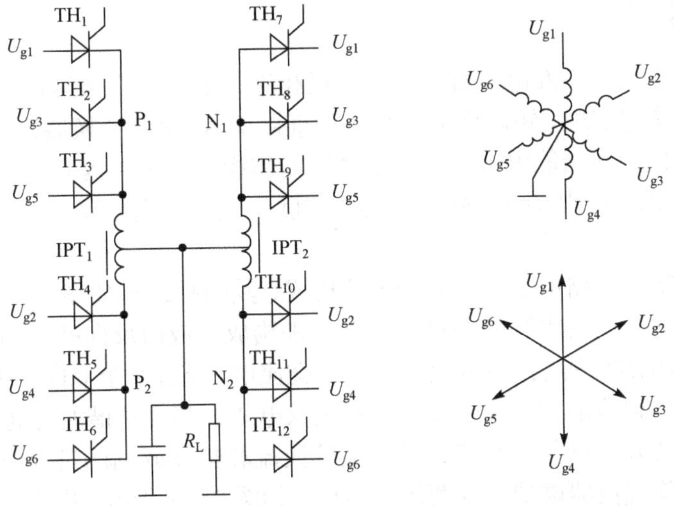

(a) 电机绕组　　　　(b) 电压矢量图

图 3.5.1　6 相发电机的循环变换器主电路

对于有环流工作，正负组同时加触发信号。为使两组输出电压相等，应有

$$\alpha_{\mathrm{p}}+\alpha_{\mathrm{N}}=180^{\circ} \tag{3-5-1}$$

式中，α_{P}为正组相移角；α_{N}为负组相移角。因两组输出电压平均值相等，组间没有直流环流或交流基波环流。但两电压瞬时值不同，故引起脉动环流，此环流使之处于电流连续工作状态，环流的大小由相间电抗器限制。

交-交变换器的工作与它的负载性质有关。纯电阻负载，电流与电压同相，电流的正半周由正组供电，负组为待逆变状态，电流的负半周由负组供电，正组待逆变，正负组间有环流。电感电阻性负载，电流滞后于电压。在电流正半周，电压与电流同方向时，正组在整流状态工作；两者反方向时，正组在逆变状态工作，储于负载中的能量通过正组返回电源。在电流负半周，视电压与电流方向的同异，负组也有整流与逆变两种工作状态。

交-交变换器输出电压谐波有两种：自然谐波和人为谐波。前者由循环变换器工作原理产生，谐波的频率为$f_{\mathrm{g}}/f_0\cdot\varphi\pm k$，式中，$f_{\mathrm{g}}$、$f_0$为发电机频率和变换器的输出频率，$\varphi$为电机相数，$k$=1, 3, 5, 7, …。谐波频率呈现出从中心频率向两侧扩展的现象。例如，当f_{g}/f_0=3，$\varphi=6$时，中心频率为 3×6=18 次，实际谐波 k=1 时为 17 和 19 次，k=3 时为 15 和 21 次，k=5 时为 13 和 23 次，…。当f_{g}/f_0=6，$\varphi=6$时，中心频率为 36 次，实际谐波为 35、37 次，33、39 次，31、41 次，…。谐波的幅值决定于调制比，即参考电压 U_{r}和同步电压 U_{s}的有效值之比$\gamma=U_{\mathrm{s}}/U_{\mathrm{r}}$。$\gamma$不同，各次谐波幅值大小不同。离中心频率越远，谐波幅值越小。因此交交变换器输出电压中的低次谐波是较小的。

由移相控制不正确和主电路结构不对称造成的人为谐波的次数则较低，并且有大量非整数倍谐波分量，它们不易被滤波器滤除，因此要采用电压负反馈。即将输出电压的一部分反馈到输入。电压负反馈不仅可以减小输出电压中谐波和非整数倍谐波分量，还有助于减小变换器的输出阻抗。

3.5.2 矩阵变换器

变速恒频电源系统中，发电机直接与发动机相连，工作于变速运行状态，为实现恒频输出需要通过功率变换器实现。矩阵变换器是一种直接型 AC-AC 变换器，能实现正弦的输出电压和输入电流，而且无须储能电容，降低了系统的体积、重量，提高了功率密度。因此矩阵变换器具备优异的输入/输出特性、较高的功率密度，成为变速恒频电源系统中功率变换器的重要选择。

矩阵变换器主功率电路由 9 个双向开关管构成，其拓扑结构如图 3.5.2 所示。双向开关管可由共集电极或共射极反向串联的一对 IGBT 器件构成，或由反向并联的逆阻 IGBT(reverse blocking IGBT，RB-IGBT)构成。发电机输出变频交流电，经过 9 个双向开关单元的高频 PWM 调制，在输出侧能得到给定频率和幅值的三相正弦电压，其高频谐波可通过滤波器滤除。

由于矩阵变换器开关管数量众多，其开关管换流和整体调制的过程较为复杂。一种常用的简化方式是将矩阵变换器虚拟化为两级式结构，如图 3.5.3 所示，虚拟整流级将三相输入电压变换为直流电压，而虚拟逆变级将直流电压转化为三相交流电压输出。虚拟整流级和逆变级的整体开关管状态可分别使用一个 2×3 矩阵 $\boldsymbol{S}_\mathrm{r}$ 和一个 3×2 矩阵 $\boldsymbol{S}_\mathrm{i}$ 表示，如下：

$$\boldsymbol{S}_\mathrm{r}=\begin{bmatrix} S_\mathrm{pa} & S_\mathrm{pb} & S_\mathrm{pc} \\ S_\mathrm{na} & S_\mathrm{nb} & S_\mathrm{nc} \end{bmatrix} \qquad \boldsymbol{S}_\mathrm{i}=\begin{bmatrix} S_\mathrm{up} & S_\mathrm{un} \\ S_\mathrm{vp} & S_\mathrm{vn} \\ S_\mathrm{wp} & S_\mathrm{wn} \end{bmatrix} \tag{3-5-2}$$

式中，矩阵中的各个元素值为 1 或 0，表示对应开关管的开通和关断状态。

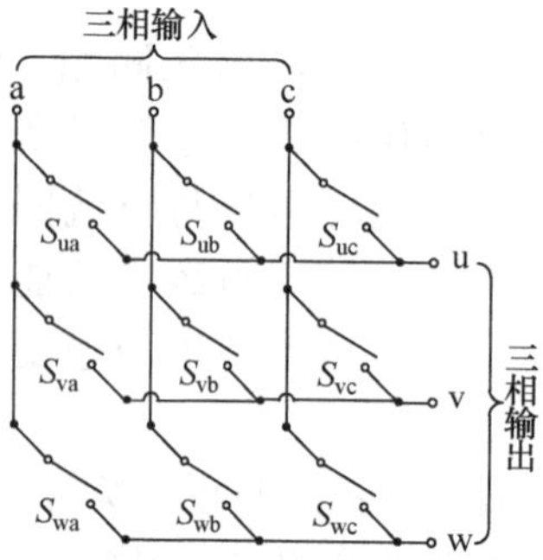

图 3.5.2 3×3 矩阵式变换器

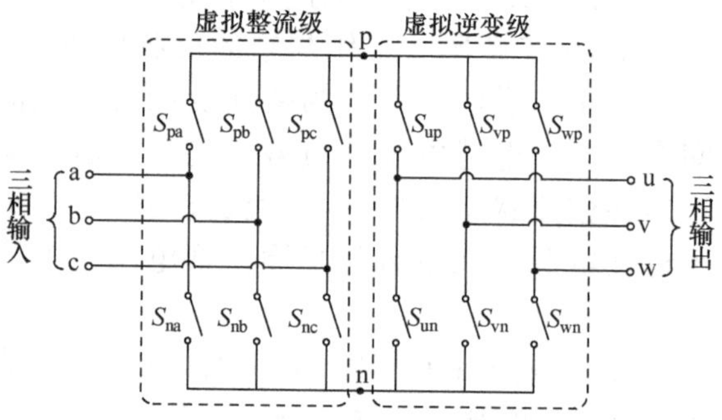

图 3.5.3 矩阵变换器虚拟化为两级式结构

矩阵变换器实际的 3×3 拓扑结构的开关状态则可表示为 $\boldsymbol{S}_\mathrm{i}$ 与 $\boldsymbol{S}_\mathrm{r}$ 的乘积，如下：

$$\boldsymbol{S}_\mathrm{MC}=\begin{bmatrix} S_\mathrm{ua} & S_\mathrm{ub} & S_\mathrm{uc} \\ S_\mathrm{va} & S_\mathrm{vb} & S_\mathrm{vc} \\ S_\mathrm{wa} & S_\mathrm{wb} & S_\mathrm{wc} \end{bmatrix}=\begin{bmatrix} S_\mathrm{up} & S_\mathrm{un} \\ S_\mathrm{vp} & S_\mathrm{vn} \\ S_\mathrm{wp} & S_\mathrm{wn} \end{bmatrix}\begin{bmatrix} S_\mathrm{pa} & S_\mathrm{pb} & S_\mathrm{pc} \\ S_\mathrm{na} & S_\mathrm{nb} & S_\mathrm{nc} \end{bmatrix}=\boldsymbol{S}_\mathrm{i}\boldsymbol{S}_\mathrm{r} \tag{3-5-3}$$

矩阵变换器实现 AC-AC 变换过程中，通常输入侧接入电压源，输出侧负载视为电流源，因此 $\boldsymbol{S}_\mathrm{MC}$ 发生状态切换时，必须保证输入侧不发生短路，而输出侧不能出现开路，使得控制开关之间的切换存在较大的难度，因此为消除开关切换过程中出现的短路或者开路现象，矩阵变换器控制过程中一般需要采用基于电压方向或电流方向判断的四步换流策略，以实现开关管状态的安全切换，但是该换流策略在电压或电流瞬时值接近于零时，容易出现方向判断错误，仍然存在一定的风险。

将虚拟的两级式结构实体化，并限定直流母线的电压方向不变，可以形成图 3.5.4 所示的双级矩阵变换器拓扑结构。这种结构继承了传统矩阵变换器高效率和高功率密度等优势，同时可以有效降低换流难度，能实现部分开关管的零电流通断，系统实现也更为简单。

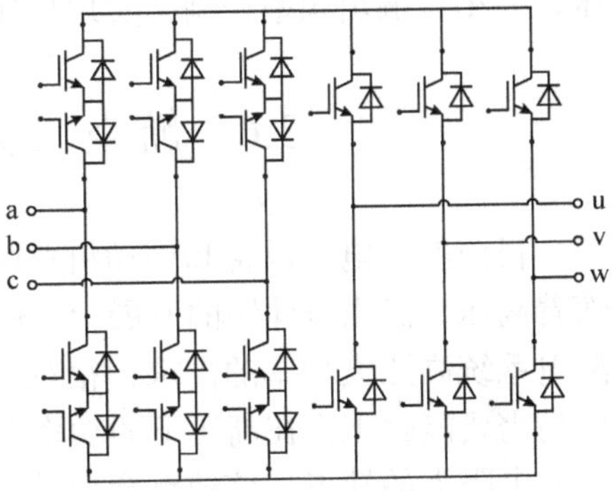

图 3.5.4　双级矩阵变换器拓扑结构

单级式与双级式矩阵变换器的控制策略基本相通，均可通过实时调节开关状态矩阵 $\boldsymbol{S}_{\mathrm{i}}$ 与 $\boldsymbol{S}_{\mathrm{r}}$ 中各元素的值来实现。假设三相输入相电压和三相输出相电流分别为

$$\begin{bmatrix} u_{\mathrm{a}} \\ u_{\mathrm{b}} \\ u_{\mathrm{c}} \end{bmatrix} = U_{\mathrm{im}} \begin{bmatrix} \sin(\omega_{\mathrm{i}} t) \\ \sin(\omega_{\mathrm{i}} t - 2\pi/3) \\ \sin(\omega_{\mathrm{i}} t + 2\pi/3) \end{bmatrix} \qquad \begin{bmatrix} i_{\mathrm{u}} \\ i_{\mathrm{v}} \\ i_{\mathrm{w}} \end{bmatrix} = I_{\mathrm{om}} \begin{bmatrix} \sin(\omega_{\mathrm{o}} t + \varphi_{\mathrm{L}}) \\ \sin(\omega_{\mathrm{o}} t + \varphi_{\mathrm{L}} - 2\pi/3) \\ \sin(\omega_{\mathrm{o}} t + \varphi_{\mathrm{L}} + 2\pi/3) \end{bmatrix} \tag{3-5-4}$$

式中，ω_{i} 和 ω_{o} 分别为输入和输出角频率；U_{im} 为输入电压幅值；I_{om} 为输出电流幅值；φ_{L} 为负载功率因数角。

通过调制，令矩阵 $\boldsymbol{S}_{\mathrm{i}}$ 与 $\boldsymbol{S}_{\mathrm{r}}$ 在调制周期内的平均值分别如下：

$$\boldsymbol{S}_{\mathrm{r}} = \frac{m_{\mathrm{r}}}{2} \begin{bmatrix} \sin(\omega_{\mathrm{i}} t - \varphi_{\mathrm{i}}) & \sin(\omega_{\mathrm{i}} t - \varphi_{\mathrm{i}} - 2\pi/3) & \sin(\omega_{\mathrm{i}} t - \varphi_{\mathrm{i}} + 2\pi/3) \\ -\sin(\omega_{\mathrm{i}} t - \varphi_{\mathrm{i}}) & -\sin(\omega_{\mathrm{i}} t - \varphi_{\mathrm{i}} - 2\pi/3) & -\sin(\omega_{\mathrm{i}} t - \varphi_{\mathrm{i}} + 2\pi/3) \end{bmatrix} \tag{3-5-5}$$

$$\boldsymbol{S}_{\mathrm{i}} = \frac{U_{\mathrm{om}}^*}{m_{\mathrm{r}} \cos\varphi_{\mathrm{i}} U_{\mathrm{im}}} \begin{bmatrix} \sin(\omega_{\mathrm{o}} t) & -\sin(\omega_{\mathrm{o}} t) \\ \sin(\omega_{\mathrm{o}} t - 2\pi/3) & -\sin(\omega_{\mathrm{o}} t - 2\pi/3) \\ \sin(\omega_{\mathrm{o}} t + 2\pi/3) & \sin(\omega_{\mathrm{o}} t + 2\pi/3) \end{bmatrix} \tag{3-5-6}$$

式中，m_{r} 表示整流级的调制比；U_{om}^* 表示期望输出电压的幅值。

由此可得输出电压和输入电流的表达式如下：

$$\begin{bmatrix} u_{\mathrm{u}} \\ u_{\mathrm{v}} \\ u_{\mathrm{w}} \end{bmatrix} = \boldsymbol{S}_{\mathrm{i}} \boldsymbol{S}_{\mathrm{r}} \begin{bmatrix} u_{\mathrm{a}} \\ u_{\mathrm{b}} \\ u_{\mathrm{c}} \end{bmatrix} = U_{\mathrm{om}}^* \begin{bmatrix} \sin(\omega_{\mathrm{o}} t) \\ \sin(\omega_{\mathrm{o}} t - 2\pi/3) \\ \sin(\omega_{\mathrm{o}} t + 2\pi/3) \end{bmatrix} \tag{3-5-7}$$

$$\begin{bmatrix} i_{\mathrm{a}} \\ i_{\mathrm{b}} \\ i_{\mathrm{c}} \end{bmatrix} = \boldsymbol{S}_{\mathrm{r}} \boldsymbol{S}_{\mathrm{i}} \begin{bmatrix} u_{\mathrm{a}} \\ u_{\mathrm{b}} \\ u_{\mathrm{c}} \end{bmatrix} = \frac{U_{\mathrm{om}}^* I_{\mathrm{om}} \cos\varphi_{\mathrm{L}}}{U_{\mathrm{im}} \cos\varphi_{\mathrm{i}}} \begin{bmatrix} \sin(\omega_{\mathrm{i}} t - \varphi_{\mathrm{i}}) \\ \sin(\omega_{\mathrm{i}} t - \varphi_{\mathrm{i}} - 2\pi/3) \\ \sin(\omega_{\mathrm{i}} t - \varphi_{\mathrm{i}} + 2\pi/3) \end{bmatrix} \tag{3-5-8}$$

由式(3-5-8)可知，通过调节 U_{om}^* 和 ω_{o}，即可实现输出电压的调压和调频控制，同时能够获得正弦的输入电流，输入电流的幅值则取决于输出电流幅值大小及其相位。

矩阵变换器输出侧电压的闭环控制与普通逆变器的三相输出电压控制相似，但由于矩阵变换器的输入侧和输出侧的耦合程度较高，没有传统交-直-交变流器中间的能量存储环节，使得输出电压较易受到输入电压波动的干扰，控制难度略高，在变速恒频电源系统中通常需要在前级发电机的调压器实现电压闭环控制的基础上，对矩阵变换器采用恒调制比控制输出电压，并结合输出频率控制，实现恒压恒频交流电输出。

3.6 航空二次电源中的新型电力电子器件

目前航空电子设备和作动机构的电力电子变换器大多采用硅材料制作的电力电子器件。随着高压直流供电体制的发展，传统的基于 Si 材料的电力电子器件已不能满足多/全电飞机供配电系统高压大功率的需求，很难再大幅提升硅基电力电子装置的性能。电源电压额定值的提高需要能够工作在高压下的功率器件，基于 Si 材料的功率 MOSFET 在高压(>600V)下存在导通电阻大的缺点。该缺点会导致二次电源效率降低，散热难度加大，也无法满足未来电能变换和分配装置高功率密度、高效率、高可靠性方面的需求。此外为提高二次电源的功率密度，需要提高变换器的开关频率，而传统的 Si 功率器件开关损耗较大，且开关速度不能满足高频工作的要求，这限制了变换器开关频率的提升。而新型宽禁带功率器件具有优越的开关工作特性，在满足耐高压前提下保持较小的导通电阻，并为二次电源变换器的功率密度的提升提供可能性。

以 SiC 和 GaN 为代表的第三代宽禁带半导体器件比硅器件具有更优的器件性能，具有宽带隙、高饱和漂移速度、高临界击穿电场等突出优点，成为电力电子器件新的研究方向。与常规的 Si 功率器件相比，SiC 和 GaN 功率器件具有更大的禁带宽度，故在同样耐压等级下拥有更小的裸片面积，从而减小寄生电容，能明显提高功率器件的开关速度。此外，由于宽禁带材料载流子速度更快，导通电阻小，能实现更小的开关损耗。SiC 器件耐高温，散热容易，适用于高压大电流场合；而 GaN 功率器件特有的高电子迁移率晶体管(HEMT)结构中包含二维电子气(2DEG)，使得其有效电子迁移率最高，开关速度更快，可以达到非常高的开关频率。宽禁带半导体是大功率、高温、高频、抗辐射应用场合下极为理想的半导体材料。

3.6.1 碳化硅电力电子器件

随着电子技术的迅猛发展，以及人们对降低环境负荷要求的日益提高，硅半导体材料制成的功率半导体器件不再能够满足极端工作条件(高温、高频、大功率、强辐射)下的要求。因此继第一代和第二代半导体材料以后，SiC、GaN 等第三代宽禁带隙高温半导体材料受到了越来越多的关注。表 3.6.1 是主要半导体材料的物理特性参数。

表 3.6.1 常用半导体材料的物理特性参数

材料物理特性参数	带隙/eV	相对介电常数	绝缘击穿场强/($MV\cdot cm^{-1}$)	电子饱和漂移速度/($10^7cm\cdot s^{-1}$)	电子迁移率/($cm^2\cdot V^{-1}\cdot s^{-1}$)	热导率/($W\cdot cm^{-1}\cdot K^{-1}$)
Si	1.12	11.90	0.30	1.00	1500	1.50
GaAs	1.43	13.10	0.40	1.00	8500	0.46
6H-SiC	3.03	9.66	2.50	2.00	500	4.90
4H-SiC	3.26	10.10	2.20	2.00	1000	4.90
GaN	3.39	9.00	2.00	2.20	1250	1.30
金刚石	3.45	5.50	1.00	2.70	2200	22.00

SiC 材料主要有以下优点：

(1)3 倍于 Si 的禁带宽度。降低了 SiC 器件的泄漏电流，使其具有抗辐照特性，尤其适合应用在航天领域。此外由于 SiC 材料耐高温，SiC 功率器件在高温场合具有独特的优势。理论上，SiC 功率器件的安全工作温度可达 500℃以上，远远超过 Si 功率器件的允许工作温度。

(2)10 倍于 Si 的绝缘击穿场强。提高了 SiC 功率器件的耐压容量，大大降低了器件的导通损耗。

(3)2 倍于 Si 的电子饱和漂移速度。制成的 SiC 功率器件可以工作在更高频率。

(4)3 倍于 Si 的热导率。优良的散热性，有助于提高功率密度和集成度。

可见 SiC 材料具有 Si 材料所无可比拟的性能优势，其制成的 SiC 功率管更适用于高温、高压、大功率等恶劣环境，能够满足电力电子技术迅猛发展的需要以及人们对降低环境负荷的要求。并且其突出的抗辐照性能，尤其适合空间站、卫星等航天器应用。SiC 半导体材料和器件发展过程示意图如图 3.6.1 所示。

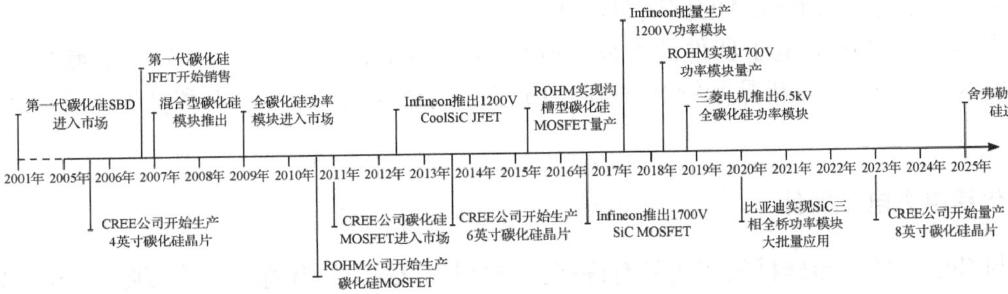

图 3.6.1　SiC 半导体材料和器件发展过程示意图

现有的 SiC 功率半导体器件的主要生产公司有 CREE、Infineon、ROHM 等，目前发展较为成熟的 SiC 器件主要有 SiC Diode、SiC JFET、SiC MOSFET、SiC BJT。SiC 功率器件的商用产品主要集中在 600～1200V 的电压等级。然而，北卡罗来纳州立大学、CREE 公司、Powerex、GE、瑞士苏黎世联邦理工学院等也有对超高压 SiC 功率管的研究。表 3.6.2 罗列了近年来各类 SiC 二极管的各项性能比较。

表 3.6.2　SiC 二极管的通态电阻及阻断电压

器件	U_{BD}/kV	R_{on}/(mΩ · cm²)	(U_{BD}^2/R_{on})/(MW/cm²)
肖特基势垒二极管	4.9	43.0	558
结型势垒二极管	2.8	8.0	980
PN 结二极管	4.5	42.0	482
	19.5	65.0	5850
	2.9	8.0	1051
肖特基势垒二极管	40.0	97.5	1025
	4.2	9.1	1938
结型势垒二极管	1.0	3.0	333

SiC 功率金属氧化物半导体场效晶体管能够兼顾高阻断电压和低通态比电阻。同时采用

栅增强功率结构设计，可以进一步提高阻断电压，降低通态比电阻。近年来人们对结型场效应晶体管的结构做了很多改良，减少了常规工艺流程中的碳化硅外延生长这道高难度工序，同时在器件结构中取消了横向结型场效应晶体管栅，从而使器件的通态比电阻有所下降，使得场效应器件品质因子也获得了提高。

碳化硅也可以制造阻断电压很高的双极性器件，如 PN 结二极管和晶闸管等。与肖特基势垒二极管相比，PN 结二极管更容易提高阻断电压和经受大电流冲击的能力。由于没有大面积芯片可用，一些高压 4H-SiC PN 结二极管器件的正向电流较小。开发碳化硅双极晶体管的关键在于提高电流增益，采用外延层作基区，用离子注入形成发射极的方法可以提高电流的增益，同时采用达林顿结构会获得更高的电流增益。采用碳化硅材料的晶闸管能兼顾开关频率、功率和温度，在阻断电压超过 3000V 的时候，碳化硅晶闸管的通态电流密度则会更高，因此更适合于交流开关方面的应用。

由于航天应用场合多高能离子的特殊性，应用在航天领域的设备及器件均需具有抗辐照要求，而 SiC 功率器件具有优良的抗辐照特性。

随着高压碳化硅电力电子器件的发展，截至 2025 年，已经研发出 21.7kV 的碳化硅二极管，22.1kV 的门极可关断晶闸管(GTO)，15.5kV 的碳化硅 MOSFET 和 27kV 的碳化硅 IGBT 等。

3.6.2 氮化镓电力电子器件

GaN 与 SiC 一样，与硅材料相比具有许多优良特性，GaN 具有宽的直接带隙、强的原子键、高的热导率、化学稳定性好(几乎不被任何酸腐蚀)等性质和强的抗辐照能力，但是由于它最初必须用蓝宝石或 SiC 晶片作衬底材料制备，限制了其快速发展。后来，它在 LED 照明应用市场的有力推动下，GaN 异质结外延工艺技术的发展产生了质的飞跃，2012 年 GaN-on-Si 外延片问世，为 GaN 材料及器件大幅度降低成本开辟了广阔的道路。图 3.6.2 为 GaN 半导体材料和器件发展过程示意图。

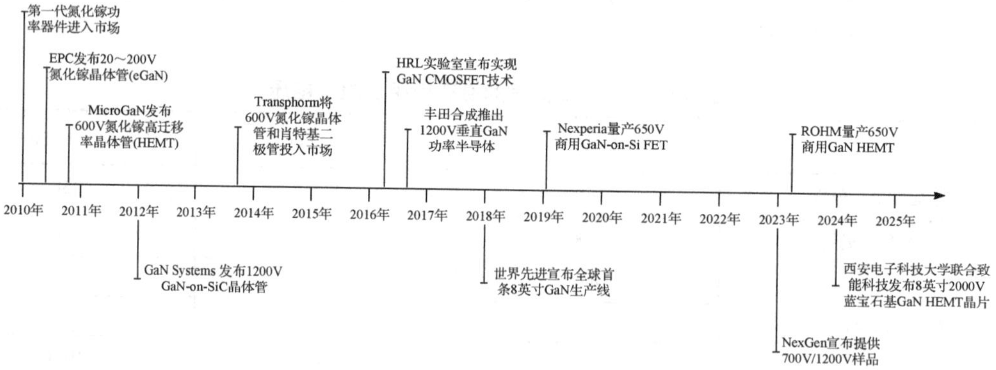

图 3.6.2　GaN 半导体材料和器件发展过程示意图

由于 GaN 器件只能在异质结材料上制造，所以其只能制作横向结构的电力电子器件，耐压很难超过 1kV。因此，在低压应用要求较苛刻的场合可能会与硅基电力电子器件形成竞争态势。从目前发展情况来看，最有前途的 GaN 电力电子器件是增强型氮化镓功率 MOSFET，它的结构示意图如图 3.6.3 所示，其与横向 Si MOSFET 结构完全相同，但由于 GaN 更加优异的电气特性，其具有低的热产生率和高的击穿电场。

用 eGaN MOSFET（增强型氮化镓功率管）及用 Cool MOS 制成的 DC-DC 变流器电源电压-效率-工作频率比较如图 3.6.4 所示，在 48V 供电电压下，在 300～800kHz 频率范围用 eGaN MOSFET DC-DC 变流器效率可以提升 6%～8%。

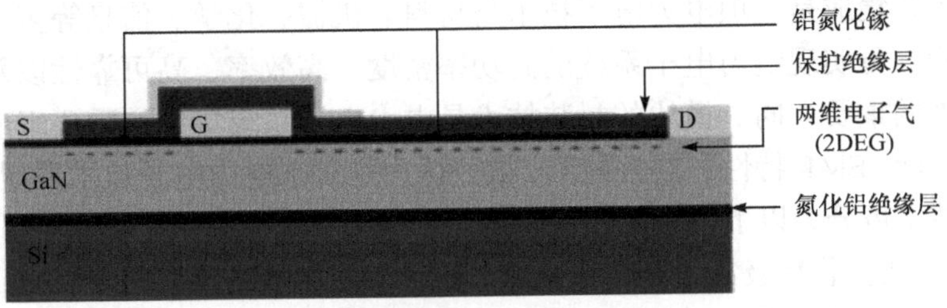

图 3.6.3　GaN-on-Si 增强性氮化镓功率 MOSFET 结构示意图

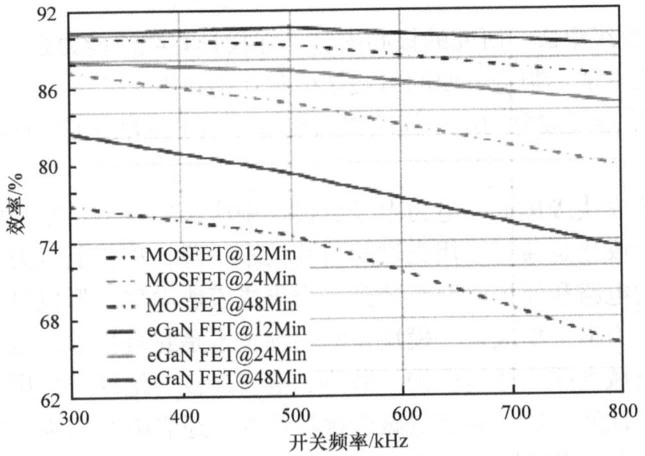

图 3.6.4　不同器件构成的 DC-DC 变换器的比较

现有的 GaN 功率半导体器件的主要生产公司有 Panasonic、Transphorm、GaN Systems 等。表 3.6.3 列举了五个 600V 左右的器件的主要特性。

表 3.6.3　不同厂家的 GaN 晶体管的特性对比

公司	Panasonic	Transphorm		GaN Systems	
型号	PGA26C09DV	TPH3006	TPH3205	GS66506T	GS66508T
V_{ds}/V	600V	600V	650V	650V	650V
I_d/A	15	17	34	22.5	30
R_{ds_on}(Typ.@25℃)/mΩ	54@3V-Vgs	150@8V-Vgs	63@8V-Vgs	67@6V-Vgs	50@6V-Vgs
Q_g/nC	8@3.5V-Vgs	6.2@4.5V-Vgs	10@4.5V-Vgs	4.4@7V-Vgs	5.8@7V-Vgs
FOM/(Q_g×R_{ds_on})	432	930	630	294.8	290
尺寸(L×w×h)/mm	7.9×7.9×1.15	7.9×7.9×1.7	25×15.5×5	5.6×4.5×0.54	6.9×4.5×0.54
封装	PQFN	PQFN	TO247	GaNpx	GaNpx

3.7 航空二次电源中的集成电力电子模块封装

3.7.1 集成电力电子模块

电力电子系统集成是一项电力电子技术与材料、机械、化学、信息等多学科边缘交叉渗透的综合性工程，可实现电力电子系统的高功率密度、高效率、高可靠性以及低成本，是电力电子技术发展的重要方向。模块的封装技术是电力电子系统集成的重要组成部分，直接影响模块的电气性能、EMI 特性和热性能等，被公认为是未来电力电子技术发展的核心推动力。电力电子集成技术可分为以下几个层次：

(1) 芯片级集成。芯片级集成是将主电路、驱动、控制电路及其他附属电路都集成在一个芯片上，这实际上是微电子领域的集成电路技术在电力电子领域的延伸。这种技术适用于小功率场合。

(2) 电力电子模块级集成。研究的核心内容是寻找具有载流能力强、寄生参数小、可靠性高、传热能力强和成本低、制造方便的封装结构和互连技术。

(3) 系统集成。采用集成电力电子模块来封装电力电子标准模块(子系统)，继而封装电力电子集成系统。

其中，电力电子模块级集成在电力电子变换器中应用广泛，是未来电力电子变换器的发展方向，模块化、集成化是通过采用先进的封装技术手段，将目前电力电子装置中的功率器件、驱动电路、控制电路和保护电路封装到一个集成模块内部，形成具有部分或完整功能且相对独立的单元。电力电子集成化、模块化的关键技术是封装技术，电力电子封装起到电力电子器件和模块的机械支撑、环境保护、散热、电气连接、绝缘等作用，直接影响着电力电子器件和模块的电气性能、热性能和电磁干扰特性等，还影响其成本。电力电子封装技术被公认为是未来电力电子技术发展的核心推动力。

集成电力电子模块(integrated power electronics module，IPEM)对封装提出这样的要求：①快速散热；②寄生参数控制到最小；③具有高功率密度；④适应高温、低温、高湿度、强振动冲击等恶劣的工作环境；⑤功能集成，减少互连和交界面；⑥具有智能的传感和诊断等能力；⑦降低成本，绿色环保。

3.7.2 IPEM 封装的关键技术

目前的功率模块普遍采用平面封装结构和引线键合互连工艺。引线键合是将芯片 I/O 电极与引线框或基板上的金属布线焊区用金属丝线连接起来的工艺技术。金属丝线大多是数十微米至数百微米直径的金丝、铝丝和硅铝丝。

引线键合工艺成熟、成本低。下面以一个商用的 300A/1200V IGBT 模块来说明引线键合，图 3.7.1 所示为 IGBT 模块对称结构中的一半。一个 IGBT 模块包括两只 IGBT，每只 IGBT 由 4 个 IGBT 芯片和 4 个反并二极管芯片组成。从芯片的正面(IGBT 的门极、发射极和二极管的阳极)引出铝丝，与直接覆铜陶瓷基板相连，然后用铜电极引出。其中 IGBT 门极引出铝丝 1 根，发射极 12 根，二极管阳极引出铝丝 12 根。芯片的背面(IGBT 的集电极和二极管的阴极)

焊接到 DBC 陶瓷基板上。

采用引线键合的连接方法，对功率器件和功率模块的性能和设计寿命有较大影响，主要存在以下问题：①丝线载流量有限，难以实现大容量；②细长的丝线不可避免地产生较大的连接电阻，导致高损耗；③高频工作时，寄生电感会引起电磁干扰；④器件高频开关工作时，引起大的 di/dt 和 du/dt，产生强的电磁场，丝线之间存在邻近效应，其电流不均衡。电流不均衡，可能发生在同一芯片的丝线中，也可能发生在不同芯片的丝线中；⑤高频电流在丝线中形成的机械应力以及丝线与芯片之间的热膨胀系数失配引起的热应力，容易造成芯片和丝线的破裂，以及键合点的脱落；⑥采用平面封装结构，芯片只能单面散热，效果差，不利于功率密度的提高。

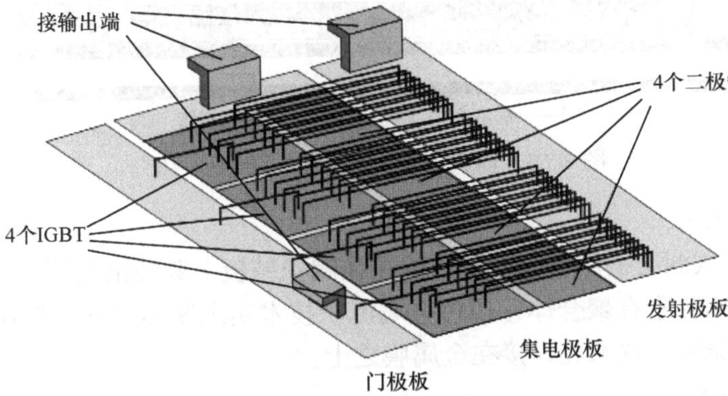

图 3.7.1　采用引线键合的 IGBT 的结构示意图

将采用铝丝键合的 IGBT 模块的寄生电感参数提取出来，得到图 3.7.2 所示模型。寄生电感包括铝丝电感、电极板电感和接线端引线电感，其中的接线端引线电感最大，这与平面封装技术有直接关系。

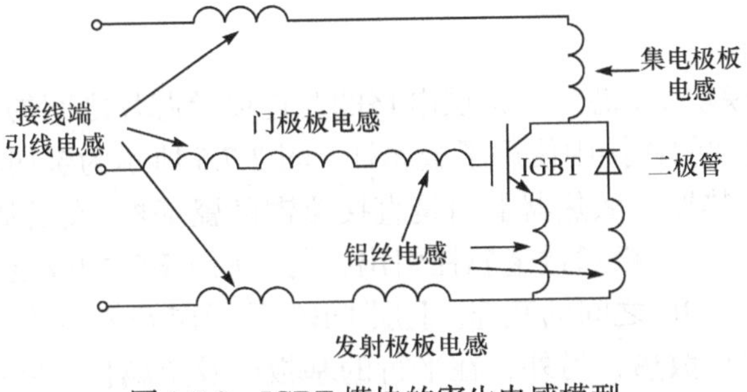

图 3.7.2　IGBT 模块的寄生电感模型

新型高功率密度封装结构采用三维封装结构，将开关器件、控制、通信、传感器、驱动、保护电路集成起来，半导体器件均用裸芯片，完全取消铝丝键合工艺。为了更利于导热、防潮、抗振，进行密封处理。通信使用光纤，模块通过辅助连接装置和其他模块连接。三维封装结构使功率电路的热量更易于向外散发。新型互连技术有薄膜覆盖封装技术、嵌入式封装技术、金属柱互连技术、倒装芯片技术、凹陷阵列互连技术、低温烧结技术、压接封装技术等。

1. 薄膜覆盖封装技术

图 3.7.3 为美国通用电气公司提出的采用薄膜覆盖技术构成的功率模块的结构示意图。芯片的背面焊接在覆铜陶瓷基板(direct bonding copper，DBC)上，芯片正面粘贴绝缘薄膜(如聚酰亚胺)。粘贴前，薄膜已按要求形成一定距离和大小的通孔，过孔的位置与下面芯片电极的位置对应，用溅射法使过孔金属化，过孔提供芯片到顶层的互连。然后沉积金属层，并光刻出图形。为了得到多层结构以实现更复杂的电路结构，只需重复以上的工艺过程。最上层采用表面组装技术焊接驱动、控制、保护元件。

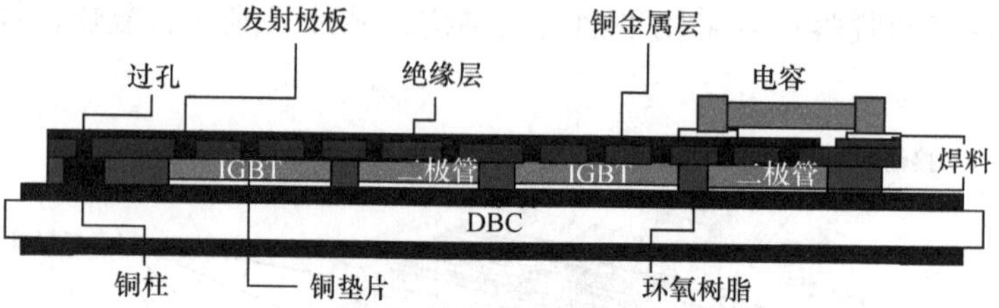

图 3.7.3 薄膜覆盖技术封装的结构示意图

2. 嵌入式封装技术

图 3.7.4 为嵌入式封装的结构示意图。首先在陶瓷基板上刻蚀出空洞，芯片被埋设在陶瓷框架的空洞内，周围黏附有聚合体，通过金属沉积技术实现紧凑互连。模块的驱动、控制、保护元件可通过表面组装技术等焊接在金属膜之上。

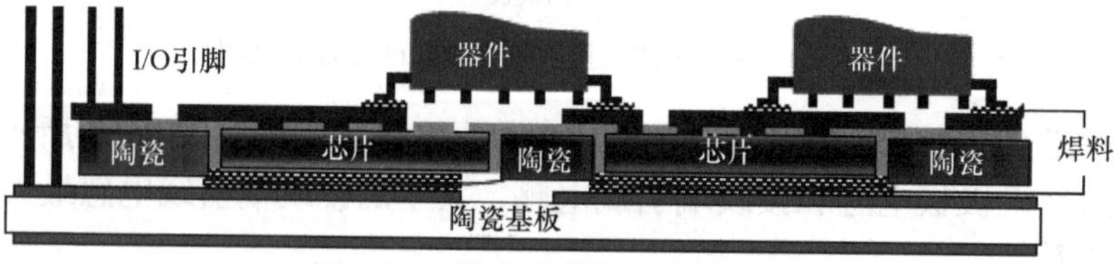

图 3.7.4 嵌入式封装技术示意图

3. 金属柱互连技术

在图 3.7.3 所示的模块中，芯片和顶层电路的互连以及芯片之间的互连采用了薄膜覆盖技术，但在不同电路层之间的连接中使用了金属柱。图 3.7.5 所示为金属柱互连平行板结构的封装示意图，最底层是散热器，散热器上面是直接覆铜陶瓷基板(或铝基板)。芯片的背面焊接到 DBC 上，而芯片正面的电极通过金属柱引出，与上层 DBC 构成电气连接，即借助金属柱完成了芯片之间及上下 DBC 之间的互连。上层 DBC 的顶层安装驱动、控制、保护等元器件。芯片可通过基板和金属柱散热，另外，在平行的基板以及金属柱之间的空间可填充固态的绝缘导热材料或使用液态绝缘材料实现主动散热。

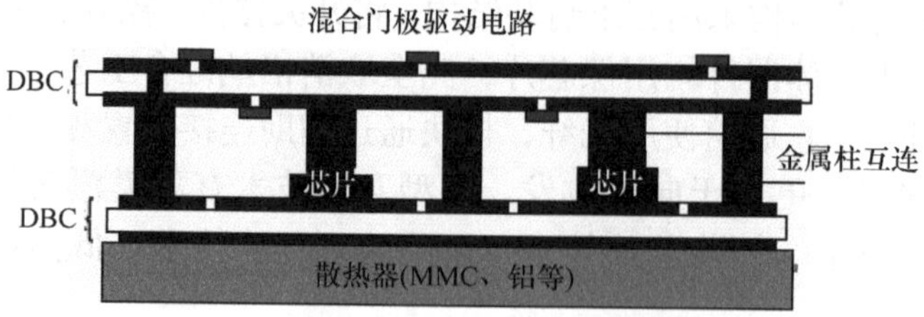

图 3.7.5 金属柱互连技术封装的结构示意图

4. 倒装芯片技术

倒装芯片技术是 1960 年首先由 IBM 公司设想并开发研制出来的，但一直到近几年才大量应用于高速、单芯片微处理器或微电子集成芯片。采用倒装芯片技术封装的功率模块的结构如图 3.7.6 所示。功率芯片夹在高导热率基板(底层)和双面印刷电路板(printed circuit board，PCB)(顶层)之间。芯片的有源区通过焊料凸点实现与 PCB 底面对应焊盘的连接。芯片的背面焊接到底层基板上。这样，芯片中产生的热量可通过芯片背面的底层基板直接散热，又可通过焊点传输至 PCB 散热。在 PCB 和底层基板之间填上热传导密封材料，实现三维散热。最后，采用表面组装技术或倒装芯片技术，将驱动、保护等电路器件焊接到顶层 PCB 的上面。

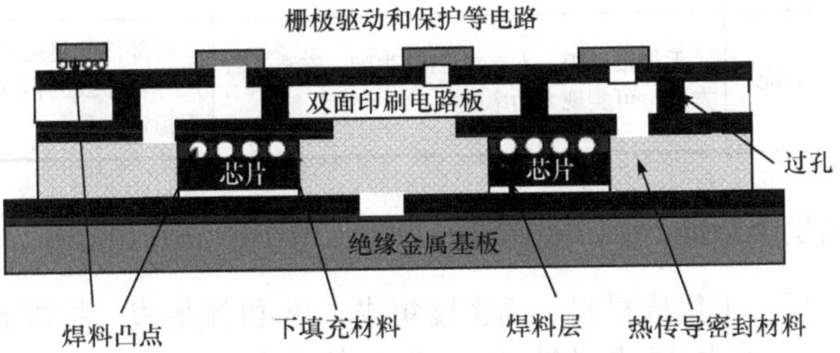

图 3.7.6　倒装芯片技术封装的结构示意图

5. 凹陷阵列互连技术

凹陷阵列互连技术是在铜带上制作类似球栅阵列的凹陷阵列，将凹陷的凸起作为芯片的互连介质，自然具有沙漏的形状。与焊料凸点相比，凹陷阵列的凸起高度可以做得更高，焊料和芯片之间的接触角小，使互连更加可靠。制作和安装带凹陷的铜带需要专门的设备。

6. 低温烧结技术

纳米银具有高导电性和高导热性，同时具有高温可靠性，高机械强度和良好的抗疲劳性能，并且和环境友好。纳米银通过低温烧结后，可形成器件之间的互连。采用含有黏结银粒子功能团的碳氢化合物和商业有机黏结剂/稀释剂系统，可以加工出具有高质量的含 30nm 粒子的银粉焊膏。在陶瓷基板上印刷纳米级银粉焊膏可以形成银质厚膜，烧结后发现银质厚膜致密程度大大增加。

7. 压接封装技术

压接封装分铜块压接封装和簧片压接封装。铜块压接封装中，所有的接触均采用压力装配，多个芯片的连接通过过渡钼片扣合完成，取消了焊接和焊接面。簧片压接封装中，簧片用于上、下层基板连接和上层基板与芯片的连接。作为电气连接，簧片既可通过大电流，也可传递控制信号。

上述几种封装技术的特性比较见表 3.7.1。

表 3.7.1　互连技术特性比较

互连技术	技术基础	优点	缺点
薄膜覆盖封装技术	薄膜技术	结构紧凑，外形薄，寄生参数小，易于实现复杂电路结构	工艺复杂，模块不易返修
嵌入式封装技术		结构紧凑，外形薄，寄生参数小	工艺复杂，模块不易返修

续表

互连技术	技术基础	优点	缺点
金属柱互连技术	焊接技术	金属柱短而粗，载流量大，寄生参数小	材料的 CET 不匹配产生较大的热应力，需新的安装工具和设备来处理金属柱
倒装芯片技术		可实现芯片和基板的互连距离最短，可靠性高，工艺成熟	载流量小
凹陷阵列互连技术		可靠性高	制作安装带凹陷的铜带需要专门的设备
低温烧结技术	烧结技术	具有高温可靠性，与环境兼容	成本较高
压接封装技术	压力装配	无焊接过程，不存在 CET 失配，安装返修方便，可实现大功率变换	对部件平整度要求很高，对电路板的机械尺寸及布线的精度要求高，正向压降和热阻不稳定

3.7.3 IPEM 封装的发展趋势

封装研究内容包括：①集成材料、高密度集成、热-机械集成、控制和传感器集成、新型功率半导体等基础研究；②电-磁-热-机械集成研究，构建有源 IPEM、无源 IPEM 和滤波器 IPEM；③致力于电力电子模块和负载的集成。例如，电力电子变换器控制的电动机传动系统中，将包含驱动、保护电路的变换器集成为一个模块，再将变换器模块和电动机集成在一起。这样，电动机装有控制电路，接上电源，电动机就可以带负载工作。

IPEM 封装技术得到了广泛研究，取得了很多成果，但总体来说，其研究仍处于起步阶段，还有大量的工作需要深入研究，例如：①研究广泛适用的高性能的三维封装技术，目前，已提出多种三维封装结构和互连技术，它们各有优点，也存在固有的缺陷；②深入研究模块的电、热力学、EMC 等特性；③针对模块的电气性能、EMI 特性和热性能的关联性，寻求综合多学科的优化设计方案；④从系统出发，优化系统架构，制定具体的、可执行的 IPEM 的标准和规范。

IPEM 封装是一项电力电子技术与材料科学、热处理技术、结构工艺等多学科边缘交叉渗透的综合性工程。IPEM 封装的关键技术包括封装结构与互连技术、基板技术和封装材料与技术等。采用新型三维 IPEM 封装技术，可减小寄生参数，实现三维散热，提高功率密度。加强电力电子器件的基础研究开发和生产制造，进行 IPEM 封装技术的深入和多学科联合研究，对于促进我国电力电子封装革新和电力电子技术更广泛的应用具有重要意义和实用价值。

3.8 航空二次电源结构及冷却设计

3.8.1 二次电源结构设计

航空二次电源大多以模块电源的形式呈现，模块电源是可以直接贴装在印制电路板上的电源供应单元。随着半导体工艺、封装技术和高频软开关的大量使用，模块电源功率密度越来越大，转换效率越来越高，应用也越来越简单。模块电源从结构上分主要有封闭式和开放式两种。

1. 封闭式

封闭式模块电源主要由插针、顶盖、外壳和 PCB 等零件构成。外形尺寸较小，且外观规整，PCB 装在一个封闭的壳体中，仅外接插针露在壳体外部。由于所有元器件均密闭在壳体中，如何散热则是必须首先要考虑的问题。对于封闭式模块，解决散热的常用方式是用带铝基板 PCB 或灌注导热灌封胶。图 3.8.1 所示为封闭式模块电源结构图。

2. 开放式

开放式模块电源主要由插针、支柱、PCB 和铝基板等零件构成，是目前模块电源的发展方向。其结构简单紧凑，可通过铝基板直接进行传导散热，对于功率较小的模块，也可不用铝基板，直接利用所装配的环境，对大功率器件进行风冷或自然散热、传导散热(将功率器件贴装在可传导散热的环境中)。图 3.8.2 所示为开放式模块电源结构图。

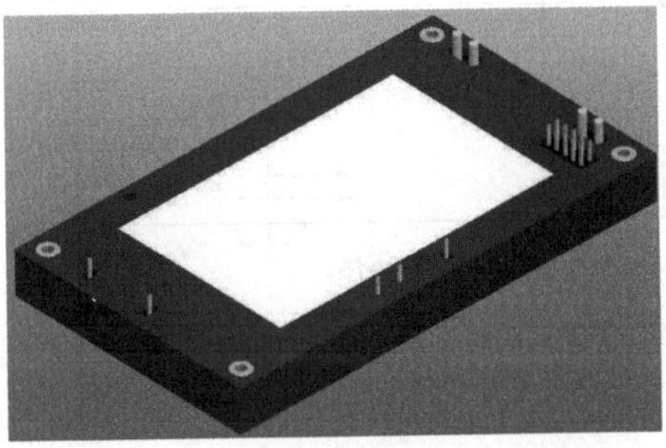

图 3.8.1　封闭式模块电源结构图

图 3.8.2　开放式模块电源结构图

3.8.2　二次电源冷却方式

对于航空二次电源，制约其性能和可靠性的最关键因素就是功率模块的散热效率。为适应飞机上苛刻的空间要求，逆变器、DC-DC 变流器和电子控制单元等通常集成为一个体积小、重量轻的整体，这样可降低成本，但是狭小的空间增加了热管理的难度。

目前采用的散热技术主要有风冷技术和液冷技术等。航空二次电源应用中，功率电子模块通常采用液冷技术来满足功率密度的优化和保持系统的紧凑结构。液冷技术国内常称为水冷技术，它的散热效率高，且无风冷技术散热的高噪声，能较好地解决降温和降噪问题。

3.9　航空二次电源电磁干扰问题

3.9.1　变换器的电磁干扰

电力电子装置中，由于寄生参数的存在以及开关管的高速导通和关断，变换器在输入输出端产生较大的干扰噪声。对于电源变换器的电磁干扰，常将其分为传导干扰和辐射干扰，由于目前变换器的工作频率不高(几十 kHz 到数 MHz)，所以主要的干扰表现为传导干扰，传导干扰主要以差模(differential-mode，DM)干扰和共模(common-mode，CM)干扰的方式存在。

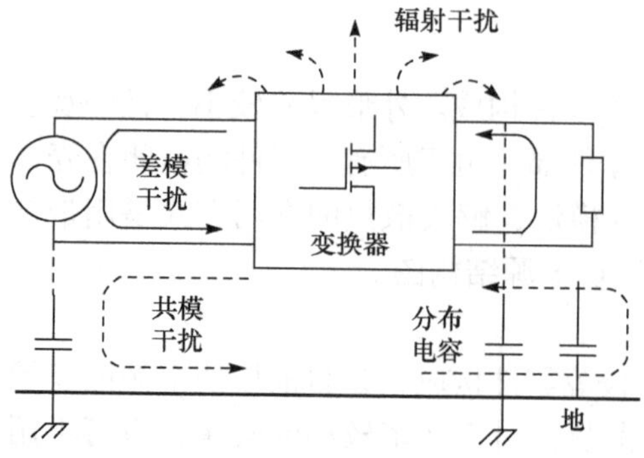

图 3.9.1　功率变换器的电磁干扰

通常差模干扰常被认为是由于功率器件开关过程的电流在正常的工作回路中产生，其电流在电源相线和中性线之间形成回路，而共模电流常由开关管两端变化的电压经散热器、外壳等与地之间的寄生电容形成回路而产生，其在任一相线或中性线和地线之间形成回路，变换器的电磁干扰的产生及传播路径可由图 3.9.1 和图 3.9.2 简单描述。

差模干扰容易分析，它是由功率器件在开关过程中产生的脉动电流引起的，在相线和中线之间构成回路。共模干扰主要由电路中寄生电容上的位移电流引起。

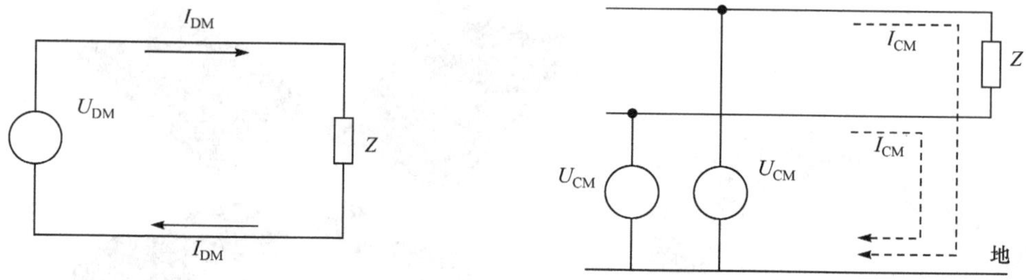

(a) 差模干扰途径　　(b) 共模干扰途径

图 3.9.2　差模干扰和共模干扰的传播途径

3.9.2　电磁干扰的抑制

电磁干扰都是由电磁干扰源、对干扰敏感的设备以及将电磁干扰能量传输到敏感设备的介质，即传输通道或耦合途径这三个基本要素组合而产生，三要素组成如图 3.9.3 所示。电磁干扰的这三个方面构成了电磁兼容设计的基本依据，这意味着防止干扰的三条途径：①抑制干扰源的发射；②尽可能使耦合路径无效；③使干扰设备对发射不敏感。

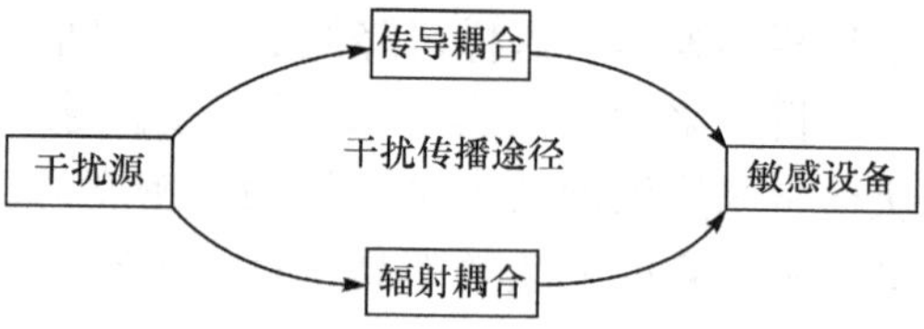

图 3.9.3　电磁干扰三要素

电力电子装置发展使得 EMI 日益严重的原因可归纳为：①开关电源高频高功率化，开关频率越高，越容易产生辐射和耦合，越难抑制其产生的干扰，致使 EMI 加剧；②高速数字化，变换器常常采用数字电路，而数字电路抗 EMI 能力较弱，在 EMI 下可能产生误动作；③低电压化，作为省电技术的低压大电流模式工作方式在降低信号电压的同时更容易受到噪声的影响，电压降低后，IC 及半导体有源器件对瞬变电压、浪涌电压、静电放电等 EMI 抵抗能力下降；④高密度组装，高密度组装大大提高了电子元器件、IC 的堆积密度，元器件间的距离大大缩小，引脚间距及布线间距很小，加剧了相互间的耦合，因而增加了抗 EMI 难度。因此无论作为变换器的负载还是作为其控制电路，对其电磁兼容性(electromagnetic compatibility，EMC)提出更高要求。所以，变换器的电磁兼容问题必须予以面对和解决。

EMI 滤波器是抑制传导干扰极为有效的手段，由于电磁干扰的频率范围很宽，一般从几十 kHz 到几百 MHz，因此滤波器的有效滤波频率要覆盖这么宽的范围。由于电力电子变换器的主要干扰源是由开关频率产生的高次谐波，以及高频电磁波更容易接收而对设备造成干扰，因此这些干扰均以高频为主，所以 EMI 滤波器采用低通滤波器。EMI 滤波器一般为无源 LC 电路，可以是单级基本 LC 电路、T 形、Π形，也可以是多级 LC 电路。

典型的电源线滤波器结构如图 3.9.4 所示，图中，CM 为共模扼流圈，L_{DM} 为差模电感；C_X 为电源跨接电容，位于相线和中线之间，常称为 X 电容，用于衰减差模干扰；C_Y 为旁路电容，位于相线对地和中线对地处，常称为 Y 电容，用于衰减共模干扰；电阻 R 用来泄放电容上的静电电荷。

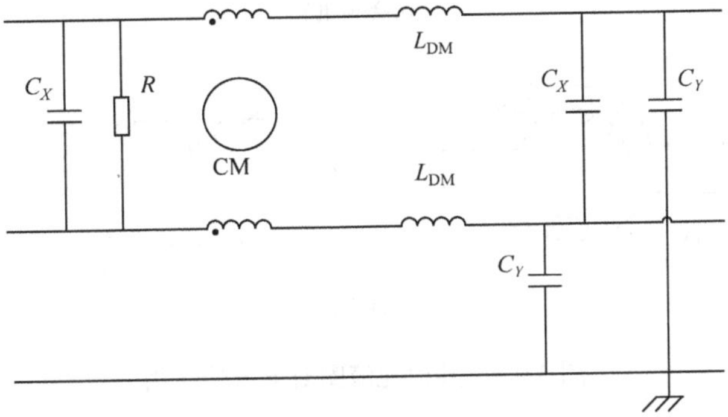

图 3.9.4　典型电源线滤波器

图 3.9.5 是共模扼流线圈的结构，电流分别为 I_1 和 I_2 的一对导线缠绕在磁芯上，将电流分解为差模电流 I_{DM} 和共模电流 I_{CM}：

$$I_1 = I_{\mathrm{CM}} + I_{\mathrm{DM}} \tag{3-9-1}$$
$$I_2 = I_{\mathrm{CM}} - I_{\mathrm{DM}}$$

计算出绕组阻抗

$$Z_1 = \frac{\mathrm{j}\omega L I_1 + \mathrm{j}\omega M I_2}{I_1} \tag{3-9-2}$$

当 $I_1=I_{\mathrm{CM}}$，$I_2=I_{\mathrm{CM}}$ 时：

$$Z_{\mathrm{CM}} = \mathrm{j}\omega(L+M) \tag{3-9-3}$$

当 $I_1=I_{\mathrm{DM}}$，$I_2=-I_{\mathrm{DM}}$ 时：

$$Z_{\mathrm{DM}} = \mathrm{j}\omega(L-M) \tag{3-9-4}$$

若绕组是对称的，并且所有磁通量都集中在磁芯中，则 $L=M$，且 $Z_{\mathrm{DM}}=0$。因此，理想条件下，共模扼流圈对差模电流呈现零阻抗，而对共模电流则相当于串联一个阻抗较大的感抗。

共模扼流圈对于抑制共模电流是有效的，为提供这个阻抗给共模电流，导线必须绕在磁芯上，这样共模电流产生的磁通在磁芯中叠加，而两差模电流产生的磁通在磁芯中相减。共模扼流圈的重要优点是由高频差模电流产生的磁通在磁芯中相互抵消，因而磁芯不会饱和。有用信号电流或差模电流是所期望的电流，在理想情况下共模扼流圈不会影响有用信号。

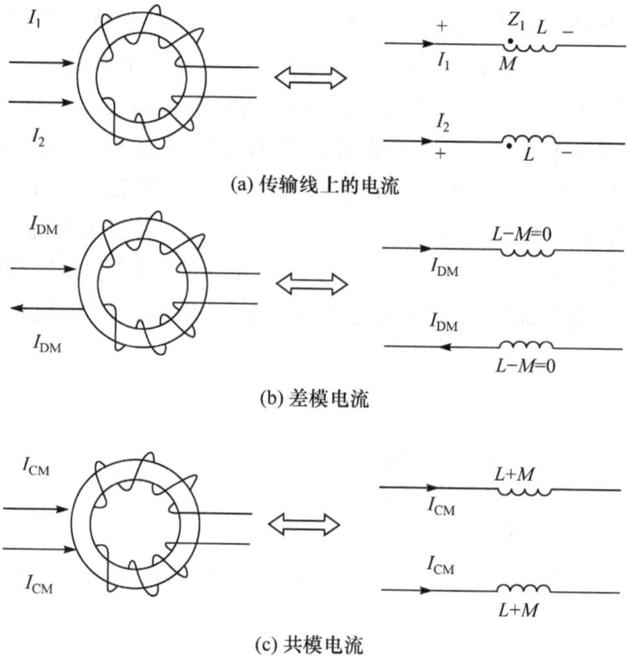

图 3.9.5　共模扼流圈对电流的作用

3.9.3　电磁干扰的测试及标准

1. 电磁干扰的测试原理

在测量变换器传导电磁干扰时，要保证对来自电力线的输入电磁干扰不会影响被测设备的测试结果，因此需要线路阻抗稳定网络(line impedance stabilization network，LISN)进行隔离，将 LISN 连接到电网与功率变换器之间，如图 3.9.6 所示。

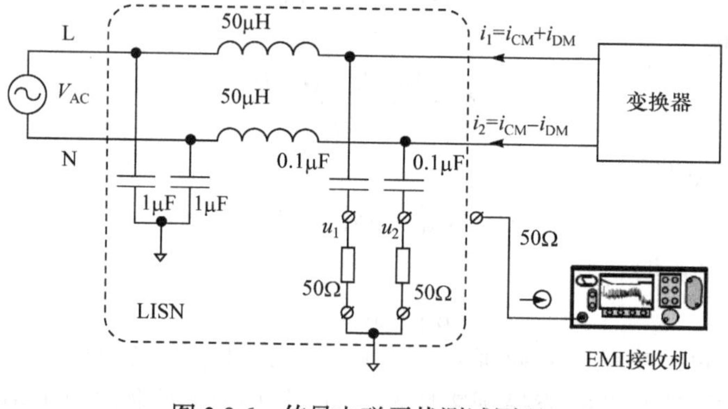

图 3.9.6　传导电磁干扰测试原理

LISN 的作用有两个：在电网与功率变换器之间提供射频范围内干扰的有效隔离，使得输入的交流电源线上的干扰不影响测试结果；在功率变换器的测试端口提供射频范围内的 50Ω 额定阻抗。值得注意的是，电磁干扰实质是电流干扰，但是考虑到电流测量的不便，通常是根据 LISN 中 50Ω上的电压来衡量其大小。

根据干扰的传导方式不同以及考虑到研究的方便，将电磁干扰分为差模干扰与共模干扰，

但是它们在电源线上耦合在一起。根据差模电压和共模电压的定义，差模电流和共模电流在L线流向相同，而在N线上的流向相反，有

$$\begin{cases} u_{\mathrm{CM}} = 50 i_{\mathrm{CM}} \\ u_{\mathrm{DM}} = 50 i_{\mathrm{DM}} \end{cases} \tag{3-9-5}$$

$$\begin{cases} u_1 = 50 i_1 = 50\left(i_{\mathrm{CM}} + i_{\mathrm{DM}}\right) \\ u_2 = 50 i_2 = 50\left(i_{\mathrm{CM}} - i_{\mathrm{DM}}\right) \end{cases} \tag{3-9-6}$$

$$\begin{cases} u_{\mathrm{CM}} = \dfrac{u_1 + u_2}{2} \\ u_{\mathrm{DM}} = \dfrac{u_1 - u_2}{2} \end{cases} \tag{3-9-7}$$

式中，i_{CM}和i_{DM}为共模电流与差模电流；u_{CM}和u_{DM}为共模电压与差模电压，不过通常测量的为共模电压与差模电压的模值。

2. 电磁兼容标准

电磁兼容在国际上受到了普遍关注，许多国际组织、机构从事电磁兼容的标准化工作，例如，国际电工委员会(IEC)、欧洲电工标准化委员会(CENELEC)、美国联邦通信委员会(FCC)等诸多组织。他们制定了电磁兼容的相关标准和法规。这些法规的制定表明任何出口至该国家或地区的电气、电子产品必须满足相应的认可才能进入其市场。通常电力电子领域的产品满足 FCC Part15、EN55022A/B 等标准即可进入欧美市场，中国电磁兼容标准化技术委员会也从事对应于 IEC 等相关的电磁兼容标准的制定。

3.10 小　结

本章主要分析飞机供电系统中的二次电源，根据不同供电系统、不同用电设备将飞机二次电源进行分类，详细介绍了各种二次电源的工作原理及相关性能。介绍了以 SiC、GaN 为代表的宽禁带高温电力电子器件，高温电力电子器件不仅工作温度高，而且开关频率高，通态损耗小，热阻小，因此可以大幅度提高电力电子装置的工作效率和功率密度，提高其过载能力和环境适应性。集成电力电子封装技术可实现电力电子系统的高功率密度、高效率、高可靠性以及低成本，是航空电力电子变换装置发展的重要方向，同时分析了航空二次电源的结构、冷却技术以及电磁干扰等主要设计问题，为航空二次电源的发展提供方向。

思考练习题

3-1　有隔离的半桥式直流变换器输入电压 U_{i}=300±30VDC，输出电压 U_{o}=5VDC，电流 I_{o}=60ADC，f=20kHz。试计算变压器原副绕组匝比、三极管导通比、三极管电流和电压、输出整管电流和电压，计算时认为变换器无损耗。计算前请合理选取输出滤波电感的电感量。此题是否可用普通降压式直流变换器方案，为什么？

3-2　为什么要采用正弦脉宽调制型逆变器？正弦脉宽调制逆变器一般有哪几个功能？它的最大输出电压和 180°导通型是否相同(电源电压相同时)？

3-3　试画出四通道逆变器控制电路原理图，即生成驱动四个三相逆变桥的 24 只三极管控制信号原理图。基准时钟用石英晶体振荡器。

3-4　脉宽调制型三相逆变器为什么要用中点形成变压器？中点形成变压器由 E 形铁心和曲折连接的绕组构成，是何原因？同时，为什么要采用自耦变压器形式？

3-5　脉宽调制型 VSCF 电源的逆变器为什么要采用开关点预置 SPWM 方案？这种逆变器对三极管和续流管有什么要求？

3-6　简述 SiC 功率器件在航空二次电源中相比于传统 Si 功率器件的优势。

3-7　解释何为集式电力电子模块封装技术，以及它在航空二次电源中的重要性。

3-8　给定一个功率变换器中使用的共模扼流圈，其自感 L 为 100μH，互感 M 为 90μH。假设变换器操作在 25kHz 的频率下，计算该共模扼流圈对共模电流（I_{CM}）和差模电流（I_{DM}）的阻抗（Z_{CM} 和 Z_{DM}）。

3-9　根据本章内容的学习，选择一种或多种典型的电能变换器（如直流-直流变换器、直流-交流变换器或交流-直流变换器等），基于 MATLAB 或其他主流仿真软件对其数学模型进行建模，并结合第 2 章综合训练题中搭建的储能装置模型，形成含有储能装置及电能变换器的微小系统仿真模型，在不同工作状态下对该系统的输入输出特性、转换效率等进行仿真实验，并结合数字资源部分的相关模型库进行仿真结果的对比验证。

结果提交：形成部件及微小系统的仿真模型、仿真分析报告。

第 4 章　航天器供电系统

4.1　航天器供电系统的组成和分类

航天器供电系统是航天器上用于电能产生、存储、控制、传输与分配的子系统。典型航天器供电系统的基本组成如图 4.1.1 所示，它包含发电装置、能量储存装置、电源控制和配电装置等，各装置又由不同种类和数量的装置或部件组成。

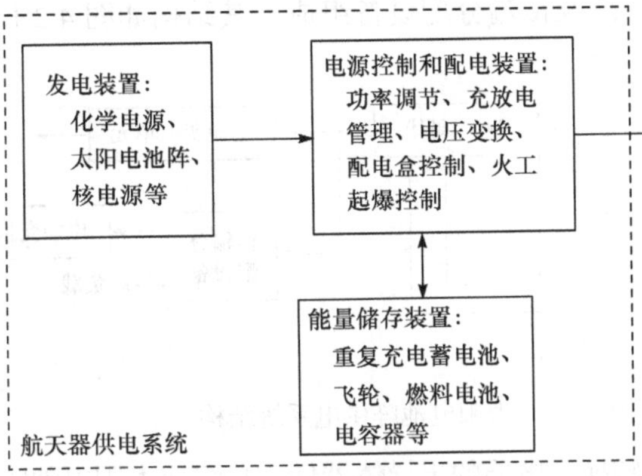

图 4.1.1　航天器供电系统的组成

航天器电源系统的分类没有统一的规定，习惯上可以视航天器的飞行寿命而异。通常以 1～6 个月飞行寿命作为判断标准，低于 1 个月的称为短寿命航天器电源系统；高于 6 个月的称为长寿命航天器电源系统；介于 1～6 个月的称为中等寿命航天器电源系统，但是这种应用场合较少。

寿命较短的航天器，包括寿命几天至几十天的返回式卫星和一些执行特定任务的飞行器。这一类航天器电源系统构成简单，通常由化学电源如锌银蓄电池、镉镍蓄电池、锌汞电池或锂电池等以不同的串并联形式单独供电，可靠性高。

对于执行短期飞行任务的大功率航天器（几千瓦到几十千瓦），尤其是载人飞船，氢氧燃料电池是较好的选择，化学反应排出的水分经过净化还可以供航天员使用。

长寿命的航天器，包括低轨道的气象卫星、资源卫星和多种对地遥感卫星；地球同步轨道的通信卫星和多种中继传输卫星；寿命在 6 个月以上的载人飞船和空间站，及深空探测器，如木星、土星及天王星、海王星、冥王星等星球探测器。这一类航天器电源系统寿命为几个月到十几年，功率为几百瓦到十几千瓦，电源系统的构成较复杂，均由太阳电池阵作为主电源，镉镍、氢镍或锂电池作为储能电源，与用作功率分配、调节与控制作用的电源控制设备共同构成一个联合供电系统。

工作寿命、比能量、比功率、转换效率、耐振动性、抗冲击性、加速度和抗真空辐射能力等是衡量航天器电源的重要技术性能指标。

航天器供电系统是无人管理的自主工作的系统，特别是在长期运行的航天器上的供电系统，还具有故障隔离保护和系统自动重构实现长期连续供电的能力。航天器供电系统是典型的直流供电系统，绝大多数用电设备都使用直流电。

无人航空器的供电系统借鉴航天器供电系统的技术，并形成自己的特色。

4.2 卫星供电系统

4.2.1 卫星供电系统的组成

卫星供电系统大都以太阳电池阵电源作为主电源。太阳电池阵供电系统由太阳电池阵、蓄电池组、电源调节设备和电能变换及传输分配设备组成，其结构如图 4.2.1 所示。

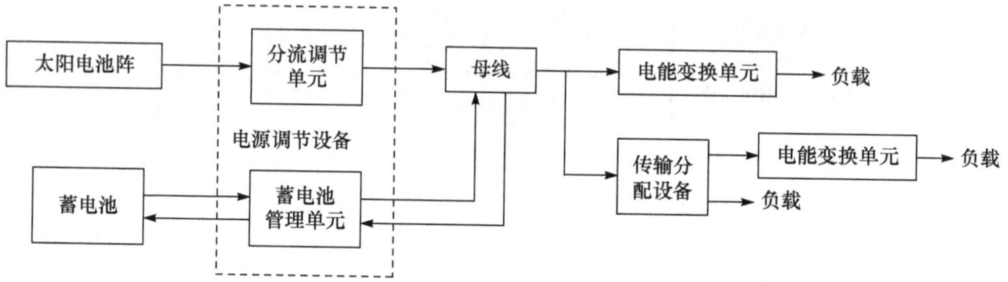

图 4.2.1 太阳电池阵供电系统结构

太阳电池是一种将光能直接转换为电能的半导体器件，是组成太阳电池阵的基本元器件。可用于航天器的太阳电池种类很多，如非晶硅太阳电池、单晶硅太阳电池及Ⅲ～Ⅴ族元素的化合物电池。目前在空间应用比较普遍的是硅太阳电池和锗为衬底的单结、双结和三结的砷化镓电池。

太阳电池阵方阵由多个带盖片的单体太阳电池按供电要求串并联连接而成。太阳电池阵的铺设方式有叠瓦式和平铺式两种。叠瓦式的单体电池交叠连接，方阵面积利用率较高，但维修困难。平铺式在两单体电池间有间隙，需要设互连条，互连后的电池组件敷设于方阵基板上，基板面密度为 2.7～5kg/m^2。方阵与航天器安装方式分为体装式和展开式两种。体装式是在航天器表面直接粘贴太阳电池阵，有半硬壳式、蜂窝结构、夹层结构和套筒式伸展结构等种类。套筒式伸展结构在航天器进入空间轨道后外套筒沿导轨伸展，以加大太阳电池阵有效面积。展开式结构又有刚性折叠、柔性折叠、柔性卷式三种。刚性折叠式由刚性板通过铰链连接，以铰链弹簧为动力展开成翼状。柔性折叠式由薄膜和折臂式展开机构组成。薄膜用玻璃纤维布或碳纤维布增强的聚酰亚胺制成，为防止电池间相互接触，薄膜间插入一层衬垫。柔性卷式由薄膜和支杆组成，支杆类似金属卷尺，展开后为具有一定刚度的直杆，卷起后体积则很小。

蓄电池在航天器进入地球阴影区、太阳电池不能发电时供电，或在需求功率超过太阳电池阵功率时供电。常用的电池有镉镍蓄电池、镍氢蓄电池和锌银蓄电池。比能量更大的蓄电池如氢银蓄电池、钠硫蓄电池和锂蓄电池等也逐步在应用。

电源调节设备将太阳电池阵和蓄电池组连接成系统，形成电源母线。电源母线将电能输送给配电器，再由配电器输送给各个用电负载。

电源调节设备使电源母线的电压控制在允许变化范围内。电能变换设备用于获得不同电压或电流的电能，满足航天器不同用电设备的需要。配电设备将电源能量输送到各用电设备，并且具有控制及保护功能。

太阳电池阵电源系统和配电系统的结构对卫星系统的设计有很大的影响，设计时要统一考虑。因为：①太阳电池阵体积或面积相当大，蓄电池又是十分重的设备，故航天器结构设计离不开太阳电池阵的结构；②定向太阳电池阵还要求控制卫星姿态使太阳电池板面对太阳；③电源调节、电能变换和配电设备的损耗导致发热，必须与卫星的热控制系统一起考虑；④太阳电池翼还和卫星的强度、刚度以及结构动力学等问题有密切关系。

4.2.2 太阳电池阵的功率调节方式

太阳电池阵在光照区发出的电有时会超过负载及蓄电池充电的需求，此时就需要对太阳电池阵进行功率调节，用于保持负载端电压为额定值。具有这种功率调节功能的调节器是分流调节器(shunt regulator，SR)，SR 只能与蓄电池充电调节器(battery charge regulator，BCR)一起工作。

分流调节器与太阳电池方阵并接，调节太阳电池电源电压。图 4.2.2(a)和(b)是分流调节器主电路原理图，功率管 S 实现分流调节。以图 4.2.2(c)为例，曲线 a 为某一光照强度下太阳电池阵输出特性曲线，负载为 R_L，太阳电池阵工作在 A 点，母线电压与负载电流分别为 U_1 和 I_1。当光照强度增大，太阳电池阵输出能力增强，特性曲线变为曲线 b。若分流调节器不工作，则 B 点为工作点。为保证母线电压不变，应将工作点从 B 点改为 C 点，负载应变为 R_L'。为实现这一目标，分流调节器有两种工作方式：线性工作方式与开关工作方式，对应功率管 S 处于线性状态与开关状态。下面分别对两种工作方式进行介绍。

1)线性工作方式

通过调节功率管 S 的基-射级电压 u_{be}，使功率管工作在线性状态，此时，流过 S 的电流 i_{sh} 是可控的，故可通过 i_{sh} 对 i_{sa} 进行分流，得到我们想要的负载电流 i_o，进而保证负载电压保持不变。这种情况下，功率管 S 相当于一只可变电阻，与负载 R_L 并联构成了新的负载 R_L'，实现母线电压的稳定以及多余功率的消耗。然而，如图 4.2.2(d)所示，这种工作模式下太阳电池阵输出功率实际上增大了，只是通过控制将一部分功率消耗在了功率管上，即图中的 S_1 部分，这会导致功率管损耗增大，发热严重。因此，线性调节器工作方式是不可取的。

2)开关工作方式

开关工作方式下，功率管处于开关状态，导通压降与关断漏电流近似为 0。给定功率管一个 PWM 信号，高电平时，功率管导通，太阳电池阵被短路。根据太阳电池阵输出特性，短路时工作点为 D 点，电流为恒定值，电压近似为 0，损耗几乎为 0；低电平时，功率管关断，漏电流近似为 0，等价于太阳电池阵输出端只有负载 R_L，对应工作点为 B 点，电压为 U_2，电流为 I_2。若输出端无滤波电容，输出电压会在 0 和 U_2 之间来回突变。但由于滤波电容 C 存在，功率管导通时电容作为电源，消耗能量供给负载，母线电压不为 0；功率管关断时电容作为负载，吸收能量，母线电压也不会是 U_2。通过合理的占空比 D，可使得母线电压以 U_1 为平均值上下波动，纹波的大小可通过 PWM 波频率与滤波电容的值进行限制。图 4.2.2(e)表示了电路在开关方式下工作时各点的电压电流波形，T_{on} 表示功率管导通时间，T_{off} 表示功率管关断时间，U_{sa} 表示太阳电池阵输出的电压(假定没有电容的话)，I_{sh} 表示功率管上流过的电流，U_o 为母线电压。可以看出，功率管上没有损耗，这种方法实际是调节了太阳电池阵的等效输出电压。

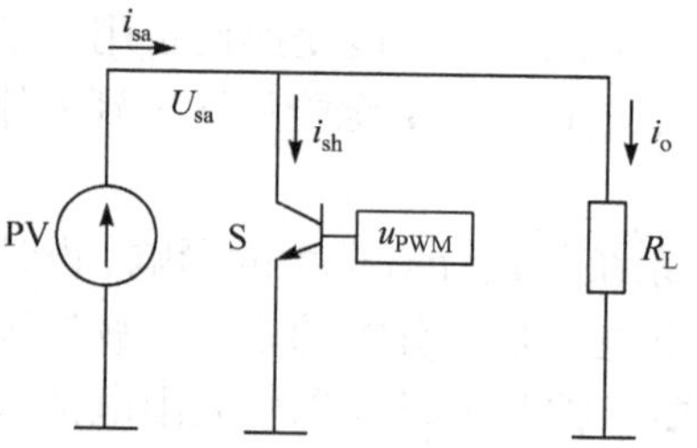

(a) 并联调节器主电路

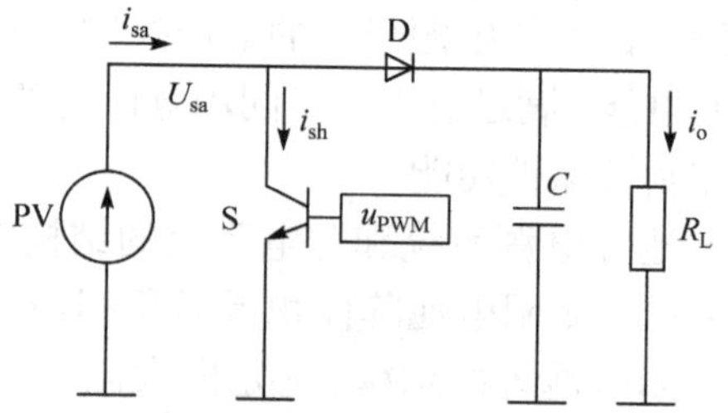

(b) 加输出滤波电容的并联调节器主电路

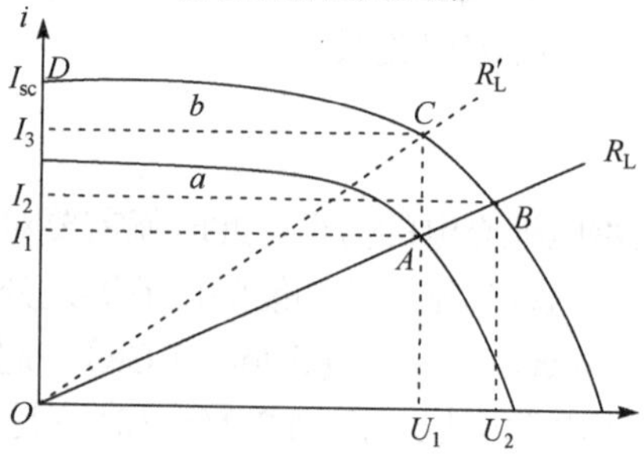

(c) 调节器工作过程

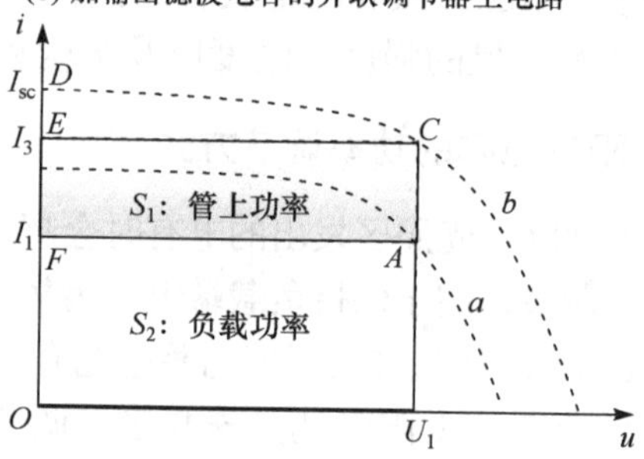

(d) 线性工作功率分布

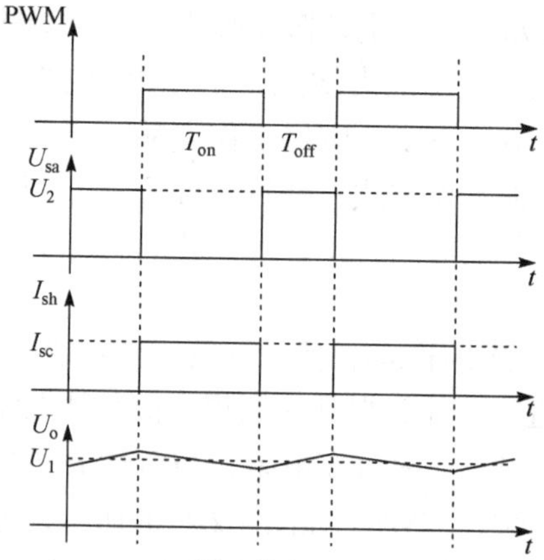

(e) 开关工作各波形图

图 4.2.2　并联调节原理

4.2.3　蓄电池的充、放电调节

在光照弱时，由太阳能电池和蓄电池共同对负载进行供电，在地影期时由蓄电池单独对负载进行供电。BCR 和蓄电池放电调节器(battery discharge regulator，BDR)。在光照强时，太阳电池阵对蓄电池充电；在光照弱及阴影区时，蓄电池向负载放电。完成蓄电池充、放电控制的是 BCR 和 BDR。

1) 蓄电池充电调节器(BCR)

BCR 是一种串联降压式调节器，作用是确定蓄电池的充电方式和充电终止方式，以延长其使用寿命，它将电源母线电压 U_o 降低到适合蓄电池充电的电压。多采用 Buck 型电路作为主电路，如图 4.2.3(a) 所示。通常变换器工作频率很高，若输出滤波电感和电容量又足够大，并为理想元件，则电路进入稳态后可认为输出电压为常数。当晶体管导通时电感中电流线性上升；

当晶体管截止时，电感感应电势反向，二极管导通，电感电流线性下降，满足 $U_o=DU_i$(D 为占空比)。降压式变换器在电感电流连续时，输出电压脉动较小，故输出滤波电路体积重量较小，但输入滤波电路的体积重量较大，因为输入电流不连续。BCR 只能与 SR 一起工作。

2) 蓄电池放电调节器(BDR)

BDR 是串联升压式调节器，作用是在蓄电池对负载供电时，实现对蓄电池电压的调节，从而保证母线电压的稳定。它将较低的蓄电池电压 U_b 升高到 U_o，使蓄电池的电能向供电母线馈送，多采用 Boost 电路，如图 4.2.3(b)所示。当晶体管导通时，电源向电感储能，电感电流增加，感应电势左"+"右"−"，负载由电容供电；当晶体管截止时，电感电流减小，感应电势反向，二极管导通，满足关系式 $U_o=U_i/(1-D)$。升压式直流变换器输入滤波器尺寸较小，输出滤波器尺寸较大。BDR 只能单独工作。

为了减小蓄电池升压放电器输出滤波器尺寸，大容量变换器可采用多通道并联方案。图 4.2.3(c)是三通道 BDR 的主电路原理图。由图 4.2.3(c)可见，每个通道采用两只场效应管并联，一方面可减小通态损耗，另一方面一旦有一只开路，另一只提供一个余度。续流用的肖特基二极管采用两两串联后再并联的方式，尽管这种方式增加了通态损耗，但提高了可靠性。三个通道的场效应管开关频率相同，为 100kHz，但在一个开关周期中，三个通道的场效应管开通时刻互差 120°电角，这种移相控制方案，可显著减小输出滤波器的尺寸。作为这种变换器的一个特殊工作点，即导通比 $D_c=0.33$ 时，通过输出滤波电容的电流为零，而输出电压没有脉动。

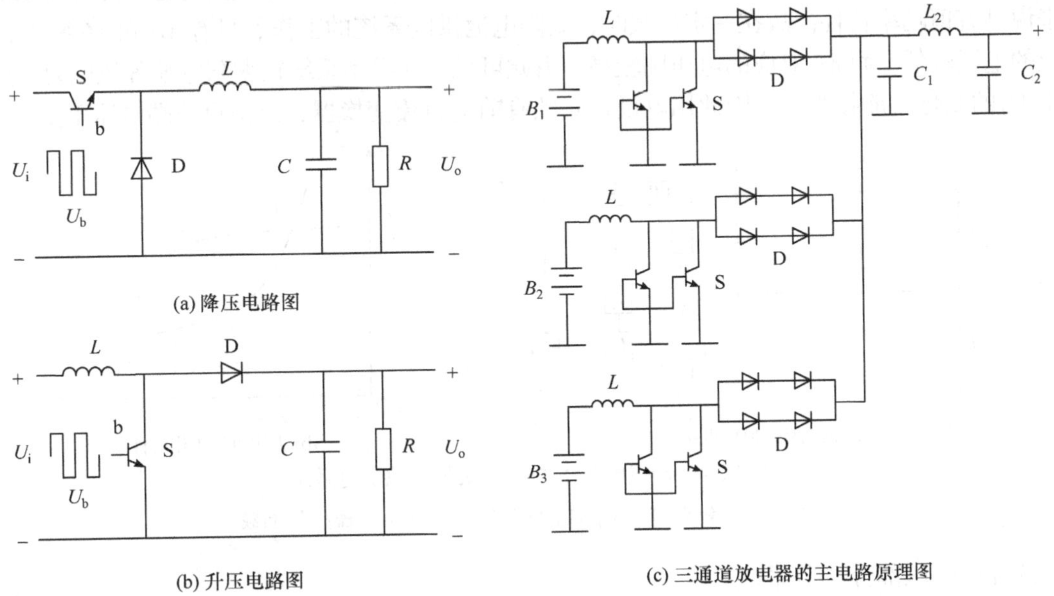

(a) 降压电路图

(b) 升压电路图

(c) 三通道放电器的主电路原理图

图 4.2.3　蓄电池充、放电调节电路

4.2.4　太阳电池阵电源系统的类型

1. 按照母线电压是否调节的分类

根据电源母线电压是否调节，太阳电池阵电源系统可以分为三种类型：母线电压不调节系统、母线电压部分调节系统和母线电压全调节系统。

1)母线电压不调节系统

母线电压不调节系统的母线又称为不调节母线。光照期太阳电池阵的输出功率和阴影期蓄电池组的输出电压都处于不受控的状态，这样的母线只在早期的航天器中使用过，其可靠性差，故障概率大。

图 4.2.4(a)是母线电压不调节系统原理图。这种系统电路简单、电子控制设备少。太阳电池阵由主电池阵 U_{sa} 和蓄电池充电电池阵 U_{sa1} 串联构成，主电池阵通过配电器(distribution board unit，DBU)及直流变换器(C)向用电设备(L)供电，通过电子功率调节器(electronic power control，EPC)调节后的电能向通信设备的行波管供电。电源控制系统根据卫星运行状态控制开关 S_1 和 S_2，太阳照射时，S_1 接通，两个太阳电池阵串接后给蓄电池充电，一旦电池充足电，S_1 断开。卫星进入地球的阴影区后，太阳电池不发电，S_2 接通，母线由蓄电池供电。蓄电池的充放电由电池管理单元(battery management unit，BMU)根据蓄电池的温度情况调整。设 U_{sa} 为主太阳电池方阵电压，U_b 为蓄电池电压，U_o 为电源母线电压，则

$$U_o = \begin{cases} U_{sa} & \text{太阳照射时} \\ U_b & \text{卫星食时} \end{cases}$$

图 4.2.4(b)中的曲线 1 是太阳电池阵的伏安特性，在特性曲线 M 点右侧，输出电流较小时，电池阵呈现电压源特性，在 M 点左侧，输出电流较大，电池阵呈现电流源特性。当太阳电池阵为蓄电池充电时，工作在电流源区域，故充电电流基本上不变。图中曲线 2 为负载特性，由于负载均由直流变换器供电，直流变换器输出电压恒定，当负载不变时，直流变换器对太阳能电源来说具有恒功率特性。故在一定负载时，太阳电池供电系统的工作点只有 M_1 和 M_2 两点，M_1 对应的电压较低，而 M_2 对应的电压则较高。由此可见，这类型系统在太阳电池阵供电时，母线电压 U_o 的变化可能相当大，因此用电设备必须有前置直流变换器，以使负载端电压不变。

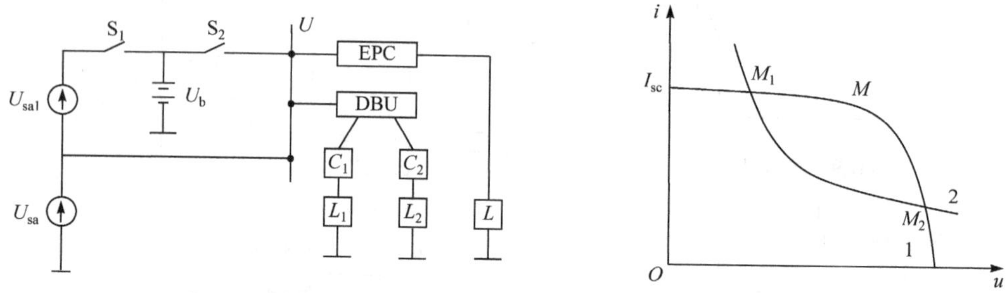

(a) 供电系统原理电路　　(b) 太阳电池工作特性

图 4.2.4　母线电压不调节的太阳电池供电系统

EPC-电子功率调节器；C_i-负载侧变换器；DBU-配电器；L_i-负载

2)母线电压部分调节系统

电源母线电压在太阳光照射时调节的系统称为部分调节母线。光照期太阳电池阵受分流调节器的控制输出稳定的母线电压，在阴影期蓄电池组通过继电器开关或二极管网络直接耦合到母线，母线电压随蓄电池组电压的变化而变化，变化范围较大(如地影期间母线电压范围为 26.5～38V，光照期间母线电压为(42.5±0.5)V)。这就要求 DC-DC 变换器及其他负载对供电电压范围有较宽的承受能力，不利于提高 DC-DC 变换器的转换效率，但是因为免去蓄电池组调节器，蓄电池组的利用率较高。

图 4.2.5 是母线电压在太阳光照射时调节的供电系统框图。地球静止卫星运行时 99.5%时间有光照，因此光照时调节使母线电压不变，可显著减小负载侧直流变换器的体积与重量。光照时，太阳电池电流一方面送用电设备，另一方面通过 BCR 给蓄电池充电，多余的电能通过分流调节器分流。调节通过分流调节器的电流 I_{sh} 即可调节电源母线电压。卫星进入地球阴影区或电源过载时，母线电压 U_o 下降，蓄电池通过二极管 D_2 放电。母线电压在太阳照射时的变化仅为期望输出的稳定电压的±2%，不照射时等于蓄电池电压 U_b。

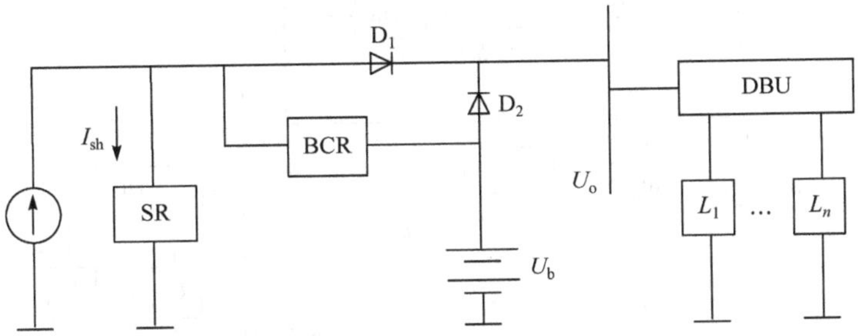

图 4.2.5　太阳光照射时调节母线电压的供电系统

3) 母线电压全调节系统

母线电压全调节的太阳电池阵供电系统中的母线称为全调节母线。光照和地影期母线电压都处于受控状态。光照期，太阳电池阵经过分流调节器调节母线电压；地影期，由蓄电池组放电调节器调节蓄电池组的输出电流，调节母线电压使其在规定的范围内。

母线电压全调节的系统框图见图 4.2.6(a)，与图 4.2.5 不同之处在于用 BDR 代替二极管，卫星在阴影区时蓄电池放电，BDR 将蓄电池电压 U_b 升高到 U_o。因此在卫星整个运行范围内，母线电压 U_o 保持不变。SR、BCR 和 BDR 及相关控制电路构成完整的电源控制器(power control unit，PCU)。

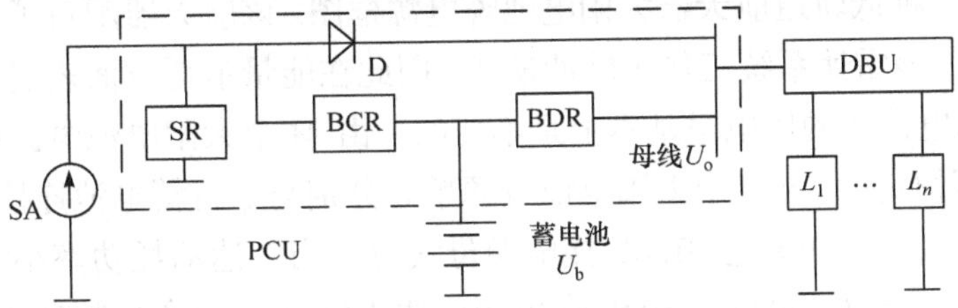

(a) 单通道供电系统

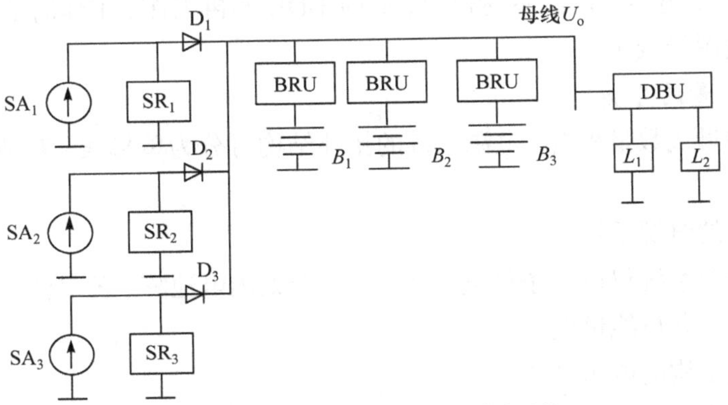

(b) 多个太阳电池阵模块并联的供电系统

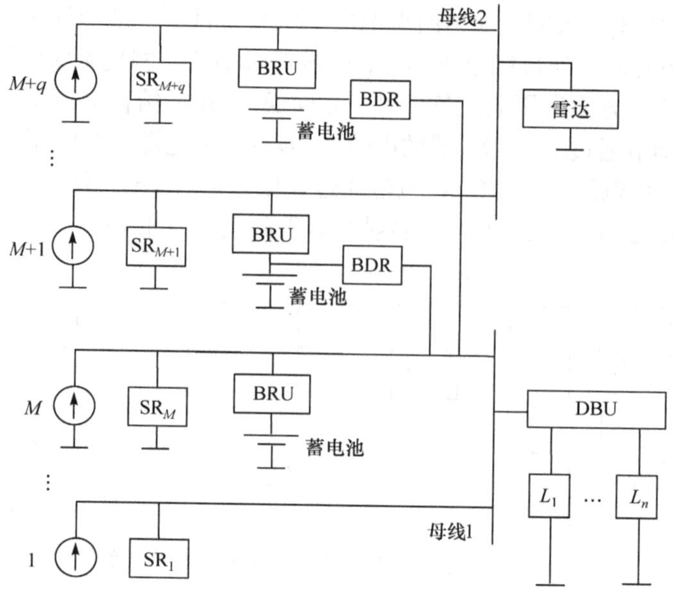

(c) q个太阳电池阵模块向雷达供电的供电系统

图 4.2.6　调节母线电压的太阳电池阵供电系统

对于用电量大的卫星和航天器，用多个太阳电池阵模块，并接于电源母线上，如图 4.2.6(b)所示。每个太阳电池阵模块和分流调节器组成一个太阳电池电源单元，并接太阳电池电源单元越多，总的输出功率越大。蓄电池调节器(battery regulator unit，BRU)由 BDR 与 BCR 构成，蓄电池和 BRU 也构成蓄电池电源单元，多个(如 q 个)单元也并接于电源母线上。

图 4.2.6(c)是一种低轨道航天器太阳电池阵电源框图。该航天器配备了一套大功率雷达系统，用于对地观测。该雷达系统工作于脉冲模式，因此在能量消耗方面表现为间歇性高负载。航天器上的其他用电设备的用电量基本上是不变的，由 M 个太阳电池电源单元接到电源母线 1，电源母线 1 电压恒定。另外 q 个太阳电池电源单元分别与 q 台蓄电池连接，构成 q 组电源，并联后直接接雷达负载，还通过 BDR 接电源母线 1。当雷达消耗功率小时，太阳电池电源 $M+1 \sim M+q$ 给蓄电池充电，也可经 BDR 向电源母线 1 供电。当雷达消耗功率大时，太阳电池电源 $M+1 \sim M+q$ 和蓄电池一起给雷达供电，此时 BDR 不再工作。工作时消耗功率变化不大的负载则直接接于电源母线 1。

2. 按照母线数量的分类

从电源系统的母线数量来看，电源系统的拓扑结构可分为单母线、双独立母线、高低压母线及多母线四类。

1)单母线结构的电源系统

单母线是指电源系统仅设一条供电母线，配一套太阳电池阵、蓄电池和电源控制设备，卫星内所有负载均由一条母线供电。

2)双独立母线结构的电源系统

双独立母线是指电源系统设两条供电母线，每条供电母线均配有太阳电池阵、蓄电池组及全套电源控制设备，可独立供电。其系统结构如图 4.2.7 所示。当出现故障时，两条母线亦可并联供电。在配电时，应使两条供电母线的负载功率尽量均衡，使两组蓄电池组的放电深度尽量均衡，以延长蓄电池组的循环寿命。各用电设备的主份和备份可分别挂在两条母线上，以提高供电可靠性。因此，双独立母线的可靠性较高。

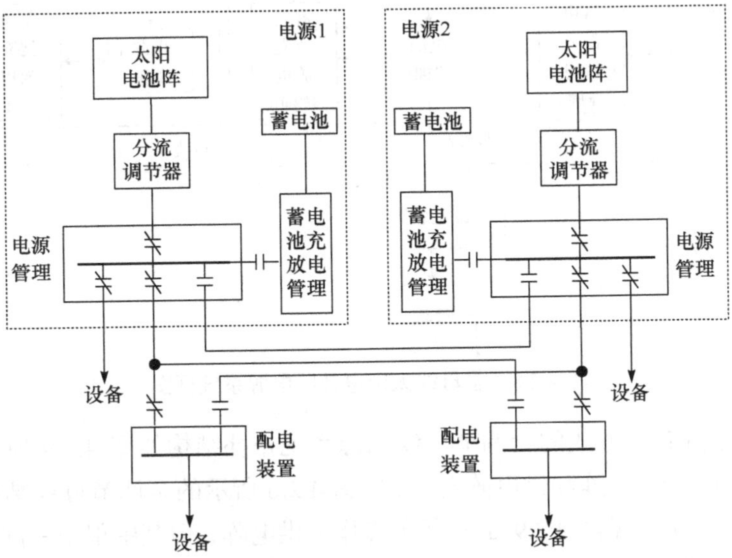

图 4.2.7　双独立母线系统结构

3) 高低压母线结构的电源系统

高低压母线是指电源系统设高压和低压两条供电母线。高压母线用于大功率有效载荷供电，以减少供电线路压降；而低压母线则用于航天器服务系统供电。

因高压母线在低气压和真空环境下容易产生电晕和电击穿，因此，高、低压母线间，母线和航天器结构间均需采取严格的绝缘措施。该配置适用于大功率电源系统的设计。

4) 多母线结构的电源系统

多母线是指航天器设多条供电母线并网供电，每条供电母线均配有独立的太阳电池阵、蓄电池组及电源控制设备，如图 4.2.8 所示。每条母线各自承担相应的负载，同时各条母线具有搭接功能可以改变电网结构以提高适应能力。这种配置的优势是，一旦出现故障，该母线就会被隔离，不至于产生电源系统输出能力全部丧失的故障。这种多母线配置常用于载人飞船、空间站等航天器中。中心控制器主要控制 SR、BCR 以及 BDR 工作，当太阳电池阵供电不足时，中心控制器释放 BDR 工作指令，蓄电池通过放电器对负载供电；当太阳电池阵产生的能量能够完全满足负载的需求时，中心控制器释放 BCR 工作指令，蓄电池充电，在满足以上两者用电的基础上，中心控制器释放 SR 工作指令，多余的电流分流。

3. 全调节母线太阳电池阵的布局结构

无论哪一类航天器，只要是采用太阳电池阵-蓄电池组电源系统拓扑结构的，太阳电池阵都有对负载“供电”和对蓄电池组“充电”两个作用。因此，太阳电池阵相应也就分成充电阵和供电阵两类太阳电池阵。充电阵和供电阵的匹配和组合方式不同，相应的电源系统拓扑结构也就不一样。

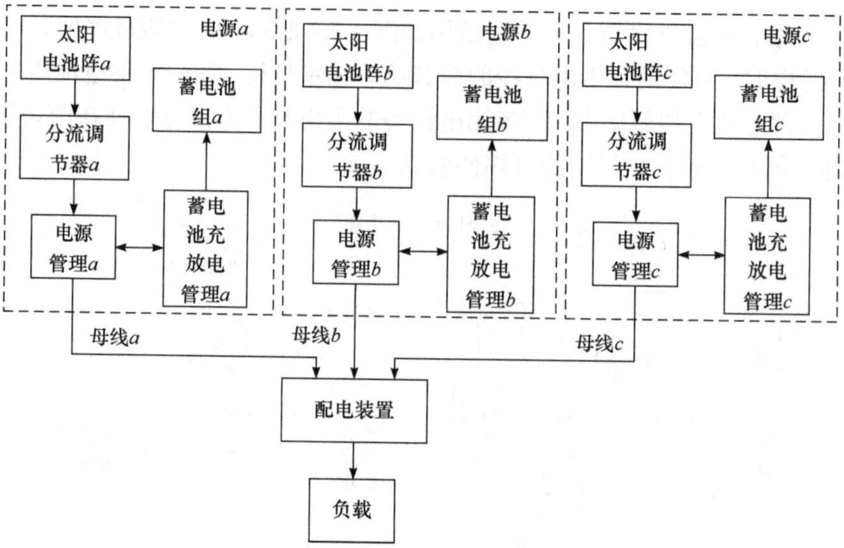

图 4.2.8 多母线太阳电池阵电源系统框图

不同太阳电池阵布阵方式的全调节母线电源系统拓扑结构如图 4.2.9 所示。太阳电池阵的布阵方式有 3 种：①充电阵和供电阵合一，见图 4.2.6 所示的全调节母线结构的电源系统；②充电阵和供电阵分开，见图 4.2.9(a)；③主阵作为供电阵，但其中很小一部分和副阵串联作为充电阵使用，见图 4.2.9(b)。

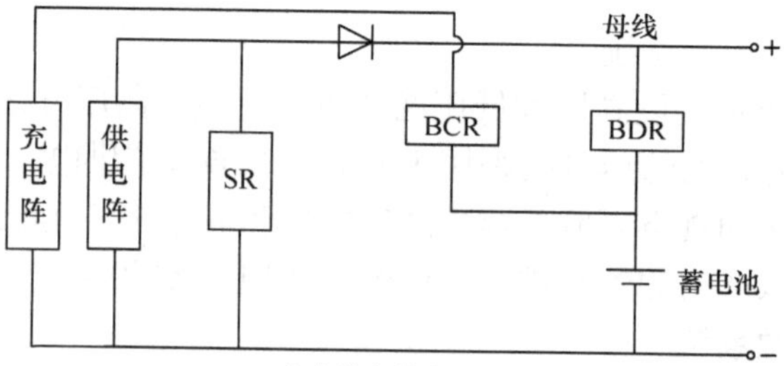

(a) 充电阵和供电阵分开

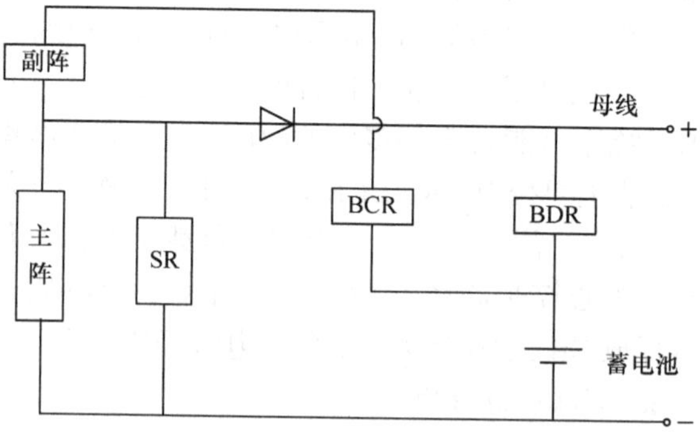

(b) 主阵作为供电阵，小部分与副阵串联作为充电阵

图 4.2.9 不同太阳电池阵布阵方式的全调节母线电源系统拓扑结构

充电阵和供电阵合一的太阳电池阵，适用于低轨道的多种航天器，特别是对太阳电池阵输

出功率十分紧张的飞行任务，因为它提高了太阳电池阵的利用效率。由于充电阵和供电阵综合利用，因此一般也适用于高轨地影周期短的航天器。

充电阵和供电阵彻底分开的太阳电池阵，适用于低轨道的航天器，特别是对充电功率需求较大的太阳同步轨道上的对地观察卫星系列。其优点是提高了充电可靠性，减少了控制电路的复杂程度，但也有一定的缺点。

主阵作为供电阵，其中很小一部分和副阵串联作为充电阵的太阳电池阵，适用于地球静止轨道(geostationary orbit，GEO)航天器，特别是对充电功率需求很小的地球静止轨道通信卫星系列。它既保证了长时间小电流充电的需要，又提高了主阵中太阳电池的利用率。

4.2.5 太阳电池阵电源系统的控制

1. 电源控制器

电源控制器(PCU)是航天器上的电能管理装置。PCU 对太阳电池阵和蓄电池组实行功率调节、母线电压滤波、多母线并联控制、蓄电池组充放电控制，并提供与其他分系统及地面支持设备的接口。PCU 是航天器电源分系统的重要组件，其工作的可靠程度直接影响到航天器的供电安全。

各种不同的航天器由于其寿命长短、母线电压、运行的轨道、功率要求、电源系统的拓扑结构不完全相同，PCU 的功能也会不一样，组成 PCU 的硬件也会有很大的差别。但大多数现代航天器 PCU 都包含有下列单元：太阳电池阵分流调节器(SR)；蓄电池组充电调节器(BCR)和过充电保护控制模块；蓄电池组放电调节器(BDR)或放电控制器；主误差放大器(MEA)模块，对 BDR、充电和分流调节器实行统一管理；母线输出滤波组件；遥测、遥控、数管和地面支持设备的接口。对于两组蓄电池组设计的静止轨道长寿命航天器，电源控制装置还需提供在轨再调整器管理和控制功能。

图 4.2.10 是一种母线电压有静差的电源控制器控制逻辑形成原理图和工作电压区间划分图。SR、BCR 和 BDR 采用同一个基准信号 U_g，电源母线电压 U_o 经电阻 R_1、R_2、R_3 和 R_4 分压得到 U_{f1}、U_{f2} 和 U_{f3} 分别作为 BDR、BCR 和 SR 的反馈信号，C_{BDR}、C_{BCR}、C_{SR} 为高电平分别表示 BDR、BCR 和 SR 工作，为低电平则表示该设备不工作。从而使 BDR、BCR 和 SR 三个调节器在不同的母线电压范围内工作。

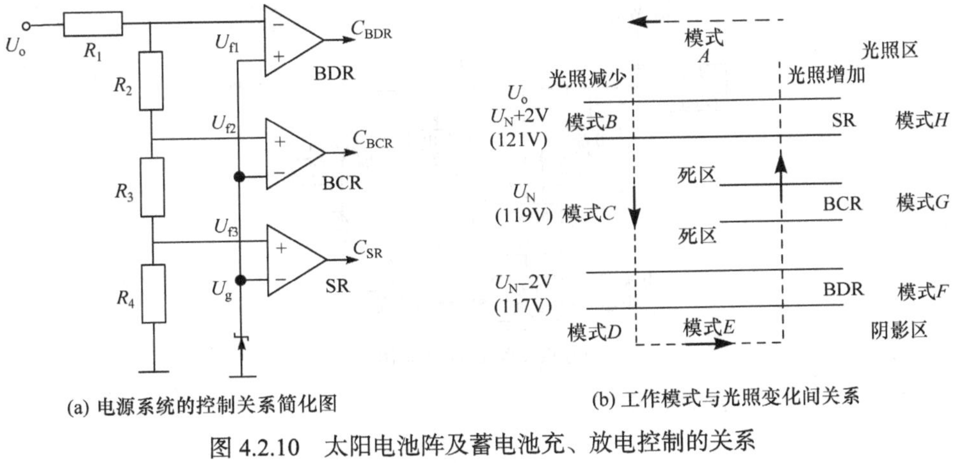

(a) 电源系统的控制关系简化图　　(b) 工作模式与光照变化间关系

图 4.2.10　太阳电池阵及蓄电池充、放电控制的关系

PCU保证供电系统在各种运行状态下合理供电，如图4.2.10(b)所示。工作过程和模式如下。

工作模式 A：太阳光照射充足，BDR 不工作，BCR 向蓄电池充电直到蓄电池充满电为止。分流调节器调节电源母线电压在最大值区间(121±0.5)V。

工作模式 B：航天器从光照区向地球阴影区过渡，光照逐渐减弱，太阳电池电压逐渐降低，原短路的分流调节器逐渐转为开路，并联短路数量逐渐减少，直到全部开路。

工作模式 C：光照进一步减弱，太阳电池全部向负载供电，BCR、BDR 都不工作，母线电压在(119±0.5)V。

工作模式 D：光照进一步减弱，分流调节器和 BCR 都不工作，BDR 工作，维持电源母线电压在(117±0.5)V，此时太阳电池与蓄电池同时向负载供电。

工作模式 E：航天器进入阴影区，太阳电池停止供电，由蓄电池单独给母线供电。此时蓄电池仍应维持母线电压在(117±0.5)V。

工作模式 F：航天器开始进入光照区，太阳电池与蓄电池同时向负载供电。

工作模式 G：光照逐渐增强，太阳电池全部向负载供电，BCR、BDR 都不工作。

工作模式 H：光照进一步增强，太阳电池向负载供电，多余的电能向蓄电池充电，直到蓄电池充满电。若光照进一步增强，则分流调节器开始工作。

采用这种控制方案能正确协调各调节器的工作：①在航天器绕地球运行时，电源母线电压变化小于 5V；②在太阳光照区，即使负载大范围变化，BDR 也不会工作，使所用蓄电池容量较小；③BDR 与 BCR 不会同时工作，以此避免能量浪费。

2. S3R 型功率调节技术

顺序开关分流调节器(sequential switching shunt regulator，S3R)是 PCU 中一种常用的分流调节技术。图 4.2.11(a)所示为 S3R 功率调节方式的方框图，由五个太阳电池阵和五个分流调节器共用一个充电调节器和放电调节器组成。工作在光照区时，有三种模式：①太阳电池阵只向负载供电；②若太阳电池阵仍有多余能量，则通过集中的充电调节器向蓄电池充电；③当蓄电池已充满时，通过分流调节器对地分流；工作在阴影区时太阳电池阵不工作，蓄电池通过放电调节器向负载供电。

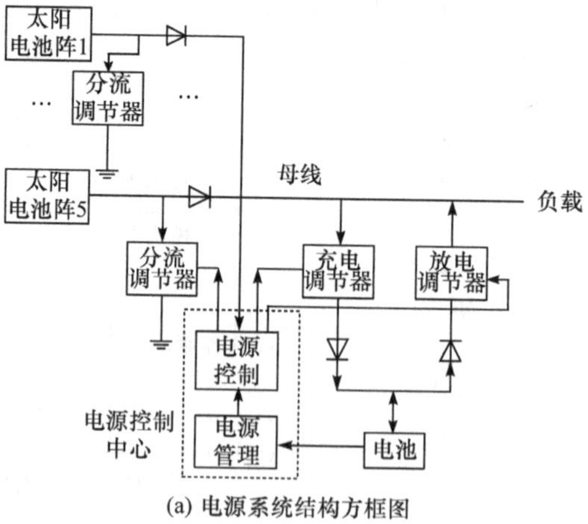

(a) 电源系统结构方框图

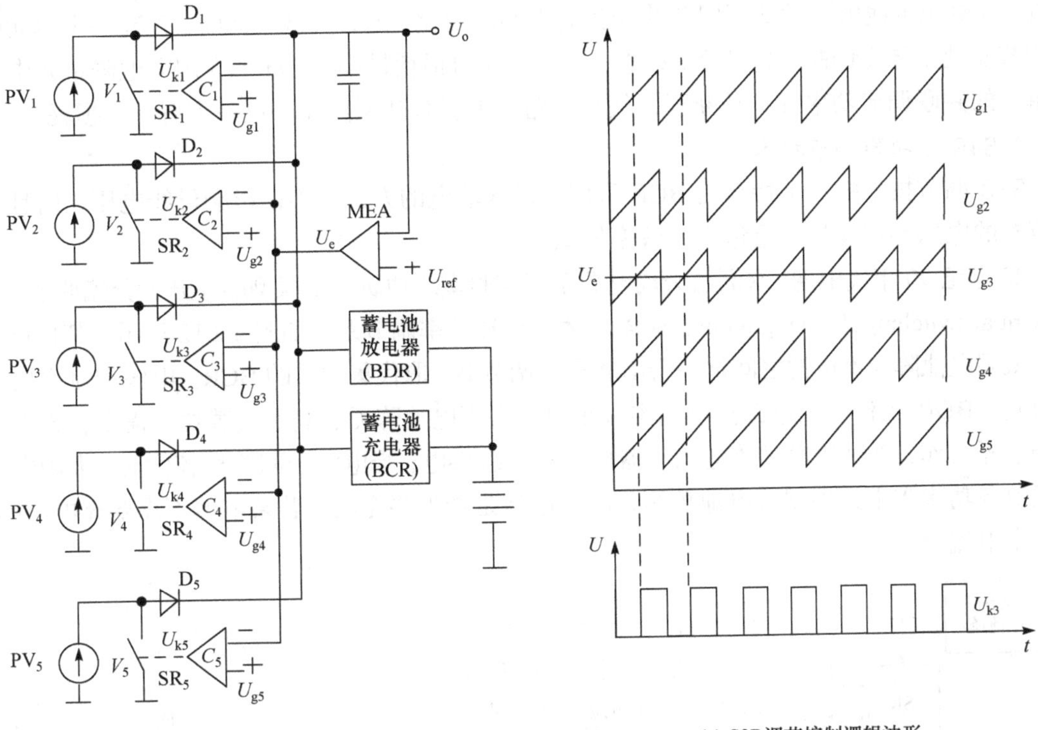

(b) S3R调节器原理图　　　　(c) S3R调节控制逻辑波形

图 4.2.11　由 5 个太阳电池电源模块构成的基于 S3R 的太阳电池电源系统结构图

图 4.2.11(b)是由 5 个太阳电池电源单元构成的 S3R 调节器的电源系统结构图。PV_1～PV_5为 5 个太阳电池阵，主误差放大器(main error amplifier，MEA)的基准信号 U_{ref} 由基准电源给出，反馈信号 U_o 取自电源母线，输出电压误差信号 U_e 送到 5 个并联开关调节器(SR_1～SR_5)中的比较器 C_1～C_5 反相端，5 个比较器的同相端接不同的锯齿波信号 U_{g1}～U_{g5}，如图 4.2.11(c)所示，五个锯齿波有同样的周期和脉动幅值，但直流电平各不相同，互相间直流电平差相同。设某状态下 U_e 如图 4.2.11(c)的水平线所示，正好与第 3 个比较器的锯齿波相交，则比较器 3 输出 U_{k3} 为脉宽调制信号，其导通比为 D_c，使 3 号电源的分流调节器按脉宽调制方式工作。锯齿波电平比电压误差信号高的 1 号和 2 号比较器，输出高电平，$D_c=1$，分流调节器场效应管一直导通，太阳电池方阵短接，不向负载输出电功率。4 号和 5 号比较器则输出低电平，$D_c=0$，分流调节器场效应管一直关断，太阳电池方阵向负载全功率输出电流。负载获得的电功率为 4 号、5 号方阵的额定功率和 3 号方阵的部分功率。若负载电流加大，母线电压降低，电压调节器误差信号 U_e 增大，电平提高到与 2 号锯齿波相交，则 3 号、4 号和 5 号电池方阵向负载全功率供电，2 号电池方阵提供部分电能给负载。锯齿波电压脉动峰峰值设定为约 0.1V。

应用 S3R 调节方案相比单个开关分流调节器(SR)的优点：①实现了太阳电池方阵和分流调节器的模块化设计，不同卫星需要不同容量的太阳电池电源，只要取不同的模块数即可；②只有一个分流调节器工作在 PWM 状态，故电源滤波器十分简单；③负载大范围变化时，电源响应很快；④每个太阳电池阵通过二极管接到电源母线，任一单元故障不会影响到用电设备供电；⑤电源母线电压脉动不因负载变化而大幅度变化，因为负载不同时，仅有一个单元的分流调节器处于脉宽调制工作状态；⑥整个电源工作时损耗最小，在 m 个太阳电池阵单元中 $m-1$ 个单元的并联调节功率管不是断开，就是短路，不引起开关损耗，仅一个有开关损耗。

3. S4R 型功率调节技术

S3R 调节技术的一个特点是 BCR 采用从母线取电的方式，不仅影响母线电压，而且充电调节器的电感导致体积、重量大，效率较低。

20 世纪 90 年代中期，欧洲航天局电源系统实验室成功研制串联型顺序开关分流调节(series sequential switching shunt regulator，S4R)技术。S4R 功率调节系统如图 4.2.12 所示，其特点在于每个太阳电池阵与蓄电池之间加一个串联充电调节器，取代集中式的 BCR。电源控制主要控制 SR 以及 BDR 工作，当电源控制输出较小时，太阳电池阵无法满足负载功率需求，蓄电池放电调节器工作，蓄电池通过放电调节器放电对负载供电；当电源控制输出较大时，太阳电池阵满足负载功率需求，根据蓄电池控制判断蓄电池是否需要充电，若蓄电池不需要充电，则 SR 对多余电流分流。

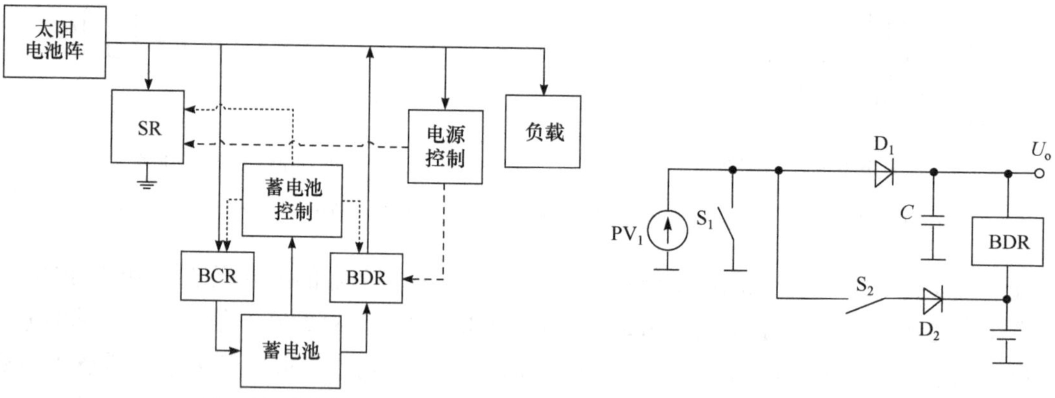

(a) 电源系统结构　　(b) S4R基本电路

图 4.2.12　基于 S4R 的电源系统图

为了简化传统的 BCR 电路，S4R 功率调节系统通过串联一个二次开关 S_2 来使每个太阳电池分阵工作在以下几种模式：对母线供电、充电、对地分流。

参照图 4.2.12(b)，其工作原理简单叙述如下。

(1) 太阳电池阵向负载供电：在从地影区向光照区过渡时，随着太阳电池阵功率的增加，S_1 和 S_2 均处于截止状态，太阳电池分阵 PV_1 的功率直接通过二极管 D_1 输出到母线上，满足母线负载的需求。

(2) 太阳电池阵向负载供电和蓄电池充电：在满足母线负载的需求后，若 PV_1 的电能过多，则 S_1 断开、S_2 导通，将 PV_1 多余能量对蓄电池组充电。S_2 处于 PWM 工作状态，则 PV_1 的输出电流交替提供给母线和蓄电池。

(3) 太阳电池阵向负载供电和向蓄电池充电并分流：若 PV_1 电能仍然过多，则令 S_1 和 S_2 都处于 PWM 工作状态，这样一方面给蓄电池组充电，另一方面给负载供电，多余的功率被分流。

(4) 太阳电池阵向负载供电和分流：蓄电池充满电后，S_1导通、S_2截止，该太阳电池分阵的输出功率被分流以维持母线电压的稳定。

(5) 太阳电池阵向负载供电：向地影区过渡时，太阳电池阵输出减少，单独向负载供电。

(6) 太阳电池阵和蓄电池同时向负载供电：太阳电池阵不能满足负载需要时，蓄电池参与向负载供电。

(7) 蓄电池向负载供电：进入地影区后，由蓄电池单独向负载供电。

(8) 蓄电池和太阳电池阵同时向负载供电：从地影区向光照区过渡时，蓄电池和太阳电池阵同时向负载供电。

在太阳电池阵向蓄电池充电时，不需要充电调节器恒流充电，仅仅控制S_2的在PWM工作状态或者完全导通，太阳电池阵的特性保证了最大充电电流不会超过太阳电池的短路电流。这种充分利用了太阳电池分阵的限流特性即太阳电池阵具有最大短路电流的特性，可以有效减少充电单元的重量，降低成本，最大限度地使用了太阳电池分阵输入的能量，提高电能利用效率。常用的采用母线串联跟随充电调节的蓄电池充电调节方式效率一般为90%～92%，而S4R功率调节器充电效率预计大于95%。在阴影期峰值负载工作时，BDR开始工作，其供电输出效率一般为92%～96%。

S4R技术克服了S3R功率调节技术中充电控制器直接连接在母线上带来功率损耗和重量过大的缺点（与S3R系统相比，该方案可以减少约30%的重量），体积小，重量轻。同时S4R保证了每个短路电流不超过单个电池阵的短路电流。S4R技术扩展了电源系统的性能，推进了控制装置的模块化进程，代表了当今空间电源系统功率调节技术的发展趋势。

4.3 载人航天器供电系统

4.3.1 载人航天器电源系统的特点

空间实验室、空间站是活动在300～500km轨道高度上的航天器。载人飞船是运输航天员往返于太空与大气层内的主要运输工具，也可作为空间站驻留人员的应急救生艇。载人空间站不仅提供了可较长时间居住的环境与设施，而且是空间实验室和生产加工站，甚至可以成为天体观察、星际飞行转运等综合功能的大型轨道基地。载人航天器的这些任务和所在的低轨道特征，使其电源系统与卫星相比有许多特点。

1. 运行环境特点

(1) 轨道周期约90min，航天器进出阴影区频繁，储能电池充放电循环每年达5500次，10年寿命的空间站，则高达55000次。太阳电池电路也要经历频繁的高低温应力循环，承受热致机械疲劳的考验。

(2) 航天器地影时间与光照时间之比约为0.61，考虑了充放电时间时各种损耗后，太阳电池阵的充电功率要高于供电功率。1年中太阳入射角会在−70°～70°变化，且无全日照圈次。地影时间长、太阳入射角变化范围又大又快的特点，使得电源系统的设计考虑因素更加复杂。

(3) 这一轨道高度上的原子氧、等离子体及空间碎片的密度都非常高，这些客观环境因素对空间的太阳电池阵提出了较高的防范要求。

2. 多电源、多供电模式

载人飞船有待发、发射、自主飞行段、对接和停靠段、返回、着陆等众多飞行段落，这些不同段落的负载功率变化大，持续时间也各不相同，负载又分布在各个舱段。返回舱不可能安装太阳电池阵，返回着陆等待段需另配一次电源供电。太阳电池阵是否对日定向也要视对姿控的影响程度而定，如飞船停靠在空间站时太阳电池阵一般不定向。在空间组装的空间站大型太阳电池阵，组装前也要另配数十天供电需要的电源。飞船与空间站组合飞行期间，则存在二者并网供电。因而载人航天器是一个多电源、多供电模式的电源系统。一般以太阳电池阵-蓄电池组作为主电源，以比能量高的蓄电池组或燃料电池作为辅助电源。

3. 极高的可靠性、安全性要求

对载人航天器来说，确保航天员的生命安全是头等大事。电源系统的可靠性、安全性十分关键，突出表现在以下两点。

(1)确保在各种可能遇到的情况下，电源系统都能为航天员返回地面提供所需的电能，这是电源系统可靠性设计的首要目标。这些情况有：太阳电池阵只局部或全部未展开；在轨运行时主电源发生局部或全部失效；飞船在与空间站停靠期间，航天员发生健康等突发事件需应急返回。为了尽可能争取在天上多飞几圈，以便选择安全的着陆点，电源系统应有重构能力，以便能利用部分存活的电能，另外要有关闭次要负载和测量一次电池剩余电量的功能。

(2)要采取有效措施防止电源线和电流触点过热起火、产生火花、蓄电池泄漏有害气体及爆炸事故发生。对空间站来说，要求电源系统各部件具有可维修性、可更换性及可组装性。

4.3.2 国外载人航天器电源系统

1. 联盟号飞船

联盟号飞船的供电系统功能是保障飞船在所有飞行段向各系统提供23～34V的直流电源。飞船平均功率为500W，在轨自主飞行段，接近与对接段合计时间为2.2昼夜，对接停靠最长时间为180天，分离返回最长时间为2昼夜。

电源系统由主电源、备用电源和返回电源等组成。

主电源为太阳电池阵-锌银蓄电池组的光伏电源系统，不调节母线，利用锌银蓄电池组对太阳电池阵电位的钳位，使母线电压保持在一定的范围内。太阳电池阵总面积10m^2，电池电路分SA_1和SA_2二部分，电性能参数如表4.3.1所示，其中P_{mp}表示太阳电池阵的最大输出功率，U_{mp}表示最大输出电压，I_{mp}表示最大输出电流，U_{oc}表示开路电压，I_{sc}表示短路电流。由18只容量340A · h的锌银蓄电池组成储能蓄电池组，循环寿命100次。蓄电池组充电终压为34.2V(相当于单体的充电终压为1.9V)。

表4.3.1　电池阵性能

参数名称	P_{mp}/W	U_{mp}/V	I_{mp}/A	U_{oc}/V	I_{sc}/A
SA_1	675	25.5	26.5	31.5	30
SA_1+SA_2	875	34	26.5	41.5	30

备用电源采用一次锌银蓄电池，用于用电高峰时对主电源补充供电，最大负载能力 85A。当母线电压跌至 24.3V 以下时，备用电源能自动接通。

返回电源为容量 100A · h 的一次锌银蓄电池组，安装在返回舱内，湿荷电寿命 180 天。经计算，返回段耗电 35A · h，余下容量用于返回舱着陆等待救援时用。

飞船供电系统有地影区供电模式、光照区供电模式、充电模式和联合工作模式等多种供电模式。

2. 国际空间站

国际空间站高低压母线系统结构如图 4.3.1 所示。美国和俄罗斯各自设有太阳电池阵，俄罗斯部分电压等级分为 28V 直流，美国部分电压等级为 120V 直流，两者通过隔离变换器直接连接实现并网。

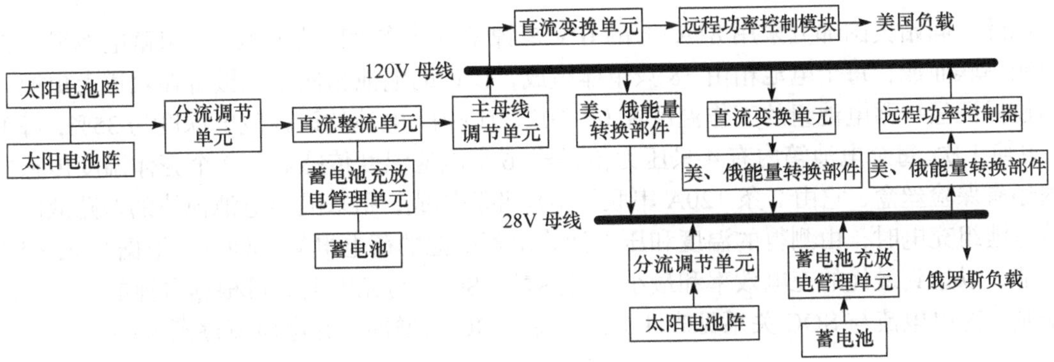

图 4.3.1　国际空间站电源系统结构

国际空间站的太阳电池阵总发电能力为 105kW，其中美国部分 76kW，俄罗斯部分 29kW。美国部分采用 120V 母线，俄罗斯部分采用 28V 母线，并网时美国部分和俄罗斯部分之间有互相转换的装置。太阳电池阵安装在远离舱体的桁架，可进行两自由度的对日定向。每个折叠翼有 82 个串联的硅太阳电池电路，每串电池片的串联数为 400 片，太阳电池片单片的面积为 $8cm^2$，光电转换效率为 14.5%。这样大面积的太阳电池阵是在轨道空间分数次组装完成的。美国部分的高压太阳电池阵最高电压可达 160V，为了避免低轨冷稠密等离子体效应引发的高压太阳电池阵结构和电路的弧光放电和持续放电，利用空心阴极等离子体接触器（一种控制航天器电位的设备，在航天器因负电荷积累而带负电时，等离子体接触器向空间发射电子使航天器电位和等离子体电位趋向相等），使美国阿法尔空间站与周围等离子体的电位差保持在±40V 范围内。

美国部分的单通道功率流程图如图 4.3.2 所示。4 个太阳电池翼组成 4 个太阳电池光伏电源系统，SR 为 82 级 20kHz 的固态开关，将太阳电池阵电压粗略调节在 138～173V，直流切换装置 DCSU 接收总功率在 126～173kW 之间的电力，对电力进行精细管理，保持稳定输出约 21.9kW 的功率，再经直流-直流转换装置 DDCU（DC-DC Conversion Device）调节成 120～126V，分配给美国、日本、欧洲太空局的各实验舱，流向俄罗斯曙光号实验舱的电源变换成 28V 电压。

空间站通过智能固态开关实施各负载的通断控制，并能实现缓慢通电和断电，可缓解加电、断电过程中的浪涌，它还有过流跳闸的功能，可有效地隔离失效的设备。

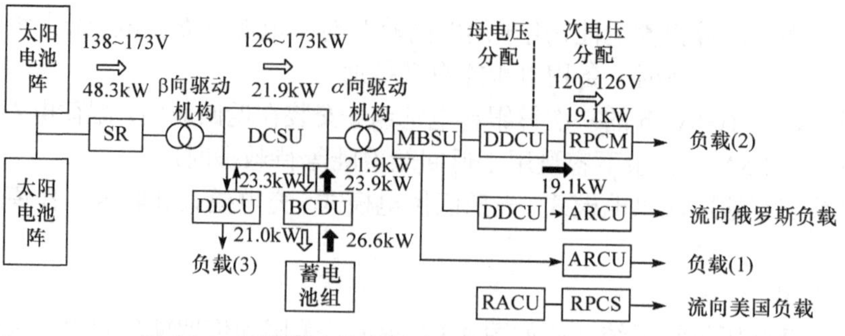

图 4.3.2　国际空间站美国部分的单通道功率流程图

ARCU：美国-俄罗斯转换装置；BCDU：电池充放电装置；DCSU：直流切换装置；DDCU：直流-直流转换装置；MBSU：主母线切换装置；RACU：俄罗斯-美国转换装置；RPCM：遥控电源控制模块

国际空间站美国部分采用 81A · h 的 IPV 氢镍蓄电池作为储能电池。一组蓄电池组由 2 个电池箱串联而成，每个电池箱由 38 只单体组成，设计的电池箱便于机械臂在轨道上更换。主动温控保证氢镍蓄电池组的工作温度在 0～10℃范围内。电池的设计放电深度为 35%，每工作 5 年更换 1 次。每个电池箱内有 4 只压力传感器、6 个电池温度传感器和 3 个壳体温度传感器。箱内还有保险丝盒，它由 2 条 120A 串联保险丝并联构成，用来隔离电池模块的短路故障。氢镍蓄电池组充电时，由测得的温度和压力计算出蓄电池的荷电电量(SOC)，根据 SOC 控制充电电池，以达到最优的充电效率和最小的发热量。SOC 与充电电流可根据电池的老化程度重新编制。充电电流与 SOC 关系见表 4.3.2，随着 SOC 的增加，充电电流逐渐减小。

表 4.3.2　充电电流与 SOC 的关系表

SOC/%	20	85	90	94	96	98	100	101	> 105
充电电流/A	50	50	50	50	40	27	10	5	1

4.4　火 箭 电 源

火箭是靠火箭发动机喷射工质产生反作用力飞行的飞行器。它不需外界工质产生推力，故既可在大气层内飞行，也可在大气层外飞行。按所用能源不同，火箭有化学火箭、核火箭和电火箭三类。化学火箭又有固体燃料火箭、液体燃料火箭和混合推进火箭等三类。按用途分，有无控火箭炮、导弹和运载火箭等三类。具有战斗部，但没有制导系统的火箭为无控火箭炮，其命中精度较差。导弹是带有战斗部的有控火箭，有战术导弹和远程导弹。运载火箭常由多级火箭组成，用以将人造地球卫星、载人飞船和空间探测器等航天器送入预定轨道。

火箭电源有箭外电源与箭内电源两部分。箭外电源在火箭发射前使用，用于检查火箭内部设备。箭内电源飞行中向各用电设备供电，还作为点燃火箭发动机的控制信号和引信过靶后的自炸电信号。火箭发射时，箭外电源不再向火箭供电，箭内电源开始工作，这时一方面要求箭内电源起动快，同时要求两电源转换平衡，中断供电时间短。

箭内电源有一次电源和二次电源两种，一次电源是将别种能量转为电能的设备，二次电源用于将一次电源产生的电能转换成另一种或多种形式的电能，以满足不同用电设备的需要。但是应尽量减少电源的种类，以减少电能变换和电能输送与分配系统的复杂性。图 4.4.1 是两种火箭电源方案框图。

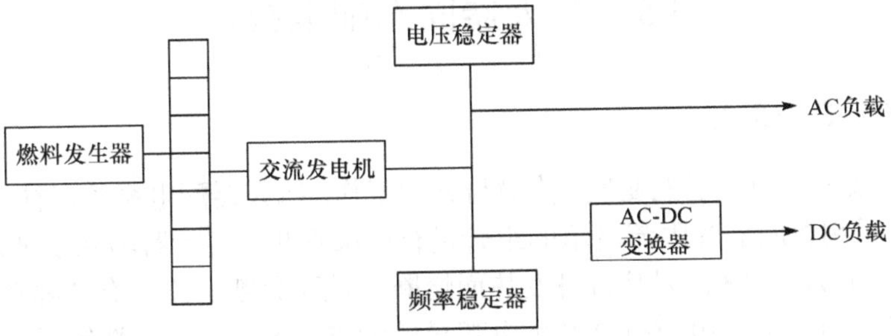

(a) 燃气涡轮发电机电源系统

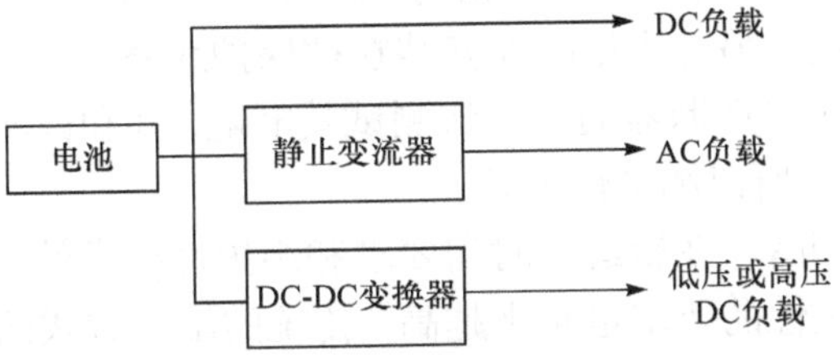

(b) 电池式电源系统

图 4.4.1　火箭导弹电源的基本结构

火箭的一次电源有两种基本形式：旋转电机式和电池式。常用的发电机有磁通换向的感应子发电机、永磁发电机和异步发电机，电机由燃气涡轮、高压冷气涡轮或液压马达驱动。飞行时间短的导弹也有采用惯性驱动的，即发射前该电机作电动机运行，带动飞轮高速旋转，飞轮储有机械能，发射后，飞轮带动电机，电机作发电机运行，向用电设备供电。为了减小体积、重量，发电机工作转速很高，有 24000r/min、60000r/min，甚至更高。例如，美国响尾蛇空空导弹 AIM-9D 的燃气涡轮发电机重 700g，功率 135W，比功率为 200W/kg。苏联 SAM-6 导弹采用高压冷气驱动发电机，比功率为 80W/kg。为使发电机输出频率和电压不受工作环境和工作时间的过大影响，发电系统中必须有压力、温度调节器和频率电压稳定装置。

火箭上常用的电池为锌银电池和镉镍电池，容量大时也可用燃料电池。蓄电池结构简单、使用方便、工作可靠、放电平衡，且比能量、比功率较高。25A · h 的锌银电池（24V）放电电流可达 200～300A。蓄电池长期存储有自放电，需定期充电。需要长期存储的火箭常用化学加热式自动激活锌银电池，其电解液和电极不在一起，使用前才让电解液注入电极处，此过程称为激活，激活时间不超过 1s。

旋转电机式电源受燃气发生器工作时间的限制，一般用于飞行时间 30s 以内的火箭上，最长也不大于 100s。电池则不受上述限制。旋转电机电源起动时间约需 2s，起动结束后才能供电。自动激活电池的激活时间也在 1s 以内。这是进行火箭电源设计时必须考虑的因素。

火箭上的二次电源目前多为静止变换器式。直流变换器用于将电池的直流电转变为另一种或多种电压的直流电。静止变流器则将直流电转变为三相或单相交流电。交流电的频率有 400Hz、500Hz、1200Hz 等多种，有的达 6000Hz。发电机产生的均为交流电，可用变压器和变压整流器获得不同电压的交流电或直流电。

4.5 航天器固态配电技术

4.5.1 航天器直流固态配电

航天器配电系统承担着电能变换、传输与分配工作。航天器配电系统以往大多采用继电器控制负载通断，采用熔断器和限流电阻的组合进行故障保护。熔断器串联于被保护电路中，当过载或短路电流通过熔体时，因其自身发热而熔断，从而分断电路，有效隔离故障。

继电器的机械触点分断电流时易产生电弧导致触点的融蚀，可靠性较低。例如，Leach 公司的 KM 系列 28V 继电器，允许开关次数仅为 50000 次。熔断器是“一次性”的元器件，一旦熔断则负载无法恢复供电。另外当熔断器安装在被保护线路中时，通过试验测试其跳闸保护特性是不现实的，只能通过给熔断器通小电流测试其电阻，并和说明书标称预期值比较，观察其是否在公差允许范围内，所以测试性较差。

随着航天器电源系统功率、在轨运行时间要求和维护性要求的提高，对配电系统的功率密度、可靠性、容错性和测试性的要求也越来越高。传统的配电方式已经很难满足大功率、长寿命航天器电源系统的需要。

固态配电是目前航天器配电系统的发展趋势，在国外航天器电源系统中已经大量应用。固态配电技术和计算机综合控制技术结合可以实现航天器供配电系统自主负载管理和保护、故障诊断，在供配电系统局部故障时实现对系统故障隔离和重构，极大地提升系统可靠性和测试性。航天固态配电的核心部件是固态功率控制器(solid state power controller，SSPC)，是固态配电系统中实现负载监控和电路保护的执行部件。它是以半导体功率开关器件为核心的智能固态配电装置，不但具有固态继电器的开关控制功能和断路器的保护功能，而且由于采用固态开关取代了机械触点，所以可靠性高、响应速度快；同时具有功率密度高、BIT 自检测等功能和优点，具有广阔的应用前景。图 4.5.1 中实线框中是典型单模块直流 SSPC 的基本功能框图，由功率开关管 MOSFET、电流检测电阻、驱动及短路保护控制电路部分、隔离电路、内部供电电源模块等几个基本部分组成。功率开关管 MOSFET 在驱动及短路保护控制电路部分作用下完成电路的接通、关断和故障保护功能。

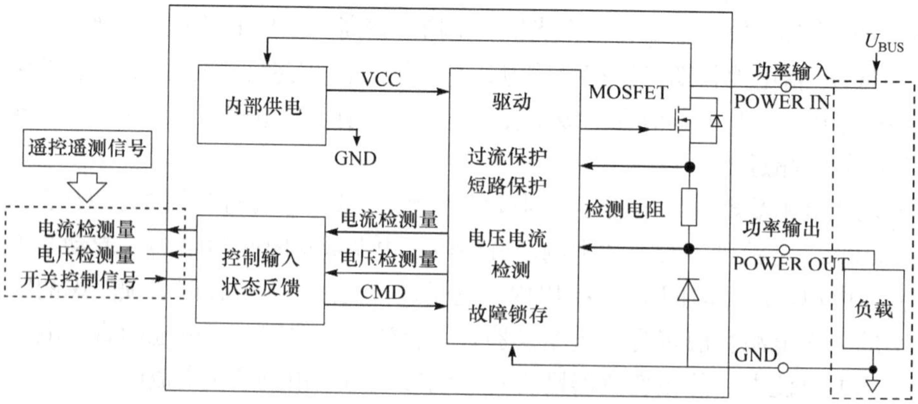

图 4.5.1　直流固态功率控制器示意图

关于固态功率控制器(SSPC)的详细原理、功能和特点将在第 9 章作详细介绍，请读者自行参考。本章着重介绍空间应用的固态功率控制器的特殊性。

4.5.2 航天固态功率控制器的特点

1. 功能和性能方面特点

1)电压等级

航天器电源系统电压体制以往为低压直流 28V，为满足大功率、高功率密度的发展趋势，目前正向高压直流 100～120V、160V 发展，因此要有 28V SSPC，也需要高压直流 SSPC。

2)非常强调限流功能

在美国和欧洲的航天器电源系统中，固态功率控制器都要求具有限流功能。SSPC 在短路故障和起动容性负载的过程中将故障电流或者冲击电流快速(典型反应时间在 0.5～3μs)限制在设定值(限流值分多个挡位自由设定)，限流时间也可自由调整。限流功能将故障限制在负载端，故障不会传播，有利于实现不中断供电，提高汇流条电能质量，并且提高了 SSPC 的抗干扰能力。在欧洲航天领域，特别强调 SSPC 的快速限流功能，SSPC 被称为 Latching Current Limiter(LCL)或者 Fault Current Limiter(FCL)，已被广泛用于代替熔断器(保险丝)完成电路的保护功能。LCL 或者 FCL 具有开通/关断功能，一般功率不大，仅有数安培；当负载正常时，LCL 处于饱和导通状态；当负载过载时，LCL 将负载电流限制在预设的限流值，并当故障电流超出预设的限流时间后将 LCL 关断，直至重新由地面遥控重新开通或自动重合闸；若在预设时间内负载恢复正常，LCL 恢复饱和导通状态。

3)通道并联功能

利用并联功能可实现将多个电流定额较小的 SSPC 并联构成电流定额较大的 SSPC，降低研制开发成本。欧洲的哥伦布实验舱、NASA 的卡西尼号探测器等多个航天器的固态功率控制器中均设计有并联功能。

4)可靠性

由于大多数航天器不具有维修性或维修成本高昂，所以可靠性要求比航空或者地面应用的固态功率控制器更高。SSPC 在设计时必须彻底消除对系统产生影响的单点故障，例如，在固态功率控制器的输入端串联保险丝实现“故障-安全”；在某些 SSPC 中采用功率开关管串联设计，防止单管短路造成 SSPC 短路。

2. 环境适应性方面的特点

空间环境下存在着大量高能带电粒子，其中总剂量辐射效应和单粒子事件容易引起电子设备甚至整个航天器失效。航天领域 SSPC 中需要采用满足抗辐照指标的航天级元器件，并在 SSPC 的软件和硬件的设计上采取抗辐照加固措施。

总剂量辐射效应是指随着时间的积累，微电子元器件辐射剂量的增加，导致器件性能逐渐衰减，最终出现永久性损坏，严重影响电子系统的可靠性。在航空领域的 SSPC 中普遍采用光耦器件进行数字信号和模拟信号隔离传输，但光耦器件对总剂量辐射效应比较敏感。光耦传输开关信号时，电流传输比的变化影响不大；但传输模拟信号时，极大地影响模拟信号传输的精度。因此光耦器件在特殊空间使用环境下使用会存在一定的限制。磁耦合技术具有很好的抗辐照性能，并且能够克服光耦合器不确定的电流传输比、非线性传输特性以及随时间和温度漂移的缺点。航天级 SSPC 中模拟量传输需要采用磁隔离方式，提高抗辐照性能。

单粒子事件也可能导致集成电路、微机芯片发生翻转和锁定，因此在硬件和软件设计上都要采取冗余容错措施。SSPC 的主功率 MOSFET 发生单粒子栅穿和单粒子烧毁这两种形式故障都是致命的故障，因此在元器件筛选上应选择航天级的功率 MOSFET。航天级抗辐照功率 MOSFET 的缺点是导通电阻非常大，一般是相同电压等级非抗辐照功率 MOSFET 的 10 倍以上，导通损耗非常大。因此航天级 SSPC 中需要多个功率 MOSFET 并联。SiC 和 GaN 场效应管具有内在的抗辐照性能，并且相比传统 Si MOSFET 具有更高的工作结温(>300℃)、热传导性能以及更低的导通电阻。

4.5.3 航天器固态配电应用举例

目前固态配电技术已经在国外航天器中广泛应用，如国际空间站、NASA 的卡西尼号、新视野号、信使号等深空探测器，欧洲航天局的 SMART-1 月球探测器和 XMM-牛顿天文卫星等。以下简单介绍固态配电技术在国际空间站和 NASA 卡西尼号深空探测器中的应用。

1. 固态配电技术在国际空间站中的应用

国际空间站中使用了多种类型固态功率控制器组，通过 1553B 总线对其发送通断控制命令，具备完善的保护功能，配电系统可靠性高。

国际空间站内日本舱采用了直流 120V 带限流功能的 SSPC，欧洲哥伦布实验舱包含了 45 路 120V 的 SSPC、6 路固态限流开关。美国舱部分的二次配电系统如图 4.5.2 中虚线框所示。国际空间站美国舱中 SSPC 也被称为远程功率控制器(remote power controller，RPC)。

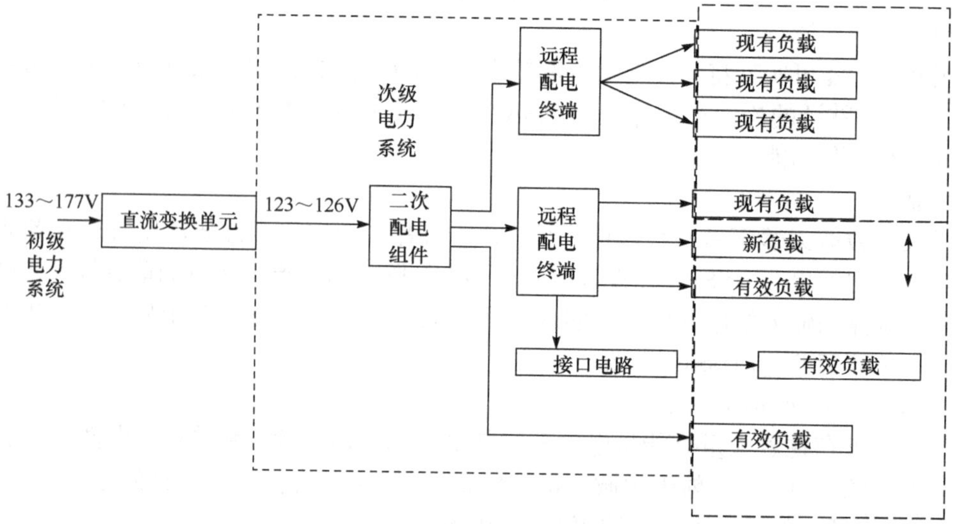

图 4.5.2　国际空间站美国舱的配电系统

其中，二次配电组件(secondary power distribution assembler，SPDA)和远程配电终端(remote power distribution assembler，RPDA)中都是由多通道的远程功率控制器(remote power controller，RPC)组成的固态配电装置，实现电路和负载的远程控制。RPC 可在不同的过流、过压、欠压点设定触发条件，将故障隔离在负载端。RPC 对关键负载进行自动重置复位，对非关键负载保留触发功能。

2. 固态配电技术在卡西尼号深空探测器中的应用

NASA 的卡西尼号土星轨道探测器、新视野号木星探测器、信使号水星探测器等深空探测器的配电系统均采用冗余的固态配电技术。其中最为典型的应用是卡西尼号土星轨道探测器。由于深空探测器的飞行时间很长，如卡西尼号飞往土星花了 6 年 8 个月，执行观测任务的时间也很长，因此设计寿命均大于 10 年，对于配电系统可靠性要求也极高。

图 4.5.3 是卡西尼号的配电系统结构图，使用了 192 个直流 28V 固态功率开关(solid state power switch，SSPS)。SSPS 同时控制负载的高端(母线侧)和低端(回线侧)，分别设计独立的功率管和控制电路、通信接口。当固态功率开关中的高端或低端的开关发生短路失效导致其无法关断负载时，可通过另一个低端或高端开关关断负载或隔离故障。SSPS 高端和低端的开关的通信接口相互独立，相互冗余作为热备份；任意一个接收到开关命令都会将高端和低端的开关同时开通或者关断。

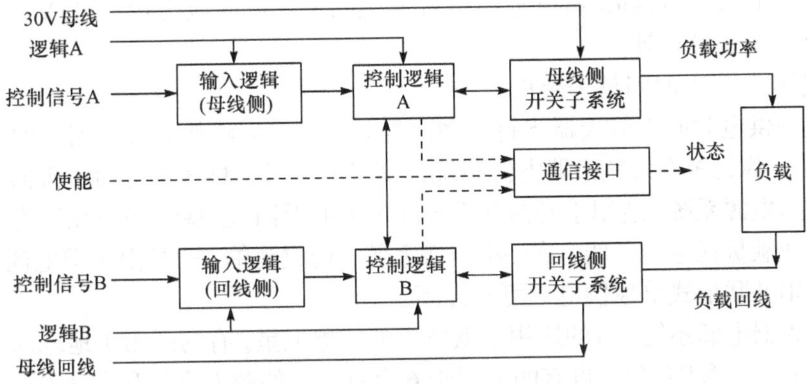

图 4.5.3　卡西尼号配电系统结构图

这种冗余设计在信使号水星探测器中也有体现，每个 SSPS 中包含了两个串联的功率管 MOSFET，保证在其中一个 MOSFET 发生直通失效时仍可以关断负载，并且在功率输入端还串联熔断器作为最终保护措施。

4.6　航天器供电系统的发展

20 世纪 90 年代以后，国外空间电源技术得到了飞速发展。以通信广播(包括军事通信)为主要用途的地球同步轨道卫星的电源分系统，已向高电压、大功率、长寿命的方向发展。例如，洛克希德 · 马丁公司的 A2100 平台、休斯公司的 HS-702 平台、法国宇航公司的 SB-400 平台电源输出功率均超过 10kW，最大可达 20kW。工作电压 100V 以上，工作寿命 15～20 年。并采用全调节母线智能化控制技术，以提高电源系统的性能和可靠性。同时，在欧洲的 Galileo 卫星上 S4R 技术已经得到了应用。在国内，目前代表我国高电压、大功率卫星研制最高水平的东四公用卫星平台功率达到 10.5kW，服务寿命 15 年。

航天器供电系统的发展表现在以下几个方面。

(1) 航天器的供电功率越来越大。

中低轨道上工作的对地观察系列卫星，如气象卫星、资源卫星等，有时在全球范围、有时在特定区域对地遥感观测，一般在预定的接收站上空发射数据。类似于这样有效载荷处于间歇工作状态、负载功率变化较大的航天器，其长期负载功率为数百瓦，但是当有效载荷工作时，短期功率可达 1～2kW，甚至更大。

地球同步轨道上的通信卫星、气象卫星等，由于有效载荷一般处于长时间连续工作状态，在轨工作器件负载功率变化较小，其功率需求一般为数千瓦，有些卫星的需求功率甚至达到十几千瓦。

(2)供电系统的电压等级越来越高。

随着功率等级的不断提高，航天器电源系统的供电电压等级也有不同。我国的《卫星电源系统通用规范》(GJB 2042—1994)提出，电源母线电压范围为 26～100V，对于负载功率小于 2kW 的电源系统，母线电压一般为 26～42V；对于负载功率大于 2kW 的电源系统，母线电压一般应大于 50V。对于调节母线，母线电压精度应优于±2%。

目前，常见的太阳电池阵-蓄电池组电源系统的母线电压应为(27±1)V、(28±0.6)V、(42±0.5)V 和(100±1)V 等。

(3)供电系统的供电时间越来越长。

供电系统的供电时间因航天器飞行寿命而异。通常可以将航天飞行器电源系统分为两大类:低于 1 个月，称为短寿命航天器电源系统；高于 6 个月，称为长寿命航天器电源系统。寿命较短的航天器电源系统，适用于寿命几天至几十天的返回式卫星，也适用于寿命只有几天的执行单一载人或载货任务的飞船。这一类电源系统，构成简单，通常由化学电池，如锌银蓄电池等以不同的串并联形式单独供电，可靠性高。

长寿命航天器电源系统，有的适用于低轨道的气象卫星，有的适用于地球同步轨道的通信卫星、气象卫星、直播卫星等，也有的适用于 6 个月以上的载人飞船和空间站。这一类电源系统构成较复杂。绝大部分航天器，其负载功率在 10kW 以下的，由太阳电池阵作主电源，化学电池作为储能电源，与起功率分配、调节与控制作用的电源控制设备，共同构成一个联合供电系统。

随着电源技术的不断发展，以及航天器飞行距离越来越远，目前航天器的设计与使用寿命已经超过 10 年。与世界上第一颗人造地球卫星在轨工作三个月相比，已经有了质的飞跃。此外，可实施在轨维护的航天器的工作时间更长，如国际空间站，从 1998 年开始发射到现在，仍在不断地使用与建设过程中。深空探测器的飞行时间、飞行距离都大大增加。

(4)航天器能源种类越来越多。

早期航天器多用化学电源，如锌汞电池、锌银电池、镉镍电池等。锌汞电池放电电流小、电压不稳；锌银电池放电电流和比能量大，是 20 世纪 50 ~ 60 年代短期飞行航天器主要电源；镉镍电池功率较大，常与镉银电池、镍氢电池作为太阳电池阵蓄能器。载人飞船、航天飞机采用氢氧燃料电池，单组峰值功率达 12kW，无维护工作时间 2500h，可多次启停。

当前主流为太阳电池阵-蓄电池组电源系统，利用地球外层空间更强的太阳辐射(1360W/m^2，为地面的 1.3～1.7 倍)发电，减轻航天器重量，寿命长达 10 年，覆盖 60%已发射航天器，但仅限 1.5 个天文单位内使用。

核电源(放射性同位素/核反应堆温差发电器、热离子发电器)利用核裂变/衰变释能转电，寿命长、可靠性高，抗辐射和微流星能力强，用于行星际探测器及部分军用卫星。美国、俄罗斯等国正研制千瓦和数百千瓦级的核电源，高效太阳电池、聚光太阳电池和反应堆核电源正在发展中。

(5) 电能的调度和管理越来越复杂，并要求实现多舱段之间的电能调度。

空间站作为人类在太空轨道进行航天活动的重要基地，自 20 世纪 70 年代，礼炮号空间站开始到现在的国际空间站，人类一直在努力构建功能强大的空间站。火箭有限的运载能力决定了空间站只能采用积木式的搭建方法，将各个舱段在太空轨道上合为整体，因此，将各个舱段的电源系统构成一个整体，并且不降低电网供电的可靠性，是航天器电源技术需要解决的问题。在后期的运行过程中，各个舱段电能的调配方法，以及故障情况下，利用电网余度进行电网的重构的技术也是空间站电源技术研究的关键。

(6) 固态配电技术将得到越来越多的应用。

固态配电技术具有无触点、无电弧、无噪声、响应快、电磁干扰小、寿命长、可靠性高以及便于计算机远程控制等优点。

① 能够实现负载的自动管理。根据航天器运行轨道和任务状态的不同对电源功率进行合理自动调度分配，达到有效利用电能，并可以根据用电设备的重要性按照优先级供电。

② 更全面的保护功能，提高供电系统的可靠性。基于固态配电技术能够实时监测各路载荷的供电电压、电流，根据需要设定保护电流值和延时时间，实现 I2t 保护、短路保护及电弧放电保护等多种保护功能，完成对配电线路和载荷的全面保护。

③ 减小配电系统的体积和重量。采用 SSPC 代替传统的继电器，可以减轻配电元件和线路的重量和体积。

④ 灵活性好。采用智能 SSPC 可以根据需要通过编程接口完成对各配电线路额定电流及各项保护指标的设定，SSPC 的类型可以减少；此外不同航天器的配电系统可能只需要修改较少的电源管理计算机的软件即可应用到其他型号上。

4.7 小　结

本章介绍了航天器供电系统的组成、特点和控制方式。

太阳电池阵是人造卫星、空间站等地球轨道航天器上能量的主要来源，太阳电池阵的控制方式由 S3R 向 S4R 发展，性能向大功率、高功率密度和高可靠性方向发展。由于电压的增大，原先用于低压直流系统中的继电器、接触器不再适用，于是固态功率控制器在航天器上得到应用。固态功率控制器集控制、保护和检测等功能于一体，性能、功能都在发展完善。固态功率控制器的应用必将促进航天供电系统的进一步快速发展。

思考练习题

4-1　卫星执行任务时主要经历光照期、入影期、地影期以及出影期四个时期，不同时期系统内各部分的工作模态不同，请针对全调节母线系统分析四个时期内卫星电源系统的工作状态。

4-2　结合习题 4-1 以及习题 4-2 图，描述基于全调节母线 S3R 的卫星电源系统放电、充电、分流的供电关系的变化过程以及对应的母线电压的变化情况。

4-3　画出不调节母线 DET 结构和全调节母线 DET 结构的典型电路拓扑结构，比较两类拓扑结构的特点、优缺点。

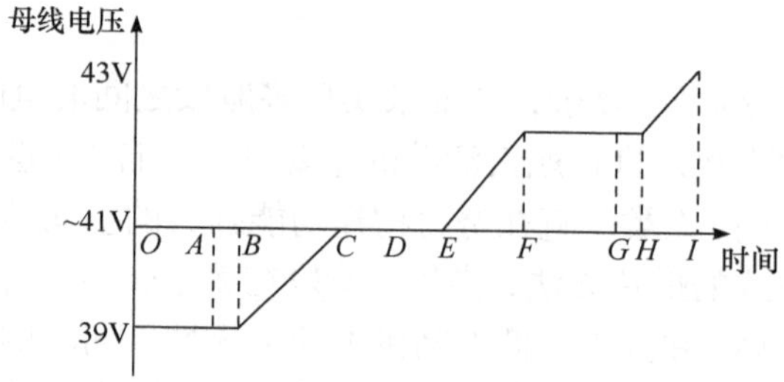

习题 4-2 图

4-4 画出全调节母线的 DET 和全调节母线 PPT 的典型拓扑结构，比较两类拓扑结构的特点、优缺点。

4-5 利用太阳电池阵在寿命初期和寿命末期的伏安特性曲线，说明利用分流器调节等效负载特性曲线，实现太阳电池阵的电压的稳定输出的原理。

4-6 请分析蓄电池组中的主要失效模式。

4-7 画出 BCR 的拓扑结构，并介绍其调节原理。

4-8 全调节母线架构中，S4R 型功率调节技术相较于 S3R 型功率调节技术以及混合型功率调节技术进行了改进，请具体分析 S4R 型功率调节技术的优点，并探讨其存在的缺陷。

4-9 试述卫星电源系统中电源控制器的功能以及工作原理。

4-10 请描述航天固态功率控制器的构成及其特点。

4-11 请总结载人航天器电源系统特点。

4-12 卫星电源系统从能量传输的角度来看，卫星电源系统的结构有 DET(直接能量传递方式) 和 PPT(峰值功率跟踪方式) 两种，请结合文献分析两种结构的优缺点，并选择一种结构分析其不同工况时电池阵输出功率曲线。

要求：

(1) 调研文献，分析两种卫星电源系统结构的性能差异(电池阵与负载关系、调节变量、不同工况下的功率要求、优点、缺点)；

(2) 基于平均模型对选择的系统进行建模；

(3) 对不同工况进行仿真，分析电池阵功率曲线的特点。

第 5 章　飞机低压直流电源

5.1　概　　述

低压直流电源
导论

低压直流电源是飞机上较早使用的一种电源，具有结构简单、使用维护方法成熟，并且能够实现起动发电双功能等特点，在中、小型飞机上应用较多。飞机低压直流电源系统由主电源、辅助电源、应急电源和二次电源等设备构成，主电源由航空发动机直接或间接传动的直流发电机和发电机控制器组成；辅助电源大多采用航空蓄电池，也有采用辅助动力装置驱动发电机的方案；应急电源大多为航空蓄电池，也有采用应急发电机的方案；低压直流电源系统中二次电源，在早期的飞机上大多是旋转变流机，现在基本被静止变流器所替代。

5.2　低压直流发电机

低压直流电源系统中主电源通常采用有刷直流发电机，发电机调节点额定电压为 28.5V，汇流条电压为 27.5V，蓄电池额定电压在 24V 左右，视所用电池类型而有所变化。飞机低压直流发电机的标称电压为 30V，额定电流有 100A、200A、300A、400A 和 600A 多种，相应的额定容量为 3kW、6kW、9kW、12kW 和 18kW，由于供电网络的重量随着电源系统的容量大幅上升，低压直流发电机系统的容量限定在 18kW 以下，通常 6kW 及其以上者有直流发电机与直流起动发电机两种类型，国产的型号为 ZF 和 QF。

5.2.1　低压直流发电机的结构

飞机直流发电机的传动端为法兰盘结构，通过凸缘与航空发动机附件机匣连接，这种结构便于装拆，减小需用空间。非传动端端盖由铝合金铸成，以减小重量，它的轴承室压有钢衬套，以免端盖和转轴材料不同引起热膨胀系数不同，使轴承受到挤压而降低寿命。

为减小发电机扭转振动引起的疲劳和破坏，飞机直流发电机常用复合轴结构，由空心轴和软轴组成。转子电枢铁心和换向器压装在空心轴上，它承受重力、单向磁拉力，并传递扭矩。空心轴内的软轴由强度高、弹性好的弹簧钢制成，用于传递扭矩和吸收扭转振动能量。

提高发电机最低工作转速是减轻电机重量的有效方法，飞机有刷直流发电机的最低工作转速为 3800r/min，有的达 5500r/min，而无刷结构的航空直流发电机的转速则可以达到 9000r/min 以上。

提高电磁负荷是减轻电机重量的另一有效方法。飞机有刷直流发电机的气隙磁感应强度达 0.7T（特斯拉），线负荷在 300A/cm 以上，电枢绕组电流密度达 15A/mm^2，电刷电流密度约 30A/cm^2。电枢铁心用损耗小导磁性好的硅钢片叠成，并经真空退火或氢气退火处理，以提高磁性能。采用单面漆或氧化膜等绝缘工艺，减小涡流损耗。采用绝缘性能好、强度高和导热性好的耐高温薄质绝缘材料。

改善电机换向，减少电刷下火花是飞机直流发电机可靠工作的重要条件。飞机有刷直流发电机电磁负荷高、转速高，又必须在高空大气稀薄条件下工作，换向条件较差，因此必须采取改善换向的措施。主要措施有：①采用反作用刷架使电刷所受摩擦力与弹簧切向力达到平衡，以便让电刷在刷盒内自由运动，改善电刷与换向器间接触；②增加电刷压力从而使电刷与换向器有效接触，一般压力为 500～600g/cm^2，有的达 750～900g/cm^2；③采用复合电刷，增加换向回路电阻。电刷内加入铅或二氧化锰等物质，减小高空因氧气和水蒸气少而引起的电刷急剧磨损；④大多数飞机有刷直流发电机有附加极，有的甚至有补偿绕组，有的用半数附加极以减轻重量。飞机直流发电机大都采用迎面气流冷却，它也带有风扇，以便在地面时冷却用。

表 5.2.1 列出了几种国产飞机有刷直流发电机的重量功率比。随电机容量的增大，重量功率比减小。

表 5.2.1　飞机直流发电机的重量功率比

型号	ZF-9	ZF-12	ZF-18	QF-6	QF-12
额定功率/kW	9	12	18	6	12
重量/kg	24	28.6	41.5	23	31
单位重/(kg/kW)	2.67	2.34	2.23	3.38	2.58

5.2.2　飞机有刷直流发电机的工作特性

由航空发动机传动的飞机有刷直流发电机在宽广的转速范围内工作，一般用最低、中等和最高三个典型转速下的特性来描述发电机。图 5.2.1 为并励直流发电机电路原理图，E 表示发电机的内部产生的电动势；G 表示发电机或电动机本身；I_a 表示通过电枢的电流；R_a 表示电枢电阻；I_f 表示流经励磁绕组的电流；R_f 表示励磁电阻，可调节以改变励磁电流，进而控制发电机的输出电压或电动机的速度；U 表示发电机输出的电压或电动机工作所需的电压；R 表示外部负载的电阻；I 表示流向负载的电流。电路中，励磁绕组并联连接在电枢绕组之上。励磁绕组接受一部分电流 I_f，负责维持磁场，而主要电流 I 流经外部电路(负载 R)和电枢。电动机的运转速度和输出功率可以通过改变 R_f 来调整 I_f，改变磁场的强度。

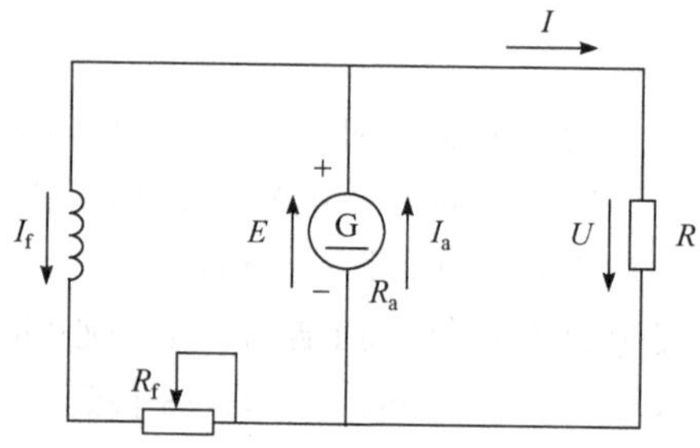

图 5.2.1　并励直流发电机电路原理图

图 5.2.2 是 18kW 并励飞机直流发电机的空载特性、外特性、调节特性和有电压调节器时的外特性曲线。由空载特性可见，低转速时电机主磁路较饱和，对应发电机输出电压较低，高转速时则不饱和，发电机输出电压也有所增大。某些有半数附加极的飞机发电机在低转速时满足直线换向条件，转速升高后，主磁路不饱和，在同样附加极磁势作用下，极下磁通增大，导致超越换向，而超越换向元件的电枢反应具有增磁作用，使它的调节特性在轻载时下凹，

如图 5.2.2(c)所示，会使发电机电压调节器工作不稳定，故应限制下凹量。

没有电压调节器的发电机可能输出的最大电流称临界电流。带电压调节器的发电机可能输出的最大电流称极限电流。这两个电流决定了电机的过载能力，由图 5.2.2(b)和(d)可见，电机转速高，电气过载能力强。过载能力还受电刷位置和换向情况的影响。电刷不在几何中心线时，存在直轴电枢反应，去磁反应使过载能力减小，增磁反应则使过载能力增大。临界电流还受换向好坏和电机工作温度的影响。

有的飞机直流起动发电机装有补偿绕组，虽然它会使电机结构变复杂，成本增加，但却补偿了电枢反应，减小了电机气隙磁场的畸变，从而减小了励磁功率，并使发电机有足够的饱和度，最终改善了电机换向，增加了电机过载能力。

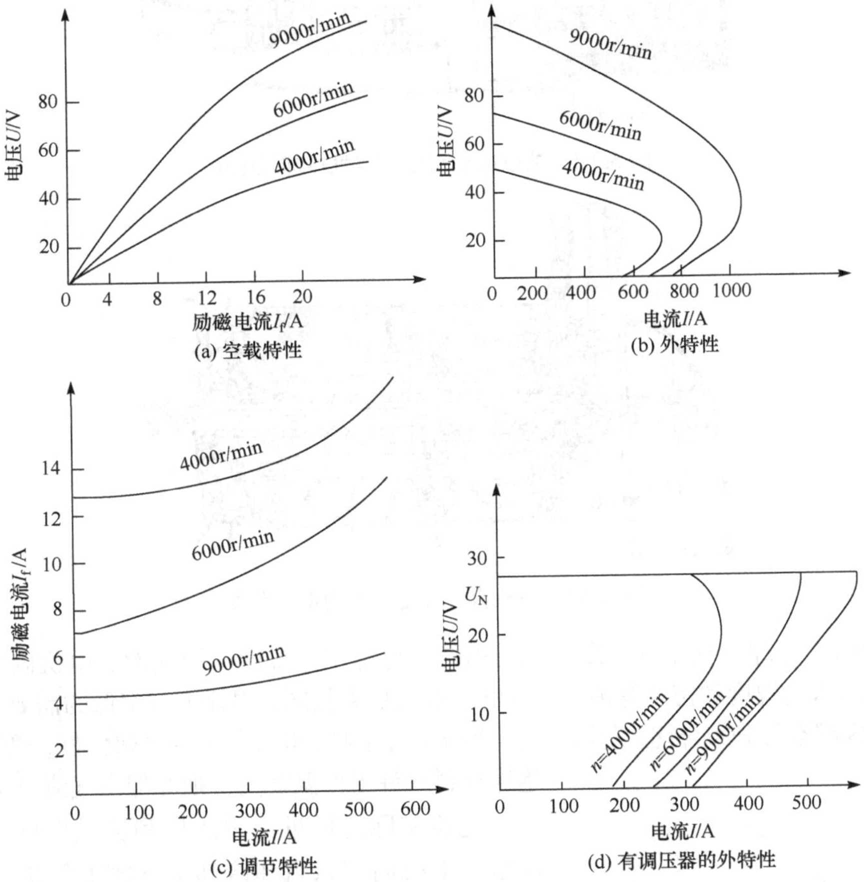

图 5.2.2 飞机直流发电机(18kW)的特性

5.2.3 飞机直流发电机的冷却

低压直流发电机常用内冷式强迫吹风冷却，飞机飞行时将迎面气流自飞机前方开口处引入进风管，进到电机内部，见图 5.2.3。也可自发动机压气机引出增压后的空气到电机内，见图 5.2.4。从通风管进入的空气先冷却换向器和电刷，其中一小部分空气从电刷保护带与端盖处的缝隙处流出，大部分进入电枢内通风道和气隙，带走电枢和励磁线圈的热量，最后自传动端排出，见图 5.2.5。

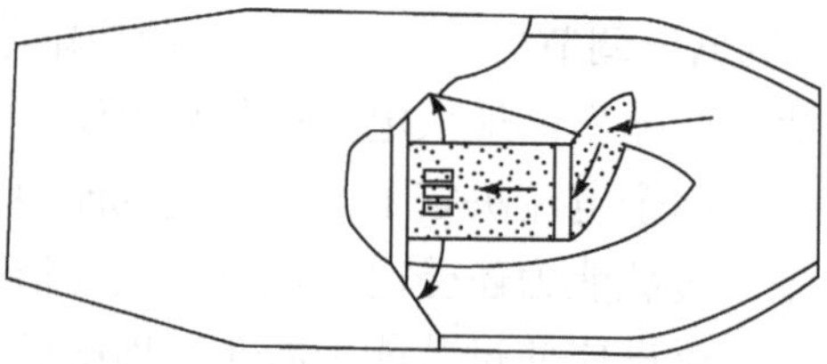

图 5.2.3　用迎面气流冷却的发电机示意图

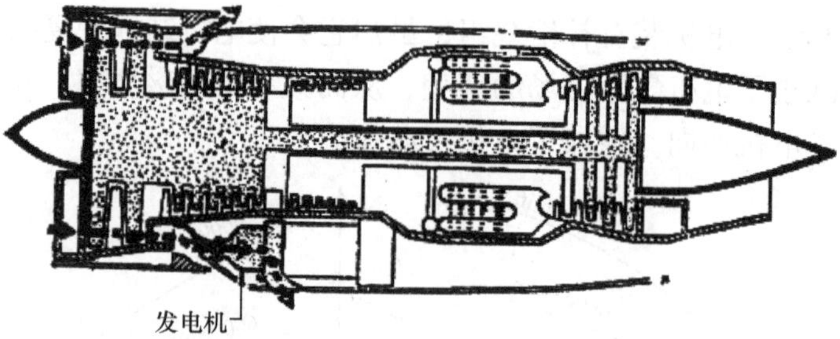

图 5.2.4　抽取压缩机压缩空气冷却发电机

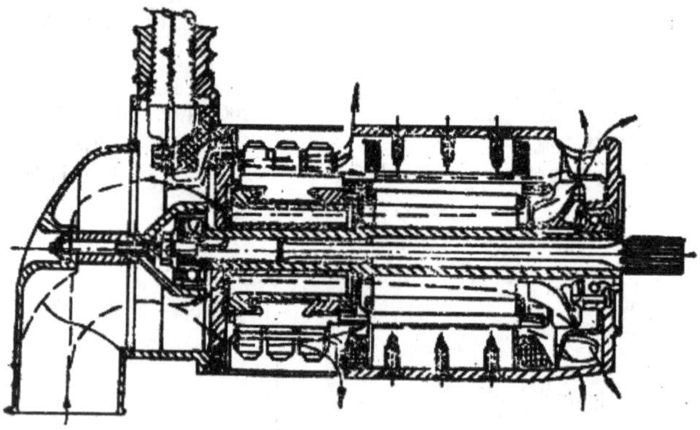

图 5.2.5　飞机直流发电机的内部风路图

发电机所需冷却空气流量由发电机的损耗、允许工作温度、导热性、电机内空气分配合理性、冷却空气的温度和密度等确定。发电机额定功率相同，损耗大效率低的需要冷却的空气量大。电机内部空气分布合理，发热均匀，则流量可小些。电机各部分导热性好，热量易传出，绝缘材料允许工作温度高，则冷却空气流量也可较小。

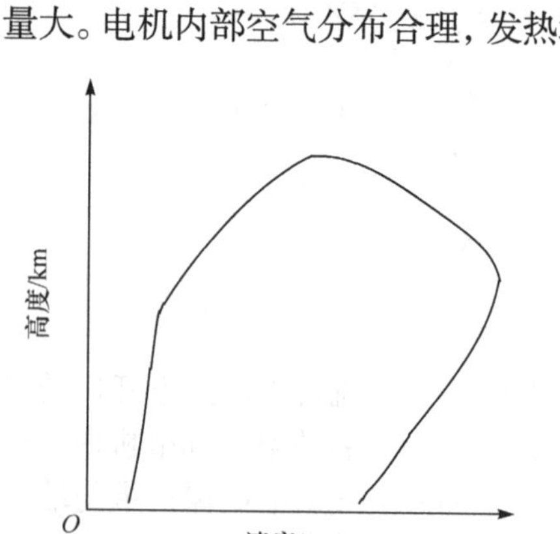

图 5.2.6　风冷发电机的高度和速度特性

电机实际通风量由进风口和出风口压力差、管路风阻、电机内部风阻和冷却空气密度等决定，它们又和飞行速度及高度有关。飞机停于地面或飞行速度低时，进气压力低，通风量不足，此时靠电机内装风扇鼓风散热，散热效果较差。飞行速度较高时，进入发电机的冷却空气温度急剧升高，使长期超声速飞行的发电机不能采用迎面气流冷却。所以迎面气流冷却的发电机只能在一定的高度与速度范围内才能输出额定功率，如图 5.2.6 所示。超出该范围后，电机输出功率必须降低。

表 5.2.2 列出了部分国产飞机直流发电机的基本技术数据。

表 5.2.2 飞机直流发电机额定容量和过载能力

电机型别		ZF-9	ZF-18	QF-6	QF-12
额定功率/kW		9	18	6	12
转速范围/(r/min)		4000～9000	3800～9000	4000～9000	4200～9000
一分钟过载能力	转速范围/(r/min)	5000～8000	5000～8000	5000～8000	5500～8000
	过载百分数/%	50	25	50	50
十秒钟过载能力	转速范围/(r/min)	5600～8200	5000～8200	6500～8200	8000
	过载百分数/%	100	50	100	100
长期无吹风冷却的电流	转速/(r/min)	3400	3400	3400	3400
	时间/min	30	20	30	30
	电流/A	90	200	60	120

5.3 直流发电机的电压调节

5.3.1 直流发电机的电压调节概述

飞机直流发电机工作转速范围宽，为了使输出电压保持在技术要求规定的范围内，必须设置电压调节器，通过改变发电机的励磁电流来调节输出电压。

电压调节器基本结构如图 5.3.1 所示，由电压基准 U_{ref}、输出电压检测、比较、放大和执行环节组成，电压基准与反馈电压比较之后，经过调节器放大，结合调制电路生成驱动励磁控制电路的 PWM 信号，实现对直流发电机励磁电流的控制，以闭环调节发电机输出电压。

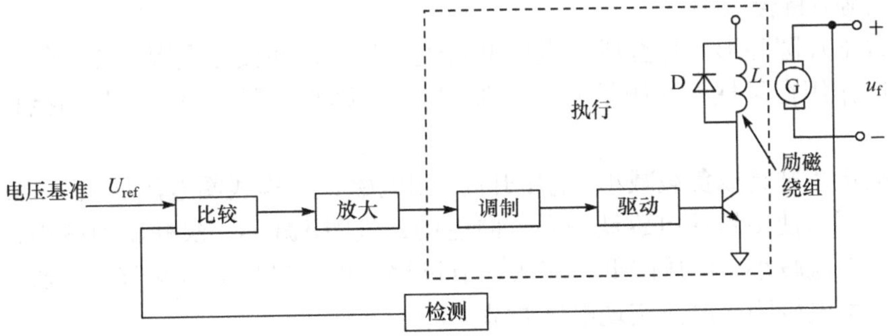

图 5.3.1 发电机调压器结构

早期的飞机直流发电机额定容量在 1500W 以下，采用振动式电压调节器，如图 5.3.2 所示。发电机励磁绕组串接附加电阻 R_g，调压器的触点 K 与 R_g 并联。触点闭合励磁电流增加，触点断开励磁电流下降，改变触点相对闭合时间即可调节励磁电流平均值，使发电机电压在转速和负载变化时保持在规定范围内。这种调压器的发电机励磁电流受到触点容量限制，只能用于小容量发电机，且触点易损坏，目前已不用。

炭片式电压调节器，可用于中大功率飞机发电机，励磁电流可达 10～15A，原理如图 5.3.3 所示，它是由炭柱、衔铁、反作用弹簧、电磁铁和调节螺钉等组成。有 $F_e+F_c+F_s=0$，F_e 为电磁吸力，F_c 为炭柱反作用力，F_s 为弹簧反作用力。炭片式电压调节器的缺点有：炭柱易磨损，抗冲击和振动的能力差，调压精度低，动态响应慢。

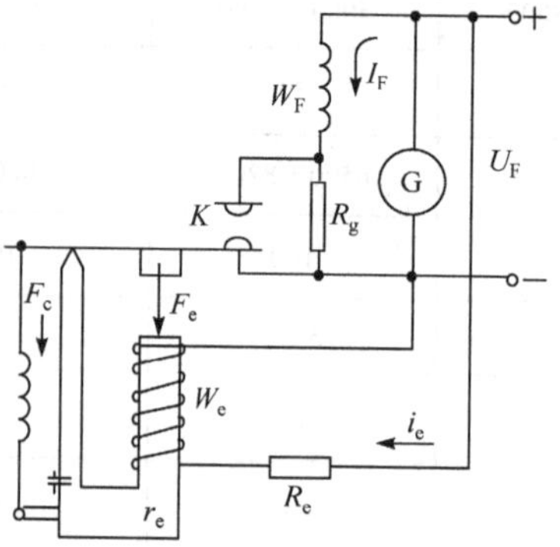

图 5.3.2　直流发电机用振动式电压调节器原理图

K-振动触点；R_g-附加电阻

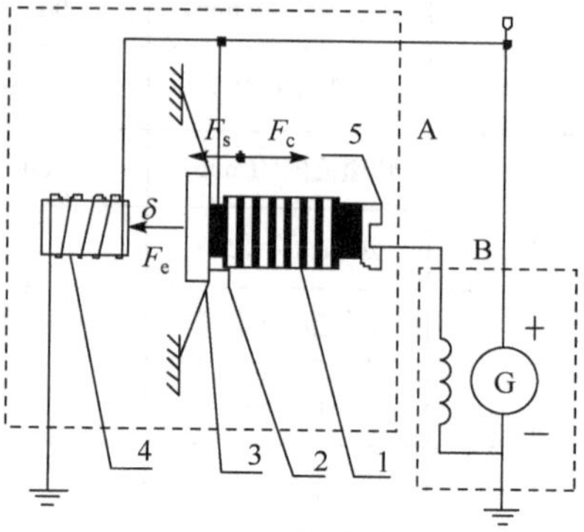

图 5.3.3　炭片式电压调节器原理图

1-炭柱；2-衔铁；3-反作用弹簧；4-电磁铁；5-调节螺钉；δ-气隙

振动式电压调节器检测环节是电磁铁的工作线圈，它并接于发电机的调压点，检测发电机调压点电压。反作用弹簧是基准元件，其弹性不受电压大小和工作温度的影响。电磁铁与弹簧的组合实现电压比较，电压高，线圈电流增大，导致电磁吸力大于弹簧反作用力，触点断开，电阻 R_g 串入励磁绕组电路中，使励磁电流减小，发电机电压降低。随后，线圈电流减小，吸力减小，一旦小于弹簧反作用力，触点闭合，R_g 短接，励磁电流增加，发电机电压也随之增加。因此，触点与附加电阻就是执行环节，用于控制励磁电流。

炭片式电压调节器检测环节是电磁铁的工作线圈，它并接于发电机调压点，检测发电机调压点电压，发电机电压高，工作线圈电流大，电磁吸力 F_e 也大。反作用弹簧与炭柱一起构成基准元件。电磁铁与弹簧的组合实现电压比较，U_A 电压升高，则线圈电流增大，导致电磁吸力增大，气隙 δ 将会减小。

炭柱由数十片圆环形炭片叠成，炭柱电阻主要是炭片间接触电阻，而接触电阻又取决于炭柱的变形或作用在炭柱上的压紧力。气隙 δ 越大，则炭柱压力大，炭片间接触面积大，炭柱电阻会减小。

若发电机转速升高或负载减小，电压升高，则电磁铁工作线圈电流加大，电磁吸力加大，克服弹簧反作用力使衔铁往电磁铁铁心方向运动，气隙 δ 减小，炭柱压力减小，炭阻加大，使发电机励磁电流减小，电压降低，完成调节过程。可见炭片电压调节器是通过连续改变炭柱电阻来调节发电机励磁电流实现电压调节的。

电压调节器往往还有一些附加环节，以提高调节器工作性能或完成其他任务，如发电机并联运行时的负载均衡。

随着电力电子技术和大规模集成电路技术的发展，现代飞机直流发电机通常采用晶体管式电压调节器，相比较振动式、炭片式电压调节器，其具有体积小、重量轻、损耗小、调压精度高和动态响应快等优点。晶体管式电压调节器根据控制器类型又分为模拟式电压调节器和数字式电压调节器。模拟式电压调节器和数字式电压调节器的差别在于：模拟式电压调节器的比较、放大和调制环节采用模拟电路或集成芯片实现，数字式电压调节器通过数字控制芯片，并通过软件实现电压比较、放大和调制功能，具有更加灵活的系统控制参数调节功能。

5.3.2 模拟式电压调节器

模拟式电压调节器的末级晶体管均工作于开关状态，通过脉宽调制方式改变导通占空比来调节发电机励磁电流。相比较炭片式电压调节器，模拟式电压调节器中采用开关方式控制励磁电流可有效减小励磁回路的损耗。

1. 励磁电流的脉宽调制

图 5.3.4 是发电机励磁绕组和电压调节器末级晶体管电路，励磁绕组上还并接续流管。图 5.3.4(a)中功率晶体管 S 导通时，二极管 D 截止；图 5.3.4(b)中功率晶体管 S 截止，二极管 D 续流。末级晶体管 S 导通，电源电压 E_c 加于励磁绕组，励磁电流 i_f 增加；晶体管 S 截止，二极管续流，励磁电流 i_f 减小。励磁电流平均值和晶体管 S 的导通比 D_c 成正比。

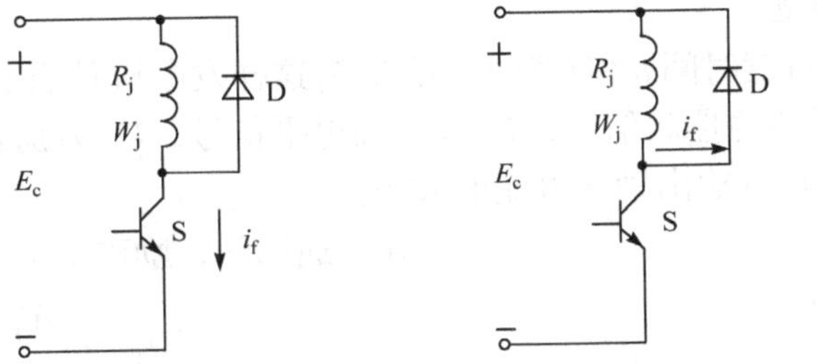

图 5.3.4　晶体管调压器末级晶体管的接线图

晶体管 S 截止时功率损耗近似为零，导通时损耗也不大，但从截止到导通或从导通到截止的过程中则功耗较大，并且随着开关频率的增加，减小开关过程中的损耗很重要。

图 5.3.5 是晶体管开关曲线，开关周期 $T = t_{on}+t_{off}+t_r+t_f$，其中 t_{on} 是晶体管开通时间，t_{off} 是截止时间，t_r 是开通过程时间，t_f 是关断过程时间。

晶体管截止期间损耗 P_{off} 为

$$P_{off} = U_{ce}i_c = E_cI_{co} \tag{5-3-1}$$

式中，U_{ce} 为晶体管集电极发射极间电压；E_c 为励磁电源电压；I_{co} 为晶体管穿透电流，硅管微安级。

晶体管导通期间损耗 P_{on} 为

$$P_{on} = U_{ces}I_{cs} \tag{5-3-2}$$

式中，U_{ces} 为晶体管饱和导通电压降；I_{cs} 为导通时流过晶体管电流，决定于励磁电流。

设从截止到导通和从导通到截止的过渡期间晶

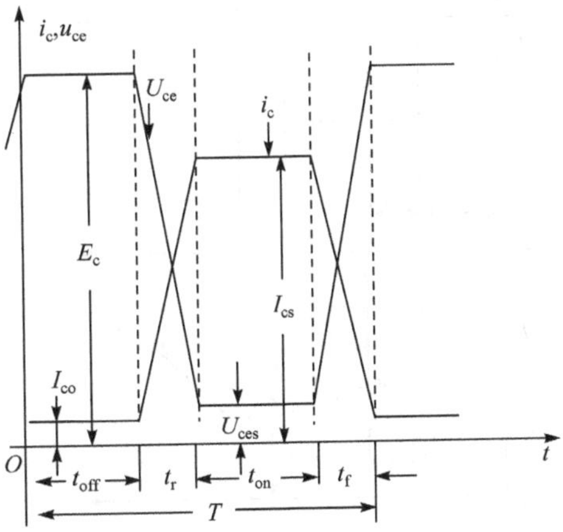

图 5.3.5　晶体管的开关工作曲线

体管电压 U_{ce} 和电流 i_c 按线性变化，见图 5.3.5，则开通过渡期间的开关损耗 P_r 为

$$P_r = \frac{1}{t_r}\int_0^{t_r} U_{ce} i_c \mathrm{d}t = \frac{1}{6}E_c I_{cs} + \frac{1}{3}E_c I_{co} + \frac{1}{3}U_{ces} I_{cs} + \frac{1}{6}U_{ces} I_{co} \tag{5-3-3}$$

关断过渡期间损耗 P_f 为

$$P_f = \frac{1}{t_r} - \int_0^{t_r} U_{ce} i_c \mathrm{d}t = \frac{1}{6}E_c I_{cs} + \frac{1}{3}E_c I_{co} + \frac{1}{3}U_{ces} I_{cs} + \frac{1}{6}U_{ces} I_{co} \tag{5-3-4}$$

晶体管平均损耗 P 为

$$P = \frac{1}{T}(P_{off} t_{off} + P_{on} t_{on} + P_r t_r + P_f t_f) \tag{5-3-5}$$

开关过程中损耗 P_r 和 P_f 主要决定于式(5-3-3)和式(5-3-4)中的 $\frac{1}{6}E_c I_{cs}$，因为 E_c 和 I_{cs} 是两个较大的值。由式(5-3-5)可见，若能改善开关特性、缩短开关过渡时间 t_r 和 t_f，则可减小晶体管平均功耗。平均功耗还随开关频率 $f = 1/T$ 的减小而减小。总的来讲，开关工作的晶体管功耗比线性状态工作的要小得多，所以晶体管调压器的末级晶体管都设计成脉宽调制工作方式。

2. *励磁电流平均值*

通常晶体管开关过渡时间 t_r 和 t_f 很小，可忽略，这样发电机励磁电流波形如图 5.3.6 所示。其中，U_b 为晶体管导通的控制信号，$U_{b(on)}$ 为高电平信号；U_f 为励磁绕组电压降。通过调整 t_{on} 和 T 的比例，可以控制输出励磁电流的大小。

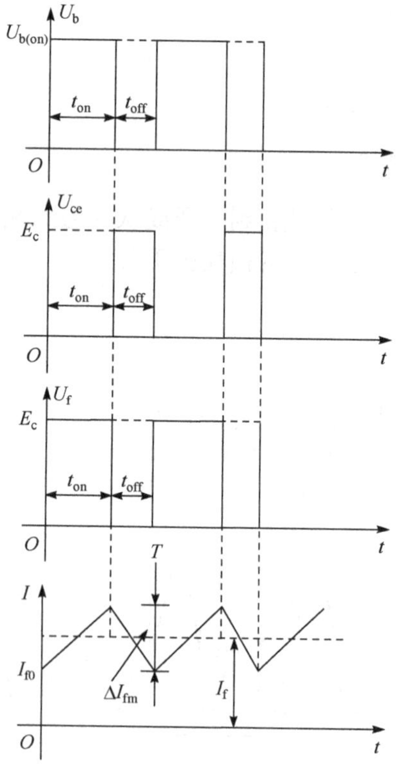

图 5.3.6　晶体管开关工作与励磁电流波形

在导通期间，励磁电流增长，用 i_{f1} 表示，则有

$$i_{f1} r_j + L_j \frac{\mathrm{d}i_{f1}}{\mathrm{d}t} = E_c \tag{5-3-6}$$

式中，r_j 为励磁绕组电阻；L_j 为励磁绕组电感。

解式(5-3-6)得

$$I_{f1} = I_{fM} - A\mathrm{e}^{-t/\tau_j} \tag{5-3-7}$$

式中，$I_{fM} = \frac{E_c}{r_j}$；$\tau_j = \frac{L_j}{R_j}$。

在晶体管截止期间，励磁电流衰减，用 i_{f2} 表示，则

$$i_{f2} r_j + L_j \frac{\mathrm{d}i_{f2}}{\mathrm{d}t} = 0 \tag{5-3-8}$$

解式(5-3-8)得

$$i_{f2} = B\mathrm{e}^{-(t-t_{on})/\tau_j} \tag{5-3-9}$$

式(5-3-7)和式(5-3-9)中的 A 和 B 是积分常数，由初始条件确定。

设 $t = 0$ 时的 $i_{f1} = I_{f0}$，得到

$$A = I_{fM} - I_{f0} \tag{5-3-10}$$

代入式(5-3-7)中有

$$i_{f1}=I_{fM}-(I_{fM}-I_{f0})e^{-t/\tau_j} \tag{5-3-11}$$

当 $t=t_{on}$ 时，由式(5-3-9)和式(5-3-11)得

$$i_{f1}=I_{fM}-(I_{fM}-I_{f0})e^{-t_{on}/\tau_j} \tag{5-3-12}$$

$$B=i_{f2} \tag{5-3-13}$$

因为此时 $i_{f1}=i_{f2}$，故

$$B=I_{fM}-(I_{fM}-I_{f0})e^{-t_{on}/\tau_j} \tag{5-3-14}$$

$$i_{f2}=[I_{fM}-(I_{fM}-I_{f0})e^{-t_{on}/\tau_j}]e^{-(t-t_{on})/\tau_j} \tag{5-3-15}$$

当 $t=T$ 时，$i_{f2}=I_{f0}$，由式(5-3-15)可得

$$I_{f0}=\frac{e^{-t_{off}/r_j}-e^{-T/r_j}}{1-e^{-T/\tau_j}}I_{fM} \tag{5-3-16}$$

令 $C_1=\dfrac{1-e^{-t_{off}/r_j}}{1-e^{-T/r_j}}$， $C_2=\dfrac{1-e^{-t_{on}/r_j}}{1-e^{-T/r_j}}$，得

$$A=C_1I_{fM} \tag{5-3-17}$$

$$B=C_2I_{fM} \tag{5-3-18}$$

$$i_{f1}=I_{fM}(1-C_1e^{-i/\tau_j}) \tag{5-3-19}$$

$$i_{f2}=I_{fM}C_2e^{-(t-t_{on})/\tau_j} \tag{5-3-20}$$

励磁电流平均值 I_f 为

$$I_f=I_{fM}\frac{1}{T}\left[\int_0^{t_{on}}(1-C_1e^{-t/r_j})dt+\int_{t_{on}}^{T}C_2e^{-(t-t_{on})/r_j}dt\right]=I_{fM}\frac{t_{on}}{T}=\frac{E_c}{r_j}D_c \tag{5-3-21}$$

式中，$D_c=\dfrac{t_{on}}{T}$，为末级晶体管的导通比，或称占空比。

由式(5-3-21)可见，当励磁电源电压 E_c 和电机励磁电阻 r_j 不变时，平均励磁电流 I_f 仅与导通比 D_c 成正比，$D_c=0$，$I_f=0$；$D_c=1$，$I_f=I_{fM}=\dfrac{E_c}{r_j}$。

除上述方法外，此处介绍另一种推导励磁电流平均值的方法，根据伏秒积分的概念，即在一个 PWM 开关周期内，晶体管导通 t_{on} 和关断 t_{off} 的电感电压随时间积分为零。已知晶体管 S 导通和关闭期间，励磁绕组电感两端电压分别为

$$U_{L\_on}=L_j\frac{di_{f1}}{dt},\quad U_{L\_off}=L_j\frac{di_{f2}}{dt} \tag{5-3-22}$$

根据电感伏秒积分的计算可得

$$\int_0^{t_{on}}U_{L\_on}dt+\int_{t_{on}}^{t_{off}}U_{L\_off}dt=\int_0^{t_{on}}L_jdi_{f1}+\int_{t_{on}}^{t_{off}}L_jdi_{f2}=0 \tag{5-3-23}$$

分别对式(5-3-6)和式(5-3-8)进行积分，可得

$$\int_0^{t_{on}}L_j\frac{di_{f1}}{dt}dt+\int_0^{t_{on}}r_ji_{f1}dt=\int_0^{t_{on}}E_cdt \tag{5-3-24}$$

$$\int_{t_{on}}^{t_{off}} L_j \frac{di_{f2}}{dt}dt + \int_{t_{on}}^{t_{off}} r_j i_{f2} dt = 0 \tag{5-3-25}$$

将式(5-3-24)和式(5-3-25)相加，并根据式(5-3-23)进行化简可得

$$r_j\left(\int_0^{t_{on}} i_{f1}dt + \int_{t_{on}}^{t_{off}} i_{f2}dt\right) = E_c t_{on} \tag{5-3-26}$$

将一个开关周期内的电流平均值表达式代入式(5-3-26)，可得

$$TI_f = \int_0^{t_{on}} i_{f1}dt + \int_{t_{on}}^{t_{off}} i_{f2}dt \tag{5-3-27}$$

因此可得励磁电流平均值 I_f 为

$$I_f = \frac{E_c}{r_j}D \tag{5-3-28}$$

3. *励磁电流的脉动和脉动率*

励磁电流的脉动会导致发电机输出电压的脉动，必须减小脉动量。通常用脉动率来判断脉动程度，脉动率是脉动电流峰峰值和电流平均值之比的百分数。

根据图 5.3.6，励磁电流脉动峰峰值(又称脉动振幅) ΔI_{fM} 为 $I'_{f0} - I_{f0}$，I'_{f0} 是 $t = t_{on}$ 时的 i_{f1}。由式(5-3-20)得

$$I'_{f0} = \frac{1-e^{-t_{on}/\tau_j}}{1-e^{-T/\tau_j}} I_{fM} \tag{5-3-29}$$

由此可得

$$\Delta I_{fM} = \frac{1-e^{-t_{on}/\tau_j} - e^{-t_{off}/\tau_j} + e^{-T/\tau_j}}{1-e^{-T/\tau_j}} I_{fM} \tag{5-3-30}$$

通常使 $T<\tau_j$，故 t_{on}/τ_j、t_{off}/τ_j 和 T/τ_j 都远小于 1。将式(5-3-24)中各指数函数均按幂级数展开 $e^x = 1 + x + \frac{1}{2!}x^2 + \cdots$，忽略三次以上高次项，得

$$\Delta I_{fM} \approx \frac{2t_{on}(T-t_{on})}{2T\tau_j - T^2} I_{fM} = \frac{t_{on}}{T}\frac{T-t_{on}}{T}\frac{2T}{2\tau_j - T} I_{fM} \tag{5-3-31}$$

若 $t_{on} = 0$ 或 $t_{on} = T$，则 $\Delta I_{fM} = 0$。故在 $t_{on} = 0 \sim 1$ 出现励磁电流脉动最大值 I_{fMmax}。在 $t_{on} = \frac{T}{2}$ 时，有

$$\Delta I_{fM} = \Delta I_{fmax} = \frac{1-2e^{-T/2\tau_j} + e^{-T/2\tau_j}}{1-e^{-\tau/2T_j}} I_{fM} = \frac{1-e^{-T/2\tau_j}}{1+e^{-T/2\tau_j}} I_{fM} \tag{5-3-32}$$

再按幂级数展开法运算，得式(5-3-25)的简化式为

$$\Delta I_{fMmax} = \frac{T}{4\tau_j - 2T} I_{fM} \tag{5-3-33}$$

励磁电流脉动率为

$$\Delta I_{\text{fM}}=\frac{\Delta I_{\text{fM}}}{I_{\text{f}}}\times 100\%\approx\frac{t_{\text{off}}}{T}\frac{2T}{2\tau_{\text{j}}-T}\times 100\% \tag{5-3-34}$$

由于晶体管开关频率较高，故 $T<\tau_j$，ΔI_{M} 不大。例如，某发电机励磁绕组电感 L_{j}=0.34H，电阻 R_{j}=8Ω，励磁绕组时间常数 $\tau_{\text{j}}=\frac{L_{\text{j}}}{R_{\text{j}}}$=0.0425s，若开关频率 f = 1200Hz，在 D_{c} = 0.5 时有

$$\Delta I_{\text{fM}}=\frac{1}{2}\frac{2\times\frac{1}{1200}}{2\times 0.0425-\frac{1}{1200}}\times 100\%\approx 1\% \tag{5-3-35}$$

由此可见，励磁电流脉动是不大的，且开关频率越高则脉动越小。同时可得，脉宽调制工作方式的调压器对励磁电流的控制作用和线性工作的基本相同，但晶体管的损耗显著减小。

4. 集成芯片式电压调节器

图 5.3.7 所示为某型的集成芯片式电压调节器的原理图。该电压调节器（简称调压器）还增加了软起动，过压、欠压、励磁过流保护、励磁电流反馈等功能，使得调压器功能更加完善，并提高了发电机输出电压调节过程的控制性能。

集成芯片式调压器通常采用通用型的 PWM 控制芯片作为核心控制单元，如 SG1525 脉宽调制控制器，内部自带误差放大器，能够产生两路互补的推挽式 PWM 输出，通过外接电容、电阻设置 PWM 信号频率，最高频率可以达到 400kHz，并可在 CT 引脚和 DISC 引脚之间加入电阻互补 PWM 信号的死区进行调节，适用于 H 桥电路的上下管互补驱动，能够方便作为调压器的驱动控制单元。

SG1525 内置了 5.1V 精密基准电源，可方便作为调压器的给定电压基准，在误差放大器共模输入电压范围内无须外接分压电组，具备的同步功能既可以工作在主从模式，也可以与外部系统时钟信号同步，并且内部集成的软起动电路只需要通过外接定时电容，由内部自带的 50μA 恒流源实现发电机调压的建压过程占空比逐渐增加的软起动控制。

由图 5.3.7 可知，发电机输出直流电压检测电路由检测电阻 R、R_2 和 RW_1 组成，分压得到发电机调节点电压，U_{1A} 构成电压跟随器输出反馈电压；R_{13}、RW_6 与 C_9 利用 SG1525 的内置电源构成基准电压。检测电压与基准电压分别连接 SG1525 内置运算放大器的引脚 1 和 2，结合 R_6、R_{11} 和 C_4，构成闭环控制的 PI 调节器，输出误差放大信号，内部 PWM 控制器产生 PWM 信号。本直流发电机调压器设计过程中，SG1525 采用单端输出模式，将 11、14 脚的 OUTA、OUTB 接地，由 13 脚 UCC2 输出单端 PWM 控制信号，仅当 OUTA、OUTB 均为低电平时，13 脚 UCC2 为高电平，否则为低电平，即实现电压误差 PI 调节功能的放大器的输出电压越大，13 脚 UCC2 输出占空比信号越小，与励磁调节回路逻辑相反，因此在驱动电路中增加一级三极管 Q_1 实现逻辑反向。当发电机电压检测点电压低于给定电压时，PI 调节器输出信号幅值增加，SG1525 的 PWM 输出信号占空比减小，经过三极管 Q_1 反向之后，使得占空比增大，经过光耦驱动电路控制功率管 Q_2，使得励磁电流增加，对应发电机输出电压增

加；反之，发电机电压检测点小于给定电压时，PI 调节器输出信号幅值降低，SG1525 的 PWM 输出信号占空比增加，经过三极管 Q_1 反向之后，使得占空比减小，经过光耦驱动电路控制功率管 Q_2，使得励磁电流减小，发电机输出电压降低。

此外，本直流发电机调压器中直流过压、欠压保护与励磁电流过流保护通过逻辑综合，送入 SG1525 的外部关断引脚 10 脚，在出现保护之后，产生高电平，封锁 PWM 输出引脚，实现保护功能。励磁电流检测通过 R_{10} 和 C_3 前馈至 SG1525 的 1 脚，实现励磁电流前馈控制，提高系统动态过程的响应特性。

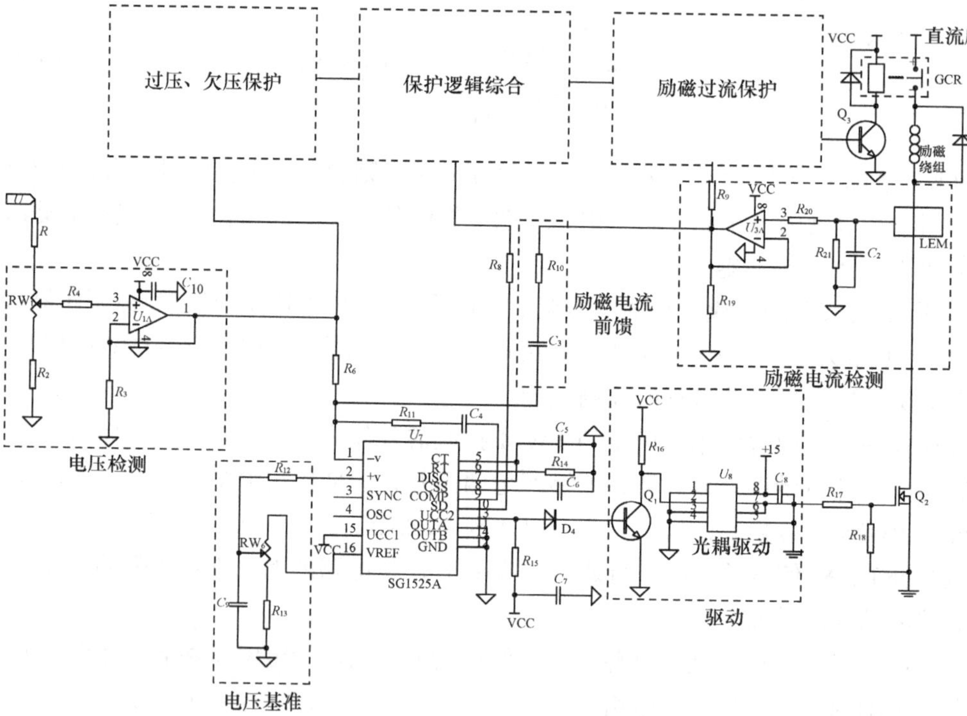

图 5.3.7　直流调压器的原理图

5.3.3　数字式电压调节器

模拟式电压调压器控制电路主要由模拟器件组成，控制电路设计完成之后，存在参数调整困难、不易获得对各种状态均适合的电路参数、先进控制算法难以实现等缺点。因此数字式电压调节器应运而生。与模拟式电压调节器相比，数字调压技术具有明显的优势：①可以采用先进的控制算法；②调整控制参数简便；③具有数据通信和记录功能，便于实现信息共享和维护，能够远程监控和维护。

数字式电压调节器的基本功能和控制原理与模拟式电压调节器的基本相同，实现直流发电机的电压调节和保护，其基本组成也是由控制单元、电压及电流检测电路、调压主电路及驱动电路组成，其中电压及电流检测电路与模拟式电压调节器存在差别仅是调理输出信号的差异，调压器主电路及其驱动电路与模拟式电压调节器完全相同。但是数字式电压调节器由于控制单元采用了数字控制器，如单片机、DSP 等数字控制芯片，其基本功能的实现方式与传统模拟式电压调节器差别较大。

首先发电机电压闭环控制算法不再局限于传统的 PI 调节方法，现代控制理论中性能优异的模糊控制算法、鲁棒控制方法、自适应控制算法等均能够通过软件的方式，在数字式电压调节器的主控单元中实现，可以有效解决传统 PI 调节器存在调节时间长、响应速度慢等问题，提高发电机系统的性能。

数字控制器产生的控制信号的方式也区别于模拟式电压调节器，模拟式电压调节器通过模拟电路的比较器，由载波与调制信号通过交截获得 PWM 信号，而数字式电压调节器是通过软件的定时周期计算，通过调压控制算法计算得到占空比，再产生 PWM 信号。由于数字 PWM 信号通常需要延时一个定时周期才能起作用，即当前周期计算得到的占空比，需要在下一个定时周期才输出相应的 PWM 信号，因此数字式电压调节器的控制存在一个开关周期的延时。

数字式电压调节器还能够通过软件实现发电系统各种保护功能，如过压、过流、过载、过励磁等，其中保护电路的延时时间可以方便地通过软件控制，尤其是过载等延时保护功能的实现，更加简单，并且数字控制器的软件保护功能可以与系统的硬件保护相同冗余，从而提高发电机系统的可靠性。

某型数字式电压调节器主控单元的基本结构组成如图 5.3.8 所示，其主控单元由 DSP 辅以其相应外设构成，如电源、时钟、存储器、通信芯片等。系统构成如图 5.3.9 所示，将电压电流检测电路获得的外部电压、负载电流信号由 A/D 转换单元转换为数字量，由软件实现的调压控制算法计算得到调压控制用的占空比，通过 PWM 单元产生电压调节器主电路的驱动信号，再结合调压功率电路和驱动电路调节励磁电流的大小，实现电压稳定输出的控制。系统的延时保护功能由 DSP 的定时器通过计数的方式灵活实现延时时间的控制，将 A/D 单元采集的发电机系统的电压、电流及 I/O 的状态量与预期值相比较，判定当前系统的状态信息是否是相匹配的，还可实现系统的 BIT 功能。DSP 主控单元的通信单元可以根据上位机的需求，配合相应的外设，实现满足机载通信协议如 1553B 的数据信息交互功能，既可以接收电源管理中心的指令信息，还能够定时反馈发电机系统的状态信息。

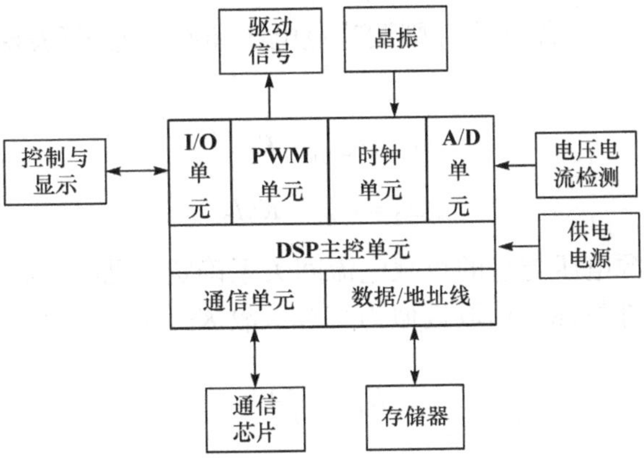

图 5.3.8　数字式电压调节器主控单元基本组成

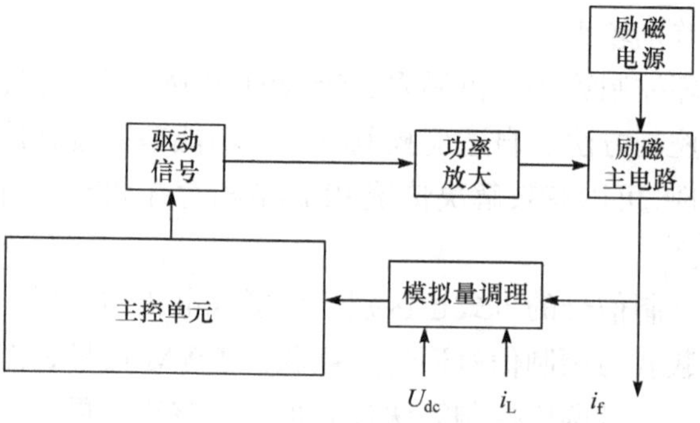

图 5.3.9　数字式电压调节器系统构成图

5.4　直流电源的并联运行

通常一台发动机上有 1～2 台发电机，因此多发动机飞机上装有许多台发电机，结合航空蓄电池构成飞机直流电网，在低压直流电源系统中各台发电机和蓄电池通常并联工作以满足大容量电源系统的需求，并且能够减小电网电压脉动和动态负载变化过程的电压瞬变，增强电网的过载和短路能力，并且能够实现不中断供电，具有可靠性高、电能质量好的优点。

5.4.1　并联投入条件和负载的分配

直流电源投入电网的条件是：电源极性和电网相同，电源电压和电网电压相同。图 5.4.1 是两台直流发电机并联工作原理图，A 和 B 为调节点，即电压调节器检测电路与发电机馈电线上的连接点，U_1、U_2 为 A、B 点电压，U_n 为调节点电压，R_{+1}、R_{+2} 为调节点到汇流条间正接线电阻。

$$U_1 - I_1 R_{+1} = U_n \tag{5-4-1}$$

$$U_2 - I_2 R_{+2} = U_n \tag{5-4-2}$$

$$I_1 + I_2 = I \tag{5-4-3}$$

若调节器有调节误差（又称静差），则调节点电压和调定电压（表现为发电机空载电压）U_{01}、U_{02} 的关系为

$$U_1 = U_{01} - K_1 I_1 \tag{5-4-4}$$

$$U_2 = U_{02} - K_2 I_2 \tag{5-4-5}$$

式中，K_1、K_2 可根据电源电压与它的负载电流间关系确定，见图 5.4.2。这就是有调压器的发电机外特性曲线。由于外特性工作段近似为直线，故 K_1、K_2 为

$$K_1 = \frac{\Delta U_1}{I_1} \tag{5-4-6}$$

$$K_2 = \frac{\Delta U_2}{I_2} \tag{5-4-7}$$

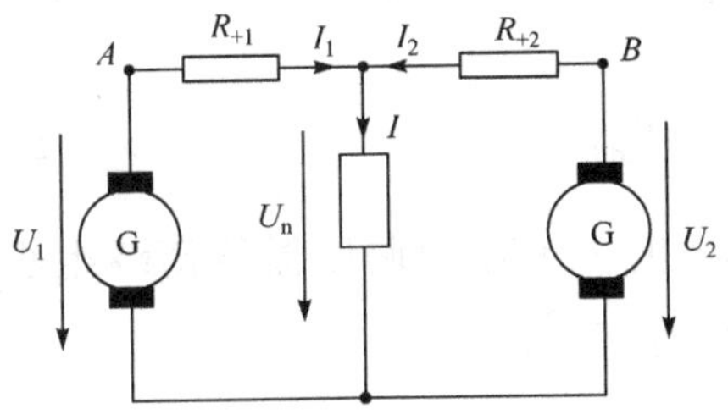

图 5.4.1　两台直流发电机并联原理图

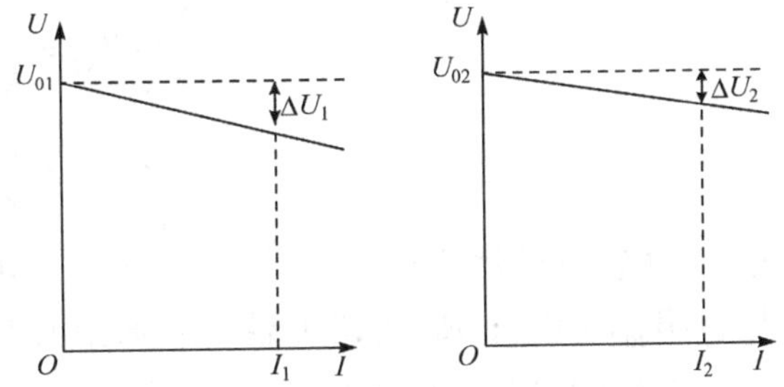

图 5.4.2　电源电压静差与负载电流间关系

综合式(5-4-1)～式(5-4-7)，得

$$I_1=\frac{U_{01}-U_{02}}{R_{+1}+R_{+2}+K_1+K_2}+\frac{R_{+2}+K_2}{R_{+1}+R_{+2}+K_1+K_2}I \tag{5-4-8}$$

$$I_2=\frac{U_{02}-U_{01}}{R_{+1}+R_{+2}+K_1+K_2}+\frac{R_{+1}+K_1}{R_{+1}+R_{+2}+K_1+K_2}I \tag{5-4-9}$$

两电源电流差为

$$\Delta I=I_1-I_2$$

$$\Delta I=\frac{2(U_{01}-U_{02})}{R_{+1}+R_{+2}+K_1+K_2}+\frac{R_{+2}-R_{+1}}{R_{+1}+R_{+2}+K_1+K_2}I+\frac{K_2-K_1}{R_{+1}+R_{+2}+K_1+K_2}I \tag{5-4-10}$$

由式(5-4-10)可知，为使两电源承担相同负载，必须：调定电压 $U_{01}=U_{02}$，正接线电阻 $R_{+1}=R_{+2}$，调压器静差 $K_1=K_2$。飞机直流电源的各发电机和调压器型号相同，但即使这样也不易精确满足上述条件，从而使各发电机的负载不相同。

5.4.2　自动均衡电路

负载均衡分配是提高并联电源容量利用率的基本条件，由于并联发电机系统的参数差异，因此电网中需要增加自动均衡电路。图 5.4.3 是双发电机并联电源原理图，采用炭调压器 TY-1 和 TY-2，发电机负极有均衡电阻 R_{jd}，电压调节器的均衡线圈 W_{eq} 互相连接后接于 A 点和 B 点。两均衡线圈的匝数和电阻值相等，两均衡电阻 R_{jd} 也相等。

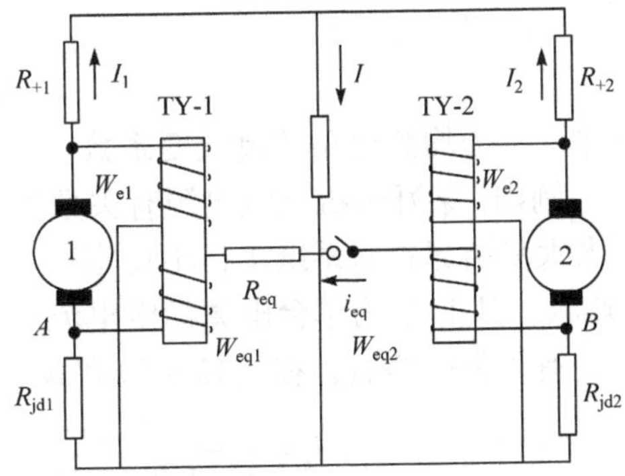

图 5.4.3　具有均衡电路的两台发电机并联运行

若 $I_1>I_2$，则 A 点电位低于 B 点，均衡电流 i_{eq} 自 B 流向 A，此时调压器 1 的均衡线圈磁势和其工作线圈相同，调压器 1 电磁铁合成磁势加大，使 U_1 降低，减小 I_1。同时，调压器 2 则使 U_2 增加，加大 I_2，从而使 I_1 接近 I_2，实现两发电机负载均衡。但不可能使两电机负载相等，因为相等时均衡电路电流就消失了。

设两个调压器为无静差，则调压器电磁铁的合成磁势保持不变，即有

$$\frac{U_{01}}{R_{ep1}}W_{e1}=\frac{U_1}{R_{ep1}}W_{e1}+i_{eq}W_{eq1} \tag{5-4-11}$$

$$\frac{U_{02}}{R_{ep2}}W_{e2}=\frac{U_2}{R_{ep2}}W_{e2}-i_{eq}W_{eq2} \tag{5-4-12}$$

式中，W_e 为炭片调压器工作绕组匝数，$W_{e1}=W_{e2}=W_e$；W_{eq} 为调压器均衡绕组匝数，$W_{eq1}=W_{eq2}=W_{eq}$；R_{ep} 为调压器工作绕组电阻，$R_{ep1}=R_{ep2}=R_{ep}$。

式(5-4-11)和式(5-4-12)可改写为

$$U_1=U_{01}-\frac{W_{eq1}}{W_{e1}}R_{ep1}i_{eq}=U_{01}-a_1i_{eq} \tag{5-4-13}$$

$$U_2=U_{02}-\frac{W_{eq2}}{W_{e2}}R_{ep2}i_{eq}=U_{01}+a_2i_{eq} \tag{5-4-14}$$

式中，$a_1=\frac{W_{eq1}}{W_{e1}}R_{ep1}$；$a_2=\frac{W_{eq2}}{W_{e2}}R_{ep2}$。$a_1=a_2$，为调压器对均衡电流 i_{eq} 的灵敏度。故式(5-4-13)和式(5-4-14)可改写为

$$U_1=U_{01}-\Delta U \tag{5-4-15}$$

$$U_2=U_{02}+\Delta U \tag{5-4-16}$$

即均衡电路使电流大的 1 号发电机电压降低ΔU，使 2 号增加ΔU，从而均衡两电机的负载电流。

若电压调节器有静差，式(5-4-13)和式(5-4-14)有以下形式：

$$U_1=U_{01}-K_1I_1-a_1i_{eq} \tag{5-4-17}$$

$$U_2=U_{02}-K_2I_2+a_2i_{eq} \tag{5-4-18}$$

$$i_{eq}=\frac{(I_1-I_2)R_{jd}}{2(R_{jd}+R_{eq})} \tag{5-4-19}$$

故两电源电压变化量为

$$\Delta U_1+\Delta U_2=\frac{aR_{jd}(I_1-I_2)}{R_{jd}+R_{eq}}=\gamma(I_1-I_2) \tag{5-4-20}$$

即

$$\Delta U_1+\Delta U_2=\gamma\Delta I \tag{5-4-21}$$

式中，γ 为均衡电路的灵敏度系数。

例如，某歼击机直流电源有关数据为 $a=2.89\Omega$，$R_{jd}=0.002\Omega$，$R_{eq}=1.4\Omega$，$\gamma=0.009\Omega$(若 γ 太大易引起并联系统工作不稳定)。一般在 $R_{+1}=R_{+2}$，$U_{01}-U_{02}=0.5\text{V}$ 时，$\Delta I=I_1-I_2$，小于 $10\%I_N$，其中 I_N 为单台电源额定电流。

有均衡电路后，在式(5-4-8)和式(5-4-9)的基础上得到各发电机负载电流分别为

$$I_1=\frac{U_{01}-U_{02}}{R_{+1}+R_{+2}+K_1+K_2+2\gamma}+\frac{R_{+2}+K_2+\gamma}{R_{+1}+R_{+2}+K_1+K_2+2\gamma}I \tag{5-4-22}$$

$$I_2=\frac{U_{02}-U_{01}}{R_{+1}+R_{+2}+K_1+K_2+2\gamma}+\frac{R_{+1}+K_1+\gamma}{R_{+1}+R_{+2}+K_1+K_2+2\gamma}I \tag{5-4-23}$$

$$\Delta I=\frac{2(U_{01}-U_{02})}{R_{+1}+R_{+2}+K_1+K_2+2\gamma}+\frac{(R_{+2}-R_{+1})+(K_2-K_1)}{R_{+1}+R_{+2}+K_1+K_2+2\gamma}I \quad (5\text{-}4\text{-}24)$$

由此可见，若线路结构及调节器构造参数相同，即有 $R_{+1}=R_{+2}$，$K_1=K_2$，两个均衡线圈的灵敏度系数为 γ，则两发电机电流差 ΔI 将与负载电流 I 无关，仅与调节器调定电压有关，且由此引起的电流差比无均衡电路时小。

5.4.3 发电机与蓄电池的并联运行

飞机直流发电机常与航空蓄电池并联运行，发电机正常工作时，为蓄电池充电；大负载时，发电机与蓄电池共同向电网供电；发电机停车或故障时，仅由蓄电池向电网供电。

蓄电池与发电机并联运行还可降低电网电压脉动和减小加卸载时电网电压的波动。

发电机与蓄电池并联工作时的负载分配取决于它们的外特性和两者之间馈电线的参数，见图 5.4.4。

设调压器无静差，即调定电压 U_{01} 不受负载影响，但由于调压点至汇流条的线路电阻 R_{+1} 使汇流条端电压 U_F 随发电机输出电流 I_F 的增大而降低，其外特性如图 5.4.5 曲线 2 所示。

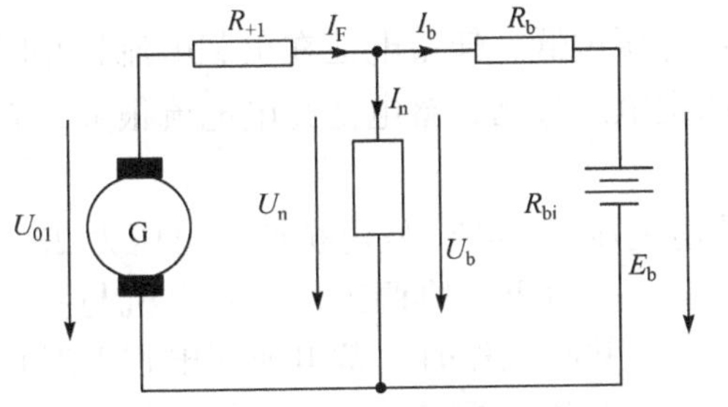

图 5.4.4 发电机与蓄电池并联电路

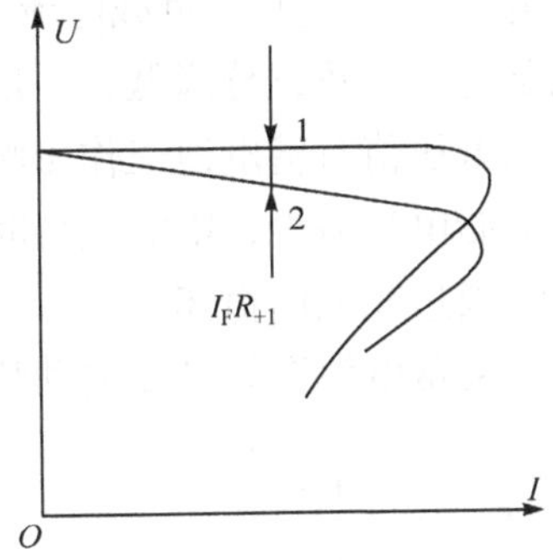

图 5.4.5 馈电线电阻 R_{+1} 对外特性的影响

蓄电池到汇流条的电压 U_b 可表示为

$$U_b=E_b\pm I_b(R_{bi}+R_b) \quad (5\text{-}4\text{-}25)$$

式中，I_b 为蓄电池充电或放电电流，充电时取+号，放电时取–号；E_b 为蓄电池电动势；R_{bi} 为蓄电池的内阻；R_b 为蓄电池至汇流条线路电阻。

蓄电池外特性曲线如图 5.4.6 所示。

因为发电机与蓄电池都接在同一个电源汇流条上，若电源汇流条电压为 U_n，负载电流为 I_n，则

$$U_n=U_F=U_b \quad (5\text{-}4\text{-}26)$$

$$I_n=I_F\pm I_b \quad (5\text{-}4\text{-}27)$$

发电机与蓄电池并联工作的负载分配关系如图 5.4.7 所示。

若负载电流为零，发电机向蓄电池充电，充电电流等于发电机输出电流，$I_F=I_b=I_{b0}$，汇流条电压为 U_{n0}。

若负载电流为 I_{n1}，发电机除向设备供电外还向蓄电池充电，输出电流为 I_{F1}，汇流条电压下降为 U_{n1}，蓄电池充电电流降为 I_{b1}，$I_{n1}=I_{F1}-I_{b1}$。

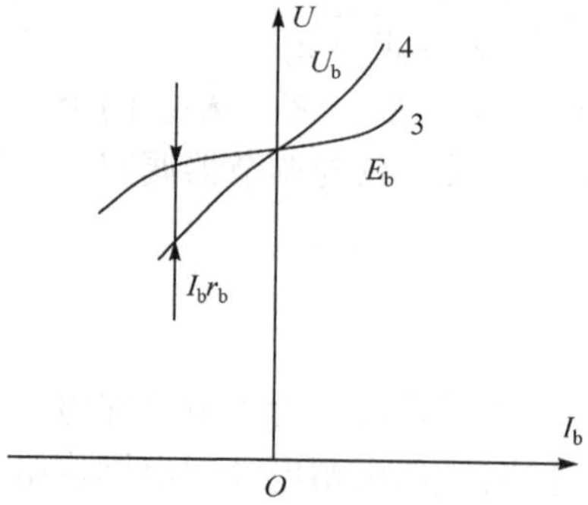

图 5.4.6　蓄电池外特性曲线

曲线 3 为蓄电池电动势 E_b；曲线 4 为并联点电压 U_b

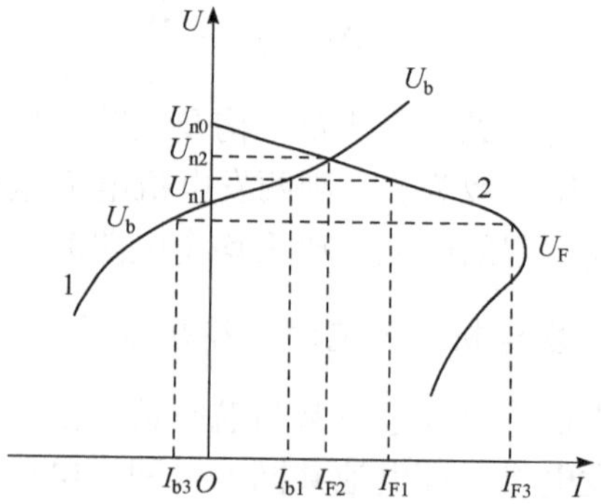

图 5.4.7　发电机与蓄电池并联工作的负载分配

曲线 1 为蓄电池端电压 U_b，曲线 2 为发电机端电压 U_F

当负载电流增加到一定值时，汇流条电压降为 U_{n2}，U_{n2} 等于蓄电池电动势 E_b，电流充电电流为零，负载电流 I_{n2} 完全由发电机供给，$I_{n2}=I_{F2}$。

负载电流超过 I_{n2} 后，负载电流由发电机与蓄电池共同负担，汇流条电压进一步降低。为保证汇流条电压不致过分降低，一般规定发电机主干线压降不大于 0.25V。

调压点电压值对蓄电池工作影响很大。若调定电压过低，使蓄电池在负载电流较小时就放电，电池储电量减少，影响应急时的使用。若调定电压过高，蓄电池充电电流很大，有可能使蓄电池因过充电而损坏。

铅酸航空蓄电池充足电后电动势为 31.2V，放电电压为 24V，发电机调定电压为 28.5V，一般可以协调工作。发电机与蓄电池并联工作时，蓄电池充电程度对负载电流分配有较大影响。图 5.4.8 在图 5.4.7 的基础上增加了曲线 3，曲线 3 表示未充足电的蓄电池的外特性，未充足电的蓄电池在飞机上不仅不能发挥应急电源的作用，而且在与发电机并联时充电电流 I_{b02} 相比较未充足电的蓄电池的充电电流 I_{b01} 大很多，一方面会降低蓄电池寿命，另一方面在较小负载情况下就使发电机过载。因此，不允许将未充足电的蓄电池装到飞机上使用。

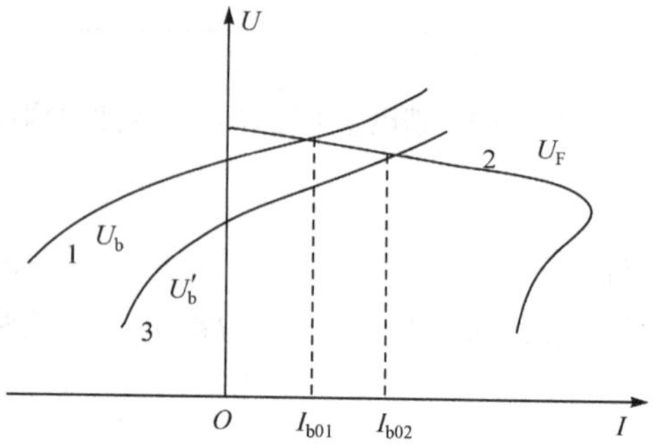

图 5.4.8　未充足电的蓄电池(曲线 3)不宜与发电机并联运行

曲线 1 为蓄电池端电压 U_b；曲线 2 为发电机端电压 U_F；
曲线 3 为未充足电时蓄电池端电压 U_b'

5.5　直流电源的控制与保护

控制保护装置是电源系统正常、安全供电的重要设备，它能通过人工或自动方式对发电机与汇流条等电源系统部件进行可靠地接通、断开或转换，并在故障时将故障部分与飞机电网可靠分离。飞机低压直流电源系统的控制与保护包括主电源、辅助电源、应急电源、地面电源的控制与保护，各电源系统的控制与保护形式相似，其中主电源系统因为结构最为复杂，所以本章在直流电源的控制与保护方面，以主电源中直流发电机系统的控制和保护为例，输配电系统的控制与保护由后续章节单独介绍。直流发电机系统的控制和保护功能主要由发电机控制器(GCU)实现，GCU 除了实现调压控制功能外，主要的保护功能有发电机过压、欠压保护、发电机过励磁保护、发电机短路保护、发电机过载保护和反流保护等。GCU 还在基本控制功能的基础上，扩展了自检测(BIT)和通信等功能，数字控制单元能够在系统上电后，发电系统正常工作之前进行上电 BIT，检测控制电源输出、数字控制单元、外设等状态，在发电系统正常工作时还能够定时进行周期 BIT，周期检测控制器的各组成部件的运行状态，将检测到的状态与预期值相比较，判定发电系统的运行状态，并发现系统存在的故障，有效提高了飞机发电系统的可维护性。GCU 自带的通信单元可使得发电机电压调节器与飞机电源系统中其他设备(如电源管理中心)进行数据通信，以接收控制中心的指令，反馈发电机的工作状态和自检信息，实现发电系统的远程监控管理，并且能够实现运行状态信息的数据记录，以方便系统的维护。发电机的保护装置主要有励磁控制继电器(GCR)和发电机输出控制接触器(GCB)。

5.5.1 直流发电机的过电压保护

电源系统由于发电机调压器出现故障等情况，导致发电机输出电压超过规定的稳态电压极限值称为过电压。发电机调压器检测电路开路或短路故障，PWM 生成或驱动控制电路故障导致励磁回路开关管持续开通，励磁电路中开关器件短路，导致发电机输出持续过压的故障。但是电源系统中突卸大功率负载时出现的发电机瞬时过压，属于正常现象，并非过压故障。电源系统出现过电压后应该及时使发电机减励磁或者灭磁，并使发电机脱离电网，减小对后级用电设备的危害。

发电机过压保护由 GCU 根据检测到的发电机电压检测点(POR)的电压值，与过压保护门限值相比较，超过保护门限值即认为电源系统出现过电压，其过压保护电路通常由过压比较电路和保护信号锁存电路组成。过压幅值越大，过压保护电路动作应越快，故过压保护需要增加反延时保护功能，保护电路的延时时间与发电机输出电压基本成反比关系，产生过压保护信号后，GCU 断开 GCR 和 GCB。

图 5.5.1 为典型的反延时保护电路，发电机电压检测经过反延时过压保护电路输出过压保护输出。当发电机输出电压正常，电压检测值小于由 Vcc、R_7、VD_1 生成的保护门限电压时，运放“+”端电压小于“−”端电压，输出为低电平，此时，C_1 通过 D_1、R_2 充电，此时由于比较器的“−”端电压为低电平，小于保护门限电压，过压保护输出为正常的高电平；当发电机输出电压超过保护门限时，运放的“+”端电压大于“−”端电压，发电机检测电压与保护门限的电压差经过运放构成比例积分电路后输出，使得运放输出电平逐渐升高，起到延时的保护，当比较器的“−”端电压超过保护门限后，过压保护输出为低电平，产生延时过压保护信号。该过压保护电路中发电机电压检测值越大，运放输出端电压值上升越快，延时时间减短，产生过压保护越快，因此称为反延时保护电路。在数字式电压调节器中，数字控制单元可以根据检测的电压值的大小，通过软件算法实现反延时过压保护控制功能。

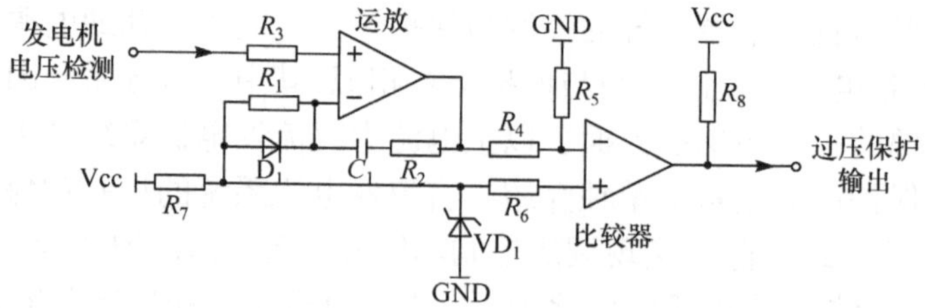

图 5.5.1　发电机反延时过压保护电路

5.5.2　直流发电机的欠电压保护

电源系统工作过程中由于发电机欠速或者调压器故障等情况，导致发电机输出电压低于规定的稳态电压最低极限值，并持续一定时间，称为发电机欠电压故障。由于电源系统开机时，发电机建压过程也会出现其输出电压低于欠压门限的状态，但是该发电机建压过程不能称之为欠压故障，因此发电机 GCU 中判定欠压故障需要将发电机建压过程剔除出来，只有在电源系统运行过程中出现输出电压低于保护门限时，才判定系统出现欠压故障。发电机欠压故障的产生原因主要有两方面，一方面飞机发动机出现异常，导致发电机转速降低，出现欠速现象，GCU 虽然控制发电机输出饱和励磁电流，仍然无法恢复输出电压；另外一方面就是发电机 GCU 故障之后，导致 PWM 输出异常，限制了励磁电流的增加，导致发电机输出欠压。

发电机欠压保护功能由 GCU 根据检测到的发电机调节点(POR)的电压值，与欠压保护门限值相比较，低于保护门限值，并持续一段时间，即认为电源系统出现欠电压。在模拟式电压调节器中由比较器、*RC* 延时电路组成，数字式电压调节器中欠压保护的比较、延时和锁存均通过软件实现。

5.5.3　直流发电机的短路保护

飞机直流电网的短路有两种：①金属熔接性短路，有短路电阻小、电流大、短路时间长等特点；②间歇性短路，短路时金属飞溅。通常都是由于线路绝缘破损或断线搭地产生的，短路故障将使得电源系统无法正常供电，甚至导致火灾。

传统低压直流电源的短路保护主要由过流保护器和熔断器来实现，所用熔断器常为难熔熔断器，熔断时间取决于短路电流的大小，短路电流越大，熔断时间越短。现代直流发电机及其供电线的短路采用差动保护装置。差动保护的原理在第 6 章 6.7.1 节中有详细介绍。

5.5.4　直流发电机的过载保护

在并联的飞机电源系统中，由于某台发电机故障之后退出电网，在飞机负载没有变化的条件下，导致发电机负载增加超过额定负载，通常航空发电机要求耐受 1 分钟的 50%过载，10s 的 100%过载，即发电机出现过载后需要延时工作一定时间，再判定是否仍然过载后进行保护，并且发电机过载保护门限通常小于短路保护，GCU 检测发电机的负载电流后，再进行过载判定和保护，过载保护也为反延时保护，过载电流越大，保护时间越短。

5.5.5 直流发电机的励磁过流保护

并联直流电源系统中若发生其中一台发电机的 GCU 故障，出现负载分配不均衡，导致某台发电机承担的负载电流大，对应的励磁电流也大，称为过励磁。通常并联电源系统中过励磁发电机的对应负载也是超出其额定负载，也工作在过载状态。由于并联电源系统中无法通过检测调节点电压的方法判断故障发电机，需要通过检测各发电机励磁绕组电流来判断故障，该励磁过流保护功能也是由 GCU 来实现，将检测的励磁电流值与给定励磁电流保护门限比较，超过保护门限后，经反延时电路产生励磁过流保护信号，断开 GCR 和 GCB，在模拟式电压调节器中采用比较器和反延时电路进行保护，数字式电压调节器中励磁过流的比较、反延时和保护锁存均通过软件实现。

5.5.6 直流发电机的反流保护

发电机电压低于电网电压时，电网上其他电源(蓄电池或其他发电机)将向此发电机输电，即出现反流。反流过大将会使发电机或其他电源损坏。直流发电机的反流保护可以由 GCU 的数字信号处理器采集发电机输出电流，通过发电机输出电流极性判定的方式来判定是否出现反流并实现保护，断开 GCB，使该发电机与飞机电网断开。

5.6 直流起动发电系统

5.6.1 航空发动机的起动特性和起动要求

航空发动机有活塞式和燃气涡轮式两类，都不能自行起动工作，必须靠外力把它们转到一定转速后才能自行工作。将发动机从转速为零转到能自行工作称为发动机起动。起动过程中既要有使发动机转动的设备——起动机，还要有使油气混合气点燃的设备——点火电器，总称起动点火设备。

活塞式航空发动机速度达到 50～60r/min，喷油点火后就能自行工作。这个转速不高，但因活塞在气缸内运动时摩擦很大，压缩气缸内的空气也要相当大的力，所以需要很大的外力矩才能转动这种发动机。

燃气涡轮式发动机常称喷气发动机，由压气机、燃烧室、涡轮与尾喷管等组成，它没有滑动摩擦，故静阻力矩不大，但这种发动机能达到自行工作的转速较高。通常发动机转速要达到最高工作转速的 13%左右，由它传动的油泵压力才足以使喷入燃烧室的燃油雾化，发动机才能点火，使油气混合气燃烧。图 5.6.1 是航空喷气发动机的起动特性曲线和转矩、转速的方向图，曲线 1 是发动机静电摩擦力矩 T_1；曲线 2 是压气机阻力矩 T_2；曲线 3 是涡轮转矩 T_3，曲线 4 是发动机总转矩 T_4，

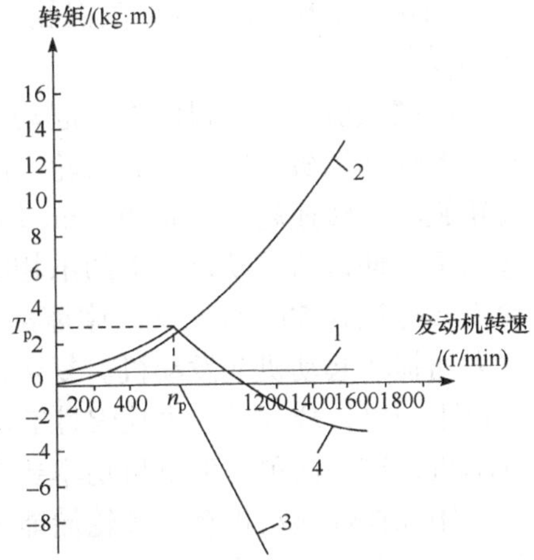

图 5.6.1 航空喷气发动机的起动特性

$T_4 = T_1+T_2-T_3$。

起动机以转矩 T_D 拖动发电机以顺时针方向转动，发动机总转矩 T_4（曲线 4）为静电摩擦力矩 T_1（曲线 1）和压气机力矩 T_2（曲线 2）之和，表现为阻转矩，其中 T_2 转矩是转速的高次方幂函数。转速到自持转速 n_p 时点火，产生涡轮转矩 T_3（曲线 3），T_3 是与转速方向相同的拖动力矩。点火后，涡轮由吸收功率转为输出功率，且它的输出功率随转速的升高而加大，可反过来带动压气机旋转。

为了防止发动机过热，转子必须尽快加速，以便压气机鼓入更多的冷空气来冷却发动机。因此起动机需继续带动发动机旋转，转速大约达发动机最高工作转速的 35%时发动机才能自行工作，此转速称为自持转速。仅在此之后，起动机才可停止工作。喷气发动机的最高工作转速达10000～20000r/min，自持转速为 3500～7000r/min，比活塞式发动机的高得多。由图 5.6.1 可见，起动时静摩擦力矩不大，在点火时阻转矩最大，起动机的转矩必须大于阻转矩。

必须保证在不同环境温度和气象条件下都能起动发动机。若第一次不能起动，应进行多次起动。起动过程时间要短。对于军用飞机，缩短起动时间可提高飞机的战术技术性能；对于民用飞机，可提高飞机的经济性能。

起动设备的体积、重量要小。起动设备包括起动用能源，如蓄电池、压缩空气瓶或火药柱等。这类能源的能量是有限的，起动过程中消耗能量少，则能源的体积、重量可小些，反之，在同样体积、重量下可增加起动次数。但是，起动设备的功率、起动时间和每次起动消耗的能量之间存在一定的关系。起动机功率大，起动时间必短，起动中消耗能量则较少。可是加大起动机功率，其体积与重量也必大。

自起动能力。有的飞机希望不借助地面设备的支持，能自行起动发动机，实现起飞的能力，称自起动能力。在需要地面设备支持时，地面设备应标准化、通用化。

交叉起动。在多发动机飞机上，一台发动机工作后，借助于它来起动未工作发动机的能力，称交叉起动能力。交叉起动可以减小对地面设备的要求，是实现多发动机飞机自行起动的重要条件。

5.6.2 航空发动机的电力起动

涡轮起动机（冷气或燃气涡轮）、液压马达起动机和电力起动机是航空发动机常用的三种起动设备。

活塞式航空发动机的电力起动机有三种：惯性起动机、复合作用起动机和直接作用起动机。惯性起动机由电动机、飞轮、减速器、摩擦离合器和起动爪等构成。首先，电动机带动飞轮旋转，转速超过 10000r/min 后，电机断电，此阶段电能转为储于飞轮的机械能。然后，起动爪外伸，与发动机轴上的爪相啮合，传动发动机旋转。只有飞轮储能足够大，即可使发动机转速达到 50～60r/min。摩擦离合器的滑动转矩调到一定数值，以免两起动爪啮合时冲击过大而损坏起动机或发动机。复合作用起动机与惯性起动机不同之处是：起动爪啮合前后起动机不断电，故起动能力比惯性起动机大。直接作用起动机没有飞轮，直接或经减速后传动发动机，结构简单，但电机功率要大。电力起动机的工作时间很短，直接作用的仅数秒，复合作用和惯性起动机有个飞轮储能过程，有几十秒钟。起动结束后，起动爪收缩，使起动机与发动机脱开，防止发动机反过来传动电动机。

喷气发动机的电力起动机为直接作用式。减速器、摩擦离合器和单向离合器在发动机附件机匣内。起动发动机时，电动机经减速后传动航空发动机。起动结束后，电动机断电，电机转速低于发动机转速，单向离合器自动脱开，防止发动机反过来传动起动机。

对于用电量大的喷气飞机，发电机容量较大，约与电力起动机相当，利用电机可逆原理，可构成起动发电机。发动机未工作时，该电机作电动工作，起动航空发动机，起动完毕后，发动机反过来传动该电机发电。

5.6.3 典型的喷气发动机起动发电系统

为了减轻飞行员的负担，发动机的起动过程应自动化。同时应保护在起动的宽转速变化范围内有大的起动力矩，小的消耗电流，以加快起动过程和减小能量消耗。

喷气发动机的起动控制方式有三种：以发动机转速为函数的控制、以电动机电流为函数的控制和以时间为函数的控制。前两种控制方式不能限定起动时间，易导致发动机过热。以时间为函数的控制也不够完善，若预定的起动时间过短，可能出现起动循环已结束，但发动机尚未达到自持转速的情况。通常使预定时间长一些，以保证在最恶劣条件下也能起动发动机。可是，在一般情况下，这个时间又太长了，很不经济。目前用得较多的是以时间为基础再加转速控制的方式，发动机达到自持转速后，起动过程即中止。

1. *复励-串励起动系统*

图 5.6.2(a)是某喷气歼击机用起动发电系统主电路，起动工作时由飞机上蓄电池供电或由地面电源车供电。

该系统用以时间为函数的控制方式，揿下起动按钮，励磁控制继电器 1 的触点闭合，励磁电路接通，经 1.3s，接触器 3 的触头闭合，电源经电阻 R 向电机供电，由于电阻 R 作用，电流和转矩受到限制，从而限制了电机加速度，使起动机与发动机啮合比较平稳。

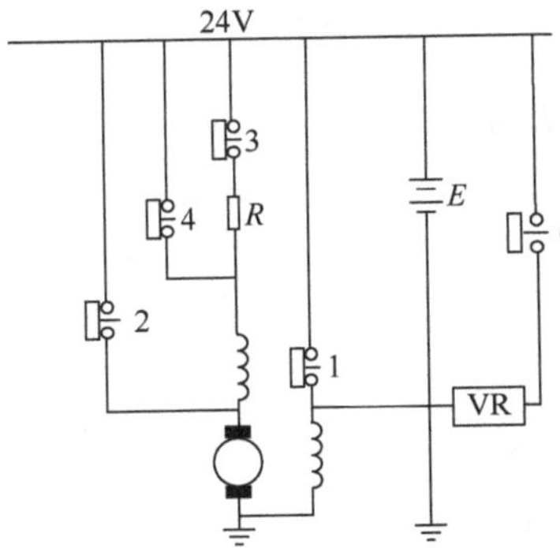

(a) 启动电路主电路图

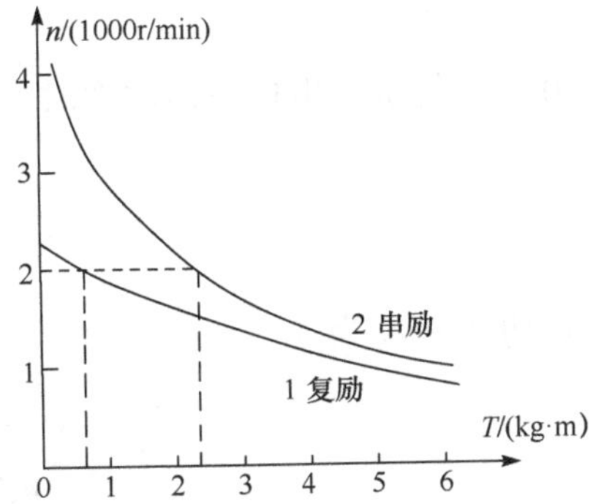

(b) 复励与串励机械特性

图 5.6.2 某喷气歼击机起动发电系统

到 3.8s，起动机与发动机间可能有的游隙已经消除，起动定时机构(图中未画)使接触器 4 接通，起动电阻 R 短接，电机电枢电流和转矩迅速加大，发动机加速。这时，电动机为复励，以便有大的起动转矩。随着电机转速升高，反电动势加大，电枢电流与转矩减小。转速升高到一定值后，电机转矩会与发动机阻转矩相等，发动机将在一个较低的转速下运行而不再升速，从而不能成功地起动发动机。为此，定时机构在 8.5s 时使励磁继电器 1 的触头断开，电机由复励转为串励。由于串励直流电动机的理想空载转速为无穷大，故可一直伴随发动机进入自持转速。

图 5.6.2(b)是 6kW 起动发电机电动工作时的机械特性，曲线 1 为复励，曲线 2 为串励工作，在转速为 2000r/min 时，串励状态的转矩和功率比复励状态的大一倍多。

在 44.3s 时起动循环结束，所有电路回到撤压起动按钮前状态，即所有接触器断开。随着发动机转速的升高，接触器 1 闭合，励磁电路接通，电压调节器投入工作，电机进入发电工作状态。在电机电压高于电网电压 0.3～0.7V 时，反流保护器 2 接通，发电机投入电网。

飞机直流发电机的额定功率由它的最低工作转速确定。例如，QF-6 型起动发电机在转速大于 4000r/min 后才能输出 6kW 电功率，即额定功率为 6kW。4000r/min 相当于发动机的慢车转速。发动机起动过程中，转速比慢车转速低。例如，喷油点火时的转速仅为最高转速的 13%，相应的电机转速约 1000r/min。若起动与发电时电流相同，则该转速时电机功率仅为发电机额定功率的 1/4，即 1.5kW。由于起动时间短，允许过载，其功率也仅 2kW 左右。为了增加电动工作时功率，必须增加电动工作时的转速。故在发动机附件机匣内有专门的自动变传动比机构。起动工作时，电机到发动机的传动比大于 1(如为 3)，发电机状态时则小于或等于 1。

起动工作时电机的电磁功率 P 为

$$P=(E-U_{\mathrm{br}})I-I^2R \tag{5-6-1}$$

式中，$R=R_{\mathrm{a}}+R_{\mathrm{bi}}+R_{\mathrm{o}}=\xi R_{\mathrm{a}}$，$\xi=1+\dfrac{R_{\mathrm{bi}}}{R_{\mathrm{a}}}+\dfrac{R_{\mathrm{o}}}{R_{\mathrm{a}}}$，$R_{\mathrm{a}}$ 为电机电枢电阻；R_{bi} 为起动电源内阻；R_{o} 为起动电源与电机间馈线电阻；E 为起动电源电动势；U_{br} 为起动机电刷压降；I 为起动机消耗电流。

由 $\dfrac{\mathrm{d}P}{\mathrm{d}I}=0$，求得最大电机电磁功率时的电枢电流 I 为

$$I=\frac{E-U_{\mathrm{br}}}{2\xi R_{\mathrm{a}}} \tag{5-6-2}$$

最大电磁功率 $P_{\max}$ 为

$$P_{\max}=\frac{E^2}{4\xi R_{\mathrm{a}}}\left(1-\frac{U_{\mathrm{br}}}{E}\right)^2 \tag{5-6-3}$$

若电机机电能量转换效率为 λ，则电机最大输出功率 P_{smax} 与最大电磁功率间关系为

$$P_{\mathrm{smax}}=\lambda P_{\max} \tag{5-6-4}$$

由此可见，电枢电阻 R_{a}、电源内阻 R_{bi}、接线电阻 R_{o} 和电刷压降 U_{br} 均使起动功率减小，而提高电源电动势 E、提高电机效率则有利于增加起动工作最大功率。如果用飞机上的蓄电池起动，该电池必须充足电。表 5.6.1 为某型飞机直流起动发电机在起动和发电运行状态的基本参数。

表 5.6.1　某型飞机直流起动发电机的参数

序号	项目	参数
1	额定电压/V	30
2	额定电流/A	400
3	额定功率/kW	12
4	转速范围/(r/min)	7200～12000
5	过载能力	133%(2min)
		200%(5s)
6	过速能力/(r/min)	14000(5min)
7	效率	≮70%
8	起动电压/V	30
9	起动次数	起动 3 次后间歇 30min
10	最小起动力矩/(kg · m)	2.84
11	最小力矩/(kg · m)	2062
12	悬挂力矩/(kg · m)	2.02
13	重量/kg	14.4
14	工作环境温度/℃	-55～121

2. 24～48V 起动系统

图 5.6.3 是某喷气歼击机的 24～48V 电起动系统主电路图。起动机由两台蓄电池供电。起动过程也分为三个阶段。第一阶段接触器 5、6 断开，两蓄电池并联，接触器 3 闭合，接触器 4 断开，经起动电阻给起动机供电。第二阶段接触器 4 闭合起动电阻短路。第三阶段，接触器 5、6 闭合，两蓄电池由并联转为串联向电机供电。该系统的特点是：电池放电电流较均匀；在电池总容量基本不变的情况下，起动时间缩短 1/4，因为第三阶段电池电动势加大一倍。

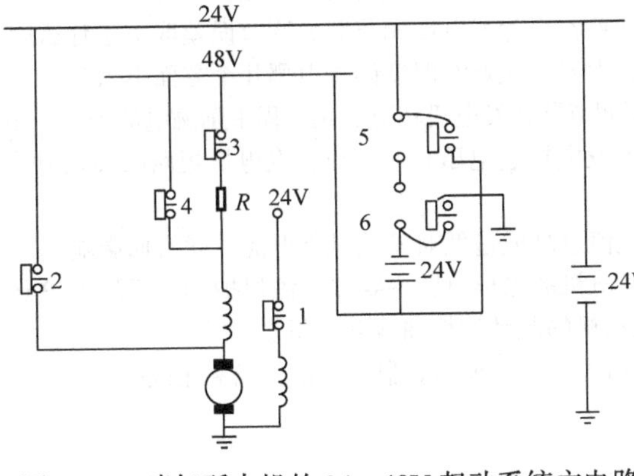

图 5.6.3　喷气歼击机的 24～48V 起动系统主电路

有的飞机发动机起动分为四个阶段，前三阶段和 24～48V 系统相同，第四阶段电动机由复励转为串励，以进一步加大起动功率。

这种方案的主要缺点是起动电源需要转换，电路复杂，更要防止两串联的电池直接与飞机电网相接。

为保证起动系统可靠工作，第一，处于发电状态的电机不能进入电动状态；第二，多发动机飞机各发动机应依次起动，不能有两台或多台发动机同时起动；第三，在起动过程中发生短路等故障时应使系统断电，故障排除后，定时机构必须恢复到初始状态后，才能再起动。

直流起动发电系统的发展，推动了直流电源的发展，但仍有以下缺点：①直流电机有电刷与换向器，高空工作困难；②电压低，电源与起动机的馈电线粗，重量大；③起动系统受环境影响大，低温时起动成功率低。

翼龙1系列
无人机简介

5.7 小　　结

本章从低压直流电源系统的组成及其工作原理,介绍了飞机直流发电机的调压控制技术，对低压直流电源系统的控制技术、各种保护方式及并联运行存在特点进行分析，并详细介绍了低压直流起动发电系统的要求及其工作原理。低压直流电源系统由于存在着容量等级难以提升，电网系统重量大，有刷直流电机固有的寿命和维护问题，目前仅在中、小型飞机和直升机使用。随着电力电子和计算机技术的不断发展，低压直流电源系统也不断朝着小型化、模块化、无刷起动发电一体化方向发展，其核心技术与核心器件有：①无刷直流发电机及无刷直流起动发电机；②数字式发电机控制器和汇流条功率控制器；③固态功率控制器；④余度配电及智能配电等。

思考练习题

5-1　请简述低压直流发电机结构。

5-2　飞机直流发电机为并励，起动发电机则为复励，起动航空发动机工作时还采用串励方式，为什么？

5-3　怎样定义调节点？调节点是否是发电机的输出端点？

5-4　什么是调节误差或静差？炭片式电压调节器的调节误差取决于什么因素？

5-5　晶体管电压调节器有无温度误差？温度误差由哪几个方面引入？

5-6　分析集成芯片式电压调节器在发电机转速变化过程中励磁电流前馈环节的作用过程。

5-7　什么原因造成的直流发电机过电压、欠电压？发电机短路故障通常有哪几种？产生原因是什么？请简述。

5-8　直流发电机电压调定值过高或过低对发电机蓄电池并联有何影响？

5-9　为什么在飞机直流发电机的输出电路中要接反流保护器？反流保护器在哪些情况下进行保护？

5-10　请画出航空喷气发动机的起动特性曲线并分析。

5-11　针对低压直流发电机设计电压调节控制，即在负载变化或电源波动的情况下能够维持稳定的输出电压。

要求：

(1) 根据表 5.2.2 选择一种发电机参数进行发电机基础建模；

(2) 设计一种调压控制策略，要求调压后的电压稳定在 27.5V；

(3) 增加单次脉冲负载，对控制策略参数进行调整，保证快速稳定发电机电压。

第 6 章　飞机恒频交流电源

6.1　概　　述

许多飞机电气负载需要频率恒定的交流发电系统，其主要分为两种：一种为恒速恒频供电系统，恒频交流电直接来源于恒速运行的交流发电机；另一种为变速恒频供电系统，其恒频交流电由功率变换装置提供。恒频交流发电系统结构简图如图 6.1.1 所示。

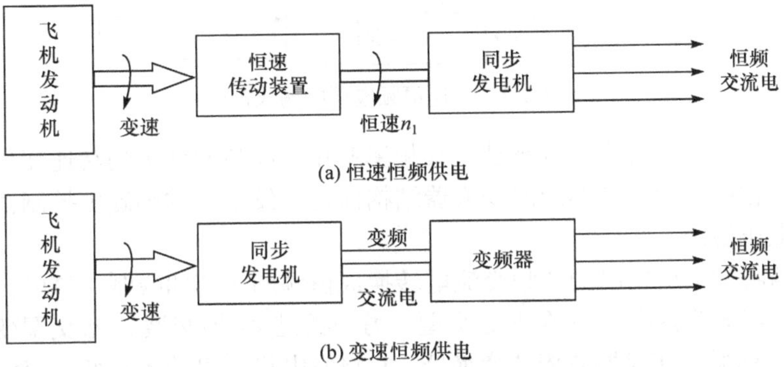

(a) 恒速恒频供电

(b) 变速恒频供电

图 6.1.1　恒频交流发电系统结构简图

6.1.1　恒速恒频电源

目前飞机交流供电系统多采用恒速恒频电源。恒速恒频交流电源系统的主电源系统是由恒速传动装置、交流发电机和控制器等组成的 400Hz、115/200V 三相交流电源系统。发电机的额定容量有 20kV · A、30kV · A、60kV · A、90kV · A、120kV · A、150kV · A 等。二次电源主要为变压整流器。应急电源采用飞机蓄电池或应急交流发电机。有的飞机上还装有辅助动力装置，驱动发电机作为辅助电源。

恒速传动装置(constant speed drive，CSD)的作用是把转速变化的发动机输出变换成恒定转速的输出，并传动交流发电机，使发电机输出 400Hz 恒频交流电。恒速传动装置的输出转速一般有 6000r/min、8000r/min、12000r/min 和 24000r/min，对应于 400Hz 恒频输出的发电机极对数分别为 4、3、2 和 1。恒速传动装置按转换方式分为液压式、电磁式、机械式、机械液压式和空气涡轮式。使用最广泛的是机械液压式恒速传动装置。电磁式恒速传动装置与电磁滑差离合器原理类似，效率较低，一般仅用于发动机转速变化范围不大、发电机容量较小(30kV · A 以下)的场合。

20 世纪 70 年代以来，人们将恒速传动装置与无刷交流发电机组装在一个壳体内，构成组合传动发电机(integrated drive generator，IDG)，使系统的体积和重量都得到了减小。

虽然恒速恒频交流电源系统存在恒装结构复杂、能量转换效率较低的缺点，但是目前仍然是应用最普遍的电源，随着新技术的不断采用，恒速恒频交流电源系统也不断地得到完善和发展。

6.1.2 变速恒频电源

1. 变速恒频电源的构成与类型

图 6.1.2 为变速恒频电源（VSCF 电源）的构成框图，由变频交流发电机、功率变换器和控制器三部分构成。

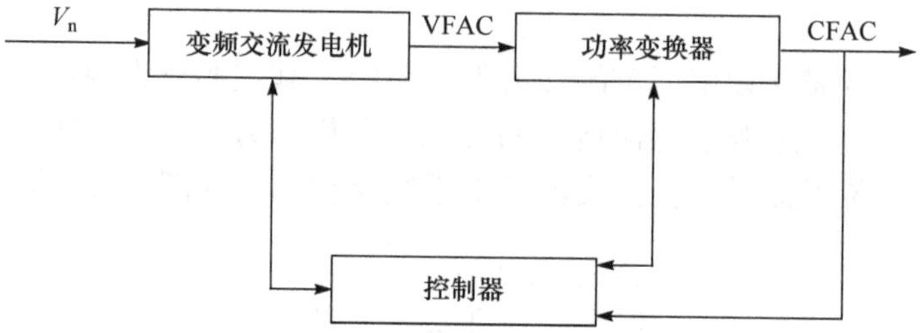

图 6.1.2 变速恒频电源的构成框图

变频交流发电机由发动机直接驱动，其频率变化范围与发动机的转速变化范围一致。发电机的相数为三相或多相，视不同的变换器结构而定。发电机的励磁由控制器中的调压器控制，以使输出电压稳定。

功率变换器将发电机发出的变频交流电转换成恒频的三相四线制交流电。变速恒频电源所用的功率变换器分为两类，一类是交/交型，另一类是交/直/交型。交/交型变换器是晶闸管交/交变频器，又称循环变换器或周波变换器，它将发电机发出的多相变频交流电直接转换成 400Hz 交流输出。交/直/交型变换器先将发电机发出的变频交流电转换成直流电，再逆变为 400Hz 交流电，其逆变器有两种构成方案，一种是阶梯波合成方案，另一种是正弦脉宽调制方案。

控制器实现对发电机和功率变换器的控制、保护和自检（包括在线检测和维护自检）、故障保护隔离和记忆。控制器的检测保护功能一般用微处理机实现。

2. 变速恒频电源的特点

变速恒频电源与恒速恒频电源一样产生三相四线、400Hz、115/200V 交流电。因此，除发电系统构成不同外，两者的电气性能相互兼容。

变速恒频电源的优点是：

（1）电能质量高，功率变换器没有频率瞬变现象；

（2）电能转换效率高，比恒速恒频电源高 10%左右；

（3）旋转部件少，工作可靠，失重时不会出现恒速传动装置故障现象；

（4）结构灵活，除发电机必须装在发动机附件机匣上，其他部件安装位置灵活多样；

（5）能实现无刷起动发电；

（6）生产使用维修方便，有利于减少飞机全寿命周期费用。

变速恒频电源的主要不足是功率电子器件允许工作结温低，功率变换器的工作环境温度没有恒速传动装置高，功率变换器承受短路和过载能力较低。

3. 变速恒频电源的应用和发展

第一套变速恒频电源是 1972 年在 A-4 飞机上装机使用的，之后还发展出交/交型和交/直/交型两种类型。随着可关断功率电子器件的成熟，发展了交/直/交型变速恒频电源。交/直/交型变速恒频电源的逆变器采用多通道阶梯波合成方案。该方案对功率晶体管的要求较低，易于实现，但系统较复杂，有 400Hz 输出变压器，体积重量较大。至 20 世纪 80 年代中期，综合性能较优的交/直/交脉宽调制型变速恒频电源变换器研制成功，目前为变速恒频电源的主要方案。随着电力电子器件及变换技术的发展，变速恒频电源容量也逐步增大，且在体积、重量和价格等方面可以与同等容量的恒速恒频电源系统相竞争。

变速恒频电源在结构上有部件式和组合式两种形式。部件式的形式较多。组合式变速恒频电源的结构与组合式恒速恒频电源一样，能够较方便地取代恒速恒频电源。

表 6.1.1 列出了一些应用变速恒频电源的飞机。变速恒频电源的容量常定义为 30/40kV · A 方式，即额定容量为 40kV · A，过载容量以 30kV · A 作为计算基准，5min 过载 50%为 45kV · A，5s 过载 100%为 60kV · A。

表 6.1.1　变速恒频电源的应用举例

序号	飞机型号	电源类型	电源容量/(kV · A)	重量/kg
1	A-4	交交	20	43
2	F-18	交交	30/40	30
3	AV-8B	交直交	20	27.7
4	F-20	交直交	30/40	35.8
5	Gulfstream 3	交直交	30	62
6	B737-400	交直交	60	71.4
7	MD-90	交直交	90	80

6.2　无刷交流发电机

6.2.1　无刷交流发电机的结构

图 6.2.1 为典型的三级式无刷交流发电机结构原理图。无刷交流发电机的主发电机是旋转磁极式同步发电机。励磁机是旋转电枢式同步发电机，亦称交流励磁机，电枢绕组输出三相交流电，经整流后作为主发电机直流励磁电源。整流器装在转子上，随转子旋转，所以称旋转整流器。永磁发电机称副励磁机，给控制器供电。无刷交流发电机通过控制励磁机的励磁电流间接地调节主发电机励磁电流。

有些飞机的无刷交流发电机没有永磁副励磁机。励磁机的励磁电流从主发电机输出的交流电经整流取得，称为自励式发电机，或称两级式无刷交流发电机，如图 6.2.2 所示。

三级式无刷发电机原理

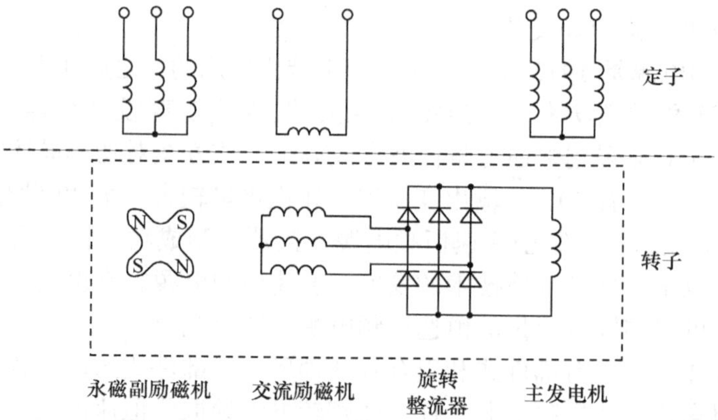

图 6.2.1　三级式无刷交流发电机的结构

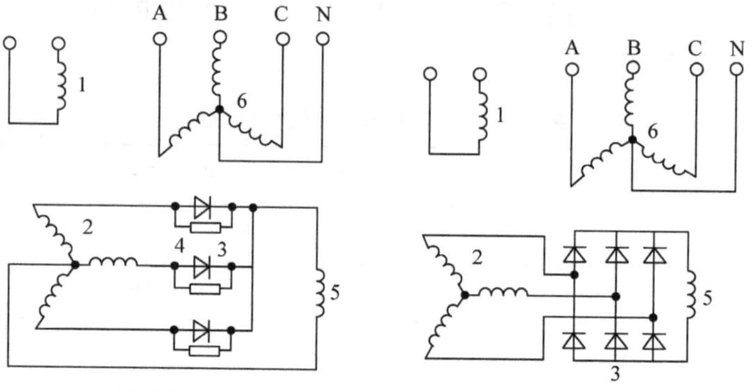

(a) 三相半波整流电路励磁系统　　(b) 三相桥式整流电路励磁系统

图 6.2.2　两级式旋转整流器式无刷交流发电机电路图

1-励磁机励磁绕组；2-励磁机电枢绕组；3-旋转整流器；4-保护电阻；5-发电机励磁绕组；6-发电机电枢绕组

两级式无刷电机结构较简单，但它没有三级式可靠，因为三级式发电机的副励磁机只供给控制器，和飞机电网无关，因而飞机电网的故障不会使控制器产生误动作。

6.2.2　无刷交流发电机的特性与基本参数

无刷交流发电机的特性是指发电机空载电势、端电压、负载电流与励磁机励磁电流间的相互关系，有空载特性、短路特性、负载特性、外特性和调节特性等五种。

1. 空载特性

空载特性是发电机转速为额定值时，发电机空载电势和励磁机励磁电流间的关系，见图 6.2.3。

饱和系数 K_s 表示工作点的饱和程度。饱和系数等于空载励磁磁势与气隙磁势之比。飞机恒频交流发电机的饱和系数约为 1.1。

2. 短路特性

短路特性是指在额定转速下，发电机输出端稳态短路时，短路电流与励磁机励磁电流的关系。短路特性近似为一直线。图 6.2.4 是 30kV · A 无刷交流发电机的短路特性，曲线 1 是三相短路特性，曲线 2 和曲线 3 分别为线-线和相-地短路特性。

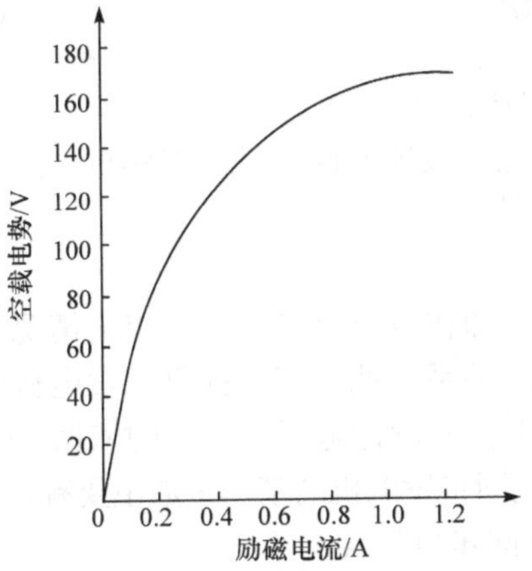

图 6.2.3　30kV · A 无刷交流发电机空载特性

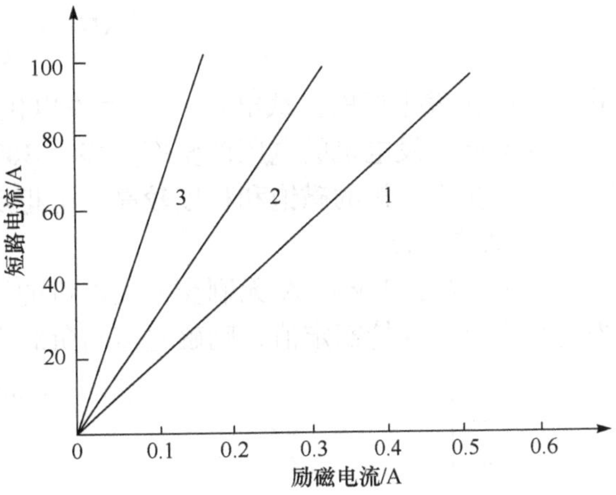

图 6.2.4　30kV · A 无刷交流发电机短路特性

忽略电枢绕组的有效电阻和零序电抗时，在同一励磁电流下，三种短路状态的短路电流大小比例为 $1:\sqrt{3}:3$。一般同步发电机的短路特性与转速无关，因为它只反映电枢反应的规律。有的无刷同步发电机励磁机的输入和输出电流间的关系受转速影响，则该无刷同步发电机的短路特性与转速有关。

3. 负载特性

比较重要的是零功率因数负载特性，它是在额定转速下，加纯电感负载，负载电流为额定时发电机端电压与励磁电流间关系。图 6.2.5 是 30kV · A 无刷交流发电机零功率因数负载特性。

4. 外特性

外特性是在励磁电流和转速不变时，发电机端电压与负载电流间关系。图 6.2.6 是 30kV · A 无刷交流发电机的外特性。

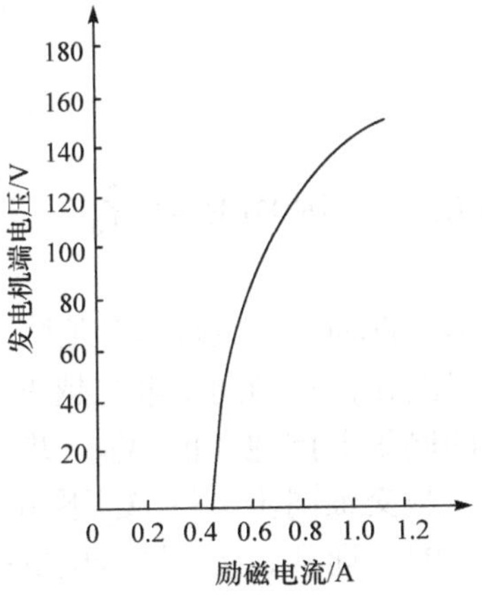

图 6.2.5　30kV · A 无刷交流发电机零功率因数负载特性

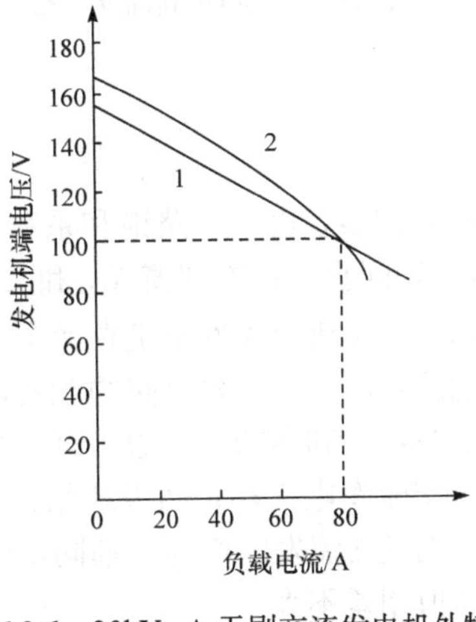

图 6.2.6　30kV · A 无刷交流发电机外特性

1-电阻性负载外特性；2-电感性负载（$\cos\varphi=0.75$）外特性

同步发电机的电压调整率 ΔU 如下：

$$\Delta U = \frac{E_0 - U_N}{U_N} \times 100\% \tag{6-2-1}$$

式中，E_0为发电机的空载电势；U_N为发电机的额定电压。

航空同步发电机的电压调整率大多在30%左右，比一般地面同步发电机略低，主要原因是航空同步发电机的磁饱和程度较高，电枢反应相应弱一点。

5. 调节特性

图6.2.7是30kV · A无刷交流发电机的调节特性，即在发电机转速为额定值情况下，使发电机端电压保持额定值，励磁电流与负载电流之间的关系。调节特性提供了发电机励磁电流的变化范围，是设计电压调节器的依据。

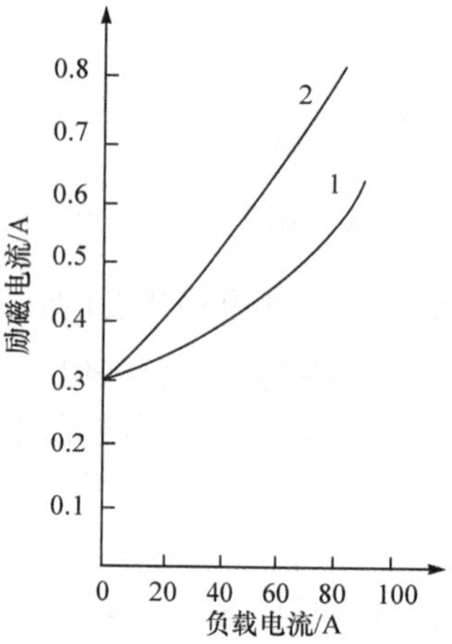

图6.2.7　30kV · A无刷交流发电机调节特性
1-电阻性负载　2-电感性负载($\cos\varphi = 0.75$)

无刷交流同步发电机的基本参数主要有：

(1)直轴同步电抗X_d。

直轴同步电抗 X_d 可以从发电机空载特性和三相对称短路特性求得：

$$X_d = \frac{E_0}{I_d} \tag{6-2-2}$$

式中，E_0和I_d是发电机不饱和时同一励磁电流下的空载电势和短路电流。

直轴同步电抗的标幺值为

$$\overset{*}{X}_d = \frac{E_0}{I_d}\frac{I_N}{U_N} \tag{6-2-3}$$

式中，I_N和U_N是发电机的额定电流和额定电压。

短路比DLB为$\text{DLB} = I_{f0}/I_{fd}$，是空载电势等于额定电压时的励磁电流$I_{f0}$与三相对称短路电流等于额定值时的励磁电流$I_{fd}$之比。短路比与直轴同步电抗间关系为

$$\text{DLB} = \frac{K_s}{\overset{*}{X}_d} \tag{6-2-4}$$

式中，K_s为同步发电机磁路饱和系数，发电机不饱和时$K_s = 1$，则$\text{DLB} = 1/\overset{*}{X}_d$。

(2)直轴同步电抗饱和值X_{dB}和交轴同步电抗X_q。

30kV · A飞机交流发电机在额定电压时由于磁路饱和，直轴同步电抗饱和值降为0.47，可见直轴同步电抗与电机磁路饱和程度有关，电机磁路越饱和，直轴同步电抗越小。可以用发电机空载特性和零功率因数负载特性求取额定电压时的同步电抗饱和值 X_{dB}。现在广泛使用的飞机交流发电机都是凸极式结构，直轴同步电抗 X_d 与交轴同步电抗 X_q 不相同。上例30kV · A飞机交流发电机的交轴同步电抗标幺值为$\overset{*}{X}_q = 0.94$。通常，交轴同步电抗的饱和值与不饱和值相差不大。

(3)次暂态和暂态直轴同步电抗X''_d和X'_d。

次暂态和暂态直轴同步电抗X''_d和X'_d反映电枢电流突然变化时绕组的电抗。发电机励磁绕组、阻尼绕组和电枢绕组间的电磁耦合，影响绕组电抗。上例30kV · A无刷交流发电机的

同步电抗标幺值为 $\overset{*}{X}_d = 2.08$ ， $\overset{*}{X}'_d = 0.188$ ， $\overset{*}{X}''_d = 0.123$ 。

(4) 逆序阻抗 Z_2 和零序阻抗 Z_0。

同步电机不对称运行时有逆序电流和零序电流。逆序电流产生与电机转子旋转方向相反的逆序磁场；零序电流只产生漏磁场。逆序电抗 X_2 和逆序电阻 r_2 构成逆序阻抗 $Z_2 = r_2+\mathrm{j}X_2$，它是对于逆序电流呈现的阻抗。通常逆序电抗用同步电机次暂态直轴和交轴同步电抗的平均值计算。逆序电阻不仅包括电枢绕组电阻，还要计及逆序磁场在转子中引起的阻抗。在三相绕组对称情况下，由于三相的零序电流是相同的，因此它在气隙的合成磁势等于零。零序电抗 X_0 比绕组漏抗 X_s 还小。零序电流不会与转子发生联系，所以零序电阻就是电枢绕组的电阻。

同步发电机的逆序和零序电抗可由空载和不对称短路特性求得。

30kV · A 无刷交流发电机的逆序和零序阻抗标幺值为 $\overset{*}{r}_2 = 0.09$ ， $\overset{*}{X}_2 = 0.13$ ， $\overset{*}{r}_0 = 0.04$ ， $\overset{*}{X}_0 = 0.04$ ，该电机的漏抗标幺值为 $\overset{*}{X}_s = 0.08$ 。

(5) 电枢绕组、励磁绕组和阻尼绕组直流分量衰减时间常数 T_a、T'_d 和 T''_d 。

同步电机负载突然改变或者发生突然短路时，电枢绕组以及和它有电磁耦合的励磁绕组、阻尼绕组电流都从原有稳定状态向新的稳定状态转变，转变过程中各个绕组都有瞬态电流流过，此电流有直流和交流两个分量。时间常数 T_a、T'_d 和 T''_d 分别是电枢、励磁和阻尼绕组中电流直流分量衰减时间常数，时间常数越小，电流的瞬态直流分量衰减得越快。上例 30kV · A 无刷交流发电机的 $T_a = 1.44\times10^{-3}\mathrm{s}$ ， $T'_d = 8.38\times10^{-3}\mathrm{s}$ ， $T''_d = 1.32\times10^{-3}\mathrm{s}$ 。

6.2.3 无刷交流发电机的励磁系统

主发电机的直流励磁电流由交流励磁机经旋转整流器供给，交流励磁机供电给整流负载时的工作与供给交流负载时有很大不同。

1. 三相半波整流电路

假定整流器是理想的(正向电压降是零，反向电阻无穷大)；交流励磁机的电枢绕组电阻和电抗略去不计；主发电机的励磁绕组电感很大，通过它的电流为平滑直流电。

在理想整流情况下，三相半波整流电路整流电压和电流波形如图 6.2.8 所示。

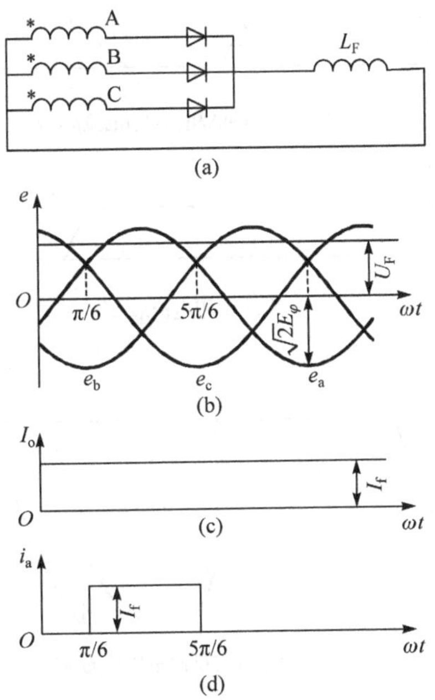

图 6.2.8　三相半波整流电路的电压和电流波形

理想整流时整流电压平均值 U_{zpo} 为

$$U_{zpo} = \frac{\int_{\frac{\pi}{6}}^{\frac{5}{6}\pi} \sqrt{2}E_\varphi \sin\omega t \mathrm{d}\omega t}{\frac{2}{3}\pi} = \frac{3\sqrt{6}}{2\pi}E_\varphi = 1.17E_\varphi \tag{6-2-5}$$

式中，E_φ 为励磁机相电势有效值。

发电机励磁绕组电阻为 r_f 时，励磁电流为

$$I_f=\frac{U_{zpo}}{r_f} \tag{6-2-6}$$

励磁机相电流有效值 I_φ 与主发电机励磁电流关系为

$$I_\varphi=\sqrt{\frac{1}{2\pi}\int_{\frac{\pi}{6}}^{\frac{5}{6}\pi}i_a^2\mathrm{d}\omega t}=\frac{1}{\sqrt{3}}I_f \tag{6-2-7}$$

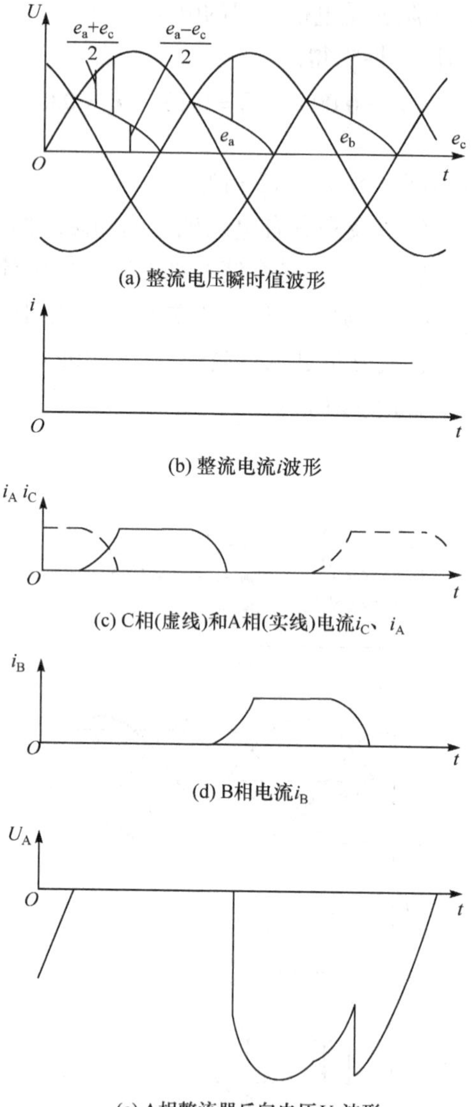

(a) 整流电压瞬时值波形

(b) 整流电流 i 波形

(c) C相(虚线)和A相(实线)电流 i_C、i_A

(d) B相电流 i_B

(e) A相整流器反向电压 U_A 波形

图 6.2.9　有换相重叠的三相半波整流电路波形

式中，$i_a=I_f$，当 $\omega t=\left(2k\pi+\frac{\pi}{6}\right)\sim\left(2k\pi+\frac{5\pi}{6}\right)$ 时；$i_a=0$，当 $\omega t=\left(2k\pi+\frac{5\pi}{6}\right)\sim\left[2(k+1)\pi+\frac{\pi}{6}\right]$ 时；$k=0, 1, 2, 3, \cdots$。

通过整流器的电流有效值和励磁机相电流有效值相同，其平均值 I_p 为

$$I_p=\frac{1}{3}I_f \tag{6-2-8}$$

整流器反向电压的最大值等于励磁机线电压的最大值，为 $\sqrt{6}E_\varphi$。

理想整流时的功率关系为

$$\frac{U_{zpo}I_f}{3E_\varphi I_\varphi}=0.675 \tag{6-2-9}$$

实际上励磁机电枢绕组存在着电感，因此 A 相电流不能在 $\omega t=\pi/6$ 时突然从零增加到 I_f，C 相电流也不会在这时突然降到零。此时两相电流同时存在，出现换相重叠现象，称换相重叠现象持续的电角度为 γ。考虑电枢绕组电感时各部分电压、电流波形如图 6.2.9 所示。

2. 三相桥式整流电路

三相桥式整流电路是两组三相半波整流电路的合成，理想整流输出电压平均值比三相半波电路高一倍。

$$U_{zpo}=\frac{3\sqrt{6}}{\pi}E_\varphi=2.34E_\varphi \tag{6-2-10}$$

每相绕组正负半周均有电流通过，相电流有效值 I_φ 与主发电机励磁电流 I_f 的关系为

$$I_{\varphi}=\sqrt{\frac{2}{3}}I_{\mathrm{f}} \tag{6-2-11}$$

理想整流时的功率关系 $\dfrac{U_{\mathrm{zpo}}I_{\mathrm{f}}}{3I_{\varphi}I_{\varphi}}=0.95$ ，可见励磁机利用率比三相半波整流高。

通过整流器电流的有效值与平均值和直流电流的关系与三相半波整流相同。

图 6.2.10 是桥式整流电路在理想整流时电压和电流波形。其中，图 6.2.10(a)是正组和负组整流器输出电压波形，图 6.2.10(b)是整流电压波形，图 6.2.10(c)是 A 相电流波形，图 6.2.10(d)是 A 相正组整流器反向电压波形。

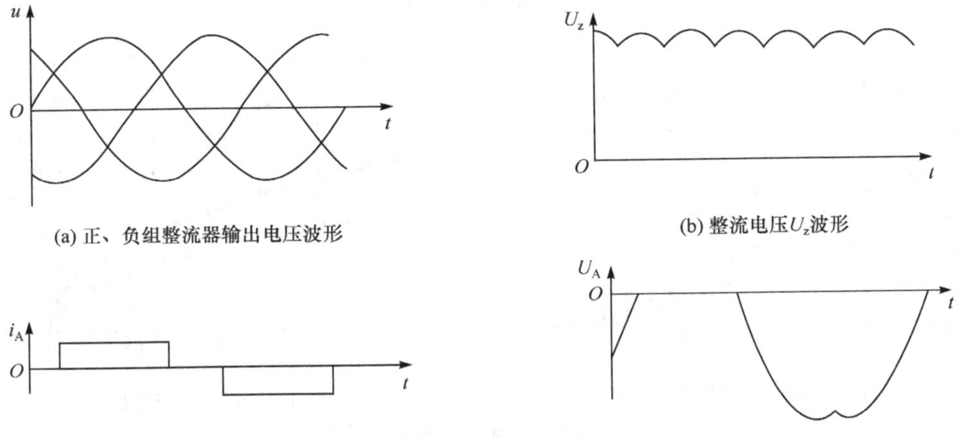

(a) 正、负组整流器输出电压波形

(b) 整流电压 U_z 波形

(c) A相电流 i_A 波形

(d) A相正组整流器反向电压波形

图 6.2.10　三相桥式整流电路理想整流波形

励磁机电枢绕组的电感也使换相发生重叠，整流电压平均值 U_{zp} 为

$$U_{\mathrm{zp}}=\frac{3\sqrt{6}E_{\varphi}}{\pi}\frac{1+\cos\gamma}{2} \tag{6-2-12}$$

式中，$\cos\gamma=\dfrac{1-P}{1+P}$，$P=\dfrac{3}{\pi}\dfrac{X}{r_{\mathrm{f}}}$。当电抗负载因数 $\dfrac{X}{r_{\mathrm{f}}}$ 从零变化到 $\dfrac{\pi}{9}$ 时，换相重叠角 γ 从零增加到 $\dfrac{\pi}{9}$，整流电压平均值 U_{zp} 从 2.34 E_{φ} 下降到(0.75×2.34 E_{φ})。

三相桥式整流电路在理想整流时可认为是两个三相半波整流电路的叠加，在励磁机相电势 E 相同时，桥式整流输出电压是半波的两倍。但是由于励磁机的电枢反应和换相电抗的存在，两种整流电路的特性出现较大的差异。图 6.2.11(a)是同一台交流励磁机接半波整流电路和桥式整流电路时的交流励磁系统的外特性，即整流直流电压与直流电流关系曲线。三相半波整流交流励磁系统外特性基本上是一条下倾的直线(图 6.2.11(a)中曲线①)，即表明其内阻抗基本不变；而桥式整流励磁系统，其外特性左段也为下倾直线，右段则近于垂直线(图 6.2.11(a)中曲线②)。表明励磁系统的等效内阻抗急剧增大，具有电流源特性。如果励磁系统工作点选在这个区间，则主发电机励磁绕组电阻的变化将不会引起主发电机励磁电流的变化，此时励磁机的励磁电流保持不变。

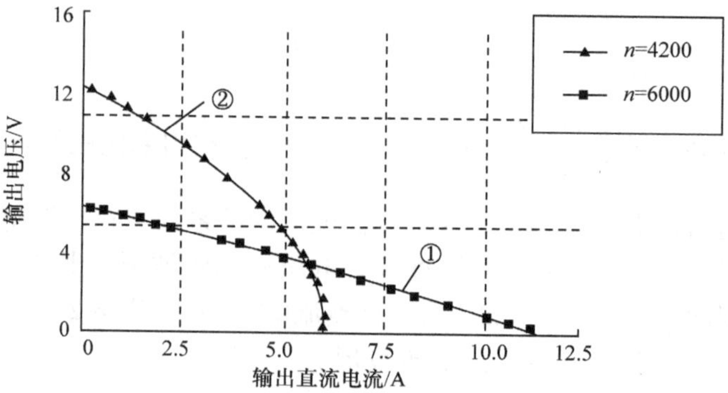

(a) 交流励磁机外特征

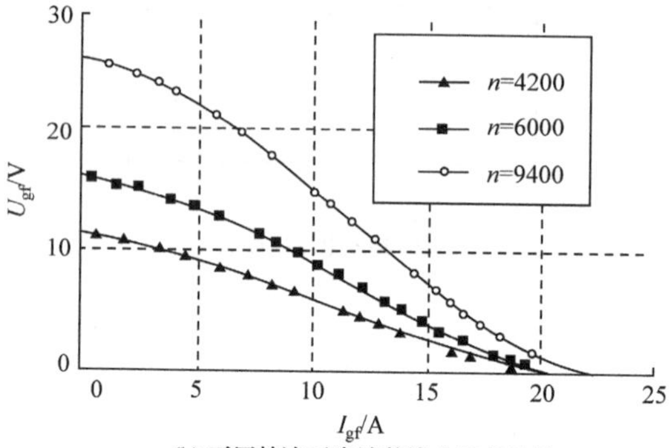

(b) 不同转速下半波整流电路外特性

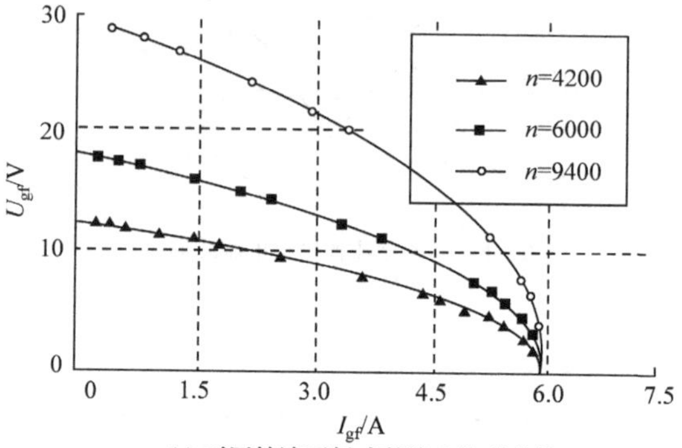

(c) 不同转速下桥式整流电路外特性

图 6.2.11　交流励磁系统外特性

图 6.2.11(b)是具有半波整流电路的交流励磁系统在不同转速下的外特性，在同一负载电流下，电机转速越高，输出整流电压越高。图 6.2.11(c)是具有桥式整流电路的励磁系统在不同转速下的外特性，特性的左段与半波整流类似，但右段不同，三种不同转速的特性均重叠于一起，这表明在最低工作转速时，该励磁系统仍能输出与电机高转速时相同的直流电流。

这种交流励磁系统，其励磁机电枢电流含较大谐波分量，谐波电枢电流的电枢反应在励磁机的励磁绕组上会产生感应电压，当励磁机的励磁输入电路为交流整流时，对励磁机会起到增磁自励作用。另外，工作环境温度的变化使主发电机励磁绕组电阻随之变化，温度升高，电阻值增大，则交流励磁系统的电抗负载因素减小，使励磁系统输出的直流电压增大，起到了补偿因主发电机励磁绕组电阻增大而使其电流减小的作用。交流励磁系统的上述工作特点及其在一定工作范围的恒流源属性，使其具有了类似于线性电流放大器的特性。

为使交流励磁系统能有高的利用率和更好地实现线性电流放大器的特性，系统设计时必然考虑：①采用桥式整流电路；②励磁机采用高阻抗设计，不设阻尼绕组；③整流工作在第二和第三种方式范围内。

励磁机的高电抗设计加强了电机的电枢反应，相当于在励磁机内引入了强的负反馈，有利于改善励磁机的响应速度。线性电流放大器特性相当于在主发电机励磁电路中串入了大电阻，从而显著降低了主发电机励磁时间常数，加快了主发电机的响应速度。

6.3 恒速恒频电源系统

6.3.1 齿轮差动式液压恒速传动装置

如前所述，目前大中型飞机普遍采用机械液压式恒装。齿轮差动液压式恒装在原理上最具代表性。齿轮差动式液压恒速传动装置主要由差动游星齿轮、液压泵液压马达转速补偿组件(简称泵马达组件)、供油系统、调速系统和保护系统等部分组成(图 6.3.1)，其中基本部件是差动游星齿轮和泵马达组件。

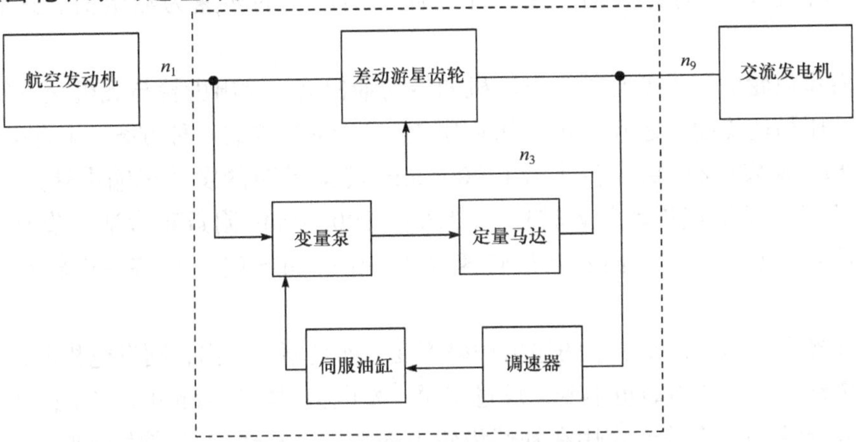

图 6.3.1 齿轮差动式液压恒装方框图

n_1-恒装输入转速；n_3-马达输入转速；n_9-恒装输出转速

1. 差动游星齿轮的工作原理

恒速传动装置的差动游星齿轮和普通差动游星齿轮相似。差动游星齿轮系由游星架 2、游星轮 Z_5、Z_6、补偿齿轮 Z_4 和输出齿轮 Z_7 组成，图 6.3.2 是差动游星齿轮传动的示意图。

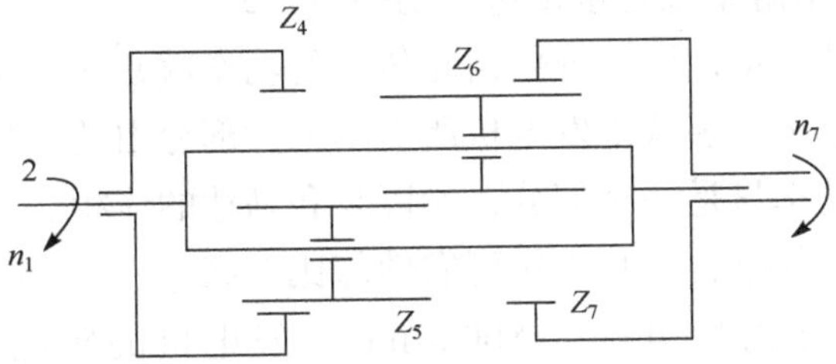

图 6.3.2 差动游星齿轮传动示意图

如补偿齿轮 Z_4 不转动，而游星架 2 顺时针方向转动，那么与补偿齿轮啮合的游星轮 Z_5 则反时针方向转动，游星轮 Z_6 顺时针方向转动，使输出齿轮 Z_7 也顺时针方向转动。如游星架 2 不转动，而补偿齿轮 Z_4 反时针方向转动，则游星轮 Z_5 也反时针方向转动，游星轮 Z_6 顺时针方向转动，输出齿轮 Z_7 也顺时针方向转动。如游星架 2 顺时针方向转动，而补偿齿轮 Z_4 反时针方向转动，则输出齿轮 Z_7 必须顺时针方向旋转，且它的转速比游星架或补偿齿轮单独旋转时为高。补偿齿轮不转动时，游星架转一圈，输出齿轮转两圈。游星架不转动时，补偿齿轮转一圈，则输出齿轮也转一圈。如输出齿轮的转速用 n_7 表示，游星架转速用 n_2 表示，补偿齿轮 Z_4 的转速用 n_4 表示，则差动游星齿轮的转速关系为

$$n_7 = 2n_2 - n_4 \tag{6-3-1}$$

为了使输出齿轮的转速等于额定转速，即 $n_7 = n_N$，那么当游星架转速等于额定转速的一半时，即 $n_2 = n_N/2$ 时，补偿齿轮不旋转，即 $n_4 = 0$，输出转速即为额定转速，这就是零差动状态。当游星架转速低时，即 $n_2 < n_N/2$ 时，必须使补偿齿轮逆时针方向转动，才能使输出齿轮转速为额定转速，且 n_2 越低，n_4 应越高，这就是正差动状态。当游星架转速高时，即 $n_2 > n_N/2$ 时，必须使补偿齿轮顺时针方向转动，才能使输出齿轮的转速为额定值，这就是负差动状态。

将差动游星齿轮的游星架与航空发动机的传动轴相接，输出齿轮与飞机交流发电机相接，补偿齿轮由液压马达传动，是组合电源中应用的恒速传动装置的一种方案。组合电源装置中应用的喷油冷却交流发电机，目前转速为 12000r/min，零差动时的发动机输出转速为 6000r/min，与目前的飞机发动机恒速传动装置转速为 4000～8000r/min 附近正合适。发动机转速低于 6000r/min 时为正差动状态，而发动机转速高于 6000r/min 时差动游星齿轮在负差动状态工作。

发电机在额定转速下，如果它的输出功率不变，如是额定输出，则发电机所需输入功率也不变，因此传动发电机的力矩也不变，反过来说，发电机对输出齿轮的反作用力矩也不变。

补偿齿轮传递的功率等于作用在补偿齿轮上的转矩与补偿齿轮转速的乘积。因此在零差动状态时，补偿齿轮不转动，它不传递功率，这时发电机所需功率由飞机发动机经差动游星齿轮直接传递。在正差动和负差动工作状态时，补偿齿轮旋转而传递功率。补偿齿轮转速越高，传递功率越大。例如，对于零差动转速为 6000r/min 的恒速传动装置，当其输入转速为 4000r/min 时，根据式(6-3-1)，补偿齿轮转速应为 4000r/min。这时由补偿齿轮传递的功率占发电机所需功率的 1/3，由游星架直接传递的功率占 2/3。

补偿齿轮由液压马达传动，因此补偿齿轮传递的功率就是液压马达的输出功率。由此可见，齿轮差动式液压恒速传动装置中发电机所需功率大部分由差动齿轮机构直接传递，由液压泵和液压马达传递的功率只是一小部分，所以泵和马达的体积、重量比较小，整个恒速传动装置的体积、重量也比较小，而其工作可靠性却比较高。

若发动机输出轴转速仍为 4000～8000r/min，发电机的转速不是 12000r/min，而是 6000r/min 或 8000r/min，那么采用图 6.3.2 的传动方案就不合理了。因为这时，负差动状态时的补偿齿轮转速范围必须加大，即补偿功率必须加大，泵和马达的功率与体积、重量也相应加大，这就不能充分体现齿轮差动传动的优点。为此可采用图 6.3.3 所示的方案，它与图 6.3.2 不同的地方是在差动游星齿轮的输入与输出端各增加一级传动齿轮。适当选择齿轮 Z_1 和 Z_2、Z_8 与 Z_9 的齿数，就可做到当输入转速在 4000～8000r/min 范围内变化(最高输入转速与最低输入转速比为 2)，可使输出齿轮 Z_9 的转速为 8000r/min 或 6000r/min 时，液压泵和液压马达所传递的最大功率仍为发电机所需功率的 1/3 左右。只有发动机工作转速范围加大，最高与最低工作转速之比超过 2 时，液压泵与液压马达的功率才要加大。

图 6.3.3 中还表示液压泵经齿轮 Z_{11}、Z_{10} 与 Z_2、Z_1 由发动机传动，它的转速和发动机转速成比例。液压马达由齿轮 Z_{12} 与补偿齿轮上齿轮 Z_3 啮合，传递补偿功率。

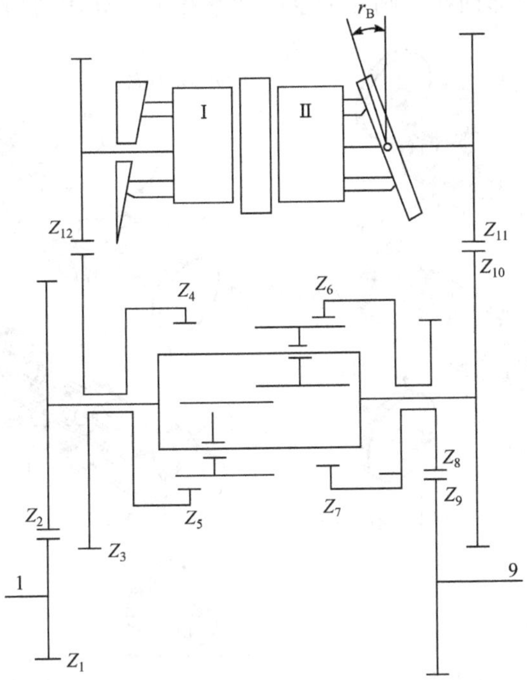

图 6.3.3 恒装传动系统原理图

Ⅰ-定量马达；Ⅱ-变量泵；1-输入轴；9-输出轴

2. 齿轮差动式液压恒速传动装置工作原理

以图 6.3.3 的恒速传动装置(简称恒装)的传动系统来讨论它的工作原理。由式(6-3-2)可得恒装输出齿轮 Z_9 的转速 n_9、输入齿轮 Z_1 的转速 n_1 和液压马达转速 n_{12} 的关系为

$$n_9 = 2\frac{Z_8}{Z_9}\frac{Z_1}{Z_2}n_1 - \frac{Z_8}{Z_9}\frac{Z_{12}}{Z_3}n_{12} \tag{6-3-2}$$

式中，Z_8、Z_9、Z_1、Z_2、Z_{12} 和 Z_3 是相应齿轮的齿数。

恒速传动装置的输出转速 n_9 应等于发电机的额定转速 n_N。如恒速传动装置的输入轴转速为 $n_1 = \frac{1}{2}\frac{Z_9}{Z_8}\frac{Z_2}{Z_1}n_N$，则液压马达不旋转，恒装输出转速等于发电机额定转速，$n_{12} = 0$，$n_9 = n_N$，称为零差动状态，这时的恒装输入转速称制动点转速。

恒装输入轴转速低于制动点转速时，工作在正差动状态，液压马达必须顺时针方向转动，使补偿齿轮 Z_4 反时针方向转动，游星齿轮转速加快，恒装输出转速增大。如果使液压马达转速为 $n_{12} = 2\frac{Z_1}{Z_2}\frac{Z_3}{Z_{12}}n_1 - \frac{Z_9}{Z_8}\frac{Z_3}{Z_{12}}n_N$，则恒装输出轴转速就达到额定转速 n_N。此时液压泵的可动斜盘应有正的倾角 γ_B，如图 6.3.4 所示，变量泵向液压马达打油，泵马达组件中靠近读者的为高压腔，高压油从泵向马达流动，低压油则反方向流动。

负差动状态时变量泵是马达工作状态，齿轮 Z_{11}(图 6.3.3)也由正差动状态时的从动轮变为主动轮。因为变量泵的转向未变，齿轮 Z_{11} 和 Z_{10} 啮合处受力方向必改变，减轻了差动游星轮的负担，所以泵马达仍是传递功率而不是消耗功率。

如果不计泵马达的内部损耗，则变量泵的功率和定量马达的功率相同。

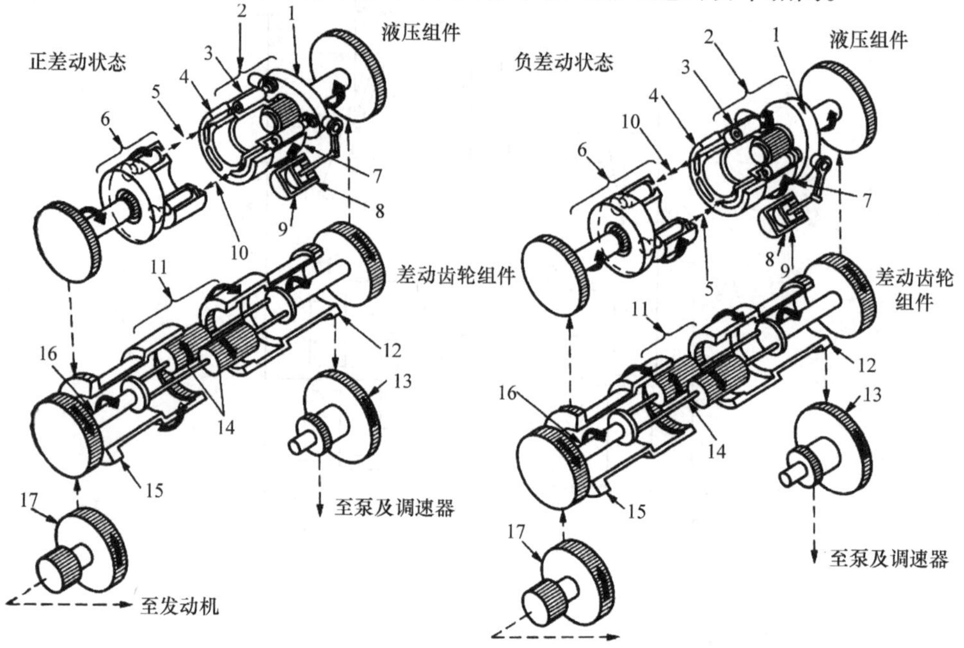

(a) 正差动　　(b) 负差动

图 6.3.4　恒速传动装置的差动工作状态

1-泵斜盘；2-变量泵；3-柱塞；4-分油盘；5-低压油；6-定量马达；7-缸体；8-活塞；9-伺服作动筒；10-高压油；11-差动齿轮；12-输出环形齿轮；13-输出齿轮；14-游星齿轮；15-输入环形齿轮；16-齿轮架；17-输入齿轮

3. 齿轮差动式恒速传动装置的故障及其保护

恒速装置在工作中可能出现多种故障，如油路系统的堵塞和漏油、机件间的摩擦加大或卡死、过速、欠速等。为防止故障扩大，应设置保护装置。

通过手动装置，飞行员可以使恒装输入轴与输入齿轮相脱开，切除恒装。还可以采用低熔点合金感受滑油的温度，使合金熔化，使输入脱开机构动作，自动切除恒装，以减少飞行员的负担。

当恒速装置输出过速时，离心机构和伺服作动筒使变量泵的斜盘达到最大负倾角或者将恒装与飞机发动机脱开。

恒装输出欠速或因发动机停车而减速时，低速压力开关将恒装所传动的发电机从电网上断开，待恒装输出转速升高到一定值时，再将发电机投入电网。

传动装置的输出齿轮与输出轴间有单向离合器。若由恒装传动的交流发电机转速高于它的输出轴转速，单向离合器脱开，以防发电机反过来带动恒速传动装置。发电机转速高于恒装转速，可能在如下两种情况下出现：①发动机停车过程；②在并联电源系统中，其中一套恒装转速升高，使另一套恒装传动的电机转速相应升高。

恒装输入轴上有一部分直径最小，称为剪切颈。若恒装运动部件卡死，则此剪切径扭断。

4. 恒速传动装置的基本技术数据

恒速传动装置是在 20 世纪 40 年代开始使用的，从此飞机恒速恒频交流电源得到了迅速发展，这与恒速传动装置的不断改进密切相关。恒装发展至今经历了三个阶段。第一阶段，是简式液压恒装和液压差动式恒装。60 年代进入了第二阶段，出现了齿轮差动式液压恒装，发出 1kW 功率的重量为 1kg 左右。70 年代初组合电源的出现进入了第三阶段，由于将恒装与交流发电机组装成一体，结构得到进一步简化，特别是发电机采用了喷油冷却，平均故障间隔时间(MTBF)达到 1000h 以上，重量功率比显著降低。

目前应用的恒速传动装置除有关使用环境条件的数据外，基本技术数据有以下几个。

1)额定功率

恒速传动装置在正常环境条件下，长期连续工作发出的功率称为恒速装置的额定功率。如 40kV · A 飞机交流发电机的恒速传动装置额定功率应为 47kW，因为必须考虑发电机的损耗。由于飞机交流发电机有过载要求，所以恒速装置也有过载要求。例如，要求恒装在 5min 内输出 150%额定功率，5s 内输出 200%额定功率。

2)额定输出转速

恒速传动装置的输出额定转速应和发电机的额定转速相等。

3)输入转速范围

必须规定恒速传动装置的最小工作转速和最大工作转速，即规定恒速传动装置的输入转速范围。恒速传动装置的转速变化范围应和飞机发动机的工作转速范围相适应。

4)输出转速精度

恒速传动装置输出转速精度就是发电机频率精度。稳态转速精度是指在它的整个工作环境范围内，输入转速和负载变化范围内恒装输出转速最大值或最小值与额定转速差的百分比数，主要决定于离心调速器。目前的齿轮差动式液压恒装的转速静态误差为额定转速的±1%。以恒速传动装置输出转速的动态最大偏差和转速恢复时间表示调节品质。

5)重量功率比

飞机上的设备都应重量轻、体积小。对于功率转换设备，重量功率比是个重要的指标。如某型飞机上恒装的重量功率比约为 0.75kg/kW。

其他，如使用环境条件、滑油压力、平均无故障间隔时间等也是重要的参数。在选择和使用恒速传动装置时，必须注意它的技术数据，以满足飞机、发动机、发电机和用电设备等各方面的要求。

6.3.2 发电机电压调节系统

1. 系统的组成、功能及其要求

图 6.3.5 是三级式无刷交流发电机电压调节系统方框图。系统由调压器和发电机组成，发电机是系统的调节对象，调压器是系统的调节器。

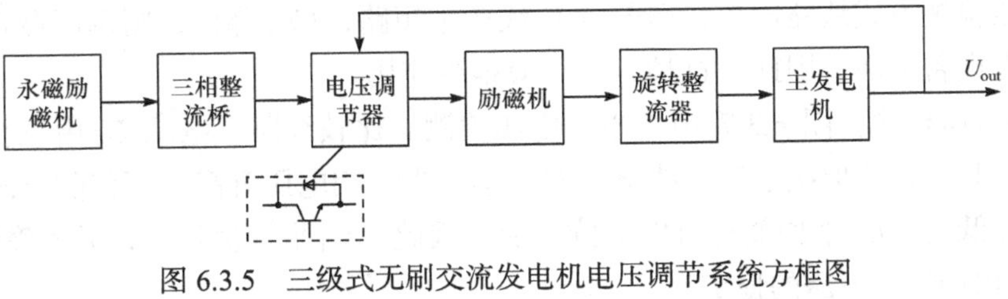

图 6.3.5　三级式无刷交流发电机电压调节系统方框图

在飞机供电系统中，每套发电机都配备一台调压器，具有如下调节功能：

(1)调节每套发电机励磁，使电源系统的电压稳定于规定的水平；

(2) 当供电系统出现短路时，能实现发电机强行励磁，保证保护装置动作准确、迅速；

(3) 发电机并联工作时，保证电机之间无功功率的均匀分配；

(4) 实现发电机输出电流的限制。

电压调节器应工作可靠、性能稳定、稳态误差小、动态品质高，并要有足够的电压调节范围和强励能力。

2. 电压调节器的基本电路和工作原理

1) 调压器的基本结构

调压器的基本组成如图 6.3.6 所示，有检测、比较、放大与执行(操纵、控制)四个环节。检测环节检测被调节量 U_F，并输至比较环节，当 U_F 偏离调定值时，比较环节输出偏差信号，经放大，使执行环节改变发电机励磁，使被调量 U_F 变化，减小或消除偏差。

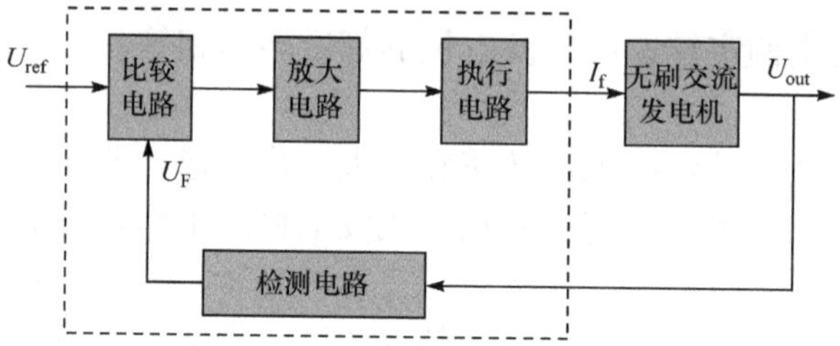

图 6.3.6　电压调节器的方框图

除以上四个基本环节外，有时调压器还需增设其他环节，例如，设置稳定(校正)环节，增加系统的动态稳定性；设置补偿环节，减小稳态误差；并联供电系统中，应设置均衡环节，通过调节励磁使无功功率均匀分配。

2) 电压检测方式

为保证多数机载用电设备端电压稳定，调压器的检测电路输入端一般都接在靠近发电机馈电线的主汇流条一端，该端点称调压点。调压器将竭力保持调压点电压恒定，该电压值称调定电压。

飞机交流供电系统一般采用三相四线制，在调压点有三个相电压和三个线电压。可供选择的调压检测方式有四种，即固定相(或线)电压检测、平均电压检测、最高相电压检测和正序电压检测。它们的原理如图 6.3.7 所示。

(1) 固定相(或线)电压检测。检测某一固定相(或线)电压，原理线路见图 6.3.7(a)。图中检测的是线电压 U_{CA}。调压器将保持 U_{CA} 为调定值，而与 U_{AB}、U_{BC} 以及各相电压无关。只要 U_{CA} 为调定值，调压器就不改变发电机的励磁电流。

这种调压检测方式线路简单，但若 A-C 线产生短路，U_{CA} 降低，则调压器将使正常相电压升高，引起设备损坏，因此，这种方式一般很少应用。

(2) 平均电压检测。图 6.3.7(b) 是平均电压检测、比较线路。电压 U_d 由三相电压经变压整流后取得，其平均值取决于三个线电压的大小。当一相电压升高，而伴随出现另一相或另两相电压的降低时，U_d 平均值有可能维持不变。因此，U_d 平均值稳定，并不意味某一相(或线)，以及各相(或线)电压的稳定。

图 6.3.8 是三相交流线电压的矢量三角形及其整流波形图。可以证明，图 6.3.7(b) 中 U_d 的平均值与三个线电压的算术平均值成正比。

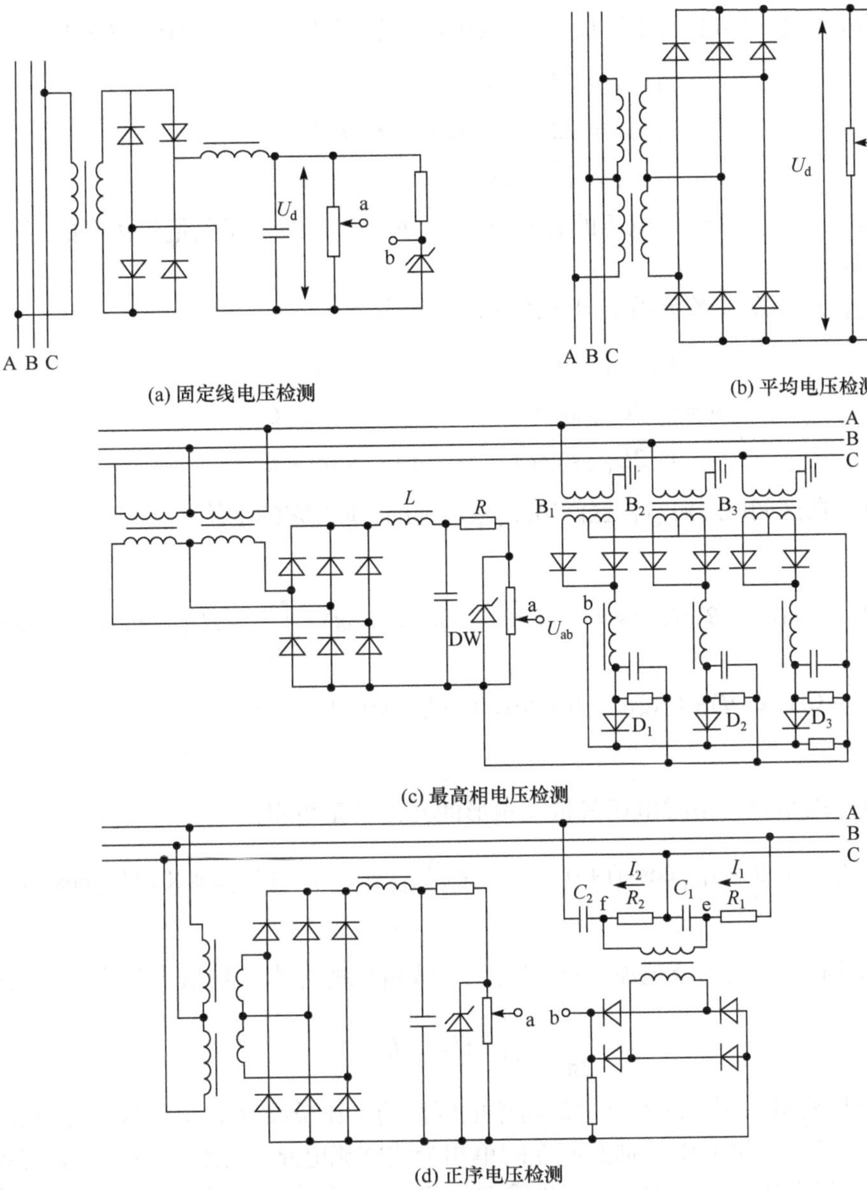

图 6.3.7　三相电压的检测方法

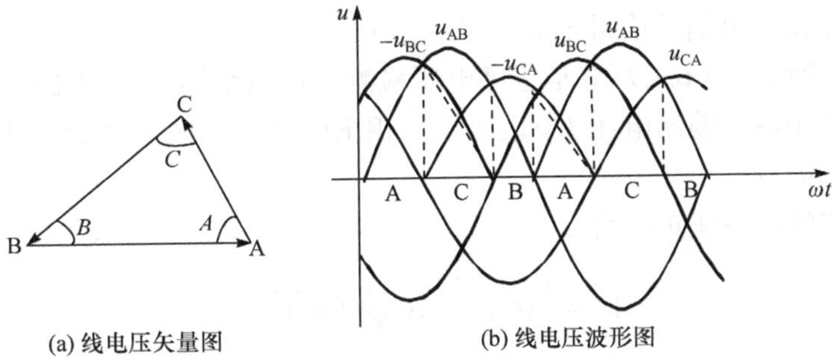

图 6.3.8　线电压三角形和三相整流电压波形

设图 6.3.7(b)中变压器的变比为 1，三个线电压的瞬时值可表示为(图 6.3.8(b))

$$\begin{cases} u_{AB} = \sqrt{2}U_{AB}\sin\omega t \\ u_{BC} = \sqrt{2}U_{BC}\sin[\omega t - (\pi - B)] \\ u_{CA} = \sqrt{2}U_{CA}\sin[\omega t + (\pi - A)] \end{cases} \tag{6-3-3}$$

式中，U_{AB}、U_{BC}、U_{AC} 为三个线电压的有效值；A、B、C 为线电压矢量三角形的三个内角，如图 6.3.8(a)所示。

在区间[0, π]，三相全波整流后的电压瞬时值可表示为

$$u = \begin{cases} \sqrt{2}U_{BC}\sin(\omega t + B), & 0 \leqslant \omega t \leqslant A \\ \sqrt{2}U_{AB}\sin\omega t, & A \leqslant \omega t \leqslant A + C \\ \sqrt{2}U_{CA}\sin(\omega t - A), & A + C \leqslant \omega t \leqslant \pi \end{cases} \tag{6-3-4}$$

电压瞬时值 u 在区间[π, 2π]与在区间[0, π]是对称的，所以它的平均值 U_d 只要在区间[0, π]内进行计算即可。

$$\begin{aligned} U_d &= \frac{1}{\pi}\left[\int_0^A \sqrt{2}U_{BC}\sin(\omega t + B)d(\omega t) + \int_A^{A+C} \sqrt{2}U_{AB}\sin(\omega t)d(\omega t) + \int_{A+C}^{\pi} \sqrt{2}U_{CA}\sin(\omega t - A)d(\omega t)\right] \\ &= \frac{\sqrt{2}}{\pi}[U_{BC}(\cos C + \cos B) + U_{AB}(\cos B + \cos A) + U_{CA}(\cos A + \cos C)] \end{aligned} \tag{6-3-5}$$

将式(6-3-5)加以整理，由线电压矢量三角形的几何关系可得

$$U_d = \frac{\sqrt{2}}{\pi}[(U_{BC}\cos B + U_{CA}\cos A) + (U_{AB}\cos B + U_{CA}\cos C) + (U_{AB}\cos A + U_{BC}\cos C)] \tag{6-3-6}$$

如果检测电路采用三相半波整流，U_d 仍与三个线电压的算术平均值成正比，其大小为

$$U_d = \frac{\sqrt{2}}{2\pi}(U_{AB} + U_{BC} + U_{CA}) \tag{6-3-7}$$

(3)最高相电压检测。图 6.3.7(c)为最高相电压检测、比较线路。变压器 B_1、B_2、B_3 的原边接成星形，各副边连接成中间抽头相连的单相全波整流电路，经滤波后，得到与各相电压成正比的三个直流电压，又分别通过二极管 D_1、D_2、D_3 连接在一起。这样，b 点电位由电压最高的那一相决定。左边的三相变压整流器组为稳压管 DW 供电，建立基准电压，通过分压后与 b 点电位比较，得偏差信号 U_{ab}。

(4)正序电压检测。图 6.3.7(d)是正序电压检测、比较线路，其中 C_1、C_2 和 R_1、R_2 组成了一种正序电压滤序器，输出电压 U_{ef} 正比于三相正序电压。U_{ef} 经变压、整流，再与基准电压比较，获得偏差信号。

三相交流系统的线电压正序分量 $\dot{U}_1$ 为

$$\dot{U}_1 = \frac{1}{3}(\dot{U}_{AB} + \alpha\dot{U}_{BC} + \alpha^2\dot{U}_{CA}) \tag{6-3-8}$$

式中，$\alpha = e^{j120°}$。

由于三个线电压的矢量和为零，即$\dot{U}_{AB}+\dot{U}_{BC}+\dot{U}_{CA}=0$，式(6-3-8)可转换为

$$\dot{U}_1=\frac{1}{3}[(\alpha-1)\dot{U}_{BC}+(\alpha^2-1)\dot{U}_{CA}]=-\frac{\sqrt{3}}{3}(\dot{U}_{BC}e^{-j30°}+\dot{U}_{CA}e^{j30°}) \quad (6\text{-}3\text{-}9)$$

现选择C_1、R_1参数使电流$\dot{I}_1$超前$\dot{U}_{BC}$ 60°，C_2、R_2参数使电流$\dot{I}_2$超前$\dot{U}_{CA}$ 30°，则该正序电压滤序器线路的矢量位形图如图 6.3.9 所示。由位形图可推得

$$\dot{U}_{ef}=\dot{U}_{ec}+\dot{U}_{cf}=\frac{\sqrt{3}}{2}(\dot{U}_{BC}e^{-j30°}+\dot{U}_{CA}e^{j30°}) \quad (6\text{-}3\text{-}10)$$

与式(6-3-9)比较，得$\dot{U}_{ef}=-1.5\dot{U}_1$。

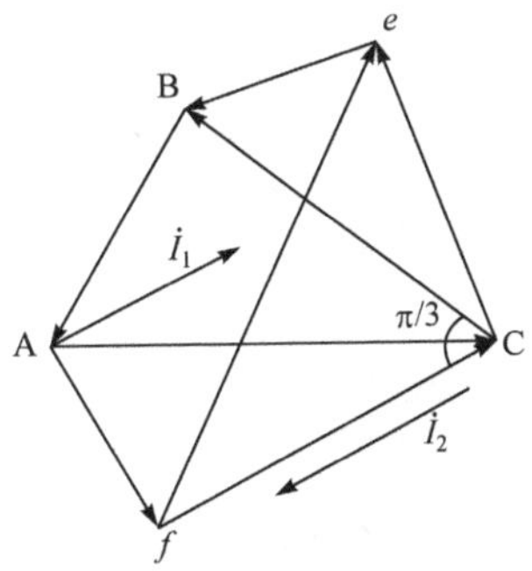

图 6.3.9　正序电压滤序器的位形图

(5)调压检测方式的比较。四种调压检测方式中，固定相(线)电压检测和平均电压检测最简单。正序电压检测有输出电压$\dot{U}_{ef}$受频率变动与电容器C_1、C_2容量变化影响的缺点。

在供电系统正常对称运行的条件下，其相电压、线电压、平均电压、正序电压之间有严格的比例关系，所以采用何种调压检测方式都不会有太大区别。而供电系统处于不对称运行时，上述各种电压间的比例关系将取决于负载情况和发电机的逆、零序阻抗参数。对于飞机供电系统，即使在严重的不对称负载下，其电压不平衡程度也不会很大，因而采用上述四种调压检测方式，其调压效果不会有很大区别。为此，选择简单而可靠的线路为好。在航空领域，平均电压检测方式用得最多。

一旦发电机产生不对称(线-地或线-线)短路故障，平均电压检测线路中电压U_d将比短路前低得多(表 6.3.1 给出了此种短路情况下的电压近似值)，调压器起作用，增加电机励磁，电机空载电势上升，使U_d尽量保持短路前的数值，而正常相(或线)的电压将远超过允许值(表 6.3.1)，有可能损坏机上用电设备，或造成危险。为此，采用平均加高相的电压检测方式。平均用于正常工作，高相则用来限制不对称故障造成的某相(或线)电压的升高。

表 6.3.1　不对称短路故障时最高相电压

	三相对称运行	发电机单相接地	发电机线-线短路
三相整流电压 U_d/V	270	194	155
调压器动作后的最高相电压/V	115	160	200

注：设发电机正常工作时的相电压为 115V。

(6)基于 R-D 串联整流的电压检测方式。某型电压调节器中，调节点电压不经过变压整流器，而是直接经过电阻和二极管串联组成的整流电路得到反映调节点电压平均值的电压信号，如图 6.3.10 所示。

R-D 串联整流电路和传统半波整流电路存在以下一些区别。

① 由于电阻 R300～R302 的存在，可以避免半波整流电路中整流二极管击穿情况下造成发电机输出短路的缺点。

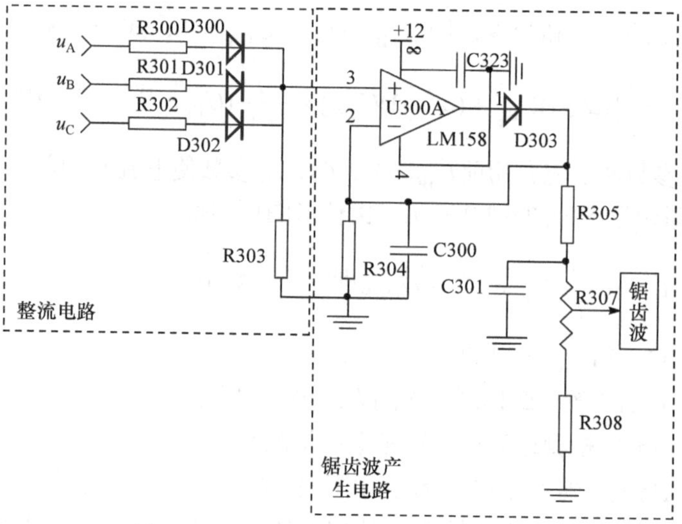

图 6.3.10　调节点电压检测电路原理图

② 半波整流电路中，每个时刻仅有最高相电压的相应整流二极管导通，输出整流电压的脉动频率为 3 倍调节点电压频率，每周期有 3 个波头；R-D 串联整流电路整流电压的脉动频率为 6 倍调节点电压频率，每周期有 6 个波头，且 6 个波头间存在固有的不对称性。这是因为这种电路有单个整流二极管导通和两个二极管同时导通的两种情况。

由于整流电路结构的不同，获得的锯齿波形也存在差别。

a. 半波整流电路的整流输出电压波形对称，所以产生的锯齿波形也是基本对称的。这种锯齿波经过比较电路与基准电压交截容易获得稳定频率的脉宽调制波。

b. R-D 串联整流电路的整流电压波形存在不对称性，使得生成的锯齿波形存在两种不同的情况：一种为电容放电回路时间常数设计较大(放电速度慢)，锯齿波形仍保持对称，如图 6.3.11 所示；另一种为电容放电回路时间常数较小(放电速度快)，电容在一个周期里可能会多一次充放电的过程。这种锯齿波与基准电压交截时，容易引起脉宽调制波的占空比混乱，如图 6.3.12 所示，从而造成主功率管开关频率的不稳定。

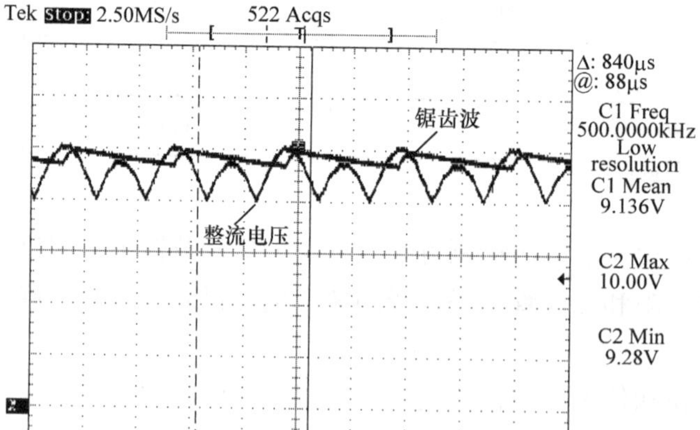

图 6.3.11　R-D 串联整流的整流电压及锯齿波形一

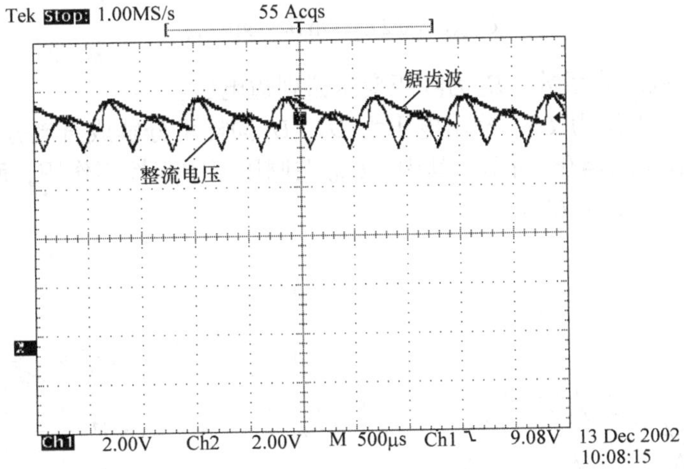

图 6.3.12　整流电压及锯齿波形二

所以，采用这种整流电路结构时，需注意设计合适的检测电路放电回路时间常数，以保证得到理想的锯齿波。

3) 脉宽调制型调压器的线路和原理

飞机上都已广泛采用晶体调压器，将功率晶体管作为开关元件，控制发电机励磁，达到自动调压目的，其调节原理以脉冲宽度调节居多。在此就以脉宽调节方式的晶体调压器为例，分析其原理、特性，以及设计等问题。图 6.3.13 是典型的脉宽调节晶体调压器原理线路图，由检测比较、调制、放大和控制执行电路组成。

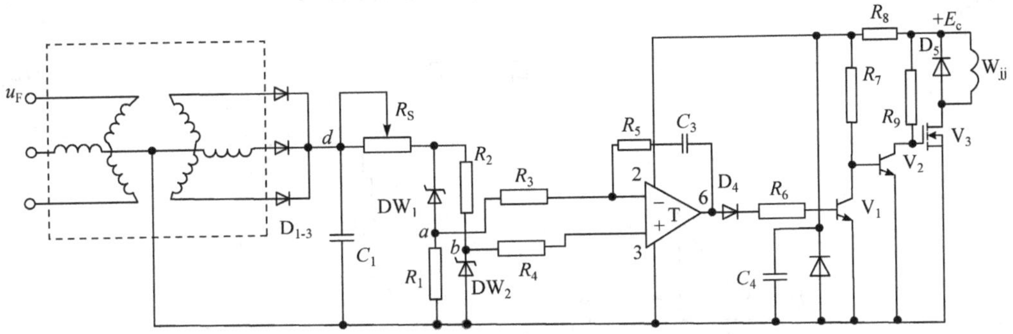

图 6.3.13　交流发电机晶体管电压调节器原理图

(1) 检测、比较电路。检测比较电路由降压变压器、整流器 $D_{1\text{-}3}$、电容 C_1 及调节电阻 R_S 组成，检测三相平均电压。降压变压器具有隔离作用，其变比根据比较电路的要求而定。电容 C_1 起滤波作用，控制纹波的峰峰值，电阻 R_S 用于调节调定电压。

调压器的比较电路由稳压管 DW_1、DW_2、电阻 R_1、R_2 组成。检测电路敏感发电机输出电压 u_F，经变压、整流、滤波后，输出电压 U_d(图 6.3.14(a))。U_d 可分解为直流分量 U_{dD} 和交流分量 U_{dzM}(峰峰值)，其定量关系为

$$U_{dD} = n_s u_F \tag{6-3-11}$$

$$U_{dzM}=\sqrt{2}E_2(\sin\theta_2-\sin\theta_1) \tag{6-3-12}$$

式中，n_s为变压/整流滤波系数；E_2为降压变压器副边电压。

比较电路的输入电压为U_d，输出电压为U_a。U_a同样可分解成直流分量U_{aD}和交流分量U_{azM}(峰峰值)，如图6.3.14(b)所示。其中，U_{aD}在调压器中起控制作用，而U_{azM}起脉冲调制作用。若$R_S=0$，则$U_{azM}=U_{dzM}$。

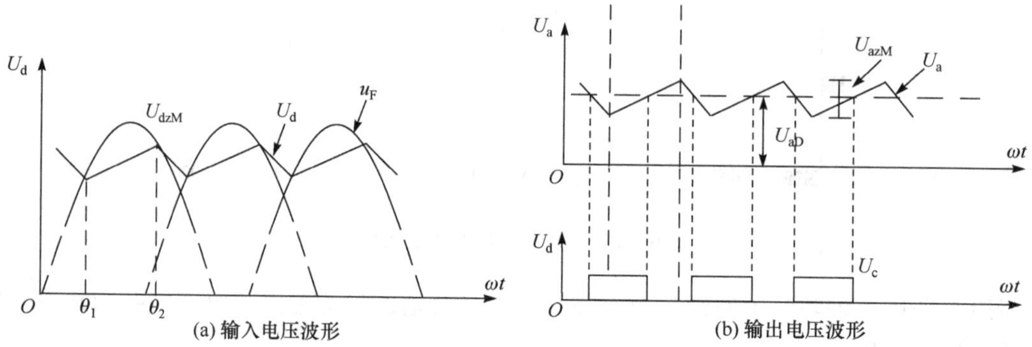

图6.3.14　比较电路的输入和输出电压波形

放大系数K_C是定量分析调压器控制作用的参数，调压器中起控制作用的只是直流分量，因此，讨论K_C时，仅需考察U_{dD}和U_{abD}的变化。

稳压二极管是非线性元件，其特性和等效有源电路如图6.3.15所示。图中$R_g=\dfrac{\Delta U_D}{\Delta I_D}=\tan\alpha$，为稳压管动态电阻。稳压管等效电路方程为

$$U_D=E_D+I_DR_g \tag{6-3-13}$$

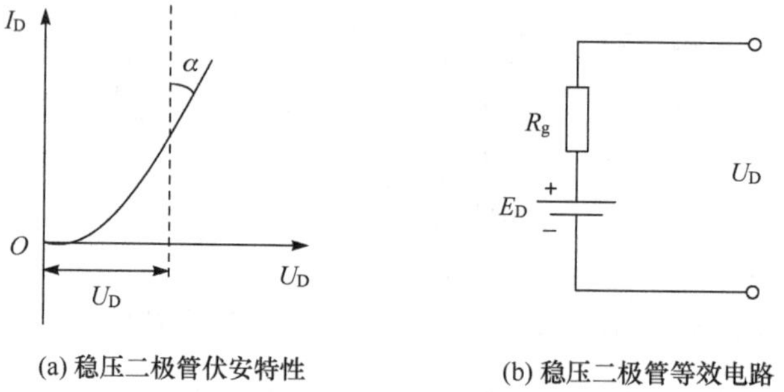

图6.3.15　稳压管特性及其等效电路

图6.3.13中，若$R_1=R_2=R$，则R_S在内的调压器比较电路可等效为图6.3.16(a)。R_g一般远小于R及R_S，可将其忽略，电路就简化为图6.3.16(b)。应用叠加原理与等效发电机定理，电路进一步等效为图6.3.16(c)，其中

$$E_{ab}=\frac{U_{dD}R}{R+2R_S}-\frac{2E_D(R+R_S)}{R+2R_S} \tag{6-3-14}$$

$$R_{ab}=\frac{RR_S}{R+2R_S} \tag{6-3-15}$$

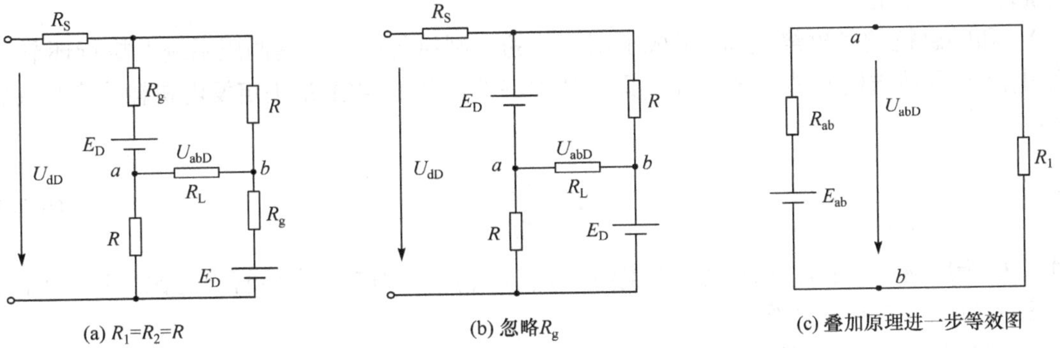

图 6.3.16　比较电路的简化

图中 R_1 是比较电路的等效负载阻抗，由于运算放大器的输入阻抗很大，可视 $R_1=\infty$，则

$$U_{abD}=E_{ab} \tag{6-3-16}$$

$$K_C=\frac{\partial U_{abD}}{\partial U_{dD}}\frac{\partial U_{dD}}{\partial U_F}=\frac{n_s}{1+\dfrac{2R_S}{R}} \tag{6-3-17}$$

U_{FNO} 是当 $U_{abD}=0$ 时，被调量 U_F 的调定电压值由电路参数确定，定量关系为

$$\left(1+\frac{R_S}{R}\right)E_D=\frac{n_s}{2}U_{FNO} \tag{6-3-18}$$

(2) 晶体调压器原理及特性。脉宽调节晶体调压器采取开关工作方式控制发电机励磁。当末级晶体管饱和导通时，励磁电源电压 E_c 全部加于励磁机励磁绕组 W_{jj}；而当其截止时，励磁绕组 W_{jj} 无电源供电，通过续流二极管 D_5 构成回路。采用开关工作方式可以减小晶体管功耗。从饱和导通到截止，以及截止到饱和导通的开关阶段，功耗较大，所以要尽量缩短开关阶段的持续时间。晶体管功耗的减小，可减小调压器体积和重量，同时，温度漂移问题也较容易解决。

① 脉冲调宽原理。图 6.3.13 中，运算放大器构成了脉冲调宽电路，其功能是将比较电路输出电压 U_{ab} 中的交流分量，调制成相应频率的脉冲电压输出。这里脉冲频率等于 U_{ab} 中交流分量的频率，即决定于检测电路的整流方式。如想采用更高的脉冲频率，则可采用锯齿波振荡器电路来实现,其产生的锯齿波可以叠加到基准信号上,再一起输入运算放大器的 3 端；也可以叠加到输入信号上，再一起输入运放的 2 端。此时，运放 2 端的输入信号，必须是滤除了整流纹波后的电压。图 6.3.13 中 3 端应为正而非负输入。

运算放大器是放大倍数极大的器件，一旦其 3 端输入电平高于 2 端输入，即 $U_{ab}<0$ 时，6 端将输出高电平；而 3 端低于 2 端，即 $U_{ab}>0$ 时，6 端输出低电平。这样，靠 U_{ab} 电压中的纹波实现了脉冲调制。当 U_{ab} 中的直流电压分量 U_{abD} 变化时，运放 6 端输出的脉冲宽度也将随之而变化。U_{abD} 增大，运放输出电压脉宽变窄；U_{abD} 减小，则相反。

② 放大、控制执行电路和励磁机的平均励磁电流。图 6.3.13 中，V_1 和 V_2 组成调压器的功率放大电路，它将运算放大器的输出信号功率放大，以驱动控制执行回路，同时，对脉冲信号起到整形作用。

V_3 和励磁机的励磁绕组 W_{jj} 组成了调压器的控制执行回路，是调压系统的执行环节。该回路电流就是励磁机的励磁电流 i_{ff}，具有脉动特性，其平均值 I_{ff} 决定发电机输出电压 U_F 的大小。

$$I_{ff} = \frac{E_c}{r_{ff}} D_C \tag{6-3-19}$$

式中，E_c 为励磁电压；r_{ff} 为励磁绕组电阻；$D_C = t_{on}/T$，为末级晶体管导通比，其中 t_{on} 为晶体管导通时间，T 为开关周期。

③ 调制、放大电路的工作特性。设运放 T 处于理想工作状态，即 $U_{ab}>0$ 时，输出低电平；而 $U_{ab}<0$ 时，输出高电平。且放大电路仅起功率放大作用，没有任何延迟效应，所以，只要 $U_{ab}<0$，V_3 就饱和导通；而 $U_{ab}>0$，V_3 就截止。

图 6.3.17 用来展示 U_{abD} 为三种不同取值时的 D_C 变化规律。由图 6.3.17(b) 可推得 $D_C = \frac{t_{on}}{T} = \frac{\overline{bc}}{\overline{\overline{ac}}} = \frac{\overline{bd} + \overline{cd}}{\overline{\overline{ac}}}$，而 $\frac{\overline{cd}}{\overline{\overline{ac}}} 0.5$，$\frac{\overline{bd}}{\overline{\overline{ac}}} = -\frac{U_{abD}}{U_{abzM}}$，所以有

$$D_C = 0.5 - \frac{U_{abD}}{U_{abzM}} \tag{6-3-20}$$

由此可见 $U_{abD} = 0$ 时，$D_C = 0.5$；$U_{abD}<0$，$D_C>0.5$；$U_{abD}>0$，$D_C<0.5$。

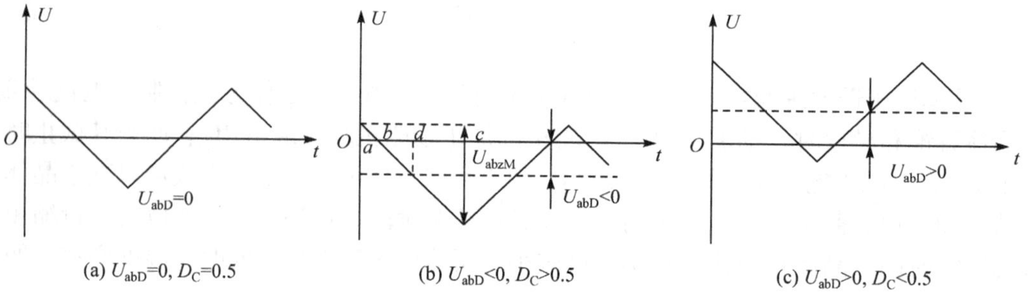

图 6.3.17　D_C 与 U_{abD} 间关系

图 6.3.18 画出了调压器调制放大的工作特性 $D_C = f(U_{abD})$，其斜率由 U_{abD} 的纹波峰峰值 U_{abzM} 确定。

④ 调压器工作特性。调压器工作特性是指其输入(即被调量 U_F)与其输出(即励磁电流 I_{ff} 或励磁电压 $U_{ff} = r_{ff} I_{ff}$)的函数关系，即 I_{ff} (或 U_{ff}) $= f(U_F)$。

当 U_F 变化时，U_{abD} 变化，运放 T 输出脉冲电压宽度变化，V_3 管导通比 D_C 也改变，起到调节 I_{ff}(或 U_{ff})的作用。

由调压器的检测比较特性(图 6.3.19 中曲线 1)、放大电路特性(图 6.3.19 中曲线 2)和控制回路特性(图 6.3.19 中曲线 3)，采用作图法可作出调压器工作特性 $I_{ff} = f(U_F)$，见图 6.3.19 中曲线 4。

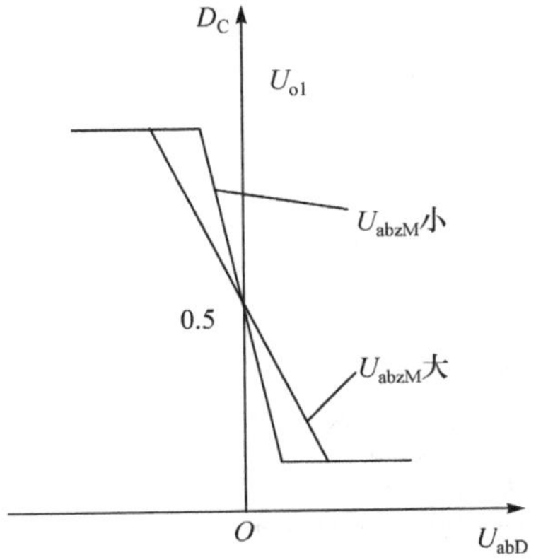

图 6.3.18　调压器放大电路工作特性

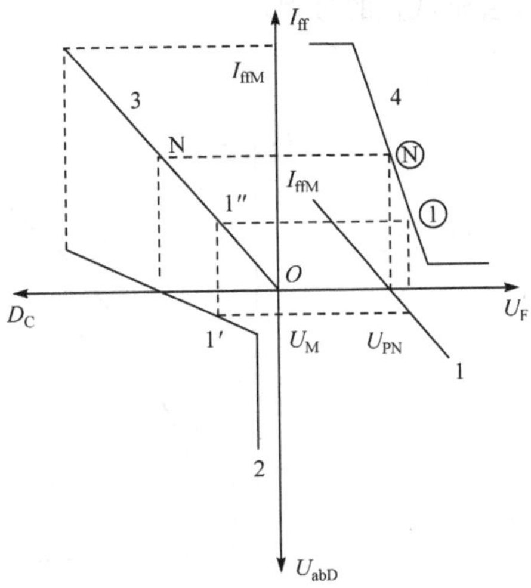

图 6.3.19　电压调节器工作特性

曲线 1-检测比较特性；曲线 2-放大电路特性；
曲线 3-控制回路特性；曲线 4-调压器工作特性

调压器工作特性的斜率为

$$K_{dI}=\frac{\partial I_{ff}}{\partial U_F}=\frac{\partial U_{abD}}{\partial U_F}\frac{\partial D_C}{\partial U_{abD}}\frac{\partial I_{ff}}{\partial D_C}=\frac{-K_C}{U_{abzM}}\frac{E_c}{r_{ff}} \tag{6-3-21}$$

则调压器的电压放大系数为

$$K_d=\frac{\partial U_{ff}}{\partial U_F}=\frac{r_{ff}\partial I_{ff}}{\partial U_F}=-K_C\frac{E_c}{U_{abzM}} \tag{6-3-22}$$

当励磁电源电压 E_c 和励磁机励磁绕组电阻 r_{ff} 确定后，调压器工作特性斜率 K_{dI} 及其电压放大系数 K_d 由检测比较电路的放大系数 K_C，及其输出信号的纹波峰峰值 U_{azM} 决定。

若调压器电路中 $R_S=0$，则 $K_C=n_s$，$\Delta U_{aD}=\Delta U_{dD}$，$U_{azM}=U_{dzM}$。这里 U_{dD} 和 U_{dzM} 分别为图 6.3.13 中 U_d 的直流分量和纹波峰峰值。因此

$$K_d=-\frac{n_sE_c}{U_{azM}}=-\frac{n_sU_{FN}E_c}{U_{azM}U_{FN}}=-\frac{U_{dD}}{U_{dzM}}\frac{E_c}{U_{FN}} \tag{6-3-23}$$

式中，E_c 和 U_{FN} 为常数，可见脉冲调宽调压器具有放大系数 K_d 取决于比值 $\frac{U_{dD}}{U_{dzM}}$ 的特点。

电源系统从一个稳定工作状态到另一个稳定工作状态时，要经历一个过渡过程。如发电机负载增大，U_F 下降，调压器作用，末级晶体管 V_3 饱和导通时间增大，U_F 回升。在此调压过程中，励磁机励磁电流平均值将由原来的 I_{ff1} 逐步增大到另一稳定值 I_{ff2}，系统稳定于新的工作状态。同样发电机负载减小时，U_F 升高，V_3 导通时间缩短。励磁机励磁电流平均值逐步减小至又一稳定值 I_{ff3}，系统稳定于另一新工作状态。过渡阶段的持续时间，主要与励磁回路的时间常数有关。两种过渡阶段中励磁电流的变化规律如图 6.3.20 所示。在被调电压 U_F 降低的过渡阶段(即图中过渡区Ⅱ)可能出现 V_3 管全饱和导通的过程；而在过渡区Ⅳ，则可能出

现 V_3 管全截止的过程。

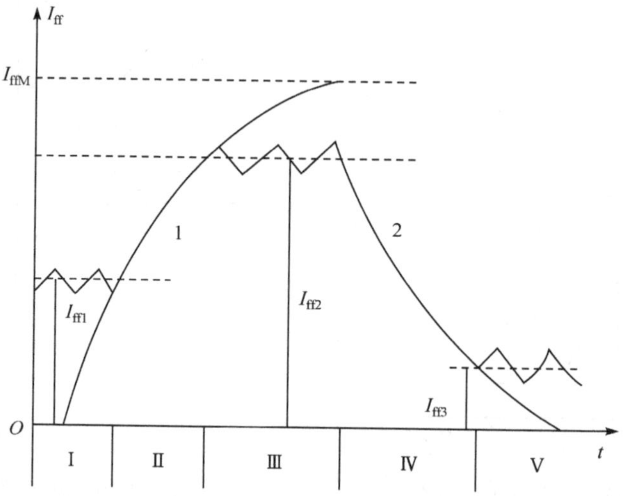

图 6.3.20 调节过程中励磁电流的变化

Ⅰ、Ⅴ-脉宽调制区；Ⅱ、Ⅲ、Ⅳ-过渡区

(3) 调压系统的静态偏差。由前所述的电压自动调节系统采用闭环有差调节方法，所以当系统工作状态发生变化后，被调量 U_F 回不到原先的调定值，而有一定差值，即静态偏差。

① 静态偏差与稳态工作点。设系统现处于空载工作状态，其发电机的输出电流和电压为 $I_F=0$，$U_F=U_{FO}$；相应调压器和励磁机的工作状态为 $D_C=D_{CO}$，$I_{ff}=I_{ffo}$。

如果发电机加上某一负载，因电枢反应和电枢压降，发电机输出电压由 U_{FO} 下降，调压器企图将被调量回升至原调定值。而系统在新工作状态稳定后，被调量 $U_F=U_{F1}\neq U_{FO}$，则静态偏差为

$$\Delta U_{CT}=U_{F1}-U_{FO} \tag{6-3-24}$$

静态偏差是原理性误差，其大小由调压器工作特性与发电机励磁特性所决定的系统稳定工作点确定。

稳定运行时，调压器所能提供的励磁电流 I_{ffg} 必须与发电机所需的励磁电流 I_{ffs} 相等，即 $I_{ffg}=I_{ffs}$。I_{ffg} 由调压器工作特性决定，即在某一确定的负载状态下，发电机输出电压要达到一定数值，则一定要有相应大小的励磁电流 I_{ffs}。因此，只有在调压器工作特性曲线和发电机励磁特性曲线的交点处，供求相等条件才得以满足。图 6.3.21 所示为调压系统的稳态工作点及其静态偏差。

② 静态偏差的确定。发电机工作状态变化时，调压器工作特性不变，而发电机励磁特性变化。发电机的不同励磁特性与调压器工作特性有不同交点，每个交点确定了相应工作状态下的系统稳态工作点，从而可求出静态偏差，即两交点所对应 U_F 电压之差值。例如，系统从某一负载工作状态变化到空载，U_F 从状态变化前的稳定值 U_F'' 变为状态变化后的稳定值 U_F'（图 6.3.21(b)），此时静态偏差就为 $\Delta U_{CT}=U_F'-U_F''$。

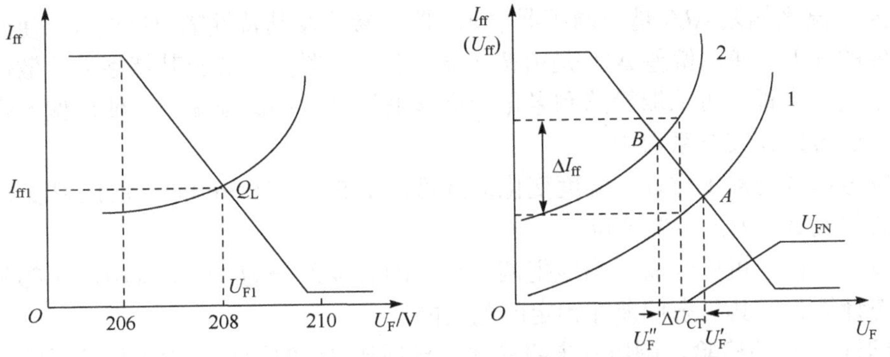

(a) 稳态工作点Q_L　　(b) 调压系统静态偏差

图 6.3.21　稳态工作点和静态偏差

曲线 1-发电机空载特性；曲线 2-发电机负载特性

调压系统静态偏差是指系统在两个极端工作状态下的静态偏差。例如，某一供电系统技术条件要求系统从空载到额定负载之间的任一工作状态下，要满足电压精度规定要求，则系统的两个极端工作状态应是空载和额定负载状态。由这两个工作状态确定的静态偏差就是工程上所说的调压系统静态偏差。

将图 6.3.21(b)中的坐标 I_{ff}转换成 U_{ff}，则调压器工作特性的斜率就为调压器电压放大系数 K_d；而发电机励磁特性的斜率是发电机的电压放大系数 $K_F=\dfrac{\partial U_F}{\partial U_{ff}}$。当 K_d和 K_F增大时，二特性曲线变陡，ΔU_{CT}减小。可见，ΔU_{CT}取决于调压系统的总开环放大系数 K_dK_F。

③ 静态偏差 ΔU_{CT}的工程计算法(即近似计算法)。首先应由有关的技术条件确定出系统的两个极端工作状态，再确定在这两个状态下，使被调量 U_F为额定值时所需的两个励磁电流 I_{ffmin}和 I_{ffmax}，则调压器输出的励磁电压变化量为

$$\Delta U_{ff}=U_{ffmax}-U_{ffmin}=r_{ff}(I_{ffmax}-I_{ffmin})=r_{ff}\Delta I_{ff} \tag{6-3-25}$$

式中，$\Delta I_{ff}=I_{ffmax}-I_{ffmin}$。最后由调压器特性求静态偏差：

$$\Delta U_{CT}=\frac{\Delta U_{ff}}{K_d}=r_{ff}\frac{\Delta I_{ff}}{K_d} \tag{6-3-26}$$

一般 K_d较大，上述近似计算求得的ΔU_{CT}与用曲线相交法求得的ΔU_{CT}十分接近，可以满足工程计算要求。

(4)调压系统静态设计。调压系统静态设计的目的是根据技术条件所规定的指标，计算系统中各环节的参数，以保证被调电压的静态准确度。静态设计时，先要分析偏差的组成和大小，即分析造成偏差的原因，以合理确定系统各环节的参数。

① 偏差分析。调压系统的总偏差 ΔU一般由三部分组成，即静态偏差ΔU_{CT}、温度偏差ΔU_T和使用偏差ΔU_C，可表示为

$$\Delta U=\Delta U_{CT}+\Delta U_T+\Delta U_C \tag{6-3-27}$$

定义$\dfrac{\Delta U}{U_{FN}}\times 100\%$为调压系统的调压准确度，或称调压精度。

静态偏差ΔU_{CF}是原理性偏差，技术条件中对它作出了规定，以确定调压系统的开环放

大系数 K_dK_F。温度偏差 ΔU_T 是由调压器中元、器件参数及其特性随温度改变，使调压器特性变化而造成的偏差。使用偏差 ΔU_C 是由调压器中各元、器件参数及其特性的分散性和不稳定性造成的偏差，工程上可采取筛选和老化的措施来尽量减小该项偏差。使用偏差很难计算，设计时，一般考虑在安全系数中。

飞机发电机调压器工作环境温度变化范围可达 115℃（−55～60℃），所以温度偏差 ΔU_T 在调压系统总偏差 ΔU 中占主要地位。

根据以上分析，可凭经验适当地把调压系统的总偏差分为 ΔU_{CT} 和 ΔU_T 两部分，然后进行线性静态计算，使其静态偏差在预定的范围内。

② 导通比 D_C 的检验。调压器末级晶体管导通比 D_C 的检验是为了校核系统中发电机和副（永磁）励磁机特性之间的配合，即检查发电机在任何状态下工作时，副励磁机能否提供足够的激励功率，并保证末级晶体管处于正常的开关工作状态。

检验工作的第一步是把系统各工作状态下（一般取空载、额定负载、1.5 倍额定负载和 2 倍额定负载）所要求的励磁电流 I_{ffO}、I_{ffN}、$I_{ff1.5N}$、$I_{ff2.0N}$（直流）折合到副励磁机的电枢侧。第二步由副励磁机的外特性，求出其在上述各种状态下的端电压。第三步再将副励磁机的端电压折算出励磁机的直流输出电压 E_{fO}、E_{fN}、$E_{f1.5N}$、$E_{f2.0N}$。最后，求出上述各种工作状态下的导通比，即

$$
\begin{aligned}
D_{CO} &= \frac{I_{ffO} r_{ff}}{E_{fO}} \\
D_{CN} &= \frac{I_{ffN} r_{ff}}{E_{fN}} \\
D_{C1.5N} &= \frac{I_{ff1.5N} r_{ff}}{E_{f1.5N}} \\
D_{C2.0N} &= \frac{I_{ff2.0N} r_{ff}}{E_{f2.0N}}
\end{aligned}
\tag{6-3-28}
$$

为了保证调压器末级晶体管处于正常开关工作状态，上述导通比均应在 0.05～0.85 范围内，否则将不能保证末级晶体管的工作可靠性。

此外，还应检验在主干线三相对称短路时，副励磁机提供的励磁电流（此时 $D_C = 1$）能否保证发电机输出的稳态短路电流达到额定电流的 3 倍。

③ 确定 ΔU_{dzM} 和 ΔU_{dD}。由式（6-3-28）可求得发电机由空载到 I_N、$I_{1.5N}$ 和 I_{2N} 时，要保证调定点电压 U_F 为额定值而需求的导通比变化量，即

$$
\begin{aligned}
0\sim I_N \Delta D_{CN} &= D_{CN} - D_{CO} \\
0\sim 1.5I_N \Delta D_{C1.5N} &= D_{C1.5N} - D_{CO} \\
0\sim 2.0I_N \Delta D_{C2.0N} &= D_{C2.0N} - D_{CO}
\end{aligned}
\tag{6-3-29}
$$

若 $R_S=0$，$\dfrac{\Delta D_C}{\Delta U_{abD}} = \dfrac{1}{U_{dzM}}$，则 $\Delta U_{abD} = U_{dzM}\Delta D_C$。

又 $\Delta U_{CT} = \dfrac{\Delta U_{abD}}{K_C} \approx \dfrac{\Delta U_{abD}}{n_s}$，且 $\dfrac{\Delta U_{abD}}{n_s} = \dfrac{\Delta D_C U_{dzM}}{n_s U_{FN}} = \dfrac{U_{dzM}}{U_{dD}} U_{FN} \Delta D_C$，则

$$
\Delta U_{CT} \approx \frac{U_{dzM}}{U_d} U_{FN} \Delta D_C \tag{6-3-30}
$$

ΔU_{CT}除决定于ΔD_C外，还与U_{dzM}/U_d有关。U_{dD}由调压器比较电路中基准稳压管的稳压值及线路压降决定。U_{dD}确定后，就可按U_{dzM}/U_d的要求来确定U_{dzM}。为减小ΔU_{CT}，U_{dzM}应尽量小。

④ 调定电压的调整。按要求，调压系统应能对被调电压U_F的调定值进行调整，调整范围不应小于±5%。如图6.3.13所示，其调定值的调整是通过改变R_S阻值来实现的。R_S减小时，同样的调压器输入电压U_f，而U_{abD}却增大，图6.3.22中调压器检测、比较电路工作特性左移，调压器工作特性随之左移。由图可知，此时被调电压U_F的变化范围由U_{F1}～U_{F2}左移到$U'_{F1}\sim U'_{F2}$，调定电压降低。当R_S增大时，则相反，即调定电压升高。

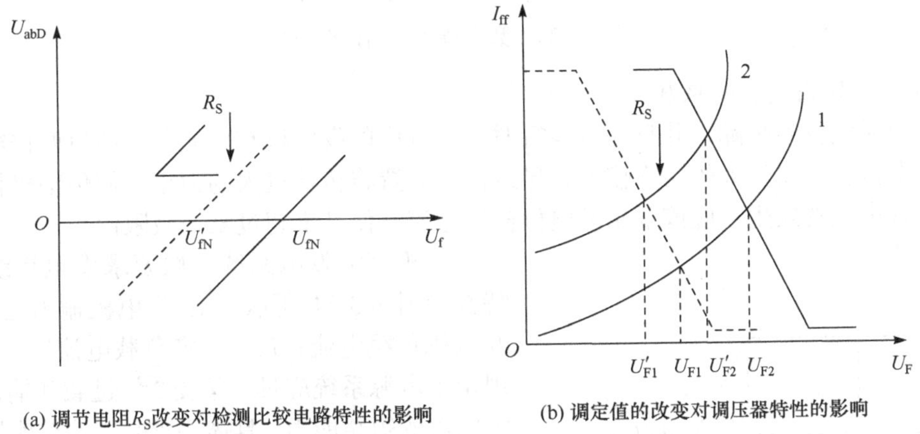

图6.3.22 调定电压的调整

1-发电机空载特性；2-发电机负载特性

4) 数字调压器的基本原理

数字调压器与模拟调压器的功能和控制原理是相同的，区别主要在于产生控制信号的方法不同。数字调压器中，发电机输出电压经检测调理电路后，由A/D转换模块对其进行采样变换，成为数字量信号。根据此数字量，利用合适的控制算法产生PWM波，再经功率放大后控制励磁回路中功率管的开关状态。控制算法跟踪输出电压的变化，改变PWM的占空比，从而调节励磁电流的大小，实现稳定输出电压的目的。励磁电流和负载电流通过硬件电路检测，由软件判断其大小并限制，限制功能主要通过控制PWM的占空比实现。

某型数字调压器的基本结构如图6.3.23所示。主要包括以下几部分：①以TMS320F240为核心的CPU处理单元；②模拟量检测、调理电路；③数字输入、输出接口；④功率放大及励磁主电路。

飞机交流发电机数字式电压调节器中，为实现发电系统优良的电压调节稳态和动态性能，交流电压的快速和线性化检测和调理方法是非常重要的。另外，考虑励磁电流及负载电流反馈的电压闭环调节控制策略(算法)也是实现高性能数字式电压调节器的关键。

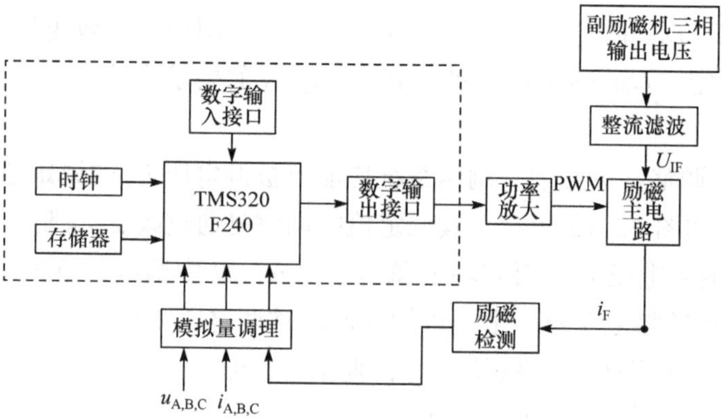

图 6.3.23　数字调压器结构框图

3. 发电机输出电流的限制

当电源系统发生故障，并且并联运行时，系统中的发电机有可能负担超过两倍额定负载的电流，电机将需要较大的功率输入，导致恒速装置将传输过大的力矩，使传动机构损坏。为避免这种事故的发生，应该限制发电机输出电流，使其不超过某一极限值。

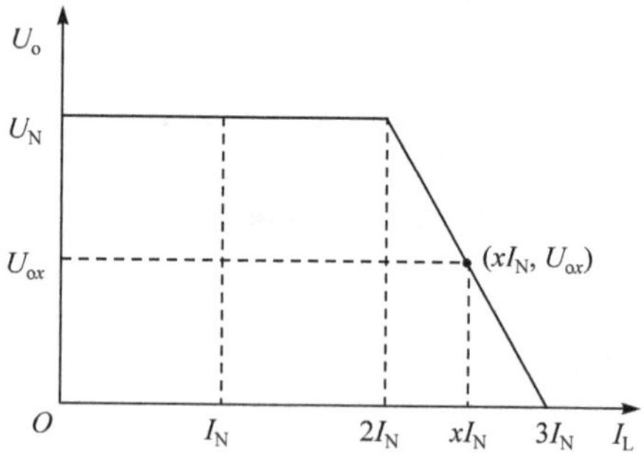

图 6.3.24　60kV · A 交流发电系统外特性曲线

飞机交流发电系统一般要求发电系统输出外特性如图 6.3.24 所示(U_o：发电机输出电压；I_L：发电机负载电流；I_N：额定负载电流)。该外特性规定了电源系统应具有承受 2 倍过载和输出 3 倍额定电流的短路能力，具体要求是：①空载到额定负载范围内发电机输出额定电压 U_N((115±1) V)；②两倍过载情况下，发电机仍然保持额定电压((115±2) V)输出；③负载电流超过 2 倍额定值，则降低输出电压；④负载电流达 3 倍额定电流时输出电压值降至零，即发电机输出短路时其短路电流为 3 倍额定电流，从而实现负载电流的限制。

发电机输出电流的限制一般是靠限制其励磁绕组的电流来实现的，所以利用调压器的励磁调节功能是一种较好的实施方案。基本方法是将发电机负载电流的敏感信号耦合到调压器的电压检测环节，使其参与电压调节。

6.4　变速恒频电源系统

6.4.1　交交型变速恒频电源

交交型变速恒频(VSCF)电源系统由多相高频发电机、交交型变换器和相间变压器等组成。

1. 多相高频发电机

为了保证循环变换器输出的 400Hz 交流电谐波含量满足技术要求，发电机的相数和频率要满足一定的条件。在输出电压波形相同的前提下，发电机的相数增多，则发电机输出电压的最低频率(变换器输入电源的频率)可以降低。发电机的输出电压频率取决于工作转速和极对数。电机工作转速的高低取决于轴承和转子机械强度等的限制。在现有的材料和冷却技术条件下，电机的最高工作转速大约为 30000r/min。一般喷气式航空发动机的最高工作转速和最低工作转速之比约为 2∶1。由此可知，若电机的相数太少，必然要通过增多极对数来保证其最低工作频率。极对数太多将使电机的结构复杂化。一般采用 6 相或 9 相发电机。

电机若采用 6 相，其最低工作频率不低于 1140Hz，最高工作频率约为 2280Hz。与普通电机相比，其工作频率较高。为减少电机的铁损和铜损，电机的铁心叠片较薄，电枢绕组为多股线。发电机的磁极上有阻尼绕组，以减小循环变换器的换相重叠角。由于交交型变换器功率因数较低，发电机的容量要求比系统的容量大，如 40kV · A 系统，电机的容量要达到 55kV · A。

2. 交交型变换器

交交型变换器主要采用循环变换器和矩阵变换器。

3. 相间变压器(interphase transformer，IPT)

图 6.4.1(a)为忽略换相重叠时的相间变压器简化电路图，任何时刻每组只有一只晶闸管导通，则共有 4 条通路。在电机 1、3、5 三相中只有一相作用在正侧的相间变压器 IPT_1 上，电机 2、4、6 三相电压中也只有一相作用在正侧的 IPT_1 上，它们分别用 U_{gi} 和 U_{gj} 表示。负侧也类似，用 U_{gm} 和 U_{ge} 表示。

相间变压器的作用之一是作为平衡电抗器工作，它使两正组或负组独立。由于两正组(或负组，下同)间瞬时电压不等，在 IPT 中产生磁化电流 i_u，i_u 的大小与方向决定于两正组间电压差。

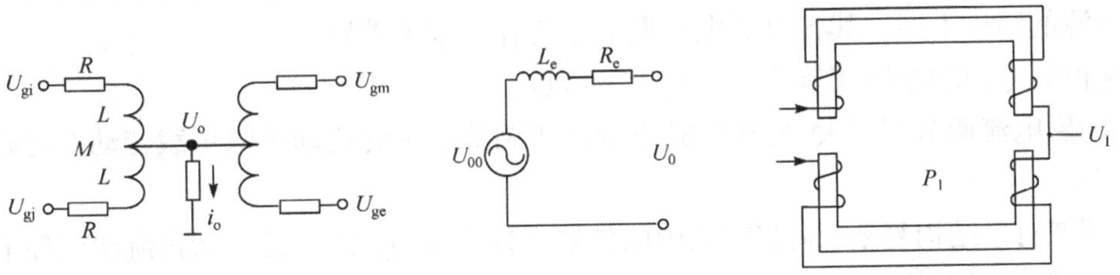

(a) 简化电路图　　(b) 等值电路图　　(c) 绕组排布图

图 6.4.1　相间变压器的原理

相间变压器的作用之二是作为限流电感。若正负组移相角 $\alpha_P + \alpha_N = 180°$，则两组间平均电压差为零，但瞬间电压不同，在正组电压大于负组电压时出现环流 i_{10}。

空载环流 i_{10} 为两环流之和，其一是发电机 1、3、5 三相系统的环流，其二是发电机 2、4、6 三相系统的环流，两者之间不是代数和，因为两个三相电压之间有 60°相位差。

IPT 的三个功能是协调的，作滤波电感时电抗很小，不致使外特性太软。作平衡电感时电抗最大，以减小磁化电流，使两整流组在较小的负载电流时也能独立运行。又因 IPT 作为限流电感用，故铁心必须有气隙，以防止铁心饱和。

4. 输出电压调节

交交型变速恒频电源有两种构成方案：电磁式无刷交流发电机与交交变换器和永磁式无刷交流发电机与交交变换器。发电机电压调节器使发电机相电压保持 165V，不因转速和负载而变。变换器调压系统靠改变移相角调节输出电压。由于电机频率高，故调节响应快，精度高，且为单相电压调节，三相负载不对称时仍有好的三相电压对称性。

6.4.2 交直交型变速恒频电源

交直交型变速恒频电源系统如图 6.4.2 所示，其变换器由整流器、逆变器和变换器控制器组成。根据逆变器的不同类型，交直交型变速恒频电源系统可分为阶梯波合成恒频交流电源系统和脉宽调制型 VSCF 电源系统等。

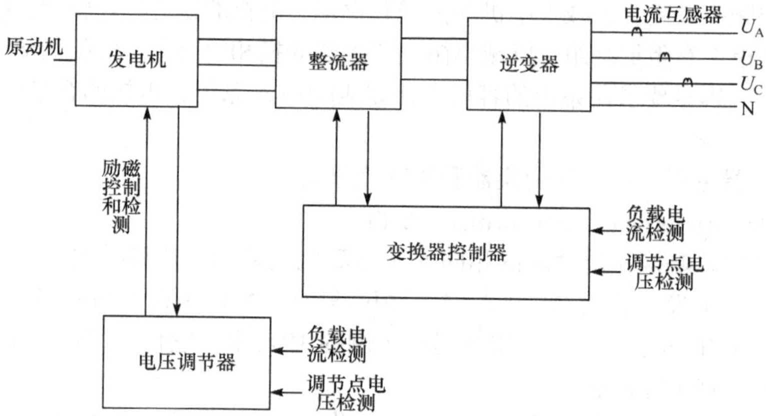

图 6.4.2 交直交型 VSCF 电源系统结构图

变速恒频电源与恒速恒频电源一样，都是通过调节发电机励磁来实现输出电压调节，由于两种电源的结构不同，其各自的电压调节系统存在很大差别。

变速恒频电源的电压调节系统具有以下特点。

(1) 励磁电流调节范围大。变速恒频电源电压调节系统的扰动量除负载变动外还有发电机的转速变化。

(2) 调节对象结构复杂。调节对象中的储能元件除发电机外，还包括直流滤波环节和输出滤波环节。调节对象状态方程的阶数高。

(3) 发电机变速工作使调节对象的参数变化很大。低转速时，电机磁路较饱和，发电机的放大系数较小。转速升高后电机在磁不饱和区工作。又因线性工作区的放大系数与转速成正比，故最高工作转速时的放大系数比最低工作转速时大数倍。若电压调节器的功率级直接由永磁副励磁机整流后供给，则调节器的放大系数也将与转速成正比。这些均会导致调压系统高速运行时的稳定性变差。

恒速恒频电源的电压调节系统具有以下特点。

(1) 加入发电机励磁电流反馈内环等校正环节，以增强调节系统的稳定性，提高动态响应速度。

(2) 增加励磁电流续流回路的阻尼，加快发电机卸载后励磁电流下降。

(3) 设置直流环节电压限制电路，将直流环节电压限制在允许的范围内，以免损害逆变桥功率器件。

(4) 设置软起动电路，在发电机建压时使励磁机励磁电流逐渐加大，防止输出电压超调过大，减小滤波电容的充电电流。

(5) 发电机的励磁系统应具有电流线性放大器特性。

1. 阶梯波合成型交直交变速恒频电源

1) 阶梯波合成型交直交变速恒频电源的组成

图 6.4.3 是某型飞机阶梯波合成型交直交变速恒频电源的组成方框图。其中发电机为三级式风冷无刷交流发电机，电机转速为 5100～10300r/min，采用双轴承结构。发电机的永磁副励磁机经高频开关电源给逆变器功率晶体管驱动电路、控制保护电路和励磁机励磁系统供电。主发电机的输出为三相变频交流电，经三相整流滤波电路变换为直流电。阶梯波合成逆变器将直流电变换为三相四线 400Hz 交流电，再经滤波得到失真度小于 4%的正弦交流电输出。

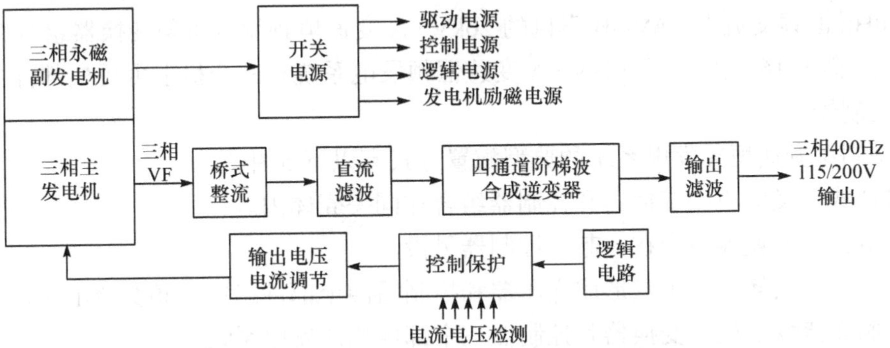

图 6.4.3　阶梯波合成型交直交变速恒频电源方框图

2) 系统工作原理

四通道阶梯波合成逆变器在第 3 章已有介绍。阶梯波合成逆变器本身没有输出电压调节功能，输出电压通过调节发电机的励磁电流来实现。图 6.4.4 是电压调节器的构成方框图。图 6.4.4(a) 所示为电压调节器的检测电路用三相半波电路，末级功率管的开关频率为 1200Hz。电流检测电路使调压器能够实现输出电流限制。由于逆变器功率晶体管的最大集电极电流有限，必须对输出电流进行限制，使电源系统具有图 6.4.4(b) 所示的外特性。可提供 200%过载和 3 倍额定电流的短路电流。在输出超过 $2I_N$ 后，调压器的电流限制电路使输出电压随输出电流的增长而下降。在输出端短路时，逆变器的工作电压降低，从而限制了逆变器的损耗和发热。

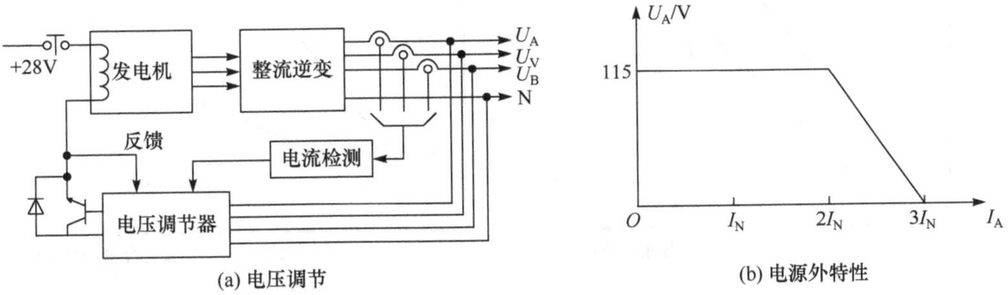

图 6.4.4　交直交 VSCF 电源

2. 脉宽调制型交直交变速恒频电源

脉宽调制(PWM)型交直交变速恒频电源由无刷直流发电机、PWM 逆变器和控制器构成。若发电机输出整流器不装在电机内，则系统由无刷交流发电机、变换器和控制器等构成。无刷发电机采用高速油冷电机。变换器按最优 PWM 方式工作，可用油冷，也可用风冷。通常若变换器和发电机装在一起，电机和变换器可用油冷；两者不装在一起时，变换器常用风冷，冷风来自飞机空调系统。控制器由机内专用电源、电压调节器、变换器控制电路、系统保护电路和自检测电路等构成。

1）变速恒频发电系统的配置

变速恒频发电系统具有多种结构配置形式。波音 737-400 和 F-20 飞机用交直交速恒频发电系统采用组合式结构，发电机、变换器和控制器组合在一起，装在发动机附件机匣上，直接输出 400Hz 恒频交流电。AV-8B 飞机的 20kV · A 变速恒频发电机与变换器组合在一起，控制器则另设。而 F-16 飞机上的 10kV · A 变速恒频发电系统有三个机上可更换部件：发电机、变换器和控制器。

脉宽调制型变速恒频发电系统的典型配置方式有以下 5 种。

(1)组合式。发电机、变换器和控制器组合在同一壳体内。

(2)发电机、变换器组合在一起，控制器另设。

(3)发电机、变换器、中点形成变压器和控制器四个部件组成恒频交流电源。

(4)无刷直流发电机、变换器和控制器三个部件构成发电系统。

(5)无刷交流发电机、变换器和控制器三个部件构成发电系统。

组合式的优点是发电机和变换器均可用油冷，冷却发电机的滑油可同时用于冷却变换器。冷却油系统可以由发电系统自带，也可由冷却发动机附件机匣的滑油系统供给。当共用滑油系统时，要防止电机与变换器污染发动机的滑油。变换器可采用循油或喷油冷却方式。采用油冷可以减小电源系统的体积、质量，图 6.4.5 是美国西屋电气公司的交直交变速恒频电源在不同冷却方式时质量、体积与额定容量之间的关系。组合式的缺点是，作用在发动机附件机匣上的悬挂力矩大，变换器工作应力大，故障时必须把整个装置从发动机附件匣上取下来，且本身的维修性也比较差。

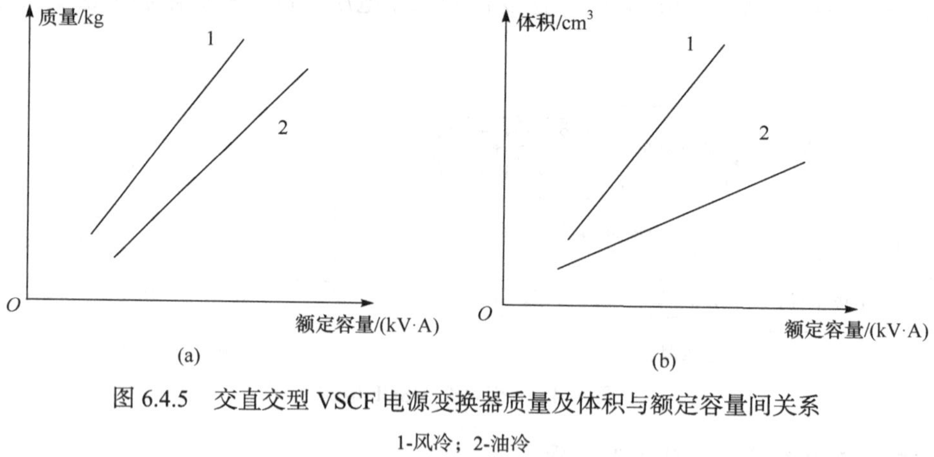

图 6.4.5　交直交型 VSCF 电源变换器质量及体积与额定容量间关系

1-风冷；2-油冷

非组合式的优点是减小了对发动机附件机匣安装空间的要求，减小了悬挂力矩。同时，不装在发动机上的部件所受的振动强度小，工作环境较好，提高了可靠性。

AV-8B 飞机的变速恒频电源采用第二种方案，发电机与变换器油冷，控制器装在飞机上，适合于飞机机体空间较挤的情形。

第三种方案的主要特点是中点形成变压器从变换器中移出，放在电压调节点处，而调节点一般靠近电源汇流条。这种配置的优点是，减小了不对称负载时的电压不平衡，电源中线短。

无刷直流发电机方案的优点是从发电机到变换器间馈电线为直流传输线，与三相交流传输线相比要轻 15%。又因直流输电线压降小，所以电机的长度较短。与组合式相比电机体积和损耗要小，附件机匣空间减小，发动机舱的迎风面积也可减小。变换器和控制器不在发动机附近，环境条件改善，工作可靠性提高。但因二极管整流桥在电机壳体内，电机运行状态必须用专门的检测线检测，直流馈电线短路后果较严重，且不易实现起动/发电工作。

第五种方案发电机悬挂力矩最小，但发电机馈电线重量增加。可用两种措施减小发电机馈电线重量：①采用双线并联馈电方式，单根馈电线的截面积要比双根馈电线的截面积大，用双根馈电线，重量可降低 15%左右；②采用双压系统。对于大容量电源，发电机到变换器的馈电线又较长时，发电机相电压取 230V，减小馈电线重量，在变换器输入端用自耦式三相降压变压器降压。由于发电机工作频率高，变压器较轻，系统总重量较小。

2) 变换器的组件结构

从结构上看，变换器由直流滤波器、半导体功率支路、输出滤波电感与电流互感器、输出滤波电容与电磁干扰抑制电路、中点形成变压器等组件构成。半导体功率支路由功率晶体管、续流二极管、整流二极管和晶体管基极驱动电路等组成。

变换器结构合理，不仅能提高可靠性，而且能改善维修性。对可靠性影响较大的两个因素是振动和发热。元器件发热量大、工作温度高、有局部热点，易损坏变换器。变换器的振动造成的危害较严重。结构不合理，往往导致螺丝松动，接头断开，接触不良，导致功率晶体管关断过程中的电压尖峰，也引起大的电磁干扰。结构不合理也会导致维修复杂化。合理的结构可用最简单的仪表判断变换器的故障部位，也可用最简单的工具更换故障组件。

变换器的各个组件可以装在一起，成为一个完整的部件，也可组装成几个部件。组合的原则有：按组件损耗功率大小划分，损耗功率大的组合在一起，损耗功率小的组合在一起。按工作温度不同的组合，耐高温的组合在一起，不耐高温的组合在一起。表 6.4.1 列出了组件的损耗和允许工作温度特性，图 6.4.6 是三种组件的配置方案。

表 6.4.1　脉宽调制型交换器的组件特性

序号	组件名称	损耗特性		允许工作温度		
		高	低	高	中	低
1	直流滤波		√			√
2	功率组件	√			√	
3	交流滤波电容		√			√
4	交流滤波电感	√		√		
5	中点形成变压器		√	√		
6	驱动电路		√			√
7	控制电路		√			√

脉宽调制型逆变器功率晶体管的开关速度对输出电压波形影响很大。功率器件上并接吸收电路虽能改善开关管工作条件，但会使波形畸变加大和增加变换器损耗，所以不采用。为了减小不接吸收电路时晶体管关断过程中加于管子集电极与发射极上的电压尖峰，必须减小直流母线和支路的引线。合理的结构设计可使电压尖峰控制在 30V 以内，这样用耐压 500V 的器件即可在 300V 直流电压下可靠工作。

交流滤波器并不要求靠近功率支路，因为支路输出电路电感不会在支路的功率器件上引起电压尖峰。但是交流滤波电容的杂散电感会降低电容的高频特性，从而增加电磁干扰。合理的电容组件结构可以减小杂散电感，使交流滤波电路兼有抑制电磁干扰的作用。

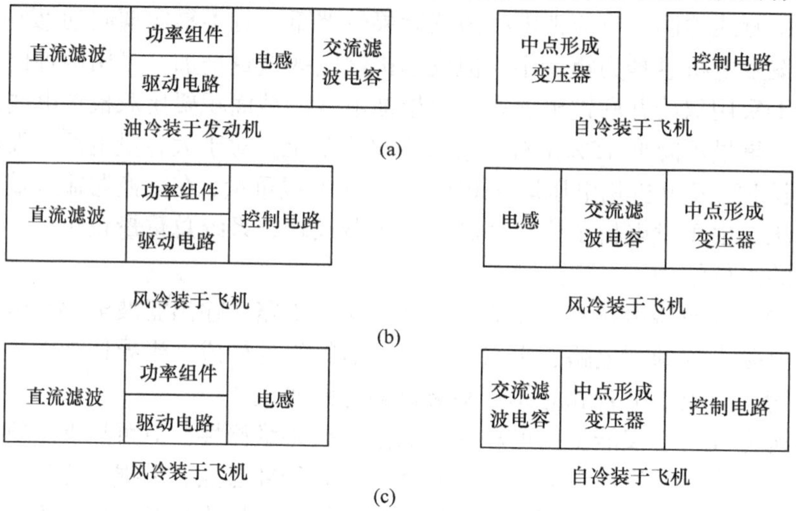

图 6.4.6　三种交直交 VSCF 电源变换器的配置

组件结构还减小了新容量变换器发展的风险，因为新变换器可取不同数量的电容构成直流滤波电容组件；可取不同叠片厚度的铁心和绕组匝数构成交流滤波电感；可选取不同数量的功率晶体管并联；可选取不同容量或数量的中点形成变压器；在相同功率组件时采用不同的冷却方式和介质流量就可以构成不同容量的变换器。例如，容量从 10～110kV · A 变速恒频电源的变换器只有三种中点形成变压器。

6.5　飞机交流电源的并联运行

在多发动机的飞机上，一般装有多台发电机。由多台发电机组成的电源系统有并联系统和不并联系统两种形式。并联运行的飞机电源系统，一般将机上所有发电机都通过并联接触器连接到共同的汇流条上，组成统一电网。也有采用分组并联的形式，各组各有几台发电机并联运行，但组间不并联，全机分成两个或两个以上配电网分别供电，称分裂式并联系统。

电源系统采用并联形式的主要优点如下。

(1) 总电气负载在供电的各发电机之间的均匀分配。

(2) 在多发电机系统中，一台发电机发生故障不会导致主系统停止供电。每台发电机都有足够的过载能力，从而为人工负载监控提供了适当时间。在进行负载监控动作之前将继续供电，从而增加了系统的安全性。

(3) 在某些使用条件下，安装容量在给定的时间-电压干扰特性下，能满足更大的起动电流和尖峰负载的要求；同时能更有效地利用发电机的安装容量，有可能使发电机的数量更少、额定功率值更小。

(4) 能消除为各种负载选择适当汇流条的人为因素。系统需增加一些负载时，不必对已有负载作大的重新配置。当一台发电机发生故障时，在正常运行电机之间，系统仍能实现自动负载均匀分配，这也就简化了空勤人员的管理工作。

(5) 由于并联后电网容量大，机载用电设备接通、断开对电源产生的干扰作用相对减小，电压和频率的波动较小，因而供电质量较高。另外，机上全部发电机并联工作，有效地消除了会影响自动驾驶仪和雷达等设备正常工作的拍频效应。

(6) 并联系统可以使反延时的过流保护装置动作更迅速。

并联系统的主要缺点是调节、控制与保护设备较为复杂，从而也就影响了系统的可靠性和维修性。

与并联形式相比较，不并联形式的主要优点如下。

(1) 恒速传动装置之间不需要有功功率自动均匀分配而设置的电路和机构，发电机之间也不必设置无功功率自动均匀分配的电路和机构，降低了系统的复杂性。

(2) 电气系统中某一部分的扰动仅影响到与该台发电机有关的那一部分系统。

(3) 由于不需要考虑发电机负载均衡的问题，可以充分利用单台发电机的全部容量。

(4) 调节、控制与保护设备简单，配电系统简化，加之系统容量小，故障电流值减小，因而能采用更轻巧的小容量控制转换和故障保护设备，有利于系统可靠性的提高。

不并联电源系统在个别主发电机发生故障时，应尽可能提高电源之间的转换速度，以缩短中断供电的时间，并要采取措施满足某些重要机载设备不中断供电的要求。各不并联电源应同步运行，以消除拍频干扰。

电源系统并联运行的基本问题有两个，一是并联条件及其投入并联的自动控制，二是负载分配的自动均衡。

6.5.1 交流发电机并联条件及其并网控制

1. 交流发电机的并联条件

交流发电机的并联条件有五个，即电压波形、相序、频率、电压值以及投入并联瞬间发电机电压与电网电压之间的相位差。只有在上述五个方面都符合规定时，才能保证并网瞬间所产生的冲击电流和冲击功率不超过允许范围，并保证并联后的正常运行。

(1) 电压波形。要求欲投入并联的发电机电压波形与电源网络的电压波相同，均应为良好的正弦波。否则，在并联的发电机间，存在高频电流。

现代飞机交流电源的电压波形与理想的正弦波接近。有关标准规定，该波形的畸变系数应小于 0.05，波峰系数在 1.41±0.10 范围内。上述指标能完全满足并联运行的要求。

(2) 相序。要求投入并联的发电机电压相序与电源网络上的电压相序一致。即并联时，要保证对应端相联。

对于恒速恒频交流电源系统，在一定安装条件下，只要恒速传动装置的输出转向不变，其交流发电机的相序是固定的。飞机上各个发电机的相序固定了，在敷设飞机电网主干线时，注意它们之间相序的相应关系，就可保证相序一致条件的实现。

(3) 频率。电源频率与发电机转速有关，在恒速恒频系统中，发电机转速的调节存在两种情况，即无静差调节和有静差调节。不同转速调节方式，满足投入并联的有关频率条件也不一样。

① 恒速传动装置转速调节无静差。无静差调节系统的发电机频率(转速)负载(功率)特性如图 6.5.1 所示，是一个频率(转速)恒定的水平线。图中的两条频率负载特性曲线分别表示了两台发电机各自的频率调定值 f_{01} 和 f_{02}。

当调定频率接近、但又不相等的发电机投入并联时，调定频率高的发电机将向调定频率低的传送能量，使频率低的发电机增速，达到与并联系统中最高调定频率相对应的转速。增速的电机处于电动工作状态。一般恒装输出轴与发电机轴之间装有单向离合器，电机不可能反向传动恒装，导致调定频率低的发电机工作于空载电动状态。这种并联系统，其有功负载将全部由频率最高的发电机承担，故有功负载偏差很大，以致不能正常并联运行。应采取措施，使恒装受有功负载偏差信号控制，并联系统中各发电机所承担的有功负载相同。

② 发电机转速(频率)调节有静差。图 6.5.2 为有静差调节系统的发电机频率(转速)负载(功率)特性，是一条下倾直线，即随负载增加，频率降低。

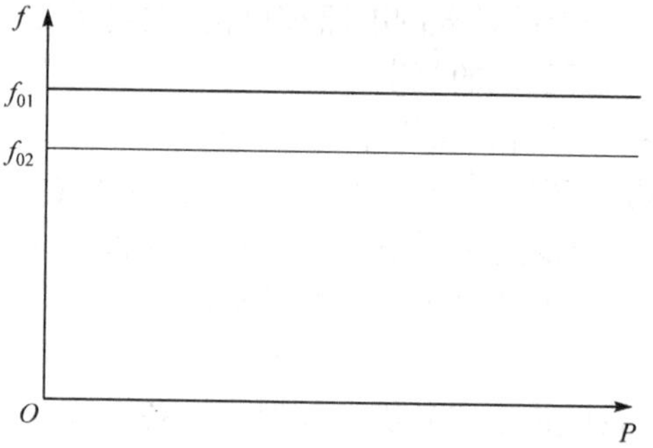

图 6.5.1　转速无静差的交流发电系统特性

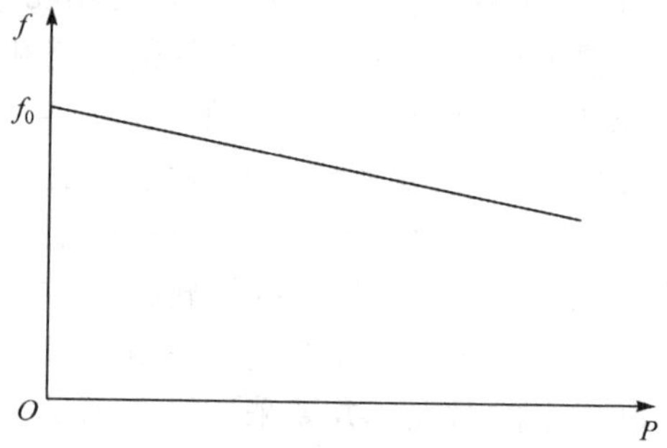

图 6.5.2　转速有静差的交流发电系统特性

频率相近但不相等的两套发电机投入并联，有功负载不一定全部由频率高的那套发电机承担，而是要根据它们之间的调定频率差与各自的频率负载特性分配，一般做不到负载的均衡，甚至差别还不小。图 6.5.3 给出了两套电源的频率负载特性分别为曲线 1 和 2，f_{01} 和 f_{02} 是它们各自的调定频率；P_c 为总有功负载，两套电源承担的有功负载分别为 P_1 和 P_2，并联后的电源频率为 f_c。调定频率相差越大，或频率负载特性斜率越小，则有功负载分配偏差越大。一般飞机交流电源的频率负载特性斜率较小，所以一旦并联电源间的调定频率有一点差别，也会造成较大的有功负载分配偏差。若不采取措施，也不能正常并联工作。

电源投入并联时，允许的频差范围视交流电源的具体情况而定。在允许的频差范围内，投入并联后，电源能迅速牵入同步，且有功负载分配偏差在允许指标内。例如，有些机种规定频差在 1%内允许投入并联。

(4) 电压值。为保证电源系统的供电质量，发电机都带有自己的电压调节器，保持其调定电压不变。所以，各发电机电压可以做到相差不大，投入并联时，不会产生太大的冲击电流。然而，并联后，电源间即使只存在不大的电压差值，也可能会产生很大的无功负载分配偏差，导致系统不能正常并联工作。现以两套具有无静差调压器的交流发电机三相对称运行为例进行讨论。图 6.5.4 是其单相等值电路，其中调压器均无静差。

设调压器 1 保持调压点 A_1 的电压为 U_{01}；调压器 2 保持调压点 A_2 的电压为 U_{02}。图 6.5.4

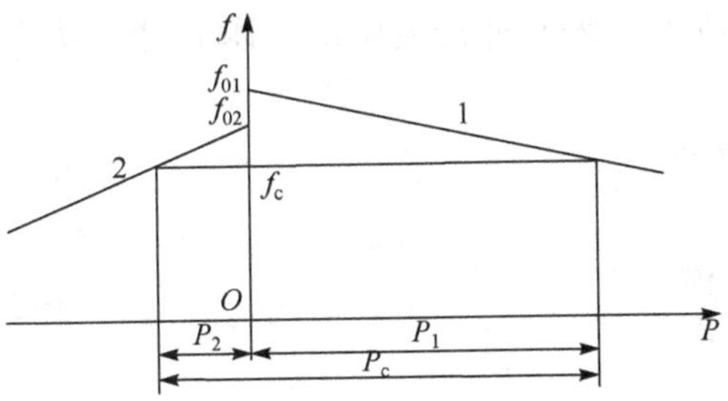

图 6.5.3　两台调定频率不同、静差也不同的发电系统并联后有功分配关系

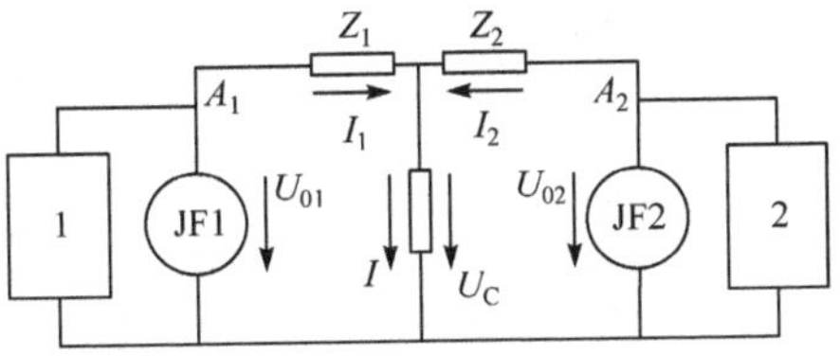

图 6.5.4　带调压器的两台交流发电机并联运行单相等值电路

1、2-调压器

中，U_C是并联汇流条电压，Z_1=Z_2=Z_1为发电机连接到并联汇流条主馈电线的阻抗，$\dot{I}$是负载总电流，$\dot{I}_1$和$\dot{I}_2$分别为两套发电机电源的输出电流。由图 6.5.4 所示的单相等值电路图可得

$$\begin{cases}\dot{U}_{01}-\dot{I}_1 Z_1=\dot{U}_{\mathrm{C}}\\ \dot{U}_{02}-\dot{I}_2 Z_1=\dot{U}_{\mathrm{C}}\end{cases} \tag{6-5-1}$$

则

$$\dot{I}_1-\dot{I}_2=\frac{\dot{U}_{01}-\dot{U}_{02}}{Z_1} \tag{6-5-2}$$

可见，当$\dot{U}_{01}\neq\dot{U}_{02}$时，$\dot{I}_1$必不等于$\dot{I}_2$。设两套电源有功负载均衡，而它们的调定电压不等，则会产生无功负载分配偏差，且$\dot{U}_{01}$和$\dot{U}_{02}$之间的差值越大，无功分配偏差越大。

主馈电线阻抗Z_1一般较小，所以两套电源调定电压的较小差别，就会引起较大的无功分配偏差。可见，要使并联系统正常运行，必须采取均衡无功负载的措施。

(5) 电压相位。交流电源投入并联时，对其电压相位有一定要求，以避免并网引起过大的电流或功率冲击。现以两台同步隐极发电机空载投入并联为例进行分析。

图 6.5.5 是其单相等值电路和电压矢量图，$\dot{U}_{01}$和$\dot{U}_{02}$为两台发电机的调定电压，它们在数值上相同，U_{01}=U_{02}=U_0。$\Delta\varphi$是投入并联瞬间的相角差。X''_{d}为发电机的超瞬变电抗（包括发电机到并联汇流条主馈电线阻抗）。

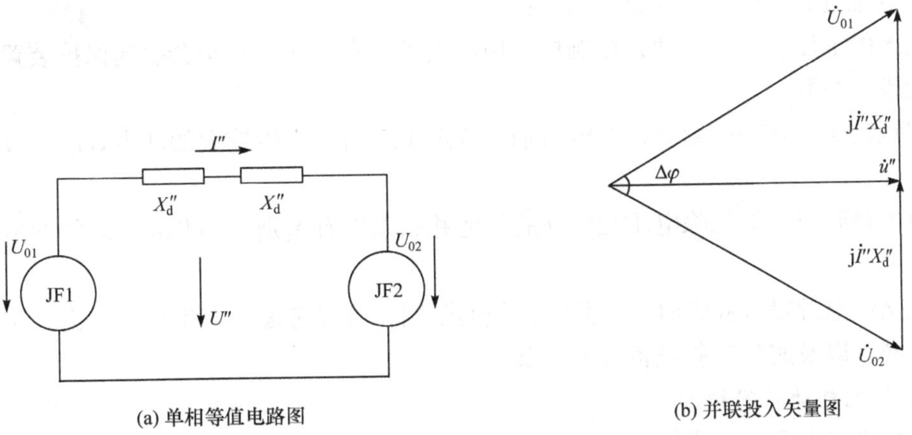

图 6.5.5　并联发电机单相等值电路和并联投入矢量图

由图 6.5.5 可求出按有效值计算的瞬时冲击电流 I''、瞬时冲击电压 u''、瞬时冲击功率 P'' 与投入并联瞬间相位差 $\Delta\varphi$ 的关系，即

$$I'' = \frac{U_0}{X''_\mathrm{d}}\sin\frac{\Delta\varphi}{2} \tag{6-5-3}$$

$$u'' = U_0\cos\frac{\Delta\varphi}{2} \tag{6-5-4}$$

$$P'' = 3u''I'' = \frac{3U_0^2}{2X''_\mathrm{d}}\sin\Delta\varphi \tag{6-5-5}$$

I''、u''、P'' 与 $\Delta\varphi$ 之间关系曲线如图 6.5.6 所示，可知：

$\Delta\varphi$ 越小，冲击电流越小；

$\Delta\varphi=\pi$ 时，冲击电流最大，为三相对称短路暂态电流值 $\dfrac{U_0}{X''_\mathrm{d}}$；

$\Delta\varphi=\pm\dfrac{\pi}{2}$ 时，功率冲击最大。

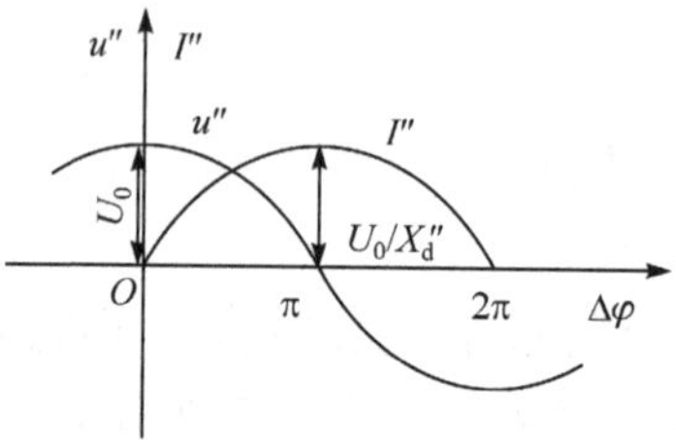

(a) 电流电压图

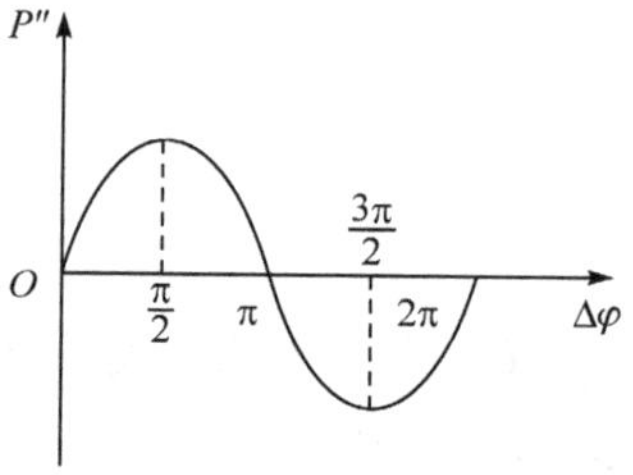

(b) 功率冲击图

图 6.5.6 不同相位差投入并联时的电流电压和功率冲击

需指出的是，这里的冲击电流(以有效值计) I'' 未包括非周期分量。若计及非周期分量，则冲击电流的最大瞬时值为

$$i_{\max} = \frac{\sqrt{2}\times 1.8U_0}{X''_\mathrm{d}} \tag{6-5-6}$$

冲击电流过大可能产生的影响如下：

造成大的电压、频率扰动，影响机上用电设备正常工作，甚至会引起保护装置误动作，以致不能投入并联；

类似短路瞬变状态的影响，在电机轴与各定子绕组上产生较大的动力效应，以致发电机受损伤；

当投入并联时，如果除电压相位外的其他并联条件也有差别，则并联瞬间的冲击作用更为强烈；

飞机交流电源投入并联时，对其相位差的限制，既要考虑不产生过大冲击，又应顾及能够迅速并网，以及避免控制设备过分复杂。

2. 发电机自动并网控制

为提高飞机电源的可靠性，减轻空勤人员的负担，飞机发电机投入电网控制采用自动化

方式。由自动并联装置检测待并联发电机与电网间的频差（Δf）、压差（ΔU）与相位差（$\Delta\varphi$），若这些指标在允许范围之内，则自动将发电机投入电网。某些大型飞机装有同步指示灯，也可以采用人工操纵并联合闸，将电源投入电网，但这仅在某些特殊情况下使用。

飞机恒速恒频电源系统，其投入并联条件具体指标的确定，要考虑下述因素：

(1) 冲击电流、冲击电压允许值；

(2) 电压调节器和频率调节器的调节精度；

(3) 控制设备动作时间的误差。

飞机上，一般要求频差 Δf 不超过额定频率的 0.5%～1.0%，压差 ΔU 不超过额定电压 U_N 的 5%～10%，相位差 $\Delta\varphi$ 不超过 90°。不同的电源系统，会有不同的具体要求。

6.5.2 交流发电机无功功率调节原理及其自动均衡

飞机交流并联电源与无穷大电网并联情况不同，其总容量是一个有限的数值，当调节一台发电机负载时，会引起电网电压和频率的变化。为保持飞机电网电压和频率不变，在总负载不变情况下，在增加一台发电机有功或无功负载输出时，必须减小其他发电机的输出，反之亦然。

为了便于分析发电机功率的调节过程，现以两台容量相等、参数相同的隐极同步发电机并联为例进行讨论。

1. *无功功率调节原理*

设两台发电机 JF_1、JF_2 最初运行在相同情况下，即承担的有功和无功负载均相等，它们的矢量图完全重合，见图 6.5.7(b)。

现增加 JF_1 的励磁电流，同时相应减小 JF_2 的励磁电流，则 E_1 增至 E_1'，E_2 减至 E_2'，使电网电压 U_0 保持不变，且各发电机承担的有功负载也保持不变。图 6.5.7(a) 表示经过调节后 JF_1 承担负载的全部无功功率与一半有功功率；JF_2 仅承担一半有功功率，而不承担无功功率。

可见，同时调节两台电机的励磁电流可以改变它们无功负载的分配情况。并且，在增加一台发电机励磁电流的同时，必须相应减小另一台的励磁电流，只有这样，才能保证电网的电压不变。

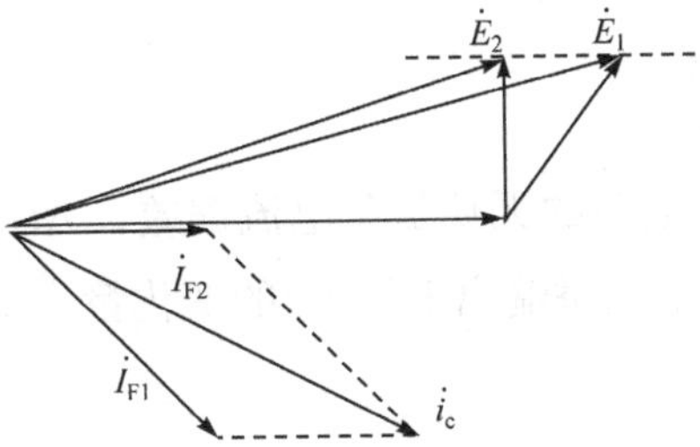

(a) 有功均分，无功不均分

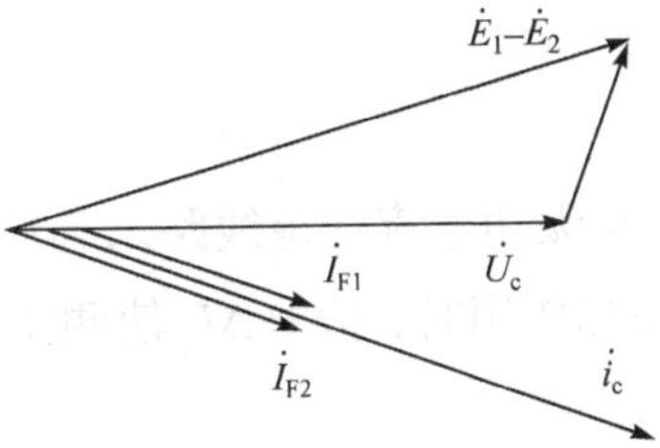

(b) 无功有功均分

图 6.5.7 两台发电机并联运行无功功率调节矢量图

2. *无功电流自动均衡的基本方法*

无功电流自动均衡的目的是使交流并联电源系统中同容量发电机承担相同的无功负载，其调节方法应是使承担无功负载少的发电机增加励磁，同时减小无功负载承担多的发电机励磁，使系统总无功负载不变。无功电流均衡的调节电路一般均与发电机电压调节器连接，组成闭环自动调节系统。这样，调压器不仅对调压点的电压信号敏感，而且对无功电流分配偏差信号敏感。

无功电流分配偏差信号具有极性，对承担无功负载较多的发电机，偏差信号与调压器敏感到的电压信号叠加，调压器减弱该电机的励磁；对承担无功负载较少的发电机，则相反，使电机间无功电流分配趋于均衡。由于无功电流偏差信号加至调压器检测电路，所以电源电压也受无功电流偏差调节。图 6.5.8 是按无功电流偏差调节电压的原理示意图。其中，图(a)是电压调节无静差电源的情况，无功电流偏差的调节作用不再使电源电压恒定于其调定值 U_{01} 不变，如 I' 线所示。图(b)是调定电压分别为 U_{01}、U_{02} 的两套电源，二者无功电流相差 $2\Delta I_1$，即无功电流分配偏差 ΔI_1。现有无功偏差信号通过调压器进行调节，最后使两套电源不仅无功负载相等，而且输出电压也一致。由图(c)可知，无功电流偏差调节电压特性越陡，电压不等的发电机输出电压趋于一致所对应的无功电流偏差越小。

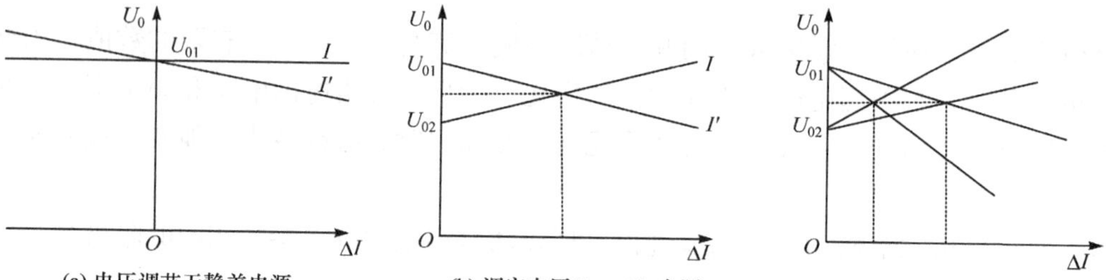

(a) 电压调节无静差电源　(b) 调定电压 U_{01}、U_{02} 电源　(c) 不同调节电压特性电源

图 6.5.8　按无功电流偏差调节电压的原理示意图

无功电流偏差信号连接到调压器的具体电路有两种：一是将无功偏差信号转换为交流电压，在交流侧与调压器的交流电压信号叠加；二是将无功偏差信号转换为直流电压，在直流侧与调压器信号叠加。

3. *无功电流分配灵敏度*

无功电流分配灵敏度是用来衡量无功电流均衡电路控制发电机承担平均无功负载能力的物理参数。

无功电流分配绝对灵敏度用符号 S'_q 表示：

$$S'_q = \frac{\Delta U_z}{\Delta I_q} \tag{6-5-7}$$

式中，ΔI_q 是无功电流均衡线路未起作用时，相应电源的无功负载电流偏差；ΔU_z 是无功电流均衡线路起作用时，偏差 ΔI_q 使调压器电压检测整流桥输出电压 U_z 的变化量。S'_q 越大，控制调节能力越强。

6.5.3　交流发电机有功功率调节及均衡

1. *有功功率调节原理*

欲改变发电机有功功率，需变化原动机加于发电机轴上的驱动转矩。对两台发电机并联的电源系统，在增加发电机 JF_1 轴上的转矩时，应相应减小 JF_2 轴上的转矩，使系统中总有功负载不变。那么 JF_1 转子加速，功角 θ_1 增加，将增大有功负载，JF_2 则相反。图 6.5.9 所示为 JF_1、JF_2 无功负载电流均匀分配，而有功负载全由 JF_1 承担时的矢量图。由图可见，JF_1 增加有功负载时，需适当增大励磁电流，使电机空载电势由 E_1' 增加至 E_1''；同理，JF_2 需适当减小励磁，使其空载电势由 E_1' 减小至 E_1''。

2. *有功电流自动均衡的基本方法及其线路*

交流发电机通过对频率(转速)调节器作用来实现有功电流的自动均衡。其基本方法是给转速调节器附加一个有功电流偏差信号，如承担有功负载电流多，则该偏差信号通过转速调节器作用，使发电机轴的输入力矩减小，从而减少该电机的有功负载电流；要是承担有功负载电流少，则反之。为保持电网电压以及无功电流分配不变，在调节有功功率分配时，还需适当调节发电机励磁。

与无功电流自动均衡线路的要求相似，有功电流自动均衡线路的功能也要符合信号获取正确、信号连接极性无误以及工作逻辑正常三条原则。

图 6.5.10 是一种配合差动齿轮液压恒装的有功电流均衡线路原理图。图中电流互感器 LH 差动连接，与电阻 R 一起检测电流偏差，与变压器 B_1 及整流器 D_1、D_2 配合，采用相敏整流原理，将信号转换成反映偏差与极性的直流电压信号 U_z。U_z 接至频率(转速)调节器电调线圈，调节恒装转矩，使电源有功电流分配趋于一致。

GCB_{12} 是并联接触器常闭辅助触点，仅当电源投入并联时才断开，使有功电流均衡线路正常工作。

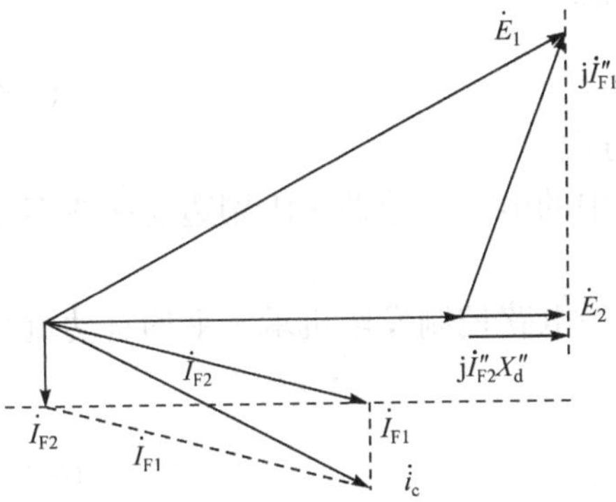

图 6.5.9 无功均分、有功不均分的情况

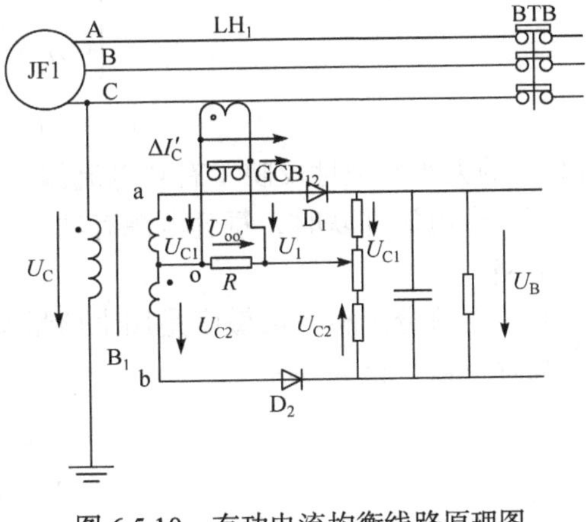

图 6.5.10 有功电流均衡线路原理图

设电流互感器 LH 变比为 K_1，副边连成差动线路。电阻 R 上的电流 $\Delta\dot{I}_C'$ 与电流偏差 $\Delta\dot{I}_C$ 成正比，相位相同，则 $\Delta\dot{I}_C'=\dfrac{1}{K}\Delta\dot{I}_C$，$R$ 上的电压 $\dot{U}_{oo'}=\Delta\dot{I}_C'R$。

变压器 B_1 原边接于 C 相，副边中间抽头，所以副边电压 $\dot{U}_1$、$\dot{U}_2$ 与 $\dot{U}_{C1}$ 及 $\dot{U}_{oo'}$ 的关系为

$$\begin{cases}\dot{U}_1=\dot{U}_{C1}+\dot{U}_{oo'}\\ \dot{U}_2=\dot{U}_{C2}+\dot{U}_{oo'}\end{cases}$$

当 $\Delta\dot{I}_C$ 为纯有功电流及纯无功电流时，上述电压的位形图如图 6.5.11 所示。由图可知，当 $\Delta\dot{I}_C$ 为纯无功电流偏差时，$\dot{U}_1$ 和 $\dot{U}_2$ 大小相等。而 $\Delta\dot{I}_C$ 为纯有功电流偏差时，$\dot{U}_1$ 和 $\dot{U}_2$ 大数值差为

$$2U_{\text{oo}'}=2\Delta\dot{I}_{\text{C}}R=\frac{1}{2}\frac{1}{K_1}\Delta I_{\text{C}}R$$

当 $\Delta\dot{I}_{\text{C}}$ 既有有功分量又有无功分量时，如 U_{C1}、U_{C2} 远大于 $U_{\text{oo}'}$，则 U_1、U_2 主要由有功电流偏差分量确定。

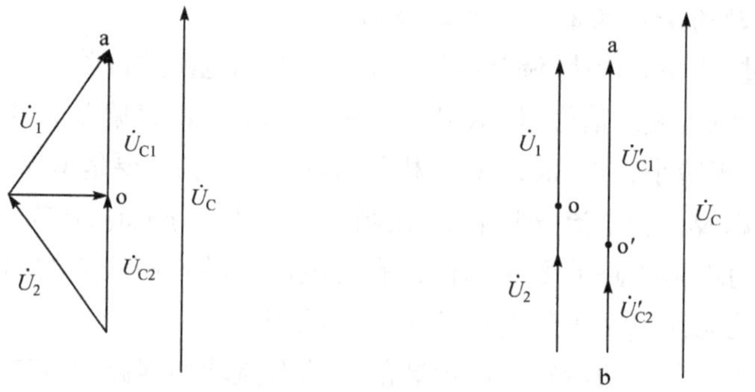

(a) 纯无功电流偏差　　(b) 纯有功电流偏差

图 6.5.11　有功电流均衡线路电压位形图

U_1、U_2 经半波整流，输出 U_{z1}、U_{z2}，即

$$\begin{cases}U_{\text{z1}}=\dfrac{\sqrt{2}}{\pi}U_1=0.45U_1\\[2ex]U_{\text{z2}}=\dfrac{\sqrt{2}}{\pi}U_2=0.45U_2\end{cases}\tag{6-5-8}$$

$$U_{\text{z}}=U_{\text{z1}}-U_{\text{z2}}\tag{6-5-9}$$

所以 U_{z} 的大小与极性反映了有功电流偏差的大小和方向。

当多套电源并联时，每套电源有功电流均衡线路中的电流互感器 LH 副边连接成多角形差动电路。

有功电流分配相对灵敏度是用来衡量有功电流均衡电路控制发电机承担平均有功负载能力的物理参数，记为 S_{P}：

$$S_{\text{P}}=\frac{\Delta f/f_{\text{N}}}{\Delta I_{\text{P}}/I_{\text{FN}}}\tag{6-5-10}$$

式中，Δf 是频率偏差；f_{N} 是电源额定频率；ΔI_{P} 是有功电流偏差；I_{FN} 是发电机额定负载电流。

设并联系统中各电源调定频率分别为 $f_{01},f_{02},\cdots,f_{0n}$；并联后由于调定频率不等而造成的有功电流偏差为 $\Delta I_{\text{P1}},\Delta I_{\text{P2}},\cdots,\Delta I_{\text{P}n}$；且各有功电流均衡线路的 S_{P} 相等，并联后电网频率为 f_{c}。系统应满足 $\sum\limits_{i=1}^{n}\Delta I_{\text{P}i}=0$，可推得电网频率为

$$f_{\text{c}}=\frac{1}{n}(f_{01}+f_{02}+\cdots+f_{0n})\tag{6-5-11}$$

已知各电源调定频率 f_{01} 和并联电网频率 f_{c}，设有功电流分配相对灵敏度为 S_{P}，求各电源有功电流偏差 $\Delta I_{\text{P}i}$：

$$\Delta I_{Pi}=\frac{1}{S_P}\frac{f_{01}-f_c}{\dfrac{f_N}{I_{FN}}} \tag{6-5-12}$$

可见，调定频率有偏差时，提高 S_P 可减少 ΔI_P 。

实际工程问题则是由调定频率偏差和允许有功电流偏差来确定最小有功电流分配相对灵敏度 S_{Pmin}:

$$S_{Pmin}=\frac{\Delta f I_{FN}}{\Delta I_{PN} f_N} \tag{6-5-13}$$

式中，Δf 为电源调定频率偏差；ΔI_{PN} 为允许有功电流偏差值。

6.6 飞机交流电源的控制

图 6.6.1 是飞机交流供电系统的示意图。为了使飞机交流发电机接入飞机电网进行供电，必须将发电机励磁控制继电器(generator control relay，GCR)接通，以接通发电机励磁电路建立电压，然后，将发电机断路器(generator circuit breaker，GCB)接通，使发电机接在各自的交流汇流条上，对各自用电设备供电。汇流条连接断路器(又称并联断路器)(bus tie breaker，BTB)，用于连接各电源汇流条。

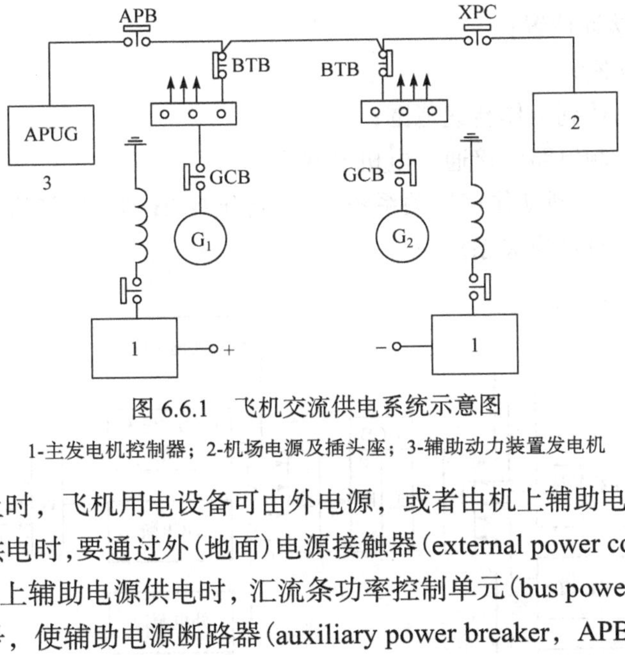

图 6.6.1 飞机交流供电系统示意图

1-主发电机控制器；2-机场电源及插头座；3-辅助动力装置发电机

飞机在停机坪上时，飞机用电设备可由外电源，或者由机上辅助电源供给电能。地面电源给机上用电设备供电时，要通过外(地面)电源接触器(external power contactor，XPC)和BTB接到汇流条。而由机上辅助电源供电时，汇流条功率控制单元(bus power control unit，BPCU)工作，发出控制信号，使辅助电源断路器(auxiliary power breaker，APB)闭合，通过 BTB 到汇流条。飞机飞行时，若主发电机不工作，则需要机上辅助电源向飞机电网供电，也要由 BPCU 来控制 APB 的通断。

控制装置是飞机电源系统的重要组成之一，也是保证电源正常供电的重要环节。它根据供电方式及一定的逻辑关系，使发电机和电网的接触器、继电器及开关元件可靠动作，完成发电机和电网主回路之间的通断或转换，可以手动，也可以自动。

飞机电源控制装置除要满足性能要求外，还应安全可靠，结构简单、紧凑，使用、维护方便，成本低，重量轻，体积小。随着集成电路的广泛应用，数字计算机微型化的实现，飞机电源系统的控制将朝着数字化、综合化、智能化的方向发展。

6.6.1 单台发电机飞机交流电源系统的控制

单台发电机的飞机交流电源系统控制装置的主要功能有两个，即发电机励磁控制和发电机主干线控制，分别由 GCR 和 GCB 来完成。为使飞机交流发电机接入电网，应先接通 GCR，发电机建压；然后，GCB 闭合，发电机入网。欲使发电机退出电网，则应断开 GCR 和 GCB。

GCR 和 GCB 一方面可由空勤人员根据飞行过程的需要直接操纵发电机励磁控制继电器开关 GCR·S 和发电机接触器开关 GCB·S 实现通、断；另一方面可根据电源系统出现故障时的故障信号来控制。GCR·S 和 GCB·S 均是瞬间接触三位置开关。

1. *发电机励磁控制*

发电机励磁是保证发电机建压并能正常供电的必要条件。但是，有时还需灭磁。灭磁有两种主要方法：使发电机励磁绕组断开，或使励磁绕组两端短路。

2. *发电机主电路控制*

为保证电源系统安全、可靠和持续供电，在不考虑辅助电源情况下，GCB 接通(即发电机供电)应同时满足的条件如下：

(1)GCB·S 置于接通位置；

(2)外电源已被切断；

(3)发电机转速已达到工作转速范围；

(4)发电机励磁控制电路已接通，电机已建压。

图 6.6.2 是 GCB 通、断动作逻辑关系图(也有断开 GCB 时，故障信号不通过 GCR，而直接使 GCB 断开的另一种逻辑关系)。

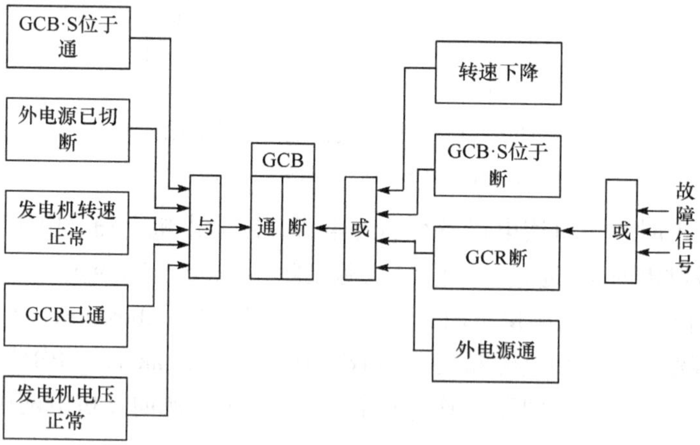

图 6.6.2　发电机接触器 GCB 动作逻辑

6.6.2 飞机并联交流电源系统的控制

在飞机并联交流电源系统中，每台发电机有三个手动操纵控制开关，即 GCR·S、GCB·S、BTB·S，可以分别人工控制 GCR、GCB 和 BTB 的闭合与断开。以上手动控制开关均为瞬时接触式三位置中立弹性开关，装于仪表板上。在实际飞行过程中，为使空勤人员操作简便，在非故障状态时 GCR 与 BTB 都是闭合的，一般只需操纵 GCB·S，控制 GCB，使每台发电机接入或脱离电网。

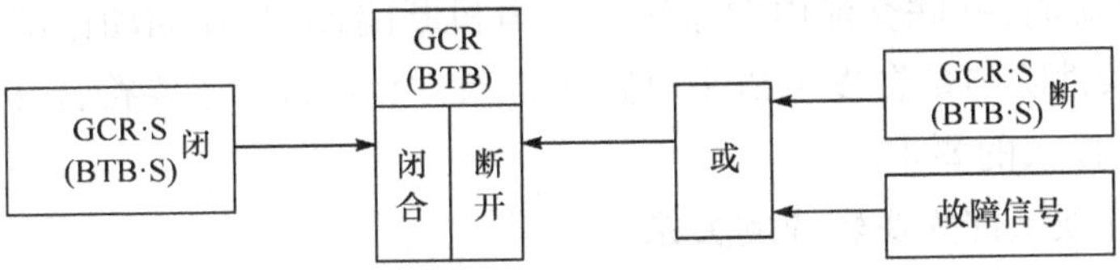

图 6.6.3　并联电源 GCR 或 BTB 的动作逻辑

在电源系统的实际运行中，GCR 必须与 GCB 协调工作，如图 6.6.3 所示，即断开 GCR 必须同时断开 GCB。否则，并联时失去励磁的发电机将从电网吸取大量无功功率，影响系统正常供电。不并联时，会引起带载励磁或带载重新励磁。尤其对两级无刷发电机，在带载起励过程中，可能造成用电设备承受过电压或出现不正常运行状态。

断开 GCB，有时需同时断开 GCR。当发电机内部短路时(非励磁系统故障)，除断开 GCB 外，还必须使发电机灭磁，即断开 GCR。这类故障出现时，一般先断开 GCR，通过 GCR 的断开而断开 GCB。

GCR 闭合，只给 GCB 闭合提供必要条件。GCB 闭合时还应满足投入并联条件。

图 6.6.4 是一种并联电源系统中常用的发电机断路器 GCB 电路，带有六对辅助触点的三相断路器。触点的闭合与断开分别由闭线圈 EC 和断线圈 TL 来控制；并由机械闭锁装置 A 和 B 来锁定其闭合状态。辅助触点的作用如下。

(1) 辅助触点 1GCB 断开时，使开关板上 GCB 断开指示灯亮；GCB 闭合时，该灯熄灭。

(2) 辅助触点 2 跨接于无功负载保护环电路中的电流互感器副边，GCB 断开，使电流互感器副边短路。

(3) 辅助触点 3 跨接于无功负载均衡环电路中的电流互感器副边，GCB 断开，使电流互感器副边短路。

(4) 辅助触点 4 跨接于有功负载均衡环电路中的电流互感器副边，GCB 断开，使电流互感器副边短路。

(5) 辅助触点 5 接于外电源控制电路，保证只有

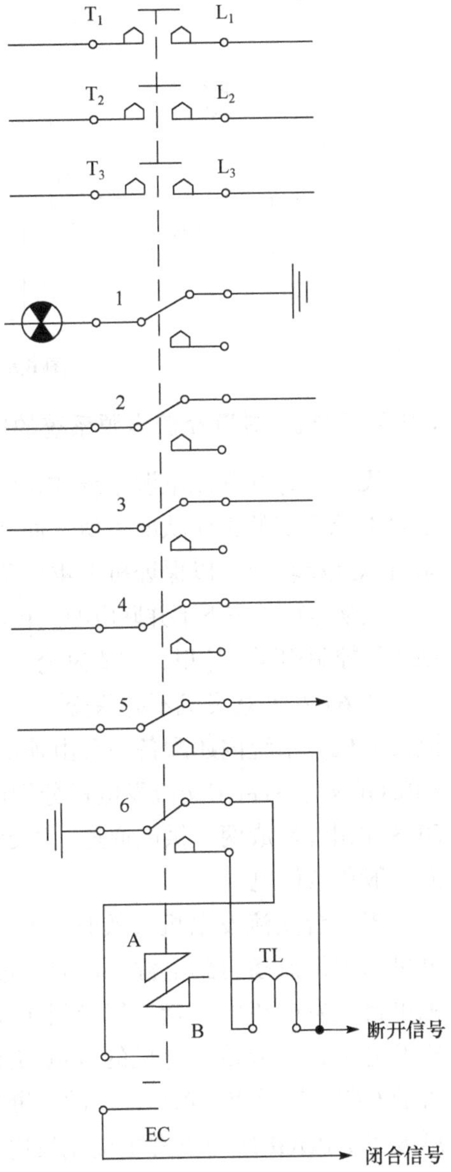

图 6.6.4　发电机断路器 GCB

GCB 断开时，外电源才可能接入机上电网；当外电源开关置于接通位置时，断路器 GCB 自动断开。

(6)辅助触点 6 为互锁触点，保证 GCB 的闭线圈与断线圈交替工作。

不考虑辅助电源时，并联交流电源系统中发电机断路器 GCB 的动作逻辑如图 6.6.5 所示。GCB 闭合的必要条件除与单台发电机主电路闭合条件相同外，还要符合并联条件，即汇流条无电压或符合并联投入的要求。

GCB 断开的各项条件为逻辑或的关系。

BTB 可选用并联电源系统中的 GCB 相同型号的断路器。BTB 的动作逻辑也与并联电源系统中的 GCB 一样，见图 6.6.5。

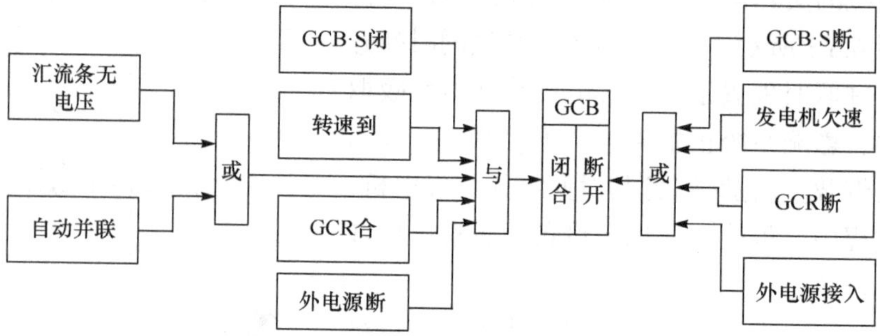

图 6.6.5　并联电源 GCB 的动作逻辑

6.6.3　飞机不并联交流电源系统的控制及转换

飞机不并联交流电源系统在正常情况下，每台交流发电机分别向各自的汇流条供电，与单台电源系统的工作状况类似。而在电源发生故障的情况下，发电机和汇流条之间的供电关系可以互相转换，以保证机上重要负载或主要负载的用电。

正常运行状态下不并联电源的控制，即发电机励磁回路和发电机主电路的控制，与单台电源系统的控制相同。这里，主要讨论不并联交流电源系统在出现故障时，电源间相互转换的问题。

图 6.6.6 是某飞机不并联交流电源系统的设置及其控制关系示意图。该系统装有两台主交流发电机。系统内还配备一台由辅助动力装置驱动的发电机(auxiliary power unit generator，APUGEN)。两台主交流发电机分别向左、右主交流汇流条(即 115 V ACL BUS 和 115 V ACR BUS)供电，形成两个供电通道。主交流汇流条向所有机载重要负载供电，负载汇流条(L BUS)向一般负载供电。

当一台交流发电机失效时，有多种故障处理方式。①该电机的负载可以从另一台主发电机的主汇流条得到电源。此时，故障电机的 GCB 断开，两个 BTB 同时闭合。另外，要视单台主发电机的容量，以及机上负载情况，适当断开某些次要负载。②起用辅助动力装置发电机，一般该发电机的容量与系统中的主交流发电机相当。此时，先要断开故障发电机的 GCB，然后将 APU GEN 的主断路器 APB 和与故障发电机相对应的 BTB 断路器闭合，形成了 APUGEN 与正常主交流发电机不并联供电的工作模式。这种处理方案仅将故障发电机隔离，由于 APUGEN 的供电能力与主交流发电机相当，故不需要切除任何机载用电设备。

如果系统中的两台主交流发电机都出现故障，则必须启用 APUGEN。此时，两台主发电机的断路器 GCB 断开，将故障电机与电网隔离；同时，闭合 APB 和两台主发电机的 BTB，系统成为由单台发电机供电的工作模式。

上述飞机电源系统，飞机起飞前若仅有一台主发电机失效，而另一台正常，只要发电机 APUGEN 工作正常，则仍可以允许飞机起飞执行任务。

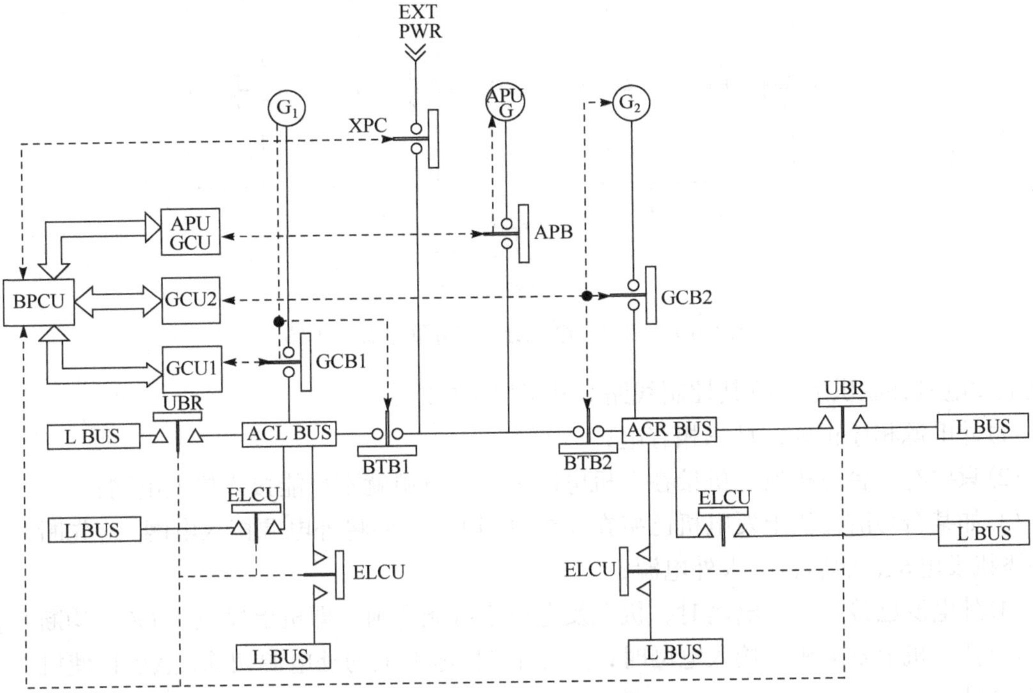

图 6.6.6　不并联交流电源的配置

6.6.4　分裂式并联系统的控制

并联电源系统具有供电质量高等诸多优点，为许多用电量需求较大的机型所采用。分裂式并联电源方案一般在具有四台或四台以上发电机的飞机电源系统中采用，机上的发电机分成若干组，仅组内的发电机处于并联工作，构成局部并联系统，每一个局部并联系统有其对应的同步汇流条。在局部并联系统之间还设有系统分离断路器。图 6.6.7 是具有四台发电机的分裂式并联电源系统原理图，整个电源分成两组局部并联系统，即发电机 1 和 2 为一组，发电机 3 和 4 组成另一组。每个发电机都配备有发电机断路器 GCB，用来控制电机与其汇流条的通断。每个电机的汇流条又通过汇流条连接断路器 BTB 控制，决定其与对应局部并联系统同步汇流条之间的通断关系。

各局部并联电源系统都配备有电气负载控制及其保护装置。

6.6.5　飞机地面电源(外电源)的控制

地面电源(又称为外电源)通过外电源插座和 XPC 给机上用电设备供电。由于外电源不能

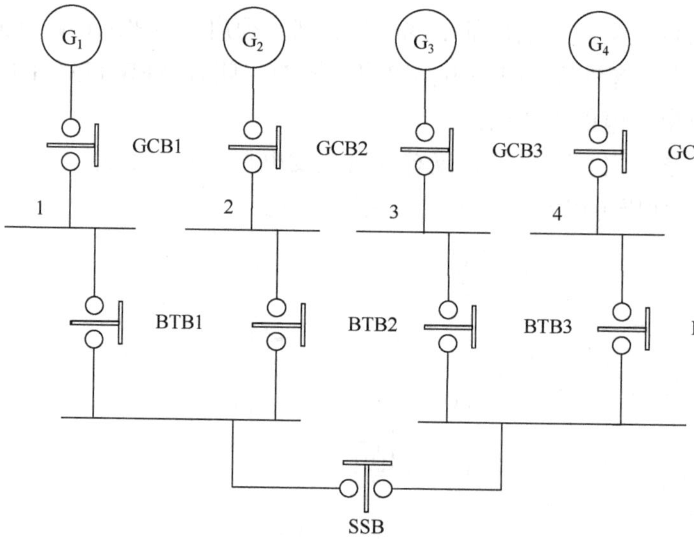

图 6.6.7　四台发电机分裂式并联电源原理图

与机上发电机并联供电，故其控制线路应满足以下要求：

(1)外电源相序正确，且三相有电；

(2)只要有一台飞机发电机接在飞机电网上，外电源就不可能接入机上电网；

(3)如某台(几台)机上发电机已接在飞机电网上，若要将外电源接入电网，应先断开电网上的飞机发电机，然后再接入外电源；

(4)外电源已接入机上电网时，机上发电机不可能合闸，即机上发电机 GCB 均断开；

(5)任一机上发电机欲接入电网时，应先将飞机电网上的外电源切除，然后再使机上发电机接入电网。

某飞机外电源接触器 XPC 闭合、断开控制逻辑关系见图 6.6.8。发电机接触器与地面电源接触器之间应有互锁电路保证发电机与地面电源不并联。

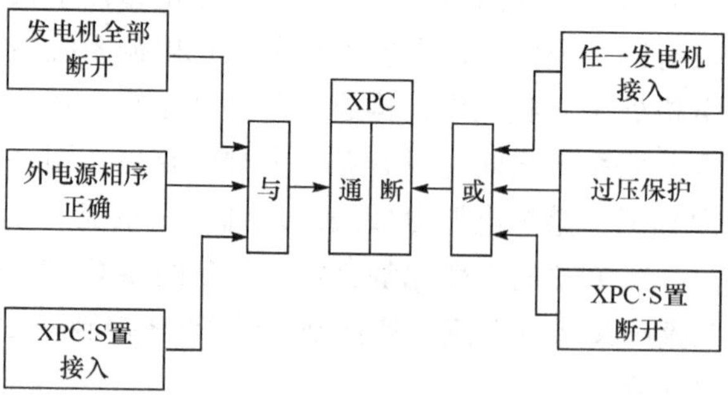

图 6.6.8　外电源接触器 XPC 控制逻辑

6.6.6　飞机交流电源不中断供电转换控制原理

随着计算机在航空机载设备领域越来越广泛地被采用，对飞机电源系统实现不中断供电的要求也就越来越迫切。另外，电子设备内部电源的重量、价格和功率消耗与供电中断时间成正比。因此，供电中断时间的长或短，是衡量电源质量好坏的一个重要指标。恒速恒频电源规范对汇流条转换的中断时间作了规定，如美国军用标准 MIL-STD-704 和国军标 GJB 181B—2012 规定为 50ms。主电源开关 GCB·S 合闸后，首先使 XPC 或 APB 断开，然后经连锁电路自动接通 GCB，由于逻辑电路和断路器的动作时间，在电源转换过程中必然存在电源中断供电的现象。

在不并联电源系统中，当电源或汇流条之间供电关系转换时，要尽量减少转换时间，最好没有转换时间。同时，还要求尽量减小转换时产生的尖峰和浪涌。

电源不中断供电转换的原理是：首先，让要转换的两个电源并联；其次，使新投入的电源承担全部负载；最后，让老电源退出。新电源投入电网后，会有一个瞬变过程，它与系统内阻抗、负载阻抗、电压调节器和速度调节器的特性有关；也与合闸时的电气参数有关。若合闸瞬间，两个电源的频率、电压与相位差限制在一定范围内，则合闸产生的浪涌与冲击不会很大，为用电设备所允许。若控制设计合理，两电源转换过程中的瞬变特性参数限制在正常接通和断开负载时的水平。

在恒速恒频交流电源系统中，为了实现电源不中断供电转换，发电机恒速驱动装置中的调速器必须要具有与其他电源同步运行的控制能力；同时，还应具有与地面电源同步运行的能力。但目前在飞机恒速恒频交流电源系统中常用的恒速传动装置，一般还不具备这样的能力。要求机载电源具有与外电源同步运行的能力，这是为了实现电源系统不中断供电而提出的一个新概念，与前面提到的飞机电源控制逻辑是不相同的。

图 6.6.9 是具有不中断供电转换功能的简单电源系统示意图，其中有两台交流发电机 IDG1 和 IDG2，它们的调速装置采用设置电调线圈或电子伺服阀调节的方式，可以与辅助动力装置发电机 APUG 并联，它们还都能与地面电源实现同步运行。系统中的 GCU 不仅能够检测发电机的电压和频率，还能测量汇流条的电压和频率，并以此为参考信号。同时，GCU 还能调节与其对应的发电机特性，使其与机场电源的电气参数特性相匹配。GCU 内还配备相应的控制电路，可以实现两电源合闸并网。

实现电源不中断供电转换的具体步骤如下：

(1) 选择转换新电源，作为供电转换的起始；

(2) 使新电源的发电机电压、频率与被转换的交流电源相匹配；

(3) 将新电源合闸并加载，而被转换电源卸载，直至被转换电源负载为零；

(4) 切除被转换电源，使被转换电源退出供电，负载汇流条上的用电设备将由新电源提供电能。

至此，完成了电源不中断供电的全过程。

图 6.6.9 所示系统是由 BTB 断路器来实现不同电源向负载汇流条供电。电源的转换程序则由 GCU 和 BPCU 联合完成。BPCU 对转换请求信号进行处理，对电源选择信号译码，选择适合于所发命令和关系状态的程序，并闭合相应的断路器。GCU 则要使它的发电机电压、频率与老电源相匹配，尽量消除两者之间的电压差、频率和瞬时相位差，并使由它控制的 GCB 合闸。所以，系统的命令和状态信号必须在 GCU 和 BPCU 之间交换。不同类型电源之间的转换，应有不同的实施程序。

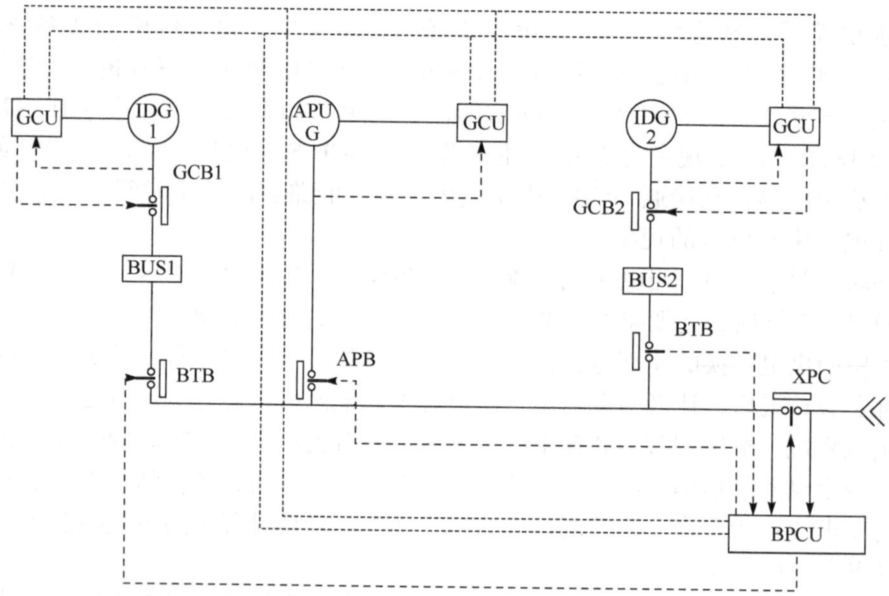

图 6.6.9　飞机电源间的不中断转换

6.7　飞机交流电源的故障及其保护

飞机交流电源系统与其他机载设备一样，在其运行过程中也会出现各种各样的故障。例如，系统组成部件(发电机、调压器等)会出现故障；供电线路(馈电线、汇流条、均衡线路等)也会出现故障。故障形式有过电压、欠电压、短路、断路、欠频、过频和不稳定等多种。故障发生后应及时排除，进行保护，以免故障扩大，造成飞机事故。

故障保护装置的主要功能是检测发电机和电网的故障信息，自动地综合信息，并有选择地断开某些开关装置，使故障部分与供电系统分离。此外，还要求保护装置具有故障记忆功能，提高系统的维修性。

飞机电源系统故障保护装置除了应在满足性能要求与保证工作安全可靠的前提下尽量做到结构简单紧凑、重量轻、体积小之外，还需特别强调以下几点。

(1) 动作准确(有选择性)而及时。为了避免因故障进一步扩大而引起严重事故，保证供电系统最大的生命力，必须准确而及时地断开发生故障的部分。

(2) 保护项目及保护指标要协调。飞机电源是较复杂的系统，故障种类与故障现象，即故障表现形式经常会交叉出现，如欠速故障和发电机励磁回路短路，其表现形式均为低电压。又如发电机励磁回路短路，在单台或不并联系统中，将出现欠压现象；而在并联系统中，则出现无功负载严重不均衡现象。为能准确及时地将故障隔离，避免故障扩大，而又能不出现保护装置误动作的现象，系统中故障保护项目之间的保护指标一定要协调好；同时，故障保护项目及其保护指标的确定，一定要从飞机种类及其电源系统的实际类型出发，以使系统保护装置的配置正确合理。

(3) 使用维护方便。保护装置在电源正常时不动作，只有在电源出现故障时才起作用，因而不便直接判断其工作状态的好坏。为了便于检查，保护装置中应设有检查孔或检查插销；

又为便于装卸、维修，保护装置应模块化并有记忆故障功能。

6.7.1 单台交流电源的故障及其保护

在此，以单台三级式无刷交流发电机的恒速恒频电源系统为例，讨论其故障的主要种类、故障原因以及故障保护。

1. 单台交流电源的故障种类及保护要求

单台交流电源系统可能出现的七种主要故障，其保护要求如下。

(1) 发电机相断路故障。当发电机的某一相负载电流远小于其他两相电流时，就认为发生了发电机相断路故障。往往是由发电机电枢绕组的失效，或馈电线路中的某些不正常状态所造成的。

出现该种故障后，要求断开 GCR。具体保护指标是：当检测到负载最小相电流还不足其他两相中负载较轻相电流的 15%时，应在 4s 内断开 GCR，采用固定延时动作方式。在并联电源系统中，则要断开 BTB 和 GCR。

(2) 发电机电压故障。发电机输出电压超过规定值一定时间后，就认为发生了发电机电压故障。出现这种故障的主要原因是发电机励磁电路不正常，如旋转整流器短路或开路、励磁机电枢绕组短路等，或由调压器故障导致。当发电机输出电压幅值波动时，很可能是由调压器或恒速装置调速器的工作不稳定造成的。

过压保护指标及要求为：当发电机最高相电压超过 129.5V 时，断开 GCR，停止发电机发电功能，保护电路采用反延时方式。

发生过压故障时，特别容易损坏灯光照明与电子设备，过压越高，造成损坏所需时间越短，图 6.7.1 中曲线 1 为用电设备损坏曲线。而电源系统中大功率感性负载断开，或短路故障切除时，系统电压也会出现大幅度波动，这是允许的，如图 6.7.1 中的曲线 2 所示，保护装置不应该动作。为此，过压保护动作区间必须在曲线 1 与 2 之间，具有反延时特性。该区域称为过压保护公差带。

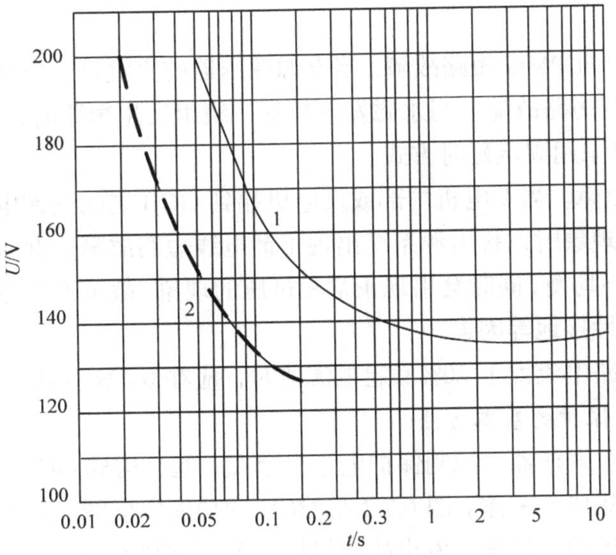

图 6.7.1 过压保护的工作极限举例

欠压保护指标及要求为：当发电机三相电压平均值为 103～106V 时，要求在 8～10s 内将发电机 GCR 断开，保护电路采用固定延时。该故障的保护装置功能，往往被欠速和欠频故障保护装置的保护功能所覆盖。

电压不稳定保护指标及要求为：当发电机输出电压的幅值波动，即出现电压幅值调制，且调制幅值超过额定电压 7%，调制频率大于 9Hz 时，要求断开 GCR。保护电路按调制幅值，采用反延时方式。

(3) 发电机频率故障。发电机输出电压的频率超过规定值一定时间后，就认为发生了发电机频率故障。该故障是由恒速传动装置（包括它的调速器）以及飞机发动机的不正常工作而引起的。在发动机起动和停转过程中，发电机的频率要随发动机转速变化而变化，这是正常工作状态，无须保护。

过频保护指标及要求为：当发电机的输出频率为 425～430Hz 时，要求在 1s 内断开发电机的 GCR。保护电路采用固定延时方式。

欠频保护指标及要求为：当发电机输出频率为 370～375Hz 时，要求 1s 内断开 GCR；而频率为 345～355Hz 时，则要求在 0.14s 内断开 GCR。同时，封锁欠压保护电路。欠频保护电路也采用固定延时的方式。

(4) 发电机欠速故障。一般由组合电源中的恒装或发动机故障引起。发动机起动和停转过程中，发电机转速出现偏低则是正常现象。

发电机欠速故障的保护指标及要求是，当组合电源发电机的输入转速低于额定转速的 55%时，应在 0.1s 内迅速断开 GCB。保护电路采用固定延时的方式。

(5) 旋转整流器短路故障。当励磁机的激磁电流出现异常现象时，可判断发电机出现了旋转整流器短路故障。

一旦发现旋转整流器中的任一二极管短路，则应在 5.5～7s 内将 GCR 断开。保护电路采用固定延时方式。

(6) 副励磁（永磁）机 PMG 短路故障。当电源调压器的直流输入电源出现较大的交流分量时，则可判断 PMG 有短路故障。当永磁发电机任一绕组发生短路时，应在 2s 内将发电机的 GCR 断开。保护电路采用固定延时方式。

(7) 馈电线短路故障。当发电机内部或发电机端到 GCB 之间的馈电线出现相对相或相对地之间的低阻抗短接现象时，称电源系统出现了馈电线短路故障。此时，故障相电流大、电压低，三相电压严重不均衡，同时会出现正常相过压的现象。故障产生原因是振动断线搭地，绝缘磨损损坏或偶然性接地等因素。

当检测到故障短路电流大于 20%额定电流值时，应在 0.02s 内断开发电机的 GCR。

2. 故障检测及其保护的基本方法

现代飞机将发电机调压器、控制保护电路组合在一起，构成 GCU，使调压、控制、故障检测与保护几项功能集成于一体。图 6.7.2 是 GCU 的功能方框图。对于故障保护功能，GCU 能够运用检测到的各种输入信号，发出故障保护指令，控制 GCR 和 GCB 自动闭合或断开，起到故障保护作用。

为检测故障，需监测的系统参数主要是电流、电压和频率。其中常用电流互感器检测电流。交流电源系统中常用的三种电流互感器线路如图 6.7.3 所示，用于馈电线短路时的电流检测，用来作为发电机相断路和旋转整流器二极管短路的故障敏感器件。

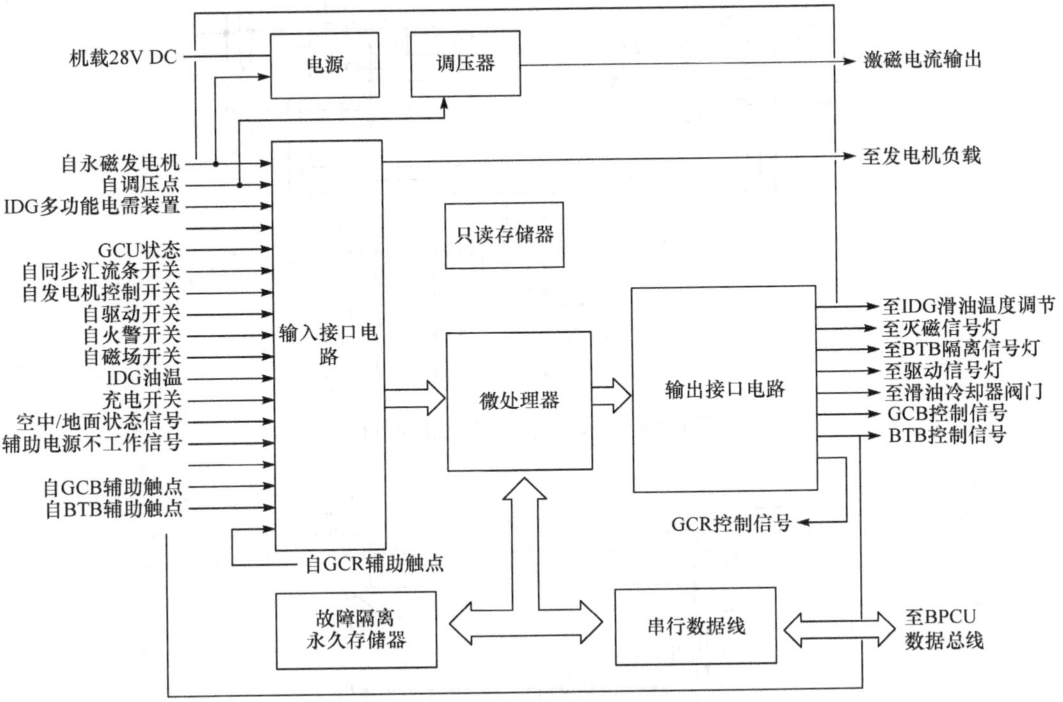

图 6.7.2　GCU 的功能方框图

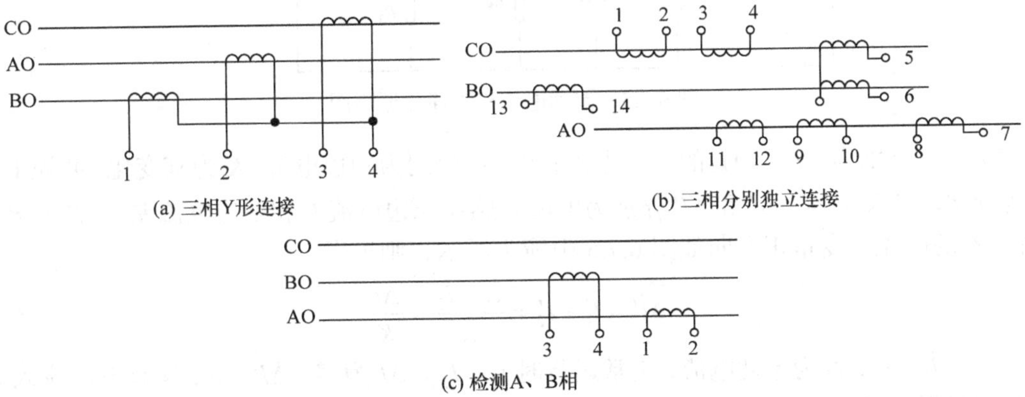

图 6.7.3　故障检测用电流互感器线路组电路图

GCU 通过敏感副励磁机的电压获得频率信号。

交流电源系统的故障种类比较繁多，因此，不可能将每一种故障所对应的保护线路逐一进行讨论。这里仅讨论几个比较典型，技术又比较成熟的保护线路。

3. 馈电线短路故障的差动保护

(1)线路工作原理。图 6.7.4 为差动电流检测电路原理。其中 LH_1、LH_2 即为图 6.7.3(a)所示的电流互感器，构成差动检测环。LH_1 置于发电机中线侧，LH_2 置于 GCB 之后(在并联系统中，则置于 BTB 之后）。LH_1、LH_2 两互感器按其极性首尾串联，组成差动环，如图 6.7.5 所示。LH_1 和 LH_2 之间的区域为差动保护区，该区间出现短路，则有故障信号输出至 GCR 故障信号放大器，断开 GCR。

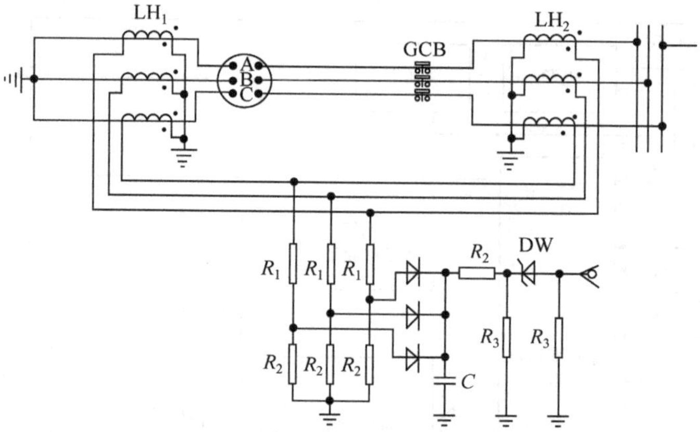

图 6.7.4　差动电流检测电路原理图

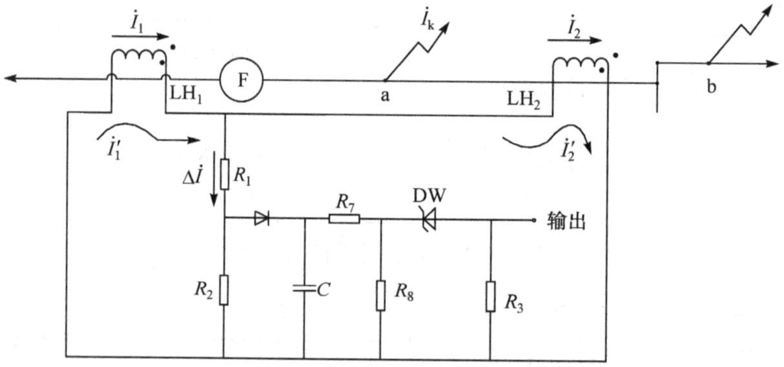

图 6.7.5　差动电流检测简化原理图

设 $\dot{I}_1$、$\dot{I}_2$ 分别为 LH_1、LH_2 的原边电流；$\dot{I}_1'$、$\dot{I}_2'$ 分别为副边电流，K 为其变化，并视 LH_1、LH_2 为理想电流互感器，$\Delta\dot{I}$ 和 $\Delta\dot{I}'$ 分别为电流互感器原边电流差和副边电流差。$\Delta\dot{I}'$ 为流过电阻 R_1、R_2 的电流。变量正方向如图 6.7.5 中箭头所示，则可得

$$\Delta\dot{I}' = \dot{I}_1' - \dot{I}_2' = \frac{\dot{I}_1 - \dot{I}_2}{K} = \frac{\Delta\dot{I}}{K} \tag{6-7-1}$$

式中，$\Delta\dot{I} = \dot{I}_1 - \dot{I}_2$，称为差动电流，正常运行时 $\dot{I}_1 = \dot{I}_2$，$\Delta\dot{I}$ 为零，$\Delta I' = 0$，没有电流流入 R_1、R_2，故保护器不动作。

当发电机内部或馈电线发生相与相或相与地短路时，如 a 点对地短路，有短路电流 $\dot{I}_k$ 流过，则 $\dot{I}_1 \neq \dot{I}_2$，且大小、相位一般都不等，即

$$\dot{I}_1 = \dot{I}_2 + \dot{I}_k \tag{6-7-2}$$

$$\Delta\dot{I}' = \frac{\dot{I}_1 - \dot{I}_2}{K} = \frac{\dot{I}_k}{K} \tag{6-7-3}$$

可见，流入电阻 R_1、R_2 中的电流与短路电流 $\dot{I}_k$ 成正比。若 $\dot{I}_k$ 达到一定数值，当 U_{R_8} 大于

鉴压值 U_W(即稳压管 DW 的稳压值)时,差动保护线路将输出故障信号,断开发电机的 GCR。

(2)差动保护电路工程设计的有关问题。实际的电流互感器精度有限,即存在比差和角差,需要考虑其误差对电路的影响。

① 动作电流 ΔI_{OP} 的确定。所谓动作电流 ΔI_{OP} 是指电流互感器 LH_1 和 LH_2 原边电流之差值，其大小刚好使保护器产生动作。没有短路故障时，LH_1 和 LH_2 的原边电流相等，可它们的副边电流未必相等。尤其当差动保护区外出现短路时，电流互感器的原边电流很大，使其磁路的状态接近饱和，互感器的精度进一步下降，它们的副边出现不平衡电流 $\Delta\dot{I}'$，若 $\Delta\dot{I}'$ 足够大，将其折合到原边后的等效差电流大于或等于 ΔI_{OP}，导致误动作。为此，在设计差动保护电路时，ΔI_{OP} 不能选得太小，但也不能选得过大。

另外，飞机上导线一般成束安装，当导线绝缘或发电机内定子绕组绝缘开始损坏(即出现隐蔽短路)时，漏电流增加，若差动保护器的动作电流 ΔI_{OP} 选得太大，保护器不会动作。这样，漏电流在短路点引起的热量会使故障扩大。

权衡上述因素，一般取 $\Delta I_{OP}=0.4I_{FN}$。

② 电流互感器的参数选择：电流互感器的主要参数有额定电流、变比、精度(包括比差和相差)、额定负载电阻。其选择原则是，要保证差动保护区外发生短路时，保护器不动作。

设电流互感器比差精度为 $\pm x$、原边电流为 I_{KN}，副边电流之间的最大差值为

$$\Delta I'=\frac{2xI_{KN}}{K} \tag{6-7-4}$$

考虑互感器参数的分散性,工程设计时引入安全系数 K_U,K_U 大于 1,一般可取 1.05～1.1；另外，一般选用同一型号的互感器，二者比差精度不可能达到 $2x$，因而还需考虑一个或然系数 K_V，一般 $K_V=0.7$～0.8。则 LH_1、LH_2 副电流的差为

$$\Delta I'=\frac{K_V K_U 2xI_{KN}}{K} \tag{6-7-5}$$

得等效原边电流差 ΔI_P 为

$$\Delta I_P=K_V K_U 2xI_{KN} \tag{6-7-6}$$

为避免发生误动作，则应 $\Delta I_P<\Delta I_{OP}$，于是可得对电流互感器的比差要求为

$$x<\frac{\Delta I_{OP}}{2K_U K_V I_{KN}} \tag{6-7-7}$$

通常差动保护线路中的互感器的额定电流值为 $3I_{GN}$，I_{GN} 为发电机的额定电流。

4. 发电机过压故障保护电路

过压保护具有图 6.7.6 所示的反延时工作特性，这种特性能确保在正常的瞬变过电压时不会产生误动作。电压越大，保护响应动作越快。

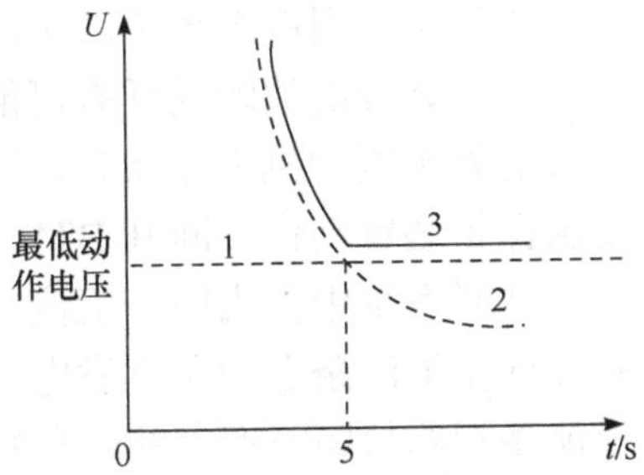

图 6.7.6 过压保护电路的伏秒特性

5. 发电机电压不稳定故障保护线路

图 6.7.7 展示了正常运行时的发电机电压波形(图(a))，以及发电机电压出现不稳定故障时的电压波形(图(b))。

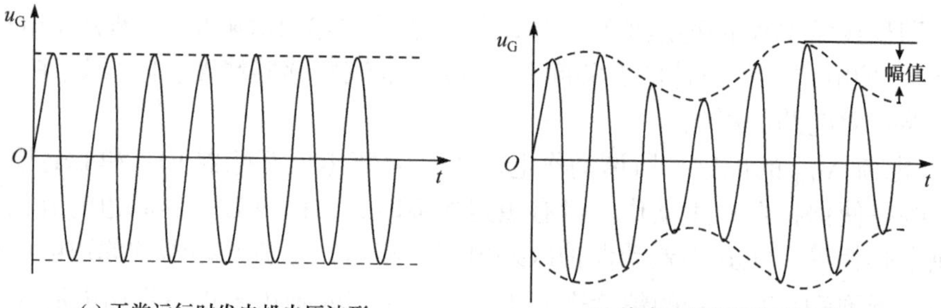

图 6.7.7　正常和故障时发电机电压波形稳定与不稳定时的波形

系统正常时，发电机输出稳定的正弦波。如出现电压不稳定故障，发电机输出电压出现低频脉动，脉动频率由故障情况决定，一般为几赫兹到几十赫兹。这种低频脉动影响负载的工作，应及时检测和保护。

6.7.2　并联交流电源系统的故障及其保护

并联交流电源系统在并联运行状态下，发生故障时的故障表现形式与单台系统或不并联系统有所不同。造成故障的原因除了组成系统的各套电源存在故障之外，还由为并联而增设的环节故障所导致。

1. 并联交流电源系统的故障种类、现象、原因与保护要求

在并联系统中，一台发电机励磁电流的变化，只引起汇流条电压的微小变动，而主要表现在并联发电机之间无功功率的变化。发电机之间无功负载的不均衡程度超过允许值，就称为并联系统的励磁故障。此时，保护装置动作，断开 BTB，系统脱离并联状态。

出现励磁故障时，励磁电流大的发电机承担无功负载大，称为过励；而励磁电流小的，当其承担无功负载小时，称为欠励。在双发并联系统中，过励故障与欠励故障总是伴随产生。在多台并联系统中，则可能仅出现过励故障，或仅出现欠励故障。

如果不是由附加的并联电路导致的励磁故障，则系统解除并联后，将会出现发电机电压故障。反之，故障现象消失。

并联系统中传动装置的故障，可能使某台发电机转速短时或长时地较高，导致该电机承担过多的有功负载。甚至可能承担全部的有功负载，其他发电机则承担较少的有功负载，甚至不承担，还可能处于电动机工作状态。当有功负载的不均衡程度达到了一定值时，称并联系统有功不均衡故障。严重时，电网频率会有所增加，频率由转速高的发电机确定。或者出现失步现象，引起系统中功率的波动。出现上述现象时，保护装置应动作，断开 BTB。

传动装置的故障同样有可能使某台发电机转速减小，该电机将减少所承担的有功负载，并可能处于电动机工作状态，而其他电机则要承担过多的有功负载。出现该类故障时，同样要求保护装置动作，断开 BTB。

并联系统中，当同步汇流条或差动保护区外产生短路时，差动保护不起作用，将导致并联在同步汇流条上的所有发电机都产生短路，引起严重后果，甚至使系统遭到破坏，称同步汇流条短路故障，有三相对称短路和不对称短路两类。图 6.7.8 是同步汇流条短路故障的示意图，短路发生后应立即断开 BTB。

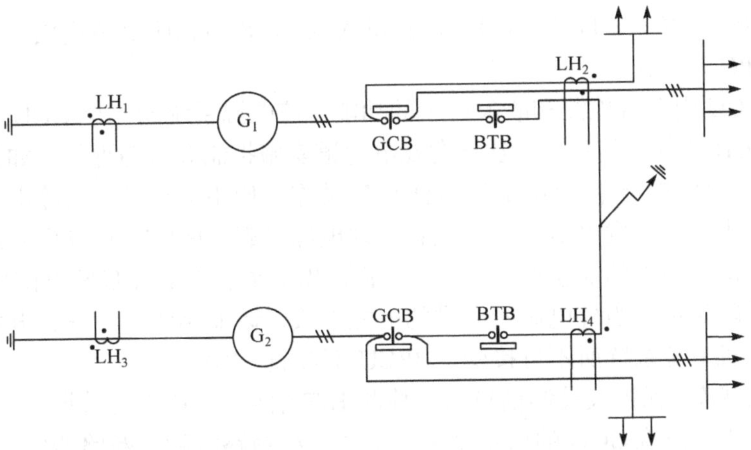

图 6.7.8　同步汇流条短路故障示意图

2. 并联系统过励磁故障的保护线路

由于出现过励磁故障时，系统中将出现无功负载分配严重不均衡现象，所以一般采用检测无功负载不均衡的情况来敏感系统的励磁故障。

一旦发生励磁故障，励磁保护电路应动作。然而，在负载分配过程中出现短时的不均衡现象，保护装置不应动作，否则就为误保护。故励磁故障的保护指标不应与过渡过程中出现的正常短时负载不均衡状态相重叠。在实际并联系统中，当一台发电机产生过或欠励磁故障时，其他发电机必定处于欠励磁或过励磁状态，哪一台发电机达到了故障保护程度，则由其保护器来判断。由于此时发电机电压故障的保护线路也起作用，故励磁故障的保护指标与过(欠)压故障的保护指标要相协调。同时，无功保护环的绝对灵敏度 S_b' 与无功电流分配绝对灵敏度 S_q' 也要相协调。

保护线路的设计务必协调好保护指标参数，使保护装置既能正确地实施保护功能，又能不产生误动作。

3. 同步汇流条短路故障的保护原理

同步汇流条短路故障中最可能出现的是不对称短路，造成三相电压的不对称，含有大的逆序分量。为此，同步汇流条短路故障的保护电路可以敏感三相电压的逆序分量来工作。但是，三相对称短路时，该保护电路则不能起作用。

4. 有功不均衡故障的保护

有功不均衡故障通常是由转速不正常而产生，并且为发电机转速故障所覆盖。所以，其保护措施一般采用发电机转速故障的保护方法来实现。

6.7.3　不并联交流电源系统的故障及其保护

不并联交流电源系统的故障及其保护与单台交流电源系统基本相同。出现故障时，汇流条与发电机电源之间的转换又与并联系统类似。

1. 不并联交流电源系统故障监测的自检测

在图 6.6.6 所示的电源系统中，外电源 EXT PWR 可以通过外电源插座和 XPC 连接到主交流汇流条上。主汇流条可以由四个电源中的任意一个供电，只要按照控制要求依次接通相应的 GCB、APB、XPC、BTB 使 ACR BUS 和 ACL BUS 与相应电源连接。上述接触器的动作由 GCU 和 BPCU 控制。

GCU 和 BPCU 内有自检测和故障诊断的功能。该电源系统的三个 GCU 通过监测发电机的输出电压、GCB 的状态信息，给各自的发电通道实施控制和故障保护。如果系统中出现了故障，GCU 将发出保护指令，GCB 和(或)APB 动作，使主汇流条与故障电源隔离。如果在飞机飞行过程中出现一台发电机失效，或者出现电源过载，BPCU 将发出卸载信号，断开两个或其中一个主汇流条上的非重要负载。当汇流条出现故障时，BPCU 发出信号给相应的 GCU，以提供汇流条故障保护。当外电源所提供的电能形式，诸如相序、频率、电压幅值、电压波形等参数，为飞机电源系统所不可接受，BPCU 不接通 EXB。

电气系统的状态、保护及控制信息与自检测 BIT 信息，利用串行数据线在 BPCU 和 GCU 之间交换。BPCU 发送给 GCU 的信息是关于电源系统短路故障、断路器位置状态、外电源、辅助电源发电机过载以及 BIT 请求等情况。由 GCU 返回的信息则包括发电机短路和过载、断路器位置和状态、接地模式、汇流条断电、欠速、可获得的辅助电源装置及 BIT 数据码等情况。

2. 不并联交流电源系统中汇流条功率控制装置 BPCU 的应用

图 6.7.9 是不并联交流电源系统中所用的 BPCU 功能方框原理图。BPCU 的主要功能是实现电气系统外电源的监测和保护、电源系统卸载、汇流条短路保护、自动着陆时电源配置，以及自检测 BIT。BPCU 的内部电路、外部接触器和继电器所需的电源来自外电源、机载蓄电池汇流条或飞机上的右主直流汇流条。

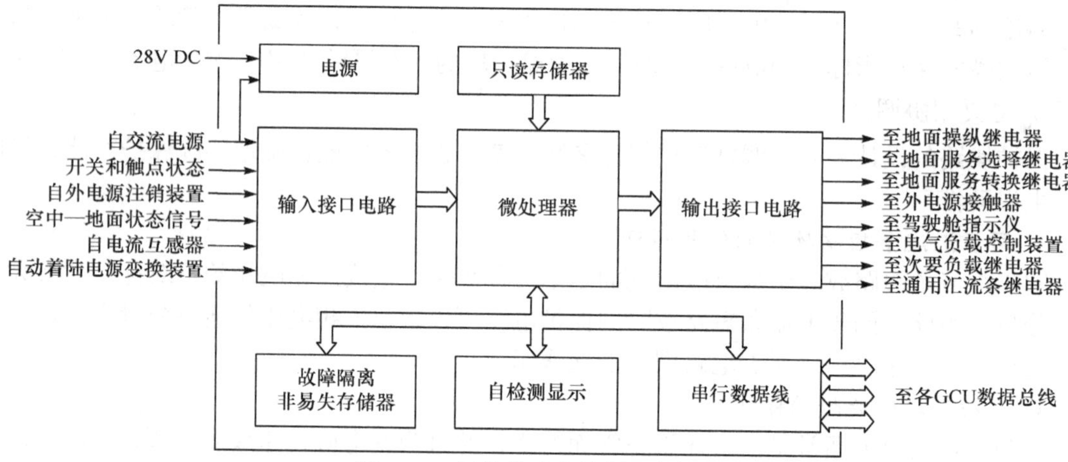

图 6.7.9　汇流条功率控制器方框图

在并联电源中，BPCU 具有为外电源监测和保护、汇流条的卸载、同步汇流条短路保护，以及外电源接触器、汇流条连接接触器控制所必需的全部电路。此外，还具有 BIT 电路。BPCU 内微处理器的基础软件采用 5ms 循环的方式，其中保护 1ms、控制 1ms、自检 3ms。微处理器所需要的信息来自峰值敏感电路(该电路敏感外电源的电压、电流、频率和相位)，还输入外电源和地面服务开关的信息、外电源接触器和辅助接触器的信息，以及 GCU 的有关信息。微处理器又通过输出接口电路提供数字和模拟两种形式的输出信息。

BPCU 中的非易失存储器 EEPROM 用来存储外电源故障信息。

3. 不并联电源系统对外(地面)电源的监测

当飞机电气设备在地面进行检修和维护，或飞机起飞前的检查都需要外电源向飞机电网供电时，外电源与机载电源一样都要满足相应的技术条件和规定。出现故障时，同样要有保护。

主要保护项目如下：

(1)外电源欠压故障。

(2)外电源过/欠频故障。

(3)外电源反相序故障。当外电源的相序与机上电网相序不一致时，不允许外电源接入。图 6.7.10 线路用来监测待投入外电源的相序，它有两个输入点，即 A 点和 B 点，分别接到外电源的 A 相和 B 相。A、B 两相电压分别产生一个流过电阻 R_{214} 的电流分量。由 A 相产生的电流分量相位同 A 相电压，B 相产生的电流分量超前 B 相电压。如果外电源相序正确，则这两个电流分量相加，而外电源相序错误时，两个电流分量互相抵消。

所以，如果外电源的相序正确，R_{214} 上的电压较大，由整流管 D_{196} 整流、电容 C_7 滤波后，送 BPCU 检测。

(4)外电源(或辅助电源)的过流故障。

外电源或辅助电源的馈电线上安装有电流互感器检测电流。当检测到电流过大时，进行外电源或辅助电源的过流保护。

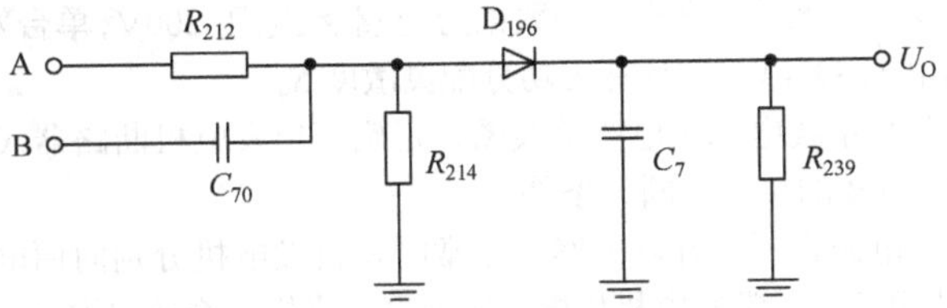

图 6.7.10　外电源相序监测

6.8　小　　结

ARJ21/A320 飞机简介

恒频交流电源系统主要有三种类型。

1. 恒速恒频电源系统

由于受到恒速传动装置在效率、可靠性、维护性和不可逆性等方面的制约，恒速恒频交流电源系统的发展遇到了恒速传动装置这个瓶颈。

2. 变速恒频电源系统

随着电力电子技术的发展，大功率变换器在飞机上得到越来越多的发展和应用。但是变速恒频电源需要将交流电全功率变换为另一种形式的交流电，变换功率大、损耗大，体积、重量大，因此变速恒频电源系统发展的前景并不被看好。

3. 发动机直接驱动的恒频交流电源系统

这类电源中由涡轮螺旋桨或者涡轮轴发动机输出直接驱动发电机，发电机的转速在很小范围内变化。这种结构的电源系统结构简单，可实现起动/发电双功能，因此功率可以进一步提升。国内目前最大功率已经达到 120kV · A，B787 的 APU 上安装的发电机功率可以达到 225kV · A。

思考练习题

6-1　旋转整流器式无刷交流发电机的旋转整流器有两种：由三只二极管构成的三相零式整流电路和由六只二极管构成的三相桥式整流电路，试对这两种电路在发电机中的应用作一比较。

6-2　组合传动发电机(IDG)是恒速恒频交流电源的一个重要发展。试述 IDG 比以前的齿轮差动液压恒装和无刷交流发电机作了哪些改进，其结果如何。

6-3　交流发电机电压调节器的电压检测有多种方式，试讨论它们间的联系和区别。采用三相平均值电压调节为什么还要有高相电压限制？高相电压限制电路在什么情况下起作用？

6-4　交流发电机晶体管电压调节器的电压检测电路既输出直流分量又输出交流分量，为什么需要交流分量？交流分量的波形有何要求？调压器末级功率管全导通和全截止条件与该交流分量大小有何关系？交流分量的频率与末级管的开关频率有何关系？调压器检测电路前的整流电路类型(三相零式或桥式)对交流分量的频率和峰峰值有何影响？峰峰值还和什么因素有关？峰峰值是否会影响调压器的调压精度？这类调压器是有差还是无差调节器？

6-5　无刷交流发电机电压调节器的电源是由副励磁机产生的交流电经整流而得的直流电源。发电机确定后，为使发电机电压保护在规定范围内的励磁电流变化范围也就确定了。试分析副励磁机输出电压高低对调压器调压精度的影响。

6-6　两台同型号同容量的交流发电机由某发动机传动，它们的电压波形为正弦波，相序和电压均符合并联条件，可否并联运行？

6-7　测试某飞机交流发电机无功均衡电路的数据为：空载线电压 200V，单台发电机加 40A 纯无功电流，线电压 160V，发电机额定电流 83.4A，试计算无功分配灵敏度 S_q。

6-8　试画出四发电机并联系统电源主电路单线图，正确画出发电机断路器 GCB 和汇流条连接断路器 BTB 的位置。试述 GCB 和 BTB 的接通与断开条件。

6-9　双发动机飞机交流电源常用不并联方案，正常时每台发电机分别向用电设备供电，一台发电机故障后，原本由其供电的负载切换至正常发电机供电，试画出该飞机主交流电源单线图。实际上该图还应包括地面电源供电和机上辅助电源供电部分，试画出考虑上述电源后的全机交流电源单线图。

6-10　差动保护是交流供电系统中常用的保护。差动保护在保护区内出现短路必须跳闸，保护区外绝不能跳闸，怎样才能满足这个要求？为此对互感器有何要求？

6-11　飞机交流发电机投入电网的条件有哪些？为什么要符合这些条件？

6-12　在双发电机并联交流电源系统中若一台发电机的电压调节器的一根检测线断路，该电源系统的保护电路会如何工作(设电压调节器检测三相电压之平均值)？

6-13　变速恒频电源和恒速频电源相比，构成上有何不同？由此引起的变速恒频电源的特点有哪些？

6-14　开关点预置 SPWM 逆变器构成的 VSCF 电源和阶梯波合成型 VSCF 电源一样，通过电压调节器调节发电机的励磁电流来调节输出电压，因而可用与 CSCF 电源类似的电压调节器。试画出调压器原理电路图，简述工作原理。调压器除应有调压功能外，还必须有限流功能，这是什么原因？有调压和限流功能后 VSCF 电源的外特性又如何？此外，调压器还应有哪些功能？

6-15　试比较 CSCF 电源和 VSCF 电源用电压调节器的异同。

6-16　脉宽调制型逆变器构成的 VSCF 电源有哪几种配置方式？不同配置方式的优缺点及应用场合如何？变换器和控制器为什么要用组件和模块结构？

6-17　无刷起动/发电系统是 VSCF 电源的发展，试简述起功工作的原理。

6-18　请选择并分析单台交流电源的故障及其保护策略。

要求：

(1) 根据文献调研，列出飞机恒频交流电源故障模式及其产生原因与影响(如开路故障/电压故障/频率故障等)；

(2) 选择一种故障模式进行故障建模，识别潜在的故障特征；

(3) 讨论相应的预防和缓解措施，识别和缓解故障风险，防止故障扩散。

第 7 章　飞机变频交流电源

7.1　概　　述

C919 飞机简介

尽管恒速恒频交流电源系统数十年来一直是大中型民航客机交流供电系统的主要形式，但实际上早期飞机上使用的交流电源系统即为变频交流供电体制。交流发电机直接由飞机发动机附件机匣驱动，没有恒速传动装置，因而输出的交流电频率随发动机转速变化而变化。早期发电机输出交流电频率变化范围较小，称为窄变频(如 360～600Hz)交流供电系统，美国的 F-104G、F-5E 飞机的主电源就采用了窄变频交流发电机。

从电源系统本身来看，不考虑配电系统、用电设备等因素，在各种飞机供电系统方案中，变频交流供电系统具有结构最简单、可靠性最高、效率最高、费用最低等优点，而且具有较小的重量和体积。由于供电系统输出频率取决于发动机转速，尤其是现代飞机多采用涡喷发动机或涡扇发动机，发动机转速变化范围大，因此供电系统频率变化范围较大，称为宽变频(360～800Hz)交流供电系统，如在 A350 和 B787 上使用的。人们对于变频电源系统对用电设备的影响已经有了更为清晰的认识，因此宽变频交流电源系统得以实现和发展。

图 7.1.1 为变频交流发电系统结构简图。与其他类型的飞机交流主电源系统相比，变频交流电源系统具有以下优点。①可靠性高，取消了恒装和电力电子变换装置。②效率高，体积、重量小。无论恒速恒频电源系统还是变速恒频电源系统，系统能量需经过两次变换，整体效率较低。③易于实现起动发电。④单机容量可以更大，B787 上的单机功率达到了 250kV·A。所以在多电飞机和全电飞机成为将来先进飞机的发展方向的大趋势下，变频电源系统以其结构简单、重量轻、体积小、效率高等优点越来越受到重视，从只能在转速范围变化较小的涡桨飞机上使用，到在当前的先进大型飞机上作为主电源系统，例如，空客公司的先进飞机 A380 选用变频交流电源系统作为主电源，全机四通道供电，总容量达到 600kV·A；B787 飞机采用了总容量达 1000kV·A 的大功率变频交流起动发电系统。

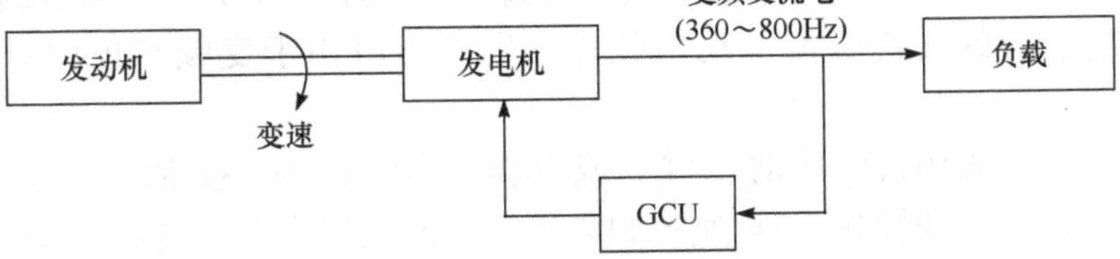

图 7.1.1　变频交流发电系统框图

7.2　变频交流电源系统的影响

变频交流电源系统对于动力输入装置(发动机)、配电系统及用电设备都有不同影响。

1）变频电源系统对发动机的影响

变频电源系统对发动机的影响主要有以下三点：①与组合传动发电机相比，变频发电机体积小、重量轻，发动机承受的悬挂力矩较小，发电机的安装也更容易；②变频发电机以更高转速运转，降低了扭矩，提高了可靠性；③易于实现交流起动发电一体化运行。对于大功率变频发电机，其功率提取对发动机附件齿轮箱及核心机提出了更高的要求，可能直接改变功率提取来源，例如，B787 250kV·A 的发电机功率提取来源于 Trout 1000 发动机的中压轴而非传动发动机的高压轴。

同时，变频电源系统（特别是变频交流发电机）的频率特性，与发动机机械频率特性的相互耦合与影响需要引起重视，大功率变频交流发电机与发动机的影响更加复杂。

2）变频电源系统对配电系统的影响

变频电源对配电系统的影响主要体现在断路器、继电器、接触器以及馈线等器件上。研究表明，360～800Hz 的宽变频对于现有的 400Hz 断路器、继电器或接触器不会引起特殊问题，因为变频电源产生的电压瞬变和火花并没有超出为恒频电源规定的允许范围。一般来说，如果采用变频电源系统，现有的 400Hz 断路器、继电器或接触器可直接使用。

在馈线较长的大型飞机上，由于馈线阻抗的电抗分量随着频率成线性增长，高频时馈线阻抗对馈线压降和相电压不平衡的影响比发电机阻抗带来的影响更大。在大型飞机上需认真对待，在发电机设计中也必须考虑高频影响。

3）变频电源系统对用电设备的影响

使用变频发电技术，还需考虑用电设备对频率的敏感程度。总的来讲，航空电子设备和系统控制组件一般都使用直流电源。在少数需要使用交流电源的情况下，这类设备一般都可以在改动不大的前提下使用变频电源。对于不能够直接使用变频电源的航空电子设备和系统控制组件，可由静止变流器提供恒频电源。使用变频电源的设备有以下类别。

（1）电动液压泵和燃油泵。研究表明，变频电源对这些泵类的驱动电机有影响：高频时电动机出现低起动扭矩的问题，在最大频率上起动困难。为了实现在高频供电下起动机的起动，可使用功率稍大一些的感应电动机来驱动。

（2）变压整流器。变压整流器中对频率敏感的元件是变压器。设计在 400Hz 频率上工作的变压器也能够在相关频率范围内的一个更高的频率上正常工作。但必须考虑在最低工作频率处发生饱和的情况，为此可能需要重新设计电磁铁心，以将饱和降低到最低程度。另外，还需优化滤波电路，以减小谐波。

（3）风扇（环境控制系统和航空电子设备冷却）。目前，国外一些风扇制造商，采用配有电子转速控制装置的无刷直流电动机技术，生产出可用于变频和恒频系统的空气循环风扇。

（4）电作动。对于采用机电作动（EMA）或电静液作动（EHA）技术的飞行控制系统，其电动机供电方式有两种：①增加电子转速控制装置，控制装置由变频电源直接供电；②对变频电源整流获得高压直流电来驱动电动机。

（5）照明设备。绝大部分照明负载都对电压敏感，只有一部分照明负载（如防撞频闪灯和荧光灯等）对频率敏感，通过较小的设计更改可以解决这部分照明负载的问题。

（6）防/除冰和传感器加温。现代先进飞机采用电防/除冰技术，通过电阻式加温器对风挡玻璃、机翼、尾翼、发动机进气道等部位进行防/除冰，同时对迎角传感器、空速管等外部传感器进行加温。此类加温设备对频率变化不敏感。

(7)航空电子设备。当前的航空电子设备都是由 115V 交流电源转换获得的其他电压的电源。这些低压电源供设备内部的电子电路、系统通信和信号传输使用。要让这些设备改用变频电源，电源转换电路往往需要进行改动，改动时要规避最低工作频率处发生饱和的问题并减少谐波的问题。

(8)厨房设备。厨房里最主要的加热设备是烤箱及其相关的电气或电子控制电路。烤箱使用的是电阻式加热元件，对频率的变化不敏感。烤箱的风扇电动机多采用以高转差运行的小型异步电动机，存在泵类电机同样的问题，仅需要加大功率。电子控制部分不是直接使用变频电源，而是使用由变频电源转换过来的电源。要改用变频电源时，唯有这一电源转换电路需要更改。

7.3 飞机变频交流发电机及其起动/发电系统

从原理上来看，恒频交流供电系统中广泛使用的三级式无刷同步电机仍然可以用于变频供电系统，其结构原理详见 6.2 节。但由于运行条件和供电体制特性的变化，变频交流发电机与恒频交流发电机(组合传动发电机)有很大不同。

从零部件的数量来看，一台变频发电机大约只包含 120 个零部件，而一台组合传动发电机则大约有 400 个零部件。零部件数量的减少降低了变频发电机材料和制造成本、提高了可靠性、并大幅度降低了它的维护成本。

从可靠性来看，一台变频交流发电机的平均故障间隔时间(平均故障间隔时间指的是产品在操作使用或测试期间的平均连续无故障时间)超过 30000h，明显高于组合传动发电机的平均故障间隔时间。

从飞行成本来看，据估算，一台组合传动发电机每小时的飞行成本远大于一台变频发电机的成本。

在重量方面，由于恒速装置的消除以及工作转速的变化，同容量的变频交流发电机比组合传动发电机重量轻。同时，由于变频交流供电系统输出变频交流电，飞机上一些直接使用变频交流电的电气设备(特别是感应电动机负载等)体积、重量将有所增加，但供电系统总体来看重量是有优势的。

另外，随着变频交流供电系统的发展，大容量变频交流发电机的额定电压也进一步提升，由传统 115/200V 变为 230/400V，以降低电网重量。

需要注意的是，为了避免变频供电系统中电能质量受到高频的影响，变频交流发电机的电抗需比等效恒频交流发电机的小，在传统的设计思路下，这通常意味着更粗的线圈、更大的铁心，导致发电机重量有所增加。另外，由于发动机转速动态变化且变化范围较宽，因此要求发电机电压调节器应具有快速响应能力，以便把负载转换引起的电压瞬变值限制在规定范围内。和恒频发电机比，变频交流发电机带不对称负载高速工作时，难以保证三相电压的对称，高速时突加突卸负载的电压变化大、恢复时间长。同时，GCU 应具备可靠的过电压保护能力，确保高速运行故障状态下发电机最大输出电压不超过规定值。

永磁电机虽然具有高功率密度和高效率的优点，然而其磁场调节困难导致的电压调节及故障灭磁困难，使得其一直难以在飞机主电源系统中得到应用。混合励磁电机是近年来快速发展的一种新型电机，其基本运行原理与永磁电机类似，电势波形易于实现正弦，主要区别在于电机内有两种磁势源：永磁体和励磁绕组。其中永磁体提供主磁场，励磁电流产生的磁场起调节作用。绕组交链的磁通由永磁体和励磁线圈共同产生。若励磁电流产生的磁通与永磁体产生的磁通方向相同，则励磁电流起增磁作用；若励磁电流产生的磁通与永磁体产生的磁通方向相反，则励磁电流起去磁作用。因此改变励磁电流的方向和大小，可以灵活调节输出电压的大小，从而解决永磁电机输出调节和故障保护的问题。因此，诸如混合励磁电机等新型无刷交流电机在飞机变频交流电源系统中也有重要的研究与应用价值。

如前所述，变频交流供电系统解决了恒速恒频交流供电系统中恒速传动装置难以逆向运行的问题，为实现起动发电技术创造了条件。随着变频交流发电机容量需求的增加，由变频发电机来起动飞机发动机是可行的，这也是变频交流供电系统的一个优点。

三级式无刷同步电机的前两级电机(PMG 和主励磁机)的主要作用是给主电机提供励磁电源，是作为发电机来使用的，起动转矩由主发电机产生。由电励磁电机的基本原理可知，在转子励磁绕组通入励磁电流产生励磁磁势后，当通入电机定子侧的电枢电流产生的定子电枢磁势 $\boldsymbol{F}_{\mathrm{a}}$ 在空间上超前于转子励磁磁势 $\boldsymbol{F}_{\mathrm{f}}$ 时，定转子磁极相互吸引，就可以使电机旋转。在其他条件不变的情况下，为了使电机输出的电磁转矩最大，需要将定子侧的电枢磁势 $\boldsymbol{F}_{\mathrm{a}}$ 控制在空间上超前转子励磁磁势 $\boldsymbol{F}_{\mathrm{f}}$ 90°电角度，可见三级式无刷同步电机的起动原理和起动控制方法与普通同步电机相同。

三级式无刷同步电机的主电机励磁电流 I_{f} 只能通过主励磁机产生的三相交流电经整流后得到，但在起动初始，即电机转速 n=0 时，若在主励磁机的励磁绕组中通入常规的直流电励磁，则不能在其电枢绕组中产生感应电动势，故主电机励磁绕组中无励磁电流，即使主电机定子电枢绕组施加三相交流电也无法起动。因此起动时，主励磁机必须采用交流励磁，通过励磁机励磁绕组与电枢绕组的耦合，电枢绕组感应出交流电流，经旋转整流器整流后供给主电机励磁。

起动过程中中线断开，主电机的控制策略可采用磁场定向控制。在转速较低时，电机以恒转矩运行，转速较高时以恒功率运行。起动时主电机的控制需要转子位置信息，因此需要位置传感器，一般采用旋转变压器实时监测转子位置，或是采用无传感器技术。起动结束后发电机中线再次与地相连，与 A、B、C 三相一起构成三相四线制供电网络。

下面主要介绍三级式无刷同步电机的两种典型起动方案。

(1)图 7.3.1 为单相交流励磁起动方式。在起动时，在主励磁机励磁绕组中通入单相交流电，这时会在励磁机内产生一个脉振磁势。即使电机处于静止状态，该脉振磁势也会在主励磁机转子电枢绕组中产生感应电势，该电势为变压器电势，此时交流励磁机工作在变压器模式，输出的三相电流经整流后为主发电机提供励磁电流 I_{f}，同时在主发电机电枢绕组中通入三相交流电，主发电机作为电动机运行，从而起动发动机。起动结束后，主励磁机励磁绕组再通以直流电，又成为一般的同步发电机。

(2)图 7.3.2 为三相交流励磁起动方式。在起动时，逆变器给主励磁机三相励磁绕组中通入三相对称交流电，在励磁机空间内产生旋转磁场，这样即使电机处于静止状态，也能在励磁机的转子电枢绕组中产生感应电势，为主电机提供励磁电流。由于该起动方式产生了旋转磁场，因此能够通过控制三相电流相序来控制旋转磁场的旋转方向。若磁场旋转方向与电机旋转方向同向，则励磁机本身成为异步电动机形成与转子同向的异步转矩，主电机励磁电流随转速升高而降低；若磁场旋转方向与电机旋转方向反向，则励磁机的异步转矩与转向相反，主发电机励磁电流随转速升高而增大。

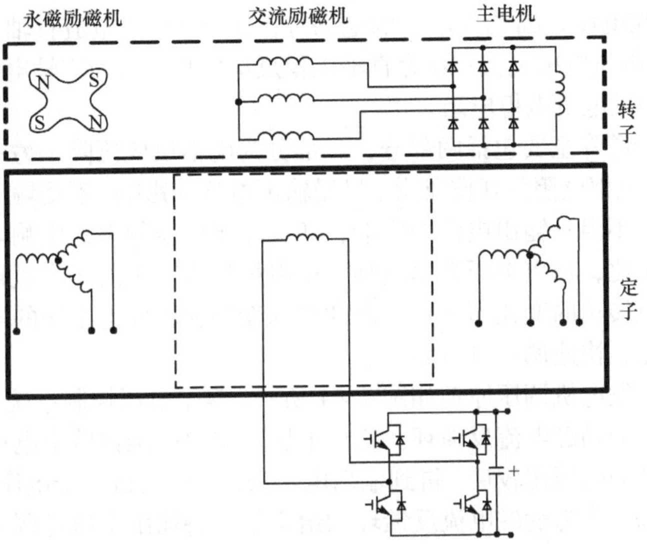

图 7.3.1　单相交流励磁起动方式

起动完成后，主励磁机定子励磁绕组在控制器控制下转换为直流励磁。两种方式都不需要用永磁副励磁机。若三级式无刷同步电机工作时由 400Hz 交流电源供电，则图 7.3.1 和图 7.3.2 中的单相和三相直流交流变换器理论上可省去，此时需要优化设计励磁机特性。

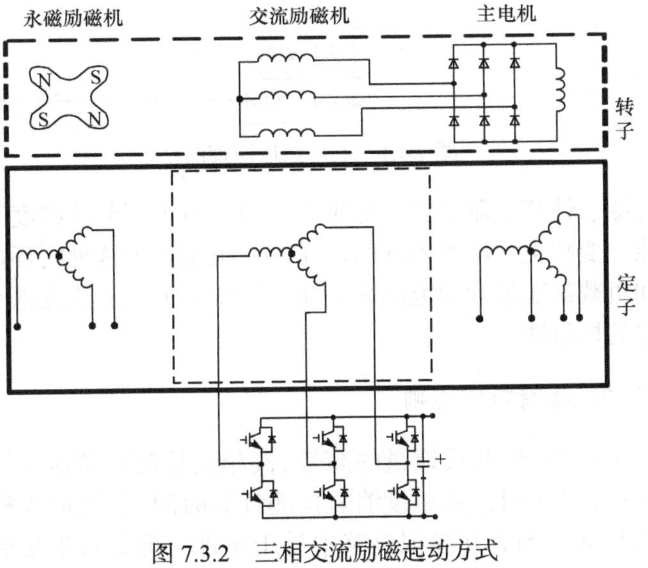

图 7.3.2　三相交流励磁起动方式

7.4 变频交流发电机电压调节系统

变频交流发电系统中发动机转速的变化将直接引起发电机输出电压频率的变化，并导致交流同步发电机输出特性发生变化。发电机输出电压表达式如下：

$$U = E_0 - (\mathrm{j}I_\mathrm{d}x_\mathrm{d} + \mathrm{j}I_\mathrm{q}x_\mathrm{q} + \mathrm{j}Ix_\mathrm{s} + Ir_\mathrm{a}) \tag{7-4-1}$$

式中，U 为发电机端电压；E_0为发电机的电动势；I_d为发电机电流直轴分量；I_q为发电机电流交轴分量；I为发电机电枢电流；x_d为直轴电枢反应电抗；x_q为交轴电枢反应电抗；x_s为电枢电流漏电抗；r_a为发电机电枢电阻。

可见，发电机的压降主要包括两部分：一部分为电枢反应压降，另一部分为电枢电阻和电枢漏抗压降。对于电枢电阻的压降部分，只受输出电流的影响，不受输出电压频率的影响。电枢反应压降部分，不但受输出电流的影响，还受输出电压频率的影响。交直轴同步电抗值与输出电压频率成正比，输出电压频率越高，由电枢反应产生的压降值越大，从而导致发电机输出特性随发电机转速的变化而变化。因此要求变频交流发电系统的电压调节器有良好的稳态和动态调压性能，快速调压响应能力。

目前常见的同步发电机调压原理如图 7.4.1 所示，整个电压控制系统有两个反馈环，外环为输出电压环，内环为励磁电流反馈环。输出电压环主要是维持输出电压的稳定，将给定的基准电压与反馈回来的电压比较后，得到输出电压误差量，经过一个电压调节器 C_v计算得到励磁电流给定量 i_exref，作为励磁电流反馈环的给定量。将输出电压环调节器计算得到的励磁电流给定量 i_exref和实际检测得到的励磁电流量 i_ex做比较，得到励磁电流的误差量，再经过一个电流调节器 C_ex计算得到励磁调节电路的控制信号，即 PWM 驱动的占空比 D，经过驱动放大后，驱动励磁功率电路中的开关管。

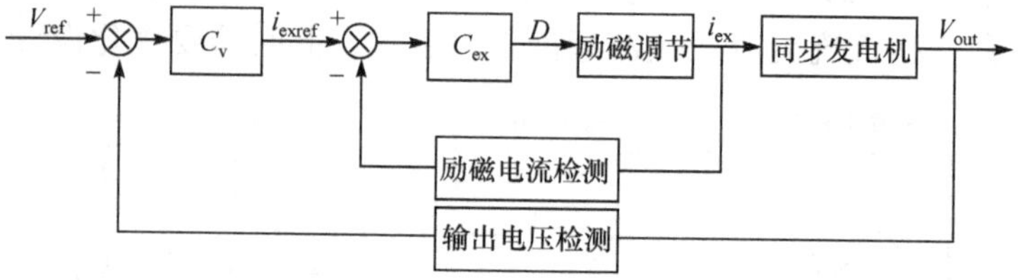

图 7.4.1 双环调压原理图

整个系统包括检测、计算、驱动放大等重要环节，每个环节的精度和动态性能都影响到整个调节系统的性能。变频交流电源系统的电压控制也是基于这种闭环控制的，但是变频交流电源系统中转速和负载都在很大的范围内变化，传统的恒频交流发电系统的电压调节方法的直接应用存在一定的局限性。

7.4.1 基于频率跟踪的三相有效值检测

调压系统采用反馈控制，因此反馈量的高效、高精度检测是调压系统精准运行的关键，在保证反馈电压值精确的基础上，要尽量缩短检测计算时间。传统的飞机交流发电系统中，使用最多的是平均值检测，因为在模拟电路中易于实现，但是对于交流电源，电压有效值最能反映电压的真实情况。根据有效值的定义，要准确地求得交流电量的有效值必须要经过一个完整周期的长度，因此数字调压中要获得准确的有效值必须采样一个完整周期的信号。对于恒频交流电源系统，电源频率是恒定的，采用确定的采样点数即可保证任何负载下的采样精度。而变频交流电源系统的频率是变化的，传统的固定采样频率和采样点数的方法很难保证电压电流在各频率下的准确性。检测电压的有效值并转化成数字调压器中的数字量有两种方法：一种是用模拟的方法，另一种是利用将交流信号模数转换成数字信号后进行处理计算。

考虑到变频交流发电系统频谱范围广，采用周期积分计算法，对于一个单相的周期变化的信号，其有效值计算公式为

$$X_{\mathrm{rms}}=\sqrt{\frac{\int_0^T x^2(t)\mathrm{d}t}{T}} \tag{7-4-2}$$

数字处理器中都是离散信号，假设信号周期为 T，一个周期内采样 N 个点，有效值可表示为

$$X_{\mathrm{rms}}=\sqrt{\frac{\sum_{n=1}^{N}x^2(n)}{N}} \tag{7-4-3}$$

考虑到输出为三相电压，式可以演变为

$$U_{\mathrm{rms}}=\sqrt{\frac{\sum_{n=0}^{N-1}\left({u_{\mathrm{a}(n)}}^2+{u_{\mathrm{b}(n)}}^2+{u_{\mathrm{c}(n)}}^2\right)}{3N}} \tag{7-4-4}$$

对于离散采样系统，采样点和采样周期满足下面的关系：

$$T=T_{\mathrm{s}}N+\Delta t,\quad \Delta t<T_{\mathrm{s}} \tag{7-4-5}$$

式中，T 为采样信号的周期；T_{s} 为采样时间间隔；N 为采样点数。离散采样系统中，采样信号的周期往往不是采样时间间隔的整数倍。Δt 为 T 除以 T_{s} 的余数，Δt 造成对采样信号的采样不是完整的一个周期，从而对采样信号产生影响，进而引入调压误差。Δt 越大，引入的误差也越大。

当 $\Delta t=0$ 时称为同步采样，当 $\Delta t\neq 0$ 时称为非同步采样，即采样存在非同步误差。当然即使是同步采样，也存在误差，因为每次采样起始点不一样，且由于 CPU 对中断的响应时间有一定的分散性和随机性，每次采样的时间间隔不可能严格保证一致，这种情况造成的误差称为同步采样误差。

对于周期不变的交流电压信号，理论上当采样频率和电压频率为整数倍关系的时候，可以实现同步采样，实际上由于采样频率转化到定时器计数周期值时不可能正好是整数，所以也存在 $\Delta t\neq 0$ 的情况，采样周期越小，采样精度越高，因此尽量减小 Δt。对于变频交流电源系统的电压信号，由于交流电压信号的周期是变化的，若要保证在整个频率范围内的采样精度，即较小的 Δt，就需要用较小的 T_{s} 和较大的 N，这样虽然能保证在所有频率下的采样精度，但是在低频时浪费了资源和时间，反之则不能保证高频时的采样精度。因此，随着电源频率的变化，必须采用变采样时间或者变采样点数的方法来减小 Δt，同时节约系统的资源。

7.4.2 分段 PI 控制

考虑到变频交流电源系统相对于恒频交流电源系统，增加的一个变量是转速，转速决定的频率变化对发电机的性能影响较大，频率较低对应着电机的电枢反应电抗较小，且此时发电机的放大系数较小；高频时对应着电机的电抗较大，同时放大系数较大。因此本节介绍的基于转速变化的分段 PI 控制，其原理为根据转速的不同，选择不同的 PI 控制参数。图 7.4.2 所示为调压系统的控制框图。

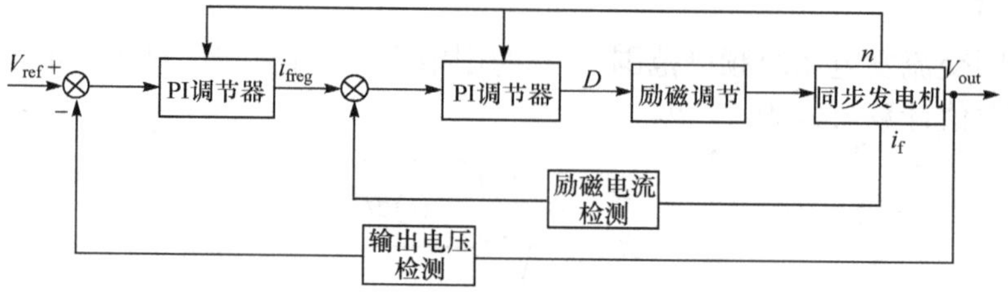

图 7.4.2 变 PI 参数的两环调压控制框图

7.4.3 具有负载电流补偿的双环调压技术

在变频交流电源系统中，转速变化(一般是两倍)导致负载变化范围也较大，发电机需要一个性能良好的调压器来保证发电系统的稳态和动态响应。

对于变频交流电源调压系统，转速的变化影响发电机的感应电势，由转速决定的频率影响着发电机的电抗参数，影响到电机电枢反应的大小。在低速重载工况下，电机内部磁场易进入饱和区，此时调节较为困难，时间常数较大；在高速和轻载工况下，电机内部磁场工作在近似线性区，此时对电机的调节较为容易，时间常数较小。为了减小电机转速对系统的影响，提高系统的响应速度，除了 7.4.2 节介绍的改变 PI 调节器参数，还可以在原有电压环、励磁电流环双环调压的基础上，增加工作在欠补偿模式下的负载电流反馈，以抵消负载电流的扰动，提高系统突加、突卸负载的响应速度，原理如图 7.4.3 所示。

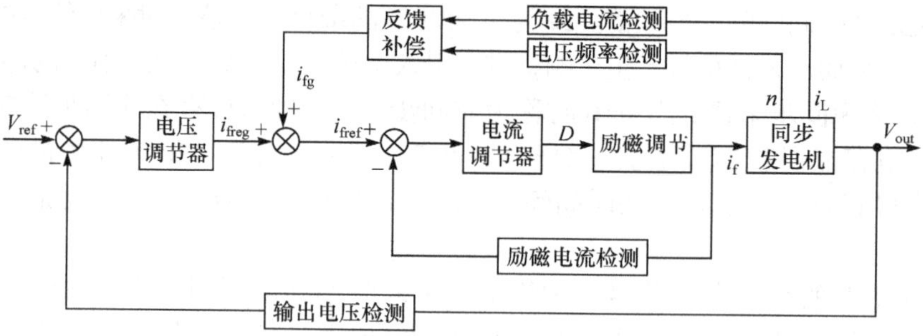

图 7.4.3 具有负载电流补偿的双环调压控制原理图

图 7.4.3 中最外环为输出电压反馈环，通过给定基准电压 V_{ref} 与反馈电压 V_{out} 的比较，经过输出电压调节器 C_v 计算，输出为励磁电流调节量 i_{freg}。中间为负载电流和转速的反馈，通过检测负载电流的有效值 i_L，再综合此时的转速 n 计算出需要的励磁电流 i_{fg}，然后与电压环计算得到的励磁电流调节量 i_{freg} 相加，得到最内环励磁电流环的给定量 i_{fref}。通过检测到的励磁电流 i_f 和前面计算出来的给定励磁电流量 i_{fref} 比较，经过励磁电流调节器 C_{ex} 调节计算得到

控制励磁电路开关管的 PWM 波信号的占空比值，信号经驱动电路放大后驱动励磁功率电路的开关管以控制励磁电流的大小。

7.5 变频交流发电机的过压故障及余度保护

双通道变频交流电源系统中，在电源系统正常工作状态下，由两个主发电通道向全机的交流用电设备供电，并通过变压整流器(TRU)向全机直流用电设备供电，如图 7.5.1 所示。其中，每个主发电通道主要包括一台大功率变频交流发电机(VFG)、一台发电机控制器(GCU)以及一个发电机接触器(GB)。由于大功率变频交流发电机在高速区工作时，电压上升率非常高，若此时发电系统切除大容量负载，将会引起发电机输出瞬时过压故障。但是由于 GCU 的保护控制的延时特性以及断路器存在固有的动作时间，GCU 无法实现瞬态过压保护，即在发电机断路器尚未断开的时间内，在调节点产生严重的过压，导致后级用电设备出现故障。

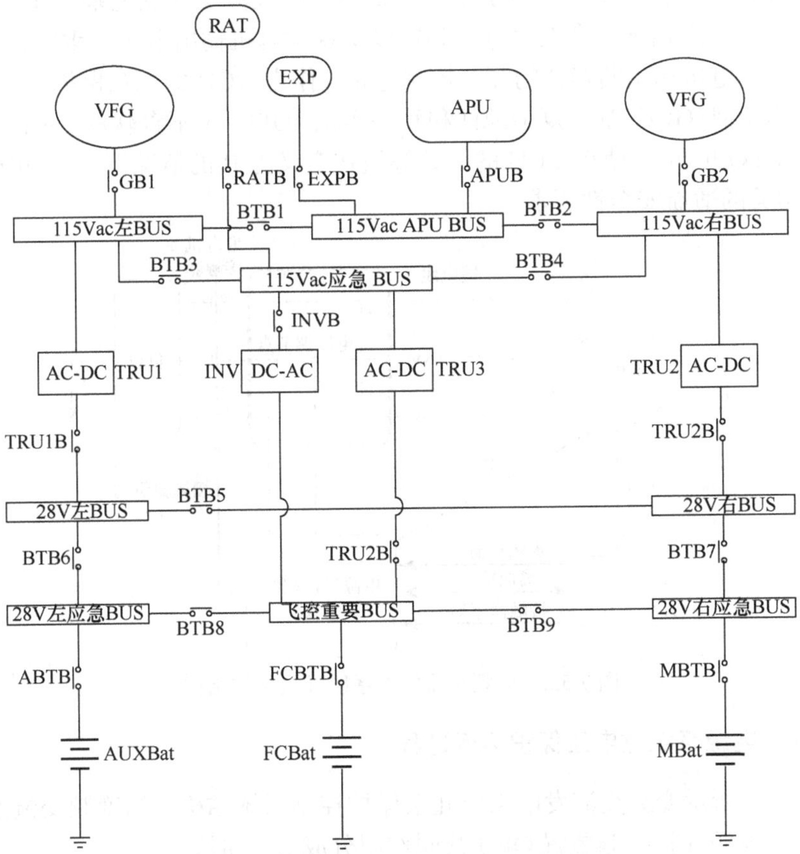

图 7.5.1 双通道变频交流电源系统架构

在电源控制与保护系统中，根据电源系统功能危险性评估，电源系统的供电品质异常导致关键用电设备失效，可能会导致灾难级失效。其中，VFG 输出过压就会导致上述失效。因为 VFG 的电压调节和过压保护功能均由 GCU 实现，GCU 的故障就可能导致 VFG 电压调节并且过压保护功能失效，VFG 输出过压，进而导致灾难级失效。根据 AC25.1309 适航标准要求，不能单个设备的故障导致灾难级失效，因此采用单独的 GCU 控制变频交流发电机，不能满足适航条款 AC25.1309 中的要求以及相关安全性要求。GCU 在 VFG 输出过压时需要借助断开 GB 实现过压保护，存在一定的延时，无法实现对瞬态过压故障的保护，不能满足 CCAR25.1357 中“发电系统中的保护和控制装置的设计，必须能足够迅速地断电，并将故障电源和输电设备与其相关联的汇流条断开，防止出现危险的过压或其他故障”的要求。

根据民用飞机和系统的研制指南(SAE ARP4754a)中设备设计保证等级(DAL)的分配原则，飞机电源系统中交流发电机的输出电压调节和过压保护功能均通过 GCU 来实现，将对 GCU 的安全性、可靠性提出苛刻的要求，使得 GCU 的设计保证等级过高，一旦 GCU 发生故障将导致飞机电源系统出现严重的故障，威胁到机载用电设备的安全性，甚至对整个飞机飞行安全性产生威胁。

因此，新型大功率变频交流电源系统中需要在 GCU 的基础上，在发电机电压调节点增加并联的电源保护控制装置(OPU)，构成图 7.5.2 所示的变频交流发电系统冗余保护结构。在变频交流发电机调节点增加一套电力电子装置以实现发电机输出电压的钳位；并且增加发电机励磁接触器、发电机输出断路器的冗余控制电路，作为 GCU 的冗余保护。该 OPU 的设计与 GCU 独立非相似(GCU 基于复杂硬件和软件实现，OPU 中不含软件，并且不基于复杂硬件实现)，增加的 OPU 可以使得 GCU 的设计等级在定义为 B 的情况下(与飞机电源系统基线一致)，满足相关的适航安全性要求。

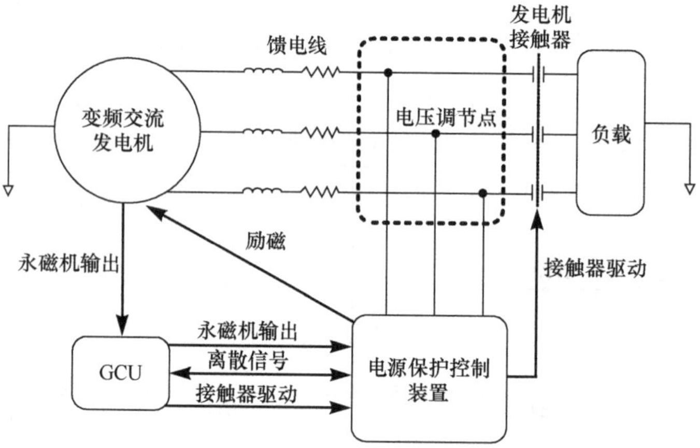

图 7.5.2　变频交流发电系统冗余保护结构

7.5.1　变频交流电源系统过电压保护运行过程

根据图 7.5.2 所示变频交流发电系统冗余保护控制系统结构，当变频交流发电机输出过电压后，GCU、电源保护控制装置 OPU 共同作用分成三个阶段。

(1) 0～1ms 出现过压故障之后，电源保护控制装置 OPU 的过压钳位电路将在 1ms 内快速开始响应系统保护控制功能。

(2) 1～55ms，在该过程中 GCU 电压调节器与电源保护控制装置 OPU 的过压钳位功能同时作用，即通过发电机励磁电流控制及电源保护控制装置的过压钳位电路共同作用，将输出过压限定在要求范围内(180V以内)。

(3)当系统输出过压(180V)超过 55ms 时，表明系统已非瞬态过压而是过压故障，这时 GCU 电压调节电源保护功能、电源保护控制装置 OPU 的冗余保护控制功能同时作用，完成发电系统的过压冗余保护控制，断开发电机接触器，保护后级用电设备。

电源保护控制装置 OPU 与 GCU 之间的接口交互信号包括：①由 GCU 提供给电源保护控制装置永磁副励磁机电源、28V 直流电源、GCU 保护的励磁继电器 GCR、主发电机接触器 GB 控制信号；②电源保护控制装置 OPU 提供给 GCU 的 BIT 检测信号，包括电压钳位电路、电源冗余保护控制电路、励磁回路继电器、发电机接触器 GB 的状态信息。另外，电源保护控制装置为实现发电机输出电压检测和钳位还需要获取发电机的电压调节点信号和发电机三相输出端及其中线，并在冗余保护控制时输出励磁回路接触器、发电机接触器的动作信号。

7.5.2 电源保护控制装置 OPU 的功能

电源保护控制装置 OPU 包括调节点电压采样、发电机输出电压钳位、控制与能量吸收电路、励磁回路继电器和 GB 驱动电路、内部电源以及接口部件，其中发电机输出电压钳位和发电冗余保护控制实现电源保护控制装置的冗余保护功能。为提高电源保护控制装置自身的安全性和可靠性，还需要分别对发电机输出采样、独立电源部分进行冗余设计。电源保护控制装置 OPU 的系统结构如图 7.5.3 所示。

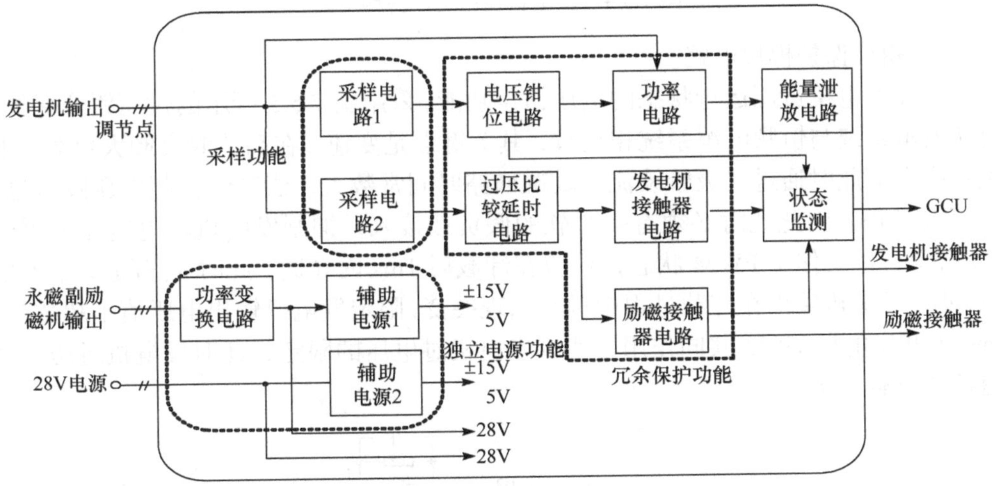

图 7.5.3 电源保护控制装置的功能结构

1)采样电路

变频交流发电机系统调节点电压采用霍尔电压传感器隔离检测，输出信号经过 RC 滤波之后，经电压跟随电路，再通过两级反相放大器调理获得三相电压检测值 U_a、U_b、U_c，如图 7.5.4 所示。

2)冗余保护功能模块电路

变频交流电源系统中 GCU 自身具备保护功能，为满足适航安全性要求，电源保护控制装置增加冗余的保护控制装置，采用过压钳位保护模块、延时保护模块实现冗余保护功能，并与 GCU 独立非相似，即 GCU 的电源保护控制功能基于复杂硬件与软件实现，而电源保护控制装置中不含软件，并且不基于复杂硬件电路实现。

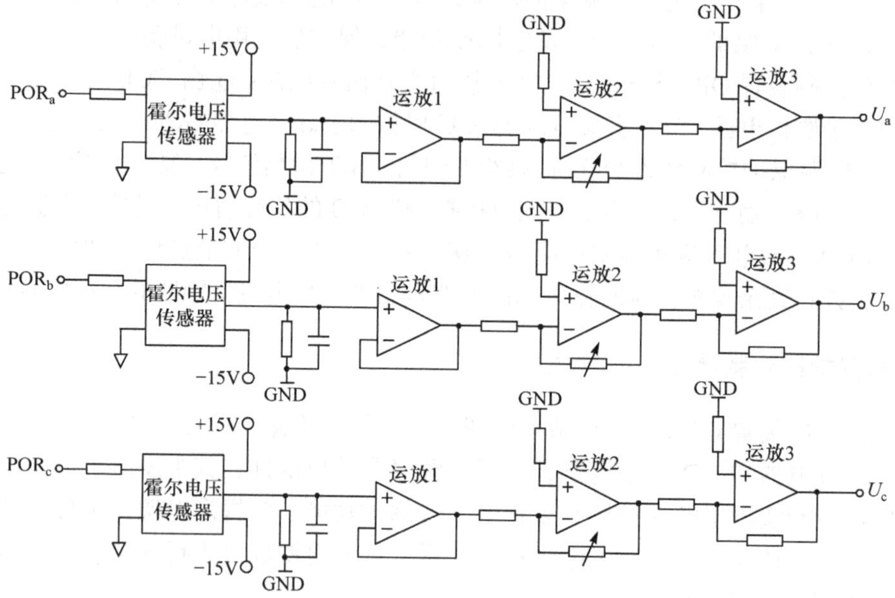

图 7.5.4　发电机输出电压检测电路

(1)过压钳位保护模块电路。

为实现在发电机过压运行状态的电压钳位功能，采用图 7.5.5 所示的过压钳位保护电路。变频交流发电系统与恒频电源系统相比较，其关键点是变速，在高速时突卸大负载，由于主发电机励磁电流此时通过二极管续流，励磁回路时间常数大，衰减慢，相电压瞬时过冲大，会危害用电设备。因此此时必须有一个软的假负载接入，抑制发电机输电电压的瞬变。如图 7.5.5 所示，T_1 工作于 PWM 状态，T_1 应在卸载后 1ms 内导通，此时 T_1 开通，给发电机增大负载，使得发电机输出在卸载过程中没有出现突变，限定发电机输出电压值不超过门限值，在 55ms 内和发电机 GCU 共同作用，实现发电机过电压的限定，此时发电机过压产生的能量将消耗在负载 R 上。

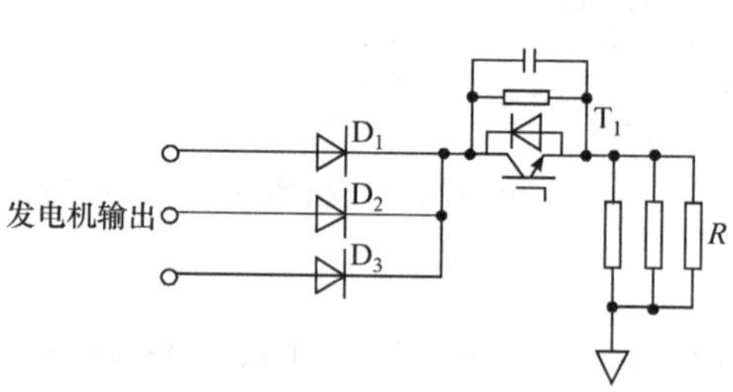

图 7.5.5　过压钳位及能量吸收电路

过压钳位及能量吸收电路的控制电路如图 7.5.6 所示，将采样电路获得三相电压值分别与钳位门限比较，输出高电平有效，系统中采用三相独立的比较电路，能够对每相的过压进行钳位控制。比较信号经过延时电路后，通过或门将三相钳位信号综合，再通过驱动电路控制过压钳位电路的功率器件(T_1)，并且将钳位状态信号经过光耦隔离之后送回至 GCU，作为

GCU 的 BIT 检测信号。

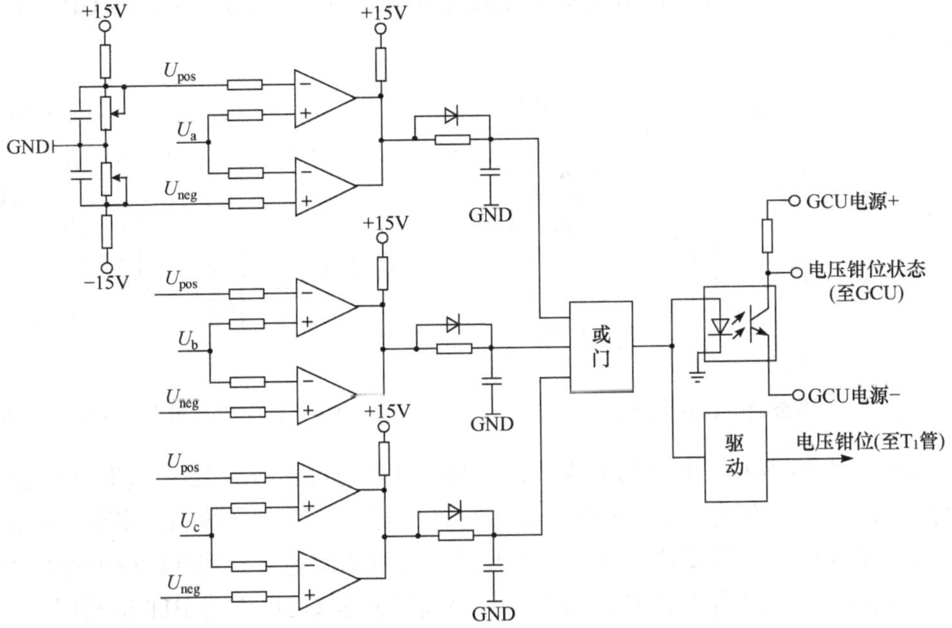

图 7.5.6　过压钳位控制电路

(2) 延时保护模块电路。

延时保护模块电路包括：①延时保护信号电路；②励磁回路继电器及其控制电路、发电机接触器及其控制电路。

调节点电压延时保护信号电路如图 7.5.7 所示，其中电压采样电路采用与钳位保护电路中电压采样电路的独立非相似结构，三相电压经过半波整流之后滤波、分压获得发电机输出电压的幅值，经过运算放大器电路构成的延时电路，在比较器端与设定的电压值相比较获得电源保护控制信号，控制发电机接触器和励磁继电器，并且将该保护信号经过光耦隔离之后送回至 GCU，作为 GCU 的 BIT 检测信号。

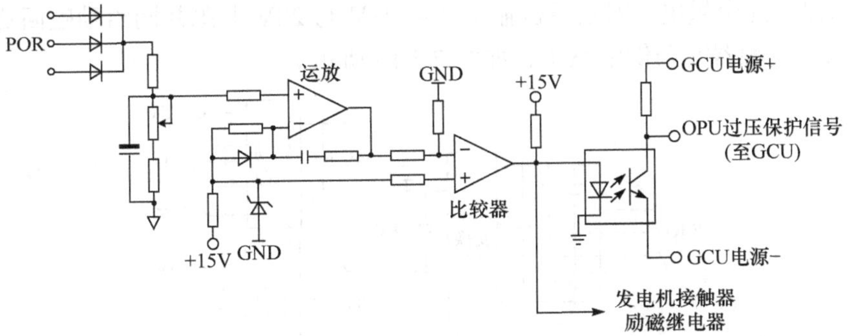

图 7.5.7　发电机电压检测保护电路

延时保护模块中接触器及其控制电路包括励磁继电器和发电机接触器，分别如图 7.5.8、

图 7.5.9 所示。在发电机经过 55ms 时仍有过压，表明电压调节器出现故障，必须进行过压保护，由图 7.5.8 和图 7.5.9 用于断开发电机励磁继电器 GCR 和发电机接触器 GB，实现 GCU 保护基础上的余度保护。

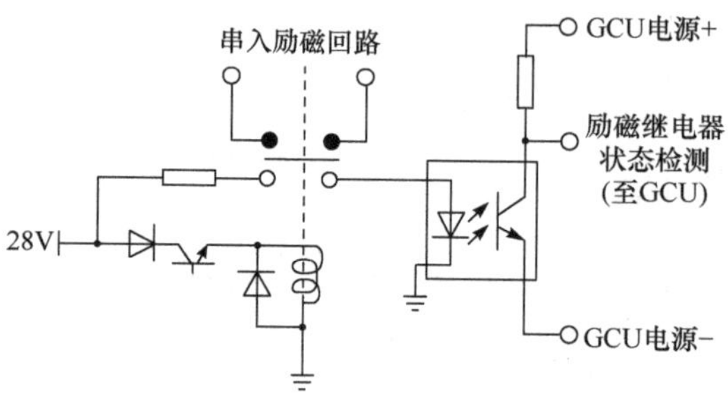

图 7.5.8　励磁继电器控制电路

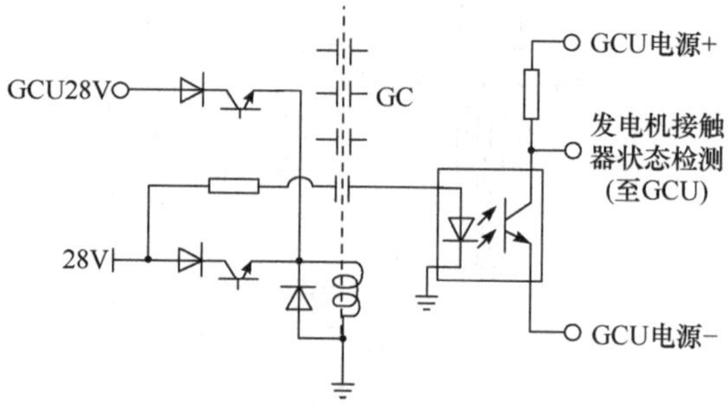

图 7.5.9　发电机接触器 GB 控制电路

其中励磁继电器串入发电机励磁绕组，在发电机出现过压故障之后，切除励磁回路，该继电器与 GCU 控制励磁继电器在发电正常运行状态均工作在闭合状态，出现电源保护控制之后，GCU、电源保护控制装置可以同时断开各自的励磁继电器，实现励磁回路切除功能的冗余。同时该接触器的工作状态通过光耦信号隔离返回至 GCU 作为 BIT 检测用。

发电机接触器采用控制回路的冗余，即 GCU 与电源保护控制装置 OPU 可以分别控制发电机接触器 GB，发电机出现过压故障时，GCU、电源保护控制装置 OPU 同时作用，实现发电机接触器动作功能的冗余，切除过电压发电系统，保护用电设备。该接触器的工作状态也通过光耦信号隔离返回至 GCU 作为 BIT 检测用。

3) 独立电源电路

电源保护控制装置系统中采用冗余的电源电路，其中一路由变频交流发电机的副励磁机输出供电，如图 7.5.10 所示，即将永磁机输出通过整流，再经功率变换器输出 28V 独立供电电源，在此基础上利用 28V 经过辅助电源输出 ±15V、5V，给电源保护控制装置作电压检测、保护电路用，该电源独立于 GCU 电源系统，能够在 GCU 失效之后，保证电源保护控制装置 OPU 独立正常工作。另一路由 28V 电源通过辅助电源输出 ±15V、5V，为电源保护装置检测、保护电路提供冗余供电。副励磁机输出产生 28V 与 28V 电源共同给励磁回路、发电机接触器供电，构成接触器冗余供电系统，如图 7.5.10 所示。

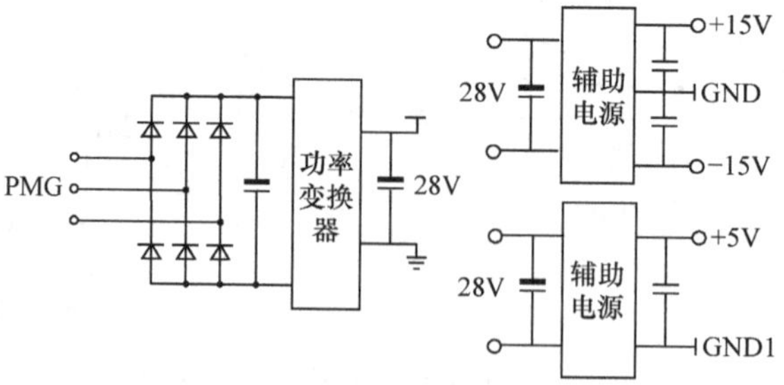

图 7.5.10　独立电源电路

7.6 变频交流电源的主电源和辅助电源配置

B787 飞机简介

变频交流电源因频率不同，不能并联工作，只能互相转换，即若一台变频交流发电机故障脱离电网，则汇流条功率控制器 BPCU 接到故障电机退出信号后，让另一台正常运行的发电机接入故障电机的电源汇流条，让该汇流条仍能继续向用电设备供电。

图 7.5.1 是有两台变频交流发电机的电源系统图。由图可见左右变频交流发电机经 GB_1 和 GB_2 分别接至左右 115Vac 电源汇流条，辅助动力装置发电机 APUG 经 APUB 接至 115Vac APU 汇流条，冲压空气涡轮发电机接到 115Vac 应急汇流条，汇流条连接断路器 BTB_1～BTB_4 将这四个电源汇流条连接成一个闭合环路。用电设备从左右电源汇流条接出，应急用电设备接 115Vac 应急汇流条，这四个汇流条由 4 台汇流条连接断路器 BTB 构成闭合回路。

飞机在地面，由地面电源 EXP 供电时，EXPB 闭合，左右发动机不工作，APU 发电机不工作，RAT 不工作，故 GB_1、GB_2、APUB 和 RATB 均断开，BTB_1～BTB_4 闭合，外电源电能通过 BTB 送到左右 115Vac 电源汇流条和 115Vac 应急汇流条，为接于这三个汇流条的用电设备工作创造了条件。若地面电源撤去，由 APU 发电机供电，情况和地面电源供电相同。当左或右变频交流发电机的一台供电时，APUB、EXPB、RATB 和不工作的发电机 GB 断开，BTB_1～BTB_4 闭合，该发电机可向两电源汇流条和应急汇流条供电。若左右两台发电机均工作，则必须断开三个 BTB，以免两台电机同时接到一个汇流条上。

该飞机的电源除有 115Vac 汇流条外，还有 28V 直流汇流条，28V 直流汇流条由变压整流器 TRU 供电，形成 115Vac 和 28Vdc 两级供电网。左右 28V 直流汇流条间有 BTB5 连接，BTB5 断开时左右 28Vdc 汇流条独立供电，BTB5 接通时构成并联电源。左右 28V 应急汇流条和飞控重要汇流条均和蓄电池相连，形成不中断供电系统。左右 28V 应急汇流条均有三条供电通道，飞控重要汇流条则有五路供电通道，成为五冗余汇流条，保证飞控供电的高可靠性。

图 7.6.1 是大型多电民机四通道变频交流电源架构。飞机有 4 台由航空发动机传动的变频交流发电机和 2 台由 APU 传动的 APU 发电机，4 台 VFG 分别经 GB 向 235Vac 电源汇流条供电，235Vac 电源汇流条间有 BTB 连接，构成闭式环路，2 台 APU 发电机接于环路上。由于变频交流发电机和 APU 发电机的容量大，调节点额定电压为 235Vac，以减轻馈电线重量。

冲压空气涡轮发电机 RATG 在电源故障时向 235V 应急交流汇流条 BK UP Bus 供电，该汇流条有 3 路供电通道。

飞机上有不少 115Vac 负载，由左右 115Vac 汇流条供电，三相自耦变压器 ATU 用于将 235Vac 电转为 115Vac 电，由于飞机地面电源供电插座 LEP、REP 接于 ATU 的副边，ATU 也可将 115Vac 电转为 235Vac 电。ATU 为双向 AC 变压器。

飞机上有 4 台变压整流器 TRU，将 235Vac 电转为 28Vdc 电向 28Vdc 负载供电。左右 28Vdc 汇流条分别由左右 TRU 供电，两汇流条间有接触器相接，实现两个方向供电。领航员仪表汇流条 CAPT Bus 和驾驶员仪表汇流条 F/O Bus 分别由 C1 和 C2 TRU 供电，L 28Vdc Bus 也经 SPDU 配电装置向 CAPT Bus 供电，R 28Vdc Bus 也经 SPDU 配电装置向 F/O Bus 供电。故 CAPT Bus 有四个方向来电，F/O Bus 有三个方向来电。图 7.6.1 中未画出 SPDU。F/O Bus 和 CAPT Bus 由主蓄电池相接，成为不中断供电汇流条。

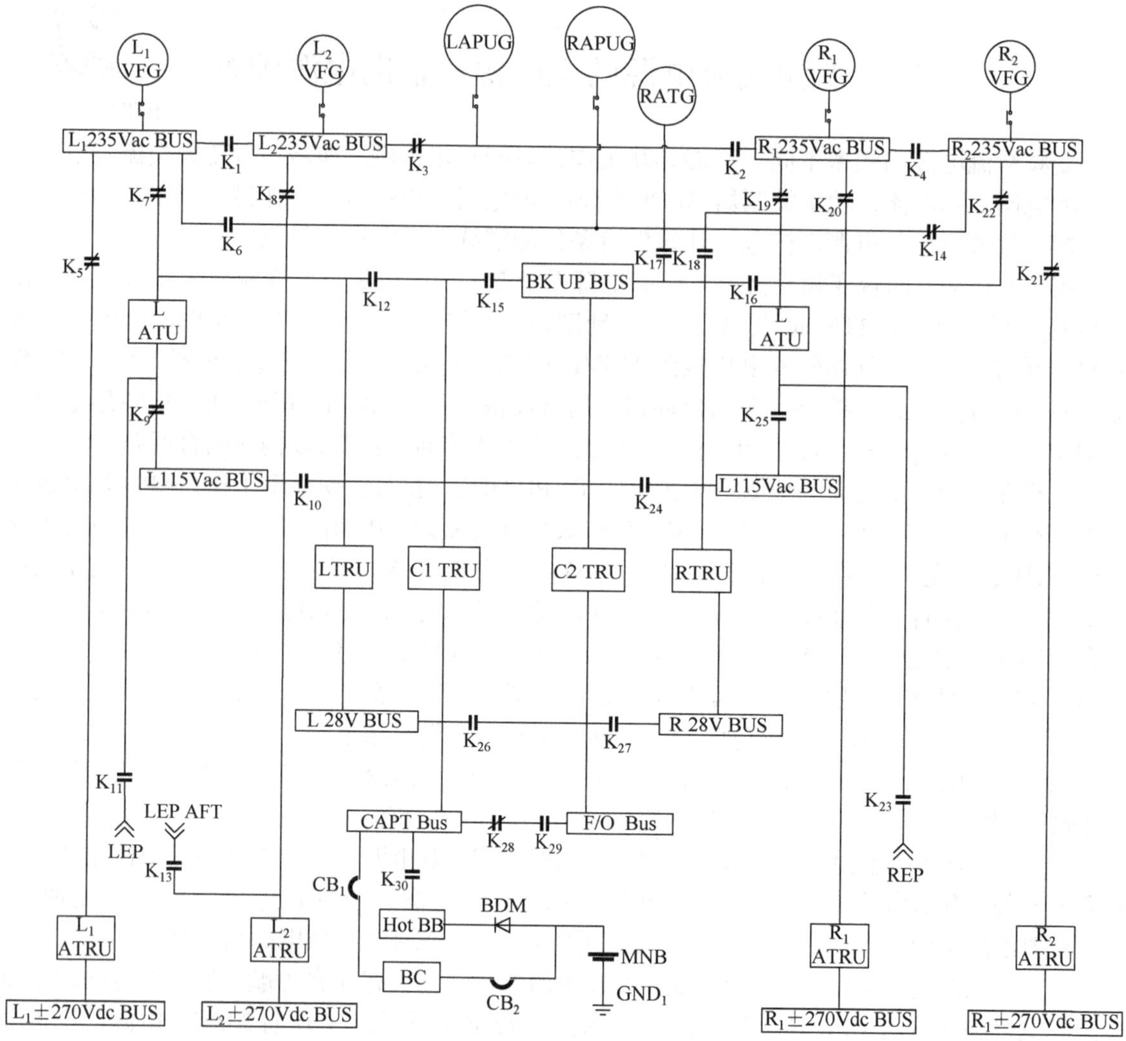

图 7.6.1　四通道变频交流电源架构

VFG-变频交流发电机；ATU-235/115Vac 自耦变压器；TRU-235Vac/28Vdc 变压整流器；ATRU-235Vac/±270Vdc 自耦变压整流器；MNB-主蓄电池；BC-主蓄电池充电器；CAPT Bus-领航员 28Vdc 仪表汇流条；F/O Bus-飞行员 28Vdc 仪表汇流条；REP-前地面电源供电插座；EP AFT-后地面电源供电插座；BK UP Bus-应急 235Vac 汇流条；BDM-主蓄电池供电二极管

变频交流发电机内的永磁发电机有三路三相相互独立的电枢绕组。其中一路向电机的 GCU 供电，另两路为飞机的飞行控制用专用电源。由于专用电源仅向飞行控制计算机提供多路独立电源，有极高的可靠性，图 7.6.1 中未画出。

飞机上 4 台大功率 ATRU 将 235Vac 电转为±270Vdc 电，分别向±270V 汇流条供电。±270V 汇流条的电能主要用于大功率调速电动机和航空发动机 APU 发动机的电起动。该飞机的变频交流发电机和 APU 发电机均为起动发电机，发动机未工作时用于电动工作，起动发动机，发动机正常工作后转为发电机工作，向飞机电网供电。

由此可见，该大型多电飞机有 4 种电源和 4 种不同电压等级的汇流条：235Vac 变频交流电、115Vac 变频交流电、28Vdc 低压直流电和±270V 高压直流电。表明多电飞机不仅电源容量大，而且电能类型也多。该飞机却没有专门的 400Hz 电源汇流条，表明具有变频交流电源的多电飞机没有要求提供 400Hz 交流电的用电设备。

7.7 小　　结

现代变频交流电源系统中，交流发电机是由发动机通过减速器直接驱动的，因而输出的交流电频率随发动机转速的变化而变化，只有一次变换过程，具有结构简单、重量轻、体积小、功率密度高、可靠性高、费用低、能量转换效率高、易于构成起动/发电系统等优点。而现今大多数飞机的发动机均采用涡扇发动机或涡喷发动机，其输出转速变化范围大(因此这种变频交流电源系统称为宽变频交流电源系统)，它具有频率变化大的缺点，难以满足机载电气设备对电能品质的要求，而且无法实现多台发电机的并联供电，难以实现电源间的不间断转换，因此这种电源系统的发展曾一度受到制约。但由于民用飞机上大多数用电设备对电能频率没有严格要求，以及随着电力电子技术的飞速发展及在飞机上的广泛应用，并且变频交流电源系统更易于构成起动/发电一体化功能系统。因此，在最新研制的大型民用飞机上也得到了应用，其中空客 A380 和波音 B787 最具代表性，代表了下一代飞机技术的发展方向，其中后者应用了起动/发电一体化技术。

思考练习题

7-1　试述变频交流供电系统的构成及采用变频交流供电系统将会给飞机带来的影响。

7-2　简述变频交流发电机的特点和要求。

7-3　试比较说明变频交流起动发电系统中两种励磁控制方式的不同点及其适用范围。

7-4　试说明 VSVF 电源用电压调节器的基本原理，并与 CSCF、VSCF 电源用电压调节器比较。

7-5　简述变频交流起动发电系统中发电控制方式中采用分段 PI 调节器和负载电流反馈方式的理由。

7-6　简述变频交流起动发电系统中为什么要增设冗余的过压保护装置，并说明该过压保护装置的结构组成。

7-7　根据变频交流电源系统的工作原理，设计一个简单的变频交流电源系统，依据所给出的飞机准备和起飞阶段功率需求，探索变频交流发电机的控制策略，在不同状态点功率需求下，保证汇流条电压的稳定。

状态点	G1	G2
飞机状态	准备	起飞
各阶段总负载需求/kW	59	83

要求：

(1) 理解变频交流电源系统的基本原理和组成部分；

(2) 搭建一个基础的变频交流电源系统模型，包括变频交流发电机、电压调节系统及负载；

(3) 探讨在飞机准备和起飞阶段，变频交流发电机的控制策略如何实现汇流条电压的稳定。

高压直流电源
导论

第 8 章　飞机高压直流电源

8.1　概　　述

110V 高压直流电最早在第二次世界大战期间的一些大型飞机上使用，但很快被恒速恒频交流电源系统取代，当时使用高压直流电遇到的困难是：①高压有刷直流电机高空换向困难，换向器与电刷间火花加大，甚至产生电弧；②高压触点电器高空断弧困难，触点寿命大幅降低；③高压直流电能转换困难。

20 世纪下半叶，随着电工科技的发展，为飞机高压直流电源系统和起动发电系统的发展创造了条件，主要有两个方面，一是集成电路和微型计算机的诞生，二是固态电力电子器件的发展。无刷直流电机、电力电子变换器和固态开关(又称无触点开关)就是在电力电子器件和集成电路基础上发展起来的。

早在 20 世纪后期，装备 270V 高压直流电源系统的飞机已诞生，高压直流电源的应用大幅度提高了飞机电源的可靠性、维修性、功率密度和电能转换效率。当前，高压直流电源和变频交流电源已成为适合多电飞机使用的两种电源系统，高压直流电源和变频交流电源的发展将进一步促进多电飞机的发展。

高压直流电源系统中主电源发电机可以具备起动发电一体化功能，目前适合成为高压直流起动发电机的电机类型主要有三级式同步电机、永磁电机、开关磁阻电机和双凸极电机。

三级式同步电机虽然结构比较复杂，但是利用旋转整流器实现了无刷化，一直以来成为航空电源系统的首选交流发电机，其输出整流之后输出高压直流电，即可成为无刷直流发电机，并且三级式同步电机的起动功能与变频交流电源系统相类似，目前已经在 B787 主电源起动发电机和 APU 起动发电机中获得了应用，能够拓展至高压直流电源系统。

航空永磁电机采用高磁能积永磁材料建立励磁磁场，具有高功率密度和高效率，相比三级式同步电机，其结构更简单坚固，便于实现起动和发电双功能。然而，短路故障时灭磁困难、高温等复杂环境下存在退磁风险等问题，仍然限制其在航空主电源中的应用。尽管如此，这些特性使其成为高压直流起动发电机的重要研究方向，并已在 F-35 等机型的辅助电源系统中应用。

开关磁阻电机由于结构简单，适合高速运行，具有优良的电气特性，并且控制电路简单，性能可靠，通过对绕组电流的单极性控制即可实现电能的双向流动，方便实现起动发电双功能，适用于构建高压直流起动发电系统，并已在 F-35 高压直流起动发电系统中获得了成功应用。

双凸极电机是由开关磁阻电机衍生而来一种新型无刷电机，它是在开关磁阻电机定子轭上镶嵌永磁体或励磁绕组，转子与开关磁阻电机完全类似，具有开关磁阻电机类似的优点，并且其绕组电流可以双极性控制，有效利用定转子铁心材料。起动控制简单，发电运行无须可控全功率变换器，通过励磁电流即可实现输出电压控制。

8.2 高压直流与变频交流电源系统的对比

高压直流和变频交流电源系统作为当前飞机电源的发展方向，也是多电/全电飞机首选的飞机电源系统，两种电源的主电源发电机都是直接与发动机相连，容易实现起动发电一体化功能，并减轻电源系统的重量。单机容量能够达到 250kW，并且朝着更大容量的方向发展，可以满足多电、全电飞机系统的大容量用电设备的需求，当前最先进的军机 F-35 和民机 B787 即分别采用了高压直流和变频交流电源系统。

两种电源系统由于交、直流供电体制的差异，两者也存在着较为明显的区别。

恒频或变频交流发电机唯一的结构形式为无刷同步电机，即三级式同步电机，在主发电机方面，为了满足变频交流电源的需求，得到线和相电压的正弦波，电机需采用 120°相带或 60°相带短距 1/3 的电枢绕组，并满足不对称负载对三相电压的对称性要求，使得三级式电机的功率密度受到了限制，如 B787 飞机 250kW VFSG 重量为 92kg，而高压直流电源系统中主发电机既可以采用三级式发电机，还可以采用开关磁阻等电机类型，具有高适应性，主发电机功率密度要大很多，如 F35 的 250kW 开关磁阻起动发电机的重量仅为 48kg。并且三级式电机由于转子上有绕组和旋转整流器，转子结构复杂，难用于发动机内装的起动发电机。

辅助动力装置发电机(APUG)是现代飞机和直升机的重要辅助能源，由于该发动机的起动时间长，一般需要 1～2min，因而不能代替飞机上的应急电源。飞机上的应急电源有蓄电池、冲压空气涡轮发电机、液压马达驱动发电机和应急动力装置 EPU。蓄电池是最简单和可靠的应急电源，但因储能有限，不能成为长期使用的应急电源。冲压空气涡轮发电机在飞机其他电源正常时收于飞机机体内，仅当飞机电源故障后才放出机体，借助迎面气流驱动空气涡轮发电，只要飞机有足够的速度都能发电。液压马达驱动发电机借助飞机集中式液压能源驱动发电机发电，多电飞机的发展使集中式液压能源逐渐为电能取代，该应急电源也渐渐消失。应急动力装置 EPU 是借助肼燃料起动的电源，由于该燃料不需外界供氧而燃烧，能在 1～2s 内使 EPU 起动发电，满足了应急电源快速起动的要求。既然飞机上有 APU，又有应急电源 EPU，可否将两者结合以减轻电源总重。组合动力装置 IPU 就是 APU 和 EPU 的组合，可以像 APU 那样起动，也可像 EPU 那样快速起动，由于二者合一，节省了一套发电机或空气压缩机。由于多发电机飞机上有多台发动机驱动的发电机，故主电源的可靠性相当高，IPU 装在飞机上，飞机飞行时有可能一次也用不上，于是又诞生了 IPCU，其中 C 为英文 cooling 的第一个字母，这表明 IPCU 既有 APU、EPU 的功能，还有致冷功能，用于冷却飞机电子设备和调节密封座舱的温度，这样 IPCU 在飞机起飞前的地面准备，起动发电，和飞机飞行时都用上了，从而显著地降低了飞机机电设备的重量。现在 IPCU 正向多电方向发展，即消除发动机传动的齿轮箱和使发动机转子用气浮或磁浮轴承悬浮从而消除滑油系统。无齿轮和无滑油的多电发动机简化了发动机结构，降低了燃油消耗量和污染物排放，提高了工作可靠性，但要求装于发动机内部的起动发电机，由发动机轴直接驱动。由于 IPCU 为小型燃气涡轮发动机，转子转速达数万转/分，在这高速和高温条件下工作的电机采用三级式电机是不可能的。同时，也得不到 400Hz 或 360～800Hz 交流电，只能是高压直流电。

在配电装置方面，变频交流电源系统中配电装置可以沿用恒频电源系统中的断路器、接触器、熔断器以及继电器，具有良好的继承性，交流 SSPC 技术也比较成熟。而高压直流供电系统中的 SSPC 的容量仍需要进一步提升，以满足大容量负载的切换需求。

高压直流电源由于采用直流供电体制，在供电系统结构方面，多台起动发电机、组合动力装置(IPU)、地面电源等可以并联以实现系统不中断供电，而变频交流供电系统中，起动发电机与 APU、RAT 以及地面电源之间只能够互为备份，无法并联。

在电网重量方面，高压直流系统的供电电网重量更轻，并且直流电网不存在交流电网的集肤效应和无功损耗。

在后级二次电源方面，高压直流供电系统中所采用的直直变换器相比较变频交流电源系统中的 TRU、ATRU，具有体积、重量小的优点，并且效率高，能够实现集成化，构成分布式供电系统，能够有效提高供电系统的功率密度和可靠性。

在带调速电动机负载方面，高压直流供电系统中，高压直流汇流条可以直接通过逆变器驱动电动机，相比较变频交流供电系统先通过 TRU 将交流电转换为直流电，再通过逆变器驱动电动机负载，其能量转换环节少，功率密度高，电动机制动能量可以利用，效率高。

由于高压直流供电不存在电压波形畸变的问题，电能品质更好，而在变频交流电源系统中，交流汇流条挂上非线性负载后，将导致汇流条交流电压出现畸变，并产生谐波电流，污染电网，非线性负载适应性差，并且电源频率的改变将进一步恶化输出电能品质，通常需要增加功率因数校正或滤波设备，使得系统更加复杂。

因此，高压直流电源系统具备高功率密度、高效率、高可靠性、电能品质好等优点。

8.3 高压直流电源系统的结构组成

F22/F35 战斗机简介

图 8.3.1 为双发电机高压直流供电系统的结构组成，其电源系统由左右两台高压直流起动发电机 SG_1、SG_2 组成，外部电源(EXP)、应急电源组合动力装置(IPUSG)分别通过 EXPB 和 IPUB 连接 270V BUS，IPU28V 蓄电池 BUS 和 28V 主蓄电池 BUS 分别通过 BTB_{10} 和 BTB_{12} 连接 28V 左、右应急 BUS；汇流条包括 270V 左、右以及连接汇流条，28V 左、右、左应急和右应急汇流条，115V 左、右、左应急和右应急汇流条；其他部件包括变换器 CONV、逆变器 INV、汇流条连接断路器 BTB、变换器接触器 CONB、逆变器接触器 INVB 等。系统基本工作原理为：当发动机点火完成起动过程后，左右两台发电机系统进入发电运行状态，两台发电机为系统提供电能，各种运行状态分别如下。

(1) 飞机在正常工作状态，发电机工作在发电运行状态，接触器 GB_1、GB_2 闭合，BTB_1、BTB_2 断开，两台发电机不并联工作，分别向左、右 270V 汇流条供电；当 BTB_1、BTB_2 闭合时，两台发电机并联工作，共同向 270V 汇流条供电。

(2) 单发出现故障后，以左发故障为例，GB_1 断开，将左发电机切除，IPUB 闭合，将 IPU 接入，BTB_1 闭合，由 IPU 给左 270V 汇流条供电，右汇流条仍然由右发电机供电，BTB_2 断开，IPU 与右发电机不并联。

(3) 双发故障后，GB_1、GB_2 断开，将两台发电机均从系统中切除，IPUB 闭合，IPU 接入，BTB_1、BTB_2 闭合，由 IPU 同时给左、右 270V 汇流条供电。

(4) 由地面电源或 IPU 供电时，GB_1、GB_2 断开，BTB_1、BTB_2 接通，IPU 同时给左右 270V 汇流条供电。

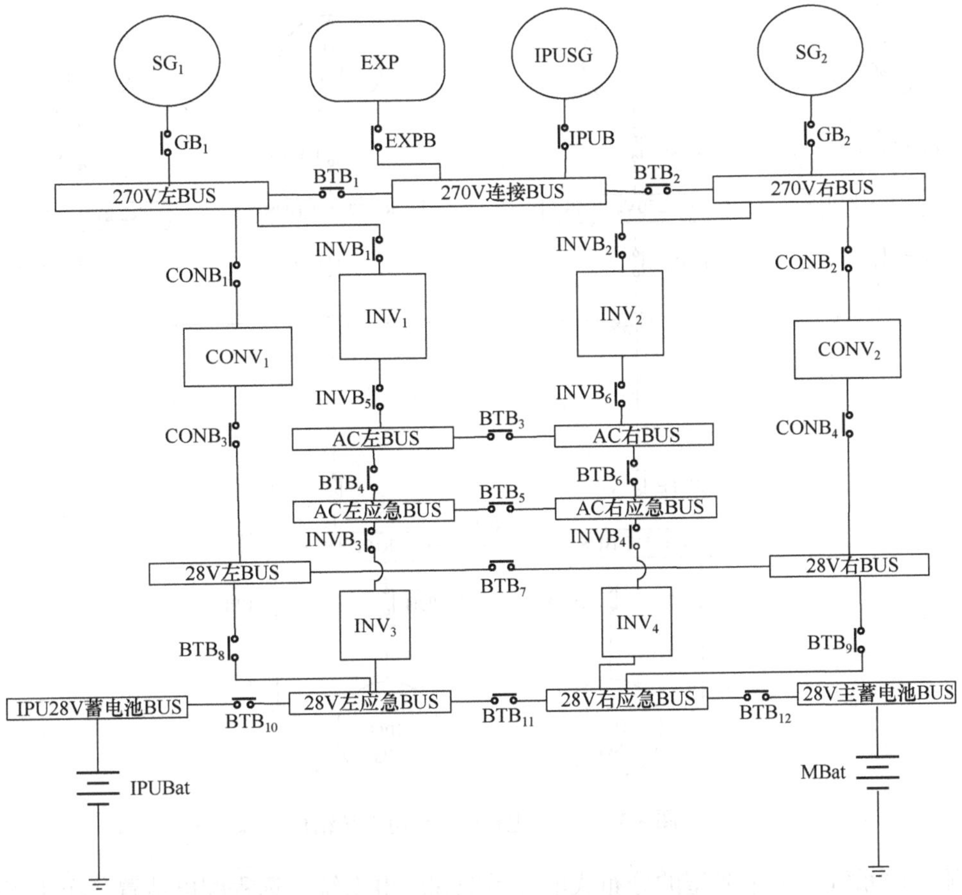

图 8.3.1　双发电机高压直流供电系统结构

系统中左右 270V 汇流条分别经过变换器 $CONV_1$、$CONV_2$ 和接触器 $CONB_1$、$CONB_2$ 连接到 28V 汇流条，同时 28V 汇流条又分别经过 BTB_8、BTB_9 连接到左右两条 28V 应急汇流条。正常运行状态，左右两条 28V 应急汇流条分别通过 BTB_{10}、BTB_{12} 连接到 IPU 蓄电池和主蓄电池 28V 汇流条上，给相应的蓄电池充电；在应急情况下，两台蓄电池又可以通过该接触器给左右两条 28V 应急汇流条供电，保证系统能够不间断供电。

左右两条 270V 汇流条还分别经过逆变器 INV_1、INV_2 和接触器 $INVB_1$、$INVB_2$ 连接到左右两条 AC 汇流条上，这两条 AC 汇流条又分别经过 $BIBT_4$、$BIBT_5$ 连接到交流应急汇流条。正常情况下，左右两条交流应急汇流条由 INV_1、INV_2 通过左右 AC 汇流条供电，当左右两条 AC 汇流条都失电后，系统自动接通 $INVB_3$、$INVB_4$，由左右两条 28V 应急汇流条通过逆变器 INV_3、INV_4 供电。

图 8.3.2 是大型多电飞机直流供电系统结构图，有 4 台发动机传动的直流发电机，2 台 IPU 传动的发电机和左右地面电源供电插座。该系统各发电机可独立向其他电源汇流条供电，也可以两两发电机并联，也可以四台发电机并联运行。由于直流电源并联方便，直流供电网可以构成闭式电网，当 6 个 BTB 和 STB、SIB 均闭合时就构成一个闭式电网，每个电源汇流条均可有两个方向的来电，可提高供电可靠性和降低供电网重量。

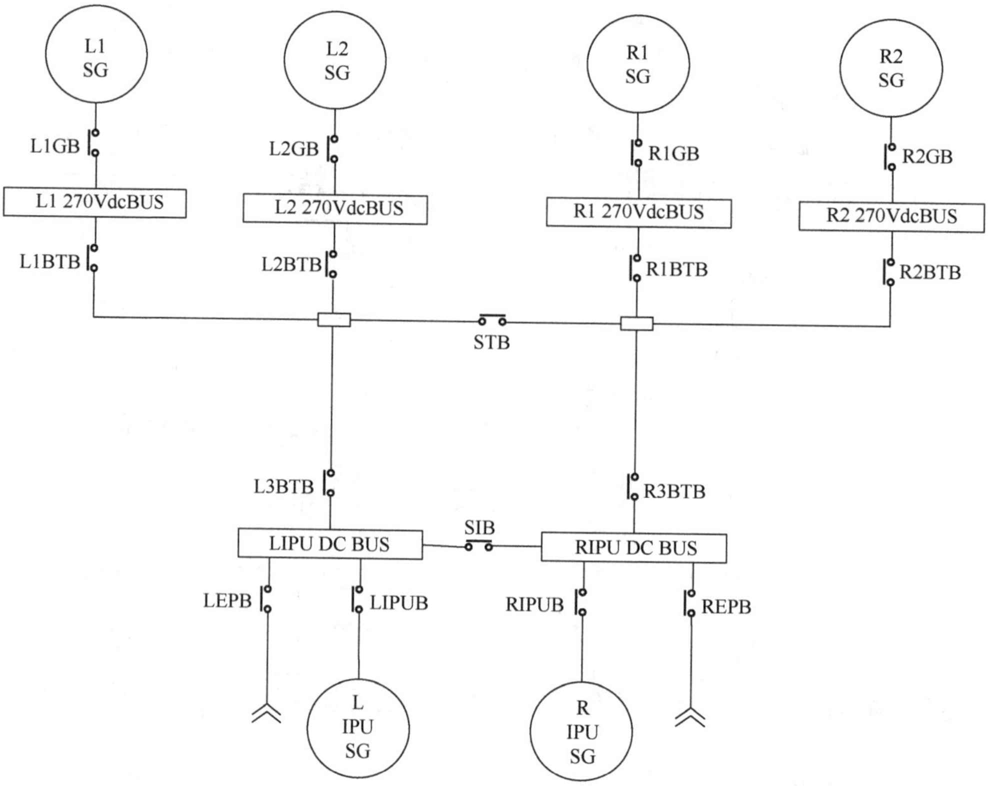

图 8.3.2 多发电机闭式供电系统结构

直流供电系统是一个典型的分布式电源系统和配电系统，远程配电装置分布于飞机用电设备较集中的地方。远程配电装置有 270Vdc 用电设备汇流条、模块式二次电源、固态功率控制器和电子电气控制器等设备。电子电气控制器是配电装置的控制单元，向上与汇流条功率控制器通信，向下实现用电设备汇流条的转换、二次电源和 SSPC 的监测与控制。这样从电源汇流条到配电装置的输电线均为 270V 线，有利于减轻电网的重量和简化电网的结构，仅从配电装置到用电设备的线可能是 270V 线、115V400Hz 线或 28Vdc 线。

8.4 三级式高压直流起动发电系统

8.4.1 三级式无刷直流发电系统

传统三级式同步电机作为航空交流电源系统的首选发电机，在恒速恒频、变速恒频、变频交流等电源系统中具有良好的应用，该型发电机结合整流滤波器构成三级式无刷直流电机，适用于高压直流供电系统。美国 F-22 战斗机主电源系统采用基于三级式无刷直流电机构成的高压直流发电系统。

由三级式同步电机构成的高压直流发电系统结构如图 8.4.1 所示。永磁发电机定子上输出的交流电经整流后为交流励磁机定子上的励磁绕组供电，交流励磁机转子上发出的三相交流电经旋转整流器整流后为主发电机转子励磁绕组供电。主发电机的定子上装有两套三相绕组，两套绕组在空间上互差 30°，以增大整流电压的脉动频率，减小滤波器的体积。在输出端采用桥式整流后，就可以得到 270V 的高压直流电。

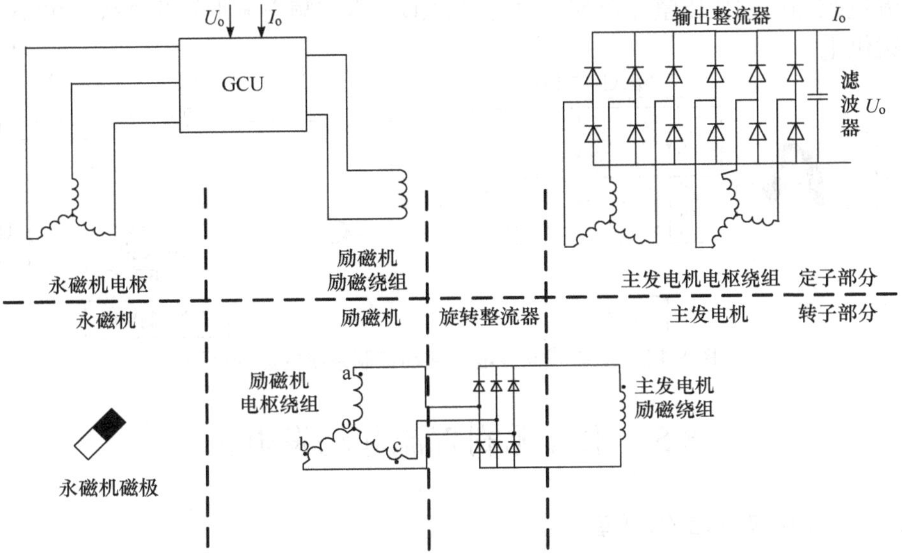

图 8.4.1　三级式无刷直流发电系统原理示意图

发电运行时，在发动机拖动电机转子旋转过程中，三级式电机的永磁副励磁机输出三相交流电，经过整流之后为发电机控制器提供工作电源，使得发电机系统运行过程中无须依赖外部电源，构成独立供电系统，发电机控制器控制励磁机的直流励磁电流幅值的大小，其转子侧电枢绕组的输出电压，经过旋转整流器为主发电机提供励磁电流，由此可以控制主发电机的输出电压值。主发电机电枢绕组经过整流滤波器之后，输出高压直流电为后级负载供电。发电机控制器作为三级式同步电机发电运行的控制单元，采集整流滤波器后级直流电压的反馈值与设定值比较，经过调节器后控制励磁机的励磁电流的平均值，间接实现主发电机的输出电压控制，并且在发动机的转速变化和负载波动过程中，调节励磁机励磁电流稳定直流侧输出电压，同时该发电机控制器还采集系统直流侧负载电流、励磁电流、输出电压值，根据负载电流的幅值判定其过载、过励磁、过压、欠压运行状态，实现保护功能。

8.4.2　三级式无刷直流起动发电系统

由三级式无刷直流电机构成的高压直流起动发电一体化系统结构如图 8.4.2 所示，三级式无刷直流电机起动励磁控制参见 7.3 节飞机变频交流发电机及其起动/发电系统。起动运行时，三级式无刷直流电机的主发电机输出整流桥被起动变换器所替代，由高压直流电源供电，在实现其励磁控制的基础上，通过主发电机控制其起动运行。起动运行过程中，开关 S 闭合，起动电源接入，通过三相桥式 DC-AC 变换器给三级式同步电机主发电机定子三相绕组供电，实现起动控制，由于三级式同步电机中旋转整流器的存在，从静止开始起动时，励磁机无法给主发电机提供励磁电流，存在励磁困难而无法起动的问题。需要增加外部励磁电源和起动励磁控制电路，采用交流励磁控制方式，实现三级式同步电机转子静止阶段的励磁功能。控制器根据转子位置信号，控制双向变换器，驱动三级式同步电机运行，拖动发动机起动；当发动机转速达到点火速后，发动机喷油点火，自行拖动三级式同步电机运行，此时系统运行由起动转换至发电状态，开关 G 闭合，S 断开，将三相桥式 DC-AC 变换器切除另作他用，系统根据电机转速切换至发电控制状态，检测发电机输出电压，调节励磁绕组电流，稳定系统输出电压，直流负载侧通过变压整流器如 TRU、ATRU，将变频交流电转为 28V、270V 直流电，为后级负载供电。

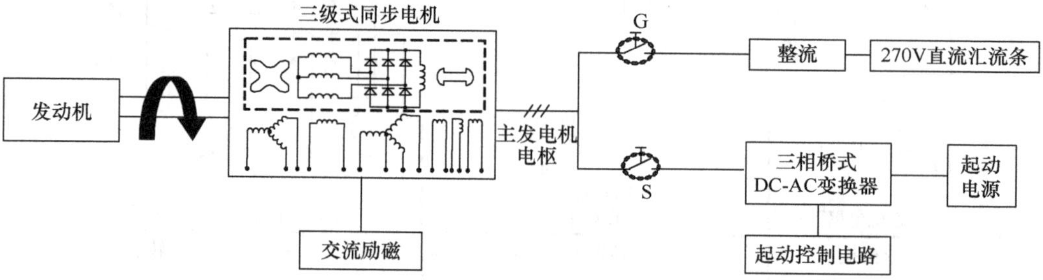

图 8.4.2　三级式同步电机起动控制系统的原理框图

8.5　永磁无刷直流起动发电机

8.5.1　永磁同步电机基本工作原理

根据机电能量转换原理，永磁同步电机既可以作为电动机使用，也可以作为发电机使用。永磁同步电机在转速较低的阶段需要作为电动机来运行，向发动机提供起动转矩：当完成起动过程后，永磁同步电机作为发电机运行，向后级负载提供电能。因此对于永磁电机的电动和发电两个工作状态进行分析具有重要意义。

当电机在电动状态下运行时，通常采用电动机惯例进行分析。在此惯例下，电枢电流的正方向为从绕组首端流入，尾端流出，磁链滞后反电势 90°，定义主磁极的轴线为直轴（d 轴），交轴（q 轴）超前直轴 90°。此时电机的向量图如图 8.5.1 所示，其中 ψ_0 为电流矢量与空载反电势的夹角，即内功率因数角。φ 为电压矢量与电流矢量的夹角，即功率因数角。δ 为电压矢量与空载反电势之间的夹角，即功率角。

当电机运行在发电状态下时，通常采用发电机惯例进行分析。此时电枢电流从绕组首端流出，尾端流入，磁链永远超前空载反电势 90°，主磁极的轴线为直轴（d 轴），滞后直轴 90° 电角度的轴线为交轴（q 轴）。此时永磁电机的向量图如图 8.5.2 所示。

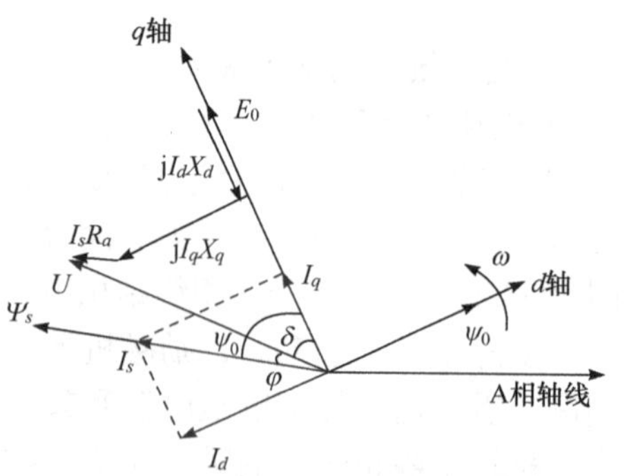

图 8.5.1　电动运行状态下的向量图（电动机惯例）

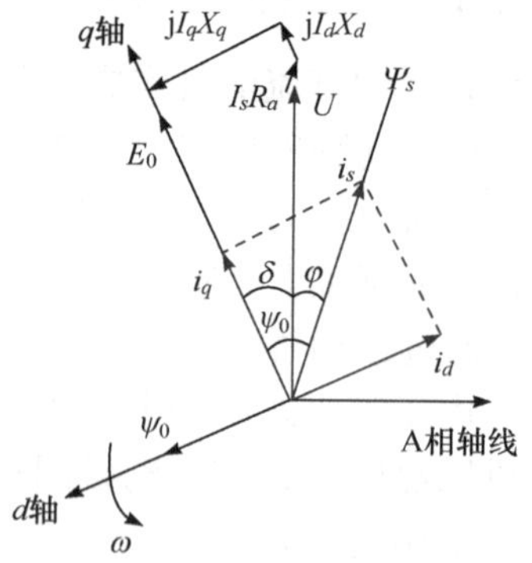

图 8.5.2　发电运行状态下的向量图（发电机惯例）

8.5.2 永磁无刷直流起动发电系统

起动发电系统主要利用电机的可逆原理，在电机通电时，可为电动机使用，进行电能至机械能的转换；电机被拖转动时，电机可为发电机使用，进行机械能至电能的转换。利用此原理，将飞机电源系统的发电机一机两用，通过控制系统控制，在发动机起动时，飞机上蓄电池向电机提供 270V 直流电压，电机作为电动机提供发动机的额定起动转矩，拖动发动机进行起动；随着发动机的转速的提高，电机加速对其进行起动。发动机点火后正常运转时，电机的起动状态完成，发动机拖动电机转动，使电机运行在发电状态，对飞机上的电源进行充电，进而给用电设备供电，实现起动发电一体化。

图 8.5.3 所示为永磁无刷直流起动发电系统结构图。由涡轮机、永磁同步电机或永磁同步起动/发电机、功率变换器、控制器、斩波电路、直流电源和电气负载组成。在航空发动机没有点火起动时，永磁同步电机在电动状态时，带动航空发动机起动；当航空发动机转速达到规定转速后起动点火，点火成功后，拖动永磁同步电机进入发电状态，控制器切换为发电控制模式维持后端输出直流电压稳定，供机上设备安全工作。

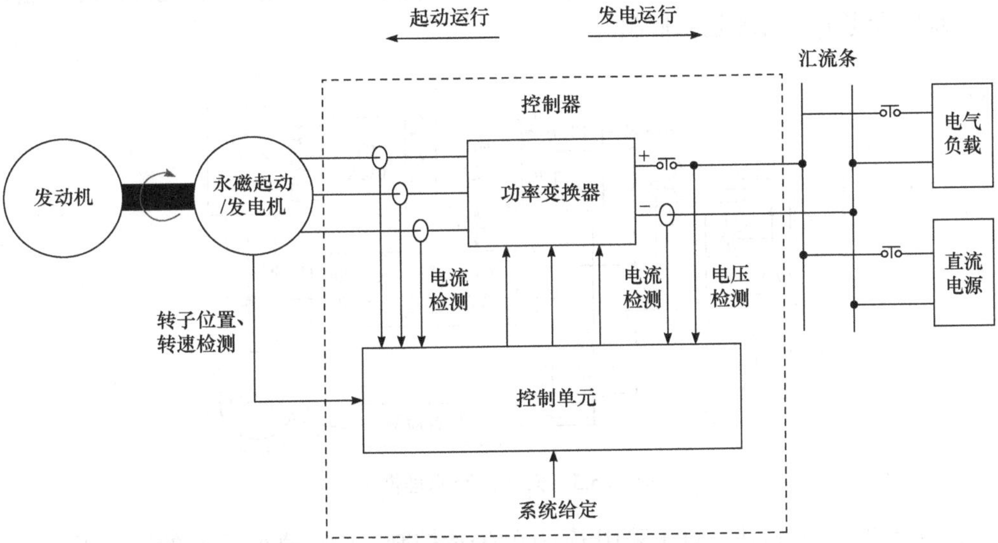

图 8.5.3 永磁无刷直流起动发电系统结构图

8.5.3 永磁同步电机起动工作原理

起动控制的起动特性主要基于发动机的阻力特性。图 8.5.4(a)所示为涡扇发动机的阻力-转速简化表征曲线，在发动机点火转速 n_1 之前，其阻力矩包括固定基值 A 和与转速二次方成正比的 Bn^2 分量；在点火转速 n_1 之后，阻力矩近似线性下降，最终由阻力矩变为动力矩，n_2 为略高于发动机产生动力矩的转速。由于起动过程对时间不是特别敏感，故可采用图 8.5.4(b)所示方式进行控制，在转速低于 n_1 时，采用恒转矩控制；在转速为 n_1～n_2 时，可采用恒功率控制，实现发动机的助力。在 0～n_2 区域均需要使电机输出动力矩大于发动机的阻力矩来保证发动机实现加速运行。控制器的功率-转速曲线如图 8.5.4(c)所示，功率先线性增加，然后恒定。对应的相电流-转速曲线如图 8.5.4(d)所示，电流先保持恒定，然后减小。

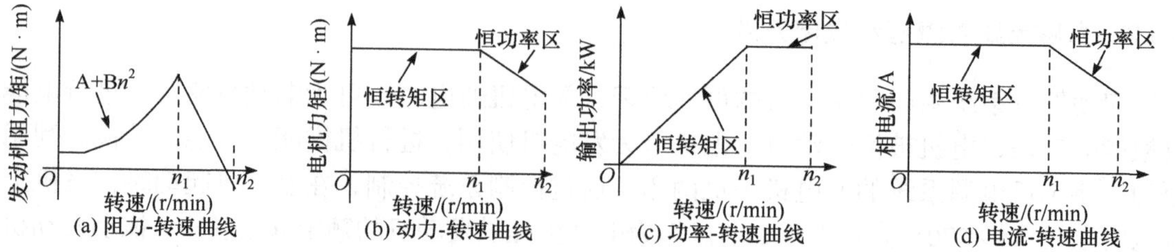

图 8.5.4　起动控制特性分析

永磁同步电机起动主要采用矢量控制、I/F 控制。

1) 矢量控制

基于矢量控制的起动控制的原理如图 8.5.5 所示。

通过位置传感器获得电机的位置角度 θ 和转速 n，再通过查 $I_{\text{ref}}(n)$ 关系表获得有功电流的控制参考 i_q^*。预置无功电流的控制参考 $i_d^*=0$。通过检测 A 相和 B 相的电流，经 Clarke 变换和 Park 变换得到有功电流 i_q 和无功电流 i_d。通过有功和无功电流环的 PI 调节器，再通过 Park 逆变换，得到 SVPWM 的控制信号 u_α 和 u_β。SVPWM 作用于三相全控全桥构成闭环控制，使有功电流 i_q 跟踪参考 i_q^*，实现起动控制。

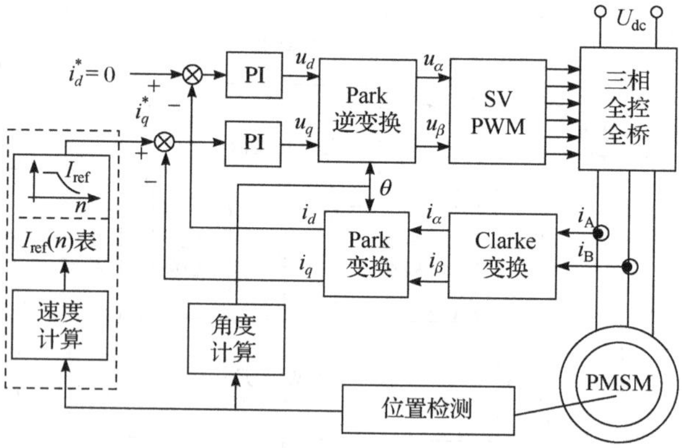

图 8.5.5　矢量控制原理框图

$I_{\text{ref}}(n)$ 关系即电流-转速。对于采用 $i_d^*=0$ 的矢量控制，在转速小于 n_1 的恒转矩区域，电机输出动力矩 T 对应的 i_q^* 可以按式 (8-5-1) 进行计算，动力矩 T 需要高于发动机点火转速 n_1 对应的阻力矩，并留有一定裕量。在转速为 n_1～n_2 的恒功率区域，电机输出恒定功率 P 可按式 (8-5-2) 进行计算；功率 P 对应的 i_q^* 可以按式 (8-5-3) 进行计算。

$$i_q^* = \sqrt{2}T / k_1 \tag{8-5-1}$$

式中，T 为转矩 (N·m)；k_1 为电机的转矩常数 ((N·m)/A)，由电机的固有特性确定；i_q^* 为有功电流 (A)。

$$P = \pi n_1 T / 30 \tag{8-5-2}$$

式中，n_1 为发动机点火转速 (r/min)。

$$i_q^* = 30\sqrt{2}P / (\pi n k_1) \tag{8-5-3}$$

式中，n 为电机的转速 (r/min)，$n_1<n<n_2$。

由于高速电机绕组匝数少，电机的自身电感量较低，为了限制上电状态出现功率管过流，需要采取两方面的措施来防止功率管过流：优化电流环 PI 的参数，在保证环路稳定的条件下尽可能增加电流内环的响应速度；对电流环 d 轴和 q 轴的输出进行限制，使其在起动时由 0 缓慢上升，实现上电软起动。

2) I/F 控制

I/F 控制是基于无位置传感器，根据永磁同步电机负载特性，给变频器设置合适的电流-频率比，使得电机输出转矩与不同转速下的负载相匹配，以达到较高的运行效率。I/F 控制策略运行在速度开环、电流闭环的状态，有 PI 调节器构成 d-q 轴坐标系下的电流闭环，电流的反馈值受到期望值的约束，避免产生过流。因此 I/F 控制是一种更适合于 PMSG 控制的转速开环起动方法，I/F 控制原理框图如图 8.5.6 所示。

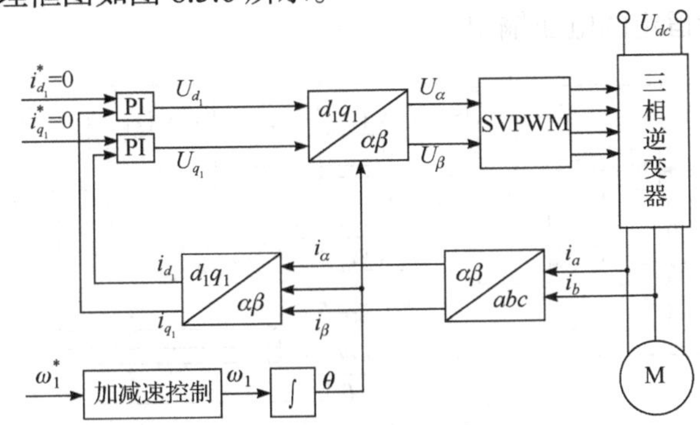

图 8.5.6　I/F 控制原理框图

I/F 控制起动包含定位阶段、加速阶段和匀速阶段，如图 8.5.7 所示，如果对起动时的反转没有严格要求，可以忽略定位阶段。定位阶段通过固定的电流矢量使电机转子定位到预定位置，然后通过给定的速度指令积分后作为矢量控制的位置角度信息控制电机旋转。因此得到如下公式：

$$\theta_i = \int \omega_i \mathrm{d}t \tag{8-5-4}$$

式中，ω_i 为设定的转速，θ_i 为转速积分后得到的给定电流参考位置角度。

基于双 d-q 坐标系对 I/F 起动过程进行分析，如图 8.5.8 所示，给定电流矢量为虚轴的 q'。

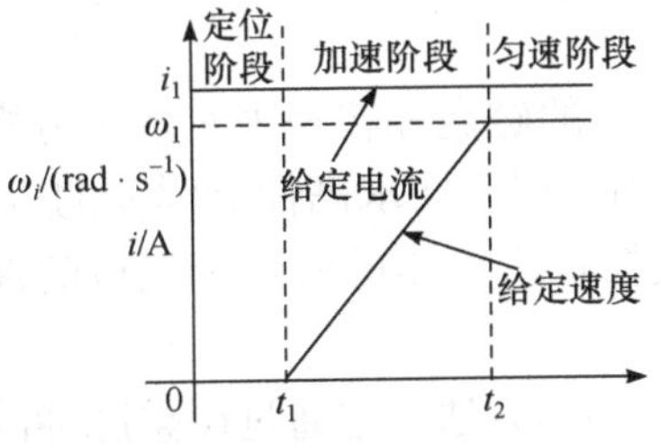

图 8.5.7　I/F 控制起动过程示意图

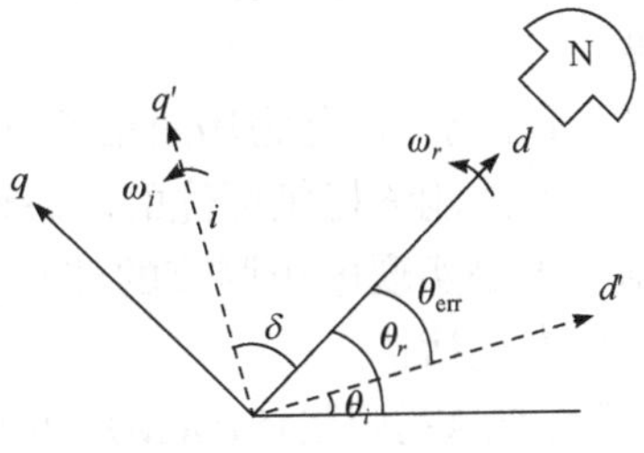

图 8.5.8　双 d-q 坐标矢量图

图 8.5.8 中，转子真实的位置角度为 θ_r，定义虚轴和实轴的夹角为差角 θ_{err}，虚拟的 q'轴和实际 d 轴的夹角为功角 δ，功角与差角关系如下：

$$\delta+\theta_{\mathrm{err}}=\frac{\pi}{2} \tag{8-5-5}$$

8.5.4 永磁同步电机发电工作原理

1. 发电工作原理

当 PMSM 用作航空起动发电机时，发电状态下通常采用可控整流的控制方式。可控整流的控制结构框图如图 8.5.9 所示。永磁电机采用矢量控制，外环为电压环，电压调节器输出 q 轴电流指令值。采用 i_d=0 控制方式，d 轴电流的给定信号为 0A。内环为电流环，电流调节器输出得到交直轴电压指令值。通过空间电压矢量调制（SVPWM）模块得到变换器功率器件的开通关断信号，控制电机的输出电压为 270V 直流电压。该控制方式能够在转速在一定范围内变化的情况下依旧维持恒定的电压输出。

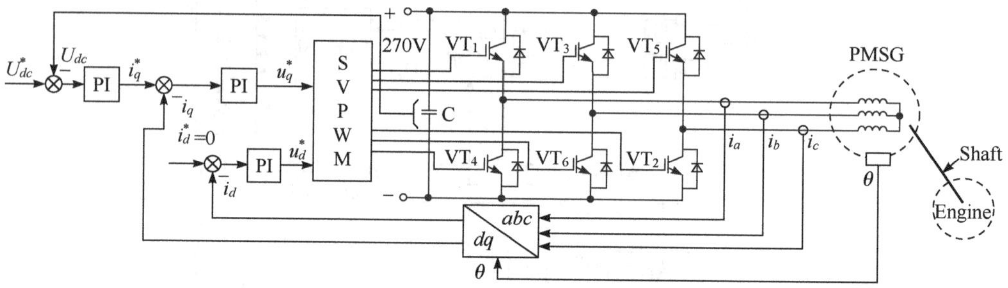

图 8.5.9 可控整流的控制结构框图

2. 电压调节系统

电压调节在永磁同步电机（PMSM）的运行中起着至关重要的作用。它不仅影响电机的性能，还直接关系电机的效率和安全运行。电压调节系统的主要目标是确保电机在不同负载和运行条件下都能稳定地提供所需的电压水平，从而实现高效、可靠的驱动性能。此外，良好的电压调节还有助于减少能量损失，延长电机及其控制系统的寿命。

在电压调节系统中，控制策略的选择对于实现高效的电压管理至关重要。主要的控制策略包括 PID 控制和矢量控制等。

(1) PID 控制。PID 控制器是一种经典的控制策略，它通过调节比例（P）、积分（I）和微分（D）三个参数来控制电机电压。PID 控制器简单易实现，能够有效地减少稳态误差和提高系统响应速度。

(2) 矢量控制。也称为场向量控制，通过独立控制电机的磁通和转矩来实现对电机的精确控制。这种方法能够提供更优的动态性能和高效率，特别适用于要求高性能驱动的应用。

调制技术是实现电压调节的核心，它直接影响逆变器输出电压的质量和电机的性能。主要的调制技术包括：

(1) 正弦波脉宽调制（SPWM）。SPWM 是一种常用的调制方法，它通过调整脉冲的宽度来生成接近正弦波形的输出电压。这种方法简单、高效，能够满足大多数应用的需求。

(2) 空间矢量脉宽调制（SVPWM）。SVPWM 是一种更先进的调制技术，它通过优化开关序列来最大化逆变器的输出电压和减少谐波。SVPWM 能够提供更高的效率和更好的电机性能。

3. 状态监测与内置测试

状态监测的目标是实时捕捉和分析电机及其控制系统的关键性能指标，如电压、电流、温度、转速和扭矩等，以便及时发现潜在的问题并采取预防措施。状态监测方法包括：

(1) 直接监测。使用传感器直接测量电机和驱动系统的物理参数。

(2) 间接监测。通过分析电机的电气信号(如电压和电流)来推断其机械和热状态。

(3) 模型基监测。建立电机的数学模型，并利用输入输出数据进行状态估计。

内置测试(BIT)是一种自动化测试功能，设计用来检测系统内部的软硬件状态和性能，确保系统在关键任务执行前和执行过程中均处于良好状态。BIT 可以是简单的自我诊断程序，也可以是复杂的故障检测和诊断系统。BIT 实现策略包括：

(1) 起动时 BIT。在系统起动阶段自动执行的测试，用以确保所有关键组件正常工作。

(2) 连续或周期性 BIT。在系统运行过程中定期执行的测试，用以监测和诊断系统状态。

8.6 故障保护策略

单元件式横联差动保护(简称横差保护)被广泛用于处理匝间短路和开焊故障。然而，对于没有并联分支的定子绕组或大型机组的紧凑结构，这种保护不适用，需考虑其他匝间故障保护，如纵向零序电压保护和转子二次谐波电流保护等。对于大型发电机内部故障，可采用三重或双重化的主保护策略，以横差保护为首选，并辅以故障分量负序功率方向保护或不完全差动保护作为备选，从而提升系统的可靠性。

1) 单元件式横联差动保护

发电机定子绕组若设有两个并联分支和六个中性点侧引出端子，采用双 Y 形接线，横差保护则通过连接在两星形中性点连线的电流互感器实现，如图 8.6.1 所示。这种保护通过比较两星形绕组三相电流之和(正常情况下为零)来工作，任一相发生匝间短路将引起中性点连线上的环流。单元件式横差保护由于其简单的接线方式和对分支开焊故障的有效保护，被广泛应用于发电机内部故障的保护。

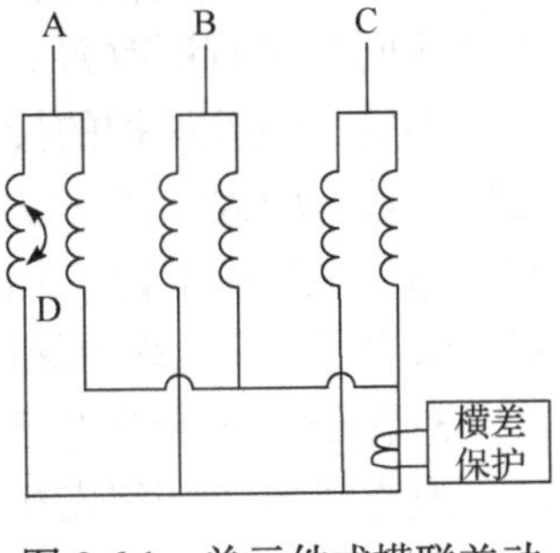

图 8.6.1 单元件式横联差动保护原理示意图

理想发电机中性点连线理论上无电流，实际运行有不平衡电流，难以确定。3 次谐波影响显著，横差保护须有 3 次谐波滤过器，测试滤波环节谐波滤过比，要求 3 次谐波滤过比大于 80%。这些措施可减小 3 次谐波等分量影响，提高保护灵敏度。发电机中性点连线有零序电流，受系统运行方式影响，外部故障时仍存在。可引入相电流提高保护性能，按躲最大不平衡电流整定定值，提高横差电流保护灵敏度。采用比率制动特性后，制动电流可自适应变化。横联差动保护动作电流按躲最大不平衡电流整定，因为难确定，工程计算依经验数据和公式。单继电器式横联差动保护动作电流经验计算公式如下：

$$I_{DZ,J} = (0.2 \sim 0.3) I_{e,f} / n_{LH} \tag{8-6-1}$$

式中，$I_{e,f}$ 为发电机额定电流；n_{LH} 为电流互感器(CT)的变比。按上述原则整定计算横联差动保护的动作电流之后，还需要在发电机带额定负荷情况下，实际测量不平衡电流，其值应不大于整定值的十分之一。否则应检查不平衡电流过大的原因，或提高保护动作电流的整定值。

电流互感器的变比的选择应满足动稳定的选择要求如下：

$$n_{\mathrm{LH}} = I_{\mathrm{e,f}} / 25 \tag{8-6-2}$$

2)不完全纵差保护

不完全纵差保护的特点和单元件式横差保护相同，都减少了互感器的个数，在故障相没有装设互感器时，也会在装设互感器的相感应出故障电流，从而使保护正确动作。

一次电流 I_i，通过互感器(TA)引入继电器，设互感器变比为 n_a，发生严重短路故障时，互感器磁路会发生磁饱和现象，从而导致二次侧电流有误差。二次电流 I_i' 的相量和不为零，不平衡电流 I_{unb}'，实际工程计算时有

$$I'_{\mathrm{unb}} = \sum_{i=1}^{n} I'_i \approx K_{\mathrm{aper}} K_{\mathrm{st}} f_i I_{\mathrm{k,ou,max}} / n_a \tag{8-6-3}$$

式中，$I_{\mathrm{k.ou.max}}$ 为外部最大短路电流周期性分量；f_i 为电流互感器幅值误差，工程中要求不大于 10%；K_{st} 为电流互感器的同型系数。因为发电机不完全纵差保护用互感器是不同型号，$K_{\mathrm{st}}=1$；K_{aper} 为考虑外部短路暂态非周期分量电流对互感器饱和的影响，一般取为 1.5～2.0，称为非周期系数。为防止在外部短路时误动，继电器动作电流为

$$I'_{\mathrm{op}} = K_{\mathrm{ref}} I'_{\mathrm{unb}} = K_{\mathrm{ref}} K_{\mathrm{aper}} K_{\mathrm{st}} f_i I_{\mathrm{k,ou,max}} / n_a \tag{8-6-4}$$

式中，K_{ref} 为可靠系数，取为 1.3～1.5。

在正确计算互感的条件下，不完全纵差保护可以取得相间或匝间短路的足够灵敏度。不完全纵差保护和其他保护一样，也有保护死区(如装设发电机和发变组两套不完全纵差)，保护死区问题将有所改善。

不完全纵差保护的接入分支数 b 可按以下原则选取：有利于电机制造时中性点侧引出的方便；若 b 增大，则反应匝间短路的能力减小，反应相间短路的能力提高，$b=a$ 时只能反映相间短路。主保护配置方案的定量化设计通过确定发电机中性点侧引出方式和分支 TA 的数目及位置，解决了不完全纵差保护中性点侧接入分支数 b 及具体连接形式问题(a 为每相并联分支数)。

3)转子二次谐波电流保护

发电机定子绕组发生匝间短路时，不对称故障产生的负序电流将在转子回路中感应出二次谐波电流 ΔI_{f2}，利用这一电流作为保护的动作量，即构成了定子绕组匝间短路保护：转子二次谐波电流保护。

故障分量的转子二次谐波电流 ΔI_{f2} 的动作判据为

$$\Delta I_{\mathrm{f2}} > C_{\mathrm{f2}} \tag{8-6-5}$$

式中，C_{f2} 为门槛值。

发电机在允许正常运行的最大负序电流 $I_{2\infty}$ 下保护不动作。对应 $I_{2\infty}$ 有相应的转子二次谐波电流 ΔI_{f2}，但此 ΔI_{f2} 计算既麻烦且精度不高，比较可行的方法是在新机投运前的短路试验中增加一个两相短路，令两相短路的负序电流等于要求的 $I_{2\infty}$，在此状态下实测转子二次谐波电流 ΔI_{f2}。

但是在发电机内部或外部发生不对称短路时也产生负序电流分量，并在转子回路中感应出二次谐波电流。为了区分内部匝间短路与不对称相间短路，采用负序功率方向闭锁元件作为匝间故障的选择元件。转子二次谐波电流保护原理接线图如图 8.6.2 所示。

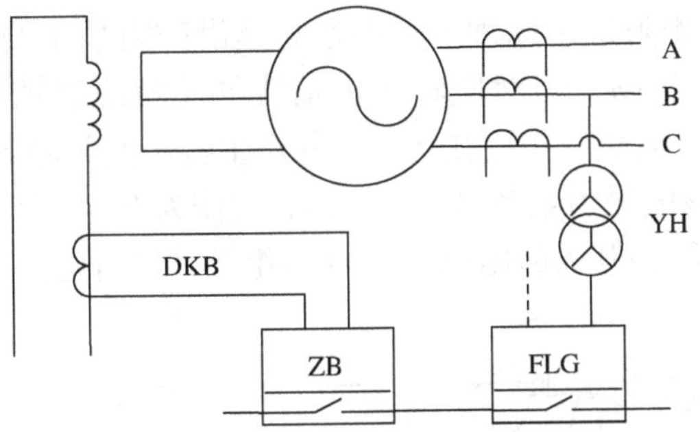

图 8.6.2　转子二次谐波电流保护原理接线图

从转子回路测得的二次谐波电流与机端三相电流互感器二次侧测出的负序电流不同，发电机解列运行时仍能提供保护。因机端三相电流为零，无负序电流，但存在负序旋转磁通，有转子回路二次谐波电流。所以与系统解列的发电机内部故障后，定子负序电流保护不起作用，而以转子二次谐波电流为参量的保护仍有效，且闭锁式判据应用中要保证方向元件动作快于起动元件，返回速度慢于起动元件。因此，负序闭锁式转子二次谐波电流保护是可靠的发电机主保护。

8.7　开关磁阻起动发电机

开关磁阻电机(SRM)源自 19 世纪 40 年代出现的电磁制动机，当时由于条件所限，其运行特性、可靠性和能量转换效率均比较低，直到 20 世纪 60 年代，随着大功率晶闸管使用之后，开关磁阻电机才开始重新受到重视。1969 年美国学者 Nasar 提出开关磁阻电机的基本特征：①开关性，电机必须工作在一种连续的开关模式，这也是开关磁阻电机在功率半导体开关器件技术成熟之后才得以发展的原因；②磁阻性，开关磁阻电机是一种凸极结构电机，定、转子具有可变磁阻的回路。相比较三级式同步电机，开关磁阻电机的转子由钢片叠压而成，结构简单可靠，具备优良的高速和高温条件运行能力，适合成为发动机内装式起动发电机，从而显著简化发动机结构，内装式起动发电机的实现为多电发动机的发展迈出坚实的一步，也为多电飞机的发展创造了条件。

图 8.7.1 为典型 6/4 结构的开关磁阻电机，定、转子均为凸极齿槽结构，定子上设有集中绕组，空间相对的定子极上的绕组串联或并联组成一相，而转子既无绕组也无永磁体。由于电机转子上无绕组、换向器等部件，具有结构简单、可靠性高、寿命长、制造工艺简单的特点。

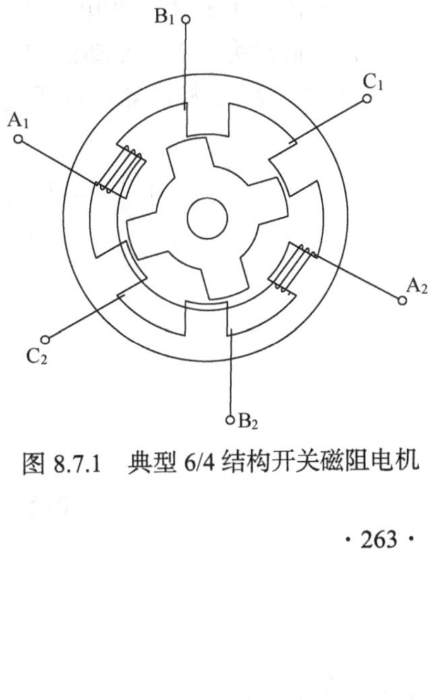

图 8.7.1　典型 6/4 结构开关磁阻电机

按相数和极数来分，开关磁阻电机有三相 6/4、12/8 或四相 8/6、16/12 等结构。开关磁阻电机相数多，步距角小，利于减小转矩脉动，但是结构会变得复杂，并且所需开关器件多，成本增加。

从基本结构形式来看，开关磁阻电机与大步距反应式步进电机有些类似，但是其工作原理区别于传统电机，作为一种磁阻型电机，遵循磁阻最小原理——磁通总是沿磁阻最小的路径闭合。当电机一相绕组中有电流流过时，产生磁场，当对应转子极轴线与该相绕组轴线不重合时，磁链闭合路径磁阻不是最小值，便会有电磁力作用在转子上并产生转矩使其趋向于磁阻最小。当开关磁阻电机作为电动机工作时，该电磁力矩就是驱动力矩，而作为发电机工作时，该力矩就是阻力矩。

以图 8.7.2 所示的 6/4 结构开关磁阻电机 A 相绕组及其供电电路为例说明其发电工作原理。

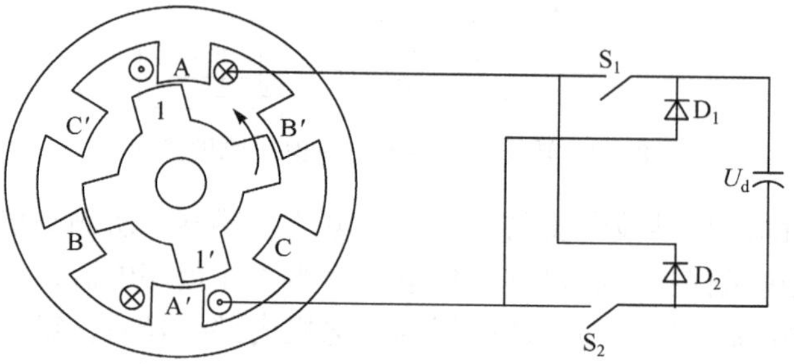

图 8.7.2　6/4 结构开关磁阻电机 A 相绕组及其供电电路

开关磁阻电机在外力拖动逆时针方向旋转。在图示位置给定子 A-A′相绕组通电，即开关 S_1、S_2闭合，该相通过直流电源 U_d进行励磁。磁力线由定子轭经定子极 A、气隙、转子极 1、铁心、转子极 1′，再回经定子极 A′，形成闭合回路。由于定子 A-A′相绕组轴线与转子极 1-1′不重合，根据磁路最短原则，转子极 1-1′将有向定子极 A-A′运动趋势，并受到该方向的力矩作用，即顺时针方向，与外力方向相反，同时转子上的机械能将转化成磁能储存在磁场中。当开关 S_1、S_2 断开时，A-A′相电流通过二极管 D_1、D_2 续流，绕组内的电流方向不改变，此时储存在磁场中的磁能将释放出来，并转化成电能，回馈至电源，从而完成了机械能和电能之间能量转化过程。

8.7.1　开关磁阻起动发电系统结构

基于开关磁阻电机的起动发电系统结构如图 8.7.3 所示，该系统由发动机、开关磁阻电机、双向功率变换器、起动发电控制器、起动电源、电气负载、切换开关等部分组成。起动运行时，起动开关 S 闭合，起动发电控制器检测电机三相绕组电流、转子位置，通过变换器功率管的开通角、关断角、相电流斩波限等变量控制，结合起动运行过程电机的不同状态，采用不同的控制方法，实现发动机起动功能；当发动机起动结束后，拖动开关磁阻电机，此时系统运行于发电状态，控制器仍然通过调节其开通角、关断角实现励磁功能并调节输出电压的调节。

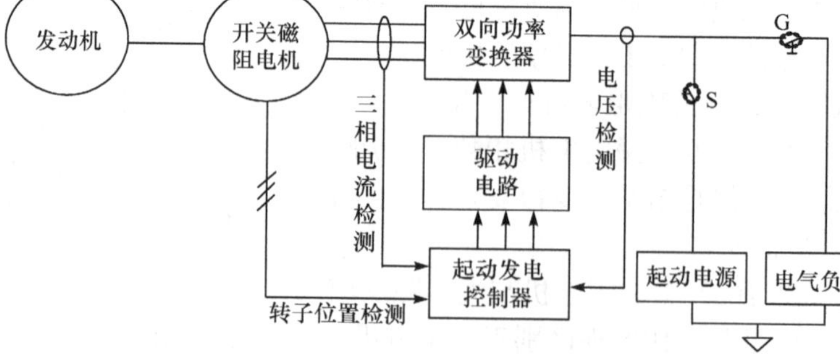

图 8.7.3　开关磁阻电机起动发电系统结构

8.7.2 开关磁阻起动发电机数学模型

开关磁阻电机工作过程中，当A相绕组供电时，设相电流为i_A，则建立磁场的能量为

$$W_{mag}=\int_0^{\psi_A} i_A \mathrm{d}\psi \tag{8-7-1}$$

式中，相磁链ψ是相电流和转子位置的函数。图8.7.4所示为该电磁特性，P点(i_A,ψ_A)为该电磁工作点。由电磁场基本理论可知，在这个磁系统中，当转子有位移时，图中虚线为下个位置的磁特性，则磁能与机械能之间发生转换，其电磁转矩为

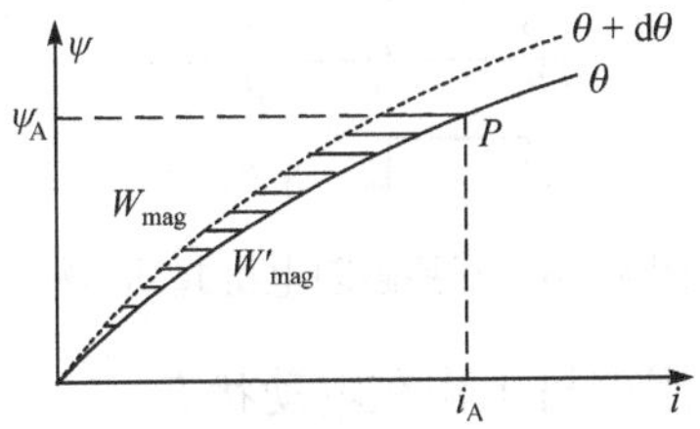

图8.7.4 电磁转矩计算关系

$$T_{em}=-\frac{\partial W_{mag}}{\partial \theta}\bigg|_{\psi=C} \tag{8-7-2}$$

该式以磁链ψ不变为约束条件，表示了增减的磁能和机械能的变化相平衡，式中的负号表示产生的电磁转矩的方向将有趋于磁能的减少。

用磁共能来表达为

$$T_{em}=\frac{\partial W'_{mag}}{\partial \theta}\bigg|_{i=C} \tag{8-7-3}$$

经线性化处理后的电机的电磁转矩为

$$T_{em}=\frac{1}{2}i^2\frac{\partial L}{\partial \theta} \tag{8-7-4}$$

式中，i为相电流；L为相电感；θ为转子位置角。

根据式(8-7-4)，开关磁阻电机电磁转矩的方向是由相电流所对应的相电感的变化率$\partial L/\partial \theta$决定的，根据图8.7.5所示的开关磁阻电机绕组电感的曲线及其转矩方程，在电感的$\partial L/\partial \theta>0$区间，即电感上升区，电机输出转矩与转子转向相同，为电动工作状态，相电流由外电源提供，但相电流的持续时间不能延长到$L(\theta)$的下降区，否则将出现负转矩。因此开关磁阻电机的开关管的开通与关断必须由电机转子位置(即θ)来确定，转子转到一定位置后必须关断a相的开关管，并开通下一相b的开关管。若在电感的$\partial L/\partial \theta<0$的区间，即电感下降区，电机输出转矩，开关磁阻电机工作在制动或发电状态，同样需要根据转子位置来控制开关管的导通角度，以控制相电流的大小和波形，使相电流主要集中在$\partial L/\partial \theta<0$区间，将机械能转换为电能向外输出。

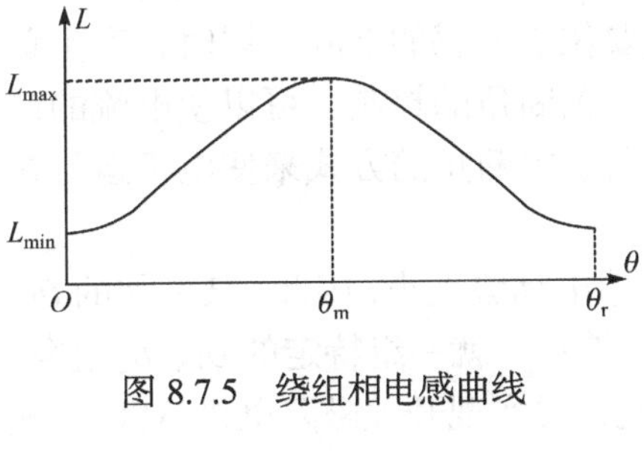

图8.7.5 绕组相电感曲线

8.7.3 开关磁阻电机起动工作原理

航空发动机的起动过程通常要求在较短的时间内可靠起动，尽量减少能耗。起动的过程就是电动机带动发动机，使发动机的转速由零上升到怠速，因此开关磁阻起动发电系统在这

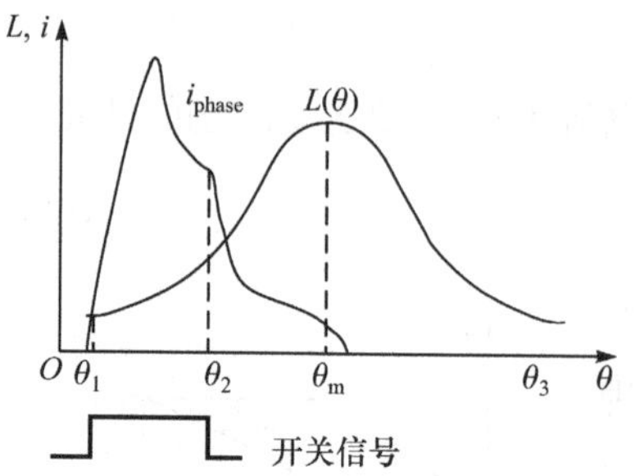

图 8.7.6　开关磁阻电机起动运行电流波形

一阶段作为电动机运行。通过转子位置信号和控制器的综合处理，可以产生开关管的开通角 θ_1 和关断角 θ_2，这样就可以实现电动状态。电动状态下相电流的波形如图 8.7.6 所示，在开关管开通瞬间（$\theta=\theta_1$），相电感较小，所以相电流上升很快，但随着电感和电流的增大，反电势阻止相电流的进一步增加，一直到开关管的断开（$\theta=\theta_2$），相电流通过续流二极管回馈给电源，并迅速减小。相电流的绝大部分都位于电感上升区 $\partial L/\partial\theta>0$，这样就能产生正的电磁转矩，保证开关磁阻电机工作在电动状态。

开关磁阻电机的可控量有加于绕组两端的电压 U、相电流 i、开通角 θ_1 和关断角 θ_2 等参数，针对以上的可控变量的控制方式一般分为四种，即角度位置控制方式（APC）、电流斩波控制方式（CCC）、电流 PWM 控制方式和电压斩波控制方式（CVC）。

1. *角度位置控制方式*（APC）

角度位置控制是指加在绕组上的电压一定的情况下、通过改变绕组上主开关的开通角 θ_1 和关断角 θ_2，来改变绕组的通电、断电时刻，调节相电流的波形，实现转矩控制。

如图 8.7.7 所示，开通角 θ_1 和关断角 θ_2 都可以进行调节，因此角度位置控制可分为变开通角 θ_1、变关断角 θ_2 和同时改变开通角 θ_1 及关断角 θ_2 三种方式。变开通角 θ_1，可改变电流波形的宽度、峰值和有效值的大小，还可以改变电流波形与电感波形的相对位置，从而改变了电机的转矩和转速；而关断角 θ_2 一般不影响电流的峰值，但可以改变电流波形的宽度及其与电感曲线的相对位置，进而改变电流的有效值。在开关磁阻电机控制中一般采用定关断角 θ_2，改变开通角 θ_1 的控制方式。

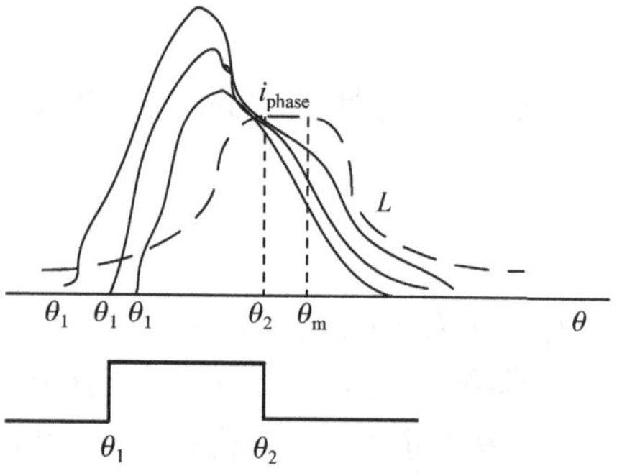

图 8.7.7　开关磁阻 APC 方式电流波形

根据开关磁阻电机的转矩特性分析可知，当电流波形主要位于电感的上升区域时，产生正的平均电磁转矩，电机运行在电动状态；当电流波形主要位于电感的下降区域时，产生负的平均电磁转矩，电机工作在制动状态。而通过对开通角、关断角的控制，可以使电流的波形处在绕组电感波形的不同位置。因此，可以用控制开通角、关断角的方式来使电机运行在不同状态。

显然，某一相的 θ_1、θ_2 值将决定该相电流在相邻相的互感电动势大小，因此，某一相的 θ_1、θ_2 的调节不仅影响该相电流波形，而且影响相邻两相的电流波形。就一组特定的 θ_1、θ_2 组合，也许对某相电流而言较优，但对其他相电流并非最佳。因此，要实现开关磁阻电机 APC 方式的真正最优运行，必须对每一相的 θ_1、θ_2 分别进行调节。

可见，角度位置控制具有以下特点：

（1）转矩调节范围大。若定义电流存在区间 t 占电流周期 T 的比例 $D=t/T$，D 为电流占空比，则在角度控制下，电流占空比的变化范围为 0～100%。

(2) 可以同时导通多相。导通相数越多，电机出力越大，转矩脉动较小。

(3) 电机运行的效率高。通过角度优化能使电机在不同负载下保持较高的效率。

(4) 不适用于低速。在角度位置控制中，电流峰值主要由旋转电动势限制。当转速降低时，旋转电动势减小，可使电流峰值超过允许值，需要添加另外的限流措施，因此角度位置控制一般适用于较高的转速。

2. 电流斩波控制方式(CCC)

电机低速运行特别是起动时，旋转电动势很小，相电流上升很快，为了避免过大的电流脉冲对功率开关器件及电机造成损坏，需要对电流峰值进行限定，因此，可采用电流斩波控制方式，获得恒转矩的机械特性。电流斩波控制一般不会对开通、关断角进行控制，它将直接选择在每相的特定导通位置对电流进行斩波控制。

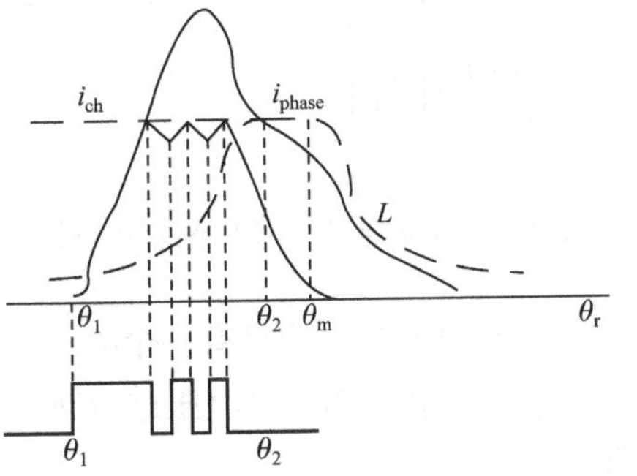

图 8.7.8　开关磁阻 CCC 控制方式电流波形

如图 8.7.8 所示，其控制方法是让电流 i 与电流斩波波限 i_{ch} 进行比较，当转子位置角 θ 处于电流导通区间，即 $\theta_1 \leqslant \theta \leqslant \theta_2$ 时，若 $i < i_{ch}$，则主开关开通，相电流上升并逐渐达到斩波限；若 $i > i_{ch}$，则主开关关断，电流下降；如此反复，相电流将维持在斩波限附近，并伴有较小的波动。显然，当固定开通、关断角时，调节斩波波限 i_{ch} 就相当于调节关断角，即电路开通区间的长度。但是它们之间也有不同之处，与 APC 方式下的电流不可控相比，CCC 方式是直接对电流实施控制，通过适当误差带的设置，可以获得较为精确的控制效果。

因此，CCC 方式具有简单直接、可控性好的特点，也避免了 APC 方式中的问题，与后面的 PWM 方式相比，也具有小的开关损耗，是比较常用的控制方式。只是在这种控制下，电流的斩波频率不固定，它随着电流误差的变化而变化，不利于电磁噪声的消除。

总结起来，CCC 具有以下特点：

(1) 适用于低速和制动运行的电机。在低速运行时，绕组中旋转电动势小，电流增长快。在制动运行时，旋转电动势的方向与电源电压方向相同，电流比低速运行时变化率更大。两种工况下，采用电流斩波控制方式正好能够限制电流峰值超过允许值，起到良好、有效的保护和调节效果。

(2) 转矩平稳。电流斩波时，电流波形呈较宽的平顶状，产生的转矩也较平稳。合成转矩脉动明显比其他控制方式小。

(3) 适用于转矩调节系统。当斩波周期较小，并忽略相导通和相关断时电流建立和消失的过程(转速低时近似成立)时，绕组电流波形近似为平顶方波。平顶方波的幅值对应电机转矩，转矩值基本不受其他因素的影响，可见电流斩波控制方式适用于转矩调节系统，如恒转矩控制系统。

(4) 作用调速系统时，抗负载扰动性的动态响应慢。提高调速系统在负载扰动下的快速响应，除了转速检测调节环节动态响应快外，系统自身的机械特性也十分重要。在电流斩波控制方式中，由于电流峰值被限，当电机转速在负载扰动的作用下发生突变时，电流峰值无法自动适应，导致电机相电流受限，使系统在负载扰动下的动态响应减慢。

3. 电流 PWM 控制方式(PWM)

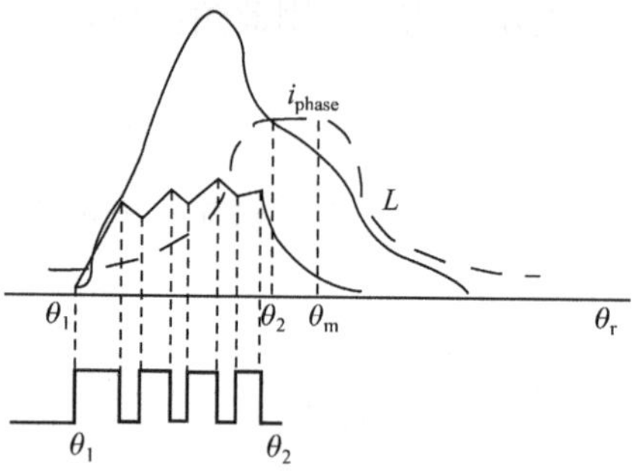

图 8.7.9　开关磁阻 PWM 控制方式电流波形

电流 PWM 控制是保持开通角 θ_1、关断角 θ_2 不变的前提下，使功率开关器件工作在 PWM 方式。脉冲周期 T 固定，通过调节 PWM 波的占空比，来调整加在绕组两端电压的平均值，进而改变绕组电流的大小，实现对转速的调节，其电流波形如图 8.7.9 所示。增大调制脉冲的频率，会使电流的波形比较平滑、电机出力增大、噪声减小，但会提高对功率开关器件的工作频率的要求。

按照续流方式的不同，分为单管斩波和双管斩波方式。在单管斩波方式中，连接在每相绕组中的上、下桥臂的两个开关管只有一个处于斩波状态，另一个一直导通。而在双管斩波方式中，两个开关管同时导通和关断，对电压进行斩波控制。考虑到系统效率等因素，实际应用中一般采用单管斩波方式。

4. 电压斩波控制方式(CVC)

电压斩波控制是通过 PWM 方式调节加于绕组电压的平均值，间接调节和限制过大的绕组电流，既能用于高速运行，又能适合于低速运行。其他特点则与电流斩波控制方式相反，抗负载扰动的动态响应快，缺点是低速运行时转矩脉动较大。

开关磁阻电机由于起动、发电运行过程中均需要对电流进行控制，可以根据系统运行状态和特性要求灵活地选择合适的电流控制方式。

8.7.4　开关磁阻电机发电工作原理

开关磁阻电机可控参数多，可以方便灵活地实现电动和发电的转换，而且发电状态的可控性能良好，并具有高效率、高容错率、高功率密度以及高温高速运行能力等特点。

开关磁阻电机发电状态相电流波形如图 8.7.10 所示。在 $\partial L / \partial \theta < 0$ 区间内形成相电流，产生的电磁转矩为负，机械能转化为电能，电机处于发电状态。其中开关管的开通角为 θ_1，关断角为 θ_2。电机在发电状态运行时，其相电流主要可以分为两个阶段：$\theta_1 \sim \theta_2$ 阶段，开关管导通，电源向绕组供电，相电流逐渐增加，此阶段为励磁阶段；到了关断瞬间($\theta = \theta_2$，i=i_c)，绕组相电流通过续流二极管向电源和负载回馈能量，这是续流发电阶段。

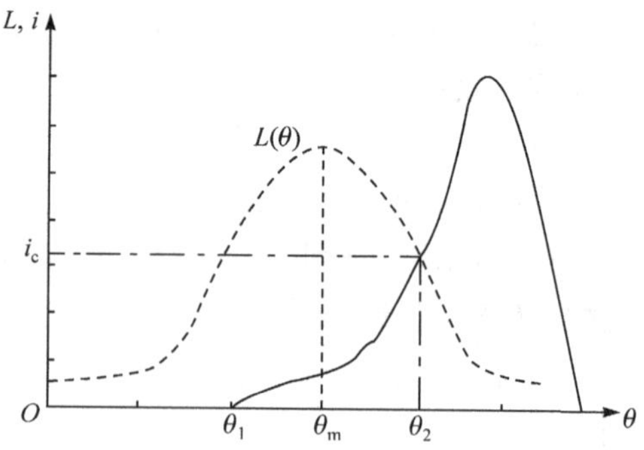

图 8.7.10　开关磁阻电机发电运行电流波形

开关磁阻电机的各相绕组由开关电路控制工作，设主开关在 $\theta = \theta_1$ 时刻触发，在 $\theta = \theta_2$ 时刻关断，即 θ 在 θ_1～θ_2 阶段为励磁阶段，在 $\theta > \theta_2$ 阶段为发电阶段。开关磁阻电机的每一相绕组可以看作由一个电阻和电感线圈串联而成，电路方程为

$$\pm U = -E + iR \tag{8-7-5}$$

式中，$+U$ 为激励阶段电压；$-U$ 为发电阶段输出电压；E 为相绕组电势。

又由于理想线性模型下的相绕组磁链方程为 $\psi = Li$。相应地，相绕组电势为

$$E = -\frac{\mathrm{d}\psi}{\mathrm{d}t} = -L\frac{\mathrm{d}i}{\mathrm{d}t} - i\frac{\mathrm{d}L}{\mathrm{d}\theta}\frac{\mathrm{d}\theta}{\mathrm{d}t} \tag{8-7-6}$$

设电机匀速旋转，将式(8-7-6)代入式(8-7-5)，则

$$L\frac{\mathrm{d}i}{\mathrm{d}t} = \pm U - \omega i\frac{\mathrm{d}L}{\mathrm{d}\theta} - ir \tag{8-7-7}$$

式中，$+U$ 为绕组励磁阶段的外加电压；$-U$ 为开关关断后续流阶段输出电压；ω 为转子角速度。

在 $\theta_1 \sim \theta_2$ 阶段，电源经过主开关对绕组供电，称为励磁阶段。励磁的开始点处于 $\partial L / \partial \theta > 0$ 的阶段，需要给开关磁阻电机提供励磁电源，使得励磁电流增大。当转子位置 θ 进一步增加，明显处在 $\partial L / \partial \theta < 0$ 阶段时，由于电源及运动电势同时形成电流，直至相电流在 θ_2 处达到 i_c。在该阶段，电机开始吸收机械能，可以进入发电运行状态，为了对电机进行充分励磁，提高总的发电能力需要将关断角 θ_2 适当后移。

当转子位置到达 $\theta = \theta_2$ 时，主开关关断，绕组内能量沿续流二极管回馈给蓄电池或负载，电机进入续流发电状态，电流在 i_c 的基础上继续增大，随着转子位置进一步增加，进入电感曲线的平缓区。相电流达到周期内的最大值，在此之后电流开始迅速下降。在此阶段内足够强的续流电流源源不断地将机械能转换为电能输出。因此，励磁电流 i_c 以及电机设计时参数 $\partial L / \partial \theta$ 取得较大值，将有助于开关磁阻发电机利用运动电势将励磁能量转化为发电电流向外输出。

8.8 电励磁双凸极起动发电机

电励磁双凸极电机(DSEM)是在开关磁阻电机的基础上，衍生而来的一种新型结构电机，其定转子结构与开关磁阻电机基本相同，也为凸极齿槽结构，并且在定子极上电枢绕组连接方式也与开关磁阻电机相同，转子无绕组。区别在于电励磁双凸极电机定子槽中除了电枢绕组之外，还镶嵌了励磁绕组，以典型的 6/4 结构电励磁双凸极电机为例，如图 8.8.1 所示。由于电机结构与开关磁阻电机类似，也具有结构简单、可靠性高、寿命长、制造工艺简单的特点。

按相数和齿极数来分，电励磁双凸极电机也可分为三相 6/4、12/8 或四相 8/6、16/12 等结构类型。电枢绕组的分布方式与开关磁阻仍然相同，区别在于 12/8 结构等效为两台 6/4 结构电机，其励磁绕组分布方式如图 8.8.2 所示，间隔三相绕组也是对称分布的。

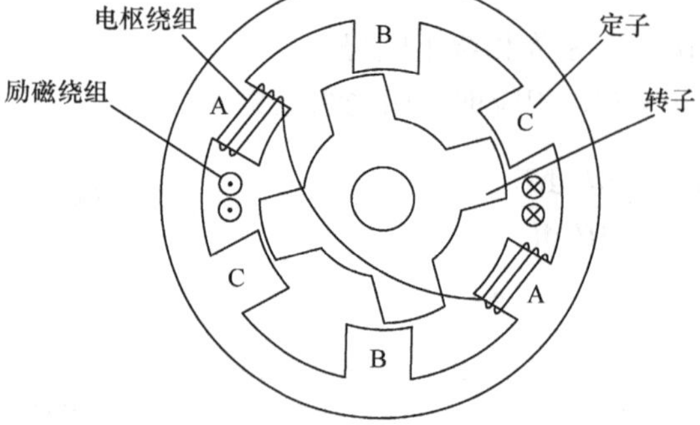

图 8.8.1　6/4 结构电励磁双凸极电机

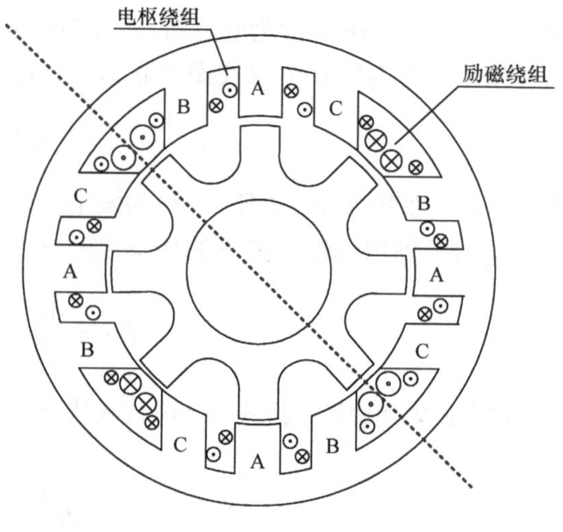

图 8.8.2　12/8 结构电励磁双凸极电机

当励磁绕组通入励磁电流后，将在电机内产生固定的励磁磁场，磁通仍然走磁阻最小的路径。当电励磁双凸极电机工作在发电状态，原动力或外力拖动电机转子旋转过程中，虽然励磁绕组产生的励磁磁链不变，但是转子旋转过程中，电机气隙磁阻发生变化，导致电枢绕组所匝链的励磁磁链将随着转子旋转而发生变化，该变化的磁链将在电枢绕组中感应出电势，将三相电枢绕组连接三相整流桥即可实现直流电能输出，如图 8.8.3 所示。因此电励磁双凸极电机发电运行工作原理区别于开关磁阻电机，并且可以通过励磁电流的控制实现输出电压的调节，电压控制方式更加简单。

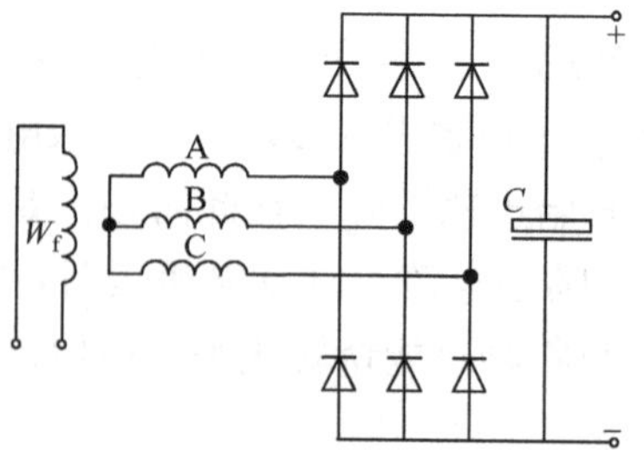

图 8.8.3　电励磁双凸极发电机整流输出结构图

给电励磁双凸极电机励磁绕组通入电流，励磁电流将在电机内部产生一定的磁场分布，磁通经过定子轭部、定子齿部、气隙、转子齿部、转子轭部形成闭合回路。若按照一定的导通顺序给电机三相绕组通电，可使电机产生稳定的转矩，从而连续旋转，实现电励磁双凸极电机的起动运行。

8.8.1　电励磁双凸极起动发电机数学模型

可以通过近似处理获得其数学模型，包括磁链方程、电压方程、功率方程、转矩方程和运动方程。这些方程描述了电励磁双凸极电机各个物理量之间的关系，是研究其工作原理的依据。

1. 磁链方程

$$[\psi]=[L]\cdot[I] \tag{8-8-1}$$

式中，$[\psi]=\begin{bmatrix}\psi_a\\\psi_b\\\psi_c\\\psi_f\end{bmatrix}$ 为 A、B、C 三相绕组和励磁绕组所匝链的磁链；

$$[L]=\begin{bmatrix} L_a & L_{ab} & L_{ac} & L_{af} \\ L_{ba} & L_b & L_{bc} & L_{bf} \\ L_{ca} & L_{cb} & L_c & L_{cf} \\ L_{fa} & L_{fb} & L_{fc} & \mathrm{L}_f \end{bmatrix}$$ 为三相绕组、励磁绕组自感及相绕组与励磁绕组之间的互感；

$$[I]=\begin{bmatrix} i_a \\ i_b \\ i_c \\ i_f \end{bmatrix}$$ 为三相绕组和励磁绕组电流。

2. 电压方程

$$[U]=[R][I]+[L]\frac{\mathrm{d}[I]}{\mathrm{d}t}+\frac{\mathrm{d}[L]}{\mathrm{d}t}[I] \tag{8-8-2}$$

式中，$[U]=\begin{bmatrix} u_a \\ u_b \\ u_c \\ u_f \end{bmatrix}$ 为 A、B、C 相和励磁绕组电势；$[R]=\begin{bmatrix} R_a \\ R_b \\ R_c \\ R_f \end{bmatrix}$ 为 A、B、C 相和励磁绕组内阻。

3. 功率方程

$$\begin{aligned} P_{es} &= [I]^{T}\cdot[U] \\ &= [I]^{T}\cdot[R]\cdot[I]+[I]^{T}\cdot\frac{\mathrm{d}[L]}{\mathrm{d}t}\cdot[I]+[I]^{T}\cdot[L]\cdot\frac{\mathrm{d}[I]}{\mathrm{d}t} \\ &= [I]^{T}\cdot[R]\cdot[I]+\frac{1}{2}\cdot[I]^{T}\frac{\mathrm{d}[L]}{\mathrm{d}t}[I]+\frac{\mathrm{d}}{\mathrm{d}t}\left(\frac{1}{2}\cdot[I]^{T}\cdot[L]\cdot[I]\right) \end{aligned} \tag{8-8-3}$$

根据各项的物理意义，式(8-8-3)可写成如下形式：

$$P_{es}=P_{gu}+T_e\omega+\frac{\mathrm{d}W_m}{\mathrm{d}t} \tag{8-8-4}$$

式中，P_{es} 为电机从电源吸收的功率；$P_{gu}=[I]^{T}\cdot[R]\cdot[I]$ 为电机铜耗；T_e 为电机输出转矩；ω 为转子角速度；$W_m=\frac{1}{2}[I]^{T}\cdot[L]\cdot[I]$ 为磁场储能。

4. 转矩方程

$$T_e=\frac{1}{2}[I]^{T}\cdot\frac{\mathrm{d}[L]}{\mathrm{d}t}\cdot[I] \tag{8-8-5}$$

以 p 相(p 表示为 A、B、C)为例，p 相的输出转矩为

$$T_p=T_{pr}+T_{pf}=\frac{1}{2}{i_p}^{2}\frac{\mathrm{d}L_p}{\mathrm{d}\theta}+i_p i_f\frac{\mathrm{d}L_{pf}}{\mathrm{d}\theta} \tag{8-8-6}$$

式中，T_{pr} 为 p 相磁阻转矩，是随转子位置的不同，由相绕组自感变化而产生的；T_{pf} 为 p 相励磁转矩，是随着转子位置的不同，电枢绕组与励磁绕组的互感变化而产生的。

5. 运动方程

$$T - T_{\mathrm{L}} - B\omega = J\frac{\mathrm{d}\omega}{\mathrm{d}t} \tag{8-8-7}$$

式中，J为系统的转动惯量；B为系统摩擦系数；T为合成转矩；T_{L}为负载转矩。

8.8.2 电励磁双凸极起动工作原理

电励磁双凸极电机起动控制可采用半周控制模式和两相导通控制模式。半周控制模式类似开关磁阻电机的控制方式，只在电感的上升区通正电流，在电感下降区不通电流；两相导通控制模式是指任意时刻总有两相绕组通电工作，在绕组电感上升的一相绕组中通入正电流，在绕组电感下降的另一相绕组中通入负电流。半周控制模式比较简单，但它没有利用电励磁双凸极电机可全周期出力的性能，体现不出电励磁双凸极电机单位体积出力大的优点；两相导通控制模式具有单位体积出力大、输出转矩脉动小、电机利用率高的优点。因此，电励磁双凸极电机起动过程运行过程通常采用两相导通控制模式。

电励磁双凸极电机通常采用三相桥式变换器作为主功率拓扑，如图 8.8.4 所示，任意时刻导通的两相绕组相电流相等，只需对其中一相电流进行斩波控制，即可等效控制另外一相电流，全桥变换器在两相导通控制模式下，功率管导通逻辑为 $T_1T_6 \to T_3T_2 \to T_5T_4 \to T_1T_6 \to \cdots$，两相导通控制模式下的电感与相电流如图 8.8.5 所示。

励磁功率采用不对称半桥变换器作为拓扑，其结构如图 8.8.6 所示，其中 V_{T1} 为斩波功率管，D_1 为续流二极管，V_{T2} 为逆磁功率管，D_2 为逆磁二极管。

以 T_1T_6 导通工作区间为例说明电励磁双凸极电机控制方式。此时，A、C 相绕组串联工作，A、C 两相绕组的端电压为

$$\begin{cases} U_{\mathrm{a}} = i_{\mathrm{a}}R_{\mathrm{a}} + L_{\mathrm{a}}(\theta)\dfrac{\mathrm{d}i_{\mathrm{a}}}{\mathrm{d}t} + i_{\mathrm{f}}\dfrac{\mathrm{d}L_{\mathrm{af}}(\theta)}{\mathrm{d}\theta}\omega + i_{\mathrm{a}}\dfrac{\mathrm{d}L_{\mathrm{a}}(\theta)}{\mathrm{d}\theta}\omega \\ U_{\mathrm{c}} = i_{\mathrm{c}}R_{\mathrm{c}} + L_{\mathrm{c}}(\theta)\dfrac{\mathrm{d}i_{\mathrm{c}}}{\mathrm{d}t} + i_{\mathrm{f}}\dfrac{\mathrm{d}L_{\mathrm{cf}}(\theta)}{\mathrm{d}\theta}\omega + i_{\mathrm{c}}\dfrac{\mathrm{d}L_{\mathrm{c}}(\theta)}{\mathrm{d}\theta}\omega \end{cases} \tag{8-8-8}$$

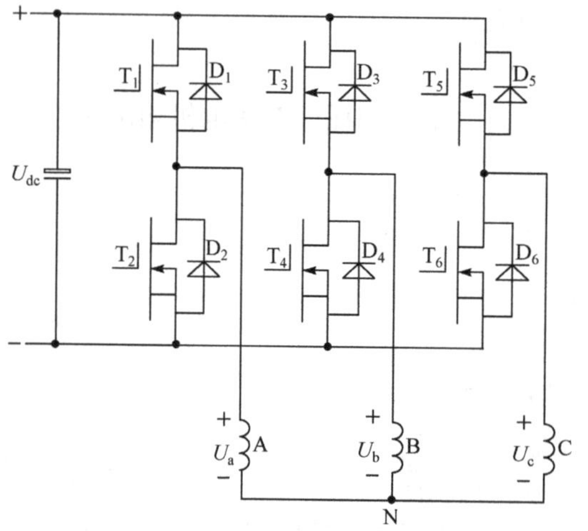

图 8.8.4 电励磁双凸极电机起动系统主功率电路

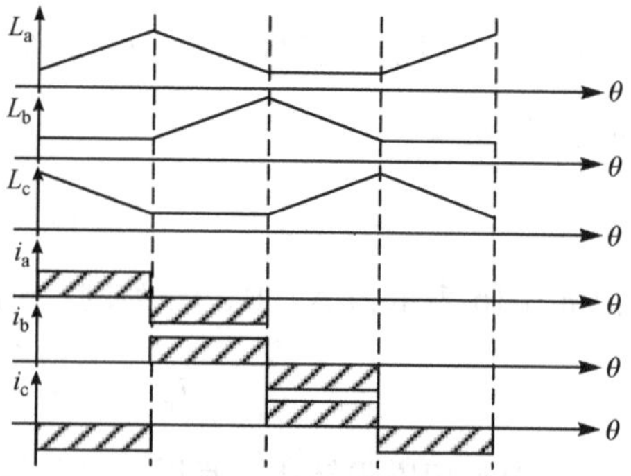

图 8.8.5 电励磁双凸极电机两相导通控制模式下的电感与相电流示意图

式中，$e_{ta}=L_a(\theta)\mathrm{d}i_a/\mathrm{d}t$，$e_{tc}=L_c(\theta)\mathrm{d}i_c/\mathrm{d}t$ 是由于电枢电流变化而在电枢绕组中感应的电势，称为自感电势；$e_{fa}=\omega i_f\mathrm{d}L_{af}(\theta)/\mathrm{d}\theta$，$e_{fc}=\omega i_f\mathrm{d}L_{cf}(\theta)/\mathrm{d}\theta$ 是由于励磁磁链随转子位置变化而在电枢绕组中感应的电势，称为励磁电势；$e_{ra}=\omega i_a\mathrm{d}L_a(\theta)/\mathrm{d}\theta$，$e_{rc}=\omega i_c\mathrm{d}L_c(\theta)/\mathrm{d}\theta$ 是由电枢绕组电感随转子位置变化引起的电势，称为磁阻电势。

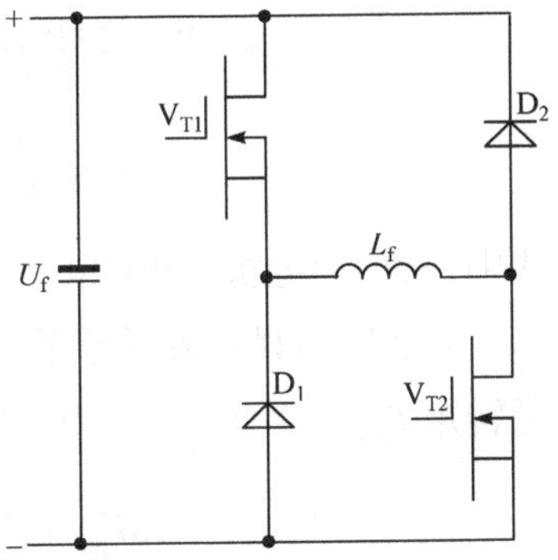

图 8.8.6　电励磁双凸极电机励磁功率不对称半桥电路

A、C 两相输出转矩为

$$\begin{cases}T_a=\dfrac{1}{2}i_a^2\dfrac{\mathrm{d}L_a(\theta)}{\mathrm{d}\theta}+i_ai_f\dfrac{\mathrm{d}L_{af}(\theta)}{\mathrm{d}\theta}\\T_c=\dfrac{1}{2}i_c^2\dfrac{\mathrm{d}L_c(\theta)}{\mathrm{d}\theta}+i_ci_f\dfrac{\mathrm{d}L_{cf}(\theta)}{\mathrm{d}\theta}\end{cases}\tag{8-8-9}$$

电机的合成转矩，即输出转矩为

$$T_e=T_a+T_c=i_ai_f\frac{\mathrm{d}L_{af}(\theta)}{\mathrm{d}\theta}+i_ci_f\frac{\mathrm{d}L_{cf}(\theta)}{\mathrm{d}\theta}\tag{8-8-10}$$

令 $i_a=-i_c=i$，$\mathrm{d}L_{af}(\theta)/\mathrm{d}\theta=-\mathrm{d}L_{cf}(\theta)/\mathrm{d}\theta=k$，则

$$T_e=T_a+T_c=2ii_fk\tag{8-8-11}$$

可见，铁心不饱和时，电机输出转矩与相电流、励磁电流成正比。因此将三相电流斩波控制在给定值，励磁电流恒流控制在额定值，电励磁双凸极电机就可以实现恒转矩运行。此阶段电机 p 相绕组的反电势为

$$E_p=\omega i_f\frac{\mathrm{d}L_{pf}(\theta)}{\mathrm{d}\theta}+\omega i_p\frac{\mathrm{d}L_p(\theta)}{\mathrm{d}\theta}\tag{8-8-12}$$

可见，若相电流继续维持在恒定值，随着转速的上升，电势 E_p 线性上升。

电励磁双凸极电机任意时刻均有两相绕组导通工作，在 A、C 相导通区间，两相绕组之间的线电压为

$$U_{ac}=U_a-U_c=2iR+E_o\tag{8-8-13}$$

式中，$E_o=e_{fa}+e_{ra}-e_{fc}-e_{rc}$，为两相绕组的反电势之和。

由式(8-8-13)可见，两相绕组反电势之和与对应两相的线电压之间只有两倍的内阻压降，通过检测相应线电压就可以获得绕组反电势。

8.8.3　电励磁双凸极电机发电工作原理

电励磁双凸极电机发电工作时无须位置传感器与全功率可控变换器，三相绕组直接通过三相不控整流桥即可输出直流电压。空载时，原动机拖动电励磁双凸极电机旋转过程中，定转子重叠角度发生变化，电枢绕组中所匝链的磁通变化而感应出电势。假定电机磁路不饱和并且忽略磁路边缘效应，由式(8-8-2)可得发电机电压方程为

$$[U]=-[R][I]+[L]\frac{\mathrm{d}[I]}{\mathrm{d}t}+[I]\frac{\mathrm{d}[L]}{\mathrm{d}t}\tag{8-8-14}$$

功率方程为

$$
\begin{aligned}
P_{\mathrm{eg}} &= [I]^{\mathrm{T}}\cdot[U] = -[I]^{\mathrm{T}}\cdot[R]\cdot[I]+[I]^{\mathrm{T}}\cdot\frac{\mathrm{d}[L]}{\mathrm{d}t}\cdot[I]+[I]^{\mathrm{T}}\cdot[L]\cdot\frac{\mathrm{d}[I]}{\mathrm{d}t} \\
&= -[I]^{\mathrm{T}}\cdot[R]\cdot[I]+\frac{1}{2}\cdot[I]^{\mathrm{T}}\frac{\mathrm{d}[L]}{\mathrm{d}t}[I]+\frac{\mathrm{d}}{\mathrm{d}t}\left(\frac{1}{2}\cdot[I]^{\mathrm{T}}\cdot[L]\cdot[I]\right)
\end{aligned}
\tag{8-8-15}
$$

式中，P_{eg} 为电机输出的电功率。

若忽略机械损耗及杂散损耗，则原动机拖动转矩 T_{pm} 在数值上等于电励磁双凸极电机的电磁转矩 T_{em}，因此，原动机输入的机械能增量 ΔW_{pm} 为

$$
\Delta W_{\mathrm{pm}} = T_{\mathrm{em}}\omega_{\mathrm{r}}\Delta t = \frac{1}{2}[I]^{\mathrm{T}}\cdot\frac{\mathrm{d}[L]}{\mathrm{d}t}\cdot[I]\cdot\Delta t = \frac{1}{2}[I]^{\mathrm{T}}\cdot[\Delta L]\cdot[I]
\tag{8-8-16}
$$

电机输出电能增量为

$$
\begin{aligned}
\Delta W_{\mathrm{e}} = [I]^{\mathrm{T}}\cdot[U]\Delta t &= -[I]^{\mathrm{T}}\cdot[R]\cdot[I]\cdot\Delta t+\frac{1}{2}\cdot[I]^{\mathrm{T}}\cdot\frac{\mathrm{d}[L]}{\mathrm{d}t}[I]\cdot\Delta t+\frac{\mathrm{d}}{\mathrm{d}t}\left(\frac{1}{2}\cdot[I]^{\mathrm{T}}\cdot[L]\cdot[I]\right)\cdot\Delta t \\
&= -[I]^{\mathrm{T}}\cdot[R]\cdot[I]\cdot\Delta t+\frac{1}{2}\cdot[I]^{\mathrm{T}}\cdot\Delta[L]\cdot[I]+\frac{\mathrm{d}}{\mathrm{d}t}\left(\frac{1}{2}\cdot[I]^{\mathrm{T}}\cdot[L]\cdot[I]\right)\cdot\Delta t
\end{aligned}
\tag{8-8-17}
$$

根据各项的物理意义，式(8-8-17)可写成如下形式：

$$
\Delta W_{\mathrm{e}} = -\Delta W_{\mathrm{Cu}}+\Delta W_{\mathrm{pm}}+\Delta W_{\mathrm{mag}}
\tag{8-8-18}
$$

式中，ΔW_{Cu} 为电机铜耗增量；ΔW_{pm} 为电机输入机械能增量；ΔW_{mag} 为磁场储能增量。式(8-8-18)满足能量守恒定理：电励磁双凸极电机输出的电能增量 ΔW_{e} 始终与 ΔW_{Cu}、ΔW_{pm} 和 ΔW_{mag} 相平衡。

电励磁双凸极电机发电工作时，通过调节励磁电流就可以维持输出电压恒定。当调压器正常工作时，逆磁功率管 V_{T2} 处于常通状态，此时逆磁电路不起作用，通过调节斩波功率管 V_{T1} 的占空比来实现励磁电流的调节。如果发电机输出电压小于给定值，开通 V_{T1}，如图 8.8.7(a)所示，励磁电流上升，输出电压也上升；如果发电机输出电压大于给定值，关断 V_{T1}，如图 8.8.7(b)所示，励磁绕组电流通过 D_1 续流，由于绕组电阻和功率管导通压降的作用，励磁电流减小，输出电压也减小。在发电机突卸负载时，输出电压会有较大的过冲，此时为使输出电压尽快恢复正常值，应同时关断 V_{T1}、V_{T2}，励磁电流经 D_2、励磁绕组、D_1 续流，如图 8.8.7(c)所示，励磁电流在励磁电源反向电压的作用下迅速减小，从而使输出电压迅速恢复至正常水平。

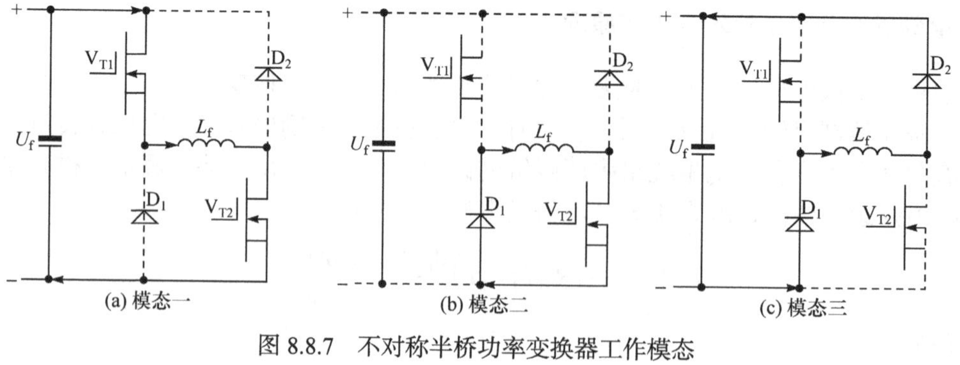

图 8.8.7　不对称半桥功率变换器工作模态

8.8.4 电励磁双凸极电机起动、发电切换工作原理

基于双凸极电机的起动发电系统结构如图 8.8.8 所示，由发动机、双凸极电机、发电整流器、起动功率变换器、起动发电控制器、起动电源、励磁电源、驱动逻辑电路、电气负载、切换开关等部分组成。起动运行时，开关 S 闭合，起动发电控制器检测电机三相绕组电流、转子位置，通过相电流斩波控制，并结合励磁电流的控制，实现发动机起动功能；发动机正常工作时，拖动电机运行，此时系统处于发电运行状态，发电整流器工作，起动发电控制器只需要根据输出电压控制励磁主功率电路，调节励磁电流稳定输出电压。与开关磁阻电机相比，双凸极起动发电系统增加了一套励磁电源和励磁功率电路，发电状态运行时，起动功率变换器不工作，仅通过控制励磁电流即可实现调压控制。双凸极起动发电系统在发电运行时，控制电路简单、控制方便、性能优良。

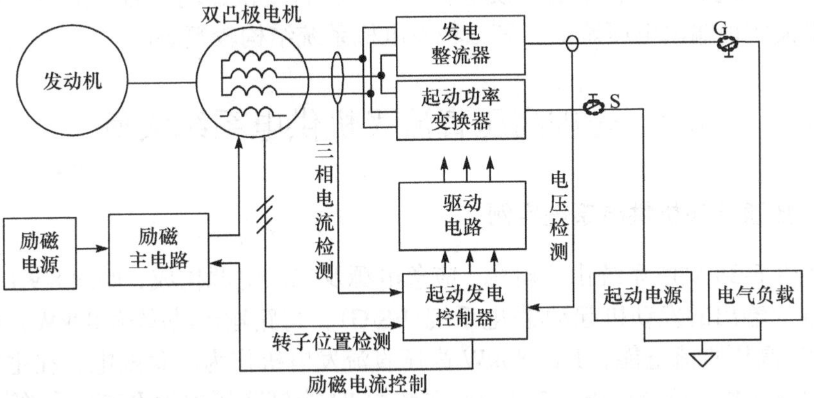

图 8.8.8　双凸极电机起动发电系统结构

8.8.5 两种起动发电系统的对比

电励磁双凸极电机与开关磁阻电机由于结构相似，磁路产生原理相似，存在一定的共性，但两者又存在较大的差别。将电励磁双凸极电机与开关磁阻起动发电机在电机结构、变换器拓扑、起动发电控制和位置传感器等方面进行比较，见表 8.8.1。

表 8.8.1　电励磁双凸极电机和开关磁阻电机起动发电系统的差异比较

异同点		开关磁阻电机	电励磁双凸极电机
电机本体结构	同	定转子均为双凸极结构，转子无绕组	
	异	定子上只有电枢绕组	定子上除具有电枢绕组外，还含有励磁绕组
变换器拓扑结构	同	具有能量双向流的功能	
	异	采用三相不对称半桥结构，主功率电路分时工作	励磁与主功率电路分开，主功率电路采用三相桥式，励磁回路采用单相不对称半桥结构
起动转矩	同	电机输出转矩中均存在磁阻转矩	
	异	磁阻转矩为起动转矩	起动输出转矩主要为励磁转矩
调压控制	同	均通过调节励磁控制输出直流电压	
	异	通过控制开通、关断角度实现励磁调节，等效于自励	通过励磁电流调节输出电压，控制简单，可靠性高

续表

异同点		开关磁阻电机	电励磁双凸极电机
起动发电切换过程	同	电机运行状态从起动转换至发电	
	异	切换前后均要控制主功率电路	切换后，主功率电路不控，作为全桥整流电路工作，控制励磁回路调节输出电压
位置传感器	同	起动过程均需要位置传感器判断转子位置	
	异	发电状态仍需位置传感器	发电时无须位置传感器

由以上所述高压直流发电机可见，有两种类型，第一种是交流发电机和二极管整流桥的组合，即调节励磁线圈的励磁电流调节输出电压，励磁调节功率较小，如三级式同步发电机和双凸极直流发电机。第二种是交流发电机与可控交直变换器的组合，通过全功率变换器瞬时控制励磁电流实现输出电压调节。第二种发电机系统结构较复杂。

8.9 先进高压直流飞机供电系统实例

8.9.1 典型高压直流飞机供电系统实例

多电战斗机 F-35 供电系统由主电源、应急电源及二次电源构成，如图 8.9.1 所示。主电源为 1 台双路独立输出的发动机起动/发电系统(ES/G)，每路输出功率达 80kW，可同时为两路负载提供 270V 高压直流电能；1 台 80kW 高压直流发电机作为应急发电，在主电源失效时快速切入，保障关键系统持续供电。270 电池系统由 84 个锂离子电池及充电器/管理器组成，为飞行关键负载和能量与热管理系统(PTMS)的自起动供电。28V 电池系统由 8 个锂离子电池和充电器/管理器组成。二次电源包括 2 台 160A 的 270～28VDC/DC 变换器，将 270V 高压直流转换为 28V 低压直流，为航电、液压泵等低压直流设备供电；1 台 5.4kVA 的 DC/AC 逆变器将直流电能转换为 115V/400Hz 交流电，满足机载交流负载需求。有三个变换器/调节器(C/Rs)为飞行关键负载提供冗余的 28VDC 电源。这些 C/Rs 的电能来源有：28V 配电系统，28VDC

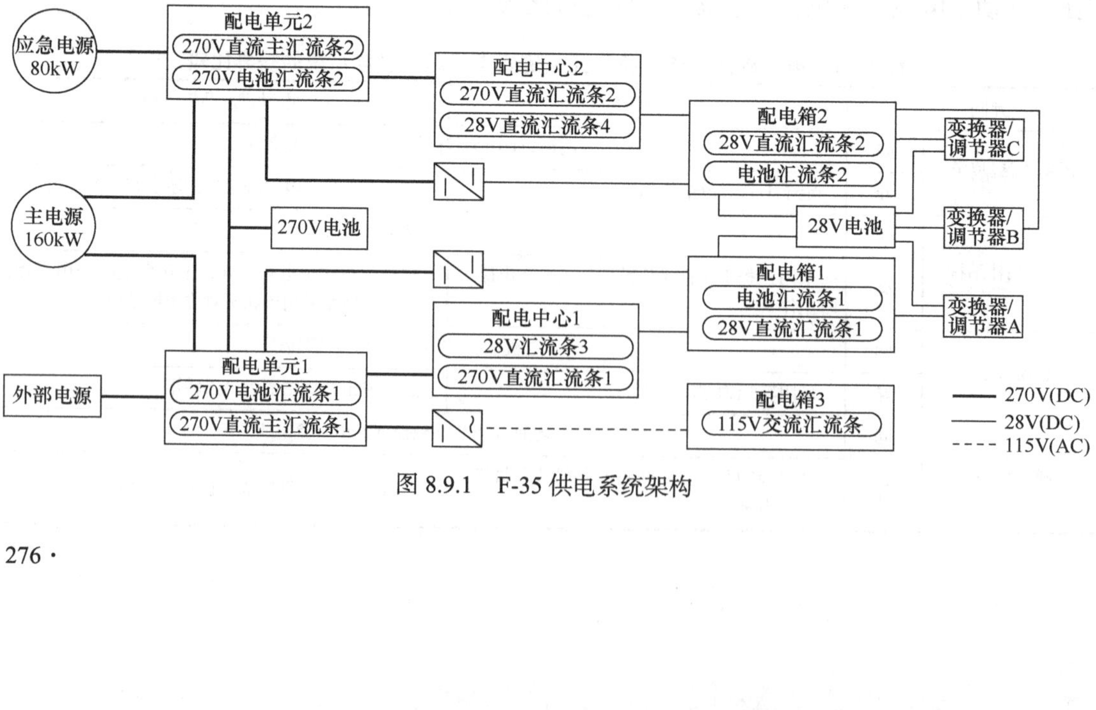

图 8.9.1 F-35 供电系统架构

电池系统，两套永磁发电机（一套位于 ES/G 内，另一套位于 PTMS 内）。这些输入提供了高可靠的不中断电源。每个 C/R 为三冗余飞行控制系统中的一个提供电力。F35 的电源系统架构依托高压直流技术优势，实现了功率密度提升与配电简化，满足了战斗机的高功率、高可靠性用电要求，是现代战机多电化设计的典型代表。

8.9.2 eVTOL 供电系统案例

图 8.9.2 为通用 eVTOL 电动垂直起降飞行器电力系统。垂直起降固定翼飞行器可分为无人驾驶航空器（UAV/无人机）以及载人电动垂直起降飞行器（eVTOL），主电源目前以三元锂和磷酸铁锂电池为主。无人机主要包括末端物流配送的小型多旋翼无人机、农林植保的专业作业无人机以及大范围巡检和货运的固定翼或垂直起降固定翼（VTOL）无人机。eVTOL 常被称为“空中出租车”或“飞行汽车”，它无须机场跑道即可垂直起降，能够适应城市复杂环境。小型无人机电池容量从几千 mA · h 到两万 mA · h 不等，大型无人机和 eVTOL 电池包容量则以千瓦时（kW · h）计，eVTOL 电池容量可从约 100kW · h 到 1MW · h 以上。与之相对应，电压等级从小型无人机的几伏到 eVTOL 的 400～800V 高压系统。其中，电池管理系统是确保锂电池安全、高效、长寿命运行的关键，主要具有监测、保护、状态估计以及热管理控制等功能，以保障主电源可靠性及安全性。此外，能量管理系统按照实际所需功率需求将电能合理分配到不同电压等级母线，为螺旋桨、旋翼以及传感器、执行器、控制电子设备等不同载荷设备供电，以确保功率的合理分配以及载荷设备的稳定供电，为飞行器的稳定运行提供有效保障。

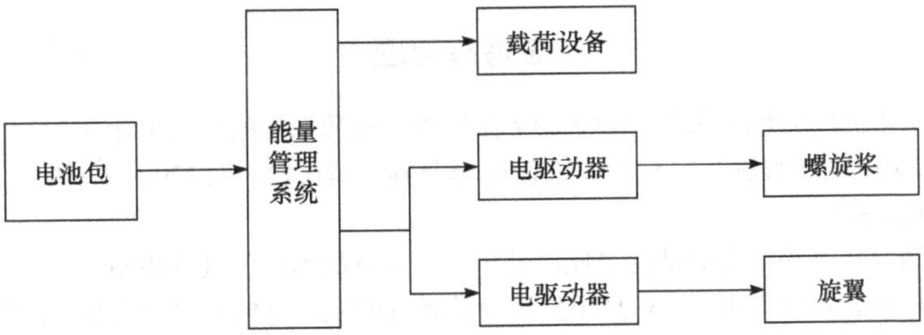

图 8.9.2 通用 eVTOL 电动垂直起降飞行器电力系统

电动飞机的拓展知识

8.9.3 电动飞机

电动飞机是利用电能驱动电动机产生推力的航空器，其发展背景主要源于航空业对环保、降噪和可持续发展的需求，旨在减少碳排放和运营成本。其核心组成包括高能量密度电池组（如锂电池或未来固态电池）作为储能单元、高效率电动机（常为永磁同步电机）替代传统燃油发动机、电调系统控制电机转速，以及轻量化机身结构和能量管理系统。关键特性在于零直接排放、显著降低噪音、更高的能量转化效率，以及更简化的机械结构带来的潜在维护优势。其供电原理本质上是由电池储存的直流电通过电调系统输送给电动机，电动机将电能转化为机械能驱动螺旋桨产生推力；同时还根据电动飞机的负载种类和需求，设置不同电压等级的汇流条以及变换器等，先进的系统还可能包含能量回收机制，将飞机多余热能和制动动能回收为电能。

NASA 的 X57 Maxwell 项目是一个典型的电动飞机技术验证机。其核心组成是在超薄机翼上分布式安装 14 台电动机：翼前缘布置 12 台小型高升力电机（每台约 10kW），专门用于起飞和着陆时增强机翼气流以大幅提升升力；翼尖则安装 2 台更大功率的高效巡航电机(每台约 60kW)，负责高效巡航飞行。其供电原理依赖于机载锂电池组(约 69kW · h 容量)，并通过中央控制器进行智能配电。在起飞和着陆阶段，所有 14 台电机全功率运行(总功率超 240kW)；一旦进入巡航高度，则仅由翼尖的 2 台巡航电机工作(总功率约 120kW)，此时前缘小电机停转且其螺旋桨桨叶可折叠以减少阻力，显著降低了能耗。此外，在下降阶段，飞机可以将部分螺旋桨切换到“风车模式”，利用气流发电并储存起来，实现能量回收。未来，电动飞机仍需在电池能量密度、安全性和充电设施等方面取得重大突破，才能进一步提升性能。

8.10 小　　结

本章从高压直流电源系统的特点、组成及工作原理，根据适合高压直流电源系统的起动发电机类型，分别介绍了三级式无刷直流起动发电机、永磁式无刷直流起动发电机、开关磁阻起动发电机、电励磁双凸极起动发电机的工作原理和起动发电系统结构，总结了各型起动发电机的起动和发电运行原理及控制技术。针对当前多电/全电飞机对高压直流电源系统提出的更大容量、更高转速和内置式起动发电机结构的需求，以及电源系统具有更高的可靠性和电磁兼容性的要求，高压直流电源的重点发展的技术方向在于：①新型高速高功率密度的起动发电一体化电机；②内置式起动发电机的耐高温高压的磁路设计和材料技术；③高可靠性位置传感器技术；④系统故障容错和隔离技术；⑤系统电磁兼容性。

思考练习题

8-1　说明 270V 高压直流电源系统相比较 28V 低压直流电源系统的优点是什么。

8-2　为什么说270V高压直流与115/200V交流电源兼容？请比较说明120kW高压直流馈电线与120kV·A交流馈电线的大致重量关系。

8-3　简述双通道高压直流电源的结构组成以及单发、双发故障后的处理措施。

8-4　哪些类型的电机可以作为 270V 高压直流电源系统的主发电机？请给出基于这些电机的高压直流主发电系统的结构，并说明其特点。

8-5　哪些类型的电机可以作为 270V 高压直流电源系统的起动发电机？请给出基于这些电机的高压直流起动发电系统的结构，并说明其特点。

8-6　三级式无刷直流发电机与传统 CSCF 系统中三级式同步发电机的差异在哪里？

8-7　简述开关磁阻电机起动和发电运行过程中的控制方式的异、同点。

8-8　简述电励磁双凸极电机起动和发电工作原理。

8-9　对比说明电励磁双凸极起动发电机系统与传统直流电机起动发电系统的相同点。

8-10　开关磁阻电机与电励磁双凸极电机的主要异、同点是什么？

8-11　结合本章节高压直流电源系统的基本原理，选择一种高压直流发电机进行建模并设置两种故障类型，通过仿真得到不同故障类型下模拟数据，包括电压、电流等，详细分析不同故障下系统特征。

要求：

(1)理解高压直流电源系统的基本原理，从三级式无刷直流起动发电机、开关磁阻起动发电机和电励磁双凸极起动发电机中选择一种进行数学建模；

(2)在所构建的高压直流电源系统中设置两种故障，故障类型包括调压器故障、励磁故障、内绕组短路和断路、整流器断路故障等；

(3)通过仿真得到模拟数据，详细分析不同故障下系统特征。

第 9 章　飞机配电系统

9.1　飞机配电系统的基本概念

飞机配电系统是从电源汇流条到用电设备端之间电能的分配、传输、控制、保护及管理系统。其中包括电网结构、汇流条配置、控制保护形式、余度和不中断供电，以及功率控制、负载管理、传输总线和远置终端等。飞机配电系统简称飞机电网，包括供电网和配电网两部分。

9.1.1　飞机供电网结构

飞机直流供电网有开式(辐射式)、闭式和混合式三种结构类型，交流电网为开式。供电网的形式与供电的可靠性、连续性和电能质量相关，还与电网生命力、重量有关。

1. 开式电网结构

开式电网，电能仅从一个方向传到用电设备汇流条，如图 9.1.1 所示。这是单发电机直流配电系统，电源汇流条上有 12kW 直流起动发电机和两台锌银蓄电池，大功率用电设备(如应急液压泵、油泵和 3 台变流机)也接于电源汇流条。用电设备汇流条有 4 条，B_1 主要供发动机用电设备，在左前配电板内；B_2 主要供航行仪和通信设备，在右前配电板内；B_3 也在右前配电板内，向军械设备供电；B_4 在后右配电板内，向操纵系统、起落架和投弹设备供电。两蓄电池可实现机上 24/48V 航空发动机电起动。

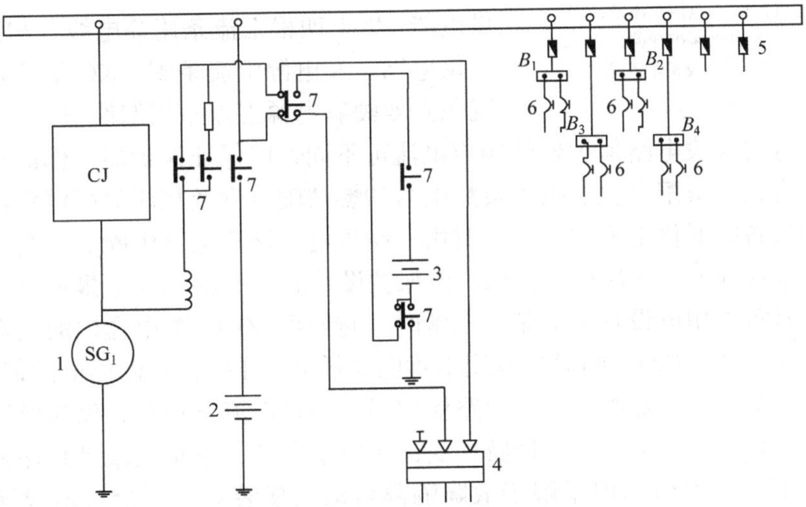

图 9.1.1　单台起动发电机的开式电网

1-起动发电机 12kW；2、3-航空蓄电池；4-机场电源插座；5-保险丝；6-自动保护开关；7-接触器；B_1～B_4-用电设备汇流条；CJ-反流保护器

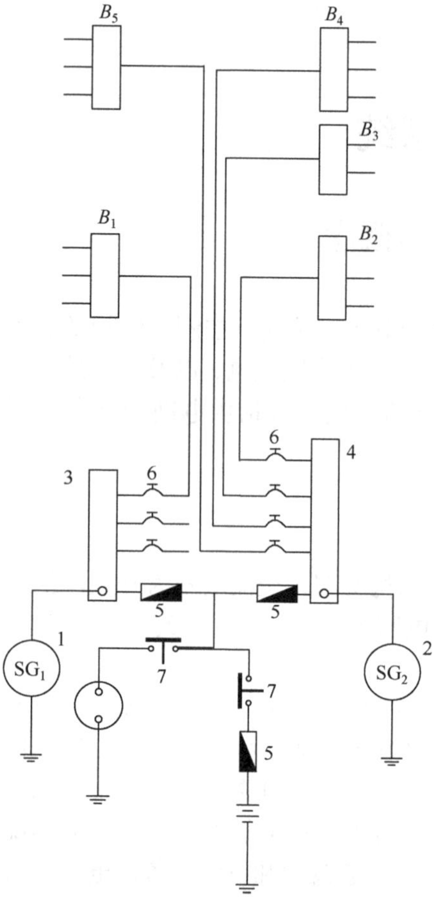

图 9.1.2　双发电机飞机辐射式供电网
1、2-起动发电机；3、4-电源汇流条；
5-惯性保险丝；6-自动保护开关；
7-接触器；B_1～B_5-用电设备汇流条

图 9.1.2 是有左右两电源汇流条的双发电机辐射式供电网，其中电源汇流条由两个方向供电，B_1～B_5 五条负载汇流条仅单向供电，该供电网在负载汇流条或从电源汇流条到负载汇流条的馈电线发生接地短路时，短路电流可达 800～1500A，超过了接于馈电线的自动开关分断能力，可能导致故障进一步扩大。若短路故障发生在两电源汇流条间的连接线上，电网电压立即急剧降低，差动低限继电器成为零状态，其触点可能熔接。10～12s 后，连接线两端的 200A 保险丝和电池的 400A 保险丝熔断，系统恢复正常，并分解为分别由两台发电机供电的两个独立系统。如某电源汇流条短路，则在 200A 保险丝熔断后，另一电源汇流条仍能正常工作。

2. *闭式电网结构*

闭式电网的配电汇流条由两个或两个以上方向供电，故可靠性高。图 9.1.3 是一种闭式供电网，全机有两台 18kW 起动发电机，一台由辅助发动机传动的 18kW 发电机，两台航空蓄电池。辅助发电机组在左发动机短舱内，没有机场电源时，它可作为起动电源，用于起动航空发动机。发动机工作后，由两台主发电机供电，辅助发电机停止工作。该机电网有左电源汇流条、右电源汇流条和驾驶舱电源汇流条。机上主要用电设备由自动开关配电盒中的 ZKC 汇流条提供电能。以上四根汇流条用馈电线互相连接，形成闭式供电网。左电源汇流条到 ZKC 汇流条、右电源汇流条到驾驶舱电源汇流条用双线输电，其余用单线输电。这样闭合电网各段电路保护器的额定电流可不同，以保证保护器动作的正确性。该支线客机的电网有领航员配电盒、报务员配电盒和燃油配电盒及相应的配电汇流条。这些汇流条采用自动后备接通供电方式，正常时由一路供电，该路电能中断后，则自动转接至另一路供电。尽管这种方式转接设备复杂，但保护设计简单。在 ZKC、报务员配电盒和服务员配电盒内也有重要用电设备汇流条，正常时，它们由 ZKC 配电盒内的正常工作汇流条供电，一旦故障，供电中断，则通过专线由蓄电池供电。连接左右两侧电网馈线中的 600A 和 250A 惯性保险丝，主要作汇流条短路保护用。一旦汇流条短路，保险丝熔断，左右两侧成为独立配电系统。但由于保护器特性受诸多因素影响，很难实现满意保护。在闭式供电网设计中，通常采取包括但不限于故障隔离自动切换装置、冗余备份设计等措施，确保在单点故障情况下，其余部分能继续维持正常供电，以此提高整个电网的可靠性和容错能力。

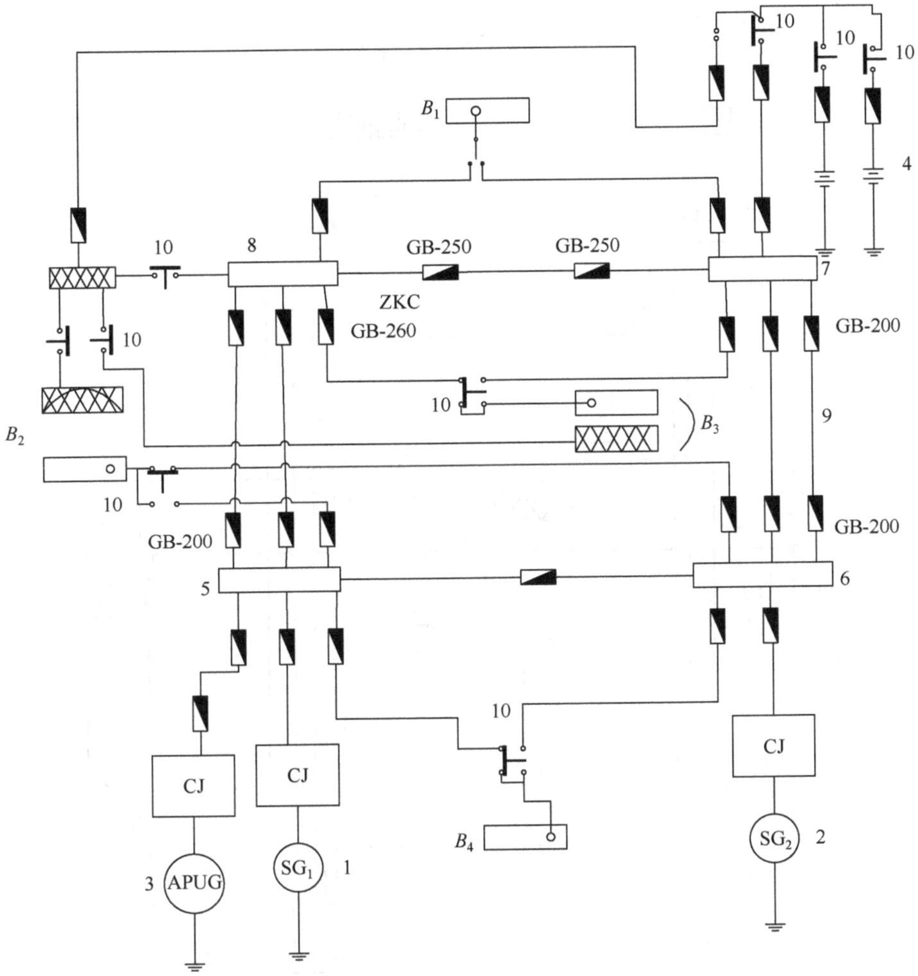

图 9.1.3　双发电机飞机闭式供电网

1、2-起动发电机；3-辅助发电机；4-蓄电池；5、6-源汇流条；7-驾驶舱电源汇流条；8-自动保护开关配电盒；9-双路双向保护馈电线；10-接触器；GB-惯性保险丝；XXXXX-应急汇流条

图 9.1.4 是无保护的某中型飞机闭式供电网，该供电网虽标记为“无保护”，但实际采用了如干线配电方式、多路供电等特殊设计和控制策略，通过设计上的冗余和特殊配置来确保网络在出现故障时仍能保持稳定运行。主电源是 4 台 18kW 直流发电机，应急电源为蓄电池。该供电网的特点为：①日字形闭式供电网，可防止导线或连接点断开造成的供电中断；②环形电网的连接线为 2～3 根 95mm^2 导线，多根导线并联供电可靠性高，安装方便；③采用干线配电方式，如燃油泵配电盒、上部保险丝盒等的电能由馈电线中段引出，以减轻电网重量；④正常时复合供电配电盒由环形电网供电，应急时由内侧的两台发电机通过专用差动低限断电器供电，这样一旦供电网短路，也不会导致所有用电设备供电中断；⑤超应急汇流条由三路供电，正常时由环形电网供电，故障时由应急汇流条供电，应急时由蓄电池供电，应急是指 4 台发电机均不能供电的状态；⑥应急和超应急汇流条通过接触器进行转换，必须让这些电器在应急时电源电压低的情况下正常转换，转换装置应有必要的延迟，以防瞬时电压降低时出现误转换。

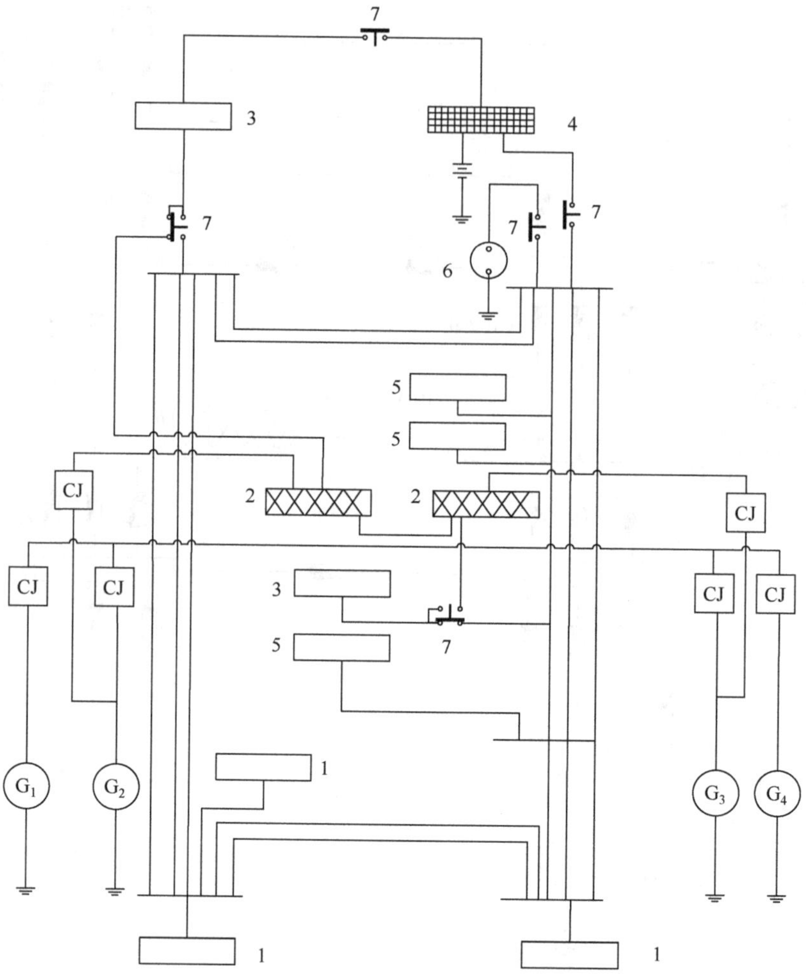

图 9.1.4　无保护中型飞机闭式供电网

1-用电设备汇流条；2-应急汇流条；3-复合供电汇流条；4-超应急汇流条；5-供电网干线上引出的配电点；6-地面电源插座；7-接触器；G_1～G_4-发电机

3. 混合式电网结构

混合式电网是指电网中既有开式结构，也有闭式结构，故障时可以改变电网的结构，实现余度供电。

图 9.1.5 是四发动机大型客机的供电网，共有 8 台 12kW 直流起动发电机，还有蓄电池。四根电源汇流条的外侧两根为双向供电，内侧两根为三个方向供电，所有用电设备汇流条均双向供电，以提高供电质量和可靠性。各汇流条间都用有保护的双路馈电线连接，双路供电的优点是可以有选择地切除短路点。例如，如果左侧两电源汇流条间连接线之一发生对地短路，则左外侧的发电机和左内侧的发电机电流足以将该馈电线两端的 400A 保险丝烧掉，将短路的馈电线从电网上切除。中间有保险丝的分裂式用电设备汇流条既可实现汇流条馈电线的短路保护，也可选择性地切除汇流条本身发生的短路故障。这仅当汇流条馈电线保险丝的额定电流比汇流条之间的额定电流小，但大于它的一半时才有效。由此可见，闭式双路有保护的供电网的可靠性与生命力均较高。

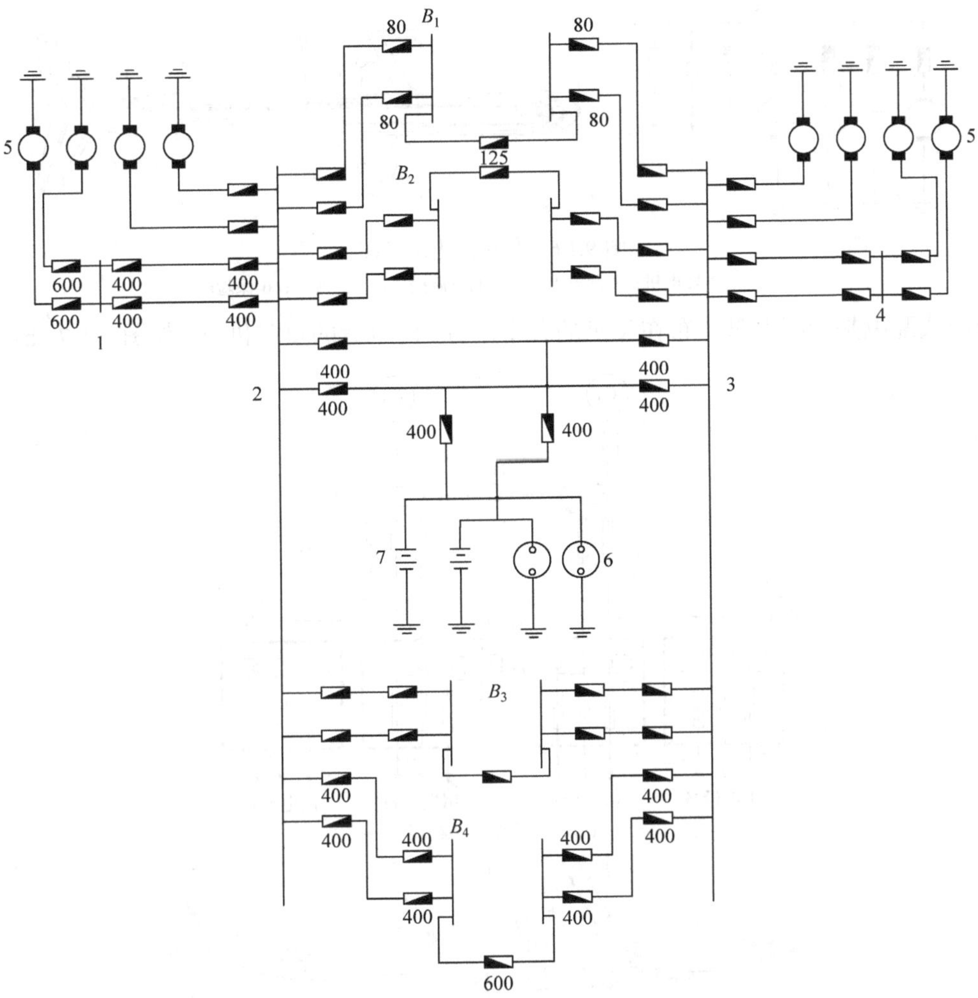

图 9.1.5　四发动机大型客机有保护双路供电网

1、2、3、4-1、2、3、4 号发动机配电板；5-发电机；6-地面地源插座；7-蓄电池；
B_1-领航员配电盒；B_2-通信员配电盒；B_3-服务员配电盒；B_4-尾舱配电盒

9.1.2　飞机配电网结构

飞机配电网结构有集中配电、分布式配电和混合配电三种。

图 9.1.6 是集中配电示意图。两台发电机、1 台蓄电池和机上地面电源插座均接到唯一的电源汇流条上，然后由它直接将电能送到用电设备。集中配电系统中，电源和用电设备的控制和保护都设在有电源汇流条的中央配电盘内，配电盘位于空勤人员附近。这种配电方式用电设备端的电压等于电源汇流条电压与该设备线路压降之差，线路压降只决定于该设备本身消耗电流，设备端电压较稳定，电网简单，易于检查和排除故障。它的缺点是：一旦电网发生短路，所有用电设备在短路故障排除之前，供电电压均较低；电源和用电设备馈电线都要集中到中央配电盘，导线长，重量大，且中央配电盘复杂、体积大。这种配电方式适合于用电量不大的小型飞机。

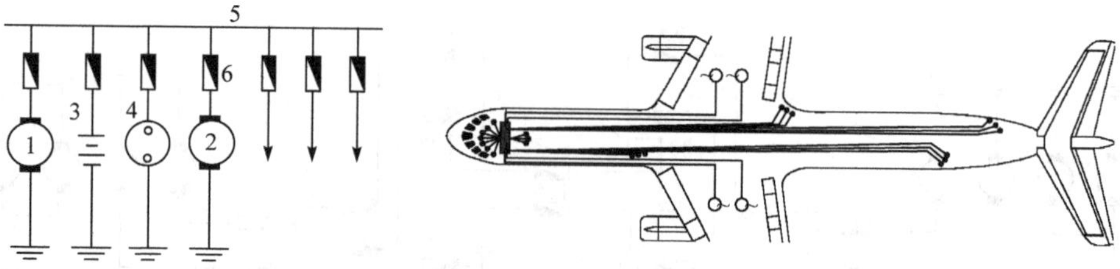

图 9.1.6　集中配电示意图

1，2-发电机；3-蓄电池；4-地面电源插座；5-汇流条；6-保险丝

分布式配电是指配电盘分布在飞机的各个部分，向就近的负载供电，如图 9.1.7 (b) 所示。

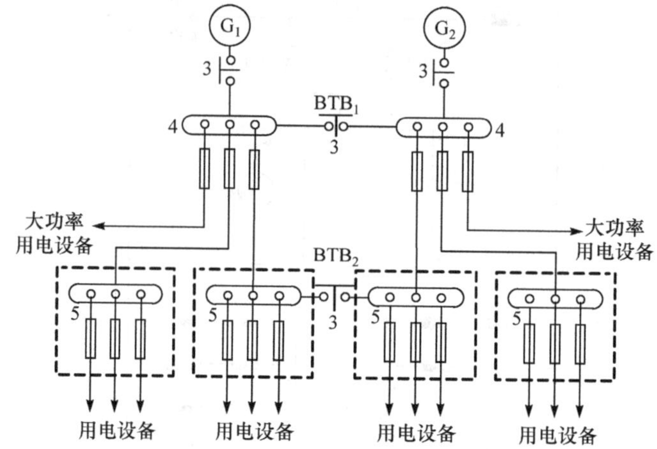

(a) 分布式配电结构图

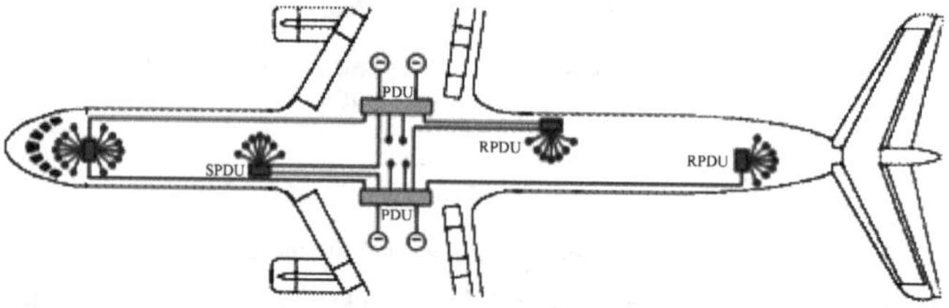

(b) 飞机分布式位置示意图

图 9.1.7　分布式配电示意图

G_1，G_2-发电机；3-接触器；4-电源汇流条；5-负载汇流条

分布式配电具有导线重量轻、配置灵活等特点。在飞机座舱中不设置中央配电中心，负载通过分布式配电装置从就近的分布式汇流条取得电能，显著缩短了电源至负载的馈电线，因此配电系统重量大为减轻。随着飞机用电设备的增加，特别是多电和全电飞机的发展，分布式的配电布局能提高系统可靠性、减轻配电系统重量、提高负载管理性能。例如，在多电飞机中，通过将电源和负载之间的距离缩短，分布式配电可以有效减少电能传输过程中的损耗，提高能效。同时，通过智能管理系统对各个分布式单元进行协调控制，可以实现更精细的负载管理，提升整体电网的灵活性和响应速度。

混合配电是集中配电与分布式配电的结合。混合配电系统有多个配电盘，结构简单，功能分散，易于检查维修，电网重量轻，但用电设备端电压随用电设备通电个数和负载大小而异，适合于中型或中大型飞机。

混合式配电布局中，不仅在飞机座舱中设置了中央配电中心，而且在飞机各个部位设置分布式的配电装置，包括远程配电装置 RPDU、二次配电装置 SPDU 等，负载通过分布式配电装置从就近的分布式汇流条取得电能，显著缩短了电源至负载的馈电线，因此配电系统重量大为减轻。

9.1.3 飞机配电系统的控制方式

按照配电系统的控制方式，飞机配电技术经历了常规配电、遥控配电、自动配电、固态配电四个阶段。

1. 常规配电控制系统

常规配电在飞机座舱内设置配电中心，由空勤人员控制。在常规配电系统中，对负载的控制由手动实现。负载控制部件由机械式配电开关与起过流保护作用的自动保护开关(断路器)相连而成，如图 9.1.8(a)所示。断路器一端连接到电源端，电源端可以是电源汇流条也可以是负载汇流条，另一端连接到手动开关，再接负载。为了使空勤人员能直接手动操纵和控制这些配电设备，配电装置必须安装在驾驶舱内。由于功率配电线必须先敷设到驾驶舱后返回到全机各处负载，所以配电线相对又长又重，线路压降较大。因此常规配电一般用于功率配电线路比较短的小型飞机。

2. 遥控配电控制系统

遥控配电顾名思义就是将配电装置中的功率开关设备放置在飞机座舱外，其通断控制由引入飞机座舱的控制信号线遥控，如图 9.1.8(b)所示，控制接触器的控制线圈实现接触器的闭合和断开，接触器或继电器用来接通和断开用电设备。遥控配电方式中功率线不必敷设到座舱，仅将控制线和信号线引入座舱即可。在遥控配电中，由于功率开关设备直接安装在电源附近，而非驾驶舱，因此减少了从电源到驾驶舱再到用电设备的功率线长度，直接减轻了导线的总重量；同时由于控制信号线相对于功率线而言重量轻得多，这种布局大幅度减轻了整个飞机的配电系统重量。这样节省了功率线的长度，减轻了导线重量，但增加了控制线和信号线。断路器是一种能对线路中的过电流进行保护的器件，当电流过大时断路器跳闸切断电路，飞机上由机组人员手动对跳闸后的断路器进行复位操作，因此要求断路器及负载控制部件都安装在人工可达的地方。通过遥控配电控制方式可以实现分布式配电布局。

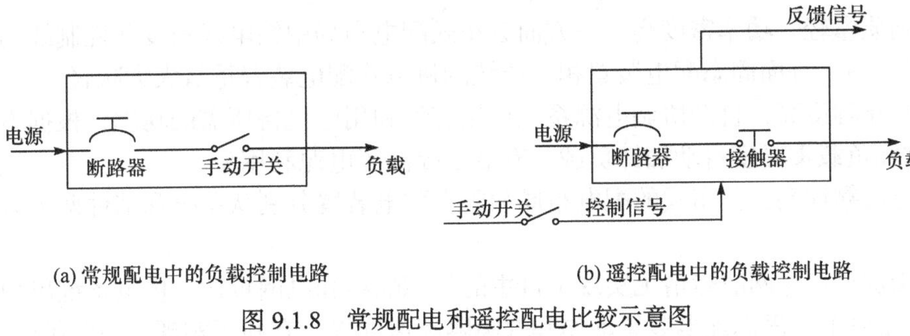

(a) 常规配电中的负载控制电路　　(b) 遥控配电中的负载控制电路

图 9.1.8　常规配电和遥控配电比较示意图

3. 自动配电控制系统

随着飞机用电设备的增加，特别是多电和全电飞机的发展，电气负载分布在飞机各个位置，分布式的配电布局方案是提高系统可靠性、减轻配电系统重量、提高负载管理性能的必然选择，是下一代先进飞机配电系统的发展趋势。分布式配电布局中，在飞机座舱中不设置中央配电中心，负载通过分布式的电气负载管理中心(electric loads management center，ELMC)，从就近的分布式汇流条取得电能，显著缩短了电源至负载的馈电线，因此配电系统重量大为减轻。

如图 9.1.9 所示，分布式的自动配电将计算机技术和多路传输数据总线技术引入配电系统。计算机的引入使得系统能够根据发电机可用容量、供电系统健康状态以及飞机不同阶段的负载需求自动地实现对配电系统功率开关设备的通断控制和故障隔离，系统具有了重构的能力，保证了重要和关键负载的可靠供电。多路数据总线技术的引入取消了众多的离散信号控制线，汇流条功率控制器(bus power control unit，BPCU)和分布在飞机各处的 ELMC 通过电气系统总线传递状态、传感器信息和控制命令，以便完成系统的总体功能和优化处理，提高了系统的可靠性和可维护程度。

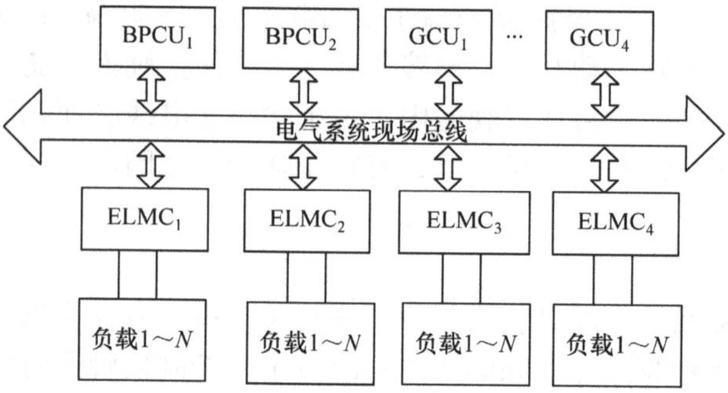

图 9.1.9　分布式的自动配电控制系统结构图

分布式自动配电提高了自动化程度、减轻了空勤人员负担，并且提高了可靠性、维修性和测试性。分布式自动配电技术既可以用于低压和高压直流电源系统，也可以用于交流和混合电源系统。

4. 固态配电控制系统

固态配电控制系统是采用计算机多路数据总线和固态功率控制器(solid state power controller，SSPC)或混合式功率控制器构成的自动配电系统。

固态配电控制系统主要具有如下特点。

(1)电网质量轻、功率密度高：一方面分布式配电布局中馈电线长度和控制线的减少减轻了电网质量，另一方面固态配电装置相比传统的机电式配电装置重量大大减轻。

(2)自动化程度高：自动协调电源系统可用容量和用电设备所需的功率，根据不同飞行阶段任务需求和负载重要度自动加卸负载，有效地提高了电源利用率。

(3)供电可靠性高：分布式的配电布局和固态配电装置分别从系统和部件两个方面提高了供电可靠性。

(4)容错供电：电网故障情况实现了自主的故障隔离和电网重构，供电系统出现故障后仍能向用电设备供电。固态配电装置动作和故障隔离速度快，有利于实现不中断供电。

(5)保护功能强：固态功率控制器根据电流进行系统保护，区别于传统热保护，具有 I^2t 过载反时限保护、快速的短路保护、限流保护等功能，有利于提高汇流条电能质量。

(6)测试性和维护性强：分布式配电终端负责局部的负载控制和管理，具备局部的故障诊断和健康管理能力；可以实现地面维护自检和飞行中周期性自检，提高了维修性，提高了飞机出勤率。

9.1.4 飞机电网的保护

1. 电网保护的基本要求

飞机电网中设有大量保护器，用于消除短路或过载造成的严重后果，防止故障扩大。电网保护器及其设置应工作可靠、选择性好、动作快、工作灵敏。保护器应结构简单、重量轻、体积小、使用方便。

保护器必须在任何不正常状态下可靠工作。不可靠的保护会导致导线绝缘烧毁，引起火灾。

选择性是指保护器的动作只切除故障部分，且切除的部分越少越好。

保护器的动作要快，动作快可以减小短路故障引起的导线热应力；可以减少电网电压降低的时间，保证用电设备正常工作。

灵活性是指保护器对故障或不正常状态的反应能力。

2. 电网保护器

低压直流飞机电网中大多使用热保护器实现电网保护，又称电网保护器，它是靠流过保护器的电流所引起的发热而动作的。正因为这样，其动作电流受环境条件的影响。常用的热保护器类型有 TB 型普通保险丝、GB 型惯性保险丝和 ZKC 型自动保护开关(即热断路器，又称断路器)。

TB 型保险丝有 1A 到 40A 多种，小于 5A 的用铜丝制成，5～10A 用银丝，15～40A 用锌片，金属丝或片封于玻璃壳内。保险丝的主要特性是安秒特性和分断能力。例如，TB-2C 的额定电流为 2A，在地面条件下环境温度为 20℃时通过 1.25 倍额定电流(I_N)，20min 内不熔断，$1.8I_N$ 在 30s 内不熔断，$2I_N$ 在 10s 内不熔断。图 9.1.10(a)中曲线 1 为额定电流较小时的安秒特性，曲线 2 为额定电流较大时的安秒特性。这种保险丝也可在 115V 单相交流电路中使用。

GB 型惯性保险丝由两部分构成，一是普通金属丝，作短路保护用，能在大的短路电流下快速熔断；另一部分由粗铜片和低熔点焊料构成，有较大的热惯性，仅在长期通过过载电流时熔断，起过载保护作用。图 9.1.10(b)是保护器的构造，图 9.1.10(c)是惯性保险丝的安秒特性，该特性由两曲线段构成。GB 型保险丝在直流电压 30V 时极限断开能力为 3000A。

ZKC 型自动保护开关在直流电网中既做开关用，又做保护器用。保护动作后，开关手柄自动回到断开位置，便于飞行员了解开关状态。开关中的主要功能元件为双金属片。双金属片通过电流即发热。电流越大，发热越大，双金属片变形至一定状态所需时间越短，它的安秒特性见图 9.1.10(d)。开关内设有调节螺钉，调节动作时间，以保证同类开关特性的一致性。ZKC-10 开关在地面 20℃时可分断 1000A 电流 3 次，在高空时只能分断 500A 电流 2 次。ZKC-15～ZKC-50 在地面可分断 1500A 电流 3 次，高空时只能分断 1000A 电流 2 次。

3. 电网热保护器的选择

飞机电网保护有供电网与配电网保护两种。配电网分支多，分布于全机，出现故障的可能性较大，必须首先解决配电网保护问题。

配电汇流条通过保险丝和开关、导线与用电设备相接，保险丝和开关(或自动保护开关)一般在有配电汇流条的配电盒内。在这种情况下，保险丝主要用于保护导线。如果用电设备为电动机等能过载的设备，则保险丝也作过载保护用。在做导线保护时，通常用 TB 型保险丝或自动保护开关。在作过载和短路保护的用惯性保险丝或自动保护开关。自动保护开关的安秒特性介于 TB 保险丝和 GB 惯性保险丝之间。

为了最大限度地利用保护对象的热特性，保护器应在保护对象的温度达最大允许值时熔断，即保护器的安秒特性应与保护对象的热特性一致。实际上，由于保护器所处条件与保护对象不同，两者很难一致，此时保护器的安秒特性应稍低于保护对象的安秒特性(又称损伤特性)。

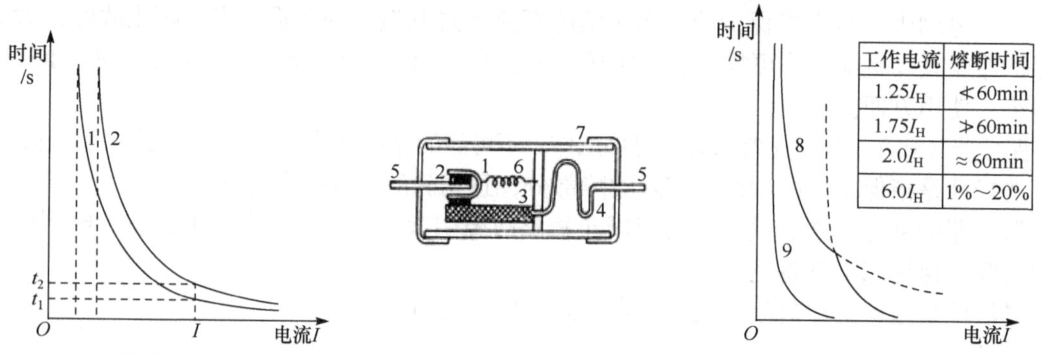

工作电流	熔断时间
$1.25I_H$	≮60min
$1.75I_H$	≯60min
$2.0I_H$	≈60min
$6.0I_H$	1%～20%

(a) TB型保险丝安秒特性　　(b) GB型惯性保险丝的构造　　(c) 惯性保险丝安秒特性

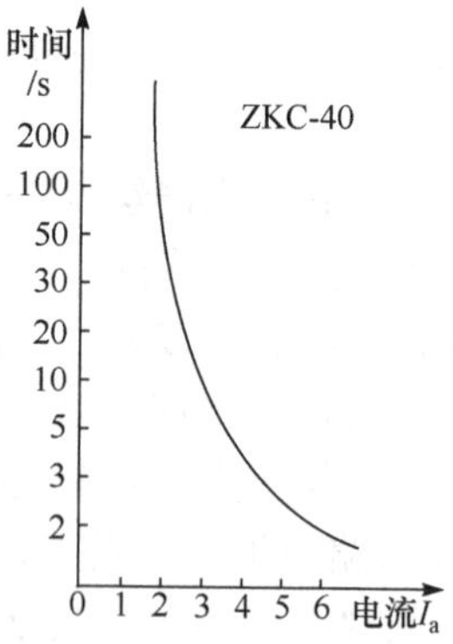

型别	冷态$2I_H$断开时间/s	热态$2I_H$断开时间/s	触头压降/mV
ZKC-2	20～80	5	10
ZKC-5	20～60	5	25
ZKC-10	15～45	5	50
ZKC-15	15～45	5	75
ZKC-20	20～60	5	100
ZKC-25	20～60	5	125
ZKC-30	20～60	5	150
ZKC-40	20～80	5	200
ZKC-50	20～80	5	250

(d) ZKC自动保护开关特性图

图 9.1.10　TB、GB 和 ZKC 保险丝和自动保护开关的安秒特性

(a)：1-额定电流小；2-额定电流大。(b)：1-铜丝；2-焊料；3-铜片；4-金属丝；5-导电片；6-弹簧；7-外壳。

(c)：8-惯性保险丝的安秒特性；9-普通保险丝的安秒特性

图 9.1.11(a)是具有三个串接保护器 F_1、F_2 和 F_3 的简单网路，短路电流从电源经过导线 L_1、L_2 和 L_3 流到短路点 A。若短路电流 i_k 大于 F_1、F_2 和 F_3 的动作电流，则三个保护器均断开，表明电路保护没有选择性，是不允许的。要求是距短路点 A 最近的保护器 F_3 动作，F_1 和 F_2 不动作。

若三个保护器动作电流相同，但动作时间不同，F_1 的延时时间 t_1 大于 F_2 的 t_2，t_2 又大于 F_3 的 t_3，即 $t_1 > t_2 > t_3$，如图 9.1.11(b)所示。这样，一旦 A 点短路，必 F_3 先动作，F_3 动作切除短路点后，F_1 和 F_2 不再跳开，从而实现了选择性保护。

图 9.1.11(c)是选用三个不同动作电流的保护原理，其中 F_1 的动作电流 i_1 比 F_2 的 i_2 大，i_2 又大于 i_3，即 $i_1 > i_2 > i_3$，通过动作电流来实现选择性。但由于馈电线电阻很小，A 点短路电流

往往大于各保护器的动作电流，就难以做到选择性保护。

因此，实际上将以上两种保护方法组合起来用。用保险丝和自动保护开关保护图 9.1.11(a) 电路时，取 $i_1 > i_2 > i_3$，且 $t_1 > t_2 > t_3$。在通过三个保护器的电流相同时，必有 F_3 先熔断，实现了选择性保护。

辐射式供电网的保护和配电网类似，但需注意以下问题：①因为同时工作的用电设备往往小于接于电网上的负载总数，所以要画馈电线负载图统计负载实际用电量。②单个用电设备电流总小于向该设备供电的用电设备汇流条的馈线电流，保护器在一般情况下能选择动作。但是，在短路电流很大时，各保险丝的安秒特性工作点都移到安秒特性的横坐标轴附近，这里不同动作电流的保险丝特性十分接近，再加上保险丝本身特性的不稳定性，选择性保护功能将衰退。③如果用电设备汇流条上接有多个电动机，在用电设备线路短路时，电网电压迅速下降，有可能使电动机停转，而一旦保护器熔断，电压恢复，电机一起起动，起动电流有可能熔断供电网保护器，造成误保护。

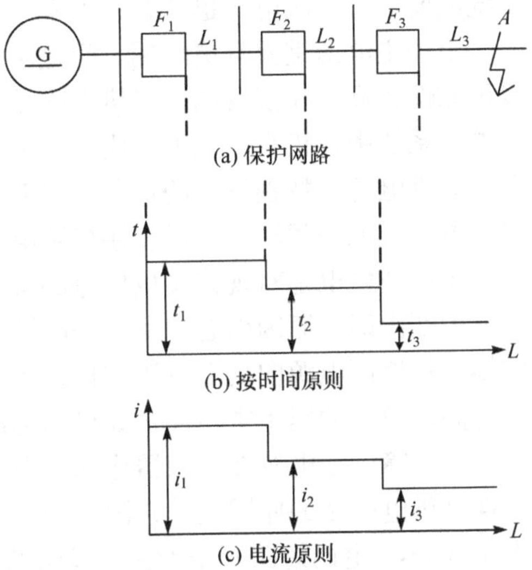

图 9.1.11　辐射式电网选择性保护

闭式供电网的电流分布与短路地点、短路状态密切相关，给选取电流型保护器带来很大困难。双路供电分裂式配电汇流条供电网的保护器选择性较易实现，为确保保护器的选择性，应根据电网的具体结构和预期故障类型设计保护策略。例如，在辐射式电网中，可以通过设置不同级别的保护装置，并为每一级别的装置设定不同的响应时间和动作电流，以实现在发生短路时仅有最接近故障点的保护装置动作，从而维持电网的其余部分稳定运行。

在现代大型飞机上，电弧短路的短路电流甚至比大型电动机的工作电流还小，电流型保护器难以实现正确保护，必须发展新型保护器。

9.1.5　余度和不中断供电

高压直流电源与低压直流电源系统都容易实现余度和不中断供电。

在民航细则中规定三级自动着陆或仪表着陆过程中应有三个独立的电源供电。现代电传操纵或采用主动控制技术的飞机，采用 4 余度飞控系统，要求 4 套独立电源供电。上述的仪表、仪表着陆系统和电传系统都为关键飞行设备，直接影响飞行安全性，故必须有余度，如双余度、3 余度和 4 余度等。用电设备的余度必然要求供电的余度，否则不能满足可靠性的要求。

容错技术是系统故障后仍能保持运行的技术。例如，对先进战斗机来说，要求供电系统在发生一次故障时仍能向任一飞机上负载供电，在发生二次故障时仍能向任一关键任务负载供电，在发生三次故障时仍能向任一飞行负载供电。这些故障可能发生在同一供电通道的不同元件上，也可能发生在不同供电通道上，也可能是上述两种故障的组合。由此可见，容错供电的要求比余度供电更高些，只有 4 余度的供电系统才能满足容错供电的基本要求。

单发飞机只有一套主电源，且因飞机体积小，很难装辅助电源，因此就需要应急发电机或蓄电池。但这种安排只有两套独立电源，不能满足余度和容错供电要求。故一些飞机上加装有备份电源，如备份发电机。有的飞机备份电源中有两套或多套独立发电系统，有的在应急发电机中有多套独立发电系统，以构成 4 余度电源，满足飞控系统或全权发动机数字控制系统的要求。二次电源也有备份方案。

由于主电源重要且更耐用，经过了广泛的发展和使用验证，主电源的保护也更完善，所以可靠性较高。在多发电机飞机上采用主电源应急程序比使用单独的应急电源更安全。在直流电源系统中，正常情况下采用并联运行方式，但在重大故障时可人工或自动分组，成为几个独立供电组。特别重要的负载可以双套或多套分别接到各个电源汇流条上。重要负载可以在各电源汇流条间转换，或直接接到电源输出端，并进行转换，以保护供电。

不中断供电是对现代飞机供电的又一新的要求。计算机等设备的应用不允许供电中断。供电中断由两个原因引起，一个是电源间转换引起，另一个是电网短路等故障引起。电源间转换包括地面电源向机上电源转换，机上主电源间转换和主电源与辅助或应急电源间转换。电源间转换有的属正常转换，如机场电源与机上主电源间转换。有的属故障转换，如一台主发电机故障，该电机在控制器作用下退出，原由它供电的设备转由正常发电机供电。电源间转换是供电中断的原因之一，因为一个电源脱离电网到另一电源投入，技术要求规定间隔不大于 50ms。电网短路开始到保险丝熔断或自动开关跳闸，也要一段时间。由于短路时电网电压下降，也使用电设备无法工作，视为供电中断。此间断时间与电网布局、保险丝设置和短路位置、短路故障性质等多种因素有关。

为了在不采用高压直流电源的飞机上实现余度供电和不中断供电，必须另找途径。图 9.1.12 是某单发轻型战斗机用 4 余度飞控系统余度供电方块图，由调节器/变换器和不间断电源两部分构成。调节器/变换器由 4 个方向供电：备份发电机中的永磁发电机，应急直流汇流条，蓄电池汇流条和应急发电机的永磁发电机(通过功率变换器)，其中应急直流汇流条由主发电机、备份发电机、应急发电机或蓄电池汇流条供电。调节器/变换器接收的电压是其中的最高电压，通常是备份发电机的永磁机输出电压，该电压经整流后为 28V 直流。调节器/变换器的输出送不间断电源。不间断电源的输入有两个，一是调节器/变换器的输出，另一是飞控专用蓄电池。专用蓄电池和直交变换器组成交流输出不间断电源。正常时由调节器/变换

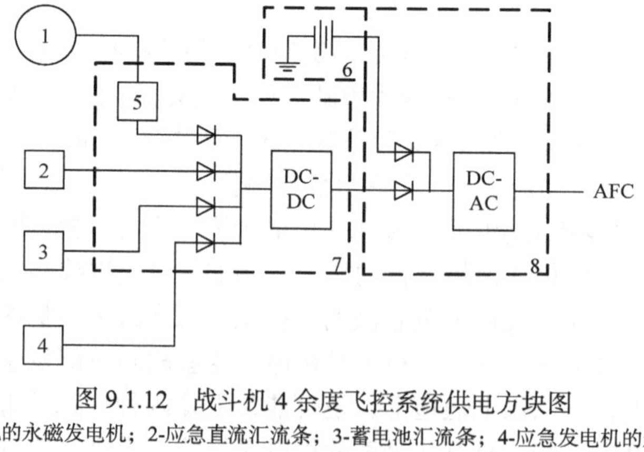

图 9.1.12　战斗机 4 余度飞控系统供电方块图

1-备份发电机的永磁发电机；2-应急直流汇流条；3-蓄电池汇流条；4-应急发电机的永磁发电机；
5-整流器；6-专用蓄电池；7-调节器/变换器；8-直交变换器；AFC-飞控系统

器供电，一旦调节器/变换器没有输出，专用蓄电池无时延地投入运行，保证直交变换器输出的交流也不中断。直交变换器的输出给飞行控制系统的一个通道。全机有 4 个相同的通道，构成 4 余度飞控及其电源系统。可见这是一个余度供电系统，又是一个不间断供电系统，整个系统又具有容错功能。

9.2 飞机固态功率控制器

机械式开关电器利用触点的闭合和断开控制电路接通和关断，但机械触点在高电压条件下分断电流时会产生电弧，进而导致触点烧蚀、磨损，最后黏结。因此高压直流接触器的寿命较短、可靠性较低，尤其通断大电流的能力差，所以高压直流配电系统中应用有机械触点的开关电器可靠性不高。固态配电系统采用固态功率控制器(SSPC)作为负载开关控制和保护的执行部件。在 SSPC 中，无触点的固态半导体功率开关代替了有触点的机械式开关，因此不存在触点开关电弧导致可靠性低的问题，适合高压直流供电系统应用。

由于固态功率控制器的开关部件是功率半导体器件，容易实现电路集成，并实现微计算机的智能控制。借助通信总线网络，可以实现远程控制、管理，从而构成分布式配电系统。

9.2.1 飞机固态功率控制器的功能和性能特点

固态功率控制器(solid state power controller，SSPC)技术是固态配电系统的关键技术。是以半导体功率开关器件为核心，集继电器的开关控制功能和断路器的保护功能于一体的智能固态配电装置，是固态配电系统中实现负载监控和电路保护的执行部件。

固态功率控制器的优点如下：

(1) 响应速度、故障隔离快。SSPC 由于采用了功率半导体器件作为开关器件，能快速响应上位机指令接通和断开电路，能够在 μs 级的时间切除故障，易实现不中断供电。

(2) 无触点、无噪声、无电弧、可靠性高。与传统的机械式断路器相比没有触点，因此不存在触点机械磨损和电弧导致的故障率高的问题，没有触点的吸合和分离弹跳和噪声。在高压直流电源系统中，传统的机械式断路器由于触点电弧的问题导致其可靠性低，固态功率控制器是高压直流电源系统必不可少的关键部件。

(3) 功率密度高。与传统的机械式配电装置相比重量大大减轻。

(4) 负载兼容性强。适用于阻性、阻感性、阻容性、白炽灯、功率变换器和电动机等各种性质的负载，带载能力几乎不需要降额。

(5) 保护特性对环境温度不敏感。不同于基于热保护原理的熔断器和热断路器，SSPC 根据故障电流的大小进行 I^2t 反时限保护，保护特性不会因为环境温度变化有很大波动。

(6) 降低配电系统重量。SSPC 就近放置在负载端实现分布式配电，降低了配电电缆的重量。

(7) 系统维护性好。集成了 BIT 自检测功能，将 SSPC 自身和负载的故障状态或电压、电流反馈给上位机，有利于实现配电系统的故障诊断和健康管理。

固态功率控制器的主要缺点如下：

(1) 功率半导体开关器件存在很小的漏电流，高温条件下功率半导体开关器件的漏电流增大很明显，无法完全阻断电路；在高温环境条件下以及高压直流电源系统中需要引起重视并采取措施。

(2)功率半导体器件的都存在最高工作结温限制，一旦功率开关器件的结芯温升过高则可能发生失效。

9.2.2 飞机固态功率控制器的分类

1)按照飞机电源系统供电体制可分为直流 SSPC 和交流 SSPC

飞机直流配电系统 SSPC,按照电压等级分为低压 28V 直流 SSPC 和高压 270V 直流 SSPC。目前国内外正在研究大功率高压直流±270V 和 540V 直流 SSPC，以满足未来多电/全电飞机大功率高压直流系统的配电需求。

飞机交流配电系统 SSPC，按照频率范围分类可分为：①适用于恒频 400Hz 电源系统的交流 SSPC，适用频率范围较窄；②适用于宽变频(360～800Hz)交流电源系统的交流 SSPC。

2)按照通道数目和控制方式可分为单模块的 SSPC 和多通道的 SSPC

单模块 SSPC 具有一个功率通道,实现对单个负载的控制和保护,如 DDC 公司的 RP-21000 系列、NHI 公司 91000 系列产品。采用微电子封装技术、厚膜混合集成工艺可以将功率器件、驱动电路、控制芯片与无源器件集成组装在具有较高绝缘性能、机械强度和导热性能的陶瓷基板上，整体封装于充有惰性气体的金属盒中，极大地提高了固态功率控制器可靠性和功率密度。目前主要的 SSPC 厂商(DDC、NHI、Sensitron)的单模块 SSPC 基本都采用了厚膜混合集成工艺，具有很高的功率密度和可靠性。图 9.2.1 所示为南京航空航天大学研制的直流 28V/15A 厚膜集成 SSPC，重量仅为 65g，体积仅为 60mm × 12mm × 9mm，导通电阻 11.3mΩ。

图 9.2.1 直流 28V/15A 厚膜集成 SSPC

数字多路 SSPC 则包含了多个功率通道，可以对多个负载进行控制和保护，常见形式是高功率密度板卡。图 9.2.2 和图 9.2.3 分别是数字多通道 SSPC 的组成示意图和实体样机。由于采用了微处理器技术，某些模拟电路实现的功能改由软件实现，所以降低了功耗，提高了功率密度和智能化程度，并且增加了单通道 SSPC 不具备的功能，如更全面的 BIT 自检测、电流定额和保护特性软件可编程、总线通信等功能。

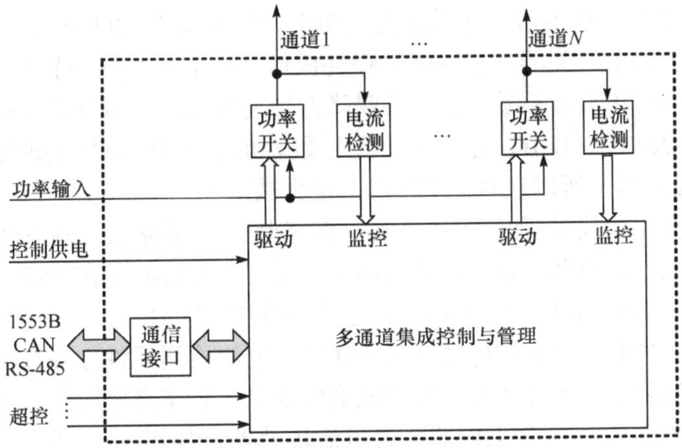

图 9.2.2　典型数字多通道 SSPC 组成示意图

图 9.2.3　直流 28V SSPC 板卡(六通道)

9.2.3　直流固态功率控制器

1. 直流 SSPC 的结构

图 9.2.4 的实线框中是典型单模块直流 SSPC 的基本功能框图，由功率开关管、电流检测电路、内部控制电路部分、隔离控制与状态反馈、内部电源模块等组成。

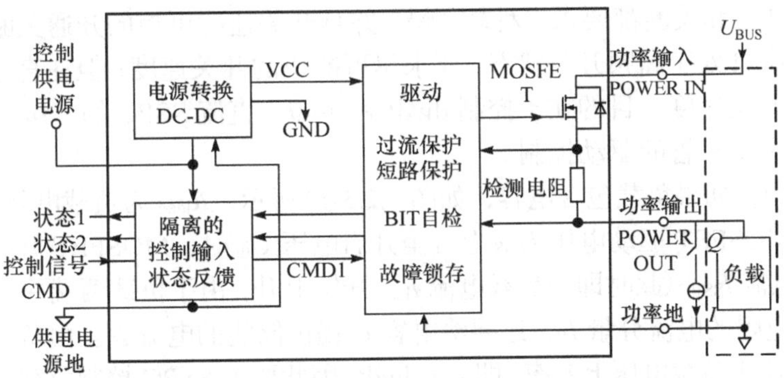

图 9.2.4　典型单模块高压直流 SSPC 的原理框图

直流 SSPC 中主功率开关管一般选择功率 MOSFET。美国在 20 世纪 70 年代早期开发直流 SSPC 功率开关器件为功率晶体管，但功率晶体管驱动损耗和导通压降大，存在二次击穿的问题，安全工作区较小，且不适合并联以提高功率。随着功率MOSFET技术的发展，由于其相比于传统的IGBT功率开关器件来说驱动损耗极低、导通电阻小，特别是在需要高频切换和低损耗的场合，且具有正温度系数，适合并联降低导通损耗，目前直流SSPC中的功率开关管一般均采用功率MOSFET。IGBT由于存在擎住效应和关断时电流拖尾现象，抗短路和冲击能力不如功率MOSFET强，所以在直流SSPC中很少被采用。

直流SSPC带感性负载时(如继电器线圈、直流电机)，通常必须在SSPC功率输出或者功率地两端反向并联功率二极管，通常设置在SSPC外部。其目的是在SSPC关断时提供负载感性电流的续流回路，否则可能导致功率管承受很高的电压应力。

电流检测元件：在电流定额较低的直流SSPC中电流检测元件选择高精度、低温漂的片式功率检测电阻或分流器，具有体积小、价格低廉的优点。而在高电流的SSPC中考虑到检测电阻的导通压降和功耗较大，通常采用非接触电流传感器，如霍尔效应电流传感器或者磁阻效应电流传感器。

SSPC的内部控制电路主要包括功率开关管的驱动电路、电流检测与调理电路、短路故障检测电路、反时限和立即跳闸保护电路、故障锁存和复位电路、BIT自检测电路。

为保证安全防止形成地环路，SSPC的控制输入、状态反馈要求与内部控制电路以及功率部分的电气隔离。常见的隔离方法是光耦隔离和磁隔离。航空应用SSPC一般采用光耦隔离，而航天领域大多要求采用磁隔离以提高抗辐照性能。

直流SSPC中固态功率器件无法彻底隔断电路，功率回路中仍然会有少量的微安级至毫安级的漏电流存在。漏电流长期在容性负载上积累可能造成危险的高压，危及人身或负载安全。另外，SSPC关断时间常数较大的容性负载时，也需要释放容性负载储存的能量。因此，高压直流SSPC的漏电流保护功能必不可少。图9.2.4中所示的漏电钳位泄放支路提供了容性负载能量释放和漏电流的流通旁路，其基本原理为：①当主功率开关管开通时，漏电钳位泄放支路关断；②当主功率管关断时，漏电钳位泄放支路提供漏电流的流通旁路，安全可靠地泄放容性负载能量，并且最终呈现出较低的阻抗，将负载电压钳位在安全工作电压以下，保证系统的安全性。

2. 直流SSPC的主要功能

1)开通、关断电路的功能

直流SSPC开通和关断都要求一种较“慢”并且开关速度可控的开通关断方式。高频功率电子装置中的功率管处于高频开关状态，要求尽可能快的开关速度；但在直流SSPC中则着意放慢了功率管的开关速度，目的在于控制 dv/dt 和 di/dt。直流SSPC的“慢开通、慢关断”特性的关键在于对主功率管的驱动控制。

在开通过程中，如果负载包含电容，如图9.2.5(a)所示，R_{load} 为负载电阻，C 为负载电容。则开通过程中，MOSFET驱动电压 U_{GS} 上升至开启电压 U_{th} 时，MOSFET开始导通，负载电压 V_{load} 和SSPC的电流 I_{SSPC}(此时即为负载电流 I_{load} 开始上升，由于负载两端并联有电容 C，SSPC除了要提供负载电阻的电流分量 I_R，还要给电容 C 提供储能的电流 I_C。由负载电容引起的这部分冲击电流 I_C 正比于负载电压上升率，即 $i=Cdu/dt$。因此要求SSPC控制负载电压上升率(dv/dt)不要过快，抑制容性负载的充电冲击电流，防止造成瞬时电压跌落或者错误的跳闸。

SSPC关断过程中，如图9.2.6所示，首先负载电压 V_{load} 和负载电流 I_{load} 都开始下降。由于负载中电感中储能，所以 I_{load} 滞后于 V_{load} 下降速度；当SSPC已经关断时，V_{load} 减小到零，

但负载电流 I_{load} 不为零，因此负载电流从 MOSFET 中转移到与负载并联的二极管 D 上续流。设 D 的导通压降为 V_D，则负载电压被钳位在 $-V_D$。I_{load} 在二极管 D 中一直续流直至负载电感中的电流衰减至 D 自然关断。而配电线路杂散电感在功率管两端引起的电压应力正比于电流 I_{SSPC} 的下降率，因此要求 SSPC 关断时控制负载电流下降率 (di/dt) 不要过大，达到抑制关断过程电压应力的目的。

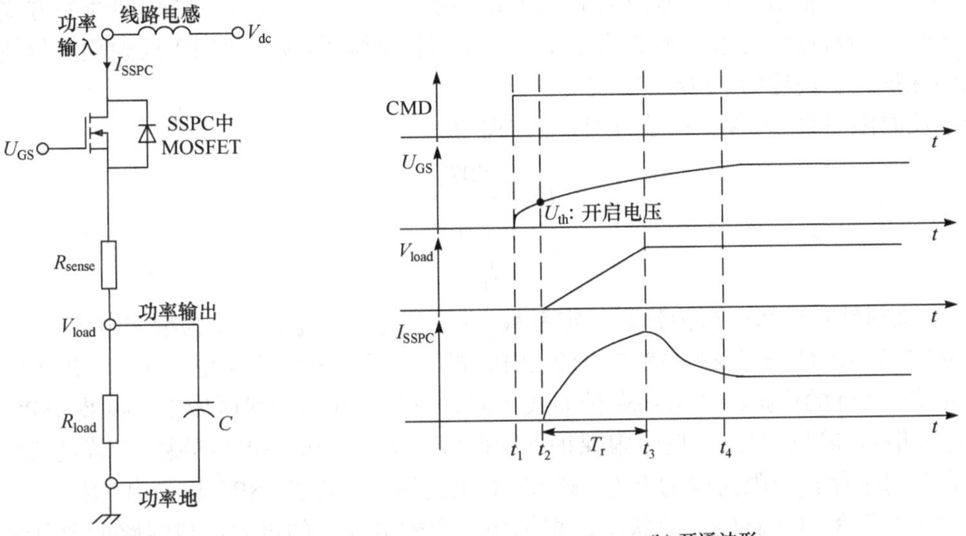

(a) 简化电路　　(b) 开通波形

图 9.2.5　SSPC 带容性负载时简化电路和波形

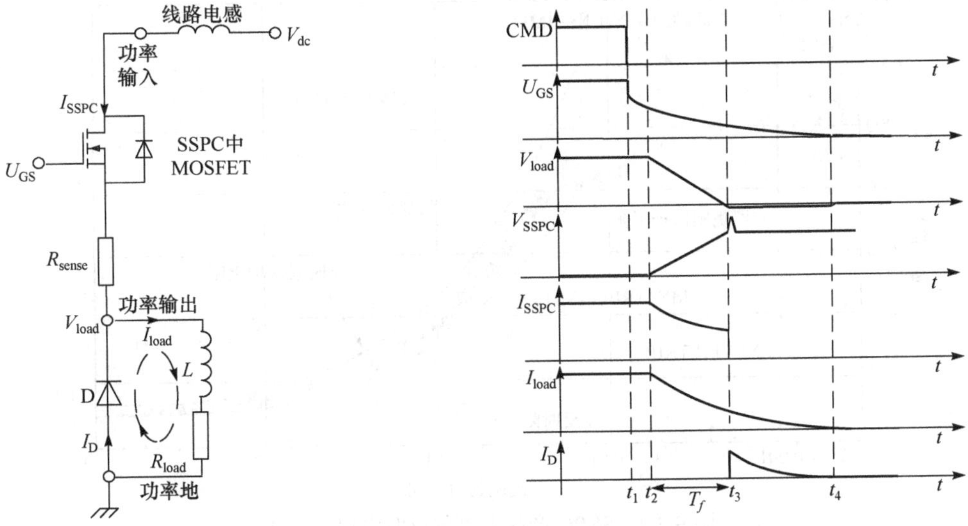

(a) 简化电路　　(b) 关断波形

图 9.2.6　SSPC 带感性负载时简化电路和波形

2) 立即跳闸保护与 I^2t 反时限跳闸保护功能

SSPC 的过载保护主要是为了保护配电线路不因过热而损坏。额定电流流过配电线路时，导线热量的积累和散发会达到平衡，导线不会过热；但是当过载电流流过配电线路时，在较短的时间内导线内积累起较多热量，引起导线温升过高而加剧导线的老化。SSPC 中过载保护功能一般包括立即跳闸保护和反时限跳闸保护。

立即跳闸保护是定时限的保护方式,即在线路电流大于某个较大的过载电流阈值时,SSPC 按照某个固定的较短的延迟时间跳闸。

反时限跳闸保护是指过载电流越大，延时跳闸时间越短的一种保护方式。反时限保护特性一般用过载保护倍数与跳闸延时时间的关系表示，以数学方程或者图表曲线的方式呈现。国内外 SSPC 最常用反时限标准曲线是 IEC 的极端反时限曲线，适用于反映配电导线过热状态的跳闸保护，也被称为 I^2t 保护曲线。

极端反时限曲线(I^2t 保护曲线)的标准方程为

$$t = \frac{80T_p}{\left(\frac{I}{I_p}\right)^2 - 1} \tag{9.2.1}$$

式中，t 为跳闸延时时间；T_p 为延时整定系数；I 为线路过载电流；I_p 为额定电流值。

图 9.2.7 为 DDC 公司 RP-21015 直流 SSPC 的 I^2T 反时限保护特性。图中给出了两条反时限保护曲线，实际的保护特性落在保护曲线上限和下限之间的带状区域中。如果 SSPC 出现过载，但过载倍数和过载时间在反时限保护下限曲线的下方，则 SSPC 不跳闸；若过载倍数和过载时间在反时限保护上限曲线的上方，则 SSPC 必定跳闸。某些 SSPC 还带有“热记忆”功能，即能够“记忆”配电线路的过热状态，根据历史上配电线路的过载造成线路的温升情况修正当前过载故障的跳闸保护时间。

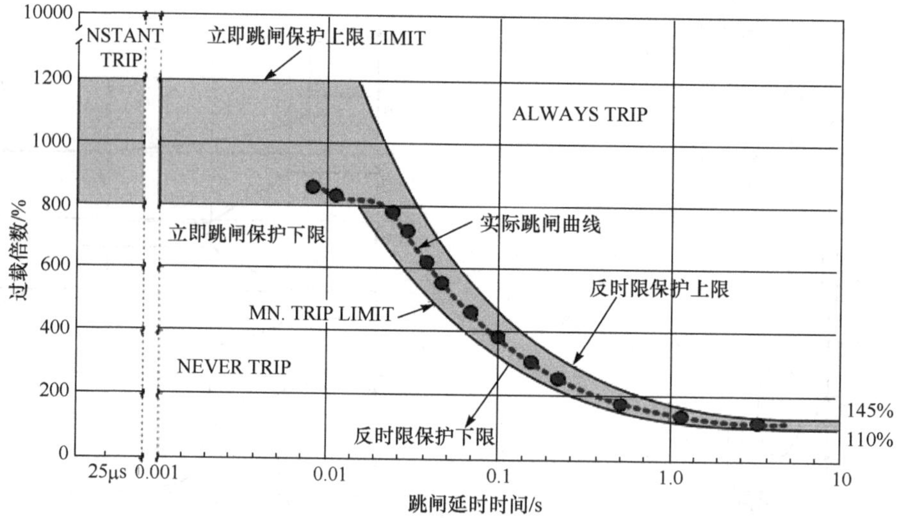

图 9.2.7　SSPC 产品典型的反时限保护曲线

3）短路保护功能

当负载和线路出现短路故障时，SSPC 应能够快速地将短路故障隔离，防止故障扩大引起上级保护装置跳闸，导致汇流条其他负载供电中断。SSPC 常见的短路保护方式是检测判断电流大于设定短路电流阈值时在数十微秒内将 SSPC 关断。短路关断过程中线路电感引起的高电压应力可能损坏功率管，需要从功率管驱动上控制 di/dt 或者采用过电压吸收电路降低电压应力。

SSPC 检测到大电流直接关断的缺点是一些暂时性的短路故障或者系统中的瞬态电流浪涌可能会引起不必要的保护，也可以认为是抗干扰能力不强。提高 SSPC 短路保护抗干扰能力的措施如下：

(1) 自动重合闸：SSPC 短路跳闸后，在几十毫秒内再次尝试接通负载恢复供电；如果短路故障仍然存在，则 SSPC 再次跳闸保护。

(2) 采用带限流的短路保护：如图 9.2.8 所示，首先将故障电流迅速限制在较低水平，若在设定延时时间内该故障电流仍然存在，则确认发生短路故障，SSPC 关断并锁存故障状态；若在设定的延时时间内恢复到正常电流，则认为没有短路故障发生，SSPC 继续保持导通状态。

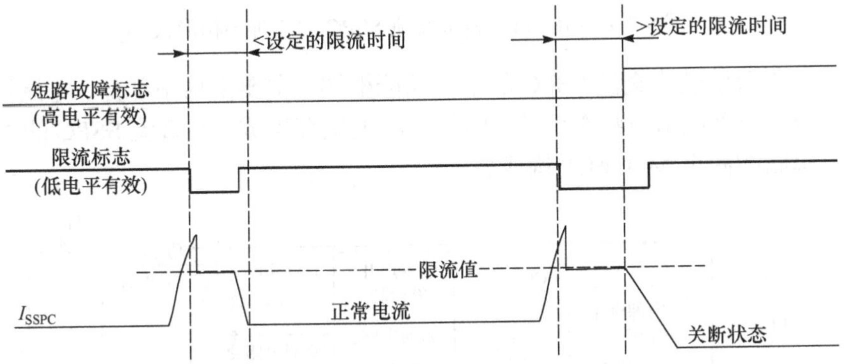

图 9.2.8　带限流的短路保护工作时序原理示意图

4) BIT 自检测与状态反馈

单模块 SSPC 一般反馈负载电流的状态和功率管的开关状态。数字多通道的 SSPC 组的机内自检测的功能更为丰富，不仅对功率 MOSFET 和负载进行自检测，而且对 SSPC 的数字部分和模拟部分的关键功能模块也进行 BIT 自检测。

9.2.4　交流固态功率控制器

1. 单相交流 SSPC 的主电路结构

与直流 SSPC 不同，交流 SSPC 的功率部分电路要实现双向的可控通断，用功率 MOSFET 作为交流 SSPC 的开关管有三种拓扑结构形式，如图 9.2.9 所示。

图 9.2.9(a) 为全桥拓扑结构的 SSPC，由一个 MOSFET 和四个二极管构成，分别编号为 MOS 和 D_1～D_4。当交流电源电压为正半周时，D_1、MOS 和 D_3 导通；当交流电源电压为负半周，D_2、MOS 和 D_4 导通。交流 SSPC 的导通压降为两个二极管与一个 MOSFET 的导通压降之和，压降较大。

图 9.2.9(b) 为 MOS_1 和 MOS_2 两个 MOSFET 反向并联拓扑结构的 SSPC，D_3 和 D_4 分别是 MOS_1 和 MOS_2 的体内寄生二极管。当电源电压为正半周时，MOS_2 和 D_2 导通；当电源电压为负半周时，MOS_1 和 D_1 导通。SSPC 的导通压降为一个 MOSFET 和一个二极管导通压降之和。

图 9.2.9(c) 为由 MOS_1 和 MOS_2 两个 MOSFET 反向串联构成的反串联拓扑结构，D_1 和 D_2 分别是 MOS_1 和 MOS_2 的体内寄生二极管。SSPC 接通时两个 MOSFET 都导通。这种电路结构具有器件数量少、导通压降小、易于控制等优点。

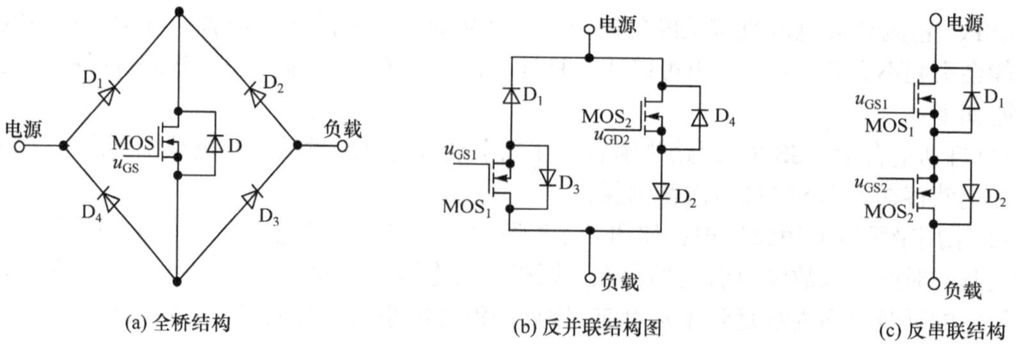

图 9.2.9　MOSFET 构成交流 SSPC 的三种结构形式

图 9.2.10 是典型单模块交流 SSPC 的基本功能框图，主要由功率部分、电流检测电路、内部控制电路部分、隔离控制与状态反馈、内部电源模块等组成，与直流 SSPC 的主要差别是主功率部分由反串联的两个 MOSFET 构成。

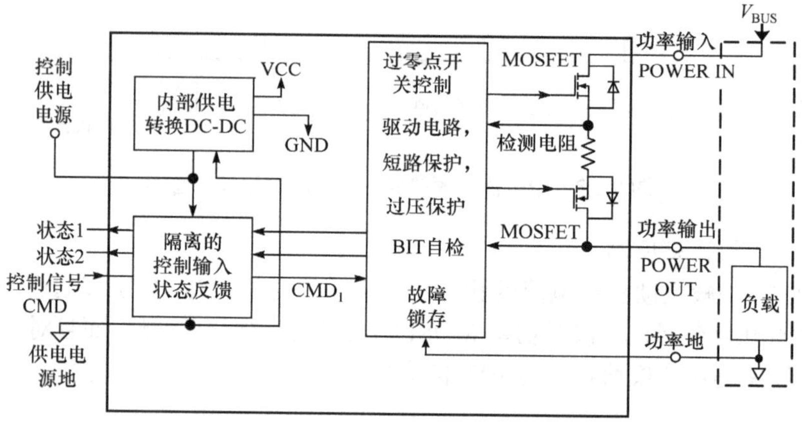

图 9.2.10　典型单模块交流 SSPC 的原理框图

2. 交流 SSPC 的过零点开关功能

与直流 SSPC 不同，交流 SSPC 还有零电压接通和零电流关断的要求，即在电压过零点时接通负载，在电流过零点时关断负载。示意图如图 9.2.11 所示，对其工作过程分析如下。

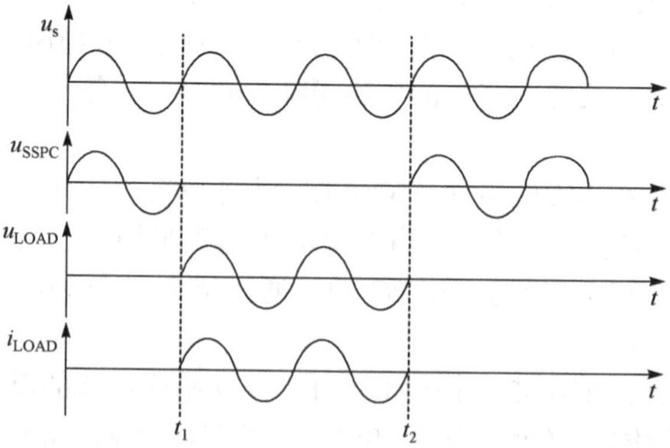

图 9.2.11　SSPC 软开关示意图

1) 0～t_1时刻

SSPC 处于断开状态，交流电源 $u_s=U_m\sin\omega t$ 加在 SSPC 上，SSPC 两端电压 $u_{SSPC}=u_s$。

2) t_1时刻

u_s和 u_{SSPC}都处于过零点时刻，SSPC 接通，u_s继续按照正弦波变化，而 $u_{SSPC}=0$，u_s全部加在负载上，负载电压从正弦波的零点上升，没有瞬变。

3) t_1～t_2时刻

SSPC 接通，负载正常工作。

4) t_2时刻

负载电流 i_{LOAD}过零点，SSPC 断开，由于没有电流瞬变，负载和线路中不会产生电压瞬变。

在开关过程中，SSPC 中的功率管处于软开关状态，没有开关损耗，在安全工作区工作。SSPC 接通时没有电压瞬变冲击，断开时没有电流瞬变冲击。

在交流 SSPC 的设计中，特别关注如何高效、可靠地实现 AC-AC 转换，需要考虑交流电源的相位控制和谐波管理。此外，对于确保交流 SSPC 在各种负载条件下的稳定性，采用先进的控制策略(如预测控制)或自适应控制技术是关键。针对不同的应用场景，如动力系统或敏感电子设备供电，交流 SSPC 还需要具备高精度的电压和频率调节功能，以满足飞机系统对电源质量的严格要求。

为了满足交流 SSPC 在实现精确相位控制和有效谐波抑制方面的需求，可采用高级控制算法，如矢量控制和谐波抑制技术。这些控制策略需要与高速数据采集和处理系统相结合，以实时监测和调整电网状态，确保电源输出的稳定性和符合标准的电能质量。

9.2.5 飞机固态功率控制器的发展趋势

固态功率控制器的发展趋势可概括为以下两点。

1) 大功率、高功率密度和高可靠

随着各应用领域电源系统容量和电压等级的提高，固态功率控制器正朝着高电压、大电流、高功率密度的方向发展。

国内外正在研究将新型的宽带半导体功率器件应用到固态功率控制器中。宽带半导体功率器件如 SiC 和 GaN 功率管，理论上其结芯可工作于 300～600℃的高温，并且导通电阻、工作频率和耐压性能均高于 Si 器件，可以大大提升 SSPC 的容量、功率密度和可靠性。国内外正在开展基于宽禁带半导体功率器件的固态功率控制器研究。

除此之外，一些功率集成技术如 DCB 技术也被应用到固态功率控制器中以提升功率密度和可靠性。

2) 综合化和多功能集成

国内外正在研究将其他功能集成到固态功率控制器中，如配电线电弧故障检测和保护功能，电缆故障预测、检测和定位功能等，可增强飞机配电系统安全性、可靠性和可维护性。

9.2.6 机电混合式功率控制器

固态开关器件开通和关断过程不会产生电弧，但通态损耗相比电磁式接触器较大；电磁式接触器在开通时损耗小，但由于高压大电流开关过程中的触点拉弧问题导致触点逐渐烧蚀，寿命短、可靠性较低。机电混合式功率控制器则是综合利用固态开关器件和电磁式接触器的

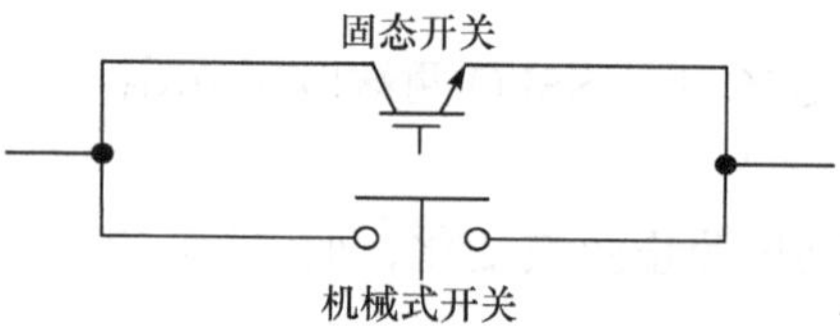

图 9.2.12　混合式直流功率控制器功率电路示意图

优点，形成一个能够无弧开通和关断负载且导通损耗极小的开关保护装置。

图 9.2.12 所示为机电混合式直流功率控制器的功率部分的基本拓扑，由固态开关和机械式开关并联构成。机电混合式功率控制器将固态开关与电磁接触器并联，固态开关（如功率 MOSFET 或 IGBT）提供快速响应和高精度的控制，而电磁接触器则在电路中承担主要的电流载荷，因为它在通态下的电压降和功耗远低于固态开关。这种设计有效地利用了固态开关的控制优势和电磁接触器的高效率特点。通过对开关时序的控制使电磁接触器可以在低压条件下开通、关断，从而为电磁接触器创造无弧开关的条件。机电混合式功率控制器充分利用了固态开关优异的动态性能与机械开关优异的静态性能，可有效解决机械开关的电弧问题，从而提高可靠性和寿命。

如图 9.2.13 所示，混合式功率控制器的基本原理是利用固态开关导通压降低的特点，为机械式开关创造无弧开通、关断的条件。其工作机制可以分为以下几个步骤：

（1）开通过程。当需要接通电路时，首先激活固态开关。由于固态开关的响应速度非常快，这一步可以迅速完成，此时电路中的电流开始流经固态开关。随后，电磁接触器被激活并闭合。因为固态开关已经建立了电流路径，电磁接触器在闭合时几乎不会产生电弧，实现了无弧开通。

（2）通态工作。一旦电磁接触器闭合，固态开关会被关闭，电路中的电流转而流过电磁接触器。这样做的目的是利用电磁接触器在通态下的低电压降和低功耗特性，从而提高整个控制器的效率。

（3）关断过程。当需要断开电路时，首先打开固态开关，此时电路中的电流开始通过固态开关流动。然后断开电磁接触器。因为电流已经转移到固态开关上，电磁接触器在断开时不会产生电弧。最后，固态开关关闭，电路完全断开。

（4）过渡保护。在开通和关断过程中，固态开关的快速切换特性可以用来控制电压和电流的瞬态变化，从而保护电路免受冲击和过压的损害。

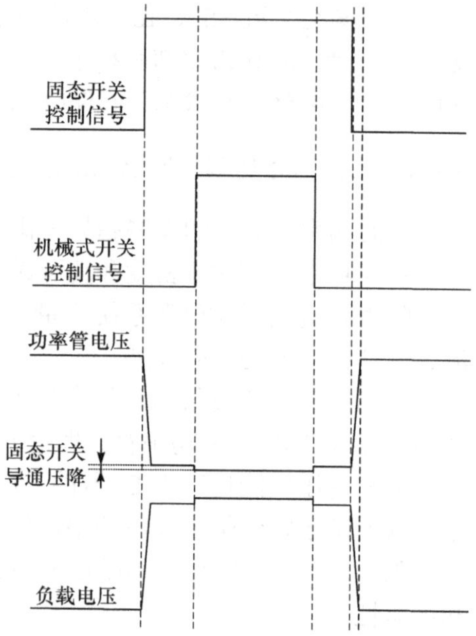

图 9.2.13　开通、关断过程示意图

9.3　飞机电网导线计算

9.3.1　电网计算的任务

电网计算的任务是确定流过导线的电流和节点的电压，从而正确选择导线的截面积，并为选择保护器提供依据。

飞机导线的截面积由三个因素决定：在额定电流下工作导线发热不超过允许值，机械强度不低于规定值，线路压降不超过规定值。同时要验算故障状态时的工作情况及其与保护器的协调。因此选择导线截面积的步骤是：①按电流选择导线截面积和导线；②计算导线的压降，校核负载端的电压是否满足要求；③校核导线的机械强度；④考虑导线布置的实际环境，包括周围温度、安装方式及可能的散热条件，以确保选定的导线截面积在所有预期工作条件下均能安全运行。

飞机电网计算包括稳态计算和暂态计算两部分，同时必须计及正常和各种不正常工作情况。导线的截面积与它的发热状态、电路电压损失（即导线上电压降）和机械强度等因素有关，即与电网工作安全性、用电设备端电能质量及其自身重量有关。

用电设备的性能和重量与供电质量密切相关。例如，白炽灯端电压越高，则亮度越大，但寿命越短。直流电磁铁从吸合要求考虑，必须在最小电源电压时可靠动作；从发热考虑，必须在最大电源电压下安全工作，故若供电电压变化范围越大，直流电磁铁的体积重量必然越大。

用电设备供电质量与电源性能和电网设计密切相关。例如，低压直流电源调节点额定电压为 28.5V，若调压器误差为±1.2V，则调节点电压变化范围为 27.3～29.7V。如线路压降为 0～3V（0V 相当于空载压降，3V 为满载时压降），则用电设备端电压变化范围为 24.3～29.7V。若取电网额定电压为 27V，则用电设备端电压变化达±10%。为了减小该变化量，可提高调压精度即提高电源稳态电压精度，或降低电网线路压降。这些都会增加电源和电网重量以及成本。

设备端电压的高低还和它在电网中所处位置及电网形式有关。一般地，接于电源汇流条上的用电设备端电压变化较小。

在电网故障或应急状态下，允许供电电压有更大的变化，此时允许用电设备性能偏离技术要求，但不允许发生误动作，也不允许产生新的故障。供电恢复正常后，用电设备的性能应随之恢复。在采用电力发动机起动系统的飞机上，发动机起动时，由于耗电功率大，电网电压较低，因此发动机起动过程中的用电设备应能在低电压下正常工作。

9.3.2 按发热来计算导线截面积

根据飞机电源和用电设备的分布，初步确定配电装置的分布、导线和电缆在飞机上的敷设位置，以及导线的长度，确定电缆的分段，接线板、插头座的位置，选定保护器的初步方案，然后计算导线的截面积。

为了确定导线的截面积，必须先计算出流过该导线的电流。对于开式电网，导线中电流由负载确定。对于有多电源的闭式供电网，由于各电源调定电压的偏差和调压器均衡电路的作用，电流计算比较困难。而且，闭式电网中电流分配与各段导线的电阻有关，而电阻又是导线截面积的函数。通常采用逐次逼近法来解闭式电网，即先假定电网中各段导线的截面积，计算出电流分配，再由算得的电流分配，按导线发热和电压降修正原设的截面积，如多次计算后所得的截面积与假定值在允许误差范围内，则计算结束，否则再一次计算，如此反复，直至有满意结果。不仅应计算正常工作状态，还应计算故障状态，由于可能的故障类型较多，应选取若干典型的较严重的故障状态进行计算。

按导线发热来计算其截面积时，截面积不仅与通过电流有关，而且与导线的工作条件有关。主要有以下影响因素。

(1) 导线直径带来的散热和集肤效应的影响。导线越粗，允许通过的电流越大，但并不按比例加大。例如，某型截面为 0.5mm² 的飞机导线允许通过电流为 14A，可是 2.5mm² 的同型号导线只允许长期通过 40A 电流。因为飞机导线主要通过辐射和对流方式散热，且以对流为主。导线越粗，对流散热效果越差，允许电流密度越小。而且由于集肤效应，导线电流趋向于通过导线表面，线芯电流密度比表面电流密度低，导致导线电流不与截面积成正比。

(2) 导线允许的工作温度带来的影响。同一截面积的导线，允许工作温度高，即允许的发热量大，允许长期工作电流大。AF-250 氟塑料绝缘线允许使用的环境温度为−60～250℃，比 FVL 聚氯乙烯塑料绝缘棉纱线允许使用的环境温度−60～70℃高，故在同样使用条件下，AF-250 的电流密度可高些。

(3) 导线成束带来的影响。飞机导线常捆扎成束。因为多根导线捆扎在一起的散热条件比单根差，故成束导线的载流量较低。并且，线束直径越大，散热越困难，故成束导线的载流量约与导线束外径的平方根成反比。线束内同时载流的导体数与该线束总导体数之比称为线束的负荷率。负荷率高的线束，导体载流量也应小。在条件允许时，经常通电和发热量大的导线应分布在线束的外层。用玻璃丝带、聚氯乙烯塑料等不良导热材料捆扎的线束的载流量要下降 5%～10%。

(4) 导线工作时间带来的影响。短时工作导线的载流量比长期工作的大。

(5) 飞机飞行高度带来的影响。飞行高度越高，大气越稀薄，对流散热效果越差，导线允许载流量随工作高度的升高而降低。

表 9.3.1 是英国民航规则中关于单根或由 3、7、12 根导线构成的导线束的最高载流量表的一部分。由表可见，导线允许工作温升越高，其载流量越大；成束导线中导线越少，载流量越大；工作时间越短，载流量越大。

表 9.3.1　导线最高载流量表

美国线规 AWG	负荷状态	聚氯乙烯绝缘尼龙被复 T_m=105℃，T_o=65℃				聚四氟乙烯绝缘 T_m=260℃，T_o=220℃			
		1	3	7	12	1	3	7	12
22	*A*	11	7	5	4	9	6	4	3.5
	B	12	8	7	6	10	7	6	5
	C	15	12	9	9	12.5	10	8.5	8.5
20	*A*	14	9	7	5	11.5	8.5	6	4
	B	16	12	9	8	13	10	8.5	7
	C	22	19	15	12	18	15.5	12.5	12.5

注：*A* 表示长期工作；*B* 表示工作持续时间 5min；*C* 表示工作持续时间 1min；T_m 为导线额定工作温度；T_o 为导线工作最高环境温度。

通常用表格和图形来确定导线的允许载流量。图 9.3.1 (a) 是线束降额曲线，图 (b) 是高度降额曲线。这两条曲线的纵坐标取标幺值，其中图 (a) 的基准值是单根导线载流量，图 (b) 的基准值是导线在水平面时的载流量。

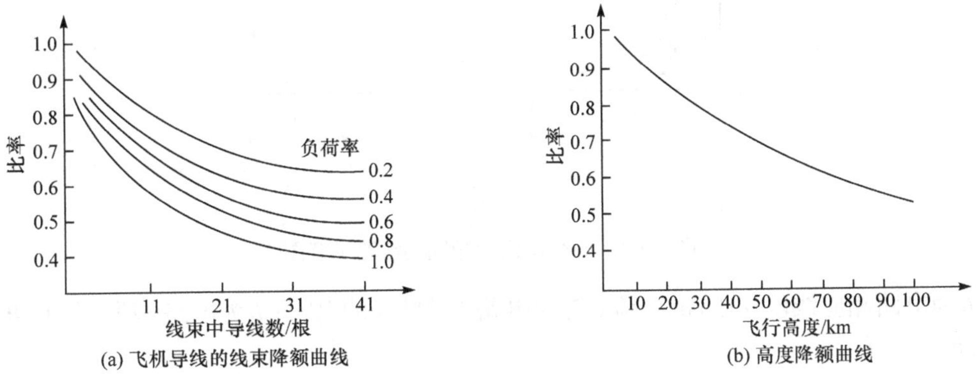

图 9.3.1　飞机导线选择降额曲线

在工程计算中，可根据航标《航空电线载流量》(HB 5795—2023)来选择导线截面积。

9.3.3　直流电网电压降计算

直流电网的电压降即为电压损失。

为使用电设备端电压不低于允许值，必须计算线路的电压降。线路电压降由两部分构成，导线电阻电压降和固定或活动触点的接触电压降，表 9.3.2 是几种典型电连接点的接触电阻值。

表 9.3.2　典型电连接点的接触电阻值

序号	连接点类型	接触电阻值/mΩ
1	螺栓连接	0.5～1.0
2	插头连接	0.15～2.5
3	接触器触点	0.32～0.64
4	继电器触点	3～15
5	自动开关触点	0.9～52.7
6	普通熔断器	1.2～26
7	惯性保险丝	0.15～1.4
8	难熔保险丝	0.03～0.34

1. 相同截面积的导线面积和电压降计算

图 9.3.2 是具有几个集中用电设备的电路，各电路截面积相同，都为 S，从 A 点到 B 点的导线的线路压降 ΔU 为

$$\Delta U = I_1R_1 + I_2R_2 + \cdots + I_nR_n = \sum_{i=1}^{n} I_iR_i = \frac{1}{\gamma S}\sum_{i=1}^{n} I_il_i \tag{9-3-1}$$

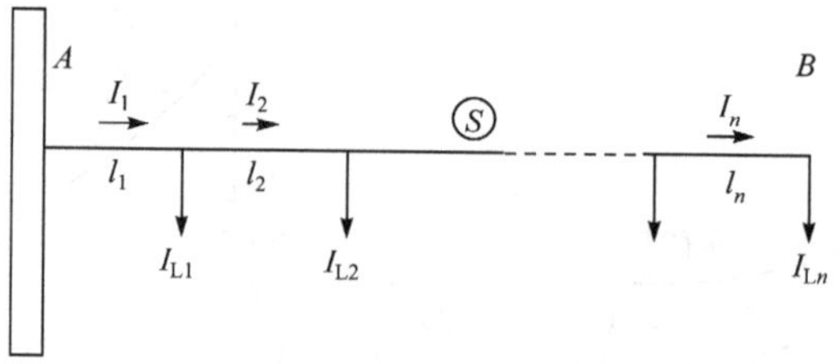

图 9.3.2　导线截面积相同的线路示意图

式中，I_i为电路相应线段（i段）的电流；R_i为电路i段导线的电阻；l_i为电路i段导线长度；γ为导线电导率。又

$$I_i = \sum_{k=i}^{n} I_{\mathrm{L}k} \tag{9-3-2}$$

式中，$I_{\mathrm{L}i}$为第i个用电设备的电流。设

$$L_i = \sum_{k=1}^{i} l_k \tag{9-3-3}$$

则有

$$\sum_{i=1}^{n} I_i l_i = \sum_{i=1}^{n} I_{\mathrm{L}i} L_i \tag{9-3-4}$$

故

$$\Delta u = \frac{1}{\gamma S}\sum_{i=1}^{n} I_i l_i = \frac{1}{\gamma S}\sum_{i=1}^{n} I_{\mathrm{L}i} L_i \tag{9-3-5}$$

式中，$I_{\mathrm{L}i}L_i$为电流矩。若允许线路压降ΔU已知，可由上式求取导线截面积S。此截面积S应与导线发热计算时获得的面积进行比较，并取大者。

2. 不同截面积的导线面积和电压降计算

上面所述算法所得导线截面在整个长度上相同，但各段电流密度不同，使电网重量较大。比较合理的方法是各段导线截面不同，在满足电压损失的条件下使导线重量最轻。图 9.3.3 是具有三个用电设备的电路。

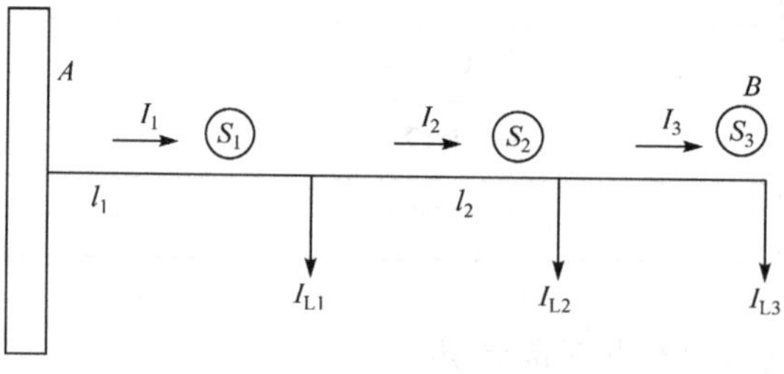

图 9.3.3　导线截面积不同的线路示意图

电路中导线用铜总体积V为

$$V = S_1 l_1 + S_2 l_2 + S_3 l_3 \tag{9-3-6}$$

设ΔU_0为导线允许压降，即有

$$\Delta U_0 = \Delta U_1 + \Delta U_2 + \Delta U_3 \tag{9-3-7}$$

式中，ΔU_i 为第 i 段导线压降，i=1, 2, 3。

$$V=\frac{I_1 l_1^2}{\gamma\Delta U_1}+\frac{I_2 l_2^2}{\gamma\Delta U_2}+\frac{I_3 l_3^2}{\gamma\Delta U_3} \tag{9-3-8}$$

$$\Delta U_3=\Delta U_0-\Delta U_1-\Delta U_2 \tag{9-3-9}$$

故

$$V=\frac{I_1 l_1^2}{\gamma\Delta U_1}+\frac{I_2 l_2^2}{\gamma\Delta U_2}+\frac{I_3 l_3^2}{\gamma(\Delta U_0-\Delta U_1-\Delta U_2)} \tag{9-3-10}$$

取

$$\frac{\partial V}{\partial\Delta U_1}=\frac{\partial V}{\partial\Delta U_2}=0 \tag{9-3-11}$$

得

$$\frac{I_1 l_1^2}{\gamma\Delta U_1^2}=\frac{I_2 l_2^2}{\gamma\Delta U_2^2}=\frac{I_3 l_3^2}{\gamma\Delta U_3^2} \tag{9-3-12}$$

因

$$S_1=\frac{I_1 l_1}{\gamma\Delta U_1} \tag{9-3-13}$$

$$S_2=\frac{I_2 l_2}{\gamma\Delta U_2} \tag{9-3-14}$$

$$S_3=\frac{I_3 l_3}{\gamma\Delta U_3} \tag{9-3-15}$$

故

$$\frac{S_1^2}{I_1}=\frac{S_2^2}{I_2}=\frac{S_3^2}{I_3} \tag{9-3-16}$$

此即为电路中导线最轻的设计条件。写为一般形式为

$$\frac{S_1^2}{I_1}=\frac{S_2^2}{I_2}=\cdots=\frac{S_n^2}{I_n}=\alpha_i^2 \tag{9-3-17}$$

式中

$$\alpha_i=\sum_{i=1}^{n}\frac{l_i\sqrt{I_i}}{\gamma\Delta U_0} \tag{9-3-18}$$

3. 两端供电、相同截面积的导线截面和电压降计算

最简单的闭式电网为一个由两端供电的线路，见图 9.3.4。在图示三个用电设备中，只可能有一个是同时由两边电源供电的，若求得该负载，然后将供电网从此点分开，就得到两个简单开式电网，以后的计算和开式电网相同。

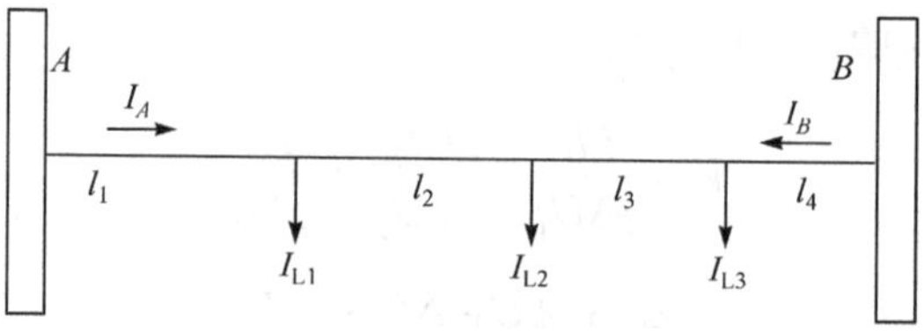

图 9.3.4　两端供电的电路示意图

设该点电压为 U，则

$$U = U_A - I_A r_1 = U_B - I_B r_4 - (I_B - I_{L3}) r_3 - (I_B - I_{L3} - I_{L2}) r_2 \tag{9-3-19}$$

又

$$I_A + I_B = I_{L1} + I_{L2} + I_{L3} \tag{9-3-20}$$

得

$$I_A = \frac{U_A - U_B}{r_1 + r_2 + r_3 + r_4} + \frac{I_{L1}(r_2 + r_3 + r_4) + I_{L2}(r_3 + r_4) + I_{L3} r_4}{r_1 + r_2 + r_3 + r_4} \tag{9-3-21}$$

$$I_B = \frac{U_B - U_A}{r_1 + r_2 + r_3 + r_4} + \frac{I_{L1} r_1 + I_{L2}(r_1 + r_2) + I_{L3}(r_1 + r_2 + r_3)}{r_1 + r_2 + r_3 + r_4} \tag{9-3-22}$$

若 U_A 和 U_B 已知，且各段导线长度和截面已知，则可算出 I_A 和 I_B，求出两侧同时供电的负载端电压。

对于同时由 3 个或 3 个以上方向供电的复杂电网，可用节点导纳矩阵或其他形式电路方程来描述电网，然后利用计算机电路辅助分析程序求解。采用计算机求解，可以计算多种因素和多种故障状态时的电网运行。对于多路供电的闭式电网，其中任一路电源中断，用电设备汇流条电压仍不应低于允许值，故闭式电网导线截面积比开式电网的大。

如果飞机上所有导线的截面积都不是按电压降确定，而是按电流密度(即发热)来确定，则电网导线的总重量必然最小，但是这样必有某些电路电压降较大。为了使各用电设备端电压在允许范围内，要求各电源调节点电压稳定度更高。

电网重量问题不能仅计及其本身的重量，而且必须计及电网损耗带来的发动机燃油消耗及发动机马力的加大而引入的附加重量。应使电网本身重量及附加重量之和为最小。

9.3.4　交流电网的电压降和电压损失计算

1. 简单电路电压降计算

在交流电网中，线路的电压降不仅与导线的电阻有关，也与导线的感抗有关，还和网路中电流和电压的相位差有关。

图 9.3.5 表示简单的交流辐射电网向量图。设线路 AB 段起点 A 上相电压、功率和功率

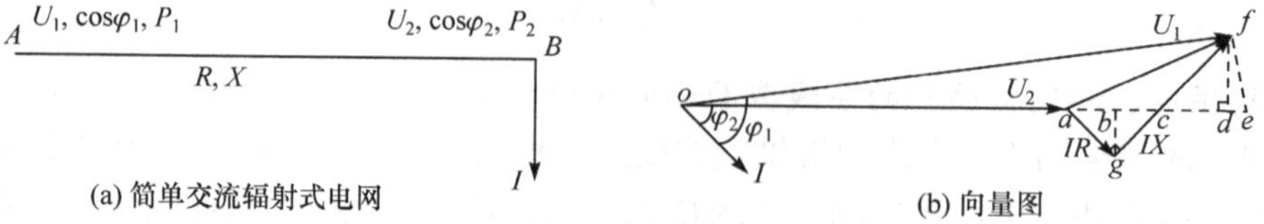

图 9.3.5　交流辐射电网向量图

因数分别等于 U_1、P_1 和 $\cos\varphi_1$，而终端 B 上的相电压、功率和功率因数分别为 U_2、P_2 和 $\cos\varphi_2$。同时假设 AB 段每一相都具有电阻 R 和电抗 X，如图 9.3.5(a)所示，电网的向量图如图 9.3.5(b)所示。

线路的电压降等于始端电压和终端电压向量之差，即

$$\dot{U}_1 - \dot{U}_2 = \dot{I}Z \tag{9-3-23}$$

式中，Z 为线路阻抗。

线路的电压损失 ΔU 等于两电压有效值之差，即

$$U_1 - U_2 = \Delta U \tag{9-3-24}$$

在一般情况下，交流网路中的电压降和电压损失不相等，从用电设备的正常工作出发，计算线路的电压损失值具有实际意义。

图 9.3.5(b)中，线段 of、oa 分别表示电压 U_1 和 U_2 的有效值，令线段 $oe=of$，则线段 ae 表示 AB 段线路上的电压损失值。当 $\varphi_1-\varphi_2$ 很小时，线段 $ad\approx ae$，线路电压损失值 ΔU 可近似为

$$\Delta U = ae \approx ad = ab+bc+cd$$

$$bc+cd = (cg+cf)\sin\varphi_2 = IX\sin\varphi_2 \tag{9-3-25}$$

式中，$ab=IR\cos\varphi_2$。

故电压损失值 ΔU 可写为

$$\Delta U = IR\cos\varphi_2 + IX\sin\varphi_2 \tag{9-3-26}$$

式中，电阻值 R 包括导线中的有效电阻和接触部件(如开关、接线板等)的接触电阻。其中，接触部件的接触电阻主要包括接线板、开关触点等电连接点的接触电阻，这些接触电阻的值可通过实验测定或查阅相关技术手册获得。

对三相对称系统，只考虑正序分量在线路上的电压损失。不对称时，电压损失还包括逆序阻抗和零序阻抗上的电压损失。

当导线截面积 $S<16\text{mm}^2$ 时，导线的交流电阻基本上等于欧姆电阻。

当导线截面积 $S>16\text{mm}^2$ 时，必须考虑集肤效应的影响，计算用导线电阻等于直流欧姆电阻乘修正系数 K，一般 $K=1.05$。

2. 分支电路电压损失的计算

图 9.3.6 表示有一条分支的电路。电路中的每一段的电压损失由式(9-3-26)给出，故该电路总电压损失 ΔU 为

$$\begin{aligned}\Delta U &= U_0 - U_2\\ &= R_1(I_1\cos\varphi_1 + I_2\cos\varphi_2) + R_2 I_2\cos\varphi_2 + X_1(I_1\sin\varphi_1 + I_2\sin\varphi_2) + X_2 I_2\sin\varphi_2\end{aligned} \tag{9-3-27}$$

式中，$R_1 = l_1\gamma_1$；$R_2 = l_2\gamma_2$；$X_1=l_1x_1$；$X_2=l_2x_2$；l_1 和 l_2 为两段导线的长度；γ_1、γ_2 和 x_1、x_2 为两段导线单位长度的电阻和电抗。

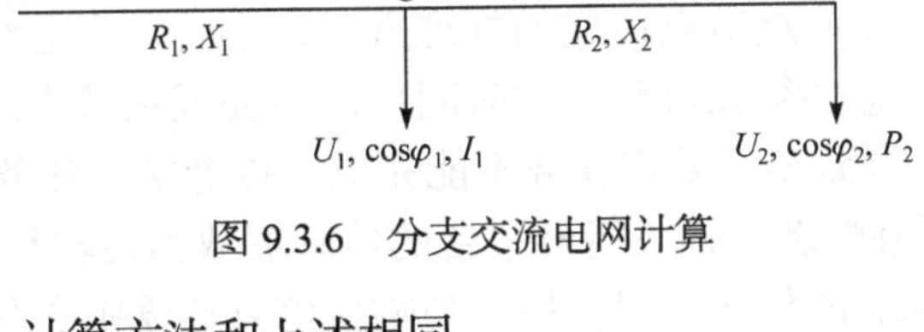

图 9.3.6　分支交流电网计算

若网路有若干分支，计算方法和上述相同。

9.4 机载设备总线

9.4.1 飞机通信总线技术概述

通信总线是分布式配电系统的重要组成部分，它为各种系统和子系统之间交换数据与信息提供了一种媒介，其可靠性、带宽和实时性直接关系到飞机配电系统的自动化程度和安全性。

在过去的几十年中，机载数据总线经历了从传统的总线标准向新一代总线标准的发展过程，实现了自身从较低速率、较低可靠性的总线向宽带宽、高速、高可靠性网络的发展与变迁。

传统的数据总线技术经历了一定时间的发展与改进，相关技术已经较为成熟，在航空航天领域占据着一席之地。军机中，设备与设备间的控制总线常使用 MIL-STD-1553B 总线技术；美国空军 F-18 和 F-111 飞机以及自由号空间站、SMEX 卫星等诸多航空航天项目中都运用到与 1553B 兼容的 MIL-STD1773 光纤总线技术；先进民航客机如 B777 中则是采用 ARINC629 总线技术实现了机载设备及系统间的数据交互。

而为了满足航空航天电子技术层出不穷的需求，新一代总线技术如现场控制总线 CAN (control area network)、航空电子全双工交换式以太网 AFDX、基于时间触发的 TTP (time triggered protocol) 相继应用于实际系统中。

有效的机载航电系统的综合对飞行器内部互连的需求主要体现在带宽、实时性和容错与可靠性几个方面。

1) 带宽

随着大型飞机上复杂航空系统的增多，需要大量增加航空数据总线的带宽、提高通信的服务质量。

在初期采用分立式航空电子设备的阶段，各分立子系统以“黑盒”形式独立完成信息的传感和处理，子系统间交换信息仅仅是一些处理完毕的低速率信息、控制和状态信息等，数百 Kbit/s 的速率即可满足系统互连的需要。

而在综合的模块化航空电子系统中，多个原始传感器数据可以由一组公用的核心处理器进行综合处理，通过重构实现传感器数据融合和容错。传感器数据的传输与分配是机载网络带宽需求的一个主要方面。

事实表明，未来航空电子互连网络在带宽方面应能支持每通道 1Gbit/s 以上的传输速率。机载网络通常在满足系统传输需求的基础上，还要留有一定的扩展余量。

2) 实时性

鉴于航空电子系统中数据综合的需要，任务处理节点必须与其他功能节点进行信息的综合，在对节点的处理上，无论点对点传递的处理方式，还是共享总线的处理方式，都涉及与其他节点通信的问题。消息必须在可预计的时间范围内完成在节点间的传输，否则，某一处信息的不能及时获取将会导致整个处理任务不能完成，拉低整个任务系统的处理能力。

根据美国 SAE 组织预测，新一代飞行器平台的传感器数据传输与分配网络应在几个 Gbit/s 的速率下提供不大于 100μs 的传输延迟；指令与响应信息传输则在几个 Mbit/s 速率下提供不大于 10μs 的传输延迟。对于不能离线确定的消息延时，也要求其在运行中的延迟是可预测和可控制的。

3) 容错与可靠性

由于飞行器具有机动性强，运行环境恶劣的特点，航电子系统互连网络的容错能力和可靠性是至关重要的。

容错技术通常包含空间上的容错、时间上的容错和系统的降级使用。可靠性是一个系统整体的品质因素，作为飞行器电子系统一个重要组成部分，网络的传输可靠程度对系统可靠性会产生重要影响。常用传输误码率来表征数据传输系统可靠特性。

民用机载数据总线有 ARINC 429、ARINC 629、CSDB、AFDX；而军用机载数据总线则有 MIL-STD-1553B、MIL-STD-1773、STANAG 3838/3839、HSDB、LTPB、FDDI、SCI、FC 等。此外，RS422、RS485、CAN 等民用系统中的总线也被应用到飞机上。

9.4.2 几种机载数据总线

当前航空电子设备中广泛采用的机载数据总线有军用机载数据总线 MIL-STD-1553B 和民用机载数据总线 ARINC429 等。

1) MIL-STD-1553B 数据总线

MIL-STD-1553B 总线是一种广播式分布处理的总线，总线上可接 32 个终端。工作方式为半双工，数据在单根线中可以向两个方向传输，但是不能同时向两个方向传输。我国使用的 MIL-STD-1553B 总线标准为《数字式时分制指令/响应型多路传输数据总线》(GJB 289A—97)。该总线具有较高的可靠性，除总线控制器外任何一个终端的故障都不会造成整个网络的故障，总线控制器则可以通过备份来提高可靠性。但是网络对总线本身的故障比较敏感，因此通常采用双余度总线。

在机载航电设备数量增多，复杂性增加，对带宽要求越来越高的现状下，MIL-STD- 1553B 总线中 1Mbit/s 的数据传输速率已经不够满足要求。

2) ARINC429 总线

ARINC429 总线标准是一种单向串行传输总线。这种总线发送信息时，只能有一个发送端，每个发送端最多可带 20 个接收端，由它们共享 100Kbit/s 的传输带宽。在实际应用中，ARINC429 数据总线是一根屏蔽的双芯线，ARINC429 的通信速度有两种：高速的 100Kbit/s 和低速的 12.5Kbit/s。如果两个设备有双向通信的需求，则需要搭设两根独立的传输总线，分别用于两个方向的数据传输。

ARINC429 总线传输在物理上采用双绞屏蔽线，传输介质固有的完整性保证几乎没有信息漏失，电缆线的两端和所有断开点都应该屏蔽接地。

由此可见，ARINC429 总线由于其通用性强，抗干扰能力强，可靠性高，数据精度高的优点，得到广泛应用。但是由于带宽小，随着航电系统复杂性的增加，带宽已经不能满足要求。同时，半双工传输方式会增加布线，占用飞机上的体积和重量资源。并且由于与 ARINC429 通信相关的系统或部件不可避免地可能会产生故障，故需要从系统硬件和软件方面提高系统的可靠性。

3) 光纤总线

光纤通道是一种串行通信协议 ANSI 标准。它以其传输速度高、兼容性好等特点在计算机网络与高速总线领域得到应用。光纤通信传输速率可达 100Mbit/s。

光纤通信具有可用带宽大、数据传输速率高，传输损耗小、无中继通信距离远，抗电磁干扰、电磁冲击能力强，重量轻、尺寸小等优点，经 30 余年的发展，光纤通信技术已在民用信息传输领域获得了广泛应用。目前，光纤、半导体光源和光电检测器等光纤通信关键器件的工作寿命、可靠性、低温效应、调制速度、光电转换效率等都发生了质的飞跃，光纤信息传输技术在军事、航空等领域的应用得到了有关发达国家政府的高度重视。在航空领域，自 20 世纪 90 年代中期以来，国外先后进行了综合航电系统高速光纤数据总线、光传飞行控制操纵系统和光纤陀螺等研究和应用开发。

4) AFDX 总线

AFDX 总线是由空客公司的 A380 项目中的产品逐渐演化为工业标准。2000 年前后，ARINC 公司发布了 ARINC664 第 7 部分规范草案，对 AFDX 进行了规范化说明，而物理层和数据链路层规范、网络内部互联服务、上层和用户服务等由 ARINC664 其他部分定义。

AFDX 网络以商用 IEEE 802.3 以太网标准和 TCP/IP 基本规则为基础，在构架中引入了很多新的理念，其最大的特点是同时保证了数据传输的带宽和服务质量。AFDX 总线的应用，能够便于航电系统的扩展和维护，减少系统布线、减轻飞机重量。这些是由虚拟链路技术、冗余管理以及流量整形技术等机制实现。

AFDX 网以 100Mbit/s 的速度实现全双工通信，可以灵活管理连接系统中的任何数据通信的变化，而不需要改变布线情况。AFDX 网络充分利用了商用现货(commercial off-the-shelf, COTS)硬件优势和开放式系统、减少设计开发成本、缩短研制周期，尤其是能够保证针对商用航空对带宽、健壮性和易扩展性要求高的特点，达到好的效果。

AFDX 网络通过采用双重物理链路和虚拟链路技术，以及在每个发送端和接收端实现的流量整形和冗余管理机制，显著提高了网络的容错能力。这些技术确保了即使在单个链路故障的情况下，数据仍能通过备份链路安全、准确地传输，从而保障了航空系统的高度可靠性。AFDX 总线技术以其高带宽、低延迟和高可靠性的特点，在 A380 等大型民用客机中得到了广泛应用，主要用于航电系统之间的数据交换，实现了对复杂航空系统的高效管理。

5) TTP 总线

TTP/C 协议采用时分多址的通信组织方式，网络中每个节点都在指定的时刻进行数据的收发，以避免总线上产生冲突。通信被组织成长度相同的 TDMA (time-division multiple access) 周期(round)。一个 TDMA 周期被分成若干个具有可变长度的时隙(slot)。通信中每一个小型外场可更换单元(line replaceable unit，LRU)在一个 TDMA 周期内都占有一个 slot，即其发送时隙。TTP 网络采用双通道传输消息，在某一时隙，同一 LRU 在两个通道中传输的消息内容和长度可以不同。

TTP 通信协议提供了时钟同步、消息队列和传输等功能。是一种高速，无主控，多端点传输的双通道现场总线通信协议，支持 TTP 总线的通信速率单通道高可达 5Mbit/s 或 25Mbit/s。TTP 通信控制器提供机内健康监测，系统同步及余度服务，可直接用于开发嵌入式容错系统。航空运输业界已经将其用于安全性至关重要的嵌入式应用场合。

TTP 旨在为航空航天应用提供所需的安全性等级，以及支持更广泛的相关行业应用。而它自身的发展也已经证明了它的确是适用于航空分布式控制系统的关键网络技术，从航空发动机控制、座舱系统、电源管理以及飞行控制系统都能应用。但由于传输速率和传输带宽的限制，TTP 无法成为现代飞机的主干网通信协议。除了航空领域，TTP 的目标还包括航天器空间控制应用，以及其他行业领域的一系列工程项目，如汽车工业、超高速公路和铁路。

9.4.3 AFDX 总线

AFDX 总线全称为航空电子全双工交换式以太网(avionics full duplex switched ethernet)，网络结构与以太网一样由终端系统和交换机构成星形拓扑。它是为航空子系统之间进行数据交换而定义的一种协议(IEEE802.3 和 ARINC664)标准。

1. AFDX 网络的特点

AFDX 网络结构中全部通信参数都是预先定义，由系统设计人员定好参数，形成统一的配置表，整个通信过程严格按照规定的通信参数运行，由此保证了网络通信的确定性。AFDX 网络通过实现基于时间的调度和虚拟链路的概念，确保了网络通信的高度确定性。每个虚拟链路都被分配一个固定的带宽和严格的时间表，这使得网络中的数据流可以按照预定的时间准确地到达目的地，满足了航空电子系统中对实时性的严格要求。

1) 虚拟链路

虚拟链路(VL)定义的是概念上的通信，并不是实际存在的物理传输通道，本质上是对实际带宽进行了分时复用，再通过调度机制来提高对 AFDX 网络的利用率。

如图 9.4.1 所示，将 100Mbit/s 的物理链路划分为三条虚拟链路(VL)，虚拟链路 1 传送由端口 1、2、3 发送的消息，虚拟链路 2 传送由端口 6、7 发送的消息，虚拟链路 3 传送由端口 4、5 发送的消息，相互独立，互不干扰。每个虚拟链路提供了从一个源终端到一个或多个目的终端的逻辑上的单向连接，并由系统集成者配置了两个参数：最大帧长度(L_{max})和带宽分配间隔(BAG)，从而防止同一物理连接的虚拟链路之间互相影响，实现各条虚拟链路之间互相隔离。

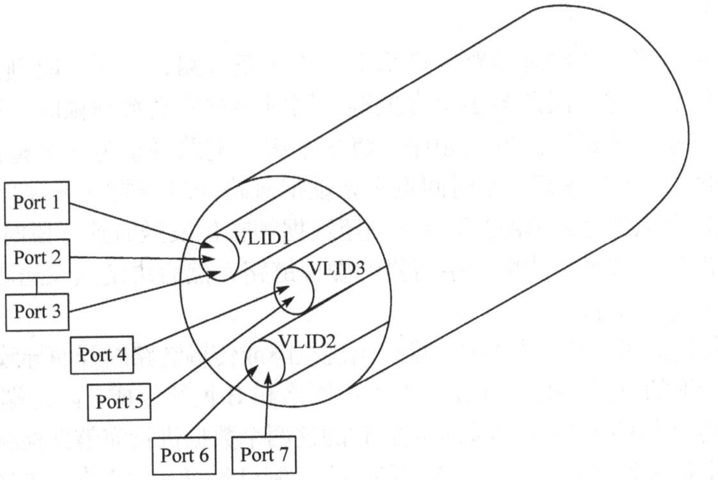

图 9.4.1 虚拟链路

Port-端口；VLID-虚拟链路 ID

2) 流量整形

为保证每条虚拟链路的 BAG，防止突发流量对网络造成的影响，在终端系统中需对传输的帧在发送前进行整形。如图 9.4.2 所示，使得每条虚拟链路上的数据比较均匀的速度向外发送。使网络数据传输延迟可以控制在某个范围之内。这是 AFDX 作为确定性网络的特性之一。

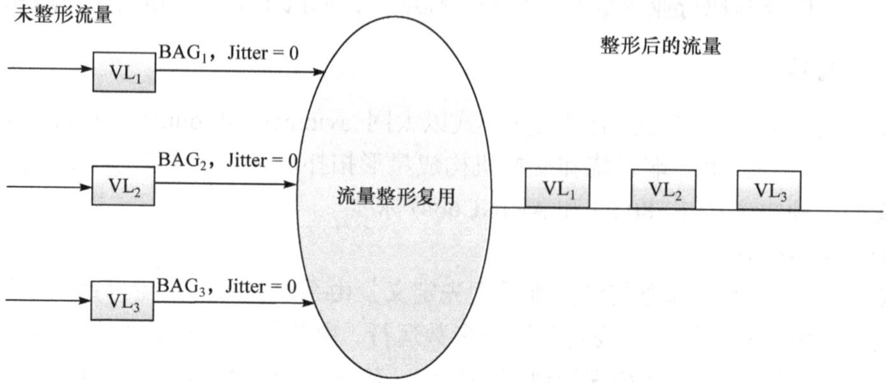

图 9.4.2　流量整形过程

由于实际情况下虚拟链路中数据帧的发送间隔时间是不确定的，为了避免出现瞬发数据流对 AFDX 网络造成影响，需要对虚拟链路中的数据帧进行流量整形从而限制数据帧的瞬时帧速率。流量整形的效果图如图 9.4.2 所示。

经过流量整形后，虚拟链路上的数据流以一个相对平均的速率进行传输，相邻两个数据帧之间的间隔为一个 BAG。

3）虚拟链路的调度

AFDX 网络中的虚拟链路调度是通过一个中央调度算法来实现的，该算法根据每个虚拟链路的 BAG 和最大帧长度（L_{max}）参数，计算出每个虚拟链路发送数据的精确时刻。这种中央调度机制保证了网络中各虚拟链路之间的数据传输不会相互干扰，从而实现了网络的高效利用和通信的可靠性。

由于虚拟链路是将一条物理链路在逻辑上分为多条链路，且同一时刻只能允许其中一条虚拟链路的数据帧被发送，因此当多个虚拟链路同时要求发送数据帧时，就需要对虚拟链路进行调度，统一安排这些链路的发送顺序，将多个虚拟链路规整为一个整体。这里引入一个抖动（jitter）的概念，用于解决某一个时间点多条虚拟链路同时需要发送时产生的竞争问题，抖动的定义是某一条虚拟链路在 BAG 开始时刻至数据帧首位发送时这一段时间的间隔。

经过流量整形后，端系统读取每条需要的虚拟链路，然后决定其发送顺序。

4）完整性检测与冗余管理

为保证数据传输的可靠性，防止因交换机出现故障或传输链路断开而导致系统崩溃，实际应用当中采用了双余度的方案。整个通信网络由 A 网络和 B 网络组成，发送端系统发送的数据帧被复制分别发送到两个网络中；接收端对接收到的这两个数据进行完整性检测，采用“先到者有效”的原则，确定是接收该帧，还是由于它的一个复制已经抵达而丢弃。如图 9.4.3 所示。

2. AFDX 网络数据传输

1）数据传输的形式——帧格式

AFDX 数据帧包含多个报头。其中 IP 报头中包含有目的端口的识别码和分区识别符（多点传送地址）。IP 目的地址中还包含虚拟连接目的地址和 ID 号，UDP 报头中包含信息源和目的地的 UDP 端口号。如图 9.4.4 所示。

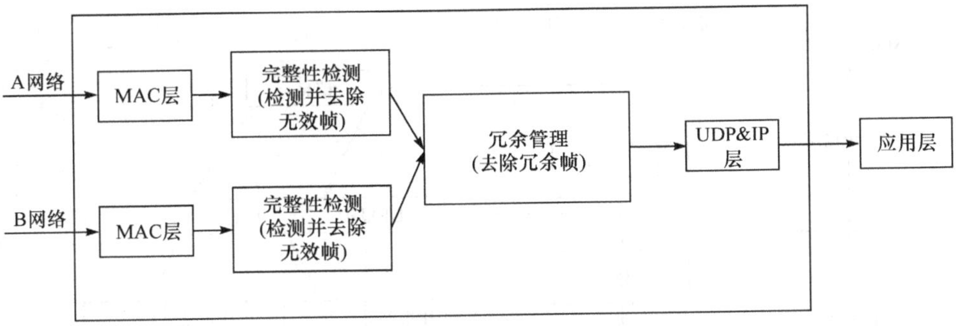

图 9.4.3　完整性检测和冗余管理

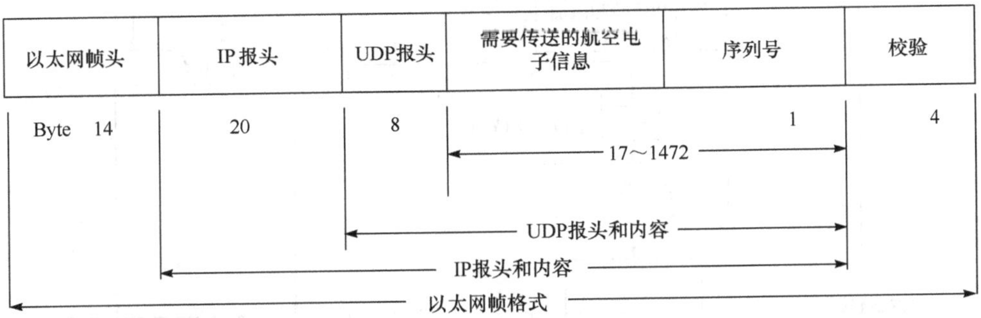

图 9.4.4　AFDX 帧格式

2) AFDX 协议栈

整个协议栈的功能是有效、及时地封装处理终端发送和接收的数据。AFDX 的信息流程包含在链路层中。当在 AFDX 端口间传送信息时，涉及发送端口、AFDX 交换机和接收端的协同工作，并配置合适的地址，使信息到达目的端口。AFDX 端口可以存储一定数量的消息且按照先入先出的规则读取。

(1) 发送协议栈 Tx——数据封装。

数据封装的过程如下。

在 UDP 传输层添加 UDP 报头(包含源端系统和目的地的 UDP 端口号)；数据报到达 IP 网络层后，主要进行三个工作：①根据 VL 最大值(L_{max})决定是否对包进行分解，当数据报大于 L_{max} 时将大数据包分解为一些小的数据包；②添加 IP 报头，对每个数据包计算 IP 校验和；③添加以太网报头，将帧置于合适的 VL 队列中。数据封装过程如图 9.4.5 所示。

帧进入链路层，VL 负责调度以太网帧的发送时间，添加序列号，再将此帧发送到冗余管理单元。在冗余管理单元，对帧进行复制，然后把网络地址添加到以太网源端地址，将此帧发送。

(2) 接收协议栈——解除封装。

数据解封过程如下。

首先，在虚拟链接层，用帧校验序列号(FCS)对以太网帧进行检验，如果没有错误，去掉 FCS，再进行完整性检查，进行冗余管理检测。

然后，生成的 IP 帧进入到 IP 网络层，这一层负责检查 IP 校验、检测和 UDP 帧的重组。

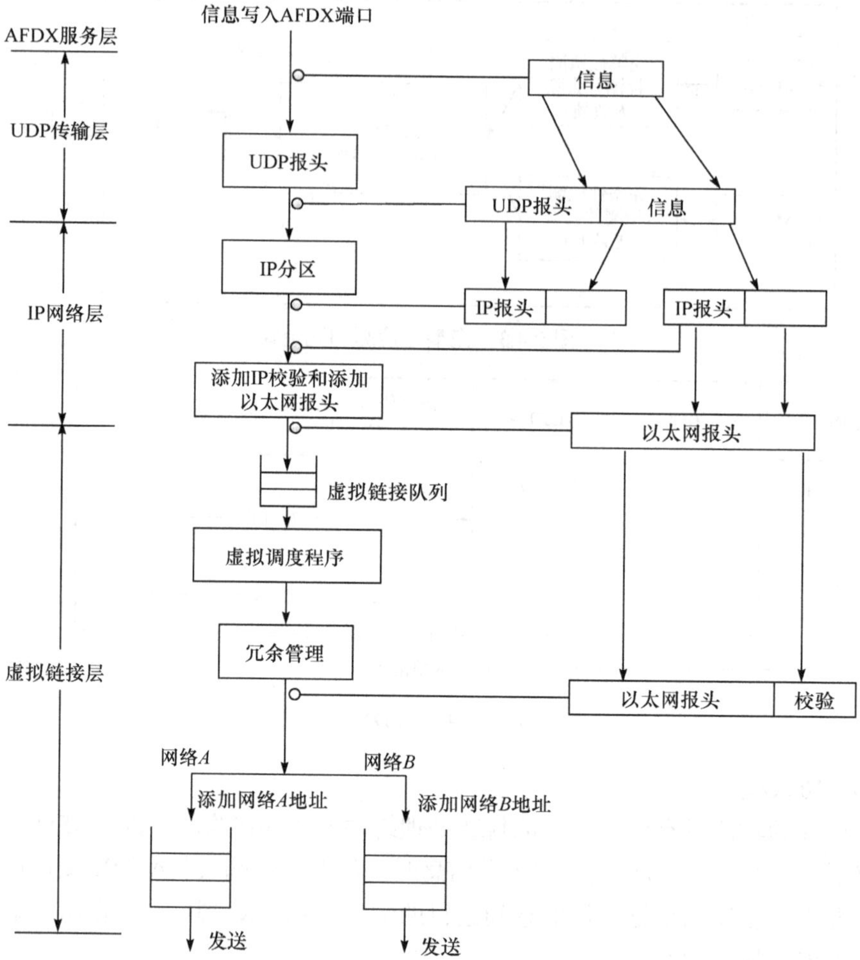

图 9.4.5 数据封装过程

最后，UDP 数据包被传输到 UDP 传输层，在这一层被传输到适当的 UDP 端口，完成帧接收过程。数据解封过程如图 9.4.6 所示。

9.4.4 TTP 总线

1. TTP 基本原理概念

1）时间触发通信原理

TTP/C 协议采用时分多址的通信组织方式，网络中每个节点都在指定的时刻进行数据的收发，以避免总线上产生冲突。通信被组织成长度相同的 TDMA 周期。一个 TDMA 周期被分成若干个具有可变长度的时隙。通信中每一个小型外场可更换单元 LRU 在一个 TDMA 周期内都占有一个 slot，即其发送时隙。TTP 网络采用双通道传输消息，在某一时隙，同一 LRU 在两个通道中传输的消息内容和长度可以不同。多个 TDMA 周期构成集群(cluster)周期，即总线运行周期，整个数据时间轴由重复的 cluster 周期构成，如图 9.4.7 所示。

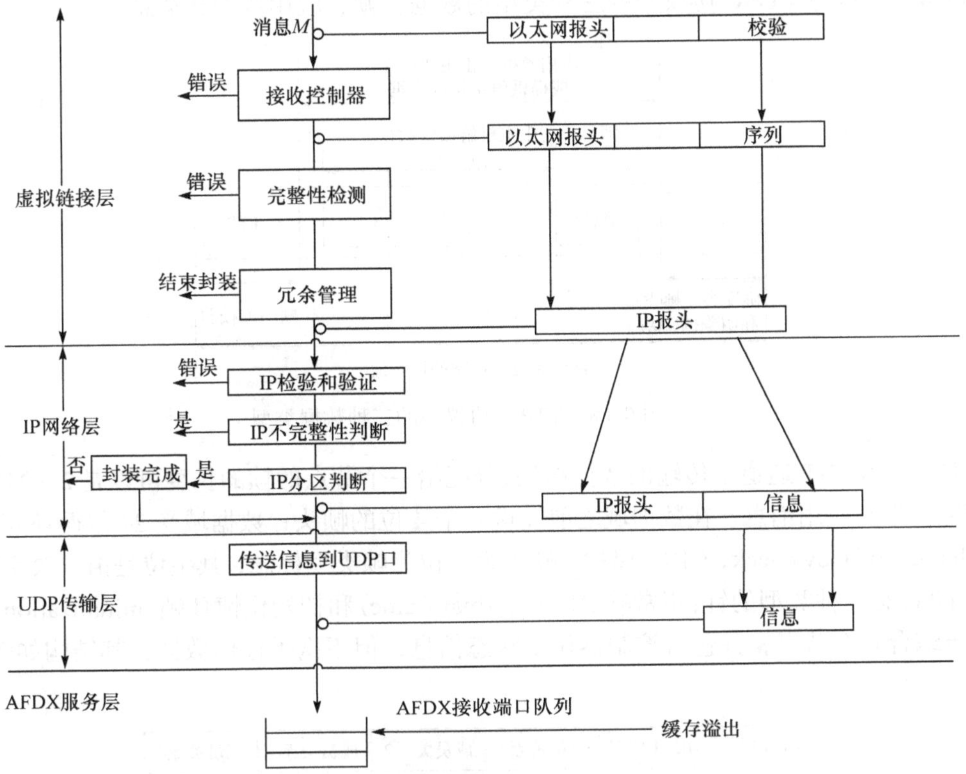

图 9.4.6　数据解封过程

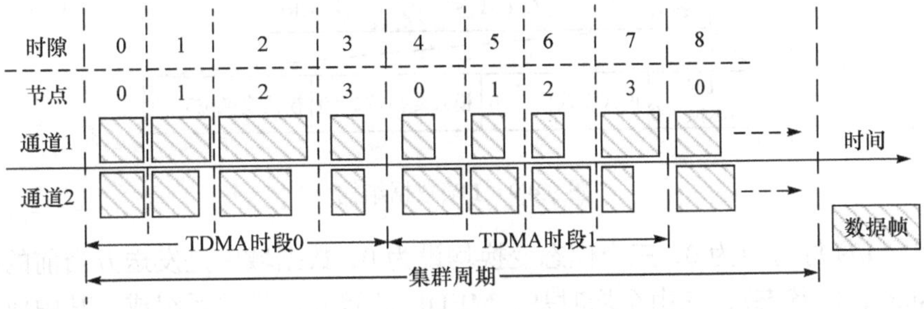

图 9.4.7　TTP 构架中的周期

集群循环(cluster cycle)是 TDMA 周期的一个循环序列，而在不同的周期中，不同的消息以帧的形式传送，但是每一个集群循环要重复完整的状态消息组。消息在预定的时间、以已知的延迟被广播到总线的每个节点上，从而保证消息严格实时地达到目标 LRU。

一个 TTP 集群最多可包括 64 个外场可替换单元或 64 个外场可更换模块(LRM)，每一个都有一个 TTP 控制器。在典型情况下，控制器按每个 TDMA 周期一次的速率周期性地发送分布式控制环路内的所有有关数据。这意味着，数据更新周期可以短到 1ms 或者更短，这取决于消息的长度以及 TTP 集群中 LRU 的数目。未来一代的 TTP 控制器可以提供更高的速度范围和更快的控制环路。

2）数据帧格式

图 9.4.8 所示为 TTP/C 协议中的三种类型的数据：帧、应用数据和消息。

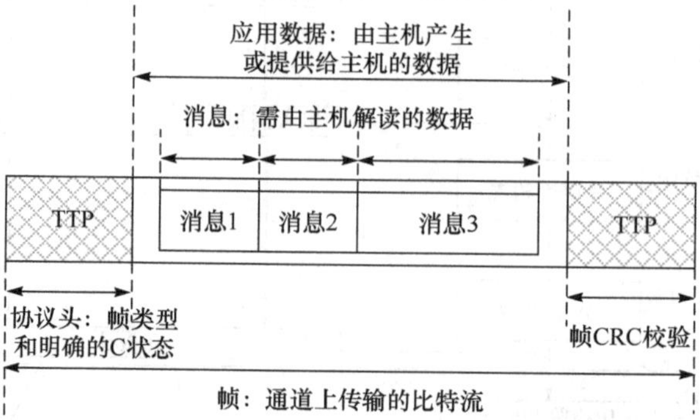

图 9.4.8　TTP/C 协议中的三种数据类型

帧是用于在 TTP 通道上传输的数据结构，分配给一个节点的帧的长度可以是 2～240 字节，每个帧通常带有应用消息。在数据域之前发送一个 4 位的帧头，数据域受 24 位循环冗余校验码（cyclic redundancy check，CRC）保护。帧头第一位为帧类型标志，其余位是请求改变模式的代码。TTP/C 有两种类型的针：正常帧（N 帧，normal frame）和初始化帧（I 帧，initialization frame）。I 帧用于综合各个节点，并包含控制器显示状态信息，但不携带任何数据，其结构如图 9.4.9 所示。

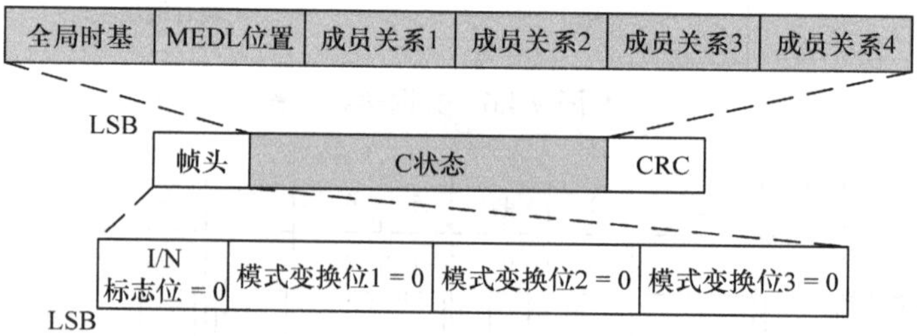

图 9.4.9　I 帧数据结构

在 I 帧中，I/N 标志位为 0，三个模态变换均设为 0，数据域中是发送方当前的控制器状态（controller state，C 状态），它由全局时基、MEDL 位置和成员关系组成，其中成员关系用于在一个 TDMA 延时范围内告知集群中所有节点每一个节点的工作情况。

N 帧用来传输低开销数据。它携带数据和隐含在 CRC 中的隐式控制器状态信息，其数据结构与 I 帧基本一致，如图 9.4.10 所示。

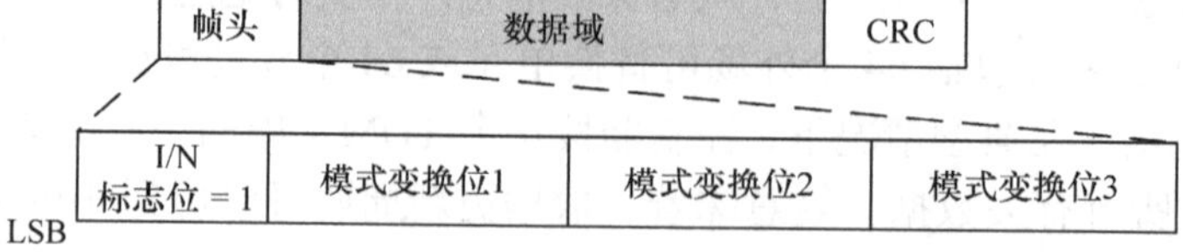

图 9.4.10　N 帧数据结构

在 N 帧中，I/N 标志位为 1，模态变换位可设置立即模态变换（immediate mode change，IMC）

和延迟模态变换(deferred mode change，DMC)两种模态。立即模态变换指在本时隙后立即执行模态变换，而延迟模态变换是在本集群周期后再执行模态变换，N 帧中数据域的字节数由具体的控制器决定。

3) TTP/C 的网络拓扑结构

一个 TTP/C 的网络节点由主机(Host)、通信网络接口(communication network interface，CNI)、TTP/C 协议控制器和物理层收发器组成。网络中的节点称为 LRU，两个及两个以上的 LRU 组成一个容错单元(fault tolerant unit，FTU)，TTP 集群由 FTU 和冗余的信道(双通道结构)组成。TTP/C 协议支持总线形、星形、多星形、星形/总线形等拓扑结构，图 9.4.11 所示为总线形网络拓扑结构。

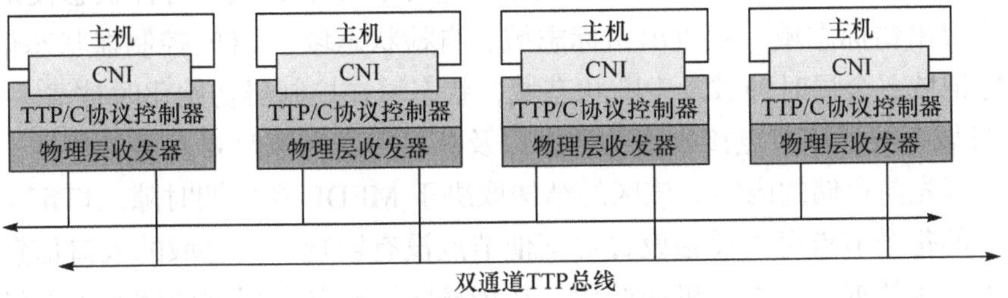

图 9.4.11　TTP/C 的网络拓扑结构

图 9.4.11 中主机和 TTP 网络中各个节点通常通过双总线进行连接，节点主机通过 CNI 接口，将发送的数据信息写入控制器。网络采用广播的形式进行通信，各个节点根据自身控制器消息描述列表 MDEL 中设置的信息有选择地将接收到的数据送入 CNI 空间供主机使用。数据通过双通道冗余通信方式进行传输，保证了系统的安全性和可靠性。

2. TTP 协议控制器

TTP/C 网络通信的核心是 TTP 协议控制器，其内部功能结构如图 9.4.12 所示，主要包括与主机接口的 CNI、协议处理器、TTP 消息描述表(message descriptor list，MEDL)和总线保护器。

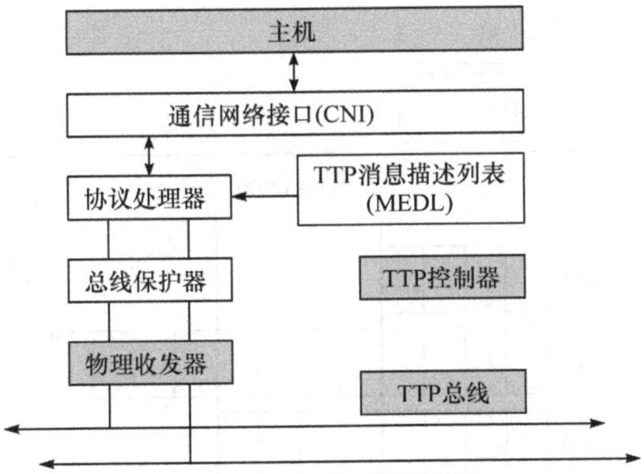

图 9.4.12　TTP/C 节点及协议控制器的功能结构

1) 通信网络接口 CNI

CNI 是一个双口存储器，用于与主机交换数据。CNI 将应用软件的运行与通信网络的操作分隔开来，使其相互独立，起临时防火墙作用，防止了可能影响系统时间特性的错误的传播。

内部包含三个数据区域：控制域、状态域和消息域。为了避免控制器与主机发生读写冲突，主机和控制器之间采用了 NBW(non blocking write)的协议来实现读写的互斥操作。

CNI 控制域在协议执行过程中只能由主机更新，TTP/C 协议控制器读取，主要包括主机生命标记域、控制器起动控制域、外部速率校正域、模式变换请求域、时钟域、中断使能域和全局时钟起动域。控制域必须在总线控制器打开之前进行初始化。总线控制器上电后处于关闭状态，需要主机置位信号打开。

CNI 状态域由 TTP/C 协议控制器更新，主机只能读取。这些状态信息提供了控制器的运行状态，是控制器执行 TTP/C 协议的必要数据，包含了 C 状态域、时钟状态校正关系域、协议状态域、协议出错标志域、主机出错标志域、自检状态域、TTP 控制器状态信息域、TTP 控制器生命标记域、全局时钟域及中断状态域，状态域在控制器初始化时被清零。

CNI 消息域存放了该节点接收到的数据以及获得传送时隙时要发送的数据，当前接收的帧会覆盖消息区先前存储的内容。该区的结构取决于 MEDL 在周期时隙入口定义的数据结构参数，集群中的每个节点可以单独设置对其他节点没有影响。消息域的入口信息主要包含了帧状态及相关应用数据，可由主机初始化，在传输阶段控制器根据调度表中的设置读取或更新消息域中的值。

2)消息描述列表 MEDL

网络在数据通信之前，用户根据系统设计要求来制定 MEDL 表，所有节点的 MEDL 表组成了唯一的系统设计方案。节点在运行前，主机需要将 MEDL 存放于控制器的 ROM 中，而在节点运行期间控制器只能读取 MEDL 的值以获得节点的一些控制信息。MEDL 的大小由每一个控制器可以提供的 MEDL 数据存储空间大小及其效率共同决定。

如图 9.4.13 所示，通常 MEDL 包含调度参数、标识符和 TDMA 参数三部分。调度参数用于描述基本的通信行为和必要的起动、集成参数，如是否允许本控制器发送冷起动标志，定义时间传输精度等；标识符给出了调度方案的 ID 号，应用标识符等信息；TDMA 参数提供了

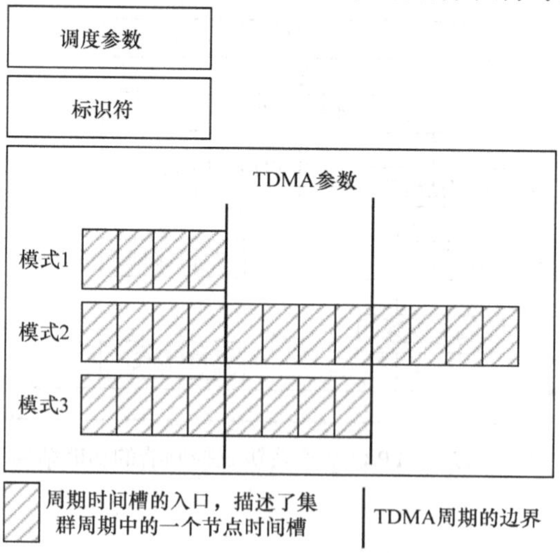

图 9.4.13　MEDL 数据结构

节点发送，接收数据的时间槽用于确定发送接收数据的时刻，同时定义了发送、接收的数据的长度和起始存储地址。

3) 总线保护器

总线保护器是一个附加的保护机制，来确保控制器的故障不传播到网络。当某节点影响正常规定的通信接口时间特性时，其任何可监测到的效应都将被屏蔽。一个总线保护器可以保护两个通道。内部总线保护器具有其自己的振动器，不依赖控制器的定时。根据系统安全性要求，还可增加一个外部总线保护器。总线保护器之间的耦合将决定系统的拓扑结构。系统的安全性也可由改善系统结构来提高，如并行使用两个或多个双通道 TTP 总线会更为安全。

4) 协议控制器状态机

图 9.4.14 所示为 TTP/C 协议控制器的不同状态，分别为冻结、初始化、侦听、冷起动、被动、就绪、运行、测试和下载。在节点运行过程中，状态间能进行转换，转换条件见表 9.4.1。

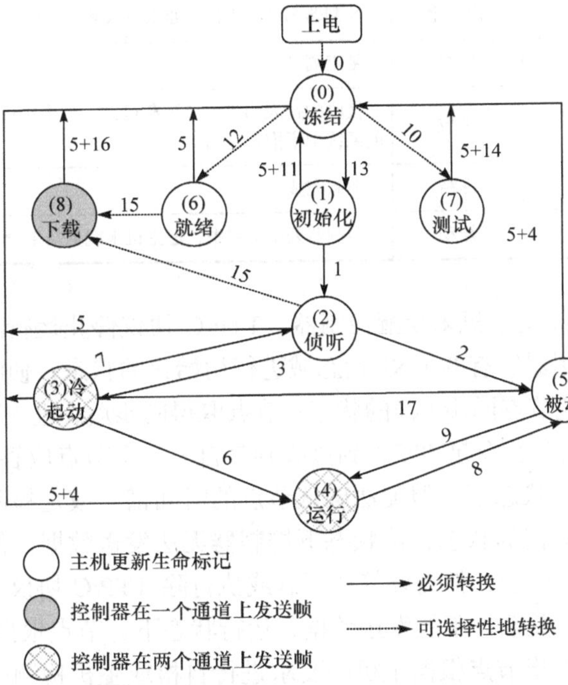

图 9.4.14 TTP/C 协议控制器状态变化过程

表 9.4.1 TTP/C 协议控制器的状态变化条件

过程标号	初始状态	变化状态	条件
1	初始化	侦听	初始化完成
2	侦听	被动	接收到包含明确 C 状态的有效帧
3	侦听	冷起动	侦听超时、允许冷起动且主机生命标记被更新
4	运行/被动	冻结	通信中断、同步出错、成员关系出错、MEDL 周期性的 CRC 校验失败
5	侦听/冷起动/运行/被动/初始化/就绪/测试/下载	冻结	控制器起动标志位被关闭
6	冷起动	运行	控制器至少接收到一个正确的帧，主机更新了生命标记，未发生主机错误

续表

过程标号	初始状态	变化状态	条件
7	冷起动	侦听	主机未能更新生命标记，发送的冷起动帧超过了允许的最大值或在起动超时检测到通道上有数据传输
8	运行	被动	主机未能更新生命标记，主机出错，应答失败
9	被动	运行	节点时间槽得到确认，主机被激活
10	冻结	测试	控制器起动，要求进行自检测。这个过程是可选择的，只在控制器支持自检时有效
11	初始化	冻结	MEDL CRC 校验失败
12	冻结	就绪	控制器起动，要求进入就绪状态，这个过程是可选择的，只在控制器将就绪状态作为下载前的准备状态时有效
13	冻结	初始化	控制器起动，主机未要求进入测试或就绪状态
14	测试	冻结	结束测试
15	侦听/就绪	下载	接收的帧表明进入了下载模式。这个过程是可选择的，在可靠性要求高的系统中不推荐使用
16	下载	冻结	下载完成
17	冷起动	被动	控制器处于集群中，但主机未能更新生命标记，发生主机错误

图 9.4.14 中冻结状态指主机未唤醒控制器，TTP/C 协议停止运行的状态；初始化状态指主机唤醒控制器，且控制器所有的 CNI 状态域进行初始化的状态；侦听状态是控制器初始化完成后，试图获得和其他节点同步 I 帧的状态；节点取得同步后，进入冷起动状态，在冷起动状态下，节点会周期性地发送冷起动帧直到接收到来自另一个节点应答，或退出冷起动状态；被动状态是控制器在同步状态下，但无法确认节点的时间槽，或是检测到时间槽丢失错误时主机不再更新它的生命标记的状态，该状态下控制器无法发送数据，但可以接收数据；就绪状态下，控制器已取得了同步，但需要等待下载或执行除 TTP/C 协议外的其他异步操作，该状态下因没有集群的成员关系，不能发送数据；运行状态下，节点根据自身 MEDL 中的信息进行帧的收发；测试状态指节点根据主机的要求进行自检或主机检测的状态；下载状态下，控制器通过 TTP/C 总线将新的 MEDL 和 TTP/C 协议下载到主机中。

表 9.4.1 为 TTP/C 协议控制器的状态变化条件，当 TTP 协议控制器从“运行”状态因为通信中断而转换到“冻结”状态时，这表明控制器检测到了网络层面的故障，需要暂停所有通信活动并进入故障诊断阶段。这种状态转换机制确保了系统在遇到故障时能迅速响应，最大限度地减少潜在的影响。

3. TTP/C 协议栈分层

TTP/C 协议栈构图如图 9.4.15 所示。TTP 协议栈分层最重要的方面是将通信系统、余度与容错管理和应用开发分隔开来。它们是由设计时配置的明确的数据共享接口，即主机 CNI 和 TTP 控制器 CNI 分隔开来的。分层模型的各个下层管理着这些层的确定性时间特性，无须从应用层向网络传送任何控制信号。各层的具体介绍如下。

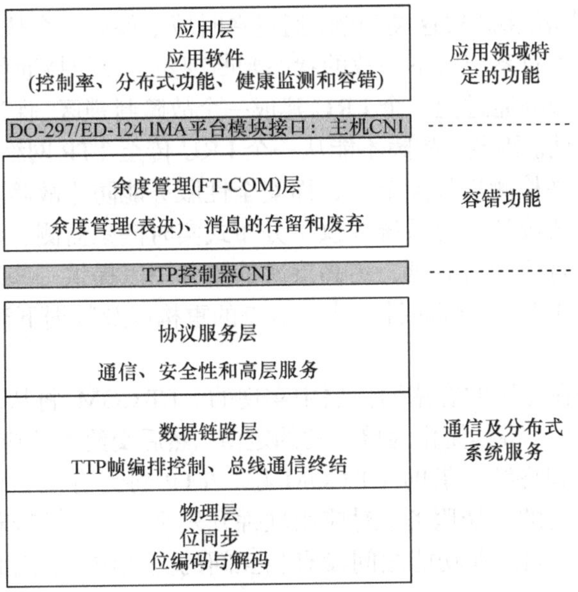

图 9.4.15　TTP/C 协议栈分层概念参考结构

IMA-综合模块化航空电子；CNI-通信网络接口；FT-COM-容错通信

1）物理层

TTP 并不规定具体的位编码或所用的物理介质，可以由两个独立的物理通道组成，或许用不同的物理层。TTP 协议可以使用共享的广播传输介质，按照总线、星形或总线-星形混合的拓扑结构工作，拓扑结构取决于系统总线保护器的位置和能力。传输延时的范围必须已知，并由储存在 MEDL 的定时计划表给出。选择合适的物理层取决于应用限制条件，如环境和节点间距等。

2）数据链路层

数据链路层提供各个 LRU 之间交换数据帧的能力。这一层定义了协议帧格式，即帧头、状态、数据、CRC 信息。帧在两个通道上并行地传输安全关键性消息，但如果系统设计允许放宽复现不太关键性信息的要求，则两个通道上可以传送不同的消息。为了维持系统的一致性，LRU 的状态信息（即自己感知的系统状态）被存储在控制器状态中，并广播给网络，以获得状态和数据传输的一致。TTP 消息格式相当简明。理论上可有高达 98%的消息传输效率。其余的 2%用于发送 CRC 和帧头。在现有的 TTP 控制器的航空电子应用场合，用于消息数据传输的可用带宽为 50%～80%。具有更快的内部协议处理能力的新的 TTP 控制器，由于大大减小了帧间间隙（IFG），可以提供更高的数据传输效率，接近理论极限值 98%。

3）协议层

协议层以通信服务、安全性服务以及其他多种高层服务为基础建立起操作协议。

通信服务包括余度数据传输、节点建立与重新综合、容错时钟同步和分布式确认。通信服务还包含时间防火墙所要求得所有功能，这样就把通信系统与主机完全分隔开来。

安全性服务用于保障系统的安全运行，主要包括：①节点成员管理，确定系统中每一个节点的工作状态；②避免结团（clique）算法，如果系统不符合单故障的假定，则可能出现对网络状态有不同判断的两个或多个结团。结团只可能在多故障情况或者具有不对称的传输故障情况下发生。避免结团算法将解决这类问题，通过在时域上保证一个故障节点处于沉默状态，来防止其导致的不同节点对系统有不一致的状态判断现象，以保持通信的一致性。

安全性服务和通信服务通过把一个 LRU 建成一个故障封锁区，保证了 TTP 网络的一致性通信和带故障的工作特性。因此，故障不能从一个 LRU 传至 TTP 网络的其余部分。通信服务能容忍单个通信故障，并检测出故障节点，而安全性服务能防止故障在群集的散布。来自协议层的成员服务和分布式确认，为系统提供了分布式实时健康监测，诊断和故障定位，而且不增加任何总线数据带宽或通信时延，更高层次的服务用以提供一些扩展的功能，主要包括网络计划表的实时方式变更、外部时钟同步、节点的重构以及数据下载。

4）容错层

系统的容错机制是在专用的容错通信层中实现的。FT-COM 将从复制其他子系统的应用软件中得到各个余度信息，将其简化为单一的约定值，然后交给本地应用，另一方面 FT-COM 还决定消息数据的格式和终结。借助 FT-COM 层，TTP 将为有效和高效地处理复杂的容错分布式软件系统提供所需的一切服务。对应用软件开发来说，这意味着应用软件和控制算法的开发更加简单和快捷，因为在功能之间没有相互间的交互作用，因此它们可以独立地进行开发。

5）应用层

应用层包含在各个 LRU 的主机上运行的应用任务。在分布式应用中，任务是在若干个 LRU 上执行的通过 TTP 通信网络通信完成所需的功能。主机上的应用运作不在 TTP/C 协议的定义范围。为支持安全关键性应用，TTA 架构不仅要求 TTP/C 协议具有时间触发特性，还要求应用软件也具有与全局时钟同步的完全可预测的时间特性。

9.5 飞机电气综合管理

9.5.1 飞机电气综合管理系统结构

飞机电气综合管理系统是在自动配电的基础上，将发电、电能变换、配电、用电结合起来，进行电能的管理和控制，实现信息共享的系统，电气综合管理是现代飞机电能管理技术发展的方向。飞机电气综合管理系统结构如图 9.5.1 所示，包括汇流条功率控制器、发电机控制器、蓄电池管理器、二次配电装置、用电负载的控制器以及通信总线等，其具体结构视不同的飞机而不同。以下详细介绍各主要组成部分的功能：①汇流条功率控制器，负责监控和调整汇流条上的电流和电压，以保证电力供应的稳定性；②发电机控制器，监测发电机的运行状态，及时调整其输出，确保电力供应的可靠性和安全性；③蓄电池管理器，负责蓄电池的充电与放电过程，也提供了蓄电池故障时的保护功能；④二次配电装置，通过智能控制，实现对各用电负载的有效分配和优化。

图 9.5.1 中的总线为二级总线结构形式。电气系统的各个部分由电气系统总线联系起来，各部件是电气系统总线的节点。上级计算机总线将 BPCU 与航电系统或者机电系统的计算机部件联系起来。

BPCU 是飞机供电控制和管理系统的核心，既实现对供电系统和负载的管理，又实现对供电系统电网的控制，还具有总线控制器的功能。

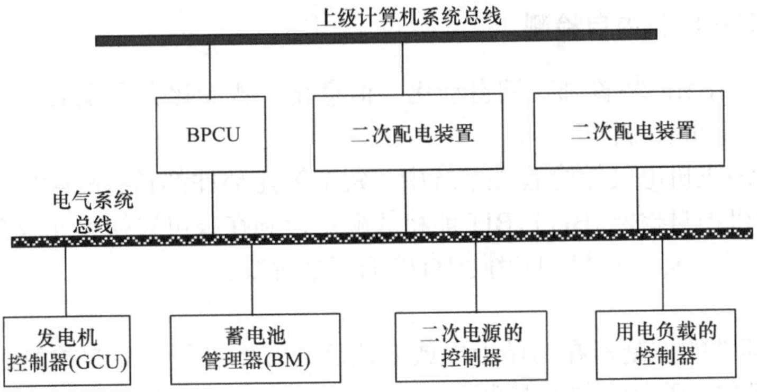

图 9.5.1　飞机电气综合管理系统的结构

发电机控制器(GCU)用于对发电机、电源汇流条及部分负载进行控制与保护，通过数据总线与上位机通信。飞机供电系统中有多台发电机控制器。

蓄电池管理器(BM)包括蓄电池充电控制器(BCR)和蓄电池放电控制器(BDR)两种功能，能实现蓄电池充电、放电控制和蓄电池故障保护功能。

二次电源中的控制器实现二次电源的控制、保护和自检测功能。

用电负载控制器是用电负载中起控制、保护和通信功能的部件。

固态配电装置是带有固态功率控制器的各种配电装置的统称，包括远程终端(RT)、二次配电装置(SPDU)、远程配电装置(RPDU)、电气负载管理中心(ELMC)等。

二次配电装置有有触点的接触器和无触点的固态功率控制器两种形式，根据实际应用情况有二次配电装置(SPDU)、远程配电装置(RPDU)、二次配电中心(SPDC)、电气负载管理中心(ELMC)等。带固态功率控制器的固态配电装置内部结构示意图如图 9.5.2 所示。

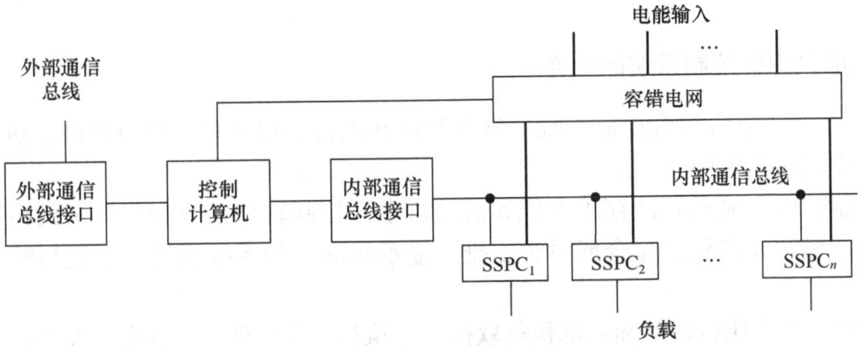

图 9.5.2　固态配电装置内部结构图

控制计算机是固态配电装置的控制中心，它通过外部通信总线接口与外部总线相连，又通过内部通信总线接口与内部总线相连，实现对 SSPC 的控制。配电装置有多个电源输入通道，可以输入不同类型的电源，在配电装置内部构成小型容错网络，对输入电源进行分配。在装置内有多个 SSPC，每个 SSPC 控制一个负载。固态配电实现了负载的自动管理和就近分配，节省了大功率的馈电线，减轻了配电系统的重量，并且通过总线实现信息传输，节省了信号线和控制线，提高了系统的可靠性。

9.5.2 飞机供电系统的机内自检测

现代飞机的控制保护装置都在朝自动化、信息化、智能化方向发展。飞机供电系统机内自检测是其中的一个重要方面。

图 9.5.1 所示的飞机电气综合管理系统中，每个智能部件都具有故障检测、隔离和故障信息存储能力，称为机内自检测(BIT)，BIT 能将故障定位到在线可置换单元或在线可更换模块。BIT 包括初始自检测、运行自检测和维护自检测三个阶段。

1) 初始自检测

系统和各个部件的控制器在初始上电或复位后，开始进行初始自检测过程。控制器对控制器本身及其管理的分系统开展自检测。

2) 运行自检测

运行自检测是在系统正常运行过程中开展的自检测，实现对系统的控制、保护、故障检测、定位和隔离以及通信等功能。例如，发电机控制器需要检测发电机的电压、频率、电流等参数，判断是否存在过压、欠压、过频、欠频、过流、短路等故障；若发电机发生故障，BPCU 则会根据一定的控制规律实现电网结构的重组功能。

3) 维护自检测

维护自检测是系统离线情况下的检测过程。设备在机上原位检测或返厂检测时，都运行维护自检测程序，将初始自检测和运行自检测存储的信息从设备里读出来。

4) 自检测结果的显示

自检测结果有三种显示方式：一是设备面板上显示，例如，B757 飞机的发电机控制器面板上安装了指示灯，用以指示故障 LRU；二是通过通信总线实时上传到上位机，通常是航空电子系统计算机进行显示；三是在进行维护自检测时由地面维护检测设备读取信息后显示。

9.5.3 飞机电气综合控制系统的软件

图 9.5.3 是飞机电气综合控制系统的软件结构和配置，包括系统控制软件、执行软件、显示软件、容错软件和应用软件。

系统控制软件和显示软件存于主机和监控机中。控制软件接收操作人员的控制命令，完成控制功能。显示软件根据命令或系统安排，显示画面，如系统接线图、运行情况、设备状态等。

执行软件分为主执行软件和局部执行软件。主执行软件驻留于系统处理机和监控机内，监控机内的软件是系统处理机软件的备份。主执行软件完成总线控制、时钟管理、错误处理、通信管理、系统初始化及初始起动、管理公共资源、调整系统运行。局部执行软件在各处理机中，直接和应用软件接口，负责单机管理和各处理机间通信，为应用软件提供实时服务。

应用软件有两级，一级驻留在终端中，实现对电气设备的管理和电力分配、汇流条控制与监测、负载优先级处理、控制逻辑方程的解算等功能。另一级驻留在系统处理机和监控机内，实现电源系统的起动和关闭、电气负载优先权的建立、电源请求方程解算、总线信息处理、终端状态处理，配电系统管理等功能。

容错软件包括系统监控、硬件构形管理、配电系统重构等软件。

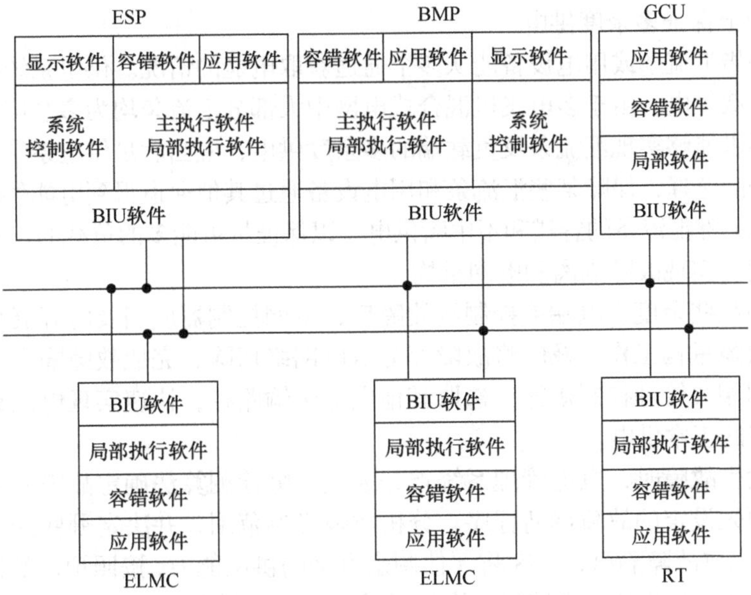

图 9.5.3　飞机电气综合控制系统软件结构图

BMP-蓄电池管理器处理机；ESP-电气系统处理机；GCU-发电机控制器；ELMC-负载管理中心；RT-远程终端

在固态配电系统中，任一固态功率控制器的接通与断开，必须按被控负载所要求的逻辑方程进行。例如，某发电机断路器 GCB 的逻辑方程为

$$GCB = \overline{GCBS} \cdot EPC \cdot \overline{GCR} \cdot \overline{US}(BV + AP)$$

式中，GCBS 为发电机手动控制开关，接通为 1，断开为 0；EPC 为地面电源断路器辅助电触点，地面电源接通为 1，断开为 0；GCR 为发电机控制继电器，触点接通为 1，断开为零 0；US 为欠速保护开关，欠速为 1，正常为 0；BV 为汇流条电压检测单元输出，汇流条有电压为 1，无电压为 0；AP 为自动并联信号检测输出，若投入并联的交流发电机与电网间电压差、相位差和频率差在允许范围内时为 1，否则为 0。

仅当上述条件均满足时，发电机断路器 GCB 才能接通（即 GCB 逻辑方程结果为 1）。为此，处理机要对各终端进行寻址，接收通过终端的各个开关量（如各电门状态）或模拟量（如自动并联 AP 的电压差、相角差或频率差）经转换成开关信号后，解算逻辑方程，再把解算结果信息通过总线传到控制 GCB 的终端，控制 GCB 是否接通。实际上仅按逻辑方程通断负载是不够的，还必须根据整个系统所要求的程序进行，如负载起动程序、优先级别程序、故障检测和转换程序等。

9.6　电能管理

9.6.1　电能管理策略基本要求

随着多电化技术的广泛应用，飞机电源系统的复杂化、机载电驱动负载数量的增多、用电功率需求的增大，对多电飞机电气系统的电能管理要求逐渐增高。

飞机电网络管理要求如下。

1) 电网结构上保证多余度供电

余度供电是指汇流条或用电设备能从多个通道获取电能的情况。供电系统必须能够在多重故障下仍保证负载供电。由于多电飞机混合式电网中大部分汇流条均为多余度供电设计，对飞机配电网管理要求能够实现汇流条及负载端的多余度供电，应当满足供电系统内部故障时，能够通过供电路径的选择，保障某些汇流条和用电设备通过其他通道得到电能供应，实现相关汇流条余度供电及关键汇流条的容错和不中断供电，以保证尽可能多的负载的正常工作。

2) 电网控制上实现故障隔离和电网重构

当电网络中某些余度供电端或控制端故障后，电网控制器应当及时开展故障检测和故障诊断、隔离和故障重构工作。及时将故障部分从电网络切除，完成故障隔离工作，防止故障范围扩大；根据相关管理控制规律，选取其他电能传输路径，快速实现电网重构，满足汇流条或负载用电端的正常供电。

当电网中发生故障时，电能管理系统首先通过故障检测算法确定故障的性质和位置。随后，系统采用预先设定的故障诊断程序，分析故障影响范围，并决定哪些部分需被隔离以防故障扩散。一旦完成故障隔离，EMS 将评估剩余电网的供电能力，按照预设的优先级和策略，动态重构电网，选择最优的供电路径，恢复对关键负载的供电。

3) 高可靠性的要求

飞机对供电系统的基本要求按重要度排序依次是可靠性、费用、维修性、重量和供电质量，其中可靠性的评价权重最高。由此可见，可靠性是决定飞机供电系统能力的关键因素之一。根据相关要求，供电系统的负载供电可靠性需比负载自身可靠性高 100 倍。各个负载可靠性要求相差悬殊，那么供电系统必须能够同时满足每个负载的可靠性要求。

4) 电源系统特性要求

不同电源系统具有其独有的特征要求，如变频交流电源系统要求供电电源的不并联运行。由于变频交流电源由各自的发动机驱动，其相位、频率均无法统一，因此不能在电网上出现并联运行的现象，否则会造成较大的环流，给电网带来破坏性的影响。

9.6.2 电网管理

飞机电网分为供电网和配电网两个部分。供电网基本上是混合式的电网，通过接触器的接通和断开控制可以改变电网的拓扑结构，实现各种状态下的电网供电要求。电网管理方法有逻辑状态方程法、动态优化管理法以及多代理技术等，其中逻辑状态方程法和动态优化管理法应用较多。

1. 逻辑状态方程法

逻辑状态方程法是事先分析电网的各种故障形式，得出在不同的故障形式下的电网结构，再总结出电网中每个接触器的逻辑方程。以图 9.6.1 所示的双发电通道交流电源系统为例。

(1) 正常工作状态是指所有部件都没有发生故障供电系统正常工作的状态。飞机在空中飞行时由双主发电机供电、飞机在地面时由地面电源供电等都属于正常工作状态。在这些正常工作状态下，所有除连接汇流条(APUG BUS)的汇流条都要能从电源获取电能，所有部件必须正常工作。飞机在空中时左、右主电源系统(LG 和 RG)向全机用电设备供电，如图 9.6.1 所示。

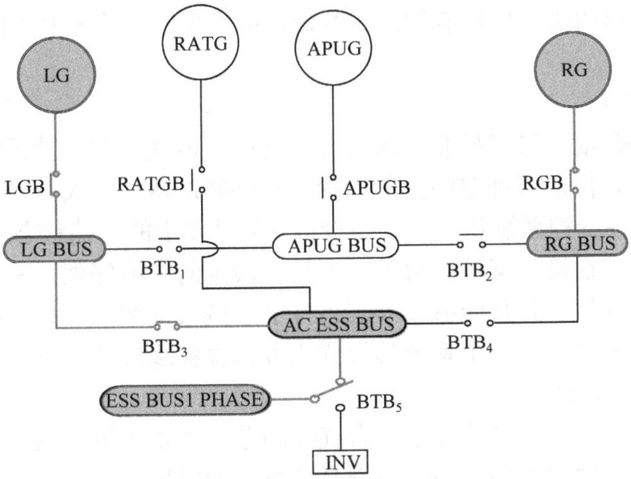

图 9.6.1　空中正常双发供电结构

⑵余度供电逻辑。供电系统中，设计 LG BUS 和 RG BUS 为 3 余度供电，AC ESS BUS 为 4 余度供电。

具体故障情况分析如下。

① 发生一次故障时，即 LG 或 RG 无法工作，此时 APUG 可自动替代失效的主发电机供电。为 LG 故障后的工作模态，此时 APUG 起动向 APUG BUS 供电，BTB1 闭合连接 APUG BUS 与 LG BUS。所有的汇流条都能得到正常供电。

② 发生两次故障时，即 LG、RG 两台发电机无法工作，仅剩下 APUG 中的发电机负责向交流汇流条供电。此时，由 APUG 提供所有的交流电能，BTB_1、BTB_2 闭合连接左、右汇流条以保证左右交流主汇流条都有电能供应，但由于只有一台发电机供电，此时要将左右主交流汇流条上的部分一般负载切除。

③ 发生三次故障时，即 LG、RG 和 APUG 都无法工作，RATG 将自动释放起动(或由空勤人员手动)为供电系统提供三相应急交流电源，向 AC ESS BUS 和 ESS BUS 1 PHASE 供电。此时大部分一般汇流条都没有电，非关键负载都被切除，只保证关键飞行负载的供电。

④ 发生四次故障时，即 LG、RG、APUG 和 RATG 都无法正常工作，此时交流部分只有 ESS BUS 1 PHASE 通过 INV 从直流供电系统获取电能。

经过上述交流电网重构逻辑设计可知，ESS BUS 1 PHASE 可以达到 5 余度供电，保证了交流关键飞行负载的供电。

由上述供电模态的分析可以整理推导出公式化的接触器控制逻辑。通过控制接触器的通/断，实现电网重构功能。设接触器闭合状态为逻辑“1”，断开状态为逻辑“0”，部件正常工作状态为逻辑“1”，部件故障状态为逻辑“0”。得到各个接触器的控制逻辑表达式。

例如，BTB_1 的表达式为

$$\begin{aligned}BTB_1 = {} & LG\cdot\overline{RG}\cdot\overline{APUG}\cdot\overline{RATG}\cdot\overline{EXP}+\overline{LG}\cdot RG\cdot\overline{APUG}\cdot\overline{RATG}\cdot\overline{EXP}\\ & +\overline{LG}\cdot RG\cdot APUG\cdot\overline{RATG}\cdot\overline{EXP}+\overline{LG}\cdot\overline{RG}\cdot APUG\cdot\overline{RATG}\cdot\overline{EXP}\\ & +\overline{LG}\cdot\overline{RG}\cdot\overline{APUG}\cdot\overline{RATG}\cdot EXP\end{aligned}$$

表达式不反映接触器本身故障对其他相关接触器控制逻辑带来的影响。

根据表达式中给出的所有接触器的动作逻辑，可以为供电系统中 BPCU 的设计提供有用的信息。

2. 动态优化管理法

动态优化管理法是动态最优控制的求解方法之一。最优控制是使系统的性能指标实现最优化的综合方法，就是保证所规定的性能指标（目标函数）达到最大（小）值条件下，寻找到符合要求的控制规律，使受控系统从初始状态转移到某种要求的终端状态。

动态规划就是为了在符合某种约束条件下得到最优的决策序列。一般的最优决策问题均包含目标函数和约束条件，并且能够在静态条件下求得最优结果。但实际工作中最优决策是由一系列部分决策构成的，即一个系统的最优决策包含多级决策，且随时间变化而变化。解决这类问题常用动态规划法。

由于飞机配电网管理问题是非线性组合优化问题，加之飞机电网管理本身的复杂性，难于建立精确的飞机电网数学模型。动态规划是解决多阶段最优化决策问题的数学方法，用动态规划逐级决策，确定可靠性最优的供电路径，可以有效地实现飞机电能网络的管理。故本书采用动态规划法研究飞机配电网管理策略。例如，在考虑发电机容量和汇流条载荷需求的情况下，动态优化管理法可以帮助确定在发电机输出受限或部分汇流条因故障而不可用时的最佳电源分配策略。首先，定义电网的性能指标，如最大化关键负载的供电可靠性或最小化系统总损耗。然后，利用动态规划的方法，从电网的最终状态开始，逐步回溯分析每一级的最佳决策路径。这一过程涉及评估每一步可能的电源配置，选择那些能够满足约束条件（例如电源容量和负载需求）同时优化性能指标的配置。通过这种方法，可以动态地为每个汇流条和负载分配最适合的电源，即使在面临复杂故障模式时也能保持系统的稳定和高效运行。

动态规划法解决多级决策过程的思想是：将多级最优决策问题化为（从终端起）单一阶段的最优决策问题来处理，而且是倒递推的单步寻优算法。

（1）多级最优决策若从中间某一级开始，之后的决策部分对从这一级开始往后过程来讲也必是最优决策。

（2）组成倒递推算法，如果最后一级的最优决策已求得，则可倒递推出倒数第二级的最优决策，继续便可推导得全部的多级最优决策。

（3）每递推某一级都不是只考虑这一级的性能指标，而总是从这一级直到最后一级构成全局最优决策的角度来确定这一级的最优决策。

之所以能化为单步寻优，除最优性原理外，还需借助于最优性能指标函数进行倒递推单步寻优。

将动态规划引入飞机配电网管理中，以某一特定性能指标为电网管理目标，通过逐级决策，推导出满足最优性能指标的供电路径，获得最优配电方案。

将配电网管理近似成一个多级决策问题，从发电机到负载端的供电路径作为最优控制中的最优路径选择问题。以发电机为源点、负载端为终点，每个汇流条作为路径节点，每个节点间的路径选择作为一个决策阶段，在特定约束条件内，通过对最优因素的计算和比对，在每一节点进行下一阶段路径选择的决策，这样一个节点接一节点，一系列的逐级决策构成完整的路径选择策略，并取得整个决策过程的最优结果。

与传统飞机配电网管理的穷举法相比，动态规划法大大减少了计算量。

与其他智能电网管理方法相比，动态规划法不仅满足了智能电网管理算法的基本要求，同时具备原理简单、易推广的优点。相比其他算法的固定目标函数，动态规划法的性能指标可以根据不同的最优化目标进行更改，如可以根据可靠性最优而选择失效率作为性能指标，可以根据效率最优而选择损耗作为性能指标。

因此，利用动态规划法实现对配电网络的重构，能够减轻穷举法构建供电逻辑的工作量，可根据不同目标及性能指标实现配电网的最优化管理，可推广适用于各型飞机配电系统等配电网络的管理与控制。

选取目标函数是基于动态规划的电网管理算法的基础。在飞机配电网络管理方面，通常目标函数为可靠性最高、损耗最小等，约束条件一般是电网结构、电源系统容量约束、电压电流约束等。由于飞机对可靠性、稳定性的高要求，本章飞机配电网管理算法以可靠性最高为最优化目标和最优路径的选择依据。

可靠性是衡量飞机供电系统性能的重要指标，可通过可靠度和平均故障间隔时间(MTBF)等指标来衡量。可靠度是指飞机供电系统和部件在规定时间内规定条件下完成规定功能的概率。瞬时失效率 λ 是指在 t 时刻尚未失效的系统或部件，在 t 时刻后单位时间内失效的概率，简称失效率。失效率是国防和航空业应用最广泛的合同可靠性参数之一，可通过失效率来衡量各个系统的可靠性。

动态规划法是最优控制的求解方法之一，是解决多阶段最优化决策问题的数学方法，实现在符合某种约束条件下的最优决策序列。选取目标函数是基于动态规划的电网管理算法的基础。在飞机配电网管理方面，通常目标函数为可靠性最高、损耗最小、串联接触器数量最少、发电机均流效果最好等，约束条件一般是电网结构、电源系统容量约束、电压电流约束等。

根据飞机电网特性，可归纳出图 9.6.1 所示的飞机电网管理应用中的约束条件如下。

(1) 符合飞机各发电机固有工作状态：

① 当 LG 或 RG 无法工作时，APUG 可替代失效的主发电机供电；

② LG、RG 和 APUG 均失效时，RATG 释放起动；

③ LG、RG、APUG 和 RATG 都无法正常工作时，交流部分可从 INV 处获取电能。

(2) 符合飞机各电源供电优先级要求。

(3) 符合飞机电网基本结构要求：

① 保证电网为分布式或辐射状；

② 纵向通路只能由源向终点方向导通，横向通路可双向互通；

③ 除应急直流汇流条外，每个汇流条节点至少有 1 条供电通路；

④ 应急直流汇流条必要时可以并联供电。

9.6.3 电气负载管理

多电飞机的特征之一就是多电化电气负载的广泛应用，通过对多电化负载的智能管理，可以提高电气系统的电能质量和稳定性。

多电飞机的电气负载对飞机电力系统产生的影响是综合多方面的，大功率多电负载起动时影响到电气系统的动态性能和供电系统的稳定性，不能忽视。这些负载包括有容性负载、各种电动机、电力作动器、自耦式变压整流器等，需要针对多电飞机负载的管理方法开展研究，实现负载的智能管理，减小对电网的冲击与影响，提升电气系统稳定性和电能利用率。

1. 多电化负载管理需求分析

负载智能管理的目标是在保证负载可靠供电的前提下，减小负载变动对电网的不利影响，实现电能最优的管理目标，并且提高供电系统的可靠性和稳定性。

2. 负载稳态管理方法

多电飞机负载管理应根据飞机飞行阶段、电源系统状态（故障、极限状态）以及负载供电请求等信息，动态调整电气负载的优先级和供电策略。系统应能自动识别和响应临时增加的负载需求，同时确保关键系统的不间断供电。在出现电源容量受限的情况下，负载管理系统还需能够优先保障飞行安全相关的负载，如航电系统和关键作动系统，同时根据优先级逐步减少对非关键负载的供电。根据管理策略解算电气负载接通/断开控制信息，通过通信等方式传送控制指令至相关控制单元，实现对电气负载的接通/断开控制。

1）电气负载优先级的电能管理

当电源系统总容量满足当前负载供电请求的总功率时，电气负载管理应保证所有负载的可靠供电。而当负载供电请求的总功率超过当前电源系统容量时，负载管理将根据负载优先级和相关算法，优先加载优先级高的负载，在保证关键负载供电的前提下尽量多地满足负载供电请求；当飞机电源系统出现故障，当前电源系统容量无法保证正常工作的电气负载供电时，应根据优先级卸掉部分负载，重新匹配电气负载消耗的功率与电源系统的供电功率，尽量保证完成飞行任务。

电气负载的稳态管理是以负载优先级为基础的。负载管理优先级的设置与飞机飞行阶段和电气负载类型及其功率要求等有关。设置负载管优先级主要从两个方面考虑。

（1）电气负载类型。

飞机电气负载根据其对飞行安全和任务系统效用的重要性，可分成三类：飞行关键负载，指为保证飞机飞行安全所必需的用电设备；任务负载，指为完成特定的飞行任务所需的用电设备，飞机上的多数电气负载属于任务负载；一般负载，指除上述两类负载以外的用电设备。

当飞机供电系统正常时，飞机全部负载都能正常供电；当电源系统发生故障无法保证正常供电时，卸载一般负载，尽量保证任务负载的供电；当主电源全部失效时，卸载一般负载和任务负载，由应急电源向飞行关键负载供电。综上所述，飞行关键负载具有最高的供电优先权，任务负载具有较高的供电优先权，而一般负载供电优先权最低。

（2）飞行任务和飞机工作状态。

民用飞机的飞行阶段为地面、滑行、起飞、爬升、巡航、下降、进场、着陆、滑跑。同一架飞机在某一飞行阶段可执行不同的飞行任务，各个子系统和电气负载在不同飞行阶段的工作状态和用电量也都不同。对负载进行管理，必须根据不同的飞行阶段飞行状态，按照其用电需求的不同，根据具体情况进行分析。

若飞机电源系统出现故障，电气负载管理中心根据当前电源系统容量选择相应的电气负载管理优先级，若当前飞行任务方式下工作的电气负载功率需求超过了电源系统的容量，电气负载管理中心将采取卸载措施。

综上所述，根据飞行阶段、电源系统容量、负载重要度进行电气负载管理优先级遵循以下规律。

（1）每个电气负载的供电优先权根据其自身的重要性来确定。

（2）每个飞行阶段设置不同的电气负载管理优先级，以保证电气负载根据当前飞行阶段的重要性进行动态优先级的设定。

确定负载供电优先级后，根据飞机电源容量与电气负载供电需求，确定电气负载是否加载。

2）电能利用最优的负载管理策略

根据负载供电优先级进行负载供电，当电源容量满足所有负载供电需求时，可保证当前所有负载供电需求；但当电源容量无法满足，或是当前电源系统额定输出功率无法满足负载需求时，需要根据一定的规则进行部分负载的加载。

若负载优先级无法完全区分负载重要度，有多个负载具有相同供电优先级，则需根据一定准则进行负载加载的决策。同时，当每个负载具有不同优先级时，若严格按照负载优先级加卸载，有可能出现以下情况：根据传统负载管理方法，当检测到电源容量不足时，将切断此时优先级最低的负载供电；当负载管理中心自动检测到此时电源容量富足时，将接通此时优先级最高的负载，即前一刻被卸载的负载，从而造成电源容量再次不足，再次卸载之后再加载，易造成电网振荡，如图 9.6.2 所示。因此，必须根据负载需求，严格比对电源容量进行负载管理。

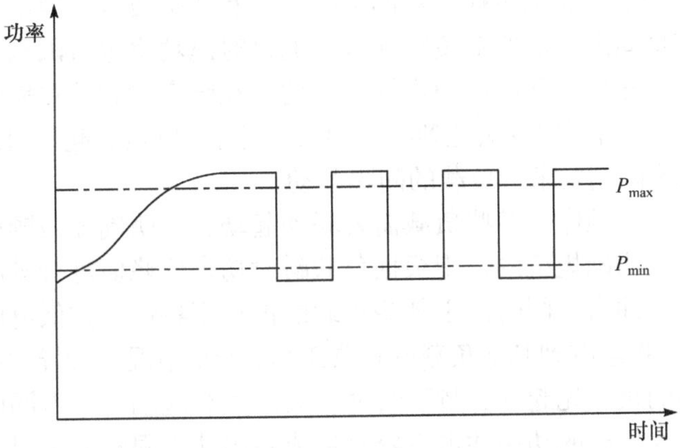

图 9.6.2　某种负载管理方法造成电网振荡

同时，为提高多电飞机电能利用率，尽可能多地保证电气负载供电，提出以电能利用最优的负载管理方法。援引动态规划资源分配的算法思想，以有限资源分配给不同价值的各个终端，如何进行资源分配才能获取最大收益。此处，由于飞机负载的特殊性，需要根据优先级进行负载供电，根据负载优先级的不同设定方法得出以下电能最优负载管理方法讨论。

(1) 对于具备动态优先级，且无两负载具备同一优先级情况。

确定飞机电源系统工作状态和供电容量，根据飞机飞行阶段和状态设定供电系统过载系数，得到可用电能功率限额 P_{limit}；根据优先级对待接负载进行排序，明确各负载额定工作容量；负载根据其优先级逐一叠加，当叠加功率超过限额，即 $\sum P \leqslant P_{limit}$ 时，溯至上一优先级负载，跳过超额的负载，进入下一优先级负载比对；直至无法加载更多负载，此时能够达到基于负载优先级的电能最优利用。

(2) 若同一优先级有多个负载，则根据负载优先级进行多级决策。

根据优先级从最高等级优先级负载开始遍历，若某等级负载全部加载仍然不超额，则继续进入下一等级负载；若某等级负载超额，则进行电能最优算法比对，在负载总功率不超过限额的前提下，保证尽量多的负载供电，即在功率限额下，以接通负载数目最大为性能指标目标。

3. 大功率负载动态加载管理方法

为满足减小电网冲击和提高电能利用率的负载管理需求，对负载进行动态管理，以定功率限额为约束条件，加载时间最短为最优目标，进行负载动态管理方法的研究，决定负载加卸载顺序和交错起动延迟时间。

由于负载加载时对电网冲击较大，会引起大电流涌动拉低电网电压，同时瞬时电功率可达稳定状态的多倍，所以以多个负载动态加载为管理任务，通过负载的交错起动实现减小叠加瞬时功率、降低电网冲击影响的目标，通过精准控制负载的加载时间实现交错起动，满足动态加载管理要求。

根据实际情况，从加载时间和负载瞬时总功率两方面选取约束条件和优化指标。一般情况下军机为满足特殊飞行任务需求，需要对负载起动时间严格要求，期望在限额时间内完成起动，考虑到应急作战等情况下的多个大负载瞬时冲击等情况给电网带来的损害，会在电网设计时留有一定冲击余量。而民机往往对起动时间没有严格要求，但由于负载数量众多、操作复杂，以及电网容量固定，需要对负载加载时的瞬时总功率进行限制，在功率限额内加卸载以保证其他负载的可靠供电和电网稳定性。为此，在限定瞬时总功率的情况下，进行合理安排及负载管理优化，提出管理算法达到满足约束条件下，以负载起动时间最小为优化目标，最终实现符合电网功率限制要求的负载的间隔起动。

首先确定大负载加载顺序。某些负载需要联动起动，有明确加载顺序规定的，根据规定确定负载加载顺序；无明确规范的，则根据负载瞬时功率峰峰值进行排序。因为某些大负载起动时会造成电网电流冲击，同时由于某些负载的恒功率特性会拉低电网电压，若此时已有多个负载入网工作，这将影响到其他负载的正常工作，严重情况下会导致某些负载自动卸载。同时，若瞬时冲击小的负载先起动，待瞬时冲击大的负载起动时，电网已有一定的电功率基准，在此基准上叠加大负载的功率冲击更容易造成超出功率限额的情况；若瞬时功率大的负载先起动，则能尽量保证最后加载的负载对电网影响较小。

此处先针对瞬时功率限定值，对于以下两种极端情况进行讨论。若单个负载瞬时起动功率峰峰值大于功率限定值，如图 9.6.3(a)所示，则无法找出约束条件下的管理方案，需特殊处理。若所有负载同时起动，所叠加的瞬时功率最大值小于功率限定值，如图 9.6.3(b)所示，则可直接所有负载同时起动。

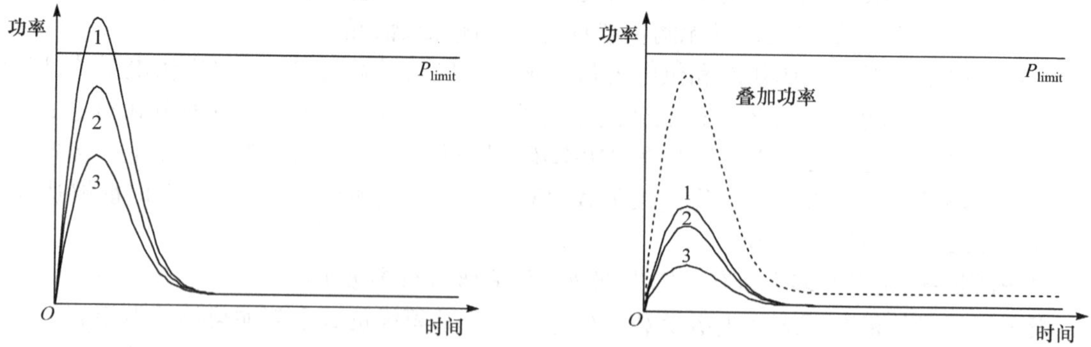

(a) 单个负载起动功率超过功率限额

(b) 叠加功率峰峰值小于功率限额

图 9.6.3 两种不适用大功率负载管理情况

9.7 先进客机供电系统实例

9.7.1 A380 电气系统概述

A380是自20世纪50年代和60年代初期的一些涡轮螺旋桨客机以来，重新采用变频（VF）技术的近代第一架大型民用飞机。

1. A380 交流电源系统

A380 发电系统的主要特性如下：

(1) 4 台 150kV·A 变频发电机（370～770Hz，115/200V）；

(2) 2 台 120kV·A APU 发电机（额定 400Hz，115/200V）；

(3) 4 处外部电源插座（400Hz），用于地面电源向机上供电；

(4) 1 台 70kV·A 冲压空气涡轮发电机，用于应急供电，如图 9.7.1 所示。

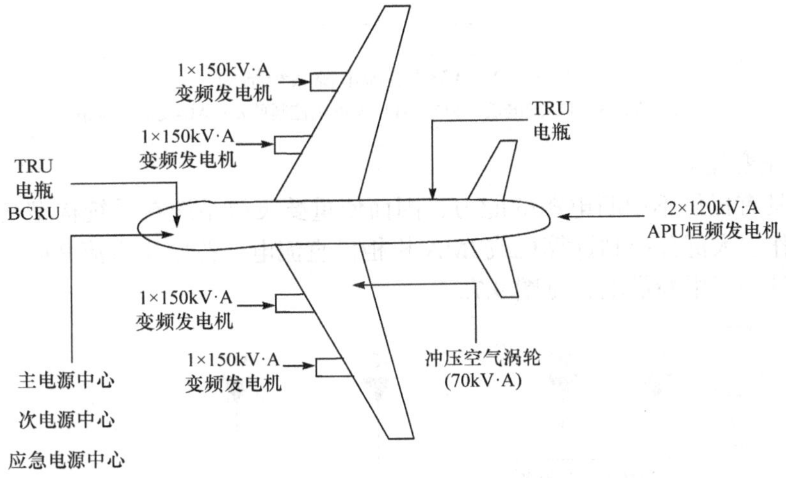

图 9.7.1 A380 电气系统的部件

每个主电源通道额定容量为 150kV·A，4 个主发电通道再加上 APU 发电机的总容量为 840 kV·A。

交流电源系统结构如图 9.7.2 所示。每一台 150kV·A 交流主发电机由相应的发动机驱动。2 台 APU 发电机由各自的辅助动力装置（APU）驱动。每一台主发电机在 GCU 控制下给相应的交流汇流条供电。每一个交流汇流条也可接受地面电源输入，用于地面维护和保障工作。由于飞机发电机是变频的，交流电源的频率与相应发动机的速度有关，所以交流主汇流条不能并联工作。

飞机厨房负载分散在 4 个交流汇流条之间，如图 9.7.2 所示。

2. A380 直流电源系统

A380 飞机的二次电源和蓄电池如下：

(1) 3 台 300A 可调节的 TRU，称为 BCRU；

(2) 1 台 300A TRU；

(3) 3 个 50A·h 的电瓶；

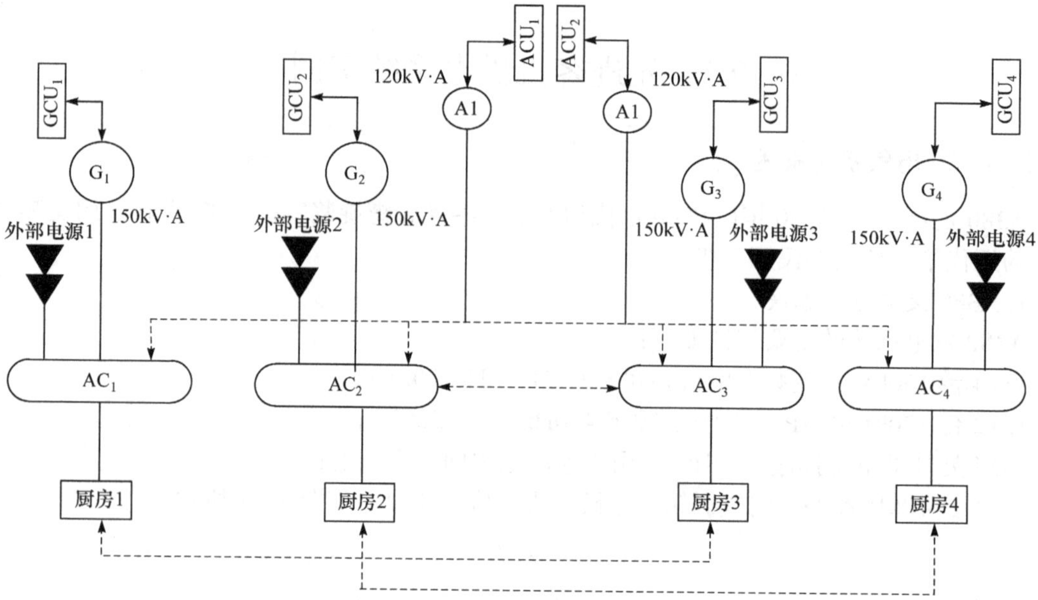

图 9.7.2　A380 交流电源系统结构

G-发电机；A-APU 发电机；ACU-APU 发电机控制单元；AC-交流汇流条

(4) 1 台静止变流器。

直流系统具有提供不中断电源的能力，因而使重要飞机系统在系统构型变化过程中可以不中断供电工作。大部分控制计算机或 IMA 机柜供直流电，并应用直流并联工作技术来支持对这些重要部件的不中断供电，见图 9.7.3。

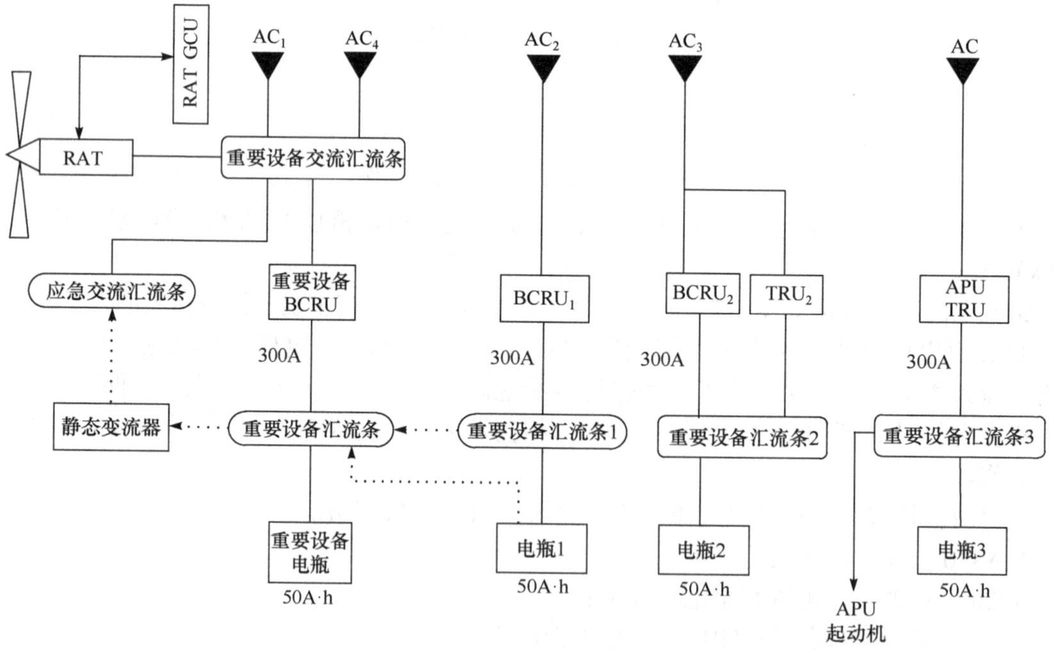

图 9.7.3　A380 直流电源结构

BCRU-电瓶充电器调节器装置；TRU-变压整流器；RAT-冲压空气涡轮；GCU-发电机控制装置

图 9.7.3 显示了交流汇流条 1～4（AC_1～AC_4）如何给直流系统主要功率转换装置馈电。和交流主汇流条 AC_1 和 AC_4 一样，冲压空气涡轮（RAT）也给重要设备交流汇流条馈电。重要设备交流汇流条又给应急交流汇流条馈电，后者也能从重要设备直流汇流条经静态变流器供电。AC_1/AC_4、AC_2 和 AC_3 分别给重要设备直流汇流条、DC_1 和 DC_2 汇流条馈电，因为 BCRU 实际上由 TRU 调节，故这些汇流条都调节至 28VDC。这些汇流条中每一个具有相应的 50A·h 的电瓶，由 BCRU 的充电功能来保持电瓶的充电。

为了 APU 借助机上蓄电池起动，需要 APU 蓄电池。

3. A380 配电系统

A380 飞机配电系统的主配点中心和二次配点中心如下：

(1) 1 个主配电中心（PEPDC）；

(2) 2 个次级配电中心（SEPDC），这些配电盘用于给耗电小于 15A/相或小于 5kV·A 的较小电气负载配电；

(3) 6 个次级配电盒（SEPDB）给生活用负载配电；生活用负载是与座舱和乘客舒适度有关的负载而非飞机系统负载。这些配电盒布置于飞机内接近它们各自的负载处，从而使馈线重量减至最小。

生活用负载包括：座舱照明约 15kV·A；厨房 120～240kV·A（与进餐服务有关的间断性负载）；厨房制冷约 90kV·A，持续负载；空中娱乐（IFE）50～60kV·A 或约 100W/座位的持续负载。

A380 飞机具有功能如下：

(1) 电气负载管理功能，根据可应用的电力资源来优化飞机汇流条的负载分配；

(2) 断路器的状态监控功能。

9.7.2 B787 电气系统综述

B787（波音 787）具有许多多电飞机特性。过去，常使用发动机引气系统，发动机引气系统主要由三大机构来控制：①低速时高压级调节器和高压级活门控制发动机引气压力；②高速时高压级活门关闭，向压力调节和关断活门（PRSOV）提供引气；③发动机引气预冷器系统控制发动机引气温度。B787 飞机从发动机引气已基本取消。虽然仍然应用了液压作动器，但是它们的动力大部分来自电源。

波音公司声称电动压气机比发动机引气更适合于座舱调节，并且更加节省燃油。

1. B787 电源系统

图 9.7.4 显示了 B787 的顶层电源系统。主要特点是采用三相 230VAC 变频交流电源，与通常应用的三相 115V 交流相比。电压增高了 1 倍，减小了配电系统的馈线损失，并显著地减轻了电缆重量。采用较高的 230VAC 相电压/400VAC 线电压，需要在设计过程中十分注意避免局部放电的可能影响。

B787 电源系统的突出特点如下：

(1) 每台发动机有 2 台 250kV·A 变频交流起动/发电机，获得每通道发电 500kV·A 的能力；

(2) 2 台 225kV·A 的 APU 起动/发电机，每台起动/发电机由 APU 驱动。每台主发电机先输入至各自的 230V 交流主汇流条。电源既给 230V 交流负载供电，又转换成 115VAC 和 28VDC 功率给要求这些更常规电源的许多传统子系统馈电。

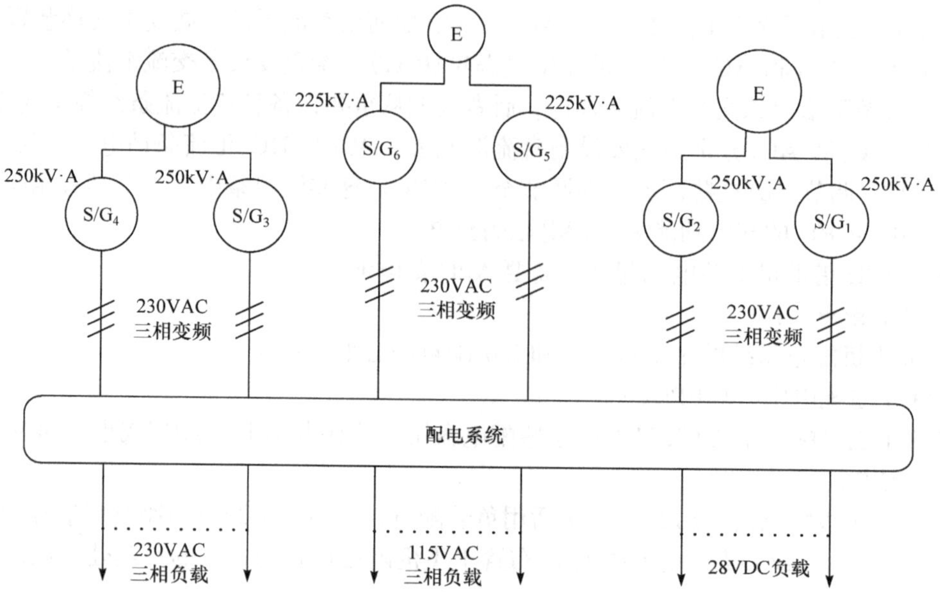

图 9.7.4　B787 飞机顶层电气系统

S/G-起动发电机；E-发动机

图 9.7.5 是 B787 飞机的供配电系统结构图，其二次配电系统由 17 个远程功率分配单元(remote power distribution unit，RPDU)构成，分布在用电设备的集中的位置。RPDU 为分布

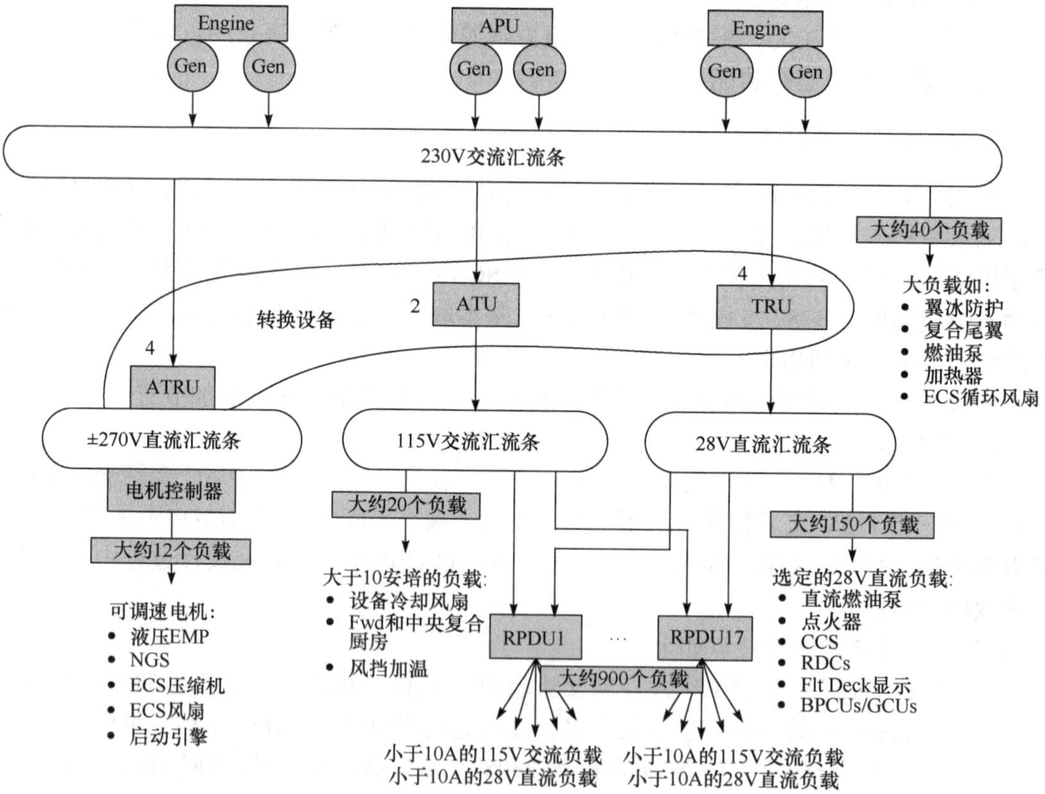

图 9.7.5　B787 飞机供配电系统结构

式的配电终端，其中包含了直流 28V 和交流 115V 的局部汇流条以及直流 28V 和交流 115V 多路的 SSPC 配电板卡。SSPC 代替了常规的热断路器实现了直流 28V 和交流 115V 小负载（<10A）的控制和保护。

2. B787 配电系统

B787 飞机配电系统如图 9.7.6 所示。

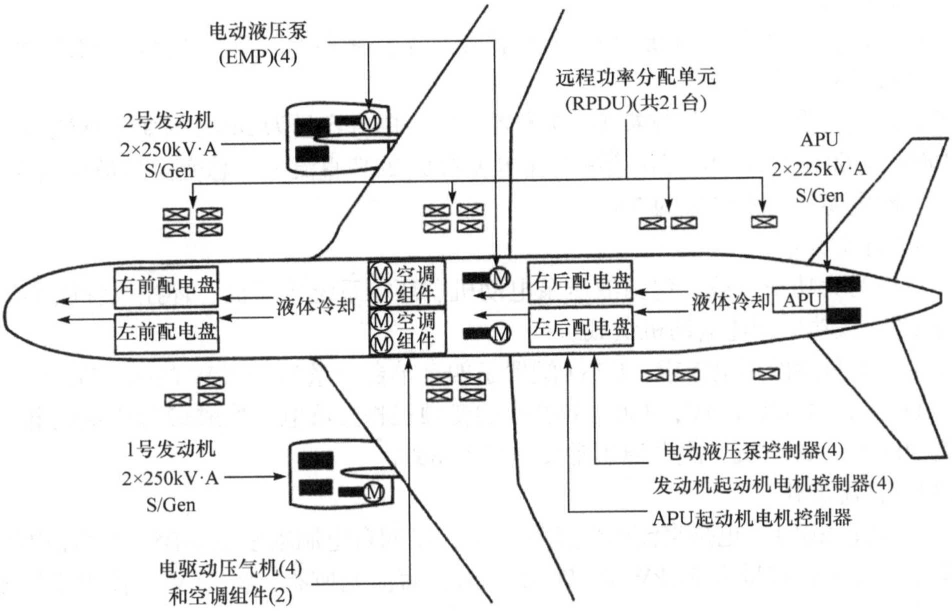

图 9.7.6　B787 飞机配电系统布局示意图

S/Gen-起动机/发电机

初级功率配电有 4 个主配电盘，2 个在前电气设备舱，另外 2 个在后电气设备舱。后配电盘也包含了 4 台电动液压泵（EMP）的电机控制器；2 台相应的泵安置于发动机吊架中，2 台位于飞机中断。发动机起动机的电机控制器（4）和 APU 起动机电机控制器（1）也安置于后配电盘内。它们所具有的大功率水平和相应的功率损耗产生了大量的热量，因而需要对主功率配电盘进行液体冷却。

电驱动空调组件位于飞机中段。

应用位于飞机各处便捷部位的 RPDU 实现二次配电。总的说来，共有 21 台 RPDU 位于图 9.7.6 所示的位置。

3. B787 电气负载管理

B787 全机有近 1200 项电气负载。正常供电时，仅有包括机翼除冰、后舱厨房设备、燃油泵、座舱加热器、环控系统循环风扇等大负载在内的 40 余项用电设备直接由一次电源系统提供电能，占全机一次电源正常发电量的 19%。另外，剩下的 81%的一次电源正常发电量，则是经过二次电源系统进行电能转换后提供其他形式的电能，给将近 1160 项电气负载供电。

二次电源系统供电的电气负载可分为四类。

1) 115V 交流负载

此类交流电气负载由 115V，360～800Hz 的二次电源系统供电。为了满足此类设备的用电需求，B787 配置了 2 台 AC-AC 自耦型电源变压器(ATU)，将 230/400V、360～800Hz 变频交流电变换成同频率的 115V 交流电。ATU 的总容量达 180kV·A，占全机一次电源正常发电量的 18%。

2) 28V 直流负载

这类负载以直流燃油泵、座舱显示器、汇流条功率控制器 BPCU、发电机控制器等为代表，这类小负载数量众多。

为了满足此类设备的用电需求，B787 配置了四台单台容量为 240A 的变压整流器(TRU)，将 230/400V、360～800Hz 的三相变频交流电变换成 28V 直流电，总变换容量仅近 30kV·A，约占全机一次电源正常发电量的 3%。

3) 270V 直流负载

这类负载为大功率负载，包括液压泵电动机、环控系统压缩机、环控系统风扇、氮气发生系统等 12 项大功率调速电动机负载。

为满足该类负载的用电需求，B787 配置了四台单台容量为 150kW 的 AC-DC 自耦型变压整流器(ATRU)，将 230/400V，360～800Hz 的变频三相交流电变换成±270V 直流电，总变换容量高达 600kW，占全机一次电源正常发电量的 60%。

4) 130V 直流负载

电制动装置(EBS)，也是直流电气负载。为满足四台电制动装置 EBS 对直流电的需要，机上配置了四台单台容量为 2.5kW 的 DC-DC 升压直流变换器，将 28V 直流电变换成±130V 直流电。

图 9.7.7 所示为 B787 电气负载。由于不再应用引气，所以没有空气输至环控系统、座舱增压系统、机翼防冰系统以及其他气压子系统。从发动机的唯一引气是用于发动机整流罩防冰的低压风扇空气。尤其在现代发动机如通用电气公司 GEnex 和罗罗公司“遄达”(Trent) 1000 上，当发动机压力比和涵道比增加时，从发动机压气机提取引气是极其浪费功率的。其他的节省是取消了贯穿机体输送空气的舱顶大管道，典型的是在发动机与机体间要求有直径为 8in (1in = 2.54cm) 的管道，在 APU 和机体之间以及给气动泵(ADP)供气需要有直径为 7in 的管道。在机体的某些部分，需要有舱顶检测系统给飞行人员提供热空气泄漏的告警。

B787 系统的主要电气负载如下：

环境控制系统(ECS)和增压。取消引气意味着 ECS 和增压系统的空气需要用电的方法增压；在 B787 上，需要 4 台大型的电驱动压气机，提取功率在 500kV·A 左右。

机翼防冰。不能获得引气意味着机翼防冰必须由埋置于机翼前缘中的电加热垫提供。机翼防冰需要 100kV·A 量级的电功率。

电动泵。飞机的有些发动机驱动液压泵(EDP)由电动泵代替。4 台新的电动泵每台需要 100kV·A，总共负载要求 400kV·A。

采用“无引气发动机”的另一结果是飞机发动机不能用常规高压空气起动。发动机应用了起动/发电机，并需将近 180kV·A 的电功率来起动。

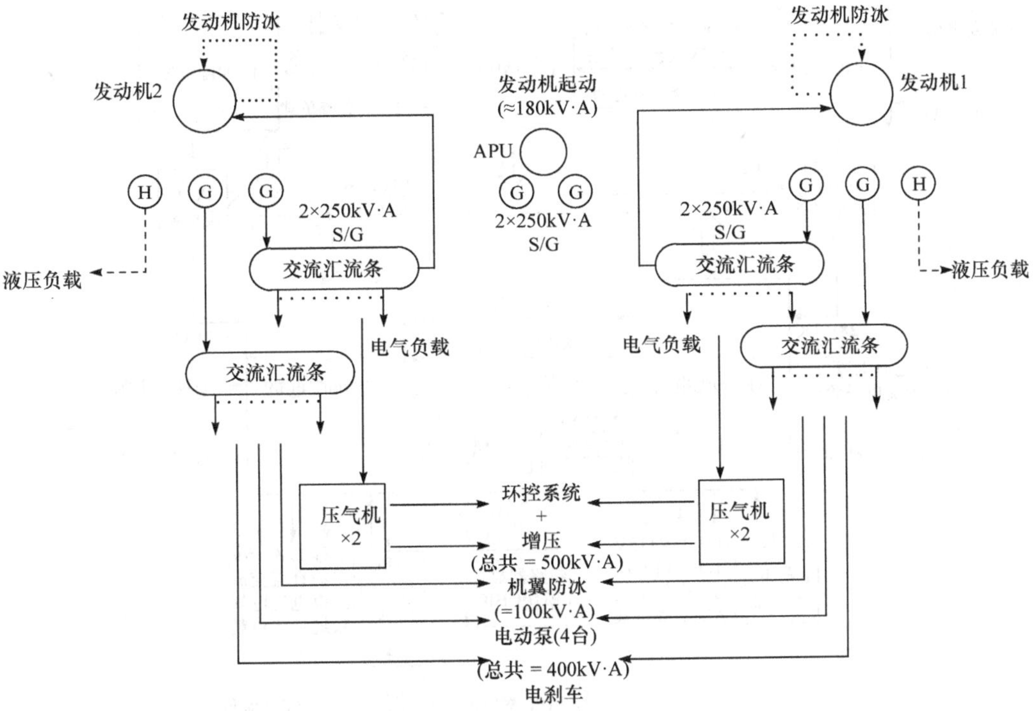

图 9.7.7　B787 飞机电气负载

S/G-起动发电机

◄······ 引气　◄── 电气　◄- - 液压

4. B787 电气综合管理系统的结构

B787 电气综合管理系统的方框图如图 9.7.8 所示，包括智能配电箱、断路器显控模块 CBIC、公共计算机 CCR 及电池充电器。

按照功能来分，B787 的 10 个智能配电箱分为五组，具体描述如下。

第 1 组：包括 P100、P200、P150 三个配电箱。它们管理 235V AC 主交流汇流条和 235V AC 交流电气负载。P100、P200 为对称结构，分别管理左、右各两个交流通道。P150 结构与 P100、P200 类似，仅管理左、右两台 APU 发电机。

第 2 组：包括 P300、P400 两个配电箱。它们不仅是远程自动配电系统的核心，而且管理着外电源、主蓄电池、RAT 发电机、交、直流汇流条等。实际上，这两个配电箱是任务最多的配电箱，且直接与公共计算机 CCR 相交联。在 P300 配电箱中有 LBPCU，P400 配电箱中有 RBPCU，都是飞机电气系统管理的核心，P300、P400 的结构对称。BPCU 是整个配电系统的核心。

第 3 组：包括 P500、P600 两个配电箱。它们管理二次电源。

第 4 组：P49 配电箱。它只管理 APU 蓄电池。

第 5 组：包括 P700、P800 两个配电箱(图 9.7.8 中未显示)。它们管理大功率调速电动机负载。两者结构对称，每个配电箱由显示模块、两台 ATRU、六个电动机控制器组成。六个电动机控制器分为两组，由两台 ATRU 供电。

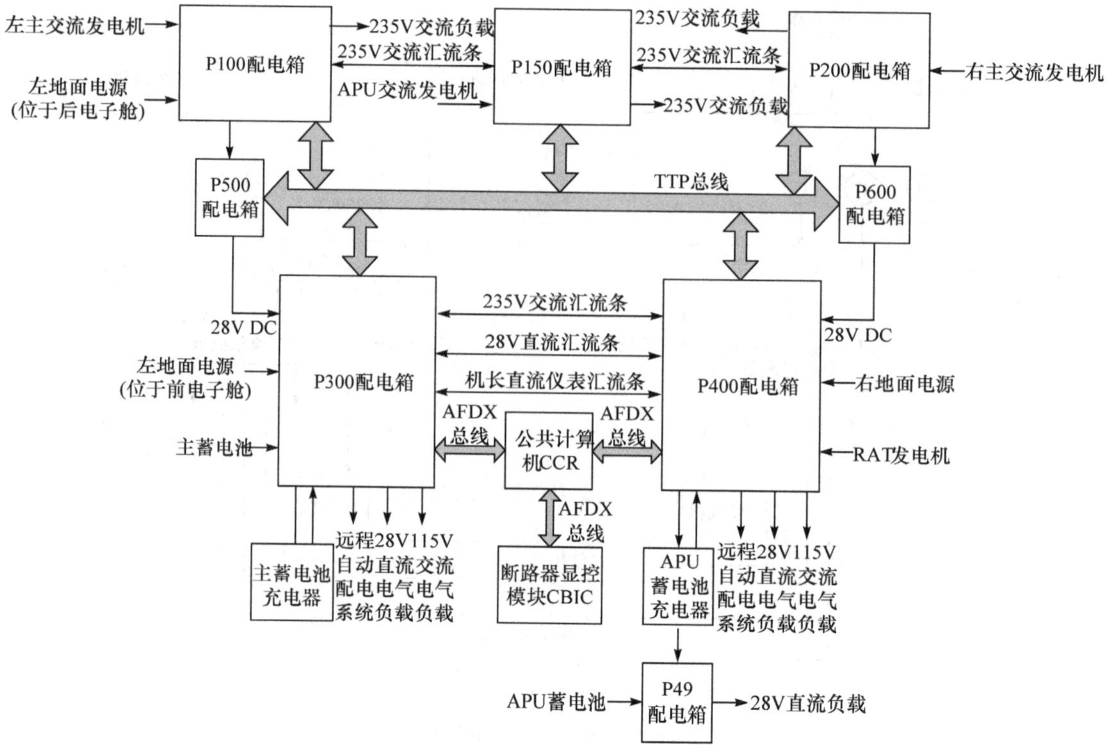

图 9.7.8　B787 的配电系统方框图

9.8 小　　结

本章深入介绍了飞机配电系统的核心构成、运作机制和现代技术进展，通过对开式、闭式和混合式电网结构的深入比较，揭示了它们各自的设计优势和适用场景，以及如何根据特定的飞行需求和飞机设计要求选择合适的配电网络。

此外，本章还详细探讨了电网的保护机制、电能管理策略和高压直流配电系统的应用前景，强调了在确保飞机电力供应稳定性和可靠性方面的策略和技术创新。

思考练习题

9-1　飞机配电系统包括哪些基本部分？请简述每部分的功能。

9-2　解释开式、闭式和混合式电网的特点及其应用场景。为什么不同的飞机选择不同的供电网结构？

9-3　与传统的机械式开关相比，固态功率控制器有哪些显著的优点？

9-4　基于供电体制，飞机固态功率控制器可以分为哪些类型？请简述每种类型的特点和应用。

9-5　固态功率控制器的作用是什么？请分析高压直流 SSPC 的结构和特点。低压直流配电系统中为什么也用 SSPC？

9-6　与常规配电和遥控配电相比，固态配电有什么特点？有什么好处？有什么缺点？

9-7　交流 SSPC 的结构有哪些？请再设计出几种与图 9.2.9 不同的 SSPC 结构。

9-8　交流 SSPC 过零点开、关有什么意义？

9-9　解释什么是余度供电和不中断供电。

9-10　简述飞机电气综合管理系统(EMS)的主要功能。它如何通过智能化管理提高飞机电力系统的效率和可靠性?

9-11　电气综合管理系统通常由哪些主要部分组成? 每个部分承担什么样的功能?

9-12　为什么高压直流配电系统适合用于未来的多电/全电飞机? 请列举其主要优势。

9-13　飞机电能管理的目标是什么? 飞机电网管理的目标是什么?

9-14　简述A380、B787飞机供电系统的主要构成特点。

9-15　对电网保护的基本要求是什么? 如何实现电网保护的选择性?

9-16　试从保护原理上说明如何选择电动机负载馈电支路的保护装置。

9-17　飞机电网短路有几种基本形式? 试说明短路故障对飞机的危害性。

9-18　飞机直流电网计算时为什么不仅要作稳态短路计算，还要作瞬态短路电流计算? 这两种短路电流与短路性质及短路点位置间关系如何?

9-19　根据习题9-19图所给出的配电系统结构，结合虚拟仿真实验构建出配电系统模型，在左发电机故障、左发电机汇流条电弧故障情况下，分析故障发生原理、故障特征识别，掌握如何切除故障以及故障后电网重构方法。

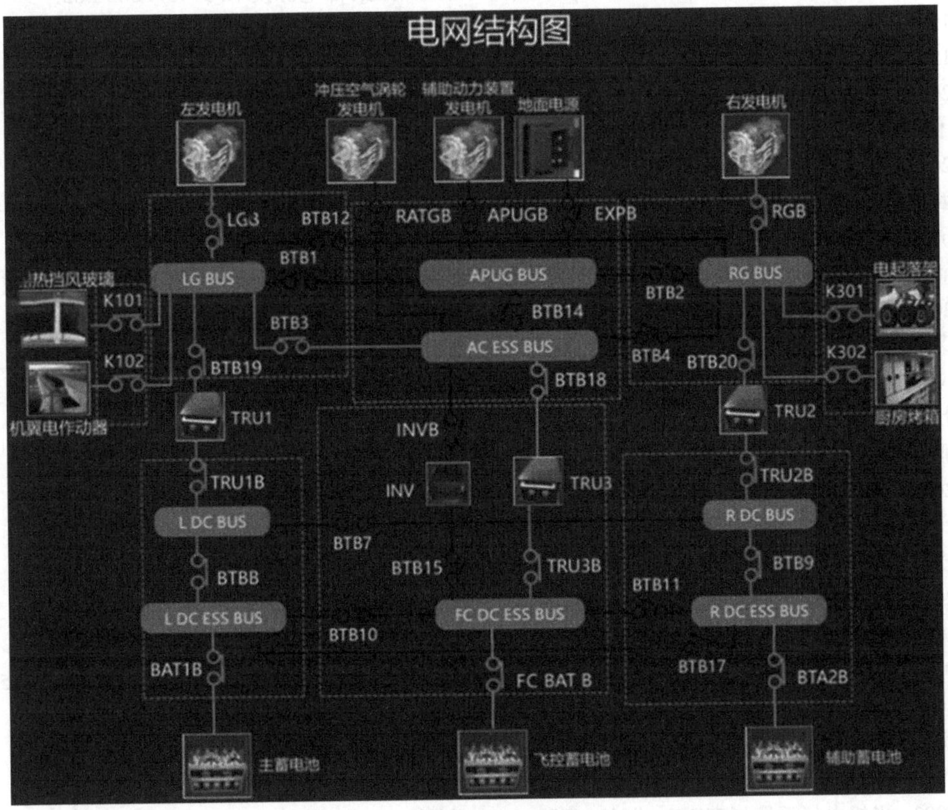

习题9-19图

虚拟仿真实验背景简介

虚拟仿真实验平台介绍

要求:

(1) 据所给出的配电系统结构，结合虚拟仿真实验构建出配电系统模型;

(2) 分析左发电机故障、左发电机汇流条电弧故障发生原理、故障特征识别;

(3) 掌握故障切除以及故障后电网重构方法。

参 考 文 献

安其霖, 1984. 太阳电池原理与工艺[M]. 上海: 上海科学技术出版社.
陈志辉, 姜长生, 严仰光, 2002. 数字电压调节器三相电压数字测量方法的研究[J]. 电工技术学报, 17(2): 96-100.
陈志辉, 孟小利, 王娇艳, 等, 2012. 双凸极直流发电机结构与原理[M]. 上海: 上海科学技术出版社.
程国华, 2008. 大型民用飞机电源系统的现状与发展[R]. 上海飞机设计研究所电气系统研究室.
丁道宏, 1992. 电力电子技术[M]. 北京: 航空工业出版社.
《飞机交流电源系统》编写组, 1979. 飞机交流电源系统[M]. 北京: 国防工业出版社.
郭炳焜, 徐徽, 王先友, 等, 2002. 锂离子电池[M]. 长沙: 中南大学出版社.
韩立明, 谭玲生, 刘浩杰, 2008. 锂离子电池在航天领域的应用[J]. 电子元器件资讯(11): 63-65.
黄锡坚, 1985. 硅太阳电池及其应用[M]. 北京: 中国铁道出版社.
黄镇江, 刘凤君, 2005. 燃料电池及其应用[M]. 北京: 电子工业出版社.
蒋志扬, 李颂轮, 1990. 飞机供电系统(修订本)[M]. 北京: 国防工业出版社.
李凌云, 任斌, 2013. 我国锂离子电池产业现状及国内外应用情况[J]. 电源技术, 37(5): 883-885.
李思强, 1985. 载人飞船工程学概论[M]. 北京: 科学出版社.
林渭勋, 1990. 电力电子技术基础[M]. 北京: 机械工业出版社.
刘凤君, 2006. 高效环保的燃料电池发电系统及其应用[M]. 北京: 机械工业出版社.
刘建英, 任仁良, 2013. 飞机电源系统[M]. 北京: 中国民航出版社.
马升杰, 2013. 混合励磁同步电机变频交流发电系统技术研究[D]. 南京: 南京航空航天大学.
莫伊尔, 西布里奇, 2011. 飞机系统: 机械、电气和航空电子分系统综合[M]. 凌和生, 译. 北京: 航空工业出版社.
秦海鸿, 严仰光, 2016. 多电飞机的电气系统[M]. 北京: 北京航空航天大学出版社.
邵惠明, 满毅, 2010. 基于变频供电系统试验的模拟负载及控制的设计与研究[J]. 民用飞机设计与研究, 4: 9-11.
沈颂华, 2005. 航空航天器供电系统[M]. 北京: 北京航空航天大学出版社.
田永堂, 邓健, 2006. 变频电源系统应用的研究[J]. 飞机工程, 1: 70.
图利, 怀亚特, 2011. 飞机电气和电子系统: 原理、维护和使用[M]. 张天光, 张博宇, 译. 上海: 上海交通大学出版社.
王建冈, 阮新波, 2008. 集成电力电子模块封装的关键技术[J]. 电子元件与材料, 27(4): 1-5.
王旭东, 2013. 1kVA 两级式航空静止变流器的研究[D]. 南京: 南京航空航天大学.
魏佳丹, 2009. 电励磁双凸极起动/发电机系统特性研究[D]. 南京: 南京航空航天大学.
吴峰, 叶芳, 郭航, 等, 2007. 燃料电池在航天中的应用[J]. 电池, 37(3): 238-240.
吴红星, 2010. 开关磁阻电机系统理论与控制技术[M]. 北京: 中国电力出版社.
谢少军, 2004. 某型飞机交流电源系统改造研究[J]. 南京航空航天大学学报, 36(5): 560-564.
谢少军, 韩军, 张勇, 等, 2003. 阶梯波合成逆变器的单脉宽调制调压技术研究[J]. 中国电机工程学报, 23(5): 62-65.
严东超, 2010. 飞机供电系统[M]. 北京: 国防工业出版社.
严加根, 2006. 航空高压直流开关磁阻起动/发电机系统的研究[D]. 南京: 南京航空航天大学.
严仰光, 1995. 航空航天器供电系统[M]. 北京: 航空工业出版社.
于敦译, 1983. 飞机电气系统指南[M]. 北京: 国防工业出版社.
张方华, 龚春英, 刘军, 2007. 高效率模块化航空静止变流器的研制[C]. 中国航空学会航空电气工程学术年会, 1119-1125.
张文保, 倪生麟, 1992. 化学电源导论[M]. 上海: 上海交通大学出版社.
张晓斌, 牟奇, 2002. 变频电源系统的技术发展及其应用[J]. 国际航空, 12: 31-33.
张卓然, 2002. 飞机发电机电压调节系统的研究[D]. 南京: 南京航空航天大学.
赵福鑫, 1985. 太阳电池及其应用[M]. 北京: 国防工业出版社.
郑先成, 张晓斌, 黄铁山, 2007. 国外飞机电气技术的现状及对我国多电飞机技术发展的考虑[J]. 航空计算技术, 37(5) : 120-122.
仲丽丽, 2014. 混合励磁同步电机起动发电技术研究[D]. 南京: 南京航空航天大学.
朱萍, 2014. 基于 SiC 的直流固态功率控制器的驱动与保护技术研究[D]. 南京: 南京航空航天大学.
AHMED A H, 2012. Power generation and distribution system for a more electric aircraft - A review[A] . Recent Advances in Aircraft Technology, Dr. Ramesh Agarwal (Ed.).
BENTS D J, SCULLIN V J, CHANG B J, et al., 2006. Hydrogen-oxygen PEM regenerative fuel cell development at nasa glenn research center[J]. Fuel Cells Bulletin, (1): 12-14.
BURKE K A, 1999. High energy density regenerative fuel cell systems for terrestrial applications[J]. IEEE Aerospace & Electronic Systems Magazine, 14(12): 23-34.
CHANG J, 2012. Architecture optimization and design challenges of VF-power system of future large aircraft[J] . 电工技术学报, 27(6): 53-62.
ELGERD O I, 1971. Electric energy systems theory: An introduction[M]. New York: McGraw-Hill Book Company.
GARCIA-ARREGUI M, TURPIN C, ASTIER S, 2007. Direct connection between a fuel cell and ultracapacitors[C]. International Conference on Clean Electrical Power, IEEE Xplore, 474-479.
LEE F C, 1990. Modeling, analysis, and design of PWM converters[M]. Blacksburg: Virginia Power Electronics Center.
LI S Q, GU C H, XU M H, et al., 2021. Optimal power system design and energy management for more electric aircrafts[J]. Journal of Power Sources, 512(4): 230473.
NELSON J, 2003. The physics of solar cells[M]. London: Imperial College Press.
OLIVER J A, ZUMEL P, SANZ M, et al., 2009. High level decision methodology for the selection of a fuel cell based power distribution architecture for an aircraft application[C]. Energy Conversion Congress and Exposition, Ecce. IEEE Xplore, 459-464.
ROBBINS D, BOBALIK J, DE STENA D, et al., 2018. F-35 subsystems design, development verification[C]. 2018 Aviation Technology, Integration, Operations Conference. Reston: AIAA, 1-23.

注 释 表

英文缩写	英文全称	中文名称
AFC	Alkaline Fuel Cell	碱性燃料电池
AFRL	Air Force Research Laboratory	美国空军研究实验室
APB	Auxiliary Power Breaker	辅助电源断路器
APC	Angle Position Control	角度位置控制
APU	Auxiliary Power Unit	辅助动力装置
ATRU	Auto Transformer Rectifier Unit	自耦型变压整流器
ATU	Auto Transformer Unit	自耦型变压器
BCR	Battery Charge Regulator	蓄电池充电器
BCRU	Battery Charger Regulator Unit	电源充电调节器
BDM	Battery Diode Main	主蓄电池供电二极管
BDR	Battery Discharge Regulator	蓄电池放电器
BIT	Built in Test	机内检测
BMU	Battery Management Unit	电池管理单元
BPCU	Bus Power Control Unit	汇流条功率控制器
BRU	Battery Regulator Unit	蓄电池调节器
CCC	Chopped Current Control	电流斩波控制
CSCF	Constant Speed Constant Frequency	恒速恒频
CVC	Chopped Voltage Control	电压斩波控制
DBU	Distribution Board Unit	配电器
DDCU	DC-DC Conversion Device	直流-直流转换装置
DMFC	Direct Methanol Fuel Cell	直接甲醇燃料电池
DOD	Depth of Discharge	放电深度
DR	Differential Relay	差动极化继电器
DSEM	Double Salient Electric Machine	双凸极电机
EBS	E-Brake System	电制动系统
EHA	Electro-Hydrostatic Actuator	电静液作动器

续表

英文缩写	英文全称	中文名称
ELMC	Electric Load Management Center	电气负载管理中心
EMA	Electro-Mechanical Actuator	机电作动器
EOL	End of Life	寿命末期
EPC	Electronic Power Control	电子功率调节器
ESA	European Space Agency	欧洲航天局
EXP	External Power	外部电源
GCB(GB)	Generator Control Breaker	发电机断路器
GC	Generator Contactor	发电机接触器
GCU	Generator Control Unit	发电机控制器
GCR	Generator Control Relay	励磁控制继电器
GEO	Geostationary Orbit	地球静止轨道
IDG	Integrated Drive Generator	组合传动发电机
IPU	Integrated Power Unit	综合动力装置
ISS	International Space Station	国际空间站
LEO	Low Earth Orbit	低地球轨道
LRM	Line Replaceable Modules	在线可更换模块
LRU	Line Replaceable Unit	在线可置换单元
Mbat	Main Battery	主蓄电池
MCFC	Molten Carbonate Fuel Cell	熔融碳酸盐燃料电池
MEA	Main Error Amplifier	主误差放大器
MLC	Main Line Contactor	主干线接触器
MTBF	Mean Time Between Failures	平均故障间隔时间
NASA	National Aeronautics and Space Administration	美国航空航天局
OPU	Overvoltage Protect Unit	过压保护器
PAFC	Phosphoric Acid Fuel Cell	磷酸燃料电池
PCU	Power Control Unit	功率控制器
PEMFC	Proton Exchange Membrane Fuel Cell	质子交换膜燃料电池
PEPDC	Primary Electrical Power Distribution Centre	一次主配电中心
PPT	Power Point Tracing	功率点跟踪
RAT	Ram Air Turbine	冲压空气涡轮

续表

英文缩写	英文全称	中文名称
RFC	Regenerative Fuel Cell	可再生燃料电池
RPC	Remote Power controller	远程功率控制器
RPDA	Remote Power Distribution Assembly	远程配电组件
RPDU	Remote Power Distribution Unit	远程配电单元
RT	Remote Terminal	远程终端
SEPDB	Secondary Power Distribution Box	二次配电盒
SEPDC	Secondary Power Distribution Centre	二次配电中心
SOC	State of Charge	荷电状态
SOFC	Solid Polymer Fuel Cell	固态氧化物燃料电池
SOH	State of Health	使用年限
SPDA	Second Power Distribution Assembly	二次配电组件
SPDU	Second Power Distribution Unit	二次配电单元
SPWM	Sinusoidal Pulse-Width Modulation	正弦脉宽调制
SR	Shunt Regulator	并联调节器
S^3R	Sequential Switching Shunt Regulator	顺序开关分流调节器
S^4R	Series Sequential Switching Shunt Regulator	串联型顺序开关分流调节
SRM	Switched Reluctance Machine	开关磁阻电机
SSPC	Solid-State Power Controller	固态功率控制器
STS	Space Transportation System	太空运输系统
TRU	Transformer Rectifier Unit	变压整流器
VFG	Variable Frequency Generator	变频交流发电机
VSCF	Variable Speed Constant Frequency	变速恒频
XPC	External Power Contactor	外（地面）电源接触器